Albrecht Schaeffer

Helianth
*Bilder aus dem Leben zweier Menschen
nach der Jahrhundertwende*
Dritter Band

Herausgegeben von Rolf Bulang
Mit einem Nachwort von Adolf Muschg
Weidle Verlag

Siebentes Buch

Hochsommertag oder *Mummenschanz*

Dann der Traum, höchster Stolz, steigt empor,
Er bezwingt kühn den Gott, der ihn kor,
Bis ein Ruf weit hinab uns verstößt,
Uns so klein vor dem Tod, so entblößt.

Erstes Kapitel

Firmament

Unablässig funkelten die Gestirne.

Georg, auf dem Dach der Sternwarte, in dem Liegestuhl Virgos sitzend, zurückgelehnt und die Hände unter dem Kopf gefaltet, sah in den sternübersäten Himmel hinein. Als ein geheimnisvoll nebelnder Strom ergoß sich die Milchstraße vom Zenith in die Tiefe, die Ufer umblitzt und umglitzert von dem Lichtergewimmel in allen möglichen Formen, in großen Klumpen gleich Waben, in reichen Trauben, in durchbrochenen Kränzen und langen Gewinden, alles in der Lebendigkeit des Lichts, beweglich, strahlend, winzige und mächtige, nahe scheinende und unendlich ferne, die aus der Finsternis herzukommen schienen. Der Bewegung folgend mit einer kleinen Wendung des Kopfes, sah er den Schattenriß des Schloßdaches, den Schatten des hangenden Fahnentuchs in einer leise fallenden Bewegung, eine bleiche Geste, die Sterne verdeckte und wieder erscheinen ließ.

Kein Laut war in der Nacht. Georg sah und sah mit nur halb geöffneten Augen, vor denen sich das Firmament zu einem schimmernden Gewebe von Lichtpunkten zitternd zusammenschloß und sich dehnte, doch große einzelne darin schienen glasklare Gefäße zu werden, voll von einer feurig leuchtenden Flüssigkeit, in der mystisches Dasein sich regte, Werden einer Welt, Kreaturen, oder gefangene Halbgötter, die ihre Glieder bewegten, Göttinnen oder heilige Tiere – das Einhorn, der Löwe, der Greif. Und wieder ging ein Gewoge von Glanz darüber hinweg, eine stürmische Welle, daß die Scharen der Goldenen wehend aufloderten wie Fackeln.

Wie doch keiner dem andern glich! So wie unten ein Menschengewimmel gleichförmig erscheinen mag, aber zehntausendfach ist an Charakter und Art, an Seele und Leidenschaft, an Schicksal und allen Farben der Stunden und der Jahre, der Freude und des Schmerzes, so waren auch diese Völker mannigfalt an Bestand und immer sich wandelndem Werden. Es waren ja keine Lampen, an einem harten Gewölbe entzündet, sondern diese dunkelblaue Tiefe, in der sie schwebten, war unermeßlich nachtfinstrer Nachtraum, und – so unermeßlich ihre Zahl war, war doch Eines gewiß, daß in dieser Unermeßlichkeit nirgends noch einmal das war, wo diese jetzt hinaufschauende Menschenseele weilte. Das gab es nur einmal, es war nicht zu fassen, in alle Ewigkeit dieses einzige Mal Erde, Blumen, Vögel, Wolken, Beethoven und Homer, und die Sterne – dieser Blick in die Sterne, den er nun hatte, mit dem er sich füllte, Licht eintrinkend, wie er kaum aus der Sonne konnte, mit ganzer Seele, ganzem Herzen, ganzem Gemüt, ganzem Geist – trinkend, was da sich ausgoß, die überfließende Seligkeit, die sich da antönte mit Strahlen der Kraft, Seligkeit des feuerströmenden Seins, wo aus tausend goldenen Lippen der Schrei ihres Leuchtens brach: Ewigkeit! Ewigkeit! Gott will es! Gott will es!

Sieh, o sieh! flüsterte er noch: Hier bin ich – o was bin ich? Nur ein Hauch – aber ich kann sehn. Und ich weiß, ich könnte dieses Leuchten nicht sehn, wenn es nicht in mir wäre. Und dieser Augenblick jetzt, wo unten das Auge und ein Auge dort oben sich begegnen, in ihm wiegt sich der Geist und ist, und –

Heiliger Gott, der du sein mußt – unfaßliches Wesen – ohne das ich nicht wäre –

ich bete dich an, du – o Vater – Väterlicher – dein – dein geringster Sohn –

Der du kein Maß hast - dir ist es keine Verwegenheit, daß ich mein Licht an das deine schließe - denn von dir kam es.

So bitte ich dich - stärke mich, in dem was ich bin!

Laß es mich sein, ganz nur sein, nur dies Eine - nur ein Mensch - Dunkel und Licht - so gut ich es irgend kann.

Glücklich kann ich sie nicht machen; das sind sie nur durch sich selbst - oder sie sind es nicht, so wie ich selber.

Ich kann nur helfen, ihr Leben zu bessern, es leichter zu machen - und freier. Und ich will zusehn ..

Die Worte verwirrten sich ihm und verstummten, er konnte nur noch sprechen:

Denn dein ist die Kraft - und dein ist die Herrlichkeit - und die Nachsicht.

Die Ellbogen auf den Knieen, die Hände gefaltet und emporblickend, blieb er noch eine Zeitlang und stand dann auf, in Verlegenheit sich innen ein wenig schüttelnd und murmelnd: Die Erde hat mich wieder ..

Dank dir auch schön, Virgolein, dachte er, daß du mir den Gedanken eingegeben hast, hier meine letzte Nacht zu verbringen. Und schläfst du nun gut mit deinen Zwillingsknaben, die du wirklich gestern bekommen hast - und so leicht wie nur möglich. Schlaf brauchen wir keinen - das ist der erzieherische Wert des Korps - und morgen vormittag werden wir noch ein paar bunte Freistunden zum Spielen haben, bevor denn der Ernst des Lebens -

Er zerdrückte den Rest, zu dem Steintisch tretend, wo ein großer Kübel voll Eis stand, griff hinein und holte einen schönen goldenen graden Kelch hervor, der eiskalt war, leise schimmernd wie auch der klare Wein, der ihn füllte. Er setzte ihn begierig an und ließ freudevoll die kalte und herbe Süße des Rheinweins in seine Seele hineinfließen - ah, wundervoll, wundervoll - Noah oder Dionysos, wer das nun gewesen ist - eine Götterspende auf jeden Fall - vielen Dank!

Dann setzte er sich wieder befriedigt und beschloß, noch einmal zurückzudenken, woher er kam.

Alsbald erhob sich das gedämpfte Getöse eines Orchesters in seinem Innengehör – Bennos Symphonie von der Ebene, die er am Abend gehört hatte, regte sich wieder in der Ferne. Ja – bei aller Weichheit seiner Musik, die noch ganz jugendlich war und im Schmelz größer als in der Bändigung, im Sehnsüchtigen stärker als im Zufassen und Ausbreiten – es war doch ein Gewebe von strahlender Großartigkeit, darin – ohne ein Vortäuschen von Realität – der Geist der Ebene sich mächtig dehnte und hauchte. Und war seine Kunst auch von der romantischen, sehnsuchterweckenden Art, die eher bestricken möchte als Maße aufrichten, die aus sich selber wirken, und der das Wolkige lieber ist als das Feste und der Aufschwung lieber als der gerade Schritt – zu welch erstaunlicher Form war er selber gewachsen! Ungeschickt und hülflos zwängte er sich noch wie ein Eindringling durch die Reihen seiner sicheren Mannschaft, aber der Augenblick, wo er, die Hörerschaft hinter sich, das unmerklich klappende Zeichen gab, zauberte ihn um, ganz unglaublich zu sehn. In seinem Profil wechselten plötzliche Strenge und wieder schüchterne Weichheit, drohende Befeuerung und überlegene Beruhigung, in gemeisterten Übergängen, und seine langen beweglichen Hände – oft nur mit kaum merklich spielenden Fingern – strömten den magischen Zwang aus, dem die Hundertundzehn ergeben folgten. Wie diese lange und dünne schwarze Gestalt in dem leichten Zucken der Arme lebte – und auf einmal Alles an sich riß, daß Schwung und Gewitter losbrach – wundervoll, Benno – solch ein Befehlshaber bist du geworden! Ja, Benno, du hast auch dein Ziel erreicht – ich könnte dich sogar beneiden. Denn du hast den Augenblick, den Glanz der plötzlichen Krise, den beglückenden Umsturz der Seele aus dem Alltag in Wonne der Festlichkeit. Ich soll nun lenken in der breiten Zeit, im alltäglichen Tun, glanzlos .. aber daran wollte ich nun eben nicht denken.

Im Osten war der Nachthimmel gerötet über der Stadt. Vor ihm, von den schwarzen Türmen der Universität überragt, erstreckten sich die schwarzen Wipfeldämme der Lindenalleen. Auf der Brüstung sitzend, sah Georg im Dämmer des Sternenlichts und des schon sehr unvollkommenen Mondes das große Rasenrund, eingefaßt in die stillen weißen Wege, ruhn. Nun scholl unter ihm in der Tiefe nur leise, doch deutlich, das Klirren einer Kette, ein stampfend aufgesetzter Huf – der gute Unkas dämmerte da in seinem Halbschlaf, den Kopf gesenkt, blind wie immer – denn was sah er am Tag? – ein gefangenes Tier, das Nichts wußte, das niemals fragte, Nichts wußte. Diese ewige Folgsamkeit – war das nicht Frommsein auch? Dieses große Tier war vielleicht frommer in seiner Ergebenheit als er hier oben in seiner Freiheit, der Aufgerichtete, leicht Denkende, Sehende, Sternumstellte, viel wissend, alles aussprechend, immer irrend, für eine hohe Minute sich erhebend und schon wieder mit dem gesenkten Auge Nichts haltend als das wechselnde Vorwärtskommen der eigenen Füße. Dieses mächtige Tier hatte niemals einen Schritt gemacht mit eigenem Willen, denn war es allein gelassen .. Georg sah den Unkas auf einmal in Helenenruh, wie er allein über den sonnigen Hof ging – und stehen blieb und zu ihm zurückblickte, als ob ihm die Führung fehlte. Dann folgte er dem vertrauten Geruch seines eigenen Stalls, den Kopf hängen lassend und nickend. Immer war er nur ein gelenkter Blinder, er, der nicht einmal ein Er war, nicht männlich, sondern ein geschlechtsloses Gemächt, ein Enterbter, ein verschnittener Wallach, ausgeschlossen aus dem feurigen Ring der Hengste und Stuten, in der Jugend gebrochen, unfruchtbar wie ein Pfahl inmitten der Schöpfung. Es wäre doch schön, träumte Georg, einmal auf dir in Elysium einzureiten – dort, wo alle Trennungen sich ergänzen, wo Alles heil wird, wo du auch nicht froh wärest ohne mich, da wirst du deine Männlichkeit wieder haben – und ich .. Cordelia .. immer dein Lächeln .. ja, und bis dahin geh ich weiß Gott auch nur wie Unkas dahin, das ist die blanke Wahrheit, ahnungslos, wer mich zügelt.

Und ich will zügeln, ich – na, so ist es eben, sagte er, und ich war noch eben in Helenenruh, nun sind da wieder die Sterne, lauter zitterndes Licht, Auffunkeln und Brennen und Wogen – köstlich ist dieser Rheinwein, diese sanfte Benebelung .. Helenenruh .. die Wiesen, Nichts als Wiesen und Wiesen .. sie schwollen und zitterten auch so wie dieses Firmament, und vor allem das Zirpen der Grillen in der gewaltigen Sonne, als ob es zirpend gewordenes Licht wäre, das Schimmern des Lichts an den Grashalmen, wo sie hingen, zu schrillem Zirpen geworden, daß es so brodelnd wogte und sich senkte, jetzt fernhin, fernher, Licht – Licht – Licht – Schimmern und Zirpen ineins. Ach Helenenruh, du meine Kindheit! Vater und Mutter und Kinderspiele, und damals war es so lang wie die Ewigkeit. Er wünschte mehr aus seinen jüngsten Jahren zu sehn, gelangte aber nicht tiefer zurück in der Zeit als bis zu irgendeinem Tag vor ein paar Jahren, wo er schon erwachsen war. In dem Sommer nach meinem Examen, da muß es am schönsten gewesen sein – aber dann kam auch das Ende. Mit meinem Geburtstag muß es aufgehört haben, nein, das war nur ein langweiliger Tag mit Gästen und Reden, nur Bogners Gesicht wohltätig dazwischen – mein Gott, Bogner! Aber der Tag vorher – jetzt sah er das Gesicht des Malers an einem Fenster, in Blitzlicht erscheinend – ja, ein Gewitter war, Artaxerxes, er konnte auf einmal fliegen – Magda hatte ihn aufgescheucht .. damals nannte ich sie Anna .. ja, da nahm Alles ein Ende, ich wußte es hinterher, als ich in ihrem Zimmer gewesen war. In Helenenruh war ich ein Kind, da bin ich eigentlich geboren – wirklich nicht weit davon – und da nahm die Kindheit ein Ende.

    Horch, was ist jetzt das? Musik?

Serenade

Ein Schwirren von Lauten und ähnlichen Saiteninstrumenten hatte sich aus der Tiefe erhoben; nun der seelenvolle Ton einer Violine zur Vorbereitung, und dann trat die klare und volle Altstimme – die Georg sogleich als Magdas erkannte – mit seiner Lieblingsarie ›Caro mio ben‹ tönend süß in die Nacht hervor. Sogleich in die Tiefe spähend, sah Georg den Platz vor der Sternwarte leer, aber als er nach der andern Seite hinüberging, waren durch das dichte Blättergebüsch Lichter zu sehn und die Schatten von Gestalten dort, wo die kleine Brücke über den Graben gebogen war. Georg setzte sich auf die Brüstung, hörte in Beglückung zu und rief, als es zu Ende war, hinüber: »Wundervoll, Anna, ganz herrlich!« Eine Weile blieb es dann still, und nun hörte er von den Saiteninstrumenten das getragene Vorspiel zu einer Kirchenarie von Alessandro Stradella, die Magda besonders lieb war und für die er ihr auf ihr Verlangen einen deutschen Text geschrieben hatte. Bald kamen denn auch von ihrer Stimme getragen seine Verse:

> Wer steht in Finsternis?
> Wer blind im Dunkel?
> O sei du still!
> Siehe doch funkeln
> Sternenschein gewiß!
> Siehe doch funkeln
> Sternenschein gewiß..

Georg ließ sich wieder in seinen Sessel, denn die Arie war lang, genoß seinen eiskalten Wein in der Wärme der Sommernacht und den Mond gegenüber, die süße Musik und die reine Schönheit der Stimme, seine eigene Dankbarkeit und seine Rührung. Als das Nachspiel begann, ging er die erleuchteten Treppen hinunter, trat in die Tür unter dem gleichfalls erhellten Torbogen und rief in den Garten hinein: »Anna, jetzt kommst du aber, hier bin ich!« Gleich sah er auch ihre Gestalt über die Brücke herabkommen und konnte nicht anders, als seine Arme ausbreiten, in die sie auch hineinlief, die ihren um seinen Nacken werfend und ihr kleines Gesicht an seine Brust, wo sie dann erst anfing zu weinen; doch beherrschte sie sich bald, hob ihr Gesicht und sagte, ihn fest anblickend:

»Nun sei tapfer, mein Georg, sei ganz tapfer! Du kannst es schon, ich weiß. Und Gott segne dich!«

Ihre Augen blickten klar, wenn auch ihr Kinn wieder zitterte, und sie nahm ihr Taschentuch, nickte ihm durch Tränen zu und drehte sich fort von ihm, der von ihrer nicht aufhörenden Liebe so erschüttert war, daß er nicht sprechen konnte. Nun rief sie in den Garten hinein: »Josef, Josef, nun müssen Sie auch kommen!« »Und die Musikanten auch!« rief Georg, erstaunt, den Namen zu hören, »ich muß mich bedanken.« »Nein, die wollen nicht stören«, sagte sie, »die gehen schon, es ist auch nur Saint-Georges mit ein paar Freunden.« »Und woher weißt du, daß ich hier oben war?« fragte er, nach ihrer Hand fassend. Montforts große und breite Gestalt erschien auf der Brücke, während sie noch antwortete, das Haus sei ganz dunkel gewesen, dann habe Josef seinen Schatten oben auf dem Dach gesehn, und nun kam Josef mit seinem halben Gesicht in das Licht, sich mit Georg begrüßend, während das Mädchen sagte, er sei es, bei dem er sich bedanken müsse, denn er habe den Einfall der Serenade gehabt. »Mir phantasielosem Geschöpf fällt so etwas Hübsches ja nicht ein.« So war Georg entzückt, Montfort die Hand zu schütteln und ihn zu einem Glas Wein einzuladen, auch Magda sollte heraufkommen, aber sie wehrte ab, sie müsse mit den Musikanten davonfahren, sie hätten nur einen Wagen. Doch Georg konnte sie so nicht fortlassen, nahm ihren Arm und zwang sie, wenigstens ein Weilchen mit ihm im Mond auf und ab zu gehn, indem er Montfort bat, derweil schon nach oben zu gehn und es sich bequem zu machen.

So gingen sie denn langsam über den hell schimmernden Kies, eine Weile verstummt, Jeder in seiner eigenen Ergriffenheit, Georg äußerst gerührt von ihrer weiblichen Zartheit, wovon er nun lange entblößt war, und von Erinnerungsgefühlen, die nicht Gestalt werden durften, etwas verwirrt.

»Ich habe mich so wenig um dich gekümmert«, sagte er reuevoll endlich, aber sie wollte natürlich davon Nichts hören und sagte: »Ja, wie solltest du auch? Wir gehen doch längst ein Jeder allein seinen Weg, und du darfst nur vor dich hinsehn. Ich kann nach dir hinüber sehn – hab Zeit genug dazu – und dann kann ich auch mal für dich singen – übermorgen wieder, du weißt doch, im Tedeum – wenn du die Krone bekommst – « Sie blieb stehen, lachte und schüttelte ihn an den Schultern. »Eine richtige Herzogskrone – o Georg, wer uns das erzählt hätte, als wir in Helenenruh herumgaloppierten und du mir die Haarschleifen immer aus den Zöpfen zogst. Nun soll ich dich sehn in dem Krönungsmantel – «

»Und in Uniform darunter – bei der Hitze«, sagte Georg, während sie weitergingen.

»Uniform, Georg? Bist du Soldat geworden?«

»Oberst der Gardehusaren. Der alte Wilhelm hat mir noch nachträglich und zurückdatiert das Regiment dedizieren müssen, weil es doch in Europa nicht möglich ist, ohne einen Säbel zu regieren. Ja, nun bin ich Husarengeneral – weißt du noch? ›Joachim Hans von Zieten – Husarengeneral‹ – «

»Dem Feind die Stirne bieten«, ergänzte sie lachend, »tät er wohl hundertmal. Ja, das tu nur, Georg, wenn auch ohne den krummen Säbel. Aber hu, das ist fein: Attila und Dolman – schade, daß ich davon Nichts zu sehn bekomme, wenn es Alles unter dem Mantel ist.«

»Ich hätt lieber mein Kostüm vom Vormittag an, wenn ich inkognito mir das Festspiel ansehe; das ist leichter. Du kommst doch auch hin, Anna?«

»Ach, um Himmelswillen, ich bleibe zuhause. Du kennst

mich doch, ich kann solch Getümmel nicht ausstehn, und den schönsten Glanz hab ich für mich allein in Renate, wenn ich ihr morgen früh das Festkleid anziehen helfe. Wann kommst du sie abholen?«

»Um neun. Aber das geht doch nicht, Anna«, widersprach er ihr jetzt aus Liebesverpflichtung, »daß du garnichts zu sehen bekommst«, worauf sie ihn nun neckte: »Du hast ja für mich nie Zeit!« »Nun, Anna, wenn es darauf ankommt – ich hab Zeit in Hülle und Fülle.« »Na, wann wohl! Erst ist das Festspiel – bis zwölf.«

»Dann fahr ich nachhause und ziehe mich um; um 1 Uhr ist die Vereidigung, die dauert mit den Ansprachen bis halb drei. Dann bin ich ganz frei bis um fünf, wo das Bankett anfängt.«

»Ja, da hab ich nun grade Generalprobe für das Tedeum und das Konzert mit Chören am Sonntagnachmittag.«

»Schade, es hätte so gut gepaßt. Nein, laß sehen, nach Dunkelwerden um neun ist Reigentanz im Herrenhäuser Schloßhof und dann Feuerwerk –«

»Feuerwerk wäre himmlisch, Georg.«

»Und vom Bankett kann ich um halb acht verschwinden. Los, Anna, sag ja«, drang er mit Schuldgefühl in sie und überwand ihren letzten Einwand, daß sie ja kein Kostüm habe, mit Renates Kleid, das sie anziehen könnte, worauf sie denn nachgab – sie habe am Nachmittag Zeit genug, es sich kürzer zu machen. So verabredeten sie denn, daß sie um neun Uhr zum Schlößchen kommen würde, im Wagen, von wo sie dann zu Fuß durch den Park zum Großen Garten gehen würden, kaum zehn Minuten. Georg brachte sie auf den Weg, in dem unfern der Wagen wartete, und sie entlief, ihm noch zurufend: »Vergiß mich aber nicht!«

Ich werde mirs aufschreiben, murmelte er im Zurückgehn. Mein Gott – sie ist immer noch da – wenn sie mich auch nicht wie damals liebt – Liebe ist es doch immer noch – trotz meiner

Treulosigkeit .. Warum nur ist Alles so? Wenn ich sie lieben könnte – sie wäre die beste Frau für mich. Und nun – nun ist sie doch wie ein Stern, der immer wieder durch Wolken scheint, immer das gleiche stille und schlichte Licht.

Rheinwein

Georg lief hurtig die drei Treppen empor in der Aussicht auf ein köstliches Nachtgespräch unter den Sternen, mit diesem dunklen Montfort, der aus dem dunkelsten China und Rußland kam, der würde erzählen können. Zu spät fiel ihm ein, daß nur eine Flasche Wein da war, von der er bereits ein Drittel weggetrunken hatte, und kein Glas, allein der große Montfort kam ihm bereits entgegen, ein gefülltes Glas in der Hand, von dem er sagte, es habe auf der Brüstung gestanden; also ein vom blassen Egon vergessenes Überbleibsel von dem Zusammensein mit Schleys und Jason.

»Ist es nicht schön hier oben?« fragte er, nachdem sie angestoßen hatten, »das ganze Firmament über uns – und den Wein in uns?«

Montfort bejahte. »Aber«, sagte er, sein Glas hoch hebend, »wer darf noch an den Nachtraum – die Stirne lehnen wie ans eigne Fenster?«

Dies klang wie Verse. Georg sagte: »Sehr schön – von wem ist das?«

»Kennen Sie es nicht? Von Rilke. So – Sie finden das schön? Ich finde es – ein wenig vertraulich, nicht wahr? Und sollten Sie je das Verlangen gehabt haben, Ihre Stirn an den Nachtraum wie an ein Fenster zu lehnen?«

»Sie haben recht – aber so ist Rilke. Wie geht es weiter?«

Montfort fing an, weiter zu deklamieren, sein Glas hebend und senkend und mit aller Emphase seiner sonoren Stimme:

»Siehe, dies
Bedürfte nicht und könnte, der Entfernung
Fremd hingegeben, in dem Übermaß
Von Fernen sich ergehen, fort von uns.
Und nun geruhts und reicht uns ans Gesicht
Wie der Geliebten Aufblick, schlägt sich auf
Uns gegenüber und zerstreut vielleicht
An uns sein Dasein, und wir sinds nicht wert.

Ja, wo es einer
Gewärtig wird: wer darf noch an den Nachtraum
Die Stirne lehnen wie ans eigne Fenster?
Wer hat dies nicht verleugnet? Wer hat nicht
In dieses eingeborne Element
Gefälschte, schlechte, nachgemachte Nächte
Hereingeschleppt und sich daran begnügt!«

»Wundervoll – und schrecklich wahr«, sagte Georg, nachdem der dunkle Sprecher die letzten Worte mit Härte gehämmert hatte. Nun fuhr er fort:

»Wir lassen Götter stehn um gohren Abfall,
Denn Götter locken nicht. Sie haben Dasein
Und Nichts als Dasein, Überfluß von Dasein.
Schön wie ein Schwan
Auf seiner Ewigkeit grundloser Fläche,
So zieht der Gott und taucht und schont sein Weiß.«

»Aber das ist unbeschreiblich schön«, sagte Georg und leerte seinen Pokal. Montfort erhob seine Stimme und sang:

»Nur der Gott –
Wie eine Säule läßt der Gott vorbei, verteilend,
Hoch oben, wo er trägt, nach beiden Seiten
Die leichte Säule seines Gleichmuts ..«

Nun war es still, aber die Nacht tönte noch nach von der Musik der Verse und der Stimme. Georg schwieg, auf der Brüstung sitzend, mit leicht verschwimmendem Blick in dem Nebel der Milchstraße gleitend; dann sagte er leise:

»Sollte so das Leben nicht immer sein?«

»O gewiß – ganz gewiß sollte es. Glücklich der Mensch, der seine Seele zu den Sternen erheben kann – oder auch zu einer erdbewandelnden Göttin. Kein Erdbewohner, der sich nicht danach sehnte und es für das wahre Leben hielte. Und Sie, mein Prinz«, sagte er, sich auf den Steintisch setzend, »mir scheint, ich war ein Mißdeuter Ihres Traums vor beträchtlichen Jahren.«

»Beträchtlich – das waren sie allerdings.« Georg mußte sich erst besinnen. »Oh, in unserem Gespräch damals, wo Sie so glücklich von kleinen Hunden redeten. Ja, nun erinnere ich mich, ich erzählte Ihnen einen Traum, und Sie legten ihn aus ..«

»Ja, wie sagte ich damals?«

»Ich käme nicht hinein«, sagte Georg mit einem inneren Erröten.

»Die Mißdeutung ist evident – scheinen Sie doch nun mitten inne zu sein.«

»Ich scheine – ob ich es bin? Nein, reden wir lieber von erfreulicheren Dingen. Sie waren in Rußland, erzählen Sie! Aber Ihr Glas ist leer.«

Doch Montfort dankte, seine Hand über das leere Glas legend, das er dann fortstellte; er tränke nie mehr als ein Glas. »Und was haben Sie auch«, fragte er, »von mehr als einem? Schon das zweite schmeckt längst nicht so wie das erste; die Blume des Weins schmecken Sie nur das erste Mal – und bedürfen Sie mehr als die erste leichte Beflügelung? Nun ja – alle Menschen lieben die Blumen – und möchten sie mit der Sense mähn, wie? Und wie spricht doch ein andrer Dichter – Alfons Paquet? ›Trinkend in süßer Schonung‹ – «

»Großherzig und namenlos«, fiel Georg ein. Montfort lachte leise und wiederholte: »Großherzoglich namenlos – ganz recht, da Sie den Namen Georg mit sieben andern teilen, ist es fast eine Anonymität.«

»Die mir außerordentlich zusagt. Ihnen nicht auch? Dadurch ist es das Geschlecht, das regiert, nicht die Person. Aber wollen Sie wirklich nicht von Rußland erzählen?«

»Wer in Gärten thront – um mit noch einem Dichter zu reden, ›leichten Hauptes und leichter Hände‹, wer wird da von Wüstenei reden?«

»Nun seit wann lieben Sie es, in Gärten zu thronen? Darum brauchten Sie nicht nach Rußland zu gehn – noch dazu in Deutschland. Ich erinnere mich – Sie machten damals abfällige Bemerkungen über dies Land, sagten, daß Sie da wohl sterben, aber nicht leben wollten.«

»Nun, da dachte ich wohl mehr an die Bevölkerung. Was das Land angeht – das hat seine Vorzüge. Übrigens die Menschen auch – besonders natürlich die Dichter.«

Er ließ sich in einen der Rohrsessel, der unter seinem Gewicht leise krachte, legte sich zurück und faltete seine Hände unter dem Kopf, während Georg seinen Kelch neu füllte und sich dann Virgos Liegestuhl Montfort gegenüber heranzog. Dieser sagte:

»Es giebt hier wirklich etwas – es muß an der Atmosphäre liegen .. ich möchte es einfach Zartheit nennen. Über die heftige Plumpheit dieses spezifisch germanischen Schlages dürften wir uns wohl einig sein.«

»Ach, die nördlichen Völker sind alle nicht besser. Nur die Italiener sind liebenswürdig – und hauen Sie übers Ohr. Aber was meinten Sie mit der Zartheit?«

»Nun – zum Beispiel das Amsellied. Ich hân lande vil gesehen, wie Walter sagt, aber einen so zarten Ton wie den der Singdrossel am Abend in deutschen Landen – nirgendwo wieder. Und diesen Klang fast vergehender Zartheit hören Sie auch im deutschen Gedicht – bei Storm, bei Martin Greif, bei Uhland, Eichendorf, Mörike – überall – kaum angeschlagene und wieder in sich vergehende Töne – kein Verlaine hat das – von Briten und andern zivilisierten Barbaren ganz zu schweigen.«

»Das ist vollkommen wahr.«

»Nun, und dann – der Frühling. Davon muß ich Ihnen nicht erst erzählen. Nein, der Vorfrühling – Ende März, Anfang April – die ersten grünen Spitzen im Sonnendunst und das leiseste süße Zirpen .. ach, die Anfänge, Prinz, die Anfänge! Was fingen wir an, wenn es nicht immer wieder die Anfänge gäbe! Was wäre die Liebe ohne die unfaßbare Süße des Anfangs! Und was denken Sie von Don Juan? Er hat nicht tausenddrei Weiber – er hat tausenddrei Anfänge geliebt – wohl ihm, daß er es immer wieder konnte!«

»Ja – die Anfänge«, murmelte Georg entzückt in leichter Benebelung. »Die Unbestimmtheit – das Knospen..« Er mußte auf einmal an Esther denken: mit ihr war es so gewesen.. wenn sie zusammen im Montfortschen Garten saßen. Montfort sagte:

»Die Unbestimmtheit, das ist es – das nirgend faßbare Werden. So wie in den Wolken – wenn aus nichtssagenden Streifen Gebilde entstehen – noch ungestalt – nun sich gestaltend – ein Haupt erscheint – menschliche Züge – ein Flügel – eine Pranke – für einen Herzschlag lang eine vollkommene Figur – und schon löst es sich wieder – und verschwimmt – und was war es? So ein erster Blick – der in einem anderen hängt – und nicht wagt, zu greifen .. Ein Blickewechsel – ein Wortewechsel – ein Knospen süßer Gefühle – eine Berührung – vielleicht schon ein Kuß – schon ist es Alles – und noch ist es immer Nichts.. und wie wir jetzt zufassen und es halten wollen, entfliegt es – und das holde Wesen entschlüpft nach Amerika.«

Nach Amerika? Halt – was war das? War das mit Absicht gesagt? Georg, seinen Kelch vor der Brust haltend, spähte nach

Montfort hinüber, der noch wie vorher saß, den Kopf jetzt so tief hintenübergelegt, daß nur die Nase erkennbar war, die emporsprang. Ich habe an Esther gedacht – und er sagt Amerika. Kann das Zufall sein?

»Sonderbar«, äußerte er behutsam. »Ich dachte eben an ein Mädchen, das nach Amerika fuhr.«

»Aber leider nicht hinkam. Esther Birnbaum mit Namen.«

Georg schwieg betroffen. Dann nahm er einen Schluck, stellte seinen Kelch auf den Steintisch und sagte halb lachend:

»Was ist denn das jetzt wieder? Sind Sie ein Magier, der Namen ausspricht, die Andere denken?«

Jetzt ließ Montfort seinen Kopf vornüber sinken; Georg sah sein Auge funkeln – er lachte und sagte:

»Und des Bruders Name ist Sigurd – ich begegnete ihm in Odessa.«

Nun lachte auch Georg, während Montfort seinen Kopf wieder zurücklehnte.

»O so ist das«, sagte er. »Odessa ist Realität.«

»Außerordentliche Realität. Sie waren mit ihm befreundet?«

»Nun ja – nicht eben intim. Ich mochte ihn sehr gern – wir verkehrten viel miteinander, hatten manches gute Gespräch, obgleich er mir gegenüber oft eine absprechende Art hatte. Andre priesen seinen schimmernden Enthusiasmus für die Ideen seiner Freunde – davon habe ich nicht viel gemerkt. Und zuletzt –«

Georg zögerte, aber sein Mitteilungsbedürfnis war erweckt, und er fühlte sich getrieben zu sprechen.

»Nun, Ihnen, Montfort, kann man solche Dinge ja sagen. Ich habe das Ganze übrigens niemals so recht verstanden. Es war Eifersucht – und auch wieder nicht. Er hatte eine heftige Art Liebe für seine Schwester, die er als sein Geschöpf ansah. Ja, ich weiß nicht – sooft ich später daran zurückgedacht habe – irgendetwas war da – pervertiert. Das Mädchen hatte einen

Verlobten in Amerika – der verlangte nach ihr, und Sigurd wollte sie nicht verlieren. Da scheint er sich eingebildet zu haben, ich könnte sie fesseln, aber – nun – sehen Sie .. ich konnte sie nicht .. ich hasse das Wort Geliebte – es klingt so plump. Aber – wie wir vorhin ja sagten: die Unbestimmtheit – Unvollendetheit .. nun, so war es eben. Ich konnte sie nicht halten, und sie selber .. sie wußte wohl selber nicht, wohin eigentlich und –«

»Sie stürzte sich zwischen jenem und Ihnen in das Meer.«

Georg sah Montforts Auge wieder auf sich gerichtet; er sagte, zu lachen versuchend:

»Sie stürzte sich .. aber dies ist zu ernst, um zu scherzen.«

»Es ist auch kein Scherz. Es ist Sigurds Anschauung des Sachverhalts.«

»Hat er Ihnen das gesagt? Aber das ist Aberwitz.«

»Sicherlich. Aber auch der Aberwitzige glaubt, was er sieht. Und ich kann Ihnen mehr erzählen, woraus Sie getrost schließen dürfen, daß der Verstand dieses Sigurd nicht unbeträchtlich getrübt ist. Übrigens – meine Kusine Renate hatte mich auf ihn hingewiesen – so fand ich ihn in Odessa. Ich gewann Einfluß auf ihn –«

»Natürlich!«

»Ja – und natürlich nicht unter meinem Namen, den ich dort nicht zur Schau trug. Er öffnete mir sein Herz – es sah schwarz darin aus. So schwarz, daß ich nicht einmal recht erkennen konnte, ob, was darin war, eine Pistole war oder eine Bombe.«

»In Sigurd?«

»Er ist Terrorist geworden.«

»O so. Ja, ich habe in Berlin einen kennen gelernt, übrigens nicht von der radikalsten Sorte. Lewandowsky, ein Pole – haben Sie den Namen gehört?«

»Allerdings. Um bei Sigurd zu bleiben – soll ich Ihnen sagen, wie er die Dinge sieht?«

»Aber ich bitte darum.«

»Er ist des Glaubens, daß Sie seine Schwester verschmäht haben, nachdem sie – verzeihen Sie das plumpe Wort – Ihre Geliebte wurde – und sie sich dann aus Verzweiflung – nicht wissend wohin, wie Sie sagten – in das Meer warf.«

»Das ist fertiger Irrsinn.«

»Das ist es. Aber es schützt nicht davor, daß er hierher kommt – mit den bösesten Absichten.«

»Pistole und Bombe? Aber nun hören Sie!« Georg, der eben seinen Becher aufgenommen und an den Mund gesetzt hatte, mußte prusten. »Sigurd? Na, die bösen Absichten will ich Ihnen ja glauben, weil Sie es sind. Aber Sigurd und schießen? Er ist doch Jude – erlauben Sie mal. Haben Sie schon mal einen Juden schießen gesehn?«

»In Rußland. Auch hierzuland in den Kriegen.«

»Kunststück, im Kriege – da schießt ein Jeder.«

Montfort schwieg eine Weile und stand dann langsam auf.

»Vielleicht wissen Sie es besser als ich – Sie kennen ihn auch vielleicht besser.«

»Er phantasiert«, beharrte Georg, »aber er schießt nicht. Wollen Sie schon gehn?«

»O wir dürfen nicht daran denken, Ihnen länger den nötigen Schlaf zu rauben – es geht auf ein Uhr, und Ihr Tag morgen wird anstrengend sein. Wie ist übrigens Ihr Programm?« fragte er.

»Am Vormittag noch ein Stück Freiheit – mit Ihrer Kusine beim Festspiel draußen auf dem Lindener Berg. Um 1 Uhr die Eidesleistung. Dann hoff ich ein paar stille Stunden zuhause zu haben bis zum Bankett um halb sechs.«

Er stockte, indem er dachte, nein, von Magda braucht der nun Nichts zu wissen, und schloß, die späten Abendstunden gedenke er mit seinem Vater zu verbringen.

»Hier im Haus?« fragte Montfort und entschuldigte sich, er habe nun einmal seine Besorgnisse.

»Ja, hier im Haus. Mein Vater wird von morgen an hier wohnen.« Georg erklärte noch, während sie schon treppab stiegen, daß er von morgen an im Stadtschloß wohnen würde, wo nur in aller Eile ein paar Räume für ihn hergerichtet waren. Schon der alte Georg, der Astrolog, hatte dort nicht mehr gelebt, dann hatte es Jahrzehnte lang leer gestanden und war in den fünfziger Jahren von der Stadt übernommen, zu Verwaltungsräumen, Katasteramt und dergleichen.

Auf dem Platz draußen angelangt, über den sie langsam gingen, ihre kurzen schwarzen Schatten im Mondlicht vor sich schiebend, griff Montfort in die Tasche und holte einen schwarzblanken Gegenstand hervor, hielt ihn eine Weile zwischen den Händen und bot ihn plötzlich Georg auf der Fläche der einen – eine kleine Browningpistole. Georg sah verwundert auf.

»Dürfte ich es mir als eine besondere Gunst erbitten«, sprach Montfort, »dieses Ding hier bei sich zu tragen?«

Georg blickte auf die kleine Waffe voll Abneigung.

»Wenn Sie von Gunst sprechen«, murmelte er. Dann mußte er wieder in ein Gelächter ausbrechen, legte Montfort eine Hand auf die Schulter und sagte:

»Lieber Freund – eh dies Ding in meiner Hand losgeht, bin ich längst eine Leiche.

»Aber nicht durch Sigurd«, schloß er.

Montfort versetzte, jetzt ernst:

»Ja, so wie Bogner ums Haar.«

Bogner .. das war wahr. »Nein, hören Sie«, sagte er, um abzulenken, »wie hat der bloß solch einen sicheren Schuß abgeben können – mit selbst einem in der Brust? Das ist mir aus dem Polizeibericht doch nicht klar geworden.«

»Nun, sie schossen wohl Beide auf einmal. Und dann das Maleraugen – treffsicher wie immer.«

»Den Schurken zwischen die Augen – ja, mein Teuerster, damit können Sie eben bei mir nicht rechnen.«

»Verehrter Prinz!« Jetzt legte ihm Montfort die Hand auf, die schwer war. »Nehmen wir an, Alles wäre so, wie Sie sagen – Sigurdsche Phantastereien – Montfortsche Phantastereien. Aber Bogner liegt vielleicht im Sterben – und was meinen Sie, was der gesagt haben würde, wenn er von Frau Tregiorni gewarnt worden wäre – was sie wohl hätte tun können, denn ihr Mann hatte es schon jahrlang gedroht. Er hätte gelacht wie Sie. Sie aber, wenn Sie schon an sich selbst nicht denken wollen, so denken Sie an Ihren Vater, an die Kostbarkeit Ihres Lebens für ihn.

»Also – nicht mir zulieb – ihm zuliebe«, schloß er mit einem fast gütigen Lächeln von oben.

So nahm Georg das unangenehme Ding von seiner Handfläche, die es wieder anbot, sagte indes, sich zu wehren:

»Das nenne ich einen verrückten Abschluß unserer lyrischen Mondstunde.«

»So ists mit dem Irresein, Prinz: Es fragt nicht nach Anfängen und Abschlüssen. Doch wir können auch lyrisch enden.«

Sich umwendend, deutete er nach dem Monde empor, der als halbe glänzende Schale im leerblauen Raume schwebte und sagte:

»Matthias Claudius – ist der sanft, wo nicht zart genug?

»Sehr ihr den Mond dort stehen?
Er ist nur halb zu sehen,
Und ist doch rund und schön.
So sind gar manche Sachen,
Die wir getrost belachen,
Weil unsre Augen sie nicht sehn.

»Ja, nicht wahr«, sprach er weiter, »auch das Rasen des Dionysos sehn unsre Augen nicht, wenn wir die zarte Blume genießen – und es ist doch darin. Auch nicht das Rasen des Ares, wenn wir in Blumengefilden wandelnd dem süßen Amsellied lauschen. Nun – *good night, sweet prince, good night!*«

Georg blickte von der hohen, dunklen Gestalt, die sich in den mondlichten Baumgang entfernte, auf das schwarze, geölte Ding in seiner Hand, das nicht wie eine Waffe und doch so gefährlich aussah – wie die Belladonnakirsche. Ekelhaft, dachte er, mit dem Daumen die Sicherung hin und her schiebend. Und da geht er mit seinem Halbgesicht – *good night, sweet prince* – warum sagte er das so oft? Ist aus dem Hamlet, wenn ich mich recht erinnere. Meint er, ich bin auch so einer? Könnte recht haben.

Er wandte sich um, der Haustür zu, blieb aber wieder stehn. Sigurd und schießen – nein, sowas, der Gedanke ist zu absurd. Aber dieser Montfort war doch sonst zuverlässig. Welch ein Mensch: Rilke im Mund – und den Browning in der Tasche. Diesen möchte ich gleich in den Graben versenken. Ich – schießen auf einen Menschen – daran hab ich noch garnicht gedacht. Noch weniger als Sigurd und bin sogar Großherzog – morgen. Anna – ja, du lieber Gott, wie sie da auf den Jason schoß – und sogar traf, wie sie wollte – und mußte mir erst das Gewehr wegreißen. Wie ein Mensch so etwas tun kann, werd ich nie im Leben begreifen.

Die Tür zu seinem Zimmer behutsam öffnend, das von oben erhellt war, sah er richtig wie erwartet den blassen Egon in der Sofaecke, den Kopf aufgestützt, ein offenes Buch im Schooß, tief im Schlaf. Will mal sehn, was er liest, dachte Georg, auf den Zehenspitzen hinschleichend, allein der Schläfer erwachte, lächelte, seine Augen reibend, und hielt ihm das Buch hin, murmelnd: »Soeben erschienen.«

›Die Vehme‹, Trauerspiel in Versen, las Georg auf dem Titel – ah so, von dem jungen Schomerus, Renate von Montfort gewidmet, die sein Talent entdeckte. Will es mit ins Bett nehmen, dachte er, da er sich eher überwach fühlte als schläfrig. Aber den im Stehen schlafenden Egon schickte er in das seine. Schon im Fortgehn sah er den gedruckten Stundenplan für die nächsten Tage auf dem Schreibtisch liegen; Anna fiel ihm ein, und er setzte sich, nahm seinen Crayon und schrieb in die neunte Abendstunde: ›Mit A. nach Herrenhausen‹, bei sich murmelnd: Diese Treue.. Anfänge, ja, männliche; sie nimmt niemals ein Ende.

Im Bett, mit dem Ellbogen im Kissen liegend, schlug er das Buch auf, indem er dachte: Mal sehn, was ich aufs Geratewohl finde, und las, als Bühnenanweisung gesperrt gedruckt:

Erstes Erscheinen der Vehmerichter bei Nacht.
Stimmen aus dem Raume von überall.

Hör uns aus Nacht! Hör uns, als wärs ein Traum!
Uns – nicht aus Zeit, uns – nicht aus Raum!
Fürchte dich nicht! Sei wie die Kerzenlichter
In deiner Nähe nicht voll Angst noch Graun,
Obwohl zu schaun nicht unsre Angesichter
Und unsre Namen dir verborgen sind.
Dein Herz, in dem Entsetzen noch gerinnt,
Samml' es getrost, denn wir sind keine Schlimmen,
Sind Kläger nicht, noch Henker oder Richter,
Wir sind nur Stimmen.
Und was zu dir mit Menschenzunge spricht,
Ist wie das Licht –
Ist das Verborgene in dir – sonst Nichts.

Denn wir sind eingedenk des Lichts – wie du.
Obwohl wir gleichen ausgelöschten Kerzen,
Doch leuchten wir dir zu,
Aufdaß es helle wird in deinem Herzen.

Wir reden nicht von Schuld und nicht von Sünden.
Wir sind allein gekommen, zu verkünden,
Was in der Brust dir schlummert eingelullt.
Bedenke – Nichts auf Erden
Wird durch fremden Griff und Handeln!
Aus dir selber mußt du werden,

Kannst dich aus dir selbst nur wandeln.
Aus der Ferne kann
Nichts an dich heran,
Nur du selbst kannst dich gefährden.
Daß vom Dache fällt auf dich der Stein,
Lenkst du selbst in jene Straße ein.
Niemand stürzt durch deine Hand,
Schuld verstrickt sich leicht mit Schulden,
Nicht bedacht, und nicht erkannt,
Aber du mußt es erdulden.
Hiermit schweige unser Chor.
Nicht von außen, nein, von innen
Tönten wir zu deinen Sinnen,
Wandeln wir auch jetzt von hinnen,
Keiner sich aus dir verlor.
Sieh uns schwinden – tausendmal,
Über Bergen – im Tal –
Du hast keine Wahl –
Immer wirst du uns wiederfinden.

Das ist wirklich sehr schön, dachte Georg, das Buch wieder schließend. Kann einen selbst bedenklich machen. Sieh an, doch ein richtiger lyrischer Abschluß – aber an diesen Montfort will ich nun nicht mehr denken. Wohin habe ich das Schießding getan? In den Nachttisch, richtig, da wird nun diese schwarze Molluske herumkriechen und durch die Ritze zu knallen versuchen.

Er löschte die Lampe neben sich und legte sich auf die andere Seite, aber in seinem Kopf ging es rastlos weiter: Esther – sich in das Meer gestürzt – so etwas! Aber das sieht aus wie Sigurd. Vollkommen irrsinnig. Nein, da habe ich mir Nichts vorzuwerfen. Eher schon Sigune .. dieser Egge hat mir da etwas angesetzt. O und ich war fest entschlossen, heut zuletzt nur an Renate zu denken. Das letzte Mal Renate .. es ist mir doch wirklich gelungen, all die Tage nicht mehr an sie zu denken. War auch genug Andres zu tun. Nein – Sigune – Überstürzung – wieso Überstürzung? Durch das Trauerjahr war Alles festgelegt .. also .. o mein Gott, wird das jetzt niemals aufhören? Es muß gleich zwei Uhr sein – na, bis drei Viertel acht Uhr ist Schlaf genug .. Schlaf genug .. Nicht von außen, nein von innen .. nur du selbst kannst dich gefährden .. jawohl .. mit Browningpistolen .. lächerlich, wirklich ganz lächerlich ..

Zweites Kapitel

Frühstück

Renate saß morgens um halb acht Uhr vor ihrer Teetasse oder mehr vor der Morgenzeitung, die sie schräg dahinter aufgestellt hatte; das Frühstückszimmer lag im Schatten, aber im Fenster war hoch oben das Gefunkel der Sonne zu sehn, das durch die leicht sich bewegenden Wipfel spielte, und es war schon recht warm. Sie trug bereits die fertige Frisur für den Tag, von Perlenschnüren und schilfgrünen Bändern durchflochtene Zöpfe, die von den Schläfen herunterhängend mit ihren Enden in ihrem Schooß lagen; und sie aß und trank nicht eigentlich, noch las sie eigentlich, sondern sie fühlte sich erfüllt von dem immer wieder aufwallenden süßen Nachrieseln eines Traumes, den sie vollständig vergessen hatte, dessen Bilder daher wohl gleichgültig gewesen sein mußten, da er eben nur aus Glückserfüllung bestand.

Und jetzt wurden ihre Augen von der Zeitung erhoben, und sie sah durch die breite Öffnung der Schiebetür ihr gegenüber im Nebenraum eine hohe Gestalt erscheinen, unfähig zu glauben, was sie sah, den großen schwarzen Kopf und nun das Gesicht des Herzogs und seine dunkel funkelnden Augen, die stumm auf sie blickten. Beide konnten sich lange Zeit nicht bewegen.

Das Eintreten des Dieners, der etwas fragte, was sie nicht verstand, doch worauf sie den Kopf schüttelte, brachte sie zu sich, und sie konnte ihm entgegengehn und lachen und reden, Frage und Antwort tauschen – woher er so früh komme – nur um den Tag mit ihr anzufangen; wann und wie sie von der Reise zurückgekommen sei – erst gestern nachmittag, müde, aber von den Schwarzwaldwochen herrlich erquickt und gestärkt; ob er mit ihr frühstücken wolle – natürlich, wenn er auch seine Tasse Kaffee schon gehabt habe. Noch immer – oder nun wieder – wie im Traum holte sie selbst Tasse und Teller aus dem Geschirrschrank, räumte dann, ohne etwas zu denken, das von Erasmus benutzte Geschirr fort und legte eine andre kleine Serviette auf, schenkte Kaffee in die Tasse, setzte sich, stand wieder auf, das vergessene Besteck zu holen, endlich saßen sie dann nebeneinander und fingen an zu essen und zu trinken und ließen es wieder, um sich stumm in die Augen zu blicken, bis sie die ihren senken mußte und ihre linke Hand auf seine rechte legen.

»Wie sehen Sie aus!« sagte sie leise.

»Ha, wie seh ich aus?« erwiderte er lachend, »zehn Jahre jünger.« In seinen Augen war ein tiefes Gefunkel. »Endlich in Aktion«, sagte er, »endlich – und jetzt hier. Und Sie – wie die Eos selbst – aber was bedeuten diese Zöpfe?« Dann erinnerte er sich des Festspiels. »Das wird wieder eine furchtbare Quälerei werden.« »Heute nicht«, sagte sie lächelnd, »heute gewiß nicht. Heut bin ich zu glücklich.« Sie erinnerte sich jetzt daran, daß sie keine Botschaft von Josef vorgefunden noch erhalten hatte, und das war der eigentliche Grund ihres Glücks. »Ich werde ja auch Georg bei mir haben, er holt mich ab nachher. – « »Als wärs ein Stück von mir«, ergänzte er lachend und legte sich zurück, seine Augen zerbrachen fast vor Bewunderung, und er sagte:

»Dieser Junge – ist er eigentlich blind? Hat er keine Augen im Kopf?«

Sie lächelte. »Er hat schon«, versicherte sie, »aber ..« Sie lächelte in sich hinein. »Soll ich sagen, was unser Freund Jason bemerkt hat? Georg, soll er gesagt haben, malt all seine Liebsten auf Goldgrund – und der heißt Renate.«

»Und jetzt«, versetzte er, glücklich, scherzen zu können, »jetzt hat er sich etwas ganz Rares zugelegt – eine Jungfrau mit Zwillingen – wenn auch nur nominell –«

»Virgo Schley? Hat sie Zwillinge bekommen?«

»Gestern nachmittag – leider zwei Tage zu früh zu seinem Geburtstag. Und nun – was ists mit dem Festspiel? Sie haben mir schlau verschwiegen, daß Sie mitwirken.«

»Ach, doch nur nebenbei, ich –«

»Na, na, nebenbei!« warnte er.

»Halt nur als Erscheinung. Sie wissen doch – die Geschichte mit dem Leibschimmel, der den Bauern findet.«

»Georg ist sehr stolz auf den Bauern, obgleich er die von ihm angeblich stammende schiefe Nase nicht geerbt hat.«

»Damit nun dies Roß ordentlich weit laufen kann, ist eine Zwischenhandlung auf einen speziellen Hügel verlegt, auf dem ich anstelle der Adrian als Heliodora throne und das Roß entsende mit ein paar tönenden Jamben und nachher den Gregor empfange – mit noch mal zehn Jamben, indem ich mich ihm garnicht hold erweise, dieweil er nur von niedrigem Stande ist – und mir aufgenötigt durch die trassenbergische Ritterschaft.«

»Bei Ritterschaft fällt mir ein: Sie wissen wohl noch garnicht, was sich ereignet hat? Auf den ersten Blick ists auch garnicht zu sehn, aber – schon fängt es an sich zu klären. Stellen Sie sich vor: Die sämtlichen auswärtigen Potentaten, die wir geladen haben, haben Verwandte geschickt, Prinzen oder Großfürsten – ausgenommen die Länder, wo sie keine haben, Frankreich, Holland auch. Aber die sämtlichen deutschen Fürsten, meine lieben Vettern, haben irgendwelche Regierungsvertreter gesandt – ausgenommen Hessen und Baden, mit denen ich persönlich gut stehe – und was für welche! Die stockstkonservativsten Greise, die sie auftreiben konnten. Aber nun stelle dir diese Wirkung vor!«

»Schrecklich!« sagte sie, »im Ausland.«

»Die denken ans Ausland nur, wenn es zu spät ist. Aber soll

ich dir sagen, was das Ärgerliche daran ist? Das Ärgerliche ist nicht, daß die Briten, oder die Russen, die Franzosen, deswegen friedliebender wären, sondern daß sie mehr Haltung haben. Diese Deutschen sind ohne Haltung, ohne Besinnung, und wenn sie so am normalen Tage sind, wie wird es am kritischen Tag werden? Aber – na. Tatsächlich – es ist zu sehn – vom Ausland aus – wenn es auch nur Repräsentation ist – für mich ist es eine Friedenskundgebung gradezu.«

»Und welch eine Bestätigung deiner Person«, sagte sie glücklich.

»Und nun geht es vorwärts – vorwärts. Wenn ich Georg erst im Sattel habe – dann kann ich mich umsehn und loslegen.

»Dann fängt das Leben an«, sagte er leise, zum Fenster hin blickend.

Danach kam sein Blick zu ihr und fragte, senkte sich dann und schien sich auf einmal zu verwirren. Er sah im Raum umher, auf seinen Teller, sah sie wieder an und sagte:

»Wie sitzen wir denn hier? Frühstückend, als wären wir –«

Er brach ab und stützte den Kopf in die Hand. Noch ehe sie ihn dann anrühren konnte, war er aufgestanden, ergriff den Stock, den er zwischen seinen Knieen hatte, im Fallen und ging fort in den Nebenraum, wo er stehn blieb, wieder umherblickend. Als sie ihm dann nachgefolgt war und vor ihn getreten, eine Hand auf seine Schulter legend, war sein Auge so krank und flehend, daß sie es nicht ertrug und sagte:

»Ich gehe ja wieder fort.«

»Wann?«

Sie zauderte und rang mit sich, was sie sagen sollte. Josef – Erasmus – der Onkel erschienen in einem Wirrwarr vor ihren Augen: endlich konnte sie sprechen und sagte:

»Lieber – es ist etwas.. ich konnte es dir nur andeuten. Nicht mit uns – hier im Hause. Es muß sich erst entscheiden. Ich muß selbst etwas tun.. wenn ich nur wüßte.. Bitte, laß mich schweigen«, sagte sie, sich an ihn lehnend, mit größerer Sicherheit, »du wirst später Alles erfahren, wenn – wie ich hoffe..

»Ich kann dies Haus nicht verlassen«, sagte sie mit sanfter Festigkeit, »ehe das nicht geklärt ist.«

Der Blick der Zärtlichkeit, mit dem sie zu ihm aufsah, machte, daß er die Augen schloß und sich abwandte. Er ging zum Fenster und fragte von dorther:

»Und danach?«

Sie lachte und sagte: »Das werden wir dann sehn, du Ungetüm – Ungestüm wollte ich sagen. Und Sie müssen jetzt gehn, Durchlaucht, es sind nur noch drei Viertelstunden nach der Uhr da, und ich muß mich ganz umziehn.«

Er war schon fast an der Tür, wandte sich dort und sagte:

»Das Festkleid – bekomme ich es nicht zu sehn?«

»Leider – ich wüßte nicht, wann.«

»Ja, ich bin all den Tag über .. wär es nicht möglich am Abend? Nach dem Bankett – du weißt, ich wohne jetzt bei Georg.«

Ihre Brauen gingen empor, sie zögerte, konnte dann lächeln und antworten: »Freilich – das wäre gut möglich«, allein er hatte wohl die Bewegung in ihren Zügen gesehn und versetzte rasch: nein, wohl doch nicht, dann habe er stundenlang Wein getrunken .. vielleicht sei es morgen möglich; worauf er dann rasch zur Tür ging, nur wenig ungeschickt mehr, wie sie beglückt erkannte, mit dem Stock eben aufstoßend.

Fahrt

Als Georg drei Viertelstunden später den Wagen verließ, der ihn zur Güntherstraße gefahren hatte, und auf das Gittertor zuging, mußte er stehen bleiben und bei sich sprechen:

»So ist es das letzte Mal nun – wirklich. Meine nicht bekommene Krone –«

Er blickte an sich herunter und fand sich, obschon bunt, bescheiden genug als junger Ritter gekleidet in die Landesfarben: ein anliegendes Hosenbein weiß, das andre hellgrün, und der Rock, halb die Oberschenkel hinabreichend, himmelblau, von einem schrägen Gürtel aus goldverhakten Perlmutterplatten zusammengehalten, an dem ein goldener Dolch hing und vorn eine kleine blaue Sammettasche mit Nichts darin als dem Taschentuch, Zigaretten und Feuerzeug.

Er sah zu dem Haus im Morgenschatten empor und sagte:

Noch einmal will ich sie ganz in mich aufnehmen; und dann der Verzicht für immer – ja, echt nach Wilhelm Meister – erst ein Verzicht – dann das Leben und – nun, Gott helfe mir, Amen, murmelte er, traurig streng, wie er sich seit dem Erwachen am Morgen fühlte. Für den Mummenschanz, dachte er, durch den Vorgarten gehend, sollte ich heiterer sein, aber so ist es immer, niemals ganz wie es sein sollte.

Als ihm aber dann die Tür zur Halle geöffnet wurde und sie inmitten dastand – lavendelblaues Wunder –, konnte er sich eben nur so weit zusammennehmen, zu begreifen, daß er wie sie im Kostüm war, daher stumm in die Knie sinken, den Kopf neigen und dann theatralisch emporschnellen, die Arme ausbreitend und rufend:

»Herrlichkeit! Herrlichkeit über Herrlichkeit! Ich bin da – ich bin gekommen!«

Dann ging er rund um sie her und staunte. Sie lächelte – oh – ah – wie sie allein lächeln konnte, den Kopf still grade haltend, denn Magda war hinter ihr stehend beschäftigt, eine über fußhohe silberne, mit hellblauen Bändern umwundene Tüte auf ihrem Haar zu befestigen, von deren Spitze ein weißer Schleier niederhing, in der Rückenmitte emporgerafft. Dieses bräunliche Haar – mit Perlenschnüren und lichtgrünen Bändern durchflochten die wie Taue dicken Zöpfe! Lavendelblaue Seide umschloß Brust und Hüften eng, dann in starrem Faltenwurf ausgebreitet zum Boden, und vom Halsausschnitt floß ein zwei Hände breiter Streifen Silberbrokat herab in einen gleichen Streifen, der den Rock unten umfaßte. Und in all dem Silber und Hellblau und Perlweiß und Lichtgrün das meertiefe Blau ihrer Augen, die Rosenfarbe der Wangen, das feuchte Rot der Lippen, dieser göttlich geschwungenen, vor denen Mona Lisa gelb werden mußte – – ein Pokal, ein Pokal – mit Nichts als Blume gefüllt und mit Unersättlichkeit, und – nicht denken heute, nicht wollen, nicht einmal fühlen, sagte er innerlich, während sein Mund redete, nur *sein* heute, sein, sein – in ihr sein, in Verzückung ..

Später dann, vor dem Einsteigen im Wagen, gab es einen Aufenthalt, da die Kopftüte bei weitem zu hoch war und von seinen zitternden Fingern wieder abgenommen werden durfte, dann während der Fahrt auf den Knieen gehalten, dicht neben ihr sitzend, ihre Rockfalten über dem rechten Knie und gleich schon eingewoben in ihre Aura, ihren Lebensduft, der von ihr aushauchte wie von sonst keiner Frau. Das Atmen fiel ihm schwerer von Minute zu Minute, während er in tiefer Bestürzung dachte: Was habe ich getan? Ich hätte es niemals tun sollen! Mich in einen Abgrund gestürzt .. wie konnte ich das nicht wissen? Weil ich sie seit Monaten nicht gesehn habe. Wie verliere ich jetzt nicht die Besinnung? Sie ist noch niemals so schön gewesen! Sie strahlt alles Glück des Lebens aus!

Dies in Intervallen, während er mit ihr redete, von Virgo Schley und ihren Zwillingen – und prophetischen Birnen, die es vorausgesagt hatten. Dann konnte er seine Entschuldigungen hervorbringen, daß er sie zu der Schaustellung genötigt habe, daß er sich aber heute mit der gesamten Stadtbevölkerung demokratisch-solidarisch wisse in dem Glück, sie anschaun zu dürfen.

»Ist es nicht«, fragte er bescheiden, »auch etwas Glück für Sie, Zehntausend glücklich zu machen?«

»Minus eins«, erwiderte sie ihn anlachend, dankbar für

seine echte Ergriffenheit. »Dame Adrian war so wütend, wie Sie wissen werden, daß sie ihre Rolle hinlegen wollte.«

»Das ist bei Schauspielerinnen so üblich«, tröstete er sie, »in Wirklichkeit wäre sie eher in Stücke geplatzt. Sie weiß selbst, daß sie häßlich wie die Nacht ist – übrigens wieso ist sie häßlich – die Nacht, meine ich? – und daß sie ihre Erfolge nur ihrem Talent verdankt. Warum muß sie noch Schönheit begehren?«

»O doch nicht die Schönheit, Georg – nur das herausgefallene Stück aus ihrer Rolle. Und welche Frau duldet wohl eine Rivalin? Wenn ich ein Mann wäre, könnte ich so schön wie Apollo sein.«

So plauderten sie weiter von dem und jenem, Renate erzählte vom Schwarzwald, Georg von der gestrigen Serenade – wie wundervoll war Magdas Stimme geworden! –, von Josefs Besuch, sich rechtzeitig noch besinnend, nicht von ihrem Zusammensein auf dem Dache zu sprechen, um nicht in Versuchung zu kommen, Sigurd zu erwähnen. Inzwischen waren sie in die Stadt gelangt und wurden still bis auf Ausrufe ab und an, wenn es etwas Besonderes zu sehen gab, denn die Straßen waren nun dicht gefüllt mit Getümmel und Gewühl buntfarbiger Menschen des Mittelalters, die lachten und redeten und augenscheinlich höchst guter Dinge waren – Bauern in grünen, blauen und gelben Hemden, breitrandigen Strohhüten, prächtige Bürgerfrauen in schweren Samten und Spitzen, Edelknaben, Harlekine, behelmte Ritter in Kettenpanzern, die ihre schweren, langsam tretenden Rosse durch das Gewühl lenkten, und hüpfende und singende Kinder, Ritterfrauen, seitwärts auf ihren mit Samtdecken behangenen Zeltern sitzend, hohe spitze Tüten auf dem Kopf oder mächtige Turbane und andere seltsame Kopfzierden. Aus allen Fenstern hingen Fahnen und Teppiche, über denen Schaulustige lachten und winkten, und Tannengirlanden mit Fähnchen darin hingen über den Straßen, von roten, girlandenumwundenen

Masten. Als sie die Stadt wieder hinter sich hatten und schneller in dem dünner fließenden Strom der zum Festspiel Wandernden hinrollten, hatte Georg vor Aufregung und Atemnot keine Stimme mehr und konnte lange keinen Gesprächsstoff finden. Er mußte sich zurücklehnen und die Augen schließen, vor seinen Augen tanzten die lachenden Gesichter und bunten Kleiderfarben, und nun konnte er sprechen, bedauernd, daß diese schöne Farbigkeit und die reichen Trachten aus dem Leben der Menschen verschwunden seien. Wie simpel heut auch die Frauenkleider, je damenhafter, um so betonter die Schlichtheit und die Stumpfheit der Farben – gar diese Schneiderkleider!

»Der Fabrikschlot«, sagte er, »ist es; der schlägt die Freudigkeit tot. Die Mechanik, die Maschine, der Ruß und die Hetzerei. Denn Farbe ist Freude, Farbigkeit Freudigkeit – darauf kommt es an –, und wer freut sich heute des Lebens? Alle hetzen sich ab, Hunde und Hasen zugleich, und um ja garnicht mehr zur Besinnung zu kommen, haben sie das laufende Band auch im Kino, wo nur schwarze Schatten im toten Licht herumwimmeln, und alles ist Sensation. Heiterkeit ist Seele, aber jetzt wird nur an den Nerven gezerrt. Kein reines Gelächter mehr, nur knalliger Witz, Raketen und Verfolgungen über die Dächer, und nur schnell, schnell, immer schneller.«

»Ja«, sagte sie, still lächelnd zum Fenster hinaus blickend, »darum fahren wir in dem Auto.«

»Schrecklich – man wird hineingerissen. Ich kann Ihnen sagen, die letzten Tage war ich beinah froh, Uniform anzuhaben, so dick und heiß und eng sie war, bei all den Empfängen, wo sie auch alle schön und bunt waren – ausgenommen natürlich diese Deutschen – in ihren alten Ministerfräcken. Da konnt ich mir fast als Krieger vorkommen, ich –« Er lachte, nicht ohne Krampf in den Backen. »Hatte kaum eben grüßen gelernt, und wie mir die riesige Patronentasche um die Beine schlenkerte! Aber die Uniformen werden ja nun auch bald verschwinden, und Alles wird grau wie der Pulverdampf..«

Er redete unaufhaltsam, ohne sie anzusehn, aus dem Fenster blickend, doch ihr Bild vor den Augen, wie sie dasaß, das Kinn in die Hand gestützt – dies Profil, diese Biegung der Nase von unglaublichster Zartheit, an der nicht zu sehn war, wo die Krümmung anfing, noch wo sie aufhörte, und wenn sie die Lider senkte, die langen Wimpern – ein Götterbild, Sternbild – Kassiopeia – Haar der Berenike .. die Sterne, die begehrt man nicht .. nein, schon allein das Ertragen ist fast unmöglich! Und doch hat sie einer – irgend ein Mensch, ein Klotz, der hält Alles aus, schläft mit ihr – oh, nicht dran denken! Wie darf so etwas sein? Eine Naturwidrigkeit! Sie kann ihn doch nicht lieben! – Seine Gedanken zuckten und tanzten. Lieben – wer spricht von Liebe! Anbetung – ihr vor den Füßen liegen – sie auf den Händen tragen .. Gottlob, es scheint, wir sind angekommen.

»An dem Auto selbst«, sagte er, um gelassen zu erscheinen, die Hand nach dem Türgriff neben sich ausstreckend, »und an den Uniformen und Orden, die man anlegt, ist am Ende Nichts gelegen. Man muß nur wissen – was es ist und nicht ist – und wissen auch«, schloß er, fest in ihre Augen blickend, »wo das Leben ist.« Er sah ihre Augenbrauen leicht aufwärts zucken, während er sich abwendete und hinaussprang, seine blaue Samtmütze auffangend, die oben anstreifend herabgeglitten war, und lachend. Als er sich dann zu ihr umdrehte, die ihr Kleid raffend und den Fuß niederstreckend sich in die Tür vorbeugte, faßte sie ihn auf einmal ins Auge, lächelte und sagte:

»Wie ähnlich Sie doch heut – – ja, jetzt wieder ohne die Kappe, es war mir im Haus schon aufgefallen, wie Sie heut Ihrem Vater ähnlich sehn.«

»Aber Renate!«

Er war so bestürzt, daß er nur undeutlich den ängstlich erschreckten Ausdruck auf ihren Zügen sah, ehe er sich wegdrehte, um sich zu fassen.

»Das ist wohl nicht möglich«, sagte er dann ruhig, ihr die Hand reichend, und sie trat auf den Boden.

Sommerluft, Sommerwärme! Georg holte tief Atem, während er sich umsah und erleichtert die Schönheit der Erde empfand.

Drittes Kapitel

Mummenschanz

Wiesen, Roggenfelder, Haferfelder im schon bräunlichen Gelb, fern hinten grüne Tannen – und in weiter Ferne ein Stück der Stadt, grüne Turmspitzen im Glast der Sommersonne. Linkshin entrollte die weiße Straße unter schwer tragenden Kuppeln der Apfelbäume, weithin betupft mit leuchtenden Farben von Menschen; ein Zitronengelber wandelte vorn heran, weiter hinten zog ein ganz bunter Haufen, aus dem zwei Zinnoberrote glühten. Dann mußte er aufhorchen – Musik, schwirrend in der Sommerstille .. aha, Guitarren und Lauten, sie kamen auf der Landstraße heran, im rauschenden Takt marschierend. Ja, wo sind denn die Pferde, die hier am Wegkreuz sein sollten? Nahebei drehte ein einzelner Geharnischter sein schwarzes Pferd um sich selbst und lenkte herbei, die lange Lanze im Bügelschuh, den Kopf im spitzgewölbten blanken Helmtopf, das Kinn vom Maschenkragen des grauen Stahlhemds umschlossen – die Vermummung eines zu vermutenden Feldgendarmen, der für Ordnung zu sorgen hatte. Aber wieder ausspähend, glaubte Georg fern hinter dem bunten Haufen etwas schwarzrot Vermummtes und Weißes zu sehn, auch einen Reiter in Weiß und Grün; da kamen die Pferde.

Indem war aus dem Fußsteig neben der Straße der Wanderer im faltigen Zitronenhemd nahe gekommen, unter dem breitrandigen Spitzhut ein rüstiger Greis von achtzig bis neunzig Jahren, weißbärtig und rotwangig, in grünen Strümpfen, mit einem Wanderstabe, Muscheln am Hut – ein Pilger vom Morgenlande. Jetzt blieb er stehn, Renate gewahrend, und staunte, indem er langsam einen Zigarrenstummel aus dem Munde nahm.

»Heiliger Rochus«, sagte Georg bescheiden, seine Kappe lüftend und sein Zigarettenetui aus der Tasche nehmend, »dürft ich um Feuer bitten?«

Aber die Zigarre war erloschen, der Greis raffte sein Hemd empor, holte Streichhölzer aus einer braunen Manchesterhose und reichte sie Georg, indem er sagte: »Mit Permission – ob dieses die Heliodora ist?«

Georg bejahte, ihm die Zigaretten anbietend, von denen der Greis nach einem Blick auf seinen Stummel, den er dann wegwarf, eine nahm und sich höflich bedankte. Georg hielt das brennende Streichholz in die halb aufgezogene Schachtel und bemerkte, nachdem sie beide ihre Zigaretten hineingetunkt hatten und qualmten, es sei ein herrlicher Tag.

»Herrlich ist jeder Tag«, bemerkte der Greis, Heliodora nicht aus den Augen verlierend, »an dem ein Christenmensch sich nicht zu schinden braucht.« Indem er beim Stehen sonderbar beständig die Füße wechselte, plinkte er Georg verschmitzt zu und sagte:

»Jung verheiratet, wie? Die heilige Dora, eiwei!«

»Nein, alte Eheleute«, versetzte Georg, jetzt auf einmal mächtig heiter, wie es ihm zumeist erging unter Menschen, aus der von Kind auf anerzogenen Verpflichtung, heiter zu scheinen. »Frei Essen und Trinken für Alle obendrein«, bemerkte er, den Rauch in die Lunge ziehend, aber der Greis kratzte sich am Hinterkopf, daß der Hut ihm halb über das Gesicht rutschte, und erklärte sich, ihn wieder zurücksetzend, unzufrieden mit seiner gelben Hose; was er am morgigen Tag damit anfangen solle?

»Na, Mann«, versetzte Georg, »laßt den morgigen Tag für das Seine sorgen! Es ist doch immer ne Hose.«

»Für en Professor am orientalischen Seminar ist das keine Hose«, erklärte der Greis gekränkt, schmunzelte aber vor sich hin, als er, seinen Hut lüftend, von dannen schritt, weit ausholend und seinen Stab schwingend.

»Der ist kaum erst fünfzig«, sagte Georg zu Renate, die er beschäftigt fand, ihre Kopftüte zu befestigen. Vor ihr stand ein kleines Mädchen, das plötzlich da war, und hielt ihr andächtig den kleinen Spiegel, den sie mitgenommen hatte. Dahinter standen zwei Jungens, weit offenen Mundes und so dumm vor Staunen, daß Georg lachen mußte. Aber jetzt kam die Musik heran, junge Leute, Studenten, ähnlich wie Georg gekleidet, einer in Schwarz und Gelb, einer ganz in Grün, die beiden Zinnoberroten, jeder sein Instrument vor sich, hinter ihnen die Mädchen, schön in Gewändern flatternd, Kränze im offenen Haar, eine schieferblau, eine rostrot, eine grün und weiß gestreift, Arm in Arm in langer Reihe. Jetzt wandten die Musiker sich um und winkten auf Heliodora, hoben ihre Instrumente, rauschend fielen sie Alle ein, und einer erhob seine Stimme mit der Melodie: ›Horch, was kommt von draußen rein?‹ schallend:

»Seht, was steht denn dort am Rain?«

Der ganze Chor fiel ein:

»Hollahe, hollaho!«
»Das muß Heliodora sein!
Hollahehaho!
He – lio – do ra – lächle mal!«

Damit waren sie taktfest herangekommen und marschierten vorüber, alle Gesichter mit offenen Singemündern hergewendet. Georg wollte sich umdrehn, um Heliodora lächeln zu sehn, wäre aber ums Haar überritten worden und sprang zurück vor einem feueräugigen roten Roßkopf. Oben war das volle, braun und rote Gesicht eines Geharnischten, barhaupt, mit gestutztem Armeeschnurrbart und funkelnden schwarzen Augen, der lachend sein Streitroß zur Seite nahm, Georg im Bogen umtrabte und sich verneigte. Georg rief ihm zu: »Wer sind Sie?«

Mit schallender Stimme: »Rittmeister Freundlich, königliche Hoheit, vierte Eskadron Beuglenburgische Jäger zu Pferde!« rief der Trabende zurück, und da schaukelte sein weiß und roter Knappe trabend an Georg vorüber, den Helm seines Herrn im Arm, Schild und Lanze am Sattelbug, aber das rosige Gesicht war umflogen von langem braunen Haar, und: »Ich bin seine Frau!« rief sie strahlend; aber da war schon die Eskadron heran und polterte klirrend herbei, rote schwitzende Bauerngesichter unter den Topfhelmen, auf und nieder, auf und nieder, im langen Trabe, nickende rote Pferdehäupter, schwarze Mähnen, Hufschlag, wirbelnde schwarze Schweife, weißrote Fähnlein und wogendes Wippen in den sesselartigen Eisensätteln, Geklirr und Geklapper. Einer der Unteroffiziere neben dem zweiten Zug hob die Lanze aus dem Schuh, tippte mit der Spitze nach einem der offenen Mundes staunenden Mädchen, die bog Brust und Kopf zurück, erwischte den Wimpel, hielt ihn fest und sprang laut schreiend und lachend neben den Pferden her, die zur Seite drängten, die reitenden Burschen in Eisen lachten dröhnend, dann war das Ganze vorüber, reitende Schatten verschwanden in der weißen Wolke des Staubes, die sich über die Straße breitete. Darin sah Georg das Mädchen in Schieferblau mit violettrotem Rock auftauchen, eine kleine Heilige von Riemenschneider, Schultern und Brust glatt vom Stoff umschlossen, der über den Hüften locker auseinanderfiel, und sie sah ihn braunäugig an, erkannte ihn und errötete.

Da waren auch die Pferde. Georg empfand eine Stärkung, da er ganz gerührt aus dem steifen Umhang dunkelroter Decken mit großen schwarzen Wappen und Ornamenten den vertrauten braunen Unkas-Kopf hervorragen sah. Neben ihm –

wahrlich, das war ein stolzes Geschöpf, ein mächtiger, schneeweißer Schimmel wie des Großen Kurfürsten bei Fehrbellin – »Lipizzaner«, erklärte Georg Renate, »extra vom Gestüt aus Wien verschrieben« –, mit einem fast zur Erde fallenden, welligen Gießbach von Schweif, versilberten Hufen, rotzackigen, in Silber gefaßten Zäumen und nur einer blauen Sammetdecke, auf der ein breites weißes Atlaskissen befestigt war. Ferdinand, der halb grün, halb weiße Reitknecht, schwang sich von seinem Roß, zu dem gleich zwei Mädchen zum Halten stürzten, und Renate, etwas ängstlich, da sie noch nie auf einem Pferd gesessen hatte, und sich jedenfalls ängstlich stellend, wurde von unzähligen Händen wie ein kostbares Gefäß emporgehoben und auf das Kissen gesetzt, die Füße auf ein schmales, an Riemen hängendes Brett stellend. »Damensättel«, erklärte Georg, »gab es damals noch nicht.« Dann ließ auch er sich auf den Rücken von Unkas stemmen, fand die Steigbügel, lenkte zu Renates rechter Seite, sah sie die Zügel halten, sie nickten sich zu, er erfaßte den rechten Zügel, und die Pferde setzten sich in Bewegung. Die Straße stieg nach ein paar hundert Metern eine Anhöhe hinan.

Oben wurden sie von einem dort haltenden Trupp Panzerreiter in graden Topfhelmen und Kettenhemden und zwei Fanfarenbläsern mit silbergefransten blauen Seidenstandarten an ihren Silbertrompeten empfangen; diese wandten, nachdem sie mächtig geschmettert hatten, ihre Pferde, um die Straße hinab und gleich wieder emporzutraben, da sie in das Tor des Waldes verlief, der den sanft und rund sich erhebenden Hügel bedeckte. Aus dem Gewipfel oben stieg der viereckig grade graue Turm einer Ruine empor, die, wie Georg Renate erklärte, gut genug erhalten war, um mit grauer Pappe vortrefflich ergänzt zu werden. Der Rittertrupp bestand seinen Gesichtern nach aus jungen Offizieren und war bei Heliodoras Nahekommen – da sie Georg nicht gleich erkannten, nur auf die Erstaunliche schauend – in munterm Geplauder begriffen, plötzlich mit Stummheit geschlagen, worauf sie Blicke wechselten und wie mit einem Schlage nach ihren Helmen griffen und sie abnahmen – ein reizender Anblick, dachte Georg –, während Heliodora lachte und unbyzantinisch winkte, wie die erhitzten, blonden und braunen Jungensgesichter zum Vorschein kamen, wenn sie auch leider glatte Scheitel statt schöner Locken hatten.

»Guten Morgen, ihr kühnen Recken«, rief sie, »wie befindet ihr euch?«

Worauf erst ein Schweigen, dann eine helle Krähstimme antwortete:

»Wie wenn die Sonne aufgeht – o Sonnenspenderin!«

Dann gab es ein erleichtertes Gelächter, und der Trupp schloß sich ehrerbietig im Abstand hinter ihr und Georg an.

Bald ging es dann auf der mählich empor sich windenden Straße mit Klappern und Klirren im Schatten der hohen Waldbäume den Berg empor, und Georg war beklommen froh, sie mit heiteren Zügen in die grünen, sonnedurchglühten Wölbungen emporblicken zu sehn. Einen Blick von ihm auffangend, sagte sie:

»Heut ist es schön. Heut hab ich kein bißchen Angst.«

»Haben Sie denn sonst Angst – wirklich?« fragte er betroffen – in einem Dämmern der Erinnerung an die Korsofahrt; aber seitdem war sie doch ununterbrochen in der Gesellschaft gewesen.

»Fürchterlich«, sagte sie lachend, »entsetzlich. Aber heut – ich glaube, es kommt von den Kostümen. Alle Menschen scheinen mir anders zu sein. Und dann die Natur hier und die Freiheit.«

»Ich sagte es ja«, versetzte Georg. »Die Farben bringen die Freude und die fremde Kostümierung Erleichterung. Sehen Sie, da ist das Burgtor, nun werden gleich die Fanfaren schmettern«, und er fragte, ob sie das letzte Stück allein reiten könne, denn er müßte zurückbleiben.

Das spitzgewölbte Tor lag jenseits eines kleinen Platzes in den grauen Mauern, die durch Buschwerk und Bäume schimmerten, und buntes Gewimmel war drinnen zu sehn. Die beiden Fanfarenbläser warteten dort, ritten jetzt kurz vor der Kommenden hinein und in den Hof, ihr helles Geschmetter erhebend. Nahe hinter ihr durch die Wölbung reitend, hörte Georg das laute Stimmengetöse und sah den weiten Hofraum Kopf an Kopf von der buntfarbigen Menge erfüllt, in die das schöne weiße Pferd nun seine prangende Last hineintrug. Die Fanfaren verhallten, das Getöse legte sich rasch, und dann herrschte tiefe Stille.

Geraume Zeit war nicht ein Laut zu hören, während sie inmitten der Menge hielt; dann sah Georg in den vordersten Reihen Köpfe, die entblößt wurden – und dann geschah in der ganzen Menschenmasse das gleiche, während es vollkommen still blieb. Werden sie jetzt in die Knie sinken? dachte Georg betroffen und sah in Renates Gesicht, die sich nach ihm umwandte. Mein Gott, sie weint ja! – Im nächsten Augenblick brach unermeßlicher Jubel los mit: »Heliodora! Heliodora!« sodaß der Schimmel sich vorne hob. Beim Himmel, dachte Georg, das ist kein Theater! Diese Menschen haben wahrhaftig Augen in ihren Seelen. Der ganze Hofraum war ein wildes Durcheinanderwogen geschwungener Hüte und Helme und Schwerter, Mützen und Taschentücher. Nun sah er Renate mit beiden erhobenen Armen winken und sie gleich darauf von ihrem Sitz gleiten oder gezogen werden; ein riesiger Geharnischter war plötzlich da, der sich durchgedrängt hatte und sie nun auf der Schulter hatte, während hundert Arme und Hände von allen Seiten sich ausstreckten, um sie zu stützen, und so entschwand sie ihm, fortgetragen, und er wendete rasch sein Pferd, um jetzt nicht in Erscheinung zu treten. Auf dem Vorplatz draußen sah er, daß ein Fußweg unter der Mauer herführte und lenkte hinein, mußte aber gleich darauf halten und sich umsehn.

Über ihm lief wie ein blauer Bach der Himmel durch das Gewipfel neben der Mauer her. Das Buschwerk stand mit tausendfachem Geblätter regungslos neben dem Weg, und er mußte einen Augenblick denken, dies könnten lauter verzauberte Menschen sein. Er sah die rote und schwarze Vermummung seines Pferdes und sein eigenes blaues Kleid. Sie waren auch bezaubert, dachte er, ja – es war – wie hieß es noch bei George? ›Die tausendköpfige Menge – Die schön wird, wenn das Wunder sie ergreift.‹ Waren sie schön geworden? Innen gewiß – von der Schönheit. Aber sie hätten nicht so ergriffen werden können, wenn heute nicht Festtag wäre, Befreitheit vom Alltag – und ich – ich hocke hier in meiner alltäglichen Dumpfheit und kann mich nicht losreißen. Es ist etwas in mir, ich fühle es, das will frei werden – ganz frei – so – als ob ich Gesang werden könnte und – nein, bei Gott, ich muß weiter jetzt, weiter sehn.

Aber als er ins Freie kam, mußte er wieder halten. In der Tiefe, ausstrahlende Meilen weit nach Süden, Westen und Osten hin, nicht zu ermessen mit Augen, lagerte sein Land, Ebene an Ebene, ein ganz ferner blauer Schimmer von See und das silberne Geschlängel des Flusses – sein Land, von dunstigem Golde rauchend, grüne Flächen, gelbes und bräunliches Gehügel der sich rötenden Haide, lagernde Bergrücken in den Fernen unter grauen Dünsten. Wie er zur Rechten hinüber sah, war da in der Ferne die Anhöhe, wo vor dem Waldrand die Aufführung stattfand. Kleine bunte Gestalten standen darauf und bewegten sich, und am Fuße der Anhöhe war wie ein See die buntfarbene Zuschauermenge weit ausgebreitet, mit zipfligen Ausläufern und überall zu kleinen Höhen empor, wo winzige bunte Punkte in den Bäumen hingen. Unter dem gewaltigen Himmel in der uferlosen Weite war all das überaus klein; selbst die vielen großen Banner, an einigen Stellen zu schattigen Wäldchen gesammelt, und andere, die über den glänzenden Tribünendächern wehten, waren so klein wie Taschentücher. In dem buntfarbenen See lief ein ununterbrochenes Glitzern und Blitzen von sonnegetroffenem Metall hin und her, und am Rande konnte er allerlei unterscheiden, Strohhüte, rote Kleider, weiße, gelbe, das Rötliche von Gesichtern, und nun sah er auch jenseits der weißen Straße die langen dunklen Rechtecke geharnischter Truppen, überhüpft vom Gefunkel der Lanzenspitzen und Helmdecken und dem rot und weißen Geflatter der Fähnlein.

Georg wurde fast kalt in der Sommerglut, und er fragte sich zugleich, ob er träumte. Dies war überschön – in seiner Stille unter dem Himmelsgewölbe. Aber wo ist Renate? Ihn fror in der Seele, daß er erzitterte, und er wandte sein Gesicht langsam nach links hinüber.

Da hielt eine lange Reihe grauer Geharnischter auf lauter Apfelschimmeln, und dahinter war Waldinneres, wie ein Bild, angefüllt mit Bannern, Standarten, Helmen, Gesichtern und Buntheit, ganz vorn das brennende Scharlachrot zweier Kardinäle auf grauen Maultieren. Die Reihe der Berittenen setzte sich eben langsam talwärts in Bewegung, alsbald begannen sie zu traben, zwanzig grünweiße Fähnlein senkten sich miteins nach vorn, sie galoppierten leicht rasselnd den Hügel hinab, verteilten sich unten und hielten. Und nun sah er auch dort einen weit gebreiteten See trachtenfarbiger Zuschauer und daß die ganze Straße fernhin von bunten Menschenreihen gesäumt war.

Im Grün des Waldes und der Menge erschien in Georgs Augen ein braunes südliches Gesicht auf dem Grund eines weißseidenen Banners; unter den Buchenkronen war jetzt ein berittener Halbkreis sichtbar, die Geistlichkeit, Bischöfe, Äbte, Mönche, und nun löste es sich vorn heraus mit Pomp, Kopf und schmaler Hals eines Maultiers und großer grüner Behang mit goldenen Arabesken, auf dem Rücken des Tiers ein Turm von Weiß und Gold, der Erzbischof, ein faltig rosiges Antlitz unter der goldenen und weißen, mittwärts gespaltenen Mitra. Ihm folgte der Klerus, Mönche in weißen Chorhemden, Alles glitzerte von Gold und farbigen Steinen, da schimmerten scharlachrote Pelerinen und Hüte, Kasulen und Stolen funkelten, Decken von weißem Samt, Wiesengrün, ein riesiges gelbes Banner mit schwarzen Greifen entfaltete sich, und so schwankte das Alles vorwärts.

Und da war sie auf einmal, fast klein, aber deutlich zu sehn, ihr blasses Gesicht unter der hohen Tüte, mitten im Halbkreis ihres Hofstaats hielt sie, jetzt umwallt von purpurnen Mantelfalten. Das weiße Pferd hob den Kopf, bewegte sich vor und schritt langsam, stolz und einsam und hielt wieder vor einem leeren grünen Rasenplatz, an dessen anderem Ende auf einer rotbekleideten Stufe einsam ein Thronsessel stand mit hoher grader Rücklehne; dahinter standen Bewaffnete.

Gleich darauf hielt Georg, der sein Pferd hinübergelenkt hatte, in einem Dickicht, das nicht aus Gebüsch und Bäumen, sondern aus stillen Menschen in verschollenen Trachten bestand, die Alle in eine Richtung blickten, sich mitunter bewegend, um zwischen denen, die vor ihnen waren, hindurchzuspähn. Er gewahrte vor sich einen kurzen, mit schwarzem Pelz verbrämten dunkelgrünen Mantel und die runde Kruppe eines glänzend schwarzen Pferdes, die Wurzel des Schweifs und die rote Lederschlinge, aus der er wuchs – und wie still der Schweif da hing auf die kräftigen Pferdehacken; darunter waren die Füße weiß, von den Hufen stand einer fest auf, der andre auf seinem vorderen Rand; ein Streif schwarzer Wichse war sichtbar daran, in dem Bezug von Staub. Jetzt war Alles traumhaft geworden, seine Augen wanderten weiter in diesem stillen unteren Leben, das für sich allein im Schatten war, Pferdebeine und Hufe überall, hangende Decken, grün, rotbraun und gelb, nicht mehr leuchtend im Schattendunkel. Er sah die still hangenden Falten weiblicher Schleppröcke, einen roten, einen hellblauen, einen violetten, und die Linien der Pferdebäuche, Gurte, an deren Rand das eingeschnürte Fell manchmal zuckte, und dort im Schattengewirr von Kleidern und Decken kam eine weiße Frauenhand nach unten, tastete in grünen Falten, ein Fuß wurde sichtbar, ein leerer Steigbügel, und der Fuß tastete nach dem Bügel, erlangte ihn, die Falten fielen, Bügel und Fuß waren fort – Georg atmete auf.

Indem wandten Gesichter vor ihm sich um, neigten sich zueinander und flüsterten; darauf teilte sich die Mauer vor ihm, Georg bewegte unwollend sein Pferd vorwärts und hielt wieder in der Mauer berittener Menschen vor dem freien Platz. All das, dachte er, waren Augenblicke – ein Traumspiel – wie geht es weiter?

Da war der grüne Rasen, da stand der glänzende Erzbischof, ein Trupp lediger Pferde stand am Rand, und über die grüne Fläche wie die eines Billardtuches schritten Geharnischte von verschiedenen Seiten heran, und mit jedem zog im Grase sein schräger kurzer Schatten. Diese waren in einer unverständlichen Handlung begriffen. Aber da war der Thronsitz, und es war jetzt ein sehr stilles Bild von Renate, die dasaß mit gesenkten Lidern, beide Arme auf den Seitenlehnen, und vor ihr stand ein Riese in schwarzem Kettenhemd und haderte anscheinend heftig mit ihr oder mit einem rot und weiß Gekleideten in einem Federbarett. Jetzt, dachte Georg, sprechen sie wohl von der eisernen Tafel, von der sie sich einbilden, es wäre ein Ritterschild – oder war das auf der Bühne drüben im Stück?

Siehe, da wurde das weiße Pferd von zwei grün und weißen Knappen herangeführt, jetzt ganz nackt, nur dünne goldene Schnüre liefen unendlich lang zu beiden Seiten davon, um in den Händen von buntgekleideten Reitern auf schönen Goldfüchsen zu enden, und jetzt stand Renate auf, tat ein paar königliche Schritte auf das stolz und still mit seinem schöngebogenen Schwanenhals stehende Pferd zu, und er hörte ihre leichte Stimme, aber in seinen Ohren sauste es, sodaß er kein Wort verstehen konnte. Und nun ließen die Knappen das Pferd los, es drehte sich langsam, hob die Vorderfüße, begann zu schreiten, zu traben, und dann zog es in seinem Stolz den Hügel hinab, schneller und schneller, nun in kurzem Galopp, und nun *ventre à terre*, weit hinterdrein mit ihren goldenen Schnüren die bunten Reiter, und aus der Menge brauste gewaltiger Jubel.

Nun, da saß sie wieder – da thronte sie, lächelnd und zu bunten Gestalten herabblickend, die mir ihr zu reden schienen. Sie – Renate – Heliodora – die erste Herzogin – und warum bin ich nicht neben ihr? Warum ist sie nicht neben mir? Dies ist eine verkehrte Welt, und ich muß hin zu ihr und es ihr sagen. Sie weiß selber nicht, wohin sie gehört, sie meint, es ist Theater, aber ich weiß es besser. Sie gehört nicht einem, sie gehört – o Niemand, nicht einmal mir – Huld ausstrahlend, da thront sie – Gott im Himmel, wie die Menschen vorhin zu ihr gejubelt haben – nicht gejubelt, sie sind still geworden, anbetend – dankbar für einen Blick von ihr – heilig halte die Ekstasen – von wem ist das? Hartleben, glaub ich, aber ich bin ganz wirr. Ein Blick von ihr, und es ist Friede. Oh, sie könnte mehr für den Weltfrieden tun als – als mein Vater. Wenn sie aufträte, die Menschheit aufriefe – Friede, Freude und Wohlgefallen. Und ich würde sie anbeten bei Tag und bei Nacht – nur das. Aber was kann das für ein Leben sein, wo sie nicht ist?

Und ich gehe jetzt hin zu ihr und sag es. In diesem Augenblick muß es geschehn – dies ist der einzige Augenblick – die Welt ist aufgebrochen – Freiheit – die große Erleichterung – die Eröffnung .. jetzt, nur jetzt kann es geschehn.

Er wollte vom Pferde gleiten, bemerkte jedoch in dem Augenblick, daß alle Gesichter sich nach rechts wandten, auch das ihre, und überall Bewegung entstand. Und da kam auf den Fuß der Anhöhe zu ein großes braunrotes Pferd im Galopp, und nicht weit dahinter war auch das weiße Pferd in der Landschaft sichtbar, jetzt an verkürzten Schnüren von den Botschaftern wieder zurückgelenkt. Auf dem braunroten Gaul, der jetzt den Hügel herauftrabte, saß der Bauer im weißen

Hemd, barhaupt, mit blauen riemenumwundenen Strümpfen
– sieh mal, der Mensch kann reiten! – dachte Georg, denn er
saß auf ungesatteltem Pferde, hielt nun auf dem Platz oben,
ein breites rotes Schauspielergesicht. Da schwang er sich
herab, blieb, sich umschauend, mit kühn funkelnden Augen
stehn, gewahrte den Thron und die Prangende, die jetzt aufgestanden war, nahte sich ihr und kniete, wie vom Blitz getroffen, ins Gras nieder.

»Ja, Heliodora ist es, die du siehst,
Des Landes Herzogin, die dir gesendet
Ihr weißes Roß, daß es den Tafelnden
Vom Eisenschilde fände. Aber wer
Magst du sein, den ich sehe, schlicht im Weiß
Des Bauernhemdes – «

Eine Männerstimme fiel ein:

»Pflegen jetzt
Die Bauern gar mit Schild und Schwert zu gehen?
Lachhafte Äfferei!«

Da hatte der Bauersmann sich erhoben und sprach in gefaßter Schlichtheit:
»Ich bin Gregor
Genannt mit Namen, eines Bauern Sohn.
Doch meine Tafel, wenn es darauf ankommt,
Wie mir gesagt ist, war die Schar des Pfluges – «

Nun erhob sich Geschrei und wildes Durcheinander von
allen Seiten, sodaß für Georg Nichts mehr zu verstehen war.
Aber bald darauf sah er Heliodora ihren Thron verlassen und
drüben in den Wald verschwinden; Alles um ihn her geriet in
Bewegung, lachte und sprach durcheinander! Er stieg ab, jetzt
in einem Aufruhr, daß er kaum noch hörte und sah. Ich muß
zu ihr! Wo ist sie? Ich muß zu ihr! Gottlob, sie scheinen mich
hier nicht zu kennen, aber da ist ein Pferdehalter. – Er wurde

dann auf irgendeine Weise sein Pferd an einen respektvollen ältren Mann los und ging auf einem Waldweg, der sich vor ihm krümmte, auf die graue Burgmauer zu, in der eine kleine Pforte war. Zu sehen war hier Niemand.

Burgraum

›Eintritt verboten!‹ war in ungelenker Kreideschrift auf der Tür zu lesen, als Georg vor ihr anlangte, und er mußte lächeln, murmelnd: Gilt nicht für mich – hier ist sie. Dann wandte er sein Gesicht nach oben, sah indes Nichts als ein Geflirr von Blau und Grün: sein Gesicht schien ihm zu brausen. Ich komme nicht hinein, hörte er sagen und fragte: Wie? Nicht hinein – hier? Aber ich muß – ich weiß, daß ich muß. Doch was will ich? Nichts als – Nichts – als da sein, vor ihr sein, endlich zu ihren Füßen liegen in – meiner Wahrheit, meinem Bekenntnis, meiner – Liebe.. nicht Liebe, nein, viel – tiefer.. Demut.. Anbetung, nenns wie du willst, ja, ja, und – sie bitten, daß sie mein Leben teilt, nur sich lieben läßt und – sich ausstrahlt, über mich, über Alle, mein Licht, das meinen Tag vergoldet – Sonnengabe.. Gott im Himmel, bekomme ich es niemals fertig, einen Entschluß zu fassen?

Er klopfte an die Tür, wartete, klopfte noch einmal. Kein Laut – war doch Niemand drinnen?

Er versuchte die Klinke, und die Tür ging auf. Er sah in einen weiten, rechteckigen Raum mit hohen grauen und bröckeligen Mauern, dessen Boden grüner Rasen war mit einzelnen Löwenzahnblüten. Ein Tisch war da, eine Bank, Stühle, Kleidungsstücke. Und nun weiter vortretend, sah er am anderen Ende des Raums eine lichte Gestalt in einer Fensteröffnung sitzen, in der eine schlanke Säule stand, die Hände im Schooß, die ihren Kopfputz hielten. Sie saß abgewandt, hinausblikkend, wo sonniges Grün sich bewegte. Diese Abgeschiedenheit .. Er stand sekundenlang verwirrt, als wäre hier wirklich Mittelalter und er könnte nicht eintreten ..

Da wandte sie ihr Gesicht her; es schien sehr blaß, und die Augen waren ganz schwarz. Doch nun ging darin das Erkennen auf; sie lächelte und erhob sich, legte den Kopfputz hin und kam, schon vom Weitem sprechend:

»Lieber Georg, das ist aber lieb von Ihnen, daß Sie kommen! Aber mir gehts wirklich gut heut – doch Sie sehen nicht gut aus«, sagte sie mit besorgtem Ausdruck, »ist Ihnen etwas?«

Er stand vor ihr und sagte: »Renate –

»Renate«, wiederholte er, innerlich sprechend: Warum liege ich nicht auf den Knieen? »Renate«, sagte er zum dritten Male, aber da mußte sie in seinem Gesicht etwas gesehn oder gelesen haben; sie streckte mit plötzlich angstvollem Ausdruck die Hand nach seinem Mund aus, legte die Finger daran und rief:

»Oh, Sie dürfen nicht sprechen!«

»Nicht?« sagte er, den Kopf zurückbiegend, »warum nicht?«

»Weil, Georg, weil es viel zu spät ist.«

»Zu spät«, wiederholte er, sie anstarrend, »warum zu spät?«

Dann ging ihm ein schreckliches Ahnen auf, und er sagte: »Es ist doch nicht möglich, daß Sie – Sie jemand anders –«

»Doch, es ist möglich«, sagte sie, und während ihr Blick jetzt fester wurde, erschien eine liebevolle Miene zugleich, eine mütterliche Miene, so schien es.

Er sagte: »Wer ist es denn?«

Sie bog ein wenig den Kopf zurück, ihn anblickend auf eine Weise, die – kein Lächeln war, und doch wie ein Lächeln, das aber gleich wieder schwand; und dieser Ernst jetzt ..

»Ist es nicht zu sehn?« fragte sie leise.

Im Augenblick begriff er, zuckte zusammen und sagte kaum hörbar: »Mein Gott!«

Georg lag später am Waldrand im Grase, einen Ellbogen aufgestützt, nicht mehr wissend, wie er dahin gekommen war. Er fragte sich selbst, umherblickend, und da stand ganz in der Nähe ein bis zu den Füßen vermummtes Pferd, das Unkas' Kopf hatte, an einen Baumast gehängt, und er dachte: Das muß ich wohl getan haben.

»Lachhafte Äfferei«, hörte er eine Stimme sagen und erwiderte vergrämt: Nein, das ist es nicht. Keineswegs, aber es scheint, ich war in einer Art Sesamhöhle – und auf einmal dann wieder ausgeschlossen. Erst war es Theater – ein Traumspiel .. dann Alles geöffnet, aufgebrochen, und die Wahrheit schlug da hinein, nein, die Wirklichkeit.

Und du kommst nicht hinein.

Er mußte leise lachen, drehte sich auf den Leib herum, legte das Gesicht in das Gras und sah Ameisen vor seinen halbgeschlossenen Augen kriechen. Wo Ameisen sind, murmelte er, ist es gut; Ameisen kann man immer haben, da ist dann auch Wald, Wiesen sind da, das ganze Helenenruh, und ich möchte hier einschlafen.

Muß aber aufstehn und einen Eidschwur ablegen vor Gott und den Menschen. Bin auch bereit dazu, ja – bereiter als immer, scheint mir, doch ich will noch ein bißchen warten.

In – wie heißt es? – in deines Nichts durchbohrendem Gefühl.

Er drehte sich wieder um und saß dann im Gras, bewegte die Hände durch die Halme an seinen Seiten, und jetzt schien es ihm, daß er – wenigstens was diese Halme anbetraf – sanft und freundlich gestimmt war.

Es war vielleicht garnicht so schlimm, dachte er, wie es erst aussah. Und was sind das für stille, sanfte Wellen, die sich in mir bewegen?

Mir scheint, dies ist etwas, in das man sich ergeben kann.

Sie liebt – Renate liebt – meinen Vater – diesen Mann, den ich auch liebe. Daran muß etwas richtig sein.

Jedenfalls – Eifersucht? Die kann daran nur abprallen. Vielmehr, sie würde abprallen, wenn sie überhaupt entstehen könnte, aber sie kann garnicht.

Dies ist zu hoch dafür.

Was ist das jetzt? Ich komme mir wie verwandelt vor. Als ob ich in etwas eingetaucht wäre – etwas eigentlich sehr Schönes – und davon gereinigt wäre. Mir wird wirklich leichter.

Vater und sie – da stehn sie nun – einfach jenseits. Mit einem Graben dazwischen – wie in Elysium, garnicht erreichbar. Womit läßt es sich nur vergleichen? Ich empfinde etwas . .

Er hielt den Kopf gesenkt, etwas müde, und lächelte still vor sich nieder.

Nein, da kann man nicht gegen an, sagte er und stand auf, blickte auf seine Uhr und sah, daß es noch nicht ein Viertel vor Zwölf war. Das ist Alles mal schnell gegangen, murmelte er, zu dem Vermummten hingehend mit einem Körper, der sehr leicht war und nicht ganz sicher auf seinen Füßen. Aber mit einiger Anstrengung kam er in den Sattel, ordnete die Zügel und saß still, in die Tiefe hinunter blickend, wo jetzt nur leeres, besonntes Land war, und das Licht schmerzte ein wenig. Zur Rechten gewendet, sah er den Rasenplatz, wo gespielt war, leer und kein Mensch weit und breit – nur in der Tiefe zog geharnischte Reiterei auf der weißen Straße dorthin, wo der bunte Menschensee noch immer gebreitet war und das Schauspiel weiter gemimt wurde.

Wie war das doch, fragte er, mit emporgezogenen Brauen vor sich starrend, mit diesem Amphitryon – und der Alkmene? Er sah keine Beschämung darin, daß sie in den Armen eines Gottes gewesen war, vielmehr eine Würdigung – aber das versteht kein Mensch heute.

Mir scheint, ich kann es verstehn. Natürlich, weil ich in der Lage bin.

Und weil es so ist, bewirkt es, daß ich – daß es mich nicht zermalmt, sondern . . feierlich, wolln wir mal sagen.
Ja, so ist jetzt mein Empfinden.
Traurig – namenlos traurig, mein Junge, aber –
– nun geh schon, Unkas!
– aber es läßt sich annehmen.

Viertes Kapitel

Festzug

Als Renate in den getümmelvollen Burghof kam, alles sich zu ihr umdrehte und sie umdrängte und sie selbst nach ihrem Wagen fragte, wußte niemand von ihm, und sie hatte lange zu warten und einem neuen Regen von Komplimenten standzuhalten, bis Jemand mit der Kunde kam, der Wagen stehe noch an der Straße dort, wo sie ihn verlassen hatte. Um nicht auf das Hinsenden Jemandes und das Heraufkommen zu warten, war sie vom leichten Glück des Tages – des armen Georgs vergrämte Augen vergessend – so leichtfertig geworden, daß sie nach ihrem Leibroß fragte, das sie wohl zurücktragen könnte, denn es hatte sich überaus angenehm auf ihm gesessen. Ja, es war noch vorhanden und wurde herangeführt, das Seidenpolster auch gefunden und aufgeschnallt und sie hinaufgehoben, kaum begreifend, wie sie heut angstlos in die lachenden und rufenden Gesichter hinunterschaun konnte; doch dann wußte sie wieder wohl, was so in ihr wirkte und seufzte innerlich: Ach, wenn du mich sehen könntest! – Alsbald zog sie dann wieder in der Schattenkühle die Waldstraße hinunter, mit einer Reiterschar neben und hinter sich, die unausgesetzt durcheinander lachte und sich überschrie, bis sie wieder ins Freie kam; dann die Senkung hinunter, die weiße Steigung hinauf, und dort unten, garnicht fern, stand richtig der Wagen, von allerlei Volk umgeben. Ihr entgegen kamen da drei ganz schwarze Gestalten, Gugelmänner in langen schwarzen Gewändern, hohe spitze Kapuzen mit Augenlöchern anstatt der Köpfe oben: eine sehr große in der Mitte und zwei kleinere links und rechts, kamen sie untergefaßt und hüpften bei ihrem Anblick, schlenkerten auch die Beine mit ihren Röcken nach außen und bellten Hurrah, denn so klang es. Bei ihrem Näherkommen standen sie still, erfaßten die Spitzen ihrer Kapuzen und lüpften sie hoch und hatten da die Gesichter von Josef, Saint-Georges und Jason, schwangen ihre Kapuzen und verneigten sich tief, um sich danach wieder einzumummen. »Ihr Ärmsten, bei der Hitze!« rief sie, nun ganz beseligt, »wer hat euch das geheißen?« und wäre gern vom Pferd herab in ihre Arme gefallen, konnte aber nicht, weil es drei waren. Sie begriff, daß sie die Verkleidung Josefs wegen gewählt hatten, und hörte froh ihre Erklärung, daß sie ihretwegen gekommen waren, um mit ihr in die Stadt zum Festzug zu fahren, damit sie sich nicht so verlassen fühle.

Bald saßen sie dann alle Vier im Wagen, Jason neben ihr, Saint-Georges ihr gegenüber, daneben Josef, und sie fragte, sobald sie im Fahren waren, ob sie ihre Kapuzen nicht abnehmen wollten, allein Jason begann darauf zu deklamieren, wenn auch mit muffliger Stimme hinter dem schwarzen Stoff:

»Fürchte dich nicht, sei wie die Kerzenlichter
In deiner Nähe nicht voll Angst und Graun –«

»Ach, kannst du es schon auswendig, Jason?« rief sie lachend und fuhr selber fort:

»Doch ob zu schaun nicht eure Angesichter,
Mir eure Namen nicht verborgen sind!«

»Das habe ich gestern vor dem Einschlafen noch selbst gelesen – eine herrliche Stelle. Aber nun nehmt wirklich eure Kapuzen ab, sonst graust es mich doch noch.«

Dies taten sie denn auch, sogar Josef, der heut seine Halbmaske trug, sich auch so gesetzt hatte, daß sie dem Fenster zu von ihr abgewandt war. Alle atmeten erquickt den kühl hereinstreifenden Luftzug; Renate hatte ihren Kopfputz wieder abgenommen und spürte auch die Erleichterung, so wenig Gewicht er hatte. Josef sagte mit seinem funkelnden Auge:

»Wir sind eine herrliche Fuhre! Soviel Schönheit und Geist sind selten zusammen zu finden – und das war bereits ein Hexameter, wenn auch aus Versehen.«

»Ach ja«, versetzte Jason, »aus Versehen entstehen die meisten Vers-Ehen.«

»O Gott, Jason, wenn du das geistvoll findest! Nein, jetzt müßt ihr Jeder etwas ganz Geistvolles sagen – überbietet euch mal! Wer es am besten kann, kriegt einen Himbeerbonbon.«

Aber sie sahen sich geistlos an und wußten Nichts.

»Es geht nicht auf Kommando«, erklärte Jason, »wir sind keine Wasserleitung.«

»Aber vielleicht Automaten«, sagte Saint-Georges, »steck zehn Pfennig hinein.«

»Ich will einen Bonbon an Jeden von euch verwenden«, rief sie, in ihre Gürteltasche greifend, und holte ein Päckchen Erfrischungs-Bonbons heraus, die ihr jemand verehrt hatte, beugte sich zu Josef hinüber und schob ihm einen in den Mundwinkel. Er zerknirschte ihn widerwillig und äußerte mühsam den Satz:

»So süß wie ein Bonbon ist auch Renates Finger.«

»Das nenne ich Geist«, lobte Renate. »Georges?« Saint-Georges schob seinen Bonbon mit der Zunge in die Backe, wo er eckig zu sehn war, und erklärte, er ginge jede Wette ein, daß er auf Josefs Satz einen literarischen Reim wüßte.

Diese Wette, rief Renate, habe sie schon gewonnen – ein Paar schöne Seidenstrümpfe! Und sie holte sogleich ihren Reim hervor:

»Auf tut sich der weite Zwinger«,
wogegen jedoch allgemein protestiert wurde, da der Reim nicht das richtige Versmaß habe. Sie beanspruchte darauf in-

digniert von Jedem ein Paar Strümpfe, der es besser könnte, und Josef erhob darauf die Frage:

»War nicht Gargantua ein Essenschlinger?«

Ja, schon – literarisch, aber er habe an die deutsche Literatur gedacht, erklärte Saint-Georges, was Josef sehr traurig fand, denn er hatte bereits:

»Capet war Ahnherr aller Capetinger.«

»Oh ja«, versetzte Saint-Georges maliziös:

»Und Lothar war der erste Lotharinger,

Und Karl der Ahnherr aller Karolinger,

Auch Mero wohl der erste Merowinger. Aber das ist nicht literarisch.«

Renate konnte es trotzdem nicht lassen zu reimen:

»In Scheveningen leben Scheveninger«,

worauf eine Zeitlang grübelnde Stille herrschte, bis Jason das Schweigen zu brechen wagte mit der Frage:

»Die Nähmaschine ist ja wohl von Singer?«

Wenn es denn auf Literatur schon nicht mehr ankäme, meinte Renate, so könnte sie wohl behaupten:

»Im Rheine ist ein Loch, das nennt sich Binger.«

Saint-Georges verwandelte dies auch leicht in Literatur, mit der Verbesserung:

»George flickt das Loch im Rhein, das Binger.«

»O wär ich doch«, stieß Josef, Renate anäugend, hervor,

»O wär ich doch der größte Minnesinger!« worauf sie sogleich replizierte:

»Du bist doch schon der größte Herzbezwinger.«

Lange Zeit herrschte wieder Stille, während Alle eifrig das Alphabet nach Reimen durchfingerten, bis dann Saint-Georges äußerte, mit Achilles als dem größten Lanzenschwinger und auch Herkules als dem stärksten Löwenringer dürfte Niemand ihm kommen. Nachdenklich bemerkte dann Jason:

»Ein alter Bauer ist ein Ausgedinger.«

»Oh ja«, versetzte Josef:

»Und Zofen sind am Sonntag Ausgehdinger.«

Endlich herrschte das atemlose Verstummen der vollkommenen Reimerschöpfung, und Saint-Georges konnte nunmehr den seinen produzieren, welcher lautete:

»Der Mensch heißt Gundolf und nicht Gundelfinger.«

Das nenne er literarisch? fragte Josef sardonisch, jedermann nenne das jüdisch, und es müsse also richtig lauten - - Er beugte sich zum Fenster hinaus und rief: »Kein Sigurd in der Nähe? Also dann will ich sagen:

»Gundolf? Wie haißt? Der Mensch heißt Gundelfinger.«

Renate war leicht erschrocken und warf einen Blick auf Josef, der aber Nichts zu wissen schien, und das Geplauder ging bald auf anderen Wegen weiter, bis sie in eine Straße der Lindener Vorstadt gelangten und auf einen Platz, der von bunten Menschen wimmelte und wo, wie die Männer wußten, Renates Festwagen stehen sollte, der die Mitte des Zuges bildete. Die zweite Hälfte würde sich in einer Querstraße anschließen. Sie stülpten ihre Kappen über, und alle Vier stiegen aus.

Da war denn wieder das tiefste Mittelalter, wenn auch – wie Josef bemerkte – mit modernen Gesichtern maskiert: Bürgersöhne und -töchter in Braun und Scharlach, gestreifte Minnesänger mit Lauten, Schellen-Narren, schwarze Dominikaner und braune Kapuziner, auch Geharnischte ragten auf ihren vermummten Rossen darüber, kleine Turnierschilde am linken Arm und die rechte Hand im Schuh ihrer Lanze. Aber inmitten des Platzes erhob sich hoch wie ein Haus eine ganz goldene Wand, in gotische Felder geteilt: die Rückseite von Renates Festwagen. Eben kam der faßgleiche, weiß und goldene Erzbischof, rotglühenden feisten Angesichts, die Mitra im Arm, um die Wand, emporstaunend, und Renate nickte ihm zu, denn es war der Postdirektor. Josef kam, einen dunkelblauen, silbergefütterten Mantel ausbreitend, um ihn Renate umzulegen, aber sie mußte nun erst ihre Tüte wieder befestigen, der im Wagen gelassene Spiegel mußte geholt werden, ein errötendes Mädchen half ihr, da die Finger der Gugelmänner dazu unbrauchbar waren, endlich konnte sie an dem Wagen vorübergehn, um ihn von vorn zu besichtigen, und erschrak nun nicht wenig, als sie sah, in welcher Höhe sie thronen sollte. Indes wurde sie erst wieder abgelenkt von den Hinterseiten zweier gewaltiger grauer Tiere, die vor den Wagen gespannt waren und alsbald zu echten Elefanten wurden, mit himmelblauen, silbergestickten Decken behangen, auf denen die Mahauts kauerten, braune echte Hindus, aus dem selben Zirkus wie ihre Tiere. Aber vor den beiden ersten Elefanten waren noch zwei gespannt und dann noch zwei, und da vor diesen noch etwas anziehendes Weißes schimmerte, ging Renate dorthin und fand, daß es ihr schneeiges Leibroß war, jedoch in ein Einhorn verwandelt vermittels eines langen schöngewundenen Horns, das vor seiner Stirn befestigt war. Die Straße weiter hinab ragten aus dem bunten Menschengetümmel hochgetürmt Wagen hinter Wagen, auch riesige Puppen, dazu die roten Masten, Tannengirlanden mit Bändern und Fähnchen haltend.

Als sie dann zu ihrem Wagen zurückkehrte, hatte dieser zuvorderst eine Plattform, zwei Schuh hoch über dem Pflaster, auf der jetzt der Erzbischof stand mit Krummstab und Mitra, einige Kardinäle und andre Prälaten hinter sich. Von dieser Plattform stieg eine Treppe mit goldenen Geländern empor, deren breite Stufen ganz mit holdseligen Jungfrauen bestellt waren, zum Teil lichtgrün, zum Teil weiß gekleidet, weiße Lilien im Haar und Lilien in ihren Händen – ein wahrhaft entzückender Anblick. Oben stand ein goldener Sessel vor einer goldenen Wand mit grünspangrünen gotischen Spitzbögen. Renate blickte sich nun doch ängstlich um, dort oben allein zu sitzen, und meinte, es könnte wohl einer von ihren Freunden mit hinaufkommen, um ihr zu Füßen zu sitzen, ein schwarzer Fleck, der pittoresk wirken würde. Sie einigten sich dann auf Jason, der auch ihr selber der Liebste war, und so stieg sie durch die lächelnden, mit erhobenen Lilien durcheinanderwinkenden Mädchen hinauf, ihr Herz festhaltend und doch von leichtem Schwindel ergriffen, als sie nun von hochher in die Tiefe hinabsah, wo Alles klein geworden war, sogar die Elefanten, und sehr klein das weiße Einhorn, dazu die Straße vor ihr nun ein Strom von bunt durcheinander wirbelnden Wellen, über denen noch vielfach die mächtigen Seidenfahnen und Banner wallten, unzählige kleine Gesichter, Hüte, Schwerter, Partisanen und Blumen. Und als ihr Blick nach oben in den blaudunstigen Julihimmel sich rettete, hing da ein Ungetüm von grasgrüner Raupe mit roten Glotzaugen, von deren Bauchseite lange blauweiße Fahnentücher in sachter Faltenbewegung nach unten schwangen. Sie war sehr froh, auf einmal Jasons stille schwarze Augen zu sehn, der seine Kapuze abgenommen hatte und, ihr zu Füßen sitzend, mit stillem Humor lächelnd zu ihr aufsah.

»Dieser Wagen wird schrecklich wackeln«, sagte sie, aber er beruhigte sie, es wären die dicksten Autoreifen darunter und überhaupt Alles schön ausprobiert. Wirklich war das Schwanken nur ganz gering, als der Wagen sich jetzt bewegte, aber dann wurde es schlimm genug, als er in eine breite Straße einbog, deren Häuser zu beiden Seiten aus allen Fenstern Fahnen und Teppiche gehängt und Fähnchengirlanden querüber gespannt hatten, und alle Fenster und Balkone und die Dachränder sogar waren voller Gesichter und winkender Arme, und es begann Blumen zu regnen, buntes Konfetti und Papierschlangen von allen Seiten, dazu brach aus den Zuschauerreihen unten und an allen Häuserfronten empor ein Jubel aus bei ihrem Nahen, immer neue, vorauseilende Bewegung, geschwungene Hände, Hüte, Tücher, die ganze Straße ein tosender Strom, vor ihren schwindelnden Augen bald nur noch ein buntes Gebrodel von Sommerglut und Fahnen und Gesichtermassen, Geschrei und Janitscharenmusik und das beständige Hageln von kleinen Sträußen um sie her und auf sie selbst obendrein. Ihr Gesicht war ihr längst zur kalten Maske erstarrt, und das Letzte, was sie dachte, war, daß dies nicht schaden könnte, sondern nur byzantinisch wirkte, ohne zu wissen, daß sie beständig lächelte und ihren Kopf hin und her drehte. Von einem Eckbalkon warf jemand einen ganzen Schwarm weißer Tauben in die Luft, deren Flügel in der Sommerbläue aufblitzten, und da hing wieder ein Raupenungetüm, lichtgelb mit schwarzen Telleraugen. Böllerschüsse, Trompetengeschmetter, Glocken, Janitscharenmusik – wenn es Freude macht, dachte sie krampfhaft und daß sie, wenn es zu Ende war, an eine sehr breite Brust und in zwei sehr starke Arme taumeln würde, um aufgehoben und fortgetragen zu werden und selig zu entschlafen. Dies wurde ihr indes nicht zuteil, und sie wußte es eigentlich auch, aber wie das Ganze schließlich ein Ende genommen hatte, wußte sie nicht mehr, als sie wieder in ihrem Wagen saß und nur Jason neben ihr war, sie ihn starr anblickte, dann ihr Gesicht an seine schwarze Schulter legte und leise zu weinen anfing.

Fünftes Kapitel

Garten

Renate lag in ihrer Hängematte, an ihrem Lieblings-Liegeplatz im Sommer, der im dichtesten Teil des Gartens, von Gebüschen umschlossen und von Bäumen beschattet, nicht größer war, als daß das Netz von Baum zu Baum gespannt werden konnte. Die Sonne des beginnenden Nachmittags spielte mit goldfunkelnden Lichtern in den Wipfeln über ihr, aber sie lag auf der Seite im Schatten, mit halb geschlossenen Lidern zuweilen blinzelnd zu dem Holunderbaum gegenüber, der voll schwärzlicher Beerendolden war. Die bunten Bilder des Tages spielten in ihr noch, ob zugleich in der Ferne, in der sie sich zugetragen hatten, und sie ließ sie spielen in dieser Entferntheit, selber ruhend in dem stillen See ihrer Glückserfüllung, die nicht eigentlich darunter litt, daß wieder und wieder eine Welle des Harms sich aus der Tiefe erhob und hineinschlug mit: Warum warst du nicht da? O warum warst du nicht da? Ach, mit dir zusammen wär es vollkommen gewesen – warum warst du nicht da? Ich habe nur dich gesehen, nur dich! Nur für dich war ich so schön, nur für dich war ich so leuchtend, nur für dich! Und ich war es auch nur durch dich! Zum ersten Mal, du mein Geliebter, hast du mich so erfüllt, daß ich nur, nur, nur glücklich war und kein Schatten von außen her dahinein fallen konnte! Daß ich nur Licht war, nur Leuchten – ja, so wie Josef gesagt hat, nur das bunte Fenster, nur eine leuchtende farbige Transparenz – und sie haben es auch gesehn und sind darum so still geworden, weil sie durch das Fenster hindurch das Licht sahen, die Sonne des Glücks und der Liebe. Die hat mich leuchten gemacht – du, warum warst du nicht da, es selbst zu sehn? Und warum bist du nicht hier? O diese Menschen, wie sie aufgelöst waren in Freude, fast verklärt – so wie ich selber .. ich weiß, ich weiß ja nun, was Verklärung sein kann, wenn dies auch längst keine richtige ist – nur ein kleines bescheidenes Schwesterlein, ich kann es nun doch verstehn. O mein Gott, o du lieber Gott, laß mich bei ihm sein, laß es nicht mehr zu lange dauern, laß mich bei ihm sein, sein Licht sein, sein Glück sein, seine Speise sein ..

Nur dein armer Sohn .. muß immer einer kummervoll bleiben? Gerade an diesem Tage – da muß es ihm einfallen. Und er war so schrecklich getroffen .. sein Gesicht war auf einmal ganz hart und schmal und streng geworden – so nahm er sich gleich zusammen. Aber nicht wahr, er wirds überstehn, er ist ja so elastisch, elastischer als wir Beide, glaub ich, und er findet sich schon zurecht, ist ja noch immer ein Junge – gegen ihn komm ich mir alt vor und bin zwei Jahr jünger – er hat nur seinen alten Kopf und schüttelt ihn immer bedenklich. Wenn Alles mal Freude *ist*, findet er nur, daß es keine Freude mehr giebt – wie Till Eulenspiegel, genau so. Aber komisch, wie er dir heut auf einmal ähnlich sah – sodaß es mir gleich herausfuhr, obgleich es doch garnicht möglich ist. Er ist dir doch auch sonst garnicht ähnlich – – ach ja, solche Männer haben solche Söhne. Du hast die ganze Tatkraft – was bleibt ihm übrig, als Träumer zu sein? Ein wahres Wunder, daß er mit den Füßen doch in der Wirklichkeit steht.

Aber nun möcht ich ein bißchen schlafen .. mein Gesicht auf deine Hand legen – so eine große, warme, gliedrige Heldenhand – oder wie die vom Bauern Gregor .. diese Schauspieler sind zu komisch – er meinte es ganz ernst – wären die Verse nur besser gewesen .. o du liebe Hand, du liebes Kissen – gleich fang ich an zu weinen .. wie sie da Alle so still wurden, hab ich auch geweint, aber das war einfach überfließendes

Glück – es lief mir aus den Augen .. Gott, laß mich da einmal hineinsinken – hineinschlafen – ganz traumlos – nur ganz, ganz wenig wissen, daß es Glück ist – und Wirklichkeit – kein Traum .. hineinschlafen und dann – in deinen Armen sein – im Schlaf – und dann auch im Aufwachen – endlich, endlich .. wenn du wüßtest, o wenn du nur wüßtest, wie ich mich danach sehne, immer, immer, unaufhörlich, Tag und Nacht, Tag und Nacht, immer nach dir, nach dir ..
Dann war sie eingeschlafen.
Aber nach einer Stunde Schlafs geriet sie in ein quälendes Traumbild von einer grauen Maske, die an der Wand gegenüber dem Bett hing, in dem sie wieder mit ihrer Krankheit lag, eine leblose Maske aus totem Gips mit großen leeren Augen, die über sie hinwegstarrte und entsetzlich quälte nur dadurch, daß sie da war – bis sie dann endlich spürte, daß sie aufwachen konnte. Da war aber die Maske noch da, wurde aber sogleich zu einem wirklichen Gesicht in dem schattengrünen Laubwerk, zugleich auch weißer und mit den Augen Ulrika Tregiornis, die mit einer abgestorbenen Leerheit gradeaus blickten.
»Ulrika!« rief sie, sich aufrichtend, »was ist?«
Nun bewegte der Kopf sich, die Lider zwinkerten mehrmals in einer Verwirrung, dann kam ein gleich vergehendes Lächeln, und sie sagte, aus dem Gezweige hervortretend:
»Verzeih, daß ich dich aufgeweckt habe! Ich sah zu spät, daß du schliefst.«
»Aber du sahst schrecklich aus! Sag, ist etwas geschehen?«
Sie erhielt darauf erst keine Antwort. Ulrika ließ sich in das Gras nieder, an den Stamm sich lehnend, an dem das Fußende des Netzes befestigt war, und grade sitzend, mit niedergeschlagenen Augen. Renate bemerkte mit Betrübnis – wie seit langem schon – jetzt wieder die Stumpfheit ihres früher leuchtenden kupfrigen Haars, die aber auch in der Haut ihrer Wangen war, sodaß sie an mattes Porzellan erinnerten, undurch-

sichtig und hart. Sie legte aufblickend eine Hand auf die Hängematte, bewegte sie hin und her, ließ wieder los, ließ die Hände in den Schooß sinken; in ihren Augen war die Mattigkeit der Erschöpfung, als sie dann sagte:

»Nun kann ich wohl nicht mehr.«

»Liebste!« rief Renate leise, »Liebste!« Was war sonst zu sagen? Immerhin schien Bogner noch am Leben zu sein.

»Er hat Rippenfellentzündung«, sagte sie nun. Und danach:

»Also gehts wohl nun zu Ende.«

»Wie kannst du so etwas sagen!«

Sie rührte an die schmale Schulter der Freundin und erschrak, unter dem dünnen Batist der weißen Bluse das Schlüsselbein knochig zu fühlen. Und ebenso war die Hand, die jetzt nach der ihren griff und sie festhielt.

»Ulrika, ich will das nicht glauben. Und du darfst es auch nicht glauben!« Sie sagte nicht, was sie dachte: Du bringst ihn um, wenn du so etwas glaubst!

»Glaube versetzt keine Berge«, bemerkte sie bitter-matt, legte ihr Gesicht auf Renates Hand und fing leise zu weinen an, während Renate innerlich ausrief: Sterben – Bogner? Ein Mann in der Fülle der Kraft und des Geistes! Das werd ich niemals glauben.

»Er wird nicht sterben, Ulrika, höre mir zu –« Sie versuchte Worte zu finden, um zu sagen, was sie eben gedacht hatte, doch nun sprach schon Ulrika.

»Er sagt –« sie hörte zu weinen auf, ihre Augen im Taschentuch – »er sagt –« sie stockte wieder, vor sich hinblickend, dann empor zu Renate: »Aber du weißt ja noch garnicht Alles.

»Ich erwarte ein Kind.«

»Du? Aber Ulrika, das ist doch –«

»– ein Glück, willst du sagen. Nun, er sagt, daß es ihn umbringt.«

»Das kann er unmöglich sagen.«

71

»Nicht mit den Worten natürlich. Aber – seitdem ich es ihm gesagt habe – glaubt er, daß er sterben muß.«

»Wie soll ich das verstehn?«

»Vielleicht ist es nicht zu verstehn. Es sind Alles ja die Zusammenhänge; die machen überhaupt Alles.«

Sie gewann etwas Fassung und fuhr mit kraftloser Ruhe fort:

»Du erinnerst dich – es war in den letzten Maitagen, daß er getroffen wurde. Und eben in den Tagen vorher muß das Kind empfangen sein. Und nun bringt er das so zusammen, daß dieses Kind leben – und daß er sterben soll.«

»Aber dann ist er ganz krank.«

»Geisteskrank, meinst du? Vielleicht ist er geisteskrank. Wer kennt sich in all dem aus? Nenns einen Tick – oder *spleen* – was sind Namen? Krank? Er ist krank von dem Schuß. Er kann den Schuß nicht verstehn. Wie soll man das Alles erklären? Der Schuß hat ihm den rechten Verstand genommen – oder den heutigen Verstand sozusagen. Er ist wieder, wie er als Junge war – wie er mir selbst es beschrieben hat – als ganz junger Mensch. Da hatte er auch solche Verdrehtheiten. Wie er es mir erzählte, lachte er selbst darüber. Aber nun ist es wirklich. Er konnte sich irgendetwas einbilden – dann konnte kein Mensch ihn davon abbringen – bis es sich eines Tages von selbst verlor. Nur jetzt natürlich denkt er nicht, daß es das sein könnte – wie er ja auch damals niemals gedacht hat, solange es eben währte, daß es nur Einbildung wäre. Er sagt, er wäre mehrmals ums Haar dran zugrunde gegangen; besonders einmal, wo er sich hat erschießen wollen. Da war er nur so von Hunger entkräftet, daß er nicht mehr abdrücken konnte, und dann fand ihn ein Mädchen.«

Sie schwieg eine Weile und sagte dann:

»Und siehst du – er liebt mich doch nicht.«

»Er – Benve– «

»Nein, er liebt mich nicht«, wiederholte sie mit einem seltsamen Ausdruck fast lächelnder und hartnäckiger Leerheit. »Er hat mich niemals geliebt. Es war nur im Anfang eine Verliebtheit, und weil ich – nun damit du schon Alles weißt: ich habe doch nach ihm gegriffen. Er war der erste Mann, der mich wirklich angerührt hat; der mich aufgeweckt hat aus meiner – meiner Musikerstarrheit, zum Leben – daß ich wie in einem Rausch war und – als ob ich in meinen Körper hineingestürzt wäre wie in ein Feuer.. ich habe dir ja früher einmal davon gesagt, von Hoeck – und von dem Allen.

»Und nun soll ich ein Kind haben. Ich – und ein Kind! So etwas!« Ihre Stimme und ihr Gesicht wurden härter und härter, während sie Grashalme ausriß und zerpflückte. »Das ist eben die ganze Verhedderung. Ich will ihn, und er braucht mich nicht. Er braucht – er braucht Cornelia, jemand, der für ihn kocht und seine Strümpfe stopft – die könnte auch wohl ein Kind haben. Womit ich natürlich nicht sagen will – du verstehst, es ist Nichts zwischen ihnen. Ich will ihn – aber kein Kind. Und Hoeck will wieder mich – Gott im Himmel, begreifst du nicht, daß es da wie dort das Gleiche ist? Nur mit dem Unterschied, daß er mich hatte, Hoeck aber nicht. Und dann schießt Hoeck, und ich bekomme ein Kind. Ich bin wahnsinnig vor Liebe, und er hat mich nur angenommen – nicht nein sagen können, bloß wie Männer halt sind. Und er weiß all das auch, er hat mich wahrscheinlich nie recht begriffen – daß ich so sein konnte – mich ihm aufgedrängt habe – jedenfalls nicht wieder losgelassen.. und so hab ich gelebt all die Jahre, immer so – erst in der Not.. aber wie konnt ich denn von ihm lassen, wo er mich zum Menschen gemacht hat? Immer lieben – und nie geliebt werden.. immer nur angenommen, geduldet.. diese Unmöglichkeit! Dies Nichts ausrichten Können, diese Vergeblichkeit – alle Leidenschaft, alle Glut.. und Nichts dafür als Dankbarkeit. Dankbarkeit – grauenhaft – wenn man liebt! Und nun ist das Ende vom Liede, daß er daliegt und glaubt, daß er selber schuld daran ist – an dem, was ihn getroffen hat. O er sagt es natürlich nicht, aber ich kann doch sehn, kann doch lesen. Dazu, denkt er, habe ich diese Person all die Jahre lang ausgehalten, daß sie mir nun diesen Mann auf den Hals schickt.«

»Ulrika, höre jetzt auf, höre jetzt endlich auf! Man spricht nicht so, wie du sprichst! Und er kann so nicht denken.«

Da sprang sie auf und fing an, Holunderdolden abzureißen und ins Gras zu werfen, als ob sie nicht mehr bei Sinnen wäre. Renate schwindelte; sie konnte nicht glauben, daß dies der Mensch war, den sie seit Jahren kannte, wie zu einer Furie geworden. Sie hatte all ihre letzten Sätze nicht gesprochen, sondern herausgeströmt – wie den Dampf eines wütenden Feuers, und sie warf sich jetzt auf den Boden hin, daß es schütterte, mit dem Gesicht ins Gras, die Zähne hineinschlagend und die Hände hineinkrallend, und so grausig der Anblick war, erschien es zugleich doch abscheulich, daß ein Mensch in Not und Qual vor einem anderen so sich gehen ließ. Doch schalt Renate sich unrecht, da es – wie Ulrika eben war – die äußerste Not war, aus der immer zur Schau getragenen Gelassenheit sich einmal herauszuschütten, vor fremden Augen, damit einmal einer sah, wie sie sein konnte, wie sie wirklich war. Und wenn es wirklich war, was sie gesagt hatte, und wenn es Alles auch nicht so war – ja, wie ist etwas denn überhaupt? Wie in uns etwas vorgeht, so ist es, und das ist die Wirklichkeit. Wir sind Alles wir selbst, und wenn Alles auf Bogner nicht zutraf, so doch auf sie selbst, die nun dalag und der nicht zu helfen war. Denn da war nicht zu helfen; das mußte sich austoben, sonst Nichts.

So blieb Renate liegen, die Hand auf den Augen, selbst in tiefer Verworrenheit durch diese Wirrsale und Verdröselungen. Und darin Bogner .. wie konnte er nur da hineingeraten? Aber mußte dann nicht dieser Schuß einmal fallen? Schrecklich, es zu denken .. aber doch wie ein Schlag in einen gordischen Knoten .. um Gottes willen, was war das?

Ulrika saß da, das Gesicht so ungeheuerlich von Schluchzen verzerrt, mit verkrampften Kinnbacken mahlend, und in den hochgehaltenen Händen, mit schrecklicher Hülflosigkeit halb zerquetsche Holunderdolden, während sie kaum verständlich hervorstammelte und knirschte:

»Warum – warum – bin ich denn nicht – zu Hoeck zurückgegangen? Wie – er ihm – das gedroht hat? Warum hab ich – ihn nicht – verlassen und ihn ger – ger – «

Als ob sie sich zerreißen wollte; und als Renate aufgesprungen und zu ihr gestürzt war, ließ sie sich packen und schütteln wie ein Bündel, bis sie dann mit einem furchtbaren Aufstöhnen Renate so schwer in die Arme fiel, daß sie die Last zu Boden lassen mußte, wo sie dann anscheinend die Besinnung verlor.

Auf dem Rasenplatz vor der Veranda, auf den Renate hinausgestürzt war, um Wasser zu holen, mußte sie stehn bleiben und ihre Handballen in die Augen drücken. Eine Stunde einmal glücklich gewesen, dachte sie, und schon – und schon ..

Sie schüttelte den Gedanken von sich, ging dann ins Haus und fand, als sie mit einem Glas Wasser und einer Serviette, die sie angefeuchtet hatte, zurückkehrte, Ulrika schon wieder bei Besinnung, wieder angelehnt an dem Baumstamm sitzend, nun ein erbarmungswürdiger Anblick, mit schiefem Mund, halb vom zerrütteten Haar überflossen, das Gesicht verschwollen und naß von Tränenspuren, daß es nicht zum Ansehen war. Doch hatte sie sich soweit zurechtgefunden, daß sie, als Renate den Kamm aus ihrer Handtasche genommen hatte und angefangen, sie zu kämmen und die im Haar hängenden Nadeln herauszunehmen, selber Hand anlegte, mit freilich so flatternden Fingern, daß Renate es ihr bald untersagte und die Frisur allein zustande brachte, wenn auch Nadeln fehlten, die wohl irgendwo im Gras lagen. Sie war indes noch nicht ganz fertig, als Ulrika ihr den Kamm wegriß, ihn mit dem Taschentuch in ihre Handtasche stopfte und, sich in das Gezweige werfend, davonlief.

Renate blieb auf dem Boden sitzen und dachte: Giebt es noch Schlimmeres als Nichtgeliebtwerden – wenn man liebt? Ich hab es doch auch gekannt – sogar bei dem selben Mann – nun kann ich mich kaum noch erinnern. Es muß wohl so arg nicht gewesen sein wie bei ihr – oder – die Gegenwart heute verdeckt es.

Sie sah im Gras eine kleine Schildplattspange und die zerrissenen Dolden, und nun kam ihr erst die Erinnerung – die vorher nur unklar gewinkt hatte – an Irenes Hochzeit, bei der Ulrika diese Beeren im Haar getragen hatte, und wie sie im Walzer hinschwebte in Bogners Arm – kühl scheinend und doch nur Hingebung in ihrer ganzen Gestalt; und sie stand zu ihm hingewandt, wo immer sie war. Wenn ich ein Mann wäre, dachte Renate, mir wär es zuviel gewesen.

Dann erinnerte sie sich des Briefes, den Ulrika ihr nach Remüs geschrieben hatte, diese Hymne des Liebes-Verstehens.. was war ihr daran nicht recht? Entweder kann man so sein – oder man kann es sagen, wenn man eine Frau ist – aber nicht Beides zusammen. Dann ist man eben Ulrika – hymnische Aufschwünge im Geist, und im Leben läßt man sich zusammenpressen und ausdrücken wie ein Schwamm von einer Faust – steht dann da, trocken und abgewelkt, und wird hager und häßlich, statt immer schöner, und sitzt am Bett eines sterbenden Mannes wie das leibhafte Vorsterben. Zum Überfluß erschien ihr die Cornelia, die sie dort einmal getroffen hatte und die sich genau so verhielt, wie man sich zu verhalten hat – als ob überhaupt garnichts wäre. Aber wie Ulrika dann dasaß, nicht einmal sich stellend, als ob sie zuhörte, in ihrer Verachtung vermutlich für die Leibgerichte, die wir ihm aufzählten und die sie ihm bald kochen würde, Cornelia, anstatt der öden Krankenhauskost, über die er sich beklagte. Ich weiß nicht, ob er überhaupt weiß, was ein Leibgericht ist, wenn er gesund ist, aber nun lechzte er nach Hammelfleisch und Weißkohl. Nein, kein Kaiserschmarrn und keine gefüllte Gans konnte ihn locken, die Augen glänzten ihm nur bei Hammelfleisch und Weißkohl, wie seine Mutter gekocht hatte, mit viel, viel Kümmel. Sie aber saß da, grau .. Gott verzeih mir, mit der Untat dieses Menschen auf sich – ob es nun wirklich so ist oder nicht – ist es vielleicht unmöglich, an seine Frisur und an blinkendes Lächeln zu denken, oder – ? Ja, wenn er sie nicht liebt .. wenn einer den Wein nicht mag, kann er wohl sauer werden.

Und ich muß nun wohl an meine Orgel gehn und sehn, wie ich meinen Woldemar wiederfinde, sagte sie trübe lächelnd und stand aus dem Gras auf.

Sechstes Kapitel

Plan 11

Georg kam um zwei Uhr des Mittags aus seinem Schlafzimmer, nachdem er sich von der Pein der überall drückenden, wattierten Uniform befreit hatte, nur mit weichem Hemd und leichter weißer Tennishose bekleidet; trotz der Juliglut noch immer frostig und zitterig von der Aufregung der eben überstandenen Zeremonie und nicht völlig klar im Kopf, stand er eine Weile vor der offenen Gartentür draußen, die Hände hinter dem Nacken verschränkt, um die heiße Luft und das Licht aufzufangen und die Stille, den Frieden und die Einsamkeit um sich her zu spüren, wo Alles noch unverändert wie immer war. Aber die in seinem Innern sich umtreibenden Bilder und die gesprochenen oder gehörten Sätze nötigten ihn zu unruhiger Bewegung, und er ging eine Zeitlang heftig rauchend im Raum auf und nieder, emporblickend oder Worte murmelnd, immer wieder die entscheidenden, vor den vielhundert auf ihn blickender Augenpaare – und auch einem verborgenen, ernsteren – gesprochenen:

»Ich, Georg, anerkannter Sohn des Woldemar, Herzogs in Trassenberg, erhebe meine Hand und schwöre ..«

Georg, Sohn des Woldemar – ja, so war es recht, anerkannter Sohn – ja, seelenfroh, daß ich die Formel schließlich gefunden habe, die genau ausdrückt .. erhebe meine Hand und .. wirklich, könnte garnicht besser sein – anerkannter Sohn, manche mögen sich wundern, warum .. Er lachte leise .. mein Geheimnis .. Georg, Sohn des Woldemar – die absolute Einfachheit – Mensch, Sohn eines Menschen – Mann, Sohn des Mannes .. Vater – wundervoll, wie er dastand innerhalb des ganzen schwarzen Amphitheaters von Gehröcken, in dem großen roten Johannitermantel mit weißem Kreuz .. Georg, Sohn des .. nun wird es mich den ganzen Tag nicht loslassen .. erhebe meine Hand und schwöre .. o es war wunderbar, einzig, nie vergesse ich das .. und wie er mich anschaute, als wollte er mich durchbohren, festnageln auf meine Worte .. und was sie geredet haben, war doch Alles recht würdig, maßvoll, mit gerade genug Andeutungen ihrer Positionen – bis auf den einen ultramontanen Pfaffen, der es nicht lassen konnte – aber lassen wir ihn – wie Thomas Mann sagte: ›Hochaufgerichtet – und so lassen wir ihn stehn‹. Ich glaube, ich fange an ruhiger zu werden .. o der Kaffee .. Er hatte während des Umhergehens ab und an einen Schluck aus der Kaffeetasse genommen, die mit dem übrigen Geschirr auf dem runden Tisch in der Kaminecke stand. Wundervoll, wie hier Alles wie immer ist .. als ob noch garnichts geschehn wäre .. erhebe meine Hand und schwöre .. weiß kaum noch, was ich geschworen habe, aber werde mich schon erinnern .. Ja, nun ist auch dieser große Moment vorüber, und wir stiegen vom Postament herab – ich glaube, ich werde doch die Vorträge und Empfänge weiter in der Stadt .. um mir für die Arbeit meine Einsamkeit hier zu erhalten. Georg, Sohn des Woldemar – klingt fast wie Edda, und mein Sohn wird Woldemar heißen, damit eine Kette entsteht wie noch heute im Friesischen: Georg Woldemarsohn, Woldemar Georgsohn, Georg Woldemarsohn, sodaß jeder eigentlich Georg und Woldemar zugleich heißt, noch mehr Anonymität, wie Montfort sagte .. Was ist das für ein großer dicker Briefumschlag auf dem Schreibtisch, den ich jetzt erst sehe?

Aus dem gelben Umschlag, den Georg aufnahm, kam ein großes und starkes Quartbuch zum Vorschein, im gelben Schutzumschlag, selbst in grünes Leder gebunden; die Vorderseite trug in goldenen Lettern nur die Bezeichnung ›Plan 11‹, allein Georgs Herz schlug heftig an in freudiger Überraschung. Heute! Da ist er endlich! Warum heute? Nun, wohl um als Hauptgeschenk zum Geburtstag in seiner Einzigkeit zu erscheinen – und als Vorschmack. Georg schlug die erste Seite hinter dem Schmutzblatt auf und las in der starken schwarzen Schrift seines Vaters die Widmung:

Meinem Sohn Georg
am Vortage seines Geburtstages
31. Juli 1908
von seinem Vater

und darunter die Worte:

Kairos
das ist:
wenn die Stunde da ist, und der Stern da ist
und der Mensch.
So hoff ich zu Gott, du bist es.

Mein Himmel – ein starkes Wort! Du bist es – ja, wir können es nur hoffen, Vater. Aber nein, daß ich ihn nun endlich habe! – Georg wog das schwere Buch in den Händen, blätterte es auf – zweispaltig gedruckt – über zweihundert Seiten .. Da war es also nun, das letzte Resultat von fünfzehn Jahren des Sinnens, Erwägens, Planens, Änderns, Verwerfens, immer neu, zehn Male – nun das elfte und endgültige Ergebnis unendlicher Studien, ungezählter Besprechungen und Befragungen von Kundigen der Wissenschaft, Politik, der Künste, Nachforschungen in allen Ländern und Zeiten, Ausfragungen von Männern und Frauen aller Art, jedes Standes, vom Kabinettsminister und Gewerkschaftsführer bis zum individuellen Mund des Arbeiters und Bauern, und aus der Unzahl von Ideen, Theorieen und Stimmen war endlich .. sieh, es gibt eine Einleitung, die muß ich jetzt wenigstens lesen, habe ja gottlob Stunden frei, und nun hier diese Stelle. Virgo .. nun, sie kann einmal warten, hat ja nun ihre Zwillinge, ich kann auch noch später hingehn.

Er langte fast fiebrig eine Zigarette aus dem Kasten, vergaß aber, sie und das Feuerzeug in der Hand, lange das Anzünden, nachdem er seinen Lieblingsplatz in der Sofaecke unter der Treppe eingenommen hatte, das Buch aufgeschlagen im-Schooß, und fing an zu lesen.

Zur Einführung

Kein Gespenst geht um in Europa – wohl aber sehen wir einen der beiden Teufel oder Dämonen, denen im Wechsel Macht über die Menschendinge gegeben ist, jeden Tag bedrohlicher sein düsteres Haupt über die Tiefe erheben. Dieser ist unter dem Namen Luzifers bekannt: der Lichtbringer – aber welches Lichtes? Seines eigenen Lichts, nicht des wahren. Nicht des allumfassenden, hundertfarbigen, sondern des einmaligen, das nur eine einzige Farbe hat, das graue Weiß der Theorie.

Er ist es also, der in der Welt nicht die grün und goldenen Wachstümer sieht – Organismen –, sondern Formationen, Zusammensetzungen, Gedankenmosaike, Organisierung. Mit dem einen Auge, das er hat, allein voraus in eine paradiesische Zukunft blickend, die er selber dorthin malt, unwissend und unbekümmert um Gegenwart und Vergangenheit, will er ausrotten Alles, was ist, die glatte Fläche zu schaffen, die er braucht, um seine geometrischen Anlagen zusammenzusetzen – Quadrate, Dreiecke, Parallelepipeden, Rhomben – jenen bunten Klötzespielen der Kinder gleich, deren abstrakte Simplizität jedem Kinderverstand einleuchtet.

Was Natur und Kultur im Verein und in einer für den Menschenblick göttlich langsamen und stillen, unendlich mannigfaltigen, stetig wechselnden Weise zu Werke bringen, das will er, der Vorgreifer, der Verfrüher, zwar nicht durch Zauberei der Vernunft, die er verheißt, sondern durch Alles vertilgende Gewalttat mit einem Schlage vollenden. Europa hat sein gläsernes Auge, seine bluttriefenden Kiefer und seine mit Leichen behangene Riesenpranke zuletzt vor hundert Jahren mit Grauen gesehn; nun tauchen sie wieder auf, wieder unter dem gleichen Panier der Unfreiheit, Gleichheit und Unmenschlichkeit. Wer aber sieht es?

Der andere Teufel, Ahriman mit Namen, zieht seine Kraft aus dem Vergangenen, Abgetanen, Abgestorbenen, als der Ungeist der Hemmung, Lähmung, des Zurückgreifens und des Verspätens. Welches nur leidlich klare Auge kann sich verhehlen, daß der Morgenschein der nationalen und sozialen Freiheit in den ersten fünf Jahrzehnten des vergangenen Jahrhunderts von Jahr zu Jahr klarer und lichter sich entflammte, rechtmäßig, von unten her, aus dem Volke selbst – bis die noch ungestählten Energieen doch niedergepreßt wurden, aber nicht ausgelöscht, von der Ferse der alten, noch eisenbestiefelten Despotie.

Und so konnte es dreißig Jahre später geschehn, daß der Traum vom deutschen Reiche eine Verwirklichung erfuhr, nicht durch den Träumer, das Volk, sondern von außen und über ihm her, und die Gründung des Reichs erfolgte, nicht von seinen Stämmen und Ständen, seinem Bürger, Arbeiter, Bauern, sondern von den Herren, die sich noch fest und berechtigt in ihren alten Rüstungen sahen. So war dann, was entstand, nicht, was hätte sein sollen: ein freibeweglicher, in vielfältiger Eigenart elastisch gegliederter, lockerer Bund der deutschen Stämme – ganz zu schweigen von gleicher, würdiger Berechtigung seiner sozialen Stände –, sondern ein eisern zusammengepreßtes, ebenso geistloses wie unnatürliches Konglomerat, verschoben obendrein und verdrückt durch Übergröße und Übergewicht eines Staates und ohne jeden Gedanken an die Energieen des längst schon erwachten sozialen Elements. Alle besten Kräfte, anstatt herangezogen zu werden zur Waltung, wurden niedergedrückt. Reichsgesetz und Sozialistengesetz, durch nur ein Jahrsiebent getrennt, waren ein Schlag.

Wenn wir nun –

Besuch

Geräusch und Bewegung der über ihm sich öffnenden Tür ließen Georg unwillig aufsehn und in das erfreut lächelnde Gesicht des blassen Egon, das hinter dem Türflügel hervorkam und flüsterte:

»Der Herr Birnbaum ist wieder da.«

»Wer?«

Die Wiederholung in anderen Worten: »Der junge Herr Sigurd« wurde von Georg nur unklar vernommen, da er perplex war. Sigurd – wahrhaftig, wirklich.. Er zerdrückte seine Zigarette im Aschbecher und hatte sich soweit in Gewalt, daß er fragen konnte, ob der Besucher ins Billardzimmer geführt sei, und Egon anweisen, auf das Klingelzeichen zu warten. Dann legte er, langsam aufstehend, das Buch auf den Tisch und hielt es dann, seine Kleidung bemerkend, für besser, einen Rock anzuziehn; tat dies im Schlafzimmer, kam wieder herein und blieb stehn, sich ratlos fragend, was dies zu bedeuten habe.

Also dieser Montfort hatte Wahrheit gesprochen: Er war hier – und er zeigte sich ihm? Was konnte er damit bezwekken? Kam er wirklich mit solchen Absichten – wie konnte er jetzt hier erscheinen? Um sie hier auszuführen? Unvorstellbar, allein – Bogner? Zu dem kam auch einer.. nein, daß er hier sich einführte im Vertrauen auf die alte Beziehung? Aber das ginge zu weit. Ich will ihm gern zutraun, daß er mich abknallen will, aber nicht, daß er sich dazu auf diese Weise einschleicht. Ich würde mich selbst erniedrigen, wenn ich das dächte, weiß Gott. Oder sollte ich doch den Revolver –? Nein, zum Donnerwetter, lieber laß ich mich abknallen. Aber dumm, nicht zu wissen, was einer will, dachte er, auf die Klingel am Schreibtisch drückend und sich daran lehnend, zur Tür hingewandt, die sich nach einer halben Minute öffnete und Sigurd einließ.

Er war in einem fast zum Knie reichenden schwarzen Hemd über Zivilhosen, mit nacktem Hals – nicht gar anmutig, aber diesen Mummenschanz hatte Georg selbst angeregt, wo nicht angeordnet. Merkwürdig flackrige Augen – die hatte er früher nicht, dachte Georg, seinem Besucher einen Schritt entgegen machend, der noch über der Treppe stehend, in der verlegen und überlegen zugleich spöttischen Art lächelte, seine Lippen schürzend, so wie damals, indem er sich in seiner linkischen Art etwas verbeugte und sagte: »Guten Tag, Georg .. wenn man noch so sagen darf«, mit der Sicherheit gesprochen, man könnte es sagen. Und er entschuldigte sich wegen seiner unziemlichen Kleidung, während Georg dachte: Man darf nicht mehr so sagen, aber wir wollen ja nicht Heinrich IV. spielen, und – jetzt wieder angenehm berührt von den vertrauten Zügen – sagte:

»Sieh an, wo kommen Sie her? Setzen Sie sich doch – ich habe glücklicherweise ein paar freie Minuten – was darf ich Ihnen anbieten? Sherry –«

Nein, Sigurd trank keinen Alkohol, damals schon ungern. Der Kaffee würde leider schon kalt sein, aber .. Nein, Sigurd dankte für Alles, in einen Sessel hinabsinkend, während Georg den Schreibtischstuhl zu ihm herumdrehte. Also, woher er denn komme?

»Wissen Sie nicht«, fragte Sigurd mit fast ungläubigem Ausdruck, »daß ich nicht mehr in Rußland bin?«

»Nein – wie kommen Sie darauf, daß ich es wissen könnte?«

Nun – irgendwer müßte es gewußt haben, denn Renate habe ihm geschrieben – nach Zürich, wo er jetzt sei, und er habe gedacht, Georg habe vielleicht ein Vorlesungsverzeichnis zu Gesicht bekommen – »Freilich«, verbesserte er sich selbst, »Sie haben nun andere Dinge vor Augen.« Ja, er war also in Zürich, seinem russischen Lehrer gefolgt, an dem er hinge und der einen Ruf dorthin bekommen habe. Er erklärte weiter, daß er jetzt hergekommen war, um mit seinem früheren Professor zu sprechen, einer gehirnanatomischen Entdeckung wegen, die dieser damals schon gemacht, aber noch nicht veröffentlicht habe und die sein russischer Lehrer nun selber gemacht hatte – eine Sache der Priorität, der wissenschaftlichen Noblesse..

Sigurd schien nur wenig verändert, hagerer wohl, die Augen eingesunken, die Backenknochen mehr vorstehend als damals, und mit dieser Unruhe der Augen behaftet, die sie beständig von einem Punkt zum andern gehen ließ, während sie damals Ruhe hatten; und das abschätzige Lippenschürzen war vielleicht noch abschätziger geworden als damals, bei seinem Absprechen über Lyrismus und dergleichen. Georg sah seinen Blick jetzt an einer großen Photographie Virgos haften, die mit anderen Bildern – seines Vaters, der Miniatüre seiner Mutter – auf dem Schreibtisch standen; und er fragte mit der Vertraulichkeit der alten Tage, wer es sei, jedoch gleich hinzusetzend: ob nicht damals ein Bild seiner Schwester da gestanden habe, wobei sein Blick merklich abirrte.

»Ein Bild Esthers?« fragte Georg erstaunt. »Wie kommen Sie darauf? Ich habe nie eins gesehn.«

Dann müsse er sich wohl geirrt haben. Sigurd erklärte, daß er eigentlich deswegen gekommen sei. Er habe seine eigenen Photographieen sämtlich eingebüßt – wenn er sie auch wieder zu erhalten hoffte – durch Beschlagnahme bei einer Haussuchung – »so etwas, wie man in Rußland immer mal über sich ergehen lassen muß«, bemerkte er mit dem früheren Stolz bei solchen Äußerungen; und Georg schien an alledem nicht viel Wahres zu sein – oder die Wahrheit woanders.

Plötzlich tat Sigurd mit einem stumpfen Aufblicken, aber, wie es Georg vorkam, lauernd die Frage, ob Jason ihm nicht etwas von Esther mitgebracht habe, worauf Georg, statt zu erwidern: Sie überschätzen meine Beziehung zu Beiden, wie er auf der Zunge hatte, nur befremdet den Kopf schüttelte.

»Tut mir leid, Ihnen nicht helfen zu können«, bemerkte er, in dem Schweigen, das nun folgte, seine Augen auf Virgos Bild lenkend, um dann zu sagen, es sei eine Freundin von ihm, Virgo von Schley, deren Mann Sigurd einmal kennen gelernt habe.

»Ich verstehe – eine aristokratische Nachfolgerin Esthers«, hörte er Sigurd sagen, der sein Kinn in der Hand hatte und nach unten zog mit einem sonderbaren Glotzen der Augen.

Ich will auch das überhören, dachte Georg und empfand sich dadurch so erhoben, daß er liebenswürdig lächeln konnte und sagen:

»Sie hat soeben Zwillinge bekommen.«

Wird er nun sagen »von Ihnen?« fragte er sich, allein Sigurd, der seinen Mund wieder geschlossen hatte, erwiderte mit nun feindseligem Lippenschürzen:

»Schley? Ja – der Herr, der die antisemitischen Witze machte.«

Witze? Georg erinnerte sich gut des Abends. Es schien, daß Sigurd sich in eine Aggressivität hineinsteigern wollte.

»Antisemitisch? Wie kommen Sie denn darauf?«

Nun, nicht eben besonders witzig.. aber zu sagen, daß die Juden aufhören sollten, wie Juden auszusehn oder überhaupt Juden zu sein, sei kaum judenfreundlich zu nennen.

Georg versetzte, er könnte sich nicht erinnern, daß Herr von Schley dies gefordert habe, sondern nur festgestellt, allein Sigurd schien dies kein Unterschied von Belang.

Das Telefon zirpte, Georg rückte den Stuhl näher an den Tisch, um nach dem Hörer zu langen, und vernahm Virgos klägliches Stimmchen, fragend, wer da sei.

»Hier ist der blasse Egon«, antwortete Georg in einer plötzlichen Erheiterung. Er sah Sigurd aufstehn – selber im Stuhl tiefer gleitend – und zu dem Tisch in der Kaminecke hinüber gehen, wo er sogleich das Buch des Plans 11 bemerkte und den Deckel aufklappte.

»O du lieber blasser Egon«, sang Virgos Stimme indessen, »ich bin ja so verlassen! Meine Zwillinge liegen im Schlaf, mein Gatte geht seinem Vergnügen nach, und mein Freund Georg –«

»– kommt in fünf Minuten«, schnitt dieser sanftgemut ab, wartete noch eine Sekunde und legte, nur einen Seufzer vernehmend, den Hörer hin. Er blieb dann still sitzen, mit den Augen auf Sigurd, der das Buch aufgeschlagen hatte, aber – im Profil zu sehn – mit wieder hängendem Kinn ins Leere starrte.

»Es ist eigentlich geheim«, sagte er, sich aufrichtend, »aber Sie dürfen es ansehn.«

Sigurd schien indes Nichts gehört zu haben, klappte das Buch wieder zu und erklärte mit seiner abrupten Entschiedenheit, gehen zu müssen.

Ob er wirklich nur wegen der Photographie gekommen sei? fragte Georg sich erhebend, worauf nun Sigurd fast heftig aufbegehrte: Es sei wohl nicht sehr schwer, sich vorzustellen, wieviel ihm daran liege. Georg fand es natürlich, zu fragen, ob nicht Herr Saint-Georges eine habe – oder Jason vielleicht. Er unterdrückte das in ihm auftauchende ›der zuletzt mit ihr zusammen war‹, aber trotzdem funkelten Sigurds Augen unstet und haßvoll auf: ob er ihn gar noch verhöhnen wollte?

»Nun, Herr Birnbaum, ist es genug – aber Sie sind ja bereits im Gehen begriffen«, mußte Georg sagen und sah ihn die Stufen hinaufgehn, nachdem er seine Halbverbeugung gemacht hatte, ohne Georg die Hand zu reichen, der dann, an seiner Lippe nagend, anhielt, auf die Tür zu blicken, durch die er verschwunden war.

Wenn das der Zweck war, dachte er, einen impotenten Haß aufzupulvern..

Immerhin – er ist da, wenn auch nicht von Rußland her, wie Montfort sagte. Aber die gute Schweiz wimmelt auch von Verschwörern.

Na, darüber werde ich mir keine grauen Haare wachsen lassen.. oder sollte ich die Polizei benachrichtigen? Merkwürdig – er muß sich doch klar sein, daß ich das tun könnte? Aber nein, er ahnt ja nicht, daß ich gewarnt bin. Muß mir das mal überlegen. Irrsinnig genug könnte er sein – und vielleicht ist sein Besuch eine Warnung des Schicksals, unwissentlich durch ihn selber – welche Ironie!

Ich kann auf alle Fälle diese verdammte Pistole.. murmelte er und ging in das Schlafzimmer, wo er die Waffe aus der Schieblade nahm und gekränkt in die Hüfttasche versenkte. Bange machen gilt nicht, dachte er zurückkommend, um das Haus zu verlassen.

Auf dem Kiesplatz draußen war niemand zu sehn, aber auf den Wegen, die um das Rasenrund liefen, schlenderte da und dort eine einsame buntfarbige Gestalt und zwei waren unter der Eichengruppe zu sehn, die eine stehend, die andere auf dem großen Denkstein sitzend, der dort lag, miteinander plaudernd, wie es schien. Könnten Geheimleute sein, dachte Georg und ging in das Haus zurück, um den blassen Egon aus seinem Zimmer am Flur zu rufen und zu fragen, ob der Herr Birnbaum allein gekommen sei.

Nein, ein Herr – mit bedeutsamem Lächeln – sei mit ihm gekommen und habe gefragt, ob der Herr Birnbaum hier bekannt sei oder erwartet werde; sei, nachdem er Bescheid erhalten, wieder gegangen.

So verließ Georg das Haus endgültig, indem er dachte: Nun, dann ist ja Alles in schönster Ordnung.

Hingang

Allein Georg war nicht leicht zu Sinne, als er in die Baumstraße, an der Sternwarte vorüber, hineinging. Ich muß mir diesen Sigurd energisch aus dem Kopf schlagen, sprach er bei sich selbst; aber er fühlte sich von Schwere nicht so sehr bedrückt wie umschlossen. Er wollte es auf die Luft schieben, die allerdings schwer zu atmen war; die Sonne glänzte nicht mehr, der Himmel hatte sich überschleiert, die Blätter der Gebüsche am Weg, hier und da weißlich angestaubt, standen oder hingen ohne Bewegung, in ihrer letzten, gedunkelten Schwere, Sommers Ende und ihr eignes erwartend. Er sah zu der ihm wohlbekannten Rotbuche auf, die einen von ihren wenigen Riesenästen hoch oben über die Straße hielt wie einen Arm mit einem langen zipfligen Mantel dunkelroter Blätter, der tief herunterhing, und er dachte: Dieser Mensch hat mir das Licht verdunkelt. Angst ist dies nicht, nein; Sigurd – Sigurd Fafnirsbana – Drachentöter – er lächelte – Angst habe ich keine vor dir, du Verdreher der Worte und Dinge mit deinen antisemitischen Äußerungen. Da siehst du uns heute wohl um dich her sitzen wie eine Schar Judenfresser, die sich an der Aufzählung von Pogromen weidet, und ziehst einen Haß daraus – künstlich. Schade um dich, alter Freund – aber was mich angeht ..

Er bemerkte, daß er über den sandigen Fußweg hinausgegangen war, der von der Straße abbiegend die Krümmung des Grabens begleitete, und ging zu ihm zurück, murmelnd: Sieh das einer an! Kaum bin ich in eine Verantwortung eingetreten, so werd ich schon vor Gericht gezogen. Ob mit Recht oder Unrecht – das Faktum wirkt nicht erheiternd, zumal auf solche wie diesen Georg Woldemarsohn, der freilich kein eddischer Wölsung ist; eher – haha, ja – Waldemar Atterdag hieß einer, König von Dänemark, der schob Alles auf *atterdag* –

morgen, was ich von mir übrigens nicht sagen kann. Ich stehe schon meinen Mann, wenigstens vor mir selber, weiche mir nicht aus, bin nur leider zu anfällig gegen diese – diese Melancholiaden. Kaum daß die Sonne weg ist, bin ich auch weg – nur Schatten. Von Tatmensch entschieden das Gegenteil – und nun will er ein Land regieren. Warum auch nicht – es gab und giebt schon schlechtere, und ich hatte nun diesen Ehrgeiz. Ehrgeiz – darüber muß ich mal nachdenken – Ehrgeiz ist recht. Ehrgeiz ist dem Menschen eingeboren, sogar schon den Tieren – Pferden zum Beispiel. Da war diese Vollblutstute in England, wie hieß sie noch? Mara, glaub ich, wundervoll – sie ließ kein andres Pferd vor sich, wäre eher geborsten. Ehrgeiz greift zu den sich bietenden Mitteln und Wegen – so auch ich, obgleich das Beherrschen nicht mehr zeitgemäß genannt werden kann; sind ja auch konstitutionell ziemlich eingeschränkt – immerhin .. na, vor allem war es natürlich die Einzigartigkeit – die neue Legierung – Monarch und Sozialist. Aber das bin ich garnicht. Sozial – ja wie denn nicht? Aber Sozialist – Sozialreformer – wundervoll .. Kein Gespenst geht um in Europa .. ein glänzender Anfang beiläufig, diese Umkehrung des kommunistischen Manifests. Überhaupt ein prachtvoller Stil – *Stil c'est l'homme* – wahrhaftig! Wenn jemals, dann hier, aber .. was mich wieder angeht ..

Schau, da liegt ja der kleine Kinderspielplatz. Immer wenn ich darüber gehe und die Schaukel sehe, erscheint mir auch Iris Runge, mit der zusammen ich ihre kleinen Geschwister schaukelte – Gott, ist das lange schon her! Diese süßen Poussaden in Prima damals – so zart .. Erstlingsblüten! Sie hatte Augen wie Brombeeren und fast gelbes Haar .. Ihretwegen kam ich nachmittags in den Kaffeegarten, wo die Mütter und Tanten saßen, Napfkuchen aßen und häkelten. Die Kellnerinnen mit ihren beladenen Kaffeebrettern waren kleine grauhaarige Frauen, so gutmütig, ich kannte sie alle. Iris, wo ist sie geblieben? Könnte auch schon Zwillinge haben. Ja, die

Anfänge, Montfort, Esther .. nein, was ich sagen wollte ..
was wollte ich eben sagen?

Georg war durch einen engen Weg zwischen Buschwerk in den kleinen Kaffeegarten gelangt und blieb stehn. Die grüngestrichenen Tische mit schräg darangelehnten Stühlen zeigten ihre Flächen in gleichmütiger stiller Verlassenheit, rings umher eingeschlossen in bogenförmige Nischen von aufgemauertem Tuffstein, die Strauchwerk von außen überhing. In der Mitte war ein kleines rundes Wasserbecken mit einer Tuffpyramide und einer kleinen Glocke von hervorsprudelndem Wasser, steigend und sinkend, und in der bewegten Flut sah Georg herantretend die roten Goldkarpfen stehn. Niemand da heut .. die ganze Stadt feiert ihren neuen Herzog, der sich der Einsamkeit ergiebt und sein greises Haupt schüttelt. ›Ich denk als Kind mich zurücke.‹ Aber sie werden wieder hier sitzen, am sonnigen Nachmittag, und nach ihnen die Töchter und Enkelinnen – Mütter, Mütter, Mütter, bis in die Ewigkeit, und niemals ändert sich etwas. Will mich mal hier auf den Rand setzen .. Diese Stille ist märchenhaft. Aber was leer ist, wirkt immer besonders still.

Sozial – mein Gott, wer wäre das nicht? Nur die Großindustriellen, aber – sozialistisch? Nicht die Spur – und wer ist es auch sonst? Die persönlich betroffen sind – oder eben geistig darauf gerichtet, wie andere Philosophen sind – oder Afrikaforscher. Seltene Vögel wie mein Vater, die in die Zukunft schauen und das Kommende sehen. Ich bin Literat meinetwegen, wenns schon ein Name sein soll, mich interessiert das garnicht – außer nun eben als Werk, das vor mir liegt, als Aufgabe – den Menschen zu helfen, Unterdrückten ihr Recht zu verschaffen. Das will ich, weiß Gott – und was könnte schöner sein? Und schwerer .. Schwere ist Alles, dieses ganze Leben .. und nun muß ich wohl weitergehn.

Er sah auf und umher, und rings war nicht eine Bewegung. Allgemeiner Stillstand der Dinge, wie? Also, hier sitz ich –

und bin in Lebensgefahr. Es ist toll – doch ein Faktum. Wie bin ich da plötzlich hineingeraten? Wie in die Husarenuniform – – mir übergestülpt durch Dekret .. unbegreifliche Dinge – aber man kann Alles lernen – und dann lernt man daraus. Wie aber paßt dies zu mir? In Lebensgefahr .. da hab ich studiert, viel gelesen, viele Gedichte geschrieben, geflirtet, geritten, geliebt .. o mein Gott, Renate! Aber das ist jetzt verboten. Aber nein – nur daher kommt dies, das ist es, was auf mir lastet – und das zieht mich zugleich auseinander. Nein, ich muß bei der Stange bleiben.

Sigurd – aber mein Gott, was ist das, was seh ich? Das kommt nicht aus Politik – das kommt aus meinem Privatleben. Dieser verrückte Haß wegen Esthers! Und wenn ich wie Sigurd nur ein Student wäre, könnte er auch herkommen .. Die Politik spielt da nur herein .. ja, wie soll ein Mensch damit fertig werden? Alles verfitzt und verkehrt verknotet.

Also regieren – gut – schön – unter welcher Legitimation? Hab es weder studiert noch ein Examen bestanden. Habe im Gegenteil – was hab ich? Habe es von mir geschoben – im Ungewissen gelassen, in der Zukunft; nur davon geträumt – doch es nie recht bedacht. Warum das? Ja, sage warum?

Weil es mir nicht zukommt. Da ist es wieder – unausweichlich – wieder der eine Punkt. Ich komme nicht drüber weg, ich komme nicht hinein – o Verdammung, daran werde ich noch zerschellen. Mein Gott, und es war doch entschieden, ich war ganz fest im Sattel. Das muß es trotzdem gewesen sein! Nun weiß ich es – wieder zu spät – immer zu spät .. unentrinnbar – ich schleppe es selbst mit mir – ja, wie Sindbad, der Seefahrer, seinen Meergreis, der sich im Schlaf um ihn legte. O Gott, nun wirds mir zuviel.

Er stand auf und ging zwischen Tischen hindurch, seine Stirn mit dem Taschentuch trocknend, auf die Mauer zur Seite zu und durch die offene Pforte auf die Straße hinaus, von der er wußte, daß sie nach wenigen Minuten zur Linken in die Jägerstraße mündete, wo auch gleich die Schleysche Villa lag. Auf der anderen Straßenseite zog sich eine niedere Hecke hin, und er sah die versumpften Wiesen dahinter und ein glänzendes Stück des toten Flußarms, von großen Blättern bedeckt, in gebräunten Wäldern von Binsen. Wie das regungslos daliegt! Abgestorben – doch ich! Bei Gott, nein, ich lebe und will leben und kann mich bewegen! Unentrinnbar ist Nichts, Nichts ist zu spät, wenn man will. Nicht mehr rückgängig zu machen? Aber wenn ich den Willen habe? Dann werde ich verschwinden, mich ins Nichts auflösen. Da mögen sie warten bei ihrem Bankett! O verdammte Bankette und Bankerte, Reden schwingend fürs Vaterland. Vater – land – – und da steht er, meiner – und nagelt mich fest. Kann ich ihm das antun? Ihm diesen Schlag versetzen? Unvorstellbar. Ich habe ihm zugesagt, er hat mir vertraut. Wie kann ich ihm sein Lebenswerk aus den Händen schlagen? Da steh ich an dieser Hecke – könnte drüber springen – und kann nicht. Wie er damals dasaß, gescheitert, gebrochen, zerrüttet .. und dann ging es doch weiter, wie durch Zauberei – kleine Hunde und sowas .. es fügte sich unbeschreiblich. Also wie kann ich heraus aus der Fügung? Stecke drin bis an den Hals. Er ist doch frei – hat Renate, die könnte ihn trösten – ich hab Nichts, wenn auch Anna .. ja, sehr lieb von ihr, rührend – aber was hilft es mir? Virgo – die hat nun Kinder. Er hat Alles – Alles – ist groß, erhaben, mächtig – enorme Pläne – und ich? Ich denke unerlaubt, und gleich wird mir der Kopf zerspringen. Da steh ich – zwischen zwei Feuern. Jedes will mich verbrennen – ich kann über keins hinwegspringen, angenagelt von meinem eigenen Vater – was soll ich? Was kann ich? Was will ich?

Indem er verzweiflungsvoll die Straße linkshin hinunterblickte, sich Virgos erinnernd, die ihn erwartete, erfuhr er eine Erleuchtung, emporschreckend: Da – jetzt hab ich es! und er war im Nu in Bewegung. Ihr werde ich es jetzt sagen, und sie wird es endgültig entscheiden. Sie ist ja durchaus nicht das Kind, das sie mitunter spielt, im Gegenteil, das ist nur Gegenspiel, und überspielt bisweilen. In Wirklichkeit ist sie schwer, ich weiß – Schley weiß es auch, sie wäre sonst auch nicht in diese Melancholie verfallen. Und ich kenne sie: Die geringste innere Regung ist in ihrer Haut, an ihren Wimpern zu sehn, an ihrer Nasenspitze, wie sie vibriert. Sie braucht mir kein Wort zu sagen, ich lese klar, was sie denkt. Gut, daß sie grade allein ist.

Und wenn sie dann entscheidet – gegen mich – gegen Vater?

Er blieb stehn und bewegte die rechte Hand bewußtlos hinter sich zur Hüfte.

Ja, das ist dann wohl *ultima ratio regum.*

Vater – der sieht mich lieber tot als – als fahnenflüchtig, und ich bin bereits vereidigt.

Ist das der Weg, den ich vor mir habe?

Ein Möder tritt mir entgegen – und – und gemeint ist der Selbstmord.

Er fühlte sein Herz aussetzen – dann langsam wieder schlagen – und streckte die linke Hand nach einem Telegraphenpfahl aus, der am Anfang der Straße stand. Das Bewußtsein schien ihm zu schwinden, während er auf die schwarze eiserne Waffe hinabstarrte, die seine Rechte umspannte. Dann erschienen die Worte: erhebe meine Hand und schwöre .. erhebe meine Hand und schwöre – – stets ein braver Bursch zu sein. Wie? ›Stets ein braver Bursch zu sein.‹ Das war der ›Landesvater‹, er hörte die feierliche Melodie von kräftigen Kehlen gesungen, sah Reihen blauer kleiner Kappen eine Tafel entlang über roten, singenden Gesichtern, einen Schläger mit zwanzig aufgespießten Zerevisen, zusammengeschoben ..

Wie bin ich denn damals davongekommen? Tozzi – er nahm sich das Leben. Da nahm ich mir das meine auf andre Weise, und ich wurde frei.

Na, ich lebe ja wohl noch .. also gehen wir weiter.

Er steckte die Waffe wieder fort, nahm sein Taschentuch, um sich den ausgebrochenen Schweiß zu trocknen, atmete tief und kräftig und fühlte sich jetzt erleichtert.

Dahin mußte es kommen, dachte er, aber – noch sind wir ja nicht soweit. Wie spät ist es? Schau mal an, kaum drei Viertel vier! In einer halben Stunde bin ich durch mein halbes Leben gerast und beinah gestorben. Wer wußte je das Leben recht zu fassen? Und ich komme niemals hinein .. na, nun höre schon auf mit dem ewigen Schaufelrad, immer das Unterste zuoberst! Und da ist schon das Haus. Also Virgo – ja – wie sag ichs meinem Kinde? Das Beste wird wohl sein, ich erzähle es ihr als Märchen; ist und bleibt ja was Märchenhaftes daran; setze am Ende die Namen ein. Gottlob, mir wird wieder leichter – ich muß nur noch rasch überlegen. Ja, Virgolein, nun wird es auf dich ankommen; nun bist du meine *ultima ratio. Erat in una civitate rex et regina* – das ist der Anfang des Märchens von Apulejus, aber so fangen sie seither alle an. So werde ich es auch machen – und dann werden wir sehn.

Wochenbett

Als Georg im Obergeschoß des Hauses die weißlackierte Tür öffnete und das zweifenstrige lichte Zimmer mit zart geblümten Tapeten und Möbelbezügen betrat, saß die kleine Mädchengestalt heiter blickend in ihrem breiten Wochenbett unter der lichtgrünen Steppdecke, zu beiden Seiten die grünlichweißen Musselingehänge, die spitz von oben fielen – ein Brett mit Teekanne und Tasse und Teller vor sich, das sogleich ins Gleiten kam und von Georg aufgefangen werden mußte, da sie ihre bloßen, schmalen und braunen Arme ausbreitete, um ihn zu umfangen. Mit den großen dunklen Augen – ohne violette Ringe mehr darunter – und wieder rosig überhauchten, bräunlichen Gesichts, war sie wieder so erdbeersüß, daß Georg sich schwer beherrschen mußte, über sie gebeugt, sie nicht rund herum abzuküssen und sich mit einem Bruderkuß auf das Haar zu begnügen. Danach im herangeschobenen tiefen Sessel neben ihr sitzend, mußte er wieder aufstehn, weil durch die offene Tür aus dem Nebenzimmer quäkende Laute hörbar wurden, um hineinzugehn und zwei winzige Andeutungen von Gesichtern in roten Karotten zu betrachten, die für ihn keine andere Bedeutung hatten, als daß sie eben da waren; sie hatten soeben getrunken und würden sofort einschlafen, erhielt er versichert, wieder im Stuhl sitzend, und bekam sodann die Beschreibung einer ungeheuren Spreewälderin, die am nächsten Tage erscheinen würde und einen Oxhoft Bier täglich verlangen, denn Virgos ›Meierhof‹, wie sie es nannte, war für ein Paar nicht ausreichend, wenn auch die Milch der eigenen Mutter von der ärztlichen Wissenschaft nicht mehr für gesundheitsschädlich erklärt wurde. Nach einiger Zeit trat dann doch eine Pause ein, während sie ihn mit stillen, nur leise frohen Augen ansah und dann verlangte, daß nun er erzähle, da er wohl viel erlebt habe.

Sie zog die grüne Steppdecke höher, glättete die Spitzen des leinenen Überschlags und legte ihre schmalen Arme darauf, so erwartungsvoll aussehend, daß Georg dachte: Es ist ja, als wäre sie vorbereitet.. und er sagte sodann: »Ja, Virgo« – er stockte; »ich möchte dir etwas erzählen – was du vielleicht nicht erwartest.«

»Etwas Schönes, Georg?«

»Ça dépend. Ich will dir ein Märchen erzählen.«

»Ein Märchen, Georg? Grad jetzt – mitten in der Wirklichkeit?«

»Eben darum, mein Kind. Weil die Wirklichkeit eigentlich märchenhaft ist, muß man Märchen erzählen. Also hör zu.«

Er legte den Kopf zurück, verschränkte seine Hände im Nacken, schöpfte Atem und fing an zu sprechen, zur Zimmerdecke emporblickend, zuerst mit stockenden Pausen zwischen den Sätzen:

»Es war einmal in einem Reich ein König und eine Königin. Und wie das in Märchen zu sein pflegt: Sie wünschten sich sehnlich ein Kind, natürlich einen Sohn. Und wie es nun dazu kam, daß die Königin ein Kind erwartete, da war sie gleich so überzeugt, daß es ein Sohn sein würde, daß sie nichts Andres mehr denken konnte, ihn schon mit dem Namen nannte, den er haben sollte, und immer so von ihm sprach, als ob er schon da wäre und sie ihn vor sich sähe – ihren Sohn.

»Aber als noch zwei Monate an der bestimmten Stunde fehlten, da geschah ein Unglück. Der König, der in einer andern Gegend des Reiches weilte, wo er einen neuen Palast baute, fiel von oben herunter und wurde für tot aufgehoben und weggetragen, wenn er sich dann auch erholte. Kaum aber, daß die Königin die Nachricht davon erhielt, wollte sie zu ihm hinfahren; sie stieg einfach in ihre Kutsche und fuhr ab – aber sie kam nicht weit, denn der Schrecken bewirkte, daß das Kind zur Welt kommen sollte. Sie fuhr eben durch ein Dorf, das hieß – sagen wir mal – Hasselt, da mußte sie sich nach einem Obdach umsehen, und das Glück wollte, daß ein guter und hülfreicher Arzt in dem Dorf lebte, der sie gern aufnahm. Er empfing sie damit, daß er sagte, soeben sei in seinem Hause von einer Mutter ein Sohn geboren, was er als ein gutes Vorzeichen meinte. Die Königin aber erschrak und sagte: ›Da ist er mir weggeboren.‹

»Und richtig, wie es Nacht wurde, gab sie einem Kinde das Leben, das ein Mädchen war. Sie war darüber so außer sich, daß sie es garnicht sehn wollte und sogar sagte: ›Werft es ins Wasser!‹ Sie wäre fast gestorben vor Schmerz ihrer Enttäuschung, sie konnte es garnicht fassen; und auf einmal kam ihr ein sonderbarer Gedanke. Sie dachte, der in dem Hause geborene Knabe wäre in Wirklichkeit das Kind, das sie haben sollte. Sie war in einer solchen Verwirrung, daß sie sich einbildete, es wäre eine Vertauschung geschehn und der Knabe gehörte ihr.

»Und was tat sie dann? Sie trat geheim durch ihre Kammerfrau mit der anderen Mutter in Verbindung, und – was soll ich es lang und breit erklären? Als sie Beide später in dem Wagen der Königin das Haus und das Dorf verließen, um zusammen zur nächsten Stadt zu fahren, wo sie sich dann trennten, da hatte die andere Frau die Tochter, und die Königin hatte ihren Sohn. Und sie hatte ihn vom ersten Augenblick an so als den ihren erkannt und in ihr Herz geschlossen, daß sie vollständig vergaß, daß nicht sie ihn geboren hatte, und es auch niemand sagte – nicht einmal dem König. Endlich vergaß sie es ganz und gar, und sie und ihr Mann und der Knabe, als er aufwuchs, waren allezeit in dem Glauben, daß er der Königssohn wäre. Erst viele Jahre später ist es durch einen Zufall ans Licht gekommen.«

Georg war still und bewegte behutsam seinen Kopf so weit vor, daß er Virgo sehen konnte; sie hatte sich indes auf die Seite gelegt und die Augen geschlossen, fing nun an ihre Nase am Leintuch zu reiben, sie kraus ziehend, als ob sie niesen müßte, blickte dann auf und sagte:

»Du, Georg – das ist aber mal eine komische Geschichte, weißt du?«

»So – du findest sie komisch«, äußerte Georg sehr enttäuscht. »Ich muß dir allerdings sagen, was ich vergessen habe, wie die Personen in meiner Geschichte hießen. Der König hieß – «

»Na, Georg, das brauchst du mir nicht erst zu sagen«, unterbrach sie ihn mit tiefer Stimme, jetzt auf dem Rücken liegend.

»Also, was ist das Komische an der Geschichte?«

»Das Komische«, sagte sie, einen Blick auf ihn werfend, »ist, daß ich auch in Hasselt geboren bin.«

»Ich kann auch das nicht eben komisch finden, sondern

eher sehr schön, Virgo. Aber wann bist du in Hasselt geboren? Ach so, verzeih – am 26. Juli.«

»Das nun grade nicht.«

»Nicht am 26. Juli?«

»Aber nun werde nicht böse, Georg! Mach nicht solche Augen! Ich war doch so wütend, daß ich keinen Geburtstag mit dir haben sollte, wo ich doch schon Nichts von all deinen Herrlichkeiten zu sehen bekomme der Zwillinge wegen – – da haben wir meinen Geburtstag ein bißchen vorverlegt.«

»Vorverlegt, Virgo – von wann denn?«

»Na – vom ersten August.«

»Von meinem eignen Geburtstag?«

»Huh, friß mich nicht auf! Ja, von deinem Geburtstag.«

»Virgo! Und in welchem Jahr bist du geboren?«

»Das sag ich dir nie im Leben.«

»Aber Virgo, sei jetzt nicht kindisch! In deinem Alter ist es doch völlig gleich, ob du zwei Jahre früher oder später geboren bist. Sage, wann bist du geboren?«

»Nicht, wenn du solche Augen machst! Huh!« Sie zog die Decke bis unter die Augen empor und lugte angstvoll darüber. »Friß mich nicht auf, beiß mich nicht, mach nicht so böse Augen! Ich bin überhaupt garnicht geboren, man hat mich im Wasser gefunden, die alte Rüdiger hat mich herausgezogen –«

»Virgo, wenn du jetzt nicht im Augenblick ernst wirst!«

»Huh, Georg, Hülfe, Wolfgang, er will mich verschlingen!«

»Also dann werde ich Wolfgang fragen, wenn du so kindisch sein mußt«, sagte Georg aufstehend und bewegte sich auf die Tür zu, worauf sie dann mit beiden Händen auf die Bettdecke klatschte und sang:

»Heut vor zwanzig Jahren – heut vor zwanzig Jahren – heut vor dreiundzwanzig Jahren auf den Tag ..«

»Virrrrgo!« schrie Georg, »vor dreiundzwanzig Jahren, in Hasselt, am ersten August – weißt du noch nicht, was du sagst?«

»Doch«, sagte sie plötzlich ernst, »ich habe schon immer gewußt, daß du mein Brüderchen bist.«

»Brüderchen?« wiederholte er, auf das Bett sinkend, »wie kommst du jetzt darauf? Wir sind doch garnicht verwandt miteinander.«

»An einem Tag geboren – in dem selben Jahr – ist das noch nicht Bruder genug?« sagte sie still, ihn anblickend, und er war nun so überwältigt, daß er nur die Lippen bewegen konnte, aber nicht sprechen. Ihre rechte Hand bewegte sich zaghaft vor, er nahm sie und drückte seine Lippen darauf, war den Tränen nahe und sagte:

»Also du weißt nun, wer du bist?«

Der Blick ihrer Augen schien immer stiller zu werden, und er sah jetzt in ihrer Tiefe geheimnisvoll ein Licht aufgehn, das er nicht kannte, dann aber erkannte, ein tiefes, umfangendes Leuchten, und er konnte nur rasch seine Stirn an ihre Schulter drücken, mit der Last sinkend, die dann von ihm fiel, und lange Zeit Nichts mehr fühlen als ihre Hand, die wieder und wieder über sein Haar strich – bis er sie sagen hörte:

»Mein Junge, du mein armer, mein guter Junge. Ist es sehr schwer gewesen?«

»Manchmal – war es kaum zu ertragen.«

»Ich weiß, mein Junge, ich weiß. Weiß doch Alles von meinem Brüderlein, Alles – Alles – Alles. So ein armer unkluger Bursche – ja, so weise – immer so weise – und weiß sich garnicht zu helfen. Aber nun steht er auf, geht nach Hause und fängt wunderschön an zu regieren; und dann heiratet er eine wunderschöne Prinzessin Tugendreich – und kriegt sieben wunderschöne Kinder und –«

Sie gab ihm einen leichten Klaps auf den Kopf, und Georg richtete sich auf; sie küßten einander geschwisterlich mit nassen Augen, und er stand leise auf und verließ das Zimmer.

Auf dem Flur draußen fiel ihm erst ein, daß sie nun Eltern bekommen hatte – und sein Vater – wird der sich freuen! Das

Erste, was ich ihm sage, wenn ich nur gleich die Gelegenheit finde! Helenes Tochter .. das ist eine Welt! Und wo ist Helene?

Was wäre die Welt, dachte er inbrunstvoll, als er wieder auf der Straße stand, wenn es diese Geschöpfe nicht gäbe?

Ein nacktes Jammertal – ohne Trost – ohne Licht – ohne Tränen.

Siebentes Kapitel

Vater und Sohn

Renate saß mit Erasmus in der glasüberdachten Veranda bei ihrem seit langem nun fast schweigsamen Abendessen, als ihr Auge an dem weinlaubumblätterten Pfosten zu ihrer Linken vorüber die große, schwarzgekleidete Gestalt Josefs in den Garten kommen sah. Im ersten Augenblick erschreckt, wurde sie durch sein offenes Erscheinen wieder beruhigt; konnte die Absicht doch nur – gegen Erasmus – versöhnlich sein. Aber ein Blick auf den Mann zu ihrer Rechten – der mit dem Gesicht zum Garten gewendet saß – zeigte ihr, daß seine Züge und sein Blick in der dumpfen Erstarrung, die sie nur zu gut kannte, stehen geblieben waren – die Augen fast glotzend. Wieder hinausblickend, sah sie Josef – nicht in einer Tracht, sondern so tadellos gekleidet wie jemals, das halbe Gesicht schwarz wie immer verhüllt – langsam zur Sonnenuhr vorgehn und stehen bleiben vor ihr – als ob er die Inschrift läse –, die keine Stunde zeigte, da die Sonne schon in die obersten Baumwipfel hineinsank, überdies verschleiert war.

»Erasmus«, sagte sie leise, »ich bitte dich, sei nun versöhnlich.«

Er erwiderte Nichts, und sie stand auf, trat an die Brüstung und rief halblaut Josefs Namen, worauf er sich umwandte und die Hand erhob, lächelnd und mit seiner sonoren Stimme antwortend:

»Frau von Montfort? Darf der Verlorene guten Abend sagen?«

Sie ging ihm entgegen, der zur Treppe kam, blieb aber seitwärts am Pfosten, um ihn an sich vorüber zu lassen, selbst auf Erasmus blickend, der sich auch nun erhoben hatte.

Oben stehend, sagte Josef, ruhig und ernst blickend:

»Guten Abend, Erasmus.«

Der versetzte: »Was willst du hier?«

»Ich möchte meinen Vater sehn.«

Erasmus blieb stumm, seinen Kopf senkend. Renate fragte Josef, ob er mit ihnen essen wolle, allein er verneinte dankend: Er habe erst spät zu Mittag gegessen und sei für den Abend eingeladen.

»Dann laß uns hinaufgehn«, sagte sie, nun freilich in Bangnis, denn sie hoffte längst nicht mehr, daß seinen Vater von außen her noch etwas erreichen könnte. Auf ihre leise Frage an Erasmus, ob er nicht mitkommen wolle, legte er nach einer Weile seine Serviette auf den Tisch und folgte dann hinter ihnen.

Als sie im oberen Stockwerk waren und Renate die Tür öffnete, fiel nur durch eines der beiden Fenster Licht in den Raum, und auch dessen oberer Teil war vom Rolladen verschlossen, sodaß es nur in seiner Nähe hell war. Dort saß im Sessel der in sich gesunkene alte Menschenkörper mit kahlem Schädel, an dessen Schläfe ein wenig weißes Haar schimmerte. Josef stand, hin zu ihm blickend, sagte dann:

»Vater!

»Ich bin es – Josef.«

Für einen Augenblick schien es, als ob der Kopf sich bewegte. Dann schritt Josef hinüber, legte die Hand auf die Schulter an der Sessellehne, sich hinunterbeugend, und wiederholte die eben gesprochenen Worte. Darauf bewegte der kahle Kopf sich langsam nach oben, und es schien, als ob seine Augen in die Augen über ihm blickten; auch wurde ein Laut hörbar – ein Murmeln – oder ein Seufzer. Danach senkte sich wieder sein Kopf, und es war wie zuvor.

Renate verschloß das schmerzliche Wort ›Zu spät‹, das auf ihren Lippen war, im erstickenden Herzen. Sie sah mit naßblinden Augen Josef sich tiefer beugen und seinen Mund auf den kahlen Scheitel drücken; dann quollen ihre Tränen so heftig, daß sie, das Taschentuch vor den Augen, kaum etwas erkennend, hinausging, an dem Erasmus vorüber, der vor der Tür geblieben war. Als sie dann mit rasch getrockneten Augen sich umwandte, stand Josef vor der hinter sich geschlossenen Tür, Erasmus gegenüber, und sie hörte ihn sagen:

»Ich wußte leider längst, daß es zu spät war.«

»Dann gehst du wieder«, sagte Erasmus.

»Erasmus – wir sind Brüder; und dies Haus ist nicht deins.«

»Du – du – du wagst es! Nachdem du – dies angerichtet?«

Josef bewegte nur langsam den Kopf hin und her, aber da Erasmus mit glühendem Gesicht und sinnlos vorquellenden Augen, die Fäuste an den Seiten geballt, dastand, streckte er eine Hand nach der einen Faust aus, die aber sofort zurückgerissen wurde.

»Wirst du gehn?« zischte er, »wirst du gehn, du – Vater – Vater – mörder, Mutter – mörder!«

»Bist du ganz irrsinnig, Bruder?«

»Und jetzt sie – immer schon – sie – auch –«

Die hervorgewürgten Worte waren kaum zu verstehn. Josef wandte sich zu Renate und sagte:

»Giebt es keine Möglichkeit, ihm zu erklären?«

Allein Erasmus hatte, noch ehe sie antworten konnte, seinen Bruder an den Schultern gepackt, schüttelte ihn, konnte aber anscheinend keinen Laut hervorbringen; und als Renate jetzt hineilte und seine Hand ergriff, starrte er eine Sekunde darauf, schlenkerte sie dann nieder, und nun kamen zischende oder fauchende Laute hervor, die kaum als Worte erkennbar waren, aber doch als Beschuldigungen erschienen: daß sie ihn hintergegangen – sich von ihm losgemacht – heimliche Stelldicheins mit Josef gehabt – auch in der Zeit nach ihrer Krankheit – auch jetzt wieder – bis sie versuchte, seine Stimme, die im Treppenhaus widerhallte, zu übertönen, indem sie rief:

»Wie kannst du, Erasmus, wie kannst du? Es ist Nichts davon wahr, ich war mit niemand, hörst du, mit niemand. Und wenn ich –« setzte sie an, außer sich vor Angst und Empörung, allein Josef streckte eine Hand nach ihr aus und sagte:

»Ich bitte dich, sei still! Nicht um den Preis.«

Im nächsten Augenblick hatte Erasmus den ausgestreckten Arm gepackt und niedergerissen und schrie mit vergehenden Augen:

»Jetzt – du oder ich, du – Satan – bleib hier – und ich –«

»Erasmus, wirst du hören?«

»Also dann ich!«

Er duckte seinen Kopf wie ein Tier und war zwischen den beiden Andern hindurch zur Treppe gestürmt und hinunter. Unten wurde das Aufreißen und Zuschmettern der Haustür hörbar, und dann war Stille.

Renate dachte, die Treppe hinab ihm nachschauend: So war Alles umsonst.. er ist, wie er je gewesen. Sie wandte sich wieder Josef zu, der, eine Hand an die Wand gestützt, vor sich nieder blickte, dann das eine Auge zu ihr aufschlug, so ruhig und still, wie sie es niemals gesehn hatte. Gleich darauf lächelte es, und er sagte:

»So ist er wenigstens fort, und wir haben Zeit für einander.«

»Wie konntest du wissen, daß es zu spät war?« fragte sie mit einem Rest Feindlichkeit, den sie nicht unterdrücken konnte.

»Weil ich schon einmal hier war – vor einem halben Jahr – als du krank in Remüs warst. Da sah ich ihn im Garten.

»Ich war auch bei dir in Remüs«, setzte er hinzu, »wie ich dir nun verraten kann. Du warst in der Besserung – und ich sah dich von weitem.«

»Warum nur von weitem?« fragte sie, nun erweicht und ihm dankbar.

»Du durftest dich nicht aufregen.«

»Dann waren die Rosen von dir, die mir Jason brachte – von einem zu scheuen Verehrer?« Sie konnte nicht anders als lächeln und fühlte sich ruhiger werden, während er lächelnd nickte.

»Aber wenn du wußtest«, sagte sie wieder mißtrauisch, »warum bist zu denn heut gekommen?«

»Nun, ein Versuch noch einmal – oder damit ihr auch sähet«, erwiderte er gleichmütig und fragte dann: »Aber müssen wir hier auf dem Flur stehn? Da es nun gelungen ist«, fuhr er fort, wieder lächelnd, »unseren Widersacher davonzutreiben, könntest du mir wohl die Freude machen, mir dein altes Zimmer zu zeigen. Ich möchte gern sehen, ob jemand noch darin ist«, setzte er hinzu, während sie sich schon bewegte, dankbar zu ihm auflächelnd: »O ja, er ist noch darin. Aber«, sagte sie, wieder stehen bleibend, »o Josef – hast du mir sonst Nichts zu sagen?«

»Vielleicht – aber davon später. Laß mich erst sehn, der Abend ist noch lang.«

So gingen sie über den Flur nach der anderen Seite des Hauses hinüber.

Ech-en-Aton

Vor der weißen Tür angelangt, blieb Josef stehn, stellte sich davor und sagte mit dem still und bittend auf sie gerichteten Auge:

»Eh wir hineingehn – könntest du – mir – und auch dir – eine ruhige Stunde versprechen? Du siehst, er ist fort – und später werde ich wieder fort sein.«

Er strich leise mit der Hand über ihr Haar und sagte:

»Alles wird gut werden.«

Sie nickte nur, sich zusammennehmend, da ihr wieder die Tränen kamen. Er war noch nie so gewesen wie jetzt, und sie war ihm unendlich dankbar. Darauf traten sie ein.

Der schöne lichte Raum lag gekühlt im Schatten des tieferen Nachmittags; sie sah Josefs Auge nach einem ruhigen Umhergleiten, während er langsam nickte, den kleinen weißen Kopf des Ägypters erfassen, der auf seiner Säule wie immer hinter dem Schreibtisch stand, mit den flachen, wie blinden Augen nach dem einen ausblickend, das er immer sah, und Josef sagte:

»Wirklich, da ist er noch. Und Nichts ist hier verändert.«

»Ich danke dir immer wieder für ihn«, sagte sie leise, während er langsam hinüberging. »Von Jahr zu Jahr ist er mir – ach nein – bin ich ihm immer näher gekommen – fast wie einem Bruder.«

»Nun, er ist doch dein Bruder«, hörte sie ihn sagen, während sein Rücken den Kopf verdeckte. »Er sieht, was du auch siehst. Er ist davon durchleuchtet. Wundervoll ist das doch: über dreitausend Jahre alt – und immer noch Blüte. Immer noch schauend – das Licht – wie eine Pflanze – wie der Lotos im Nil, ganz offen, bereit, verwandelt zu werden – und einmal hinaufzusteigen.

»Aber wir bleiben unten.«

Er setzte sich auf den Stuhl, sich zurücklehnend, und umfaßte das übergelegte Knie mit den Händen, zu dem nun wieder sichtbaren Königskopf aufblickend, und sprach wieder nach einer Weile:

»Denn wir – was sind wir, Renate? Wir sind – Nil – Nil – klingt wie Nihil .. und wenn wir nicht Nichts sind, doch nur sehr wenig. Wasser – ja, wir sind Wasser, immer bergunter fließend. Wir sind das Fließende, immer sich Gleiche, immer Vergleitende; Wellen, nur Wellen, eine der anderen gleich, aufsteigend – sinkend – vergehend – vergangen; aufsteigend – sinkend – vergangen. Immer das nämliche Sichgebärden,

Verzweifeln und Traurigsein, etwas Weinen und wenig Lachen.

»Er aber ist aus dem dämmrigen Strome getaucht.

»Er trägt den reinen Spiegel an der Stirn – o du Delphin des Lichts.

»Du bist aus Wasser und aus Licht der blanke Fisch – schon im Klaren – ja schon in halber Vergottung –

»Du tauchtest auf – ja, du tauchtest auf, weil du weißt –

»– daß du hier nur bist, weil du mußt, aber nicht weil du willst.

»Dann stiegst du ganz empor. Dann warst du angelangt. Dann warst du Osiris – nur Licht.«

Renate saß, ohne zu wissen, daß sie es tat, still irgendwo, die Augen fast geschlossen. Nun, da er still war, schlug sie die Lider auf, konnte aber nur die schwarzverhüllte Hälfte seines Gesichts sehen und sagte:

»Du bist so anders geworden.«

Er lachte leise: »Bin ich?«

»Seit du halb bist, Josef, bist du erst richtig ganz.«

»Meinst du? Nein – das dürfte doch erst später gekommen sein – was du meinst. Aber möglich, es hängt doch zusammen.

»Jedenfalls«, sagte er, »habe ich am Ende doch eine Art von – Erlösung gefunden, wenn dieses Wort erlaubt ist.«

»Warum sollte es nicht erlaubt sein, Josef?«

Er gab darauf keine Antwort, sondern sagte nach einer Weile:

»Weißt du nicht – ich bin doch der, der auszog, das Fürchten zu lernen. Es ist nämlich nicht in meiner Natur; was alle Kreaturen haben, ist bei mir ausgeblieben. Erinnerst du dich daran, was ich dir vom Grauen gesagt habe? Was ist ein Geschöpf ohne Grauen? Wer hat nicht die Urangst, die das in uns Lichte zerbläst, die Angst vor der Nacht, vor dem Weglosen, und vor dem, was aus der Nacht kommt: das Unerkennbare, Gestaltlose – die Gespenster? Ich habe auch Gespenster gesehn und eins sogar einmal festgehalten – aber geholfen hat mir das auch nicht. Da war Hopfen und Malz verloren. Ich habe in meinem Leben so viele so grausige Dinge gesehen, daß dir das Herz sich verdrehte, würde ich es dir erzählen. Aber meins hat sich nicht verdreht. Es ist nicht einmal schneller gegangen. Habe nun einmal dies Unding von Herz bekommen, das nicht zu bewegen ist; das seinen Gang geht, seinen einzigen, eintönigen Schlag – so wie die Sekunde – unveränderbar, ja, unentrinnbar mir selbst, bin ich dazu verdammt gewesen, diesen gleichmäßigen Schlag zu hören. Ich kann mich aufregen – das Herz regt sich niemals auf. Ich kann es nicht rascher treiben und nicht langsamer; es ist genau wie die Uhr.«

Eine Weile war es still im Raum, während Renate auf einmal das Ticken der Uhr hörte, aber dann sprach er weiter.

»Gut, es doch einmal zu sagen – ich bin schließlich auch ein Mensch.

»Wahrhaftig, was eigentlich Leben ist, habe ich nie recht gewußt. Ich stand immer draußen. Es gab Nächte, wo ich in meiner Stille mir vorkam – als wär ich ein Dämon, ausgefroren, kalt, unerschreckbar, unanrührbar vom Glühenden, Alles nur – erkennend, auch das eigne Gefühl, ein dunkler Tümpel des Hochmuts – weil er nur spiegeln konnte.

»Geliebt – ja, ich habe auch wohl geliebt; aber nicht so, wie man Menschen liebt, sondern Dinge.

»Nur dich vielleicht – ja – doch – dich vielleicht – du Unerreichbarkeit.

»Ich war immer so alt. Ich war immer großartig, nicht wahr? Ich setzte euch in Erstaunen.

»Nun ists am Ende genug. Und wer kann sich aussprechen? Das Geheimnis, das du Anderen bist, bist du auch dir selbst und nimmst dich so in dein Grab. Wort Gottes warst du – wie kannst du es nachsprechen? Keiner weiß von dir – und was weißt du?

»Lauter Verworrenheit doch. Sterilität, leere, laue Versuche immer von neuem, taube Saat, die nicht fruchtet. Und am Ende – du arme Schönheit – bist auch du umsonst.

»Worte – Blicke – Gebärden – Geflüster – einander Anhauchen – Winken von ferne – und Worte, immer nur Worte. Was hörst du? Kannst du mich hören? In mir braust es – du hörst davon Nichts – und ich höre dich nicht.

»O mein niemals bewegtes Herz! Herz, das niemals ergrausen konnte! Nicht in Lust, nicht in Schmerz, nie in Freude .. nun, immerhin –

»– die Seele ist schließlich sanft geworden, und der keine Hingabe kannte, hat die Ergebung gefunden.

»Wer zu hart ist, um erweicht zu werden, der kann doch am Ende durchbohrt werden. Denn eine Pore ist offen gelassen, da kann der Lichtpfeil hineintreffen – daß er sterben kann, ehe er starb.

»Und daß dann er, der kein Leben hatte – einen Augenblick lebt – in der Freude.«

Sigurd

Renate blickte verwirrt auf, da sie das Geräusch seines Stuhles vernahm, und sah, wie er aufstand. Er reckte sich ein wenig, die Arme streckend, wandte sich dann, um sich rittlings auf den Stuhl zu setzen, faßte die Lehne an und sagte:

»Ja, und nun ist es Zeit, daß wir uns den eben dringlichen Dingen zuwenden. Ich darf annehmen, daß du meinen Brief erhalten hast, den ich dir nach dem Schwarzwald schrieb, und daß er so gewirkt hat, wie er sollte?«

»Ja, Josef«, versetzte sie, erst allmählich aus der eigentümlichen, bänglichen und süßen Traumhaftigkeit, in die sie eingetaucht war, erwachend.

»Und du hast«, fuhr er fort, sich zurücklehnend, ohne sie

anzusehn, »du hast das Loch – sagen wir mal – nicht bemerkt in dem Schweizerkäse, wie ich erhoffte?«

»Was für ein Loch sollte das sein?«

»Das Loch, das einer politisch versierteren Person nicht entgangen sein dürfte: daß nämlich die Übersiedlung Sigurds nach der Schweiz keine Trennung von seinen politischen Freunden bedeutete, da der gute Pfahlbau der Schweiz vielmehr eine Heimstätte für sie ist, wo sie unter dem sicheren Dach ihre Nester baun wie die Papierwespen. Einer oder zwei sind ihm sogar bald nachgefolgt, da die Gruppe kurz nach seinem Fortgang – der ganz so legitim erfolgte, wie ich dir sagte – von der Polizei aufgehoben wurde. Aber wie es zumeist dabei geht: ein paar sind entkommen und zwei davon, wie ich hörte, über Rumänien, Ungarn und Österreich in die Schweiz gelangt.

»Und nun mußt du weiter hören.«

Renate saß still, den Blick fest auf ihn gerichtet, sich ganz in sich zusammenziehend, um jetzt nur zu hören. Josef sprach in seinem gewöhnlichen ruhigen Ton weiter:

»Sigurd ist hier – schon seit einer Woche. Er war bei Saint-Georges – ich selber kann ihn leider nicht sehn, da er mich in Rußland als einen Andern kannte. Er schien Saint-Georges nicht erheblich verändert, abgesehen vom Bart, den er nicht mehr hat, und tiefer liegenden Augen mit dem Flackerblick, den ich an ihm wahrnahm, übrigens ruhig. Für sein Hiersein gab er die plausible Erklärung einer Unterredung mit seinem früheren Lehrer, als Abgesandter seines Schweizer Professors, wegen einer physiologischen Entdeckung. Auf die Frage, wo er sich aufhalte, war die Antwort nur: In einem Hotel, worauf Saint-Georges nicht weiter fragen konnte. Er hat ihn unter einem Vorwand aus dem Haus begleitet, aber – wie vorauszusehn – bestieg er eine elektrische Bahn und fuhr davon.

»Seine Wohnung zu erfahren wäre natürlich gut gewesen, da ich mir in seiner Abwesenheit hätte Eingang verschaffen können und einen Wertgegenstand oder eine Brieftasche darin verstecken. Dann hätte die Polizei, von Saint-Georges benachrichtigt, ihn in Empfang genommen, womöglich Waffen bei ihm entdeckt .. nun wozu das erörtern, da es leider unmöglich war.

»Ihn der Polizei als verdächtig anzuzeigen, sodaß er bei einem späteren Besuch bei Saint-Georges verhaftet würde, war ebenso unmöglich, denn – von meinem fragwürdigen Äußeren abgesehn – meine Erzählungen von einem Halbirren und russischen Terroristen wären nur ausgelacht worden. So etwas kennt man hier nicht. Es sind daher nur die üblichen Absperrungsmaßnahmen getroffen; aber auch das Schlößchen im Georgengarten ist bewacht – wenigstens solange Georg darin ist, aber er übersiedelt heut in die Stadt.

»Dem Herzog konnte ich keine Warnung zukommen lassen, da er mich ebenso ausgelacht hätte wie die Polizei – und was hätte es auch geholfen? Mit einer Leibgarde hätte er Georg und sich deswegen nicht umgeben. Georg selbst ist von mir gewarnt – obgleich auch das wenig Erfolg haben wird. Du wirst von Magdas Ständchen gehört haben, und wie es scheint, hat sie dir wunschgemäß verschwiegen, daß die Anregung dazu von mir ausging, um mich bei dem lieben jungen Mann auf passende Weise einzuführen, und wir hatten eine reizende Stunde auf dem Dach zusammen.

»Ausgelacht hat er mich auch – und ich muß ja selber sagen, wie ich schon früher tat, daß der Augenschein nicht für Sigurds – sagen wir – Unternehmungsgeist spricht. Georg traut ihm garnichts zu, und ich täte es beinah auch nicht; nur leider –

»Leider sind es Zwei. Sigurd ist nicht allein gekommen. Ich weiß nicht genau, warum – vielleicht nur aus einem – Sagetrieb, Renommiertrieb – mit seinem Geheimnis an sich, um doch etwas anzudeuten, was keiner verstehen konnte – erwähnte er gegen Saint-Georges, daß er mit einem Freund zusammen gekommen sei, einem Russen, der nach seiner Heimat weiterginge. Nun – das kann vielleicht nur bedeuten, daß auch Sigurds Freunde zu ihm kein Vertrauen haben und ihm einen Begleiter gegeben, um ihn zu überwachen und – eventuell – das auszuführen, wozu Sigurd nicht fähig ist. Es kann auch ganz etwas Andres bedeuten.«

Da Josef schwieg, sagte Renate: »Du meinst – ?«

»Ja, ich meine – ich muß. Ich möchte dich nicht unnötig in Furcht versetzten – aber man muß doch gefaßt sein. Und ich habe nun leider meinen – Instinkt.«

Er verstummte wieder, trat von seinem Stuhl fort zum Fenster und sprach, nachdem er sich hinausgebeugt hatte, dann die Flügel zusammengelegt, von dorther:

»Es ist doch verflucht – Wissen haben – und nicht daraus handeln können. Immer noch wieder sehe ich diesen Mann auf Bogners Haustür zukommen, und ich hätte in seine Tasche greifen können und das Ding herausnehmen – so war ich mir sicher.«

»Und warum hast du es nicht getan?« hörte Renate sich fragen.

»O mein Gott ja, warum? Wenn ich das selbst genau wüßte. Ich kann nur raten, es lag – an dem Deutschland hier, an dieser Luft, dieser Vertraulichkeit, Friedlichkeit, Ungestörtheit. Ich glaube, in jedem andern Lande hätte ich es getan. In Amerika, in Rußland, in Italien – überall. Wir sind hier keine Gangster gewohnt und – übrigens sonderbar: die amerikanischen Gangster sind auch größtenteils keine Amerikaner, sondern Italiener, Deutsche, sogar Juden. Es scheint, die brauchen auch ein anderes Land, um sich frei zu fühlen. In Rußland – da sind sie wieder Georgier, Zirkassier oder Polen, Tschechen, Tungusen. Die Vogelfreiheit der Fremde .. wo man als Bürger geboren ist, lähmt einen das immanente Gesetz aus der Umgebung.« Er verstummte für eine Weile.

»Aber der wirkliche Grund mag am Ende gewesen sein, daß ich es mir nicht denken konnte. Bogner – er war mir doch einfach wohl unverletzlich.«

Renate fühlte, wie sie aufatmete, und er fragte: »Was lächelst du?«

»O nur ein Gedanke«, sagte sie, »sprich nur weiter.«

»Um nun zu Sigurd zu kommen, so hat dein Brief gewirkt, und er war bei Saint-Georges sehr unruhig, dich zu sehn. Er fragte gleich, ob du hier wärst, schien enttäuscht, daß du weit fort warst und erst gestern wiederkämest. Er ist gestern spät am Abend noch einmal bei Saint-Georges erschienen, um sich zu erkundigen, ob er dich heut werde sehen können. Er sei gestern abend – das Tageslicht liebt er nicht, war auch bei Saint-Georges nur nach Dunkelwerden – bei dir gewesen, aber abgewiesen, da du bereits schliefest. Hast du davon gehört?«

Renate verneinte; es sei wohl für unwichtig gehalten und vergessen worden, nachträglich erschreckend: wie, wenn man es ihr gemeldet hätte? Sie hörte Josef weiter sprechen:

»Nun – Saint-Georges hat ihn beschieden, wie wir es verabredet hatten – nämlich um vielleicht einen Fingerzeig für die Stunde seines Vorhabens zu erhalten –, daß du heute den ganzen Tag bei den Festivitäten beschäftigt seist und erst am Abend zu erreichen, was dann Sigurd ganz recht war. Saint-Georges hat vorgegeben, dir seine Botschaft heut im Laufe des Vormittags zu übermitteln, und Sigurd hat sich am Mittag den Bescheid geholt, daß du ihn heute abend bald nach acht, wenn es dunkel sein wird, an der Brücke über das Wehr erwarten würdest. Uns schien dies ein guter Treffpunkt, weil er sich leicht bezeichnen läßt, ganz abgelegen ist und weit genug vom Hause entfernt. Es stehn auch Büsche und Bäume auf dem anderen Ufer – für meine eigne Person.

»Und dann wird es also auf dich ankommen.«

»Ja, bitte!« beeilte Renate sich zu sagen, da er nicht weitersprach.

»Ich kann dir nur sagen, wie ich es mir ungefähr gedacht habe, und du selbst wirst sehn. Aber sage mir: du wirst – du hattest damals Einfluß – um nicht zu sagen Macht über ihn?«

Sie mußte wieder lächeln, wenn sie es auch kaum wußte, und sagte:

»Nun ja – du weißt doch, wie sie Alle sind. In der Beziehung war er nicht anders.«

»Und du hast also auch – ein Gefühl für ihn?«

»O natürlich – sehr.«

»Und glaubst mir auch kein Wort – wie Georg?«

»Das allerdings«, sagte sie, wieder Atem schöpfend. »Nein – Sigurd? Wie ich ihn zuerst sah – mit seinem Heldennamen – – ich dachte, er könnte auch Gideon heißen, und ich habe auch einmal Verse auf ihn gemacht und ihn den letzten Mohikaner genannt. Aber – «

»Das ist er wirklich nicht. Und trotzdem – das macht ihn nicht ungefährlich.«

»Wie meinst du?«

»Ich meine, daß er der Junge sein kann, der mit einem geladenen Revolver spielt und auf einen Anderen zielt und fragt: Soll ich mal? Und dann geht er auf einmal los. Es giebt auch Leute, die werden vor Feigheit tapfer; sie geraten in eine solche Wut über sich selbst, daß sie vor Angst um sich hauen. Die menschliche Natur hat viele Möglichkeiten in sich.

»Um aber zu uns zurückzukehren: Irgendwie muß es dir gelingen, daß du ihn nach seinem Vorhaben fragst oder es ihm zusagst. Erwähne Georg – aber du wirst all das selber wissen. Dann können zwei Fälle eintreten, nämlich: er giebt es dir zu – dann mußt du deine Beschwörungsformeln anwenden und ihm sagen, daß er, auf Georg zielend, dich trifft; doch du kannst auch den Herzog nennen. Jedenfalls, daß es dein Leben ist – daß dein Leben daran hängt.«

»Ja, Josef, das kann ich sagen.«

»Der andere Fall ist – wenn er ausweichen und nichts zugeben sollte. In diesem Fall mußt du meinen Namen rufen. Ich werde dann im Augenblick dasein, und dich möchte ich dann bitten, rasch wegzugehn.«

Es war nun still im Zimmer. Renate stand auf und bewegte sich zu dem anderen Fenster hinüber, das geschlossen war, drehte wieder um, stand und strich mehrmals mit der Hand über ihre Stirn, ohne es zu wissen. Endlich richtete sie den Kopf empor, lächelte schwach und sagte, Josef zugewendet:

»Sage mir bitte, Josef – glaubst du an dies Alles?«

»Verzeih, nun verstehe ich deine Frage nicht.«

»Es war wohl nicht gut ausgedrückt. Ich wollte sagen: versprichst du dir etwas von diesen Dingen – wirklich – und von mir? Ich meine – diese – Stelldicheins – und Beschwörungen – jemand in eine Falle locken – und halblaute Ausrufe. Josef – sind das meine Dinge? O nein, hör zu, was ich sage! Ich will Alles tun, o gewiß, ich tue Alles, was du willst. Aber ich kann daran nicht glauben. Ja, ich kann wieder nur sagen: es sind nicht meine Dinge. Und weil es nicht meine Dinge sind – so sind es auch nicht seine. Josef, verstehst du?

»Wenn er gerettet werden soll, dann wird er gerettet werden. Aber nicht durch diese Dinge.

»Und er wird gerettet werden«, schloß sie, fast froh vor Sicherheit, ihre Hände zusammenlegend.

»Sage mir – von wem sprichst du?«

»Nun von wem wohl, Josef?«

»Ja – ich sprach von Georg.«

Sie zuckte zusammen, und ihre Gedanken verwirrten sich, bis nach einiger Zeit das Bild Woldemars ihr erschien und sie nun wußte, daß sie die ganze Zeit nur an ihn gedacht hatte. Sie nahm sich indes zusammen und sagte:

»Nun, oder Georg – es ist gleich. Was den Einen trifft, das trifft auch den Andern.

»O Josef«, rief sie schwächlich, »ich will es ja wirklich tun!«

»Aber du wirst nicht darin sein, und du wirst nicht stark sein.« Seine Stimme hatte nun wieder einen harten und drohenden Ton. »Du bist eine Säule, und er ist eine Säule – und alle Menschen, die du lieb hast, sind Säulen. Ja, ich bin keine

Säule, und Erasmus ist keine Säule – auch nicht Bogner, als der Mensch auf ihn schoß.«

»Siehst du wohl!« rief sie fast glücklich und triumphierend, »dir schien er auch unverletzlich!«

»Und hat ihn das geschützt?«

»Ja – nicht ganz, du hast recht. Aber er lebt.«

»Und natürlich wird er am Leben bleiben, auch wenn er schon in den letzten Zügen liegt und wenn er im Mark seines Lebens getroffen ist –«

»Josef, ich sage dir: wenn du mir verbietest, zu glauben, dann ist überhaupt Alles aus. Wenn etwas mich stark machen kann, ist es mein Glaube, hörst du?«

»Ich höre ja, meine Taube«, sagte er nun besänftigt und griff nach ihren Händen, die er küßte, um dann zu sagen: »Natürlich eiskalt. Und die Stirn ist glühend.«

»Aber das Herz dazwischen«, sagte sie, »ist richtig temperiert. Ach, warum bist du nur so spät gekommen?«

»Warum? Eben darum – muß ich das erst sagen? Damit du keine Zeit hast, dich aufzuregen und zu grübeln. Nun – ich sehe, es geht auf halb acht, und in fünf Minuten sind wir dort. Wie wäre es, wenn wir zu deiner Orgel gingen und zusammen das erste Präludium von Bach spielten – wie wir es früher gemacht haben? Du die Achtel oder Sechzehntel, oder was es nun sind, und ich die Akkorde – zur Beruhigung?«

»Gern, Josef, ich will mich nur umziehn.«

»Umziehn willst du dich? Dieses Abendkleid von kupfernem Samt – nun, es wird dunkel sein, aber es ist wenigstens ausgeschnitten, und hattest du nicht eine Perlenschnur? Er ist am Ende ein Mann.«

»Aber ich bleibe überall mit der Schleppe hängen«, versetzte sie im Schmollton, um ihn dann zu bitten, er möchte vorangehn, sie würde sogleich nachkommen. »Ich werde sie dir tragen«, hörte sie ihn noch versichern, als er hinausging.

Präludium

Renate brauchte einige Minuten zu ihrer Sammlung, ehe sie sich entschließen konnte, ihre Schmucktruhe zu öffnen, doch bestand ihre Verwirrung eigentlich darin, daß sie aus Josefs Selbstgespräch, das er für sie geführt hatte, anstatt daß sie es nachhallen und in seiner Bedeutung recht fassen konnte, übergangslos in eine harte Realität versetzt war, die sich dann doch wieder in das Unvorstellbare, wo nicht gar Phantastische verzog. Sigurd – immer Sigurd.. Sigurd – und dann ein Mordanschlag.. Gewiß, so etwas war jeden Tag in der Zeitung zu lesen: Mord aus Eifersucht.. ein Sohn erschoß seinen Vater, weil er die Mutter schlug.. entzügelte Leidenschaften – und Sigurd – der mit hängender Zunge durch das Haus lief – aus eingebildeter Rache an Georg – mein Gott, Georg! Ja, es gab auch Attentate, eine unschuldige Kaiserin wurde erstochen. War das Alles denkbar – hier in dieser Stadt, dieser Nähe? Und Woldemar.. endlich konnte sie lächeln und sich freier fühlen. Dann kann auch die Welt untergehn, dachte sie noch, nun die Truhe öffnend, die sie auf den Schreibtisch gestellt hatte. Es lag nur ein Haufen farbiger Ketten darin, und sie nahm widerwillig, daß sie in diesem Augenblick an Schmuck denken sollte, eine Kette von großen, rohen Bernsteinstükken heraus, deren dunkles Braun ihr zur Kleidfarbe zu stimmen schien; auch liebte sie den Bernstein, weil er lebendiges Baumharz gewesen war. Die Kette ließ sich eben über ihren Kopf streifen und lag lose um ihren Hals. Im Spiegel fand sie sich blaß aussehend, sonst unerregt, und sie war es auch, als sie in das Treppenhaus trat. Es war still wie das ganze Haus, da alles Personal in der Stadt war, aber sie zögerte vor dem Abstieg, blickte den dämmrigen Flur entlang, ging dann plötzlich entschlossen zu Erasmus' Zimmertür und stand sekundenlang lauschend, aber kein Laut war zu hören. Sie pochte einmal und noch einmal, öffnete dann und sah das Zimmer leer.

Im Hinuntergehen erschien ihr das Bild des Onkels wieder, und wie Josef sich über ihn beugte. Doch wußte er, daß es umsonst war, er war schon einmal dagewesen – ja, kein Zweifel, es war nur eine Komödie, die er für sie und Erasmus aufführte, nur um frei hereinkommen zu können. Ihretwegen – gewiß, aber doch .. er nahm die Menschen wie Dinge, und sie waren ihm nur Dinge, er hatte es selbst gesagt. O Josef, wer bist du nur?

Die Fenster der Kapelle waren erleuchtet, die Tür stand offen, Cellotöne empfingen sie; Josef saß bereits auf dem Podium, die Saiten hinunter fingernd und ihr zurufend, die Finger seien noch beweglich genug. Darüber ward sie erst inne, daß er auch am Tage vorher, jedenfalls kürzlich, in der Kapelle gewesen sein mußte, um neue Saiten aufzuziehn, denn das Instrument war seit seinem Forgange von niemand berührt worden. Sigurd – mein Gott, wieder hier Sigurd! – Sigurd hatte die Last des seinen ein jedes Mal herausgefahren; sie sah wieder sein abschätziges Lächeln, mit dem er Josefs Instrument für zu gut für sich erklärte, wobei er auch blieb, als er hörte, daß es gar keinen Wert hatte – für sein Spiel grade ausreichend, wie Josef sagte, der kaum Noten lesen gelernt hatte. Auch der Windmotor summte schon; Renate bat, als sie sich setzte und in den Spiegel über ihr blickte, Josef, sich andersherum zu setzen, da der Spiegel ihr seine schwarze Gesichtshälfte zeigte. Während er dies tat, hörte sie ihn hinter sich sagen, er habe noch eine Frage auf dem Herzen; diese war dann: warum sie Erasmus niemals vom Herzog gesprochen habe.

»Du meinst«, erwiderte sie leise, die Hände von den Tasten nehmend, »deinetwegen?«

Sie vernahm einen Celloakkord, ehe er antwortete:

»Das auch.«

»Wie konnte ich ihm das zufügen, Josef – sage du selbst!«

Er sage garnichts selbst, kam die Erwiderung, bei der er zu lachen schien; dazu sei er zu vornehm.

Sie rückte am Spiegel, um sein Gesicht hineinzubekommen, allein er hatte sich vorgebeugt; sie hörte den Lauf einer Passage und sagte dann:

»Ich konnte nicht, Josef...«

»Natürlich nicht – *misericordia* – da du weiblich geboren bist.« Nun folgte ein heftiger Bogenstrich, etwas heiser. »Dafür zahlst du mit enger Seele. Eng ist sie – daß Gott erbarm! Sie sieht immer nur das Nächste und das in riesiger Größe. O weiß der Himmel, die Weiberseele ist stark, stärker als die männliche, denn sie kann nicht brechen – wo ein Mannsherz bricht wie aus Glas. Bricht doch einmal sogar die Binse, zu tief gebeugt, aber die Beugungskraft bei ihr ist unendlich. So wie die Salweide – die kannst du bis auf den Boden biegen – und noch hinein – und hinunterstopfen; was tut sie? Dann wächst sie an und gebiert froh einen neuen Weidenbaum.«

»Es ist wohl so, Josef, daß wir im Leiden anwachsen.«

»O es ist euer Nährboden! Ihr mästet euch daraus, und dann neigt ihr euch nieder zu jedem Krüppel und Idioten, kretinischen Kindern und Allem, was heillos mißraten ist. Das Alles ist ja so sichtbar! Aber der Geist eines Engelsmanns – der kann ausfrieren, ausbluten, auslöschen – dafür fehlt euch das Verständnis. Das ist für euch wie ein Stern, der Lichtjahre fern nur ein flimmernder Punkt ist, ob auch größer als tausend Sonnen. Nicht auf Josef gesagt, wie du bemerken wirst.

»Na denn also mal los, mein Engel – freudevollere Töne!« Und er zählte langsam: »Eins – – zwei – – drei – –« und warf den Akkord des Anfangs über die Saiten hin. Renate folgte mit ihren einzelnen, gleichmäßig perlenden Tönen, und die unsterbliche Gelassenheit des Dahinwandelns breitete ihre vollkommene Ruhe aus.

Ja, wer kann dich lieben? dachte sie in sich gefaßt, du aus Kalt und Heiß, Hart und Zart – ach, du mißlungenes Gemisch – mit dem Gram deines Hochmuts – oder Stolz deines Elends . . ja, du bist nur zum Erstaunen da, niemals zu fassen, unmöglich zu lieben – wie die exotische Pflanze, in anderem Klima geboren . . aber diese – diese Beinahliebe, wie sie mich immer doch zu ihm hebt! Und dann mit diesem Reichtum behangen – der dir nie etwas einbringt als Beifall.

Indem tauchte sein Profil, da er den Kopf mehr zurücklegte, im Spiegel auf und erschreckte sie unvermutet – so tief und vollkommen war der Ernst des ruhigen Auges, dessen Blick in sich selber zu ruhen schien – ganz ausgewogen; und die Linie nun, von der Stirn über die vorspringende Nase und die Lippe zum Kinn gezogen, war von einem so strengen und stillen Adel, daß ihre Finger auf einmal die Kraft verloren. Er schien es bemerkt zu haben, denn er wandte das Gesicht her, lächelnd, und sagte:

»Auch von rückwärts gesehn, ist Renate Montfort vollkommen.«

Er setzte nach einem Takt Pause hinzu:

»Ein Hexameter – war das.«

Und nach wieder zwei Takten:

»Der Pentameter lautet:

»Aber der Josef ist – rückwärts wie vorwärts nur halb.«

Danach führten sie das Stück still gemeinsam zu Ende, und sie wandte sich langsam, sah ihn still zu ihr aufblicken und stand, ohne sich zu besinnen, auf, um sich über ihn zu beugen und ihn auf die Stirn zu küssen. Danach legte er den Kopf etwas schräg und sagte, auf seinen Mundwinkel mit den Fingern tippend, etwas heiser: »Da auch!« und sie küßte leicht diesen Rest eines Mundes; ging dann rasch die Stufen hinunter, da sie wieder Tränen aufsteigen fühlte. Sie hörte, wie er das Cello an den Stuhl lehnte und dann sagte, es sei Zeit für ihn zu gehn, sie möge in einer kleinen Viertelstunde nachkommen.

»Aber du hast keine Uhr«, sagte er, »nimm die meine!«

Die Stufen herabkommend, drückte er sie ihr in die Hand und ging ihr zunickend durch den Raum zur Tür, wo er grüßend und lächelnd noch einmal die Hand erhob, ehe er, die Stufen hinab, verschwand.

Die Uhr war ein damenhaft kleines, sechseckiges Ding aus Gold mit ziselierten Rändern, an einem schwarzseidenen Bande hängend mit einem Siegelring am anderen Ende. Renate mußte lächeln, als ihr der Karneol das eingravierte Wappen der Montforts zeigte, die Marschälle von Frankreich waren – Connétables, Constabler, Polizisten – wie er ihr es einmal erklärt hatte – was für Eitelkeiten er doch hatte! Als sie aber den Deckel aufspringen ließ, sah sie an der Innenseite eine Haarlocke befestigt, die nach ihrer Farbe von dem ihren war; und sie erinnerte sich, daß er sie einmal von ihr für ein gewonnenes Vielliebchen erhalten hatte – war es nicht auf Irenes Hochzeit gewesen?

O mein niebewegtes Herz! hörte sie seine Stimme wieder, und: ich habe nur dich geliebt.. nicht ganz so, aber nur aus einer Zurückhaltung.

Und was hatte er nun vor – mit Sigurd? Das selbe wie mit dem Hoeck? Nein, das war nicht zu denken.

Sie löschte das Licht und trat in den Garten hinaus, die Uhr in der Hand behaltend.

Wehr

Der Garten lag in der Dämmerstille des Abends ohne jede Bewegung und ohne Laut. Renate ging langsam um den Rasenplatz, indem sie sich zu überlegen zwang, was sie Sigurd sagen würde – falls er wirklich kam, was sie noch immer nicht glaubte. Es war ihr peinlich, das nicht zu haben, was sie ihm in ihrem Brief angekündigt hatte; ihr fiel dann ein, daß der Anfang der Begegnung vermutlich sein Dank für ihr Kommen sein würde, worauf sie ihm mit der Frage antworten konnte, warum sie sich hier außerhalb des Hauses träfen, und ihn bitten, mit ihr hereinzukommen; dann würde sich schon etwas ergeben. Wenn er ihr auswich, sich weigerte ..

Zehn Minuten schon – wie rasch waren sie vergangen! Sie ließ die Uhr in den Ausschnitt ihres Kleides gleiten und wandte sich der kleinen Pforte im Lattenzaun zu. Als sie eine Minute später aus den Bäumen hervortrat, sah sie das weite Wiesenland dunkel dämmernd unter dem noch lichten Himmel liegen, hier und da von Nebelschwaden überschwebt, und die Luft atmete sich hier kühler. Sie stand noch einige Zeit, ehe sie ihre kurze Kleidschleppe raffte und mit den Unterröcken zusammen vorn in die Hände nahm, um zum Graben hinunter, durch das halb versunkene Gatter und über das niedergebogene Brett zu gehn, dessen anderes Ende in Sumpfboden auflag; danach weiter den schräge seitwärts abzweigenden Pfad zum Ufer des Flusses hinauf, während es dunkler wurde und das Brausen des Wehrs hörbar und lauter. Fern in der Weite stiegen ein paar Krähen aus einem Nebelsee und flogen schwerflüglig davon, allmählich kleiner werdend. Auch von der braunen Fläche des Flusses stiegen Nebelsäulen: Keine menschliche Gestalt war auf dem erhöhten Ufer zu sehn; sie atmete auf und ging schräg den Hang empor zum schmalen Brückensteg, wo sie nun grade unter ihm die breite Fläche, mit weißgelben Schäumen bedeckt, hinabschießen sah. Wie oft war sie hier gewesen, meist allein, am Abend, auch in der Nacht zuweilen, einmal mit dem jungen Schomerus zusammen, dessen schöne Dichtung, die sie längst kannte, nun erschienen war. Mit ihr auf dem Brückensteg stehend, hatte sie ihn Verse von Hofmannsthal in das laute Brausen hineinsprechen hören:

Das hängt mir noch von Kindesträumen an,
Daß ich von Brücken in die Tiefe spähe ..

Nun ging sie behutsam zwischen die beiden Geländer hinein, ohne sie anzufassen, denn sie waren längst der Erneuerung bedürftig, und es wäre auch geschehn, wenn außer ihr jemals ein Mensch diesen Steg beträte. Die Bohlen unter ihren Füßen begannen leise zu schwanken, aber sie wußte das im Gehn aufzufangen. Wo die schräge Ebene von Schaum unten endete, war ein weites Becken voll weißen Kochens und Brodelns, doch sie spähte nach dem anderen Ufer, wo Büsche standen und riesige alte Weiden und Erlenbäume, und sieh, da saß Josef dicht am Steg auf der Böschung, eine Zigarette rauchend, lächelte ihr zu und winkte ein wenig mit der Hand, ermahnte sie dann zur Vorsicht wegen des morschen Geländers, und sie winkte und nickte: »Ich weiß – war ja schon oft hier!« und wandte sich wieder zurück.

Noch immer war auf dem Ufer, wo es nun dunkel wurde, keine Menschengestalt zu sehn – oder jetzt doch? In der Ferne war etwas Dunkles. Nun klopfte ihr Herz; der Himmel war immer noch hell oben. Ja, es wurde rasch größer, wurde zu einer Gestalt – mit einem breiten Hut. Sigurd? Er pflegte damals meist ohne Hut zu gehn, aber er mochte heute in einer Tracht sein wie jedermann. Nun wurde auch erkennbar, daß er ein hängendes Kleid bis zu den Knieen trug – ein Bauernhemd wohl. Dann war er auf einmal verschwunden, wie eingeschluckt. War er zum Ufer herunter? Sie strengte ihre Augen an und glaubte auch eine Bewegung auf dem Uferstreifen unten am Wasser zu sehn. Brauchte er solche Vorsicht? Ihr stieg ein Schamgefühl auf, und sie wandte sich unwillkürlich, im Eingang der Brücke stehn bleibend. Noch verging eine Minute, dann tauchte, sie erschreckend, dicht vor ihr ein Mensch aus der Tiefe empor, gebückt, richtete sich dann halb auf, und sie fing einen Blick aus brennenden dunklen

Augen auf – Sigurds! Da fiel sein Hut, und er selber lag ihr zu Füßen, und sie fühlte seine Lippen heiß durch die dünnen Strümpfe in den Ausschnitten ihrer Schuhe, dann an ihren Knieen über dem Kleid – es war um Nichts anders als im Garten nach Esthers Tod, auch ihre Entrüstung jetzt, mit der sie dann ruhig sagte:

»Lassen Sie doch das, Sigurd, was soll denn das?«

Darauf ließ er sie auch los, aber da – eben als er sich erheben wollte – da sah sie aus dem Nebeldunkel eine Gestalt auftauchen, die ihr das Herz stillstehn ließ. Sie kam furchtbar rasch näher, hatte auch Sigurd sie gesehn? Wo war er? Alles, was sie von ihm noch sah, war sein Verschwinden die Böschung hinab in die Tiefe, aus der er gekommen war. Josef – der Name Josef konnte nicht über ihre Lippen; da war Erasmus schon den Hang herauf und ihr vorüber zwischen die Geländer hinein, und – dort von der anderen Seite kam auch Einer heran, stockte, rief etwas, das sie im Wassergebraus nicht verstand. Dann stießen die beiden großen Körper zusammen, packten sich, warfen sich hin und her, die Brücke schwankte und krachte; sie waren wieder auseinander gespalten, Josef schrie: »O du Satan!«

Und dann sah sie – sie sah einen Arm weit ausholen und in Josefs wehrloses Gesicht, von dem die Hülle gefallen war, die Faust hineinschmettern mit einem so furchtbaren Hieb: seine ganze Gestalt schien davon ein Schlottern zu durchlaufen, um danach – so als ob sie hinge – unheimlich still zu sein. Darauf drehte sie sich langsam zur Seite, sank etwas vornüber und fiel zugleich rücklings gegen das Geländer, das unter dem Gewicht sogleich auseinanderbrach und splitternd zerkrachte. Nun breiteten seine Hände sich aus, Halt suchend, doch war keiner mehr; er warf sich vornüber, aber nicht weit genug, er konnte nicht hoch genug kommen. Plötzlich bäumte sich der ganze Körper empor, warf die Arme über den Kopf hoch, und noch hörte sie einen Schrei: »Zu Woldemar, Renate!« Dann ging es im Bogenschwung kopfüber in die gischtende Tiefe! Es brauste.

»Aus«, sagte sie, eisigkalt. Sie sah noch den Andern dastehn, vornübergebogen; aber die Dunkelheit vor ihren Augen nahm rasch zu, die Gestalt verschwand darin, und sie war gefühllos geworden und verlor sich selbst aus dem Gedächtnis.

Achtes Kapitel

Fontäne

Georg saß, als Magda bei ihm eintrat, wieder in seinem ritterlichen Kostüm des Vormittags, in einen Sessel gesunken, eine Tasse heißen und schwarzen Kaffees unter dem Kinn, mit dem er die heiteren Geister des im Überflusse genossenen Alkohols mit Lähmung zu schlagen gedachte, und er nahm rasch noch ein paar große Schlucke, als er sie durch die vom blassen Egon geöffnete Tür über den erleuchteten Flur kommen sah, beinah erschrocken freilich, da sie in Renates Heliodora-Pracht ganz diese selbst zu sein schien. Als sie aber dann in dem glitzernden Kostüm von Lavendelblau und Silber, die hohe silbern und blaue Tüte mit dem weißen Schleier hinter sich auf dem Kopf, über den Stufen erschien, nun mit Annas Zügen, lächelnd und gleich errötend, sah sie so entzückend aus, daß er aus dem Sicherheben gleich auf ein Knie niederglitt – was auch leichter war als Aufstehn – und anbetend die zusammengelegten Hände erhob, worauf sie dann selbst unmajestätisch und unbyzantinisch in den tiefsten Hofknicks versank, nun mit Glut übergossen.

»Gefall ich dir?« war sie dann mädcheneitel genug zu fragen, als sie, behutsam ihr Kleid raffend, herabgekommen war, gutmütig wie immer hinzusetzend: »Wenn der Glanz auch nur geborgt ist?« doch hatte Georg es leicht, Bewunderung zu singen, da sie so zart und lieblich aussah – fast wieder wie vor Jahren, obwohl dem schärferen Auge das etwas Knochige ihres Gesichts nicht entgehen konnte. Sie bestand dann darauf gleich zu gehn, sich nur für einen Augenblick hinlassend, damit er seinen Kaffee austränke, er müsse ja schrecklich mitgenommen sein; und sie fragte, ob sie nicht doch lieber fahren wollten, konnte dann aber nicht verbergen, daß sie sich grade darauf gefreut hatte, mit ihm zusammen durch den Park zu gehn. Sie beratschlagten noch, wo der Wagen zum Zurückfahren warten solle, und Georg hielt das hintere Gartentor für das Beste, zu dem sie selbst jetzt gehen würden, da am Eingang des Gartens das Gedränge groß sein würde.

Der Platz draußen war hell, nicht nur von der Lampe über Georgs Eingangstür, sondern von einer neu angebrachten Deckenbeleuchtung unter der Vorhalle, welche die vier Säulen in ihrer Schlankheit zu prächtiger Wirkung brachte. Außer dem Wagen und dem Chauffeur, der daneben stand, war niemand zu sehn, und erst als sie über den Platz gegangen waren und in den Weg um das Rasenrund eingebogen, wurde im Schatten hier und da eine Gestalt sichtbar, »meine Wächter«, wie Georg sagte, und an einem der Eichbäume lehnte eine weibliche Gestalt, die zigeunerhaft schien, da es wie Goldmünzen an ihrem Kopf schimmerte; auch wurde der leise Klang von Tamburinschellen vernehmlich, da sie die Hand erhob, und Magda fragte, ob es damals schon Zigeunerinnen gegeben habe, worauf Georg heiter versicherte: »Oh, schon zu Olims Zeiten!« Auf einmal blieb sie dann stehn, schüttelte indes auf seine Frage, warum sie es tue, den Kopf und sagte weitergehend nur: »Ach, bloß ein dummer Gedanke!«

Als dann der Weg, den sie gehen wollten, linker Hand in die Finsternis abzweigte, mußten sie wieder stehen bleiben, um sich an die Nacht zu gewöhnen, und nun lehnte sie sich leicht an ihn und fragte:

»Bist du nun glücklich, Georg?«

»Glücklich?« wiederholte er, sich ernst stimmend. »Das ist ein starkes Wort, und eben wars nur ein Festrausch – Fräcke, Uniformen und Ordenssterne und äußerst gesalbte Reden und Tannhäusermusik – bin froh, daß ich wieder heraus bin. Im Augenblick«, hielt er für das Beste zu versichern, »bin ich glücklich, hier mit dir zu gehen – und nun bin ich auch gleich wieder nüchtern«, setzte er abschwächend hinzu.

»Dann will ich auch garnicht mehr fragen«, sagte sie liebevoll leise, und sie gingen in den Sandweg hinein, der nun hell vor ihnen schimmerte. Er fragte, ob ihr Kleid nicht zu schwer sei, und bot ihr an, mit der Hand zufassend und das Gewicht in der ihren fühlend, es ihr zu tragen. Sie lachte zwar, war aber doch zufrieden, als er es fertig bekam, seinen Arm durch den ihren zu schieben und die zusammengerafften Falten in der richtigen Höhe zu halten. Danach gingen sie schweigend weiter, obgleich Georg eher redelustig war, allein sich zurückerinnernd geriet er sogleich an das ungläubige Staunen und die Beglückung seines Vaters, als er ihm die Nachricht von seiner wiedergefundenen Tochter mitteilen konnte; aber Magda wußte von alledem ja Nichts, und nun traf es ihn ins Herz, daß sie Nichts davon wußte, und mehr als das der Gedanke, daß er niemals daran gedacht hatte, sie zur Mitwisserin zu nehmen, dagegen heute Virgo genommen hatte – sie, die Getreue, unendlich Liebevolle, die an ihn immer sorgend dachte und nun glücklich war, hier mit ihm zu gehen. Und doch wieder, mußte er weiter denken, hat Virgo es sein sollen, wieder durch Schicksalsfügung wurde es so, daß es mich nach ihrer Teilnahme verlangte, daß ich es selber herbeiführte, damit dies an das Licht käme. Ja – nun hatte sie einen Vater plötzlich, war kein Waisenhauskind mehr, und er hatte eine Tochter – und er, Georg, hatte Anna hier – ja, ja, sehr schön, sehr rührend, aber –

Sein Denken brach ab, da sie stehen blieb und ausrief: »O sieh, wie schön das ist!« Vor ihnen lag die dunkle Fläche des Teiches, von den schwarzen Massen der Büsche und Bäume umringt, mit den rötlichen Reflexen des Lichtscheins, der jenseits am Himmel sich ausbreitete, aus dem Herrenhäuser

Garten aufsteigend, hier weißlich, dort rosig, und an einer Stelle zur Rechten quollen rote Nebelwolken. Sie standen eine Weile genießend, wandten sich dann zum Weitergehen, und Magda sagte, den Weg ins Dunkel zurückblickend: »Mir scheint, hinter uns kommt jemand.« Auch er erkannte nun eine dunkle Gestalt, doch erschien sie dann weiblich, und er äußerte: »Eine Weibsperson! Die sind ungefährlich im Dunkeln«, worauf Magda im Weitergehn fragte, warum im Dunkeln? »Nun, Anna, eine Frau, die man nicht sieht, kann einem kaum gefährlich werden.« »Ja, mich siehst du auch nicht!« lachte sie wieder, und nun mußte er denken, wie vollständig das für sie Beide verschwunden war, was sie einmal so nah vereinte – wie ist das eigentlich möglich, daß Menschen dies ganz vergessen können?

Doch da stand nun die Bank, undeutlich sichtbar in ihrer Gebüschnische, auf der er vor drei Jahren mit Sigurd und Esther gesessen hatte. Sigurd.. da machte die Erinnerung an die Weibsperson hinter ihnen Georg so auflachen, daß er Annas Kleid loslassen mußte und stehen bleiben. Der Revolver – nun steckte er glücklich in der Tasche der Flanellhose vom Nachmittag, wenn ihn der blasse Egon nicht gefunden hatte, aber der hatte nichts geäußert. Im Weitergehen, jetzt den Weg durch das Buschwerk hinauf, der zur Fahrstraße anstieg, nachdem er ihr Kleid wieder richtig gefaßt hatte, erzählte er dann von der Pistole, die jemand ihm aufgenötigt hatte und die jetzt wohlversorgt war – übrigens auch weiblichen Geschlechts und im Dunkeln ebenfalls weniger gefährlich wegen der schlechten Sichtbarkeit des zu Treffenden.

Aber auf der Straße angelangt, mußten sie wieder haltmachen, nun von einem Wunderanblick getroffen. Denn fern war die Nacht geöffnet, und zwischen den Baumwipfeln empor stieg, schneeweiß leuchtend und die Baumkronen erleuchtend, der Riesenschaft der berühmten Großen Fontäne, wohl hundert Fuß hoch in die Nacht empor, eine gigantische Blüte aus flüssigem Licht, das aus der Höhe, weich umgebogen, in einer zerstäubenden Mähne wieder herabwehte. Es war feenhaft und Magda vor Wonne außer sich, sodaß sie in die Hände klatschte und mit den Füßen stampfte und hüpfte. Und nach einer Minute verwandelte sich der Wasserschaft von unten herauf in einen, der golden war – so zauberhaft, daß sie Beide nun still waren, die Arme um einander gelegt und nur schauend, bis Magda flüsterte: »Hier sollten wir eigentlich bleiben, Georg! Schöneres kann es nicht geben.«

Nun, sie gingen doch weiter, während nach wieder einer Minute die Riesenblüte von unten herauf zu erröten begann und aus dem wegschmelzenden Gold sich in tiefe Purpurglut tauchte. Dann überschritten sie die Brücke über die Gracht, die das weite Rechteck des ganzen Gartens von drei Seiten einschloß, und kamen durch das offene Gittertor zu den hohen Heckenwänden Le Nôtres, der den Garten angelegt hatte, grade auf die große Fontäne zugehend, die – jetzt wieder schneeweiß schimmernd im Licht der Scheinwerfer – von einem weiten Ring buntfarbener Menschen umschlossen war, eine Lücke ausgenommen, wo die Wassermähne zur Seite niederging; hell erleuchtet, fast wie am Tag, Bürgerfrauen und Mädchen, geharnischte Ritter dazwischen, auch Mönche und Harlekine, und vorne ein Kreis bunter Kinder; und aus allen weit offenen Mündern in den aufwärts gerichteten Gesichtern, tönte ein brausendes »Ah!« als der aufwärts zischende, baumstarke Strahl unten sanft zu blauen begann und allmählich ganz und gar himmelfarb wurde.

Allein zum Weitergehen gewandt, fanden sie des Entzückens kein Ende, sodaß sie kaum wußten, wohin sie sehen sollten. Denn vor sich hatten sie unferne den langgestreckten, niedrigen Bau des Schlosses mit zwei weit vorgestreckten Flügeln, von roten und grünen bengalischen Feuern erleuchtet, die in den vier Winkeln des Hofes brannten. Die roten und grünen Rauchwolken wälzten sich über die Mansardendächer hin, und im Hof hüpften und zuckten irrlichthaft kleine Flämmchen, wo sie wohl einen Fackeltanz tanzten. Und überall in der Fläche der hier weit offenen Gartenmitte mit Teppichbeeten und Statuen und breiten Wegen voller bunten Gewimmels standen die kleineren Fontänen, bunt erleuchtet von Kränzen roter, gelber und blauer Lampen, die um ihre Becken gezogen waren. Doch sie brauchten zu denen nicht hinzugehen und wanderten auf den Schloßhof zu, um dort eine kleine Viertelstunde – Georg seines Inkognitos froh – unter den übrigen Zuschauern am hohen Gitter zu stehen und den Reigentänzen zuzuschauen, bis Magda erklärte, genug zu haben, auch müsse das Feuerwerk bald beginnen. Da es auf den Wiesen jenseits des Gartens und der Gracht abgebrannt werden sollte, wandten sie sich seitwärts in den nächsten Heckengang, erreichten bald das Ufer des seitlichen Grachtarms und standen nach rechts gewandt wieder von einem Anblick überrascht, der diesmal sehr lieblich war: Der kleine Rundtempel auf der fernen, äußersten Ecke des Gartens, über drei Stufen erhöht, war von innen her lichtschimmernd; seine Säulen und das Innere der Kuppel glänzten von einer Lichtquelle von unten her. Der Schattenriß einer Brunnenschale auf niedrigem Postament war zu sehn, und aus ihr stieg der Lichtschein nach oben.

Als sie nach wenigen Minuten hingelangt waren, streckte sich eine dichte Mauer wartender Menschen von dem Tempelchen aus am Ufer der Gracht entlang, und auch auf seinen Stufen saß eine Anzahl; eine entfernte Musikkapelle war mit einer weichen Tanzweise gedämpft zu hören. Sie stiegen die Stufen empor und sahen dann von den Säulen auf der anderen Seite aus unter sich die dunkle und schimmernde Wasserfläche und jenseits im spärlichen Licht einiger hochhängender Laternen die aufgestellten Reihen der Raketenstäbe und die Gerüste für die Sonnenräder und andre Lichtspektakel, zwischen denen laternentragende Schatten hin und her glitten. Georg sah die Anna wieder umgewandt an das Becken treten und freute sich über die Erleuchtung ihres Gesichts, als sie sich überbeugte, aber »Ach, Georg, tote Fische!« sagte sie betrübt, als er sich ihr näherte, und hielt ihm einen hin, den sie herausgenommen hatte, legt ihn dann mitleidvoll wieder hinein. Im Gußsteinboden des flachen Beckens, das keinen Meter im Durchmesser hatte, war eine Glasplatte von unten her erleuchtet; ein halb Dutzend kleiner roter Fische mit weißlichen Bäuchen lag an der Oberfläche, und als Georg seine Hand in das Wasser steckte, war es glühwarm. »Bald werden sie gar sein«, bemerkte er herzlos zu Magda, ihr erklärend, daß der gute Mann, der die Idee gehabt hatte, die Flut durch das Umherspielen der Fischlein zu bewegen, die Erwärmung durch die starken Lampen vergaß. »Arme kleine Fische«, sagte sie, »da sind sie im Licht erstickt, die zur Freude da sein sollten«, und auch er fühlte sich nun etwas ergriffen, vor sich hin murmelnd, ohne es laut werden zu lassen: »Das ist das Los des Spielzeugs auf der Erde«, nicht ohne jetzt entnebelten Gehirns sein Talent für die Abänderung von Zitaten als banal zu erkennen.

Wieder nun voll fast zärtlicher Dankbarkeit für das Mädchen schob er seinen Arm in den ihren, fragend, ob sie nicht müde sei, sie könnten sich zum Warten auf die Stufen an der vom Feuerwerk abgelegenen Seite setzen, auf die er sie zuführte, aber sie erklärte, durchaus nicht müde zu sein und lieber auf und ab gehen zu wollen. Menschen waren hier keine zu sehn, als sie die Stufen hinabgingen, der hohen, dunklen Heckenwand gegenüber, die vom Lichtschein des Tempels getroffen nach beiden Seiten hin grau verdämmerte; nur zur Rechten stand eine weibliche Gestalt. »Da ist sie wieder!« rief Magda halblaut, und auch er erkannte die Zigeunerin in ihrem kurzen roten Rock und rotem Kopftuch mit Münzen daran; im nächsten Augenblick bewegte sie sich, einen Arm erhebend, in dessen Hand etwas aufschimmerte, und sie stürzte im Lauf vorwärts, rufend: »Heliodora – und jetzt komm ich!« ohne daß gleich zu erkennen war, auf wen sie zielte, Magda oder ihn. Aber er konnte noch rasch vor sie treten, beide Hände erhoben, um einen Stoß aufzufangen, doch nun stieß oder schlug sie mehrmals so wild von oben her zu, daß er fehlgriff; ein Stich fuhr durch seine linke Hand, erst schmerzlos, aber dann feuerbrennend, sodaß er ausrief: »Verdammt!« nun mit der Rechten hinübergreifend, aber jetzt ganz verwirrt, doch in Wut, denn er hatte schon an ihrer Stimme und dann auch an ihren Zügen Cora Bogner erkannt. Aber dann war ein anderer Arm vor ihn gestreckt, eine andre Gestalt warf sich zwischen ihn und die Angreiferin – Magda; er schrie: »Bist du von Sinnen!« und da schrie sie selber auf, zurückfahrend, sodaß sie ihm gegen die Brust prallte, und schlug die Hände vor das Gesicht. Er umschloß sie mit dem rechten Arm – vor Wut und Angst kochend – da seine linke Hand blutnaß war; sie sank nicht um, sondern stand, das Gesicht in den Händen. Aber jetzt mußte Georg über ihren Kopf hinweg, in zehn Schritten Entfernung die Gestalt und das Gesicht Sigurd Birnbaums erblicken, hell genug angeschienen, sodaß er die Augen und den dunkel offenen Mund erkennen konnte, und wie sein langes Gesicht vorhin. Da stand auch Cora – nein, jetzt drehte sie sich um und rannte davon; jetzt wieder Anna in seinem Arm spürend, konnte er fragen: »Um Gotteswillen, Anna, was ist geschehn?« »Mein linkes Auge«, hörte er sie fast ruhig antworten. Stand dieser Mensch noch da? Ja – nein – eine Gestalt entfernte sich in die Dunkelheit. Und nun schrie er: »Leute! Ein Arzt! Ist ein Arzt hier?« Es war der letzte Augenblick, hörbar zu werden, denn der Knall eines Schusses ertönte und zwei Sekunden darauf ein Kanonenschlag, ohrbetäubend, ein zweiter, ein dritter, dann Geknatter, dann Zischen und wieder Zischen, Geknatter, Kanonenschläge, und die Nacht war taghell geworden. Aber er vermochte das Mädchen doch zu den Stufen zurückzuführen und sie zum Sitzen hinabzudrücken. Hatte jemand sein Rufen gehört? Sie saß vorgebeugt, ihr Taschentuch vor den Augen, und er mußte mit Entsetzen den Gedanken fangen: Nun kann sie nicht sehn, was zu sehn sie hierherkam! Seine Hand brannte heftig, er erhob sie und sah das helle Blut wie ein Tuch den Arm herablaufen. Es gelang ihm, seine Gürteltasche mit den Fingern der Rechten allein zu öffnen, murrend: Ich blute wie ein Schwein, und das Taschentuch herauszunehmen, daß er mit Hand und Zähnen so fest er konnte, um das Handgelenk wand und festmachte. Mein Gott, kam niemand, kein Arzt? Wenn ich nur nicht zuviel Blut verliere, dachte er und fühlte sich schwächer werden. Aber da erschien eine Gestalt in alter Tracht vor seinen Augen, während das Geknatter und Zischen der Raketen hinter ihm fortging; doch konnte er die Worte: »Ich bin Medizinstudent« verstehn; ihm fielen auf einmal die Augen zu; dann hörte er sagen, ja, am linken Auge scheine eine Verletzung zu sein, die Dame müsse sofort in die Klinik gebracht werden. Wieder die Augen öffnend, hörte er sich sagen, ein Wagen warte am nächsten Ausgang, und er stand auf, taumlig und die Zähne zusammenbeißend. Er nahm Magdas Arm mit der rechten Hand, der Arzt war auf der anderen Seite, im Vorwärtsgehn fühlte er sich schwindlig und übel werden, nun schmerzte sein Handgelenk. Herrgott, was war nur geschehen? Ihr Auge – tote Fische – Zigeunerin – gestochen – Cora – Sigurd – hat nicht geschossen – wie? – es wurde zuviel, und nun sah er die breite Brücke, das Geländer und faßte danach. Da waren die Lampen des Wagens – Gott sei Dank – sie standen vor ihm, er sah die Tür geöffnet, hörte dann Magda flüstern: »Du darfst nicht mitkommen, Georg, um keinen Preis!« Und vermochte zurückzusprechen: »Alles Gute, mein Mädchen – alles Gute!« worauf ihm wieder die Augen zufielen. Nach einer Weile hörte er das Zuschlagen der Wagentüren, das Murren und Tosen des Motors; als er die Augen wieder aufbrachte, war der Wagen nicht mehr da, und er ging vorwärts, die Straße hinunter, sehr schwach und schwankend und nur denkend: Ich möchte wo sitzen. Wenig später fühlte er weichen Grasboden unter den Füßen, und dann wich unter ihm die Erde, er verlor allen Halt und lag und rollte, noch ehe er die Augen zu öffnen vermochte, hinunter und lag in lauem Wasser, schrie auf, sein Mund füllte sich, abscheulich schmeckend, er spie und spürte zugleich, daß er im Wasser kniete, konnte nun auch sehen und sich die Böschung emporwerfen, die er hinuntergerollt war. Da lag er längere Zeit, triefnaß und frostig, bis er sich kräftig genug fühlte, um sich aufzusetzen, wo er dann sah, daß er auf der Uferböschung der Gracht saß, also nicht die Straße zurück gegangen war. Das Feuerwerk war jetzt stiller geworden, der Himmel war hell über den Bäumen und der Heckenwand gegenüber, er sah auch den erleuchteten Tempel, hin und wieder stieg der Goldstrahl einer Rakete auf, in der Nacht oben zu einem lockeren Schirm roter oder goldener Sterne auseinanderfallend. Wundervoll! murmelte er, wundervoll! sich langsam kräftiger fühlend, auch seine Hand, die auf dem Knie lag, schien ihm trocken zu sein, aber seine Besinnung war nicht vollständig, sodaß er nur mechanisch und müde die Worte wiederholte: Du mußt nach Hause gehn, Georg, nachhause gehen, nachhause gehen.

Neuntes Kapitel

Dunkelheit

Weit ausholend kam aus der Nacht der graue Arm mit der Menschenfaust und hieb in ein wehrloses Antlitz.

Und wieder: weit ausholend schwang der Arm aus der Nacht und traf in das Antlitz.

Und wieder nach einer Pause, und wieder nach gleicher Pause schwang der mechanische Arm und traf in ein Antlitz, das schön war, edel und Ebenbild Gottes.

Renate sah es in einer qualvollen Stellung, hockend auf hartem Stein und mit dem oberen Leib auf die Knie heruntergepreßt, sodaß sie nur eben den Kopf heben konnte, denn sie war mit Stricken rundherum zusammengeschnürt und ihr schreiender Mund war verstopft.

Aber mit jedem Mal des Zuhauens wurde der Arm länger und riesenhafter, und das Haupt war jetzt das schmerzliche Angesicht eines ehernen Gottes, das in Trümmer zerschlagen wurde! Es war eine Schar von marmornen Statuen, die in Scherben zermalmt wurde; es war ein lichter Säulentempel, der in Trümmer zermalmt wurde. Der Riesenarm mit der Faust kam vom Himmel heruntergesaust und traf Bildwerke und Säulen, sauste auf Häuser, auf Gärten, auf Dächer, auf Kuppeln, auf Türme herab, die in Trümmer zerfielen, auf Dörfer, auf Städte, auf Brücken, und Alles wurde zerbrochen, zerscherbt, zermalmt, und Menschenleiber in Massen darunter wurden zerquetscht, zermalmt, zerschroten und krümmten sich wie Würmer.

Rasend gewordene Roheit fuhr in sausenden Hieben vom Himmel herab auf das heilige Leben, heilige Menschenwerk, Alles was gottgeschaffen, edel und gut war – ein Matsch und ein Mansch von Blut und Trümmern und Leichen .. endlich nicht mehr – nicht mehr – erträglich; und sie erwachte.

Langsam wurde sie inne, daß sie noch ebenso dasaß wie in dem Traumgesicht, auf ihre Kniee zusammengekrümmt, nur daß ihre Stirn auf etwas Hartem lag, das vor ihr war. Dann erkannte sie, daß es die Bank eines Fensters war, das offen stand, und daß sie davor auf einem Stuhl saß und in ihrem eigenen Zimmer war. Sie erkannte schwarze Baumwipfel draußen, auch Sterne darüber, während zugleich die Bilder des Grausens mit der Todesangst, die sie einflößten, langsam in ihr verblaßten und schwanden. Und sie konnte sich nun aufrichten, mit ihren Händen an ihrem Gesicht tasten, das sich kalt und trocken anfühlte, und sie versuchte sich zu erinnern.

Zuerst war es ein Wirrwarr. Ein dunkles Wesen an ihren Füßen gekrümmt – ein Mensch, dessen Namen sie wußte, aber nicht finden konnte; eine graue Gestalt aus Dunkel herankommend; Krähen, die aus einem Nebelsee aufstiegen, und der grade hingestreckte leere Uferweg neben der tiefer liegenden braunen Fläche des Flusses. Endlich sah sie Josef auf der Böschung sitzen und ihr zulächeln mit seinem nur halben Gesicht, aber dies wurde auf einmal ernst, und dann breitete sich die lebendige Hälfte über die schwarze aus und nahm sie fort, und – nun war nur sein Gesicht in der Nacht, wunderbar – heil und schön und jugendlich, wie sie es nie gesehn hatte. Die Augen blickten sehr ernst, aber der Mund lächelte – und nun auch das Auge, und sie hörte deutliche Worte:

Zu Woldemar, Renate!

Dann war es plötzlich verschwunden; da waren wieder die schwarzen Baumwipfel und die Sterne, und sie flüsterte: Ja, du bist dort – ich weiß .. weiß nicht genau, wo, aber – es tut

Nichts – ich weiß doch .. du bist nun heil. Heil – das heißt wohl heilig – und darum tut es nicht weh. Denn der Schläfer im Licht ist nun wach geworden ..

Wächter im Dunkel, dachte sie, Wächter im Dunkel.

Woldemar – Renate .. Woldemar – Renate ..

Dann, wie mit einem Schlage, stand sie in ihrem Zimmer, sah im nächtlichen Dämmer die lichten Wände, die anderen Gegenstände und fragte sich, wie spät es wohl sein mochte. Dann schmerzte das Licht der kleinen Lampe, zu der sie sich gebeugt hatte, und sie löschte sie wieder, nachdem sie gesehn hatte, daß die Zeiger der Standuhr auf kurz vor neun standen. Erst neun Uhr? Und was war zuletzt geschehn?

Plötzlich war es ihr, als ob sie in Flammen stünde; solch ein Feuer der Sehnsucht verzehrte sie mit einem Schlag, Seele und Leib zusammen, daß sie bebte und zitterte: bei dir sein, bei dir sein, o – gebettet sein, umschlingen – umschlungen sein, eins sein mit dir und vergehen und – Alles ein Kuß – Leben und Sterben – oh! Sterben – wie? Woldemar – Renate, nein, das hieß es nicht, ein Wort war davor .. ich muß mich besinnen – ja, zu hieß es, zu Woldemar, er war in Gefahr, o nein, nicht doch, aber Josef meinte es, Josef schickte sie, richtig, Sigurd – der war – entkommen, so sagte man wohl, ja, aber ich darf keine Angst haben, ich habe auch keine – warum denn? Ich muß nur, was Josef – also – ich muß zu ihm fahren, aber wo ist er denn jetzt? Ich weiß nicht – nein, doch, im Schlößchen – in Georgs, woher weiß ich das aber? Gleichviel, aber was ist mit dem Wagen?

Sie dachte angestrengt nach. Der Wagen war aus irgend einem Grunde nicht da. O natürlich, sie hatte ihn Magda gegeben, die – oh, das war jetzt gleich, und ich nehme natürlich die Elektrische, das hab ich ja oft getan, wenn der Wagen in Reparatur .. das wird herrlich, ja, ich werde wie immer vorn daraufstehn, das wird mir gut tun, der kalte Wind, ich glühe ja über und über, muß ganz kühl werden, kein bißchen aufgeregt, ganz kühl. O ja, Liebster, ich komme, Josef schickt mich zu dir, daß ich aufpasse, bei dir bin, Josef weiß immer Alles vorher, nun ist er leider wieder auf die Reise gegangen — hat mir noch etwas zum Andenken gegeben, was war es noch? Sie spürte etwas Hartes vorn in ihrem Kleid — ja, das ist es, seine Uhr, mit etwas Liebe von mir darin — er hat es mir wiedergegeben, er braucht es nicht mehr, ist selber ein Stern geworden — da im Dunkel. Also — wo habe ich meinen Mantel?

Auf dem Flur draußen schmerzte wieder das Licht, das ihn erhellte. Sie horchte, aber kein Laut war vernehmlich. O sie waren Alle zum Fest in der Stadt, und nun gehe ich auch. Woldemar — Renate .. Woldemar — Josef — Renate .. dann sind wir Alle zusammen. Sie schluchzte leicht auf, indem sie über den Flur glitt. Im anderen Schlafzimmer konnte sie trotz der Dunkelheit genug sehn, um die Schranktür zu öffnen und einen Mantel herauszunehmen, der sie plötzlich entzückte, weil er so leicht, weich und flauschig war, daß sie ihr Gesicht hineindrückte und ihn fast geküßt hätte. Es kam ihr vor, als ob sie taub wäre, wenigstens konnte sie Nichts hören, als sie die Treppe hinabglitt, zur Haustür hinaus und durch den Vorgarten auf die Straße, wo eine Laterne brannte. Gleich darauf sah sie das erleuchtete Depot mit der Uhr darüber, deren Zeiger auch erst auf neun standen, nur etwas darüber, und sie dachte: Wie schnell doch Alles geht — am Ende werd ich zu früh kommen. Sie lächelte: Dann werde ich auf dich warten — ach, deine Augen, wenn ich dann deine Augen sehe!

Grade kam auch ein goldhell erleuchteter leerer Wagen aus dem Depot, in dem nur vorne der Fahrer stand, hielt aber gleich in der Kurve still, als sie winkend heranlief, sodaß sie vorne vorüber auf die andere Seite laufen konnte und aufsteigen, dem Fahrer, der sich ein wenig nach ihr umgewandt hatte, zunickend und rufend: »Ich danke auch schön!« Darauf stand sie an die geschlossene Tür hinter sich gelehnt; der Wagen fuhr bis zu einer Haltestelle vor dem Eingang zum Kaffeegarten, und dort stieg der Schaffner auf, der Wagen fuhr sogleich weiter. Als wenig später die Klappe hinter ihr fiel, fand sie zum Glück Geld in der einen Manteltasche, sodaß sie bezahlen konnte. Kühl und leicht zuerst, dann straffer und kälter spannte sich der Wind um ihr Gesicht, und sie schloß eine Weile die Augen.

Da kam der furchtbare Arm aus der Nacht und – Woldemar!

Nein, nein, nein! Ich darf die Augen nicht zumachen! Als sie die Lider aufschlug, sah sie den Fahrer halb nach ihr umgewandt – eine feine grade Nase in einem ältlichen Gesicht, und unter dem faltigen Augenlid ein Blick milder Ruhe, ein wenig altersmüde. Er wandte sich wieder zurück, legte den Hebel, den Griff in der Hand, ein Stück vor, und noch einmal vor, und dann hörte sie ihn sagen:

»So spät noch, Frau von Montfort?«

Wobei er ihren Namen, wie die einfachen Leute taten, deutsch aussprach, und sie versetzte heiter, es sei ja noch früh am Tage. Eine Weile danach stieg eine Freude in ihr auf, wie schön dieser Mann fuhr – mit der höchsten Geschwindigkeit, aber ganz glatt, ohne Stocken, indem er stets, wenn die Fahrt sich eben verlangsamen wollte, den Hebel wieder vorlegte, die Verlangsamung wieder auffangend, sodaß die Fahrt ein ebenes, leicht sich wiegendes Gleiten war. Ihr wurde ganz heiß vor Freude, wie schön er das immer machte, und sie dachte, ich muß ihm nachher einen Taler hinlegen, solch ein guter Mann, zum Liebhaben, Gott, ist das schön, so dahinzugleiten, und dieser Wind, dieser herrliche, kalte Wind!

»Sie fahren aber mal schön!« sagte sie. »So schnell und so gleichmäßig. Sie sind ein Künstler!«

Er war erst eine halbe Minute still, ehe er erwiderte mit seiner feinen Stimme und der altenrepenschen Aussprache, die ›ä‹ für ›a‹ und ›a‹ für ›ei‹ sagte:

»Jä, ich fähre jä hier nun schon sieben Jähre, solang es elektrisch is.«

Wieder nach einer Pause setzte er hinzu:

»Vorher bin ich hier noch mit Pferden gefähren – zwanzig Jähre – ne schöne Zat.«

»Und immer gesund gewesen?«

»Jä – immer gesund – kan Dag außer Dienst.«

Renate fragte, ob er verheiratet sei und Kinder habe und erhielt nach gebührender Zeit die Antwort: »Kinder nich, nee, aber ne Frau« – mehr nicht.

Kein Tag außer Dienst – ganz einfach, und so ging das Leben hin. Gott sei Dank, hier konnte der Arm nicht mehr kommen! Nur die Augen offen halten! Glatt und eben schwebte der Wagen über die bläulich vor ihm aufleuchtenden Gleise in die Dunkelheit. Sie sah ferne Lichter, die neblige Röte über der Stadt, fühlte dann wieder nur den Wind, halb die Lider gesenkt, und dachte: O diese guten Geister – einer, der mich fährt, einer, der mich hält, dieser kühle, kühle Luftgeist – o ja, blase in mich hinein, blase, blas mich ganz leer und kühl! O das tut gut, das tut gut – könnte sonst innen verbrennen.. Woldemar – Renate.. nun dauert es nicht mehr lange – dann bist nur du – und ich – und die Nacht –

»Damals«, hörte sie die alte Stimme sagen, »wartete immer en Kamerad von mir mit en Schimmel – aufer anneren Sate.«

Die Augen ganz öffnend erkannte sie, daß der Wagen über die Bahnüberführung hinglitt; in der Tiefe war der dunkle Bahnkörper mit den Gleisen und einem roten Licht zu erkennen, und schon neigte sich der Wagen und glitt bergunter, die Döhrener Rampe hinab.

»War es immer ein Schimmel?« fragte sie lachend, und auch der Mann schien zu lächeln, als er nach einer Weile antwortete:

»Jä – der hatte hier auch seine Anstellung – mindestens sat zehn Jähren. Hier unten wurde er neben gespannt, für die Kinner war das immer ne große Erwartung. Na, besonders viel konnte der auch nich, aber für die anneren Baden war es doch ne Ermunterung. Aber nu geht das lachter.«

Ja, nun geht es leichter, immer leichter, gottlob! Sie fragte:
»Fahren Sie noch weit heute Nacht? Sicher bis nach Stöcken.«

Der Mann ließ wieder seine ruhige Pause, ehe er zur Antwort gab:

»Noch bis Leinhausen – dies ist die letzte Fuhre. Dann bis Stöcken zurück – da bin ich zuhause.«

»Ach, so spät erst! Das muß aber anstrengend für Sie sein!«

Nach einer Weile kam wieder sein Profil zum Vorschein mit dem mild-müden Blick des Auges; es wandte sich wieder ab, und dann kam die stille Entgegnung:

»Es ist doch mein Beruf.«

Sie war ganz erschrocken – und doch war es so. Für ihn war es nicht anstrengend, er konnte es eben. Und doch – dreißig Jahre – vierzig Jahre – immer das Gleiche – den Hebel auf eins, auf zwei – auf drei – und nach einer Pause wieder zurück – auf zwei – auf eins – auf Null – und dann wieder vor. Bremsen, die Glocke läuten, auf die Klingel des Schaffners warten, das Aufsteigen vorn beobachten, mal einem Kind heraufhelfen, das die Mutter ihm zuhob – und wieder – auf eins – auf zwei – auf drei .. dann zuhause das Essen, der kleine Garten, schnurgerade Beete .. die Harke, der Spaten – ewige Genügsamkeit – stille Güte .. Ganz so wie die unendlichen glatten Gleise, auf denen er fuhr. Und wer merkte das wohl in vierzig Jahren, wie gut er fuhr – und wer sagte es? Dafür wurde er nicht bezahlt, das wußte niemand, das hatte er für sich allein ..

Nun sah sie Fußgänger in bunter Tracht neben den Bäumen am Straßenrand entgegenkommen, auch ein großer Kremser mit Wimpeln und Girlanden geschmückt, von zwei kräftigen Pferden gezogen, die Menschen saßen ganz still darin – ja, das war hier kein leichtlebiges Volk wie am Rhein – schwere Niedersachsen. Sie nahm den Taler, der ganz heiß in ihrer Hand geworden war, aus der Tasche und legte ihn rasch auf die Fensterbank, da jetzt die schwarzen Gebäudemassen der Brauerei da waren, wo vielleicht jemand einsteigen würde. Aber an der Hal-

testelle wartete niemand, der Wagen glitt weiter, der Fahrer drehte sich um, diesmal ein wenig lächelnd, während er sagte:
»Schön Dank auch, gnetje Frau.«
»Ach, nur weil Sie so wundervoll fahren!«
Nun füllte die Straße sich mehr und mehr mit Fuhrwerken, unfern erschien die Lampenhelle des Platzes am Ägidientor, und schon fuhren sie dort in die Kurve hinein und hielten, wo nun eine Masse von bunten Menschen zusammengedrängt war, und es dauerte lange, bis Alle eingestiegen waren. Auch vorn zu ihr stiegen ein paar buntgekleidete Burschen auf, die Zigaretten anzündeten, sonst aber sich still verhielten. Auch die breite Straße war nicht so mit Menschen gefüllt, wie sie gedacht hatte – nun am Theater vorbei, da lag der Kaffeegarten, mit schwebenden Girlanden von blauen und roten Lampen, überfüllt von Menschen, die an kleinen Tischen saßen und sich dazwischen drängten, und sie hörte das Rauschen der Stimmen, war aber plötzlich so müde, daß sie kaum ihre Augen aufhalten konnte; immer wieder fielen sie zu, dann wurde Alles umher fern und unwirklich, auf einmal fiel ihr Kopf vornüber – war sie am Einschlafen? Und wo war sie? Eine fast dunkle Straße – o schon die Langelaube .. plötzlich stockte ihr Herzschlag .. Da fahre ich mit der Elektrischen – was ist denn dies für ein Tag? Es war wieder leer in ihr und so kalt, daß sie beinah fror. O Gott, wäre ich nur erst angelangt! Aber da lagen die langen grauen Kasernengebäude zur Rechten, drüben in der Lampenhelle standen die Gittertore und die Alleebäume des Eingangs – ja, wie weit muß ich denn fahren? O bis zur Universität kann ich noch fahren und dann quer durch die Allee gehn, grade darauf zu. Nun brannte sie vor Ungeduld, die Plattform war mit rauchenden Männern dicht gefüllt, endlich ging es langsam um die Kurven auf die Straße neben der Allee her, und da lag die gewaltige schwarze Masse der Universität mit den Türmen. Sie mußte heftig gähnen, fühlte sich zum Umsinken müde, da stand der Wagen still, sie kam

lächelnd und nickend durch die gedrängten Männer, die ihr Platz machten, und wäre fast gefallen, als ihre Füße auf einmal den festen Boden berührten.

Sie stand auf dem Bürgersteig, dicht neben einer Laterne, die über ihr brannte, und nun war es still, mit dem Augenblick, wo die Bewegung aufgehört hatte, so als ob Alles zu Ende wäre. Sie stand und wußte Nichts mehr. Sie streckte die Hand nach dem eisernen Pfahl aus und empfand, daß er kalt und kantig war; sie blickte in das sechseckige Glasgefäß empor und sah, daß ein Leuchtkörper darin war, der Licht ausstrahlte, das sie nach einer Weile blendete. Dann blickte sie darunter hinweg und sah wieder die schwarze Gebäudemasse, breite Freitreppen davor und im Schein der Laternen die beiden lebensgroßen, bronzeglänzenden Löwen, die auf steinernen Blöcken lagen, dann die Beete davor und die Wege, und sie flüsterte: Gott, wo bin ich? Ich habe mich verloren. Ich? Ja – wer – wer – bin ich? Sie wußte es nicht, und nun packte sie wildes Entsetzen, daß sie nicht wußte, wer sie war, und etwas jagte sie auf, daß sie über den Damm lief, in das Dunkel zwischen Bäume hinein. Da sah sie fern einen Lichtschein und blieb stehn und atmete auf. Oh, was war das?

Da war ein schöner, o ein holdseliger goldener Schein in der offenen Nacht zwischen hohen Bäumen: in dem Schein lag ein schönes langes Gebäude mit zwei kleinen, vorspringenden Flügeln, in der Mitte war ein flaches Giebeldreieck, darunter standen die Schatten von vier hohen Säulen, und hinter ihnen, unter der Decke der Vorhalle, war die Quelle des Lichts, das sich nach allen Seiten hin breitete. Himmlische Tröstlichkeit – da war es! Und sie war Renate – und dort war er! Dort war das Leben, das Licht, das Herz, die Stillung, der Himmel, die Seligkeit. Darum, o darum, darum bin ich nun hier!

Sie ging nun dahin, als ob sie schwebte, und doch mit festen, federnden Schritten, ihr Kleid in den Händen, quer durch die Baumreihen, dann über die harte Fahrstraße, dann in den Weg hinein, das leere weite Rasenrund zur Rechten, zur Linken die schwarzen Gebüsche, und immer näher, klarer, wunderbarer schimmerte vor ihr das Schloß. Sie erschrak fast garnicht, als ihr plötzlich ein Schatten im Weg erschien; sie hörte eine höfliche Stimme fragen, wohin sie zu gehen wünschte, und sie antwortete heiter: »Nun, in das Schloß da!« weitergehend, während der Mann sich ihr anschloß, aber auf einmal »Oh, Frau von Montfort!« sagte und seinen Hut ziehend zurückblieb. Ach ja – Wächter im Dunkel – die muß es wohl auch geben! dachte sie, und da war der erhellte Platz, war die dunkle Tür unter der Lampe, zwei Stufen, sie war schon davor, sie sah den eisernen Klopfring im Löwenmaul hängend. Wollte sich da ein dicker schwarzer Klumpen in ihr emporwälzen? Nein, er versank, er war fort, sie hob den Klopfer, einmal und noch einmal .. hatte es einen Ton gegeben? In ihrem Gehör brauste es .. Jubel – Jubel – Jubel – oh, nur stille jetzt, stille! Die Tür ging auf.

Zimmer

»Oh, Sie sind hier?« sagte sie, als in der Türöffnung das Gesicht von Georgs kleinem Diener, sogleich lächelnd, erschien, von dem vertrauten Anblick zugleich erfreut und enttäuscht, aber dann hörte sie, vorwärts gehend, ihn hinter sich erklären, daß nicht Georg, sondern sein Vater hier sei, ja, soeben selbst eingetroffen, und er, Egon, war von Georg dagelassen, weil er mit Allem im Haus Bescheid wußte. Sie hielt ihn zurück, als er jetzt voraneilen wollte: nein, sie wollte sich selbst anmelden. – Da flammte auch wieder das Glück auf, aber auch das Kleid der Konvention fiel über sie mit dem hinter ihr in andre Hände herabgleitenden Mantel, als sie in die Tür der Kleiderablage trat und ihr eigenes Gesicht im Spiegel erblickte, sodaß sie erschrak, wie unverändert es war und auch wie über und über leuchtend – mit einer Mächtigkeit – die Augen flüssig schwarz, doch so waren sie immer bei künstlichem Licht – alles Liebe, Alles, eine einzige Blüte. Sie wendete sich – da war die Tür.

Die Tür – und ein wildes Herzpochen. So behutsam sie konnte, drückte sie auf die Klinke, drückte die Tür auf, rechtshin, bewegte sich vorwärts. Da lag unter ihr der Raum still und dämmrig – Bücherreihen, Vorhänge des Fensters, der Schreibtisch still im Schatten, dahinter die kleine schwarze sitzende Gestalt .. Sie konnte sich nun kaum bewegen vor atemlosem Glück, daß hier Alles wie immer war. Endlich stand sie doch neben dem Türflügel an der Brüstung, nach rechts spähend und – es war ja nicht möglich, daß er dort saß, ganz in der Ecke im Sofa hinter dem runden Tisch, über den die große Hängelampe ihren Schein warf. Da stand auch ein Kaffeeservice, und er saß da – in einem dunkelvioletten Schlafrock, vorgebeugt zu einer großen Photographie, die vor ihm am Tischrand stand, ein kleines Bild in der Rechten.

Sie rief seinen Namen, ganz leise.

Er sah auf und blickte sie an wie die Unmöglichkeit; er machte keine Bewegung – lange Zeit, während sie mit aller Kraft der Liebe, nur lächelnd, nieder auf ihn blickte –, hob endlich die Hand mit dem Bild zu den Augen, schlug völlig verwirrt mit den Lidern. Endlich trat auch in seine Augen die Liebe, und sie sahen sich an.

Er erhob sich etwas und sagte: »Bist du es denn? Angela«, sagte er plötzlich, und darauf sie: »Siehst du, mein Engel, nun kannst du dich nicht bewegen, so wie ich heute Morgen!« und ging die Stufen hinunter und zwischen den Sesseln hindurch zum Tisch, fragend: »Was machst du denn da?«

»Ich?« versetzte er noch immer verwirrt und sah nun das Bild in seiner Hand. »Nein«, sagte er, »komm nicht näher, ich – ich habe den ganzen Abend getrunken und geraucht ..«

»Getrunken?« sagte sie, »o ich möchte trinken, ich komme um vor Durst«, und er machte eine Bewegung und sagte: »Weiß Gott, wo hier die Klingel ist!« »Ich weiß es«, versetzte sie lachend, »ich war früher schon hier«, zum Schreibtisch hinübergehend, wo sie den Klingelknopf fand und darauf drückte. Dort stehend, sah sie wieder zu ihm hinüber, der nun aufrecht stand und sagte: »Ich muß einen Rock anziehn.« »Um Gottes willen nicht, du siehst wundervoll aus in dem Gewand, Alle haben heut ein Gewand an.« »Ach ja, nur du nicht!« sagte er, und nun erschien der blasse Egon, und er fragte, was für einen Wein sie trinken wollte, aber sie wußte es nicht und sagte aufs Geratewohl: »Burgunder« und ging zum Sofa zurück, wo sie sich in die andere Ecke setzte.

»Ja, nun bist du wirklich«, sagte er mit einem tiefen Seufzer und stellte die beiden Bilder vor sie hin, eines eine Photographie von Virgo Schley, das andre die Miniatüre von Georgs Mutter, die Renate kannte. »Du weißt nicht, was mir geschehn ist«, sagte er nun lachend, »erst dies und dann du. Sieh dir die Bilder an – siehst du was?«

»Du meinst, sie sehen sich ähnlich?«

»Na und wie! Und doch hat Georg es nicht gesehn! Aber das lag wohl daran, daß er die eine lebendig vor sich hatte, und die andre – sie war für ihn auch schon alt.«

»Und warum sollen sie sich ähnlich sehn?« fragte Renate.

»Weil es Mutter und Tochter sind.«

»Woldemar! Wie ist das möglich?«

»Das will ich dir erzählen.« Aber nun kam der Diener mit der Weinflasche und Gläsern, und bald darauf konnte sie zuhören – den großen runden Kristallkelch halb voll dunkel glühendem Rot in der Schale ihrer darumgelegten Hände, ab und an einen winzigen Schluck daraus nehmend, der sie mit herbsüßer Glut durchrann – wie es zu Tage gekommen war, daß Virgo das Kind war, das Helene geboren hatte.

»Aber wer ist die andre Mutter?« fragte sie.

»Das weiß Gott allein – doch sie muß lange tot sein, sonst hätte Virgo nicht ins Waisenhaus kommen können. Du lieber Gott, da habe ich eine Tochter, und Zwillinge hat sie selbst – bin ich Großvater geworden.« Sie lachten zusammen von Herzen, und er erzählte weiter, daß er es nach Beendigung des Essens nicht länger ausgehalten habe und zu ihr gefahren sei und dort geblieben bis eben – bis sie ihre Zwillinge mit Hülfe einer gewaltigen Amme gesättigt hatte und dann zu müde war. Keine fünf Minuten vor Renate war er angelangt.

Etwas später spürte sie, daß er zu ihr wollte, und obgleich sie das selbe verlangte, schon längst mit beständig fast zusinkenden Augen in seinen Armen war, stand sie auf und setzte sich nach ein paar Schritten in den Raum hinein, an ihrem Haar nestelnd und umherblickend, in einen Sessel ihm gegenüber.

Und dann hörten sie auf zu sprechen. Dann war keine Zeit mehr.

Plötzlich klopfte ihr Herz: sie löste ihren Blick verwirrt aus dem seinen; eine Beklommenheit.. es war auf einmal glühend warm im Raum, und sie stand auf und sagte:

»Mir wird so sonderbar.. ich glaube, ich möchte ins Freie. Es ist furchtbar warm hier, findest du nicht?«

Er bejahte, sich erhebend, und sagte, er wolle dann einen Rock anziehn, das Gewand sei nicht passend zum Gehen. Sie wandte sich schon der offenen Türe zu, während er hinter ihr durch den Raum und zur Tür des Schlafzimmers ging, und trat wie getrieben ins Freie hinaus, wo es wirklich angenehm kühl war. Sie sah vor sich seine Augen mit der Glut, die zuletzt darin war, und dachte: Ach – daher meine Angst. Und sie ging dann fast ohne Besinnung einige Schritte weit fort auf dem Kiesweg, jetzt in zunehmendem Fürchten.. nun wird er mir nachkommen und dann – ja, hier im Freien – die hohen schwarzen Bäume – Sterne sind auch da.. und hier ist der Wassergraben.. möcht am liebsten hineingehn. Die dunkle Fläche glänzte, auch unten standen Sterne. Sie wandte sich wieder um.

Aus der offenen Tür fiel der Lichtschein nach draußen; nun schob sich ein Schatten hinein, eine Gestalt erschien, sie hörte fragen. »Renate?« wollte hin zu ihm fliegen.

Da scholl ein scharfer Knall – und gleich darauf ein zweiter. Die Gestalt verschwand langsam, sie vernahm ein schweres Dröhnen – und sie war schon vor der Tür und sah den großen Mann daliegen, den Kopf mühsam aufrichtend mit verwirrten Augen. Aber sie sah auch darüber hinweg im verschatteten Hintergrund eine breituntersetzte, schwarze Gestalt, die sich durch eine Tür entfernte. Da kniete sie, er richtete sich mit den Ellbogen auf, die Augen zornig verwirrt, und sagte:

»Was – war denn das? Da hat mich – wer – niedergeschlagen.«

Sie faßte nach seinem Kopf, der wieder zurücksank; seine Augen starrten nach oben, aber als sie sich darüber beugte, wurde ihr Blick liebevoll; sie hörte ihn flüstern:

»Es wird gleich vorbei sein.«

Dann noch leiser: »Renate – Ge– «

Seine Lippen bewegten sich weiter, sie legte das Ohr darauf, flüsternd: »Ja – sag es, Lieber!«

Darauf kamen, eben vernehmbar, die Worte:

»Georg – – – nichts – – sagen.«

Den Körper durchlief ein Zittern; dann war es still.

Nichts mehr.

Renate blickte empor: dort wurde die Tür geöffnet, die über Stufen war, und jemand in Hellblau – – Georg. Angstaugen auf einmal, die vor sie nieder starrten – dann sie anstarrten – und sie stand auf und bewegte sich ihm entgegen, der die Stufen herabkam, Beide nach dem am Boden starrend, während zugleich Jeder eine Hand nach dem Andern ausstreckte, und sie umfaßten sich mit den Armen. Dann sahen sie sich in die Augen. Dann näherten sie ihre Lippen einander, und sie küßten sich. Dann starrten sie wieder hin.

Beide sanken sie erlöschend hinab in die gleiche Nacht.

Sterne

Georg kam es so vor, als ob er erwacht wäre, ohne doch zu wissen, ob er die Augen geöffnet hatte oder nicht; aber es schien nicht so, denn es war schwarze Nacht, undurchdringlich. Weiter kam es ihm so vor, als ob er läge; und dann, daß er bewegt wurde, getragen. Dies dauerte so lange, daß es ihm immer zu sein schien; er hörte nun auch leise Stimmen, verstand aber nicht die Worte. Dann wurde er hochgehoben und roch auf einmal etwas sehr Schönes – Pferde. Ich muß doch wohl meine Augen aufmachen können, dachte er mit Anstrengung, und dann gelang es auch; was er aber sah, war nur Dunkelheit. Nein, da war noch Schwarzes – oben, über ihm, Baumwipfel, und dazwischen schimmerte Weißes, ein Nebelstreif, und auch Sterne funkelten überall. Ja – die Milchstraße, dachte er, da geht es jetzt wohl hinein. Das heißt, ich bin gestorben – sehr gut, dachte er.

Aber es sind doch Pferde hier – ja, hier auch, und ich höre Räder knirschen, sehr leise. Nun, sie werden mich wohl richtig hinfahren. Bald darauf wurde es wieder schwarz um ihn her, aber die Sterne blieben unverändert, nicht mehr zu fühlen, nicht mehr zu denken, nur zu sehen, wie sie funkelten – unablässig.

Hier enden des siebenten Buches neun Kapitel
oder dreimal so viele Stunden.

Achtes Buch

Hallig Hooge oder *Die Kammern der Seele*

Erstes Kapitel: August

Aus Jason al Manachs Chronica Humana

Oh! Oh! Oh! Das war wieder einmal eine Nacht! Jason, Jason, ist das eine Nacht gewesen! Oh! Oh und oh! Nein, eine Nacht wie diese ist mir kaum jemals vorgekommen – wenn ich den Untergang der ›Turania‹ ausnehme, aber das war ja überhaupt eine Ausnahme in der Geschichte des menschlichen Sterbens, wie sie nur alle tausend Jahre einmal vorkommt. Wenn ich daran denke! Fünf Tage und fünf Nächte fuhr ich auf diesem Totenschiff, sah ich vom ersten Tage an dieses große Schiff mit toten Menschen bevölkert, halb schon Schatten in meinen Augen, die doch alle sich noch so stellten, als ob sie lebend wären; denn sie wußten nicht, was ich wußte, fünfzehnhundert, sie aßen und tranken und schliefen, lachten und spielten Karten und Pferderennen und ihre Deckspiele, genossen das Leben in vollen Zügen, und es war Nichts drin in der Fülle – ich glaube, ich habe aufgeatmet, wie es endlich soweit war, denn für mich nahm das ärgste Grausen ein Ende, obwohl sie auch da noch nicht wußten, daß sie sterben mußten, ausgenommen die kleine Esther, sie wußte etwas, wenn auch auf ihre Weise; sie sagte mehr als einmal: Ich komme nicht nach Amerika, ich weiß, daß ich nicht hinkomme. – Wie soll aber das zugehn, Esther? war ich verpflichtet zu sagen. Vielleicht geht das Schiff unter, sagte sie und lachte, ja, sie lachte, denn sie war ja auch unwissend, und ich stellte mich böse und sagte: Was fällt dir ein? Soll vielleicht deinetwegen das ganze Schiff untergehn mit Musik und Allem? Ach, und es war die Wahrheit, die Musik spielte bis zuletzt, solche tapferen Musikanten, sie spielten: ›Näher, mein Gott, zu dir‹. Aber was verweile ich jetzt bei diesen Bildern? Es ist wohl aus Abneigung gegen das, was ich nun zu schreiben habe, denn ich werde nun wieder viel zu schreiben haben, ich weiß, und zuerst muß ich mich in diese schreckliche Nacht zurückwenden, wo sie kamen, um mir zu sagen, was geschehen war. Der Morgen graut nun schon; wenn ich an meiner kleinen Lampe vorüber aus dem Fenster sehe, kann ich es hell werden sehn über den Flächen der Haide und Moore, und die Nebel steigen vom Fluß auf. Unmöglich, wieder einzuschlafen nach solchen Nachtgesichten, oh, oh, ich muß noch ein wenig auf mein Herz drücken, sonst kommt das Mitgefühl, und dann bin ich erledigt, wie es in den alten Zeiten war, als ich vor Mitgefühl so weich war wie ein Schwamm, dick aufgeschwollen von Angst und Tränen. Aber nun habe ich Gott sei Dank schon lange ein trockenes Herz und kann es für andere Tränen gebrauchen. Ich erschrecke nur immer wieder, und das gehört sich ja auch, wenn so liebe, gute und schöne Menschen ahnungslos in Jammer und Elend stürzen – ach, mein Gott, Jason, wenn wir an diese Fahrt denken, im Wagen, scherzend und lachend, und da saß dieser kühne, gelassene Josef Montfort, der es auf seine andere Weise auch schon wußte – ein Schatten, kaum noch erkennbar, und Renate in ihrem höchsten Glanz, eine Jubelrose, ach, ach, es war ja nicht auszuhalten, wie sie lachte und scherzte und uns Bonbons in den Mund steckte. Und erst wie sie oben auf dem Festwagen thronte, auf tönenden Wogen dahinfuhr, die jauchzende Freude zu ihr aufbrauste, die sie mit dem Licht ihres Lächelns erleuchtete. Wo ist sie nun, wo mag sie nun sein? In der tiefsten Nacht, soviel ist gewiß. Wäre es nur erst Tag, daß ich hingehen könnte und ihr behülflich sein, wenn das überhaupt möglich ist. Aber nun muß ich wohl anfangen.

Josef war es natürlich, der zuerst kam, das hatte ich schon

erwartet, und wie ich nicht einschlafen konnte, obwohl ich so müde war von dem Festtrubel und dem vielen Stehn und Umhergehn, weil ich immer noch dachte, ich könnte Sigurd finden, nachdem ich ihn schon einmal gesehn und wieder verloren hatte. Denn kaum daß er mich erkannte in der dichten Menge, bekam er einen deutlichen Schreck, und anstatt mich zu begrüßen, drehte er sich weg, und auf einmal sah ich ihn zwischen zwei Festwagen hindurch über den Fahrdamm laufen, und in der Menschenmauer auf der anderen Seite war er verschwunden. Nun, auf ihn kommen wir später – ich glaube, ich habe in der Verwirrung eben einen Satz angefangen und nicht vollendet, aber nun muß ich weiter. Wie ich nicht einschlafen konnte, da wußte ich schon Bescheid, daß etwas kommen würde; und da wurde es auch bald hell in der Nacht wie gewöhnlich, und Josef trat hervor in seiner dunklen Mächtigkeit. Ich war doch erschrocken, als ich sah, es war wahr geworden, und er war solch ein schöner Mensch und so liebenswürdig, wenn auch wohl nicht liebenswert; er glich einer Polarnacht, wo auch die Sterne gefroren scheinen und nur das Nordlicht am Himmel glüht und leuchtet. Eine großartige Seele! Wie er umgekommen ist, sagte er nicht, nein, er hatte überhaupt Nichts mehr zu sagen; er war zufrieden, aber er triefte von Wasser, wie er dastand, so muß er ertrunken sein, wie das möglich ist, kann ich nicht verstehen, aber ich werde es bald in Erfahrung bringen. Seine Augen waren geschlossen, und auf seinem schönen Mund war das hingelächelte Siegel des Todesengels, Friede und tiefe Ergebenheit – er muß einen herrlichen Tod gehabt haben, das war zu sehn. Ja, und nun sehe ich erst, daß er wieder ein ganzes Gesicht hatte, natürlich, das Gesicht, das war und das sein wird, und die flüchtige Maske der Entstellung war wieder abgestreift mit diesem flüchtigen Leben. Es war doch so mit ihm wie mit dem Mond in dem Gedicht von Claudius, wo er sagt:

> Sehr ihr den Mond dort stehen?
> Er ist nur halb zu sehen,
> Und ist doch rund und schön.

So hat nun diese verworrene Unvollständigkeit auch ihre Vollendung gefunden; aber wie dieser mächtig starke Mann in das Wasser gekommen ist, kann ich mir nicht erklären. Sigurd kann das nicht angestellt haben, und so wird es wohl doch sein Bruder gewesen sein, auf den er ja öfters anspielte.

Wie er dann wieder fort war, so dauerte es auch nicht lange, und dieser Mensch, dieser Sigurd kam in den Vorhang; stand da mit hängendem Kopf und offenem Mund, eine Hand auf der nackten Brust, oben unter der Schulter, wo Blut herfloß. Und er starrt mich entsetzt an und sagt: Jason, was ist das? Ich kann nicht sterben – warum dauert es so lange? Da bin ich doch wirklich böse geworden und habe gesagt: Was willst du hier? Du hast hier garnichts zu suchen! Du wirst nicht sterben, bilde dir das nicht ein, du phantasierst wieder, ich sehe, du hast auf dich geschossen, aber so schlecht, daß du nun nicht einmal sterben kannst. Ich habe keine Teilnahme für solche Leute wie dich, mach daß du wieder fortkommst!

Wenigstens hat er also auf Georg nicht geschossen, dachte ich erleichtert, als er wieder gegangen war, denn meine Anfuhr war hart genug. Er hat es nicht gekonnt, ganz wie wir es angenommen, welch ein elender Mensch ist dieser Sigurd! Immerhin, da war ich beruhigt, wenn ich auch sehr leidend war um diesen schönen Josef, aber ach, da kam nun Georg. Das war nun schrecklich – der liebe Junge, da stand er so schmal in seinem blauen Ritterkleid; er stand aber so, als ob er an etwas festhinge, das ihn aufrecht erhielte, und, mein Gott, wer war das? Es war Renate. Beide standen sie da und starrten auf etwas, das auf dem Boden lag, mit Augen, als ob sie selber stürben. Sprechen konnten sie nicht, nein, kein Laut kam hervor – und so verschwanden sie wieder. Ach, was ist da geschehen? Jason, was müssen wir denken? Es ist der Herzog, es kann nicht anders sein, ich kann es mir nicht verhehlen, sie haben diesen guten Mann umgebracht – oh, oh, die große starke Säule der Menschlichkeit, sie ist gefallen und nun wird sie wohl einstürzen, und es giebt keine Menschlichkeit mehr, wenn nicht andere Säulen da sind – aber was wissen wir? Es kann nicht anders sein, ich würde es wissen, wenn ich ihn gekannt hätte, aber da ich ihn niemals berührt habe, so konnte er auch nicht zu mir kommen. Renate – wie wird sie es ertragen? Georg – wie wird er es ertragen? Nur ihre Jugend kann ihnen helfen, die süße Jugend, ach, die wird bitter werden, und wer kann es ihr verdenken?

Ich frage mich, wie Renate es schon hat wissen können, denn sie war doch wohl nicht mit ihm zusammen; aber nun kommt der Tag herauf – o das wird ein Tag werden für all diese lieben Menschen, diese Stadt voller Festfreude, dieses ganze Land! Georg ist wenigstens am Leben geblieben, aber das wußten wir vorher, ich wußte es sicher, und Josef glaubte ja auch, ziemlich sicher zu sein. Der arme Mann, er war wirklich verzweifelt, daß er Nichts tun und Nichts unternehmen konnte, das Unheil abzuwenden; es muß dieser Freund von Sigurd gewesen sein, den er erwähnte, er selbst war es nicht, ich hätte es ihm angesehn. Was wird nun aus Georg werden? Ohne diesen Vater werden seine Hände sehr schwach sein, und nun ist er gebrochen mitten in seinem blühenden Leben. Nun erst Renate! Eine Liebende – oh, nicht zu sagen, nicht auszudenken, mitten im Aufblühen, ganz hoch emporgeschossen, Himmelblau und Silber und Engels-Ungestüm, ein Emporjauchzen – und da liegt sie nun, eine schwere Aufgabe wird das sein, Jason, die wieder aufzurichten, zerschmettert wie sie ist von dem Absturz, sie ist sicher so gut wie tot. O du gewaltiger Gott, der solche Dinge geschehen läßt, wer kann sie aushalten, der nicht wie du ist? Und mir wird schon vom Hinsehn schwach.

Ja, nun kann ich wohl bald gehen, die Sonne ist aufgegangen, und wir, mein Jason, können wieder einmal vergnügt sein, daß wir unser Gefühl abgelegt haben oder in Wasser aufgelöst sozusagen und nur ein dickes festes Trommelfell übrig behalten, auf das solche Schrecknisse mit ihren hölzernen Schlegeln prasseln, schlimm genug, aber es kann etwas aushalten. Ich weiß auch, wenn ich sie erst vor mir habe, ist es leichter; dann ist es wie in einer Feuersbrunst – wer denkt da ans Feuer? Jeder denkt nur ans Retten. Und dann ist da der harte Stoff, aus dem die Seelekapseln gemacht sind, der erleichtert es auch immer. Nachts, wenn die Seelen kommen, nur in leichte Erscheinung gekleidet, aber eigentlich leiblos, ja hautlos, nur aus Qual bestehend – dann ist es schwer zu ertragen.

Also will ich denn in die Stadt hineingehn und sehn, ob ich etwas ausrichten kann.

★

Mit den Morgennebeln bin ich emporgestiegen, nun brauen die Abendnebel über dem braunen Fluß und dem traurigen Lande. Es trauert in Wahrheit nicht, es ist ganz ahnungslos und nur mit sich selbst beschäftigt, aber einer ermüdeten Menschenbrust tut es doch immer wohl, sich mit seinem Leid auszuweiten in die Natur um sich her, als ob sie mitempfände – und wie kann er auch anders, da er Alles, so weit er sehen kann, immer mit in sich hat; und so weit er sich ausdehnen kann, so weit ist er. Daher wird es ihm bitter und unheimlich, wenn in den Bereich seines Leidens mit Fluß und Bäumen und Wiesen die grelle Sonne hineinlacht wie in offene Wunden hinein, und es wird ihm süßer und traulicher, wenn eine traurigöde Landschaft von Kopfweiden und schwarzen Mooren in der Abendtrauer ruht, daß er sie in sich hineinziehen kann und dadurch wieder weit werden. Aber so etwas kann sich nur einer leisten wie ich, der nicht wirklich getroffen ist. Diese Lieben, o diese lieben Menschen! Aber nein, ich will es nun der Reihe nach ordentlich aufzeichnen.

Wie ich in die Stadt hineinkam, das war schon übel genug. Es war noch nicht sieben Uhr und Sonntag, und Alles hatte die halbe Nacht durchgefeiert und schlief noch. Kein klingelnder Milchwagen – ich hätte mir einbilden können, die Menschen in den stillen Häusern wagten nicht aufzuwachen. Fast nirgendwo ein Mensch, oder nur hin und wieder einer, der seinen Hund herunter gebracht hatte und nun ernst und aufmerksam zusah, wie er über dem Rinnstein sein mühseliges Geschäft verrichtete, wie diese Hundemenschen zu tun pflegen. Und nun die Morgensonne und der Morgenschatten, und alle stillen Straßen voller Fahnenmasten und Girlanden und küstlicher Tore aus Tannengrün und großen Schildern mit Inschriften, Fahnen aus allen Fenstern, regungslos niederhängend, und Teppiche, und in vielen Fenstern standen schon die Reihen von Gläsern mit Stearin für die Festillumination heute abend – diese Ahnungslosigkeit im Schlaf! Ich glaubte erst, ich wäre zu früh gekommen und müßte zu Fuß nach Waldhausen hinausgehn; aber gerade, wie ich die erste Elektrische herankreischen hörte, vernahm ich die Stimme in mir, die sagte: Du mußt nicht nach Waldhausen fahren, Jason, da ist sie nicht. – Wo ist sie denn, Stimme? fragte ich, kannst du es mir sagen? Aber die Stimme versetzte, sie wüßte es selbst nicht genau; ich hatte dann das deutliche Empfinden, ich müßte mich dem Zellengefängnis zuwenden und fragte mich, was es da für mich geben könnte, fand aber Nichts; worauf mir dann einfiel, daß Saint-Georges in der Straße wohnte, verspürte auch alsbald unbestreitbar den Trieb, zu ihm zu gehn, obwohl ich mir Nichts dabei denken konnte, aber das Empfinden sollte wie immer rechtgehabt haben.

Bald ging ich denn auch auf die Ecke der hohen roten Gefängnismauer zu, wo seine Straße entlangführt, und ich sah die kleine Birke auf der Mauerecke oben in ihrem lichten Grün, die dort seltsamerweise Wurzel geschlagen hat und die ›Hoffnungsbirke‹ genannt ist. Als ich dann auf den harten

Klingelknopf gedrückt hatte, hörte ich Saint-Georges' Schritte so bald über den Flur herankommen, daß ich mir sagte: Der ist garnicht im Bett gewesen, also bin ich hier richtig. Dann ging die Tür auf, und es starrte mich einer so verwildert an, daß ich ihn fast nicht wiedererkannte, und er war es doch selber, dieser stille, überlegene Mann, der dem ägyptischen König, den Renate hat, merkwürdig ähnlich ist, und er war es sogar in diesem Augenblick mit seinen flachsitzenden, etwas schrägen Augen, trotz des verwirrten Haars, der geröteten Augen und der roten Flecken im Gesicht, das unrasiert war. Er war fertig angekleidet und sagte nach einer Weile: »So, du bist es, Jason? Ja, du kommst wohl recht«, worauf er mir durch den schmalen Flur voranging in das große, helle Zimmer hinein, wo alle vier Fenster offen waren, und die schräge Morgensonne funkelte in den Scheiben. Er ging aber sonderbarerweise hin und machte sie alle zu, nachdem ich gefragt hatte, ob Renate bei ihm sei, und erwiderte dazwischen: »Ja«, und: »Ich dachte schon, du wüßtest es«, mit einem mühsamen Lächeln, indem er hinzusetzte, ich wüßte ja immer Alles. Ich versetzte: »Das eben nicht«, und er strich sich das Haar aus der Stirn, setzte sich dann auf das Sofa, starrte zu Boden und berichtete, sie sei mitten in der Nacht gekommen, zwischen elf Uhr und Mitternacht, ohne Mantel, im Abendkleid. Er war zum Glück auf der Straße gewesen, dort auf und ab gegangen, in großer Unruhe, weil er auf Josef wartete, der schon vor Stunden hätte kommen sollen; und um zehn Uhr wurde das Haus geschlossen, dann konnte niemand hinein. Ich fragte, was sie gesagt habe, indem ich diesen Mann sehr bedauerte, da ich wohl wußte, wie er sie auf seine Weise gefaßt und streng im Herzen getragen hatte – und da war sie zu ihm gekommen. Ich fragte, da er nicht gleich antwortete, wie sie ausgesehn habe, und er versetzte:

»Sie hatte Glasaugen.«

Das wußte ich freilich schon. Und gesagt hatte sie, als sie

oben ins Zimmer kam: Er ist tot – mit einer Stimme wie ein Mechanismus – so blechern oder auch eisern. Saint-Georges hatte das auf Josef bezogen.

Mehr war aus ihr nicht herauszubekommen. Sie hatte sich von ihm zum Sofa bringen lassen und hingelegt, und sie schien ihm zuerst eingeschlafen zu sein. Er hatte seinen Bruder geweckt und in sein eigenes Bett getragen, dann das Bett des Bruders in dessen Kammer mit neuer Wäsche bezogen – was ich sehr umständlich fand unter den obwaltenden Umständen, aber es ist schon so, daß die Menschen sich an solche Dinge der Ordnung halten, wenn sie ins Schwanken kommen, und wie sollte er nicht, wenn die geliebte Frau mitten in der Nacht kommt und hat gläserne Augen und sagt: Er ist tot.

Es ist nun leider so, daß ich den Menschen niemals sagen kann, was ich weiß; in der ersten Zeit, als ich mein trauriges Wissen bekam, habe ich es versucht, aber es war nicht möglich, es war ihnen zu unheimlich, sie glaubten es lieber nicht. Also sagte ich auch ihm nicht, was ich in der Nacht erfahren hatte – von Josef – und zu wissen glaubte – vom Herzog – und daß es weder Sigurd noch Georg waren. Wußte doch auch er wohl kaum, daß sie den Herzog liebte. Er berichtete dann weiter, daß sie mit offenen Augen gelegen habe, als er wieder kam, doch bewegte sie sich nicht und schien ihn nicht zu sehn. Er sagte ihr, sie müßte schlafen gehn, er habe das Bett seines Bruders für sie zurechtgemacht, und darauf sei sie aufgestanden und habe sich in die Kammer führen lassen. Er konnte natürlich nicht schlafen, sowohl ihretwegen wie Josefs wegen, und war weiter vor der Haustür auf und ab gegangen, bis der Lärm auf den Straßen sich gelegt hatte, dann im Zimmer bei offenen Fenstern, denn Josef, wenn er kam, konnte rufen. Von ihm berichtete er mir dann auch, was ich nicht wußte: daß er und Renate am Abend bei dem Wehr Sigurd treffen wollten, um ihn von seinem Vorhaben abzuhalten, oder wenn Renate es nicht gelang, wollte Josef es tun. Ja, nun konnte ich mir denken, in welchem Wasser Josef sein Ende gefunden hatte; allein, wie ich mir nicht vorstellen konnte, daß er durch Sigurds Hand hineinkam, so konnte auch Saint-Georges es nicht, der immerfort wiederholte: »Es kann doch nicht Sigurd gewesen sein!«

Ich sagte dann, ich möchte gern nach Renate sehn, und er führte mich auf den Flur und zeigte mir die Kammertür seines Bruders.

Die kleine Kammer, die ich betrat – nicht größer als daß ein Bett, ein Kleiderschrank und ein Waschtisch darin stehen konnten –, mit bläulich getünchten Wänden, war nur dämmrig erhellt, da das Fenster in der Ecke auf einen engen Hof ging. Darin erkannte ich, mir grade zugewandt, ein Gesicht – ach, ach ja, Renates Gesicht, mit Glasaugen und als ob es das einer Puppe wäre, mit rosigen Flecken auf den Wangen, wie aufgemalt. Erst schien es, als sähe sie mich an, aber das tat sie garnicht; das Gesicht blieb steif, nur die Lippen bewegten sich etwas und standen dann wieder still. Das war sie, Renate, und ich weiß nicht – oder ich weiß wohl, warum ich sie im gleichen Augenblick sehen mußte am gestrigen Tage, wie sie draußen in dem Sommerland vor dem Einsteigen in den Wagen sich von den rings herandrängenden Menschen verabschiedete, indem sie mit der zauberhaften Anmut, die sie allein besitzt, nach überallhin lächelnd und nickend die Arme ausstreckte, von denen ihre Hände herabhingen oder -schwebten zu den beglückten und lachenden Gesichern, die sich herzudrängten, um sie zu küssen. Nun lag sie da still auf der Seite, bis an den Hals zugedeckt von einem Federbett, und ich sah den Fußboden bedeckt von ihren Kleidern und ihrer Wäsche. Oh, oh – wenn ich da ein tränenfähiges Herz gehabt hätte, so hätte ich sie jetzt vergossen, als ich mich auf den Bettrand neben sie setzte und sie sogleich ihren Körper weiter zur Wand bewegte, um mir Platz zu machen; sie wußte es selber wohl nicht, aber so war die Gefälligkeit als ein Überrest in ihr lebendig geblieben, denn es war zu sehn, daß sonst in ihr kein Leben war. Richtig erschrocken bin ich aber, als ich meine Hand auf ihr Haar legte, das übrigens ordentlich aufgesteckt war; sie mußte die Nacht über ohne Bewegung gelegen haben. Es drückte sich aber zusammen wie etwas Lebloses, trockenes Heu, ohne elastisches Leben, und der Kopf war darunter zu fühlen, als ob er aus Holz wäre. Sie machte auch keine Bewegung, schien also meine Hand nicht zu spüren, sie war ganz unzugänglich geworden, das Leben in ihr hatte sich zu einer unerreichbaren Stelle zusammengezogen, denn die Kraft, die in meiner Hand sein kann, ist mir bekannt und auch wie sie in Remüs so leicht gewirkt hatte, als das Leben in ihr in Blüte stand und willig war, jeder geringsten Güte sogleich nachzugeben. Nun versuchte ich es mit den anderen Sinnen, Gesicht und Gehör, und sagte also zu ihr: »Nun, Renate, ich bin hier, Jason.« Und sie antwortete nach einer kleinen Weile mit einer ganz grausigen Stimme, die wie aus Blech war, auch heiser und tiefer als sonst, garnicht ihr Stimme; sie sagte: »So – du bist es. Ich sah jemand kommen. Wie geht es dir?«

Diese Höflichkeit sprach sie aus – schauderhaft zu hören –, aus der Rinde der Konvention, die noch immer fest um sie lag, und doch kam jeder Satz heraus, als wäre er vorgestoßen. Nun fragte ich sie, ob sie wüßte, wo sie wäre, und sie erwiderte: »Nein, wie soll ich das wissen?« Ich lachte und sagte: »Gewöhnlich weiß man das, aber wenn du es nicht weißt, will ich dir sagen, daß du bei Saint-Georges bist, im Bett seines Bruders.« Richtig erwiderte sie nach einer Weile: »Braucht er das nicht selber?« und ich antwortete ihr, die Nacht sei ja nun vorüber, und sie könnte aufstehen und nachhaus gehn.

Möglich, daß ich mich irre, aber ich meinte einen Laut zu hören, als ob ihr die Zähne zusammenschlügen; und es kamen nach einiger Zeit die Worte hervor: »Da kann ich nicht hin.«

Ich fragte, warum denn nicht? und nun schien sie eine große Anstrengung zu machen und sagte dann: »Da ist der Arm.«

»Ein Arm, Renate? Was ist das für ein Arm?«

»Der Arm – der immer zuschlägt.«

»Immer zuschlägt? Auf wen schlägt denn der Arm?«

»Erst auf Josef – und dann auf Alle.«

Dies schien große Verwirrung – und doch ließ sich etwas denken, und ich fragte: »War das Sigurd?« Da war es beinah, als ob sie lachte, und sie sagte: »Nein, Kain war es.« So wußte ich nun genug.

Ich überlegte, wie weiterzukommen wäre, und fragte dann, wie sie hierhergekommen sei. Sie versetzte: »Mit der Elektrischen.« »So – nicht im Wagen?« »Nein, den hatte Magda.« Das war wieder ganz vernünftig, doch ich fragte für alle Fälle noch einmal: »Mit der Elektrischen bist du hierher gekommen? Zu Saint-Georges?«

Dies schien ihr Unruhe zu machen, denn sie drehte sich auf den Rücken herum, schloß die Augen, öffnete sie dann wieder und sagte: »Erst war ich woanders. Ja, ich weiß auch, wo.«

Auf einmal sagte sie: »Jason –« und ihre Augen bewegten sich zu mir, schlossen sich aber sogleich, und sie stieß hervor: »Tu deine Augen weg!« und nach einer Weile sagte sie: »Sie blenden mich.«

O mein Gott, barmherziger, meine Augen waren ihr blendend! Es setzte mich fast in Verwirrung, dann suchte ich sie zu beruhigen mit guten Worten, wie man zu Kranken sagt, und fragte sie behutsam, ob sie mir wohl sagen könnte, wo sie gewesen sei. Ich konnte ja merken, daß meine Stimme doch eine kleine Wirkung hatte, und es dauerte auch nicht lange, so bewegten sich ihre Lippen und sagten:

»An einer Tür.« Danach verbesserte sie sich und sagte: »Nein, dahinter – dahinter ist es gewesen, ich auch. Aber ich weiß das nicht.«

»So, du hast das vergessen«, sagte ich. »Aber wo war denn die Tür – vielleicht im Schlößchen?«

»Natürlich«, sagte sie da. »Die Zimmertür.«

Da wollte ich nun lieber nicht weiter fragen, konnte mir auch schon einiges denken und wußte jedenfalls, wo das geschehen war, was sie in diesen Zustand versetzte. Die Medizin nennt es ›partielle Amnesie‹, Schwund des Gedächtnisses, wie er oft bei großem Erschrecken eintritt oder einem Unfall, daß die Menschen vergessen, was vorher gewesen ist; aber auch nachher mußte sie ohne Besinnung gewesen sein, sodaß sie hierhergekommen war, ohne zu wissen wie. Ich überlegte nun, was getan werden könnte, da sie nicht nachhaus wollte, des Erasmus wegen anscheinend. Es war schlimm, daß sie meine Augen nicht ertragen konnte; sie konnte dann wohl überhaupt keinen lebendigen Blick aushalten, und mein bestes Einwirkungsmittel war diesmal nicht anzuwenden. So blieb mir nur das übrig, das ich nur ungern gebrauchte, weil es mir Kraft fortnahm, der Tag aber kaum begonnen hatte und ich noch Vielerlei vor mir sah. Ich fühlte nach ihren Händen unter dem Deckbett, wobei ich merkte, daß sie Nichts am Körper hatte, und wie sollte sie auch? Was sie getragen hatte, hatte sie Alles ausgezogen. Die Hände waren in einem harten Krampf über dem Leib zusammengefaltet, übrigens weder recht warm noch recht kalt; doch gelang es mir nach einiger Zeit, etwas Leben hineinzuflößen, indem ich sie fest umschloß, sodaß sie weich wurden und dann sich lösten. Dabei schlüpfte ein harter kleiner Gegenstand heraus und glitt auf die Matratze – eine Uhr, Josefs Uhr, die ich erkannte. Sie schien es nicht bemerkt zu haben, und ich steckte sie zu mir. Indem ich dann weiter mit meinen Händen wirkte, kam die Erstarrung ihrer Natur allmählich zu einem Auftauen, und ich begann wieder ängstlich zu werden, wie weit ich gehen durfte; denn die Starre war zur Zeit notwendig zu ihrer Erhaltung; die Seele war ja nicht fähig, sich frei zu bewegen, sie würde sonst wie ein im Zimmer gefangener Vogel sinnverlassen herumrasen und sich am Fenster zertrümmern oder doch unheilbaren Schaden tun. Ich ließ es also genug sein nach einer Weile und sagte beruhigend zu ihr, daß da kein Arm sei, jetzt nicht mehr, er habe das Seine getan, und es sei jetzt vorüber, und sie müsse an diesen bösen Arm nicht mehr denken. Sie lag noch einige Zeit ohne Bewegung, und als ich ihr dann vorschlug, nachhaus zu gehn, sagte sie: »Gut.« Ich erklärte ihr dann, daß ich um ihren Wagen telefonieren würde, und sie könnte sich derweil anziehn, worauf ich ging.

Nun ging es weiter im Zimmer.

Ich war, wie vorauszusehn, schwach geworden, kann mich aber erinnern, daß Saint-Georges auf dem Sofa saß, den Kopf in den Händen, und wie verstört sein Blick war, als er sich aufrichtete und hervorstieß: »Sie haben den Herzog ermordet.« Auf dem Fußboden lag ein Blatt Zeitungspapier mit großem Druck; er hob es auf und reichte es mir, indem er zur Erklärung murmelte, er habe vom Fenster aus gesehn, wie jemand ein Extrablatt anklebte, und sei hinuntergegangen. Ja, da las ich es denn, auf Saint-Georges' Sofa sitzend; schwarz auf weiß schrie es mir in die Augen: Im Zimmer seines Sohnes erschossen von einem russischen Anarchisten. Der Täter hatte sich am Morgen der Polizei gestellt, konnte aber noch nicht verhört werden, da er fast kein Deutsch verstand. Alle Fahnen auf Halbmast, und von Stunde zu Stunde Glockenläuten – ach ja, ach ja – kein Wort von Georg. Aber er war wohl in einem Zustand, daß die Mitteilung zurückgehalten wurde. Ja, da saßen wir, Jason, und die Welt schien wirklich in Trümmern zu liegen, weil so etwas geschchen konnte. Die Glocken läuteten schon, von der nahen Dreifaltigkeitskirche war das Gewoge laut zu hören. Saint-Georges lief in dem großen hellen Raum auf und nieder, den Kopf in den Händen, ächzte und weinte beinah und starrte mich wieder an und fragte: »Wo ist Josef? Was ist Josef geschehn?« Ich hatte eben meine Augen ein wenig geschlossen infolge der Erschöpfung, als ich ihn vor mir stehn sah, dachte aber doch, daß es besser sei, ihn etwas wissen zu lassen, und sagte also, daß ich aus Worten Renates einiges hätte erraten können, und Josef würde wohl tot sein. Nun war er natürlich erst wieder entsetzt und wollte es garnicht glauben, sprach Sigurds Namen aus, und ich fühlte mich wieder frischer und ließ ihn etwas erraten. »O mein Gott«, sagte er, »dann ist der dazwischen gekommen.« Und dann sagte er: »Also deshalb ist sie hier. Aber was soll aus ihr werden? Ist sie bei sich?« Ich sagte, daß es ihr etwas besser ginge und sie nachhaus zu gehen wünsche, und bat ihn, wegen des Wagens zu telefonieren. Ich ließ mich dann noch ein wenig dämmern, während er dieses tat; danach saßen wir stumm Jeder in einer Ecke des Sofas, auf das Kommen des Wagens wartend, und die Gedanken wanderten, wanderten. Zuweilen sagte er etwas. »Eine andere Zeit wird kommen«, sagte er, »nun dauert es nicht mehr lange.« Oder wieder: »Die Uhr ist abgelaufen, sie schlägt keine Stunde mehr.« Und einmal sagte er, wohl auf Renate zielend: »Wenn die Seelen mit Keulen zerschlagen werden, bleibt nur der Mechanismus übrig.« Dann hielt er wieder den Kopf in den Händen, fuhr mit den Fingern durchs Haar und murmelte unverständlich; es schien mir auch, als ob er in einer eigenen Verwirrung wäre.

Endlich ertönte die Hupe des Autos unter den Fenstern, aber fast gleichzeitig wurde auch ein Klopfen an der Wand hörbar, und Saint-Georges sagte, es wäre sein Bruder, der wohl längst warte, um aufzustehn. Darauf ermahnte ich ihn, zu ihm zu gehn, denn es schien mir besser, daß er Renates Anblick vermeide, und er schien es auch gern zu tun und ging zu der Tür, die aus diesem Raum in sein eigenes Schlafzimmer führte, wie ich wußte. Als ich dann bei Renate anklopfte und eintrat, saß sie angekleidet auf ihrem Bett und stand sogleich auf, und wir sind hinuntergegangen und fortgefahren.

Ach, es war immer erst Morgen! Ich konnte die Glocken

läuten hören durch das Geräusch des Fahrens, fast keine Fahnen waren mehr zu sehn, außer denen auf öffentlichen Gebäuden, die still zusammengefaltet auf Halbmast hingen, und keine Teppiche hingen mehr aus den Fenstern, aber die Masten und Girlanden waren natürlich noch da. Sie saß neben mir in der Wagenecke, meine Hand lag auf der ihren, es konnte ihr Nichts nutzen. Sie war bei ihm gewesen, vielleicht hatte sie es mitangesehn – oh, oh, es war unmöglich, in dieser Richtung zu blicken.

Und vorher war noch Josef gewesen – oh, du Barmherziger!

Da fiel mir denn erst die Cornelia ein, auch der kleine Li, der ihn so liebte, fast wie ein Hund seinen Herrn. Denen würde ich es auch sagen müssen; ich mußte mich jetzt wirklich wundern und fragen, was aus all diesen Menschen geworden wäre ohne Jason, der zu ihrem Leben garnicht gehört und den sie sonst nur ganz gern zu sich hereinhüpfen lassen wie einen Singvogel, daß er ihnen etwas vorsingt, über das sie sich hinterdrein noch eine Weile wundern. Aber so war es ja immer mit mir und den andern Menschen, daß ich sie sehen kann, aber sie nicht mich. Sie kommen zu mir des Nachts und zeigen mir, wie sie sich quälen oder gequält werden; und eines Tages werden sie dämmrig vor meinen Augen und schattenhaft, immer schattenhafter, und ich sehe ihr Ende, wo sie garnichts sehen. Schön ist es nicht für mich, aber es hat auch sein Gutes, wie ich jetzt wieder deutlich sehen konnte, aus meiner Tarnkappe hervor, die mich ihnen unsichtbar macht. Denn wenn ich das Meine getan habe und wieder fort bin, so bin ich auch wieder vergessen, und sie meinen, sie hätten Alles selber getan. Ja, ja, ›wie gut ist es, daß niemand weiß, daß ich Rumpelstilzchen heiß‹.

Ich kann hier wohl darüber hinweggehn, wie Renate im Haus von ihren Leuten empfangen wurde, auf die rührendste Weise natürlich, Alle auf dem Flur in Erwartung, und dann brachen sie bei ihrem Anblick in Tränen aus, wagten sich erst kaum zu bewegen, und sie ging zwischen ihnen hindurch, und denen, die an der Treppe standen, strich sie mit der Hand um das Gesicht, so als ob es sich garnicht um sie selbst handelte. Ich konnte wieder erkennen, daß sie es nur aus ihrer Rinde tat, wie ich schon sagte, und ich muß an Bäume denken, die ich gesehn habe; an einen Birnbaum kann ich mich besonders gut erinnern, der ganz schief stand und dessen Stamm von unten her aufgeborsten war und vollständig hohl innen; er bestand nur noch aus seiner Borke und ein paar Ästen, aber die blühten noch jedes Jahr, trugen indes keine Frucht mehr.

Oben im Flur, wohl vor seiner Zimmertür, stand Erasmus, aber sie schien ihn nicht zu sehn und wandte sich zu ihrem früheren Mädchenzimmer; ich ließ sie hineingehn und ging gleich wieder hinunter. Die Sache war nämlich die, daß der Chauffeur, als er am Wagenschlag wartete, Miene machte, Renate etwas zu sagen, doch konnte ich ihm einen Wink geben. Und wie ich herabkam, stand er am Treppenfuß – da hatte ich noch ein neues Schrecknis zu erfahren: daß Magda in der Klinik lag, mit einer Augenverletzung. Er erzählte mir, was er wußte: daß er sie erst zum kleinen Palais gefahren hatte, wobei sie ihn wissen ließ, daß sie mit Georg zum Feuerwerk im französischen Garten gehn wollte. Dort hatte er dann an einem hinteren Eingang mit dem Wagen gewartet, und dann war sie gekommen, von Georg geführt und einem Mann, der Arzt war, ihr Taschentuch vor den Augen, und er hatte sie mit dem Arzt zum Krankenhaus gefahren, wo er erst noch gewartet hatte, dann aber fortgeschickt worden war, da sie dort bleiben mußte. Ich bat diesen verstörten Mann, die anderen Leute zu bescheiden, daß sie gegen Renate Nichts verlauten ließen, und bin dann in die Halle gegangen, habe mich auf einen Stuhl gesetzt und überlegt, was nun zu tun wäre.

Was das nun wieder war? Ein Unfall? Hatte jemand sie verletzt im Gedränge? Ich war ein wenig müde von alledem und dachte, mich ein paar Minuten auszuruhn, ehe ich zu ihr führe; dann war Cornelia an der Reihe, Georg war mir unerreichbar, der Erasmus ging mich Nichts an, er war einer von denen, die es ja auch nicht wenige giebt, das heißt solche, die für mich so sind, daß ich an ihnen vorüberstreifen muß wie ein Schatten; sie sehen nicht mehr von mir. Andrerseits war ich doch neugierig zu wissen, wie er sich verhalten würde, wenn ich mich richtig vor ihn stellte; denn jeder hat ein Gewissen, mit dem würde er mich spüren.

Ich stieg zunächst die Treppe hinauf, um nach Renate zu sehn, und fand sie in ihrem Zimmer auf einem Stuhl sitzend, dem ägyptischen Kopf gegenüber und so, als ob sie ihn anblickte, mit einer gewissen Aufmerksamkeit. Sie sagte Nichts, und als ich mich vor sie beugte, schlug sie sogleich die Augen nieder. Auf meine Frage, ob sie nicht etwas genießen wolle, oder was sie sonst gern möchte, sagte sie nur: »Ja, ich weiß nicht.« Ihr Puls war fühlbar, aber außerordentlich schwach; ich riet ihr, vielleicht zu baden und sich ins Bett zu legen, und sie erhob sich sogleich und ging in ihr Schlafzimmer, die Tür richtig hinter sich schließend.

Ich wußte nicht genau, wo des Erasmus Zimmer war, doch ging eben ein Mädchen über den Flur, und sie wies mich zurecht. Als ich dann an der Tür klopfte, hörte ich ihn vernehmlich »Herein!« rufen und öffnete. Da saß er mit dem Rücken nach mir am Schreibtisch, große Bogen vor sich; es war ein schöner großer Raum mit zwei Fenstern, antiken Möbeln und Lampen und Blumenvasen. Er stand erst auf, als ich meinen Gruß sagte, sah ganz ruhig aus, wie abgekühlt und – wie ich später erkannte – ich kann nur sagen: zufriedengestellt. (Aber das würde ein Andrer nicht gesehn haben.) Deutlich war mir zu sehn, daß über seiner Seele ein festes Gewölbe war, ja, etwas Gemauertes und Gewölbtes und Fertiges. Seine Augen hatten immer etwas vorgestanden und taten es jetzt auch nicht mehr als gewöhnlich. Er fragte ganz höflich nach meinen Wün-

schen und bat mich Platz zu nehmen; ich blieb aber stehn und hatte natürlich die Frage auf den Lippen, wo sein Bruder Abel sei; aber die hatte Gott geäußert, und so konnte ich es nicht tun. Trotzdem muß er etwas dergleichen empfunden haben; seine Augen quollen auf einmal stärker hervor, er senkte den Kopf, als ob er sich besänne, dann kam ein beinah lächelnder Blick von der Seite aus seinen Augen, und ich hörte ihn sagen:
»Ach so.
»Sie meinen Polizei«, sagte er.
Das war doch wunderlich, bis in welche Ferne der Mann mir nahe gekommen war, und ich erwiderte ihm, daß ich die Polizei nicht meinte und wohl sähe, daß ich eine falsche Tür aufgemacht hätte, indem ich mich zu ihr zurückwendete, indes noch abwartend, ob er etwas sagen würde. Das tat er auch; er hatte auf eine merkwürdige Weise seine Oberlippe straff gezogen, mit den unteren Zähnen darüber fassend – ein harter, gespannter Ausdruck, mit dem er dann äußerte, er verstehe wohl, was ich sagen wollte, aber Kain und Abel seien in diesem Fall kaum voneinander zu unterscheiden. Ich erwiderte Nichts darauf, und nun erklärte er sich deutlicher, indem er sagte:
»Das Geländer habe ich nicht morsch gemacht. Und wo er liegt, könnte ich ebensogut liegen.«
Danach mußte er annehmen, daß ich von Renate etwas erfahren habe, und ich versetzte, ich wisse von keinem Geländer; und dann glaubte ich ihn zu treffen mit der Frage:
»Wer hat zuerst seine Hand erhoben?«
Denn Josef war nicht der Angreifer gewesen. Ich hatte indes daneben getroffen, denn er griff wieder mit den Zähnen über die Lippe, und dann sagte er plötzlich, ich solle mitkommen, er wolle mir etwas zeigen.
Über den Flur ging er mir voraus bis zu einer Tür, die er öffnete. Dort sah ich in einem verdunkelten Raum einen alten Mann mit kahlem Schädel und einem Kranz weißen Haars im

Bett liegen, der mir wohlbekannt war, und ich begriff, warum er ihn mich sehen ließ.

Nun, da war Nichts auszurichten. Wenn zwei Brüder zum Hassen geboren sind, das ist der ärgste Haß, und Bruderkriege sind immer die blutigsten gewesen. Ich hätte ihm noch vieles sagen können, was er nicht wußte und zu seines Bruders Gunsten gewesen wäre; aber wie wir dann auf dem Flur standen, in diesem schönen und kühlen Treppenhaus, mit teppichbelegten Stufen und einer gelblichen Büste des Hermes auf dem Pfosten unten, kam unser Beider Dastehn mir alsbald so absurd oder nichtig vor gegenüber dem, was getan und geschehen war, daß ich nur grüßte und die Treppe hinunterging. Wir standen da wie zwei große Puppen, die einander Nichts sagen konnten, und so überließ ich ihn seinem Innenleben.

Indes hatte das Gespräch mit dem Mann mich erinnert, daß es hier noch eine andere Aufgabe für mich gab, da der Mann, dem sie obgelegen hätte, offenbar nicht daran dachte, es zu tun. Ich ging daher nicht vom Haus fort die Straße hinunter, sondern durch den Gang zwischen ihm und den Stallgebäuden in den Garten und dort durch das Pförtchen im Lattenzaun. Ich war dort außerhalb zwar niemals gewesen, dachte aber, wenn das Maultier seinen Weg im Nebel finde, könnte ich es wohl auch, und so war es und nicht eben schwer, sodaß ich bald zu dem Stauwehr gelangte, von dem ich Saint-Georges sprechen gehört hatte, und das Geländer eines Brückenstegs sah, das der Mann Erasmus erwähnte. Da war ein Pfosten ganz herausgebrochen, und die beiden Balken, die auf ihm zusammenstießen, hingen schief nach unten über die niedersausende Fläche, der eine nur halb noch vorhanden. Ich ging über den Steg, der noch fest war, wenn er auch leise schwankte, zur anderen Seite, wo Buschwerk war und hohe Weiden und Erlen standen, und da ich dort die Pappenden von zwei russischen Zigaretten im Gras liegen sah, wie sie Josef zuweilen rauchte, so konnte ich aus dem, was ich sah, und dem, was ich erfahren hatte, genug Schlüsse ziehen, um den Vorgang, der hier stattgefunden hatte, aufzubauen. Dann mußte Sigurd von hier zur Stadt zurückgekehrt sein, aber was er danach vorgenommen hatte, blieb mir unsichtbar. Indem ich dann von der Mitte der Brücke aus in das weite Becken voll Schäumens und Tosens blickte, das steile Lehmufer umschlossen, und jenseits davon den Fluß, der auf der anderen Seite des Wehrs nur schmal war, breiter hinfluten sah, braun und mit goldener Oberfläche von der schon recht hoch stehenden Sonne, dachte ich mir, daß die niederbrausenden Wasser eine auseinandertreibende Kraft haben müßten, sodaß etwas, das darin war, bald an ein Ufer getrieben würde. Weit und breit war hier keine Behausung zu sehn, sondern nur Wiesen und Kornfelder bis zu den Ufern, die sich allmählich verflachten. Auf dem linken schien mir eine stille Bucht zu sein, und dort stand unter der schrägen Lehmwand eine schiefe Kopfweide am Wasser, und der gefallene Stamm einer anderen lag darin, halb von Gestrüpp verborgen. So ging ich denn durch das hohe Gras auf dem Ufer dorthin, rutschte den lehmigen Hang zu der Bucht hinunter und sah sogleich den großen schwarzgekleideten Körper an dem gefallenen Weidenstamm hängen, halb noch im Wasser. Es war bei meinen geringen Körperkräften nicht ganz leicht, dies, was gestern noch Josef Montfort gewesen war und sich trotz seiner großen Masse so leicht bewegte, auf das Trockne zu ziehn, da es nun eine mächtige tote Last war. Ich breitete das schwarze Kopftuch, das noch am Hals festhing, über das entstellte Gesicht und blieb eine Weile bei ihm auf dem Stamm sitzen in stiller Verehrung des Gefäßes, dem der Schöpfer sein Bildnis aufgedrückt hatte. Wenn es auch sonst nun keinen Wert mehr besaß, so überlegte ich doch, was geschehn würde und was getan werden könnte. Wieder den Hang hinaufklimmend, sah ich von hier aus die Rückseiten der Häuser von Waldhausen ziemlich entfernt; aber würde jemals ein Mensch hierher kommen? Spielende Kinder vielleicht einmal oder

Mäher der Wiesen; und es war mir peinvoll, ihn dem auszusetzen, daß er hier wochenlang lag. Wenn ich meinen Fund der Polizei zur Anzeige brachte, ohne meinen Namen zu nennen, durch das brauchbare Telefon .. soviel ich wußte, war seine Anwesenheit in der Stadt nur seinen nächsten Freunden bekannt; so würde niemand den Leichnam erkennen können, und sie würden ihn irgendwo einscharren. Aber mir kam ein besserer Gedanke, als ich mich umdrehte und landeinwärts einen Kirchturm in der Ferne sah, den ich zu meiner Überraschung als den des Dorfes Laatzen erkannte, wo meine Werft ganz in der Nähe ist und auch mein Kahn, in dem ich wohne. Der Fluß mußte dort eine Biegung machen, und ich hatte nicht gedacht, daß ich bei Laatzen schon so nah an Waldhausen war. Nun war es nicht schwierig, auszudenken, was ich tun konnte. Ich konnte bei Nacht im Boot mit der starken Materna kommen; wir würden einen von meinen Vorhängen mitnehmen, den ich gern opfern würde, dazu ein starkes breites Brett von der Werft und zwei Dutzend von den Ziegelsteinen, die da aufgeschichtet lagen, noch vom Anbau her. Materna würde ihn auf dem Brett liegend und mit Steinen beschwert in den Vorhang einnähen: dann führen wir ihn die Ihme hinunter – der Mond war im Abnehmen und würde um die Nachtmitte hell genug scheinen – bis zu einer tiefen Stelle. Dort bekam er ein passendes Grab – Welle zu Welle – wie der König der Goten einst, Alarich – ach ja: ›Wälze dich, Busentowelle, wälze dich vom Fels zum Meere.‹

Es fiel mir schwer, mich von der Stelle zu trennen und von diesem armen Körper, der noch so menschlich war, daß es quälte, ihn unbehütet dort liegen zu lassen; und ich setzte mich wieder ins Gras oben, entschlossen, nicht die Augen zu schließen, wie es mir gar zu leicht geht am einsamen Ort in der stillen, schönen Natur; denn dann würden wieder Gesichte kommen. Ja, wie schön war es da! Die hohen Wiesen standen dicht in ihrer Fülle, voll von Sauerampfer, Margaretensternen und Glockenblumen und hohen Gräsern von aller Art; weiterhin war ein Haferfeld, schon gelb, beinah bräunlich, mit roten Tupfen von Mohn und blauen von Kornblumen, dann schöner, schwer sich neigender Roggen: und es war so tief still, obwohl die Grillen überlaut zirpten, das Wehr in meinem Rücken rauschte und von der Stadt herüber wieder und wieder eine Woge von Glockengeläut sich erhob und wieder verstummte. Ab und an bewegten sich die Gräser und Blumen von einem Sommerhauch, Hummeln flogen, auch Bienen, und glänzend blaue kleine Schmetterlinge flatterten auf. Wohl – wohl – da war keine Ursache zu Trauer, und doch liegt jeder abgestorbene Menschenrest dem Lebenden schwer auf der Seele. O diese gewaltige Regung des Lebens, die den strotzenden Leib beschwingte – wo war sie nun, da er stille da lag? Ein wenig mehr darüber zu wissen könnte nicht schaden, lieber Gott, weder uns noch dir. Aber du weißt es wohl besser.

Nun, natürlich, nach einer Weile drückte es mir doch die Lider zu, und es währte nicht lange, so lag ein zweiter Körper neben dem ersten, ebenso groß und prächtig – ach, ein König, wenn es je einen gab, ein Gebieter und ein Geliebter, oh, oh, wie geliebt, wie geliebt – und wo blieb nun die Liebe? Zwei Ungestüme Beide, im Dahinstürmen waren sie vom Blitz gefällt, mächtigen Eichbäumen gleich, die der Holzfäller niederlegt, nur ihres Nutzens wegen – wo war der Unterschied? Ach, den Unterschied sah ich bald, denn diese waren Menschen gewesen, und sie lagen da schon nicht allein; es kamen Andre, aus dem Strudel getaucht, sie schwammen den Fluß hinunter, mit ihren flutenden Körpern war bald die Fläche bedeckt, und unter mir die Bucht füllte sich mit den Angespülten; auf der Wiese lagen sie überall, auf dem Gesicht, auf dem Rücken, einzeln und in Haufen, die Kreuz und die Quer, und das Haferfeld war nicht mehr da; dort war ein Hügel von Leichnamen, nur an den Rändern standen noch einzelne von den zerquetschten Halmen und ein paar Mohnblumen. Dahinter, so weit mein Blick reichte, und er reichte immer weiter und weiter, bis in die Unendlichkeit hinein, lagen die Toten, die Toten, und da war kein Kirchtum mehr, nur ein schwarzer abgebrochener Stumpf. Unter der brennenden Sonne, unter dem kalten Mond, unter den stummen Gestirnen – mit Leichen die Erde bedeckt, ein einziger Menschentod, um den keine Glocke mehr klagte, kein Kindermund, kein Frauenmund, denn sie lagen da auch, und für die noch Überlebenden war es zuviel, um zu klagen.

O barmherziger Gott, was werden meine Augen noch sehen müssen!

Ein Wagen der elektrischen Bahn wartete zu meinem Heil an der Haltestelle, sodaß ich darin sitzen konnte; denn obgleich ich fast nur auf Erdboden gegangen war, standen meine Beine wie auf Füßen von Feuer. Auf der langen Fahrt in die Stadt besann ich mich wieder, ob ich Nichts vergessen hatte, und richtig kamen mir die Worte dieses Erasmus von der Polizei in Erinnerung, um mich zu mahnen, daß sie zu Renate kommen würde, wenn sie wirklich zuletzt mit dem Herzog zusammen gewesen war. Wie das zu verhindern wäre, blieb mir lange Zeit unklar, denn auf die Behörde habe ich keinen Einfluß, kenne dort auch niemand. Am Ende, als ich meine Freunde und Bekannten in der Stadt durchsuchte, kam mir der Herr von Schley ins Gedächtnis, den ich einmal bei Georg kennen gelernt hatte, ohne Zweifel ein vertrauenswürdiger Mann, und ich hatte auch gelesen, daß er unter dem neuen Regime einen Posten bei der Regierung bekleiden würde. Vielleicht konnte er etwas ausrichten, so beschloß ich, ihn anzurufen.

Die Stadt war nun in all ihren Straßen ein schwarzes Strömen von leidtragenden Menschen, die mit ihren frommen Büchern still zu den Kirchen hin pilgerten und mit strenge ausdruckslosen Gesichtern, viele Frauen schwarz verschleiert, und die größeren Kinder mit stummen Fragen des Unverstehens auf ihren frischen Gesichtern. Die Glocken läuteten ununterbrochen, von Sankt Ägidien, Sankt Johanni, der Marktkirche, und wie sie Alle heißen; jedesmal wenn der Wagen stillstand, war es ein Schellen und Tönen. Am Postamt, wo ich zu telefonieren gedachte, war ein neues Extrablatt angeschlagen mit der Meldung, daß ein Dolmetsch gefunden war und der Attentäter im Verhör sei. Nun auch eine Nachricht über Georg, von zwei Ärzten unterzeichnet: er sei nicht bei Bewußtsein, liege in einer Art Koma, in einer Klinik, in die er habe verbracht werden müssen, gewisser Apparate zu seiner Wiederbelebung wegen. Das konnten wohl nur elektrische Apparate sein, dachte ich mir, die sich nicht transportieren ließen. Dann eine Nachricht über die Aufbahrung des Herzogs im Saal des Georgspalais, und schließlich noch angehängt in kleinerem Druck eine Meldung, die besagte, daß auf die Mitteilung des Attentäters hin sein Komplize aufgefunden sei, und zwar in einer ebenerdigen Kammer der Sternwarte, mit einem Schuß in der Brust und in starkem Wundfieber, daher nicht vernehmungsfähig. Der Name war nicht angegeben, doch konnte es niemand anders als Sigurd sein; wie er in die Sternwarte gelangt war, blieb mir ein Rätsel, aber auch das würde sich aufklären.

Der Herr von Schley war für mich zu sprechen und bewies viel Verständnis, soweit das am Telefon möglich war, hoffte auch, etwas ausrichten zu können, wenigstens für den heutigen Tag, vielleicht auch morgen; für später muß ich etwas ausfindig machen, um sie fortzubringen.

Dann war mir das Glück hold im Krankenhaus, indem nicht nur Georg dort war, sondern auch als einer der Assistenzärzte der junge Lohmann, der Sohn des Schuldirektors, dessen jüngerer Bruder sich vor einem halben Jahr das Leben genommen hatte, weil er nur eine Begabung für Mathematik und Chemie, aber nicht für Sprachen hatte und doch von seinem Vater gezwungen wurde, sich durch das humanistische Gymnasium zu quälen, so aussichtslos, daß er eines Tages die Blausäure nahm, die er in seinem kleinen Laboratorium selber hergestellt hatte. Da saßen dann die teuren Eltern auf seinem Grab; Rahel weinte wieder einmal um ihre Kinder und will sich nicht trösten lassen. Und Jason hatte es wieder einmal vorher gewußt.

Der junge Lohmann war natürlich entzückt, mir so viel zu verraten, wie er wußte und niemand sagen durfte. Der Fall war medizinisch hochinteressant, wenn auch noch unklar, oder eben deswegen. Eine Starre der gesamten Körpermuskulatur schien eingetreten, mit einer Herabminderung der organischen Funktionen ähnlich der Winterstarre bei gewissen Säugetieren, jedoch hier mit einer Krampfstarre verbunden, die Zähne so zusammengebissen, daß sie sich nicht öffnen ließen und ihm Nichts eingeflößt werden konnte. Der Blutdruck überaus niedrig, Herzschlag nur eben wahrnehmbar, fünfzig Schläge in der Minute und oft lange Zeit aussetzend. Man wagte keine Injektionen wegen der Herzschwäche und versuchte es mit zarten elektrischen Reizungen und Wechselströmen.

War dies auch ernsthaft genug, so schien es doch nicht bedrohlich. Um so betrüblicher stand es mit Magda, deren linkes Auge so verletzt war, daß die Sehkraft nicht zu erhalten war; und wie immer bestand die Gefahr der Ansteckung für das andre. Sie selber – wie ich zu ihr in das verdunkelte Zimmer gelassen wurde, wo sie im Bett lag, eine breite Binde über den Augen .. ich hatte von ihrer bekannten Festigkeit die größte Fassung erwarten dürfen, allein dies war noch über Erwarten. Mir kam sogleich der junge Paget in Erinnerung, Constantin, in Somerset vor zehn Jahren, der das Unglück hatte, auf der Jagd von seinem eigenen Vater blind geschossen zu werden und der bereits im nächsten Augenblick den Entschluß gefaßt hatte, daß dies überhaupt von keiner Bedeutung sein dürfte – vielleicht mehr seines Vaters als seiner selbst wegen; und der auch schon nach sieben Jahren im Parlament saß oder vielmehr stand, die flammendsten Reden schwingend. Magda hatte jedenfalls nur die eine Nacht Zeit gehabt, um sich ebenso zu entschließen, denn sie begrüßte mich so, als ob sie mit einem dummen Unfall, einem verstauchten Knie, ganz überflüssigerweise ins Krankenhaus verbracht wäre, so natürlich und heiter, wie sie immer gewesen war, fertig mit allen Plänen für ihr geändertes Leben. Sie hatte freilich ihren speziellen Grund zur Zufriedenheit, den sie mir sogleich offenbarte, indem sie sagte:

»Siehst du, Jason, nun ist es eingetroffen, worauf ich so lang hab warten müssen, wenn auch auf andre Weise, und ich bin gut dabei weggekommen.« Und sie erinnerte mich an ihre Prophezeiung des Zigeunerweibes, daß sie zweimal einem Menschen das Leben retten würde, aber das dritte Mal würde es ihr das Leben kosten. (Wie das vorsichgegangen war, erzählte sie mir später, sie war natürlich doch in Aufregung.) Zu den beiden ersten Malen hatte ich selbst ihr verholfen, und diesmal war es Georg gewesen – welche Genugtuung für sie! Und wie legte sie es sich aus? Es war nicht das Leben, das sie eingebüßt hatte, aber ihr bisheriges Leben, »und« – sagte sie, »wer weiß denn, ob der Unterschied so groß sein wird, wenn es wirklich das Leben gewesen wäre.« Sie lachte und sagte: »Nun, immerhin, ich bin doch froh, daß ich noch hier bin.«

Denn natürlich würde es nun ganz anders werden, das wäre ja klar. Auf meinen Einwand, daß doch überhaupt noch Nichts feststände mit ihren Augen, gab sie nicht viel, sondern sagte, sie wüßte Bescheid, kenne ähnliche Fälle, und wie dem auch sein würde, besser wäre es, auf das Ärgste gefaßt zu sein, so könnte es ja nur besser kommen. Sie hatte ja nun ihre Stimme, und wenn sie auch nicht in Konzertsälen auftreten könne, da die meisten Menschen Blinde nicht sehen mögen, so doch in Kirchen, und Kirchenmusik sei ihr immer die liebste gewesen.

Sie wurde wieder stiller, übererregt wie sie doch war, indem sie die Kirchenarie von Alessandro Stradella zitierte, für die Georg ihr deutsche Verse geschrieben hatte:

> Wer steht in Finsternis?
> Wer blind im Dunkel?
> O du sei still!
> Sieh dir doch leuchten
> Sternenschein gewiß ..

»Es ist ja fast, als ob er es vorher gewußt hätte«, sagte sie. Endlich fing sie an zu berichten, was sie wußte, denn was eigentlich vorsichgegangen war, konnte sie sich nicht erklären und mußte auf Georgs Aufklärung warten. Da sie nach ihm natürlich fragte, so hielt ich es für richtig, sie noch zu schonen, bis sie ruhiger geworden sei; machte es sie doch schon wieder bekümmert, daß sie nicht im Tedeum singen konnte, wenn auch Ersatz für sie da war. – Eine als Zigeunerin verkleidete Person also – sie mußte wieder lachen, daß es ausgerechnet eine Zigeunerin gewesen war – war Georg und ihr nachgegangen, wie sie bemerkt hatten, als sie durch den Park zum Großen Garten gingen, um die erleuchteten Fontänen zu sehn und das Feuerwerk. Sie hatten sie dort nicht mehr wahrgenommen, aber an dem Rundtempel auf einer der Ecken im Garten, wo sie auf den Beginn des Feuerwerks warteten, hatte sie sich auf einmal mit einem Dolch in der erhobenen Hand auf Georg gestürzt, blindlings zustechend. Georg hatte ihre Arme aufzufangen versucht, war aber selbst in die eine Hand gestochen, sodaß er den Arm sinken ließ, und da hatte sie eingegriffen und hatte den blinden Stich bekommen. Wer die Person gewesen war, hatte sie Georg nicht fragen können noch mögen. Zum Glück war ein Medizinstudent in der Nähe gewesen und auch der Wagen, aber in das Krankenhaus hatte Georg natürlich nicht mitkommen dürfen.

Irgendeine Person, die sich an ihm hat rächen wollen, sagte

sie noch, und sie müsse auch betrunken gewesen sein; Nichts war ihr so in Erinnerung geblieben wie der abscheuliche Schnapsgeruch, der von ihr ausging. Aber auch Renate konnte irgendwie beteiligt sein, denn die Person hatte beim Heranstürzen gerufen: »Heliodora, ich komme!« oder so ähnlich, und sie, Magda, hatte Renates Kostüm angehabt, sodaß sie im Dämmerlicht des Parks wohl mit ihr zu verwechseln war.

»Daß es grade Georg sein mußte ..« schloß sie ihre Geschichte in ihrer stillen Genugtuung, und ich hatte Nichts weiter zu sagen.

Die Schwierigkeit, daß Renate sie nicht besuchen konnte, hatte ich inzwischen überwunden durch die Erfindung eines verstauchten Fußes, wovon ich durch Zufall erfahren und weshalb sie mich statt ihrer geschickt hatte. Ich verließ sie nach einer weiteren halben Stunde und schärfte draußen der Schwester und auch dem Arzt ein, daß Niemand ihr von Georg und dem Herzog etwas sagen dürfe.

Danach waren meine Aufgaben in der Stadt erledigt, und ich hatte nur noch zu Cornelia Ring hinauszufahren, um sie und Josefs Diener Li zu unterrichten. Wie diese Beiden es aufnahmen, dafür hat die Sprache keine zutreffenden Worte, da solche mittleren Zustände von Gebrochenheit und Fassung sich mit Worten kaum fassen lassen; und es ist auch nicht der Sinn dieser Aufzeichnungen, vergeblichen Schmerz zu beschreiben, wovon die Welt voll ist, nur weil die Betroffenen mir zufällig bekannt sind. Das Schicksal des kleinen Li liegt mir indes am Herzen, da er mit seinem Herrn auf eine seltene Weise verwachsen war, so wie es zuweilen ein Hund ist; und nirgends wieder findet er solch ein Herrn. Möglicherweise kann Magda ihn gebrauchen, er ist äußerst gewandt und hat viele Kenntnisse, oder auch Georg.

Doch was fange ich an mit Renate? Daß sie in dem Haus nicht bleiben kann, ist gewiß, und nun scheidet Magda als Hülfe aus, das ist ein Verhängnis. Magda wird, nehme ich an, nach Helenenruh gehn, wenn sie erst Alles weiß und sich selbst bewegen darf. Sie hat verlauten lassen, daß es jetzt ihr gehört; die Herzogin hat es ihr hinterlassen, weil sie dort aufgewachsen ist und vielleicht noch mehr daran hängt als der Herzog oder Georg, für die aber ein Wohnrecht bei ihren Lebzeiten vorbehalten ist. Ich sehe wohl, es wird Nichts übrig bleiben, als Renate zu mir zu nehmen, obgleich ich so etwas noch niemals getan habe. Aber die Gewohnheiten sind schließlich nur dazu da, um einmal gebrochen zu werden, und hier haben Eingriffe von tieferer Bedeutung stattgefunden. Morgen werden wir weiter sehn, und nun – es ist tief genug in der Nacht über meinem Schreiben geworden, nun wieder auf, mein Jason, um Josefs Reste zu holen.

am 2. August

Heute Nacht, nachdem ich den armen Leichnam, wie ich es mir gedacht, zu seiner Ruhe bestattet hatte, hatte ich dieses

Nachtgesicht

Ein Schiff sah ich das Meer befahren in nächtlicher Dunkelheit, an einer Küste entlang, ein einsames Segel. Es näherte sich einem Vorgebirge, und alsbald kam aus dem Schiff ein langgezogener Klageruf:

Der Friede ist tot!

Und ich sah das selbe Segel auf einem anderen Meer, an einem andern Gestade und hörte den selben Klageruf:

Der Friede ist tot!

Auf vielen Meeren, um viele Küsten fuhr das einsame Schiff, und seine Stimme meldete überall klagend:

Der Friede ist tot!

Die Menschen schliefen.

*

Ich war nicht eben sehr ausgeschlafen am Morgen, als ich mich auf den Weg machte, fuhr aber dieses Mal gleich zu Renate. Es war neun Uhr schon vorüber, als ich dort ankam, die Sonne schien bereits wieder glühend heiß, dem sonnetrockenen Juli scheint ein ebensolcher August folgen zu sollen. Im Hause unten traf ich Renates altes Mädchen, das sie von Flohr mitgebracht hat, tief bekümmert. Renate mußte schon ganz früh aufgestanden sein, als noch niemand im Hause wach war; doch mußte sie in der Küche etwas zu sich genommen haben, wie an Geschirr und Überresten zu sehn war. Aber sie hatte das Abendkleid wieder angezogen, das sie seit vorgestern trug, und die gleiche Leibwäsche. Wo sie dann gewesen war, wußte niemand, auch jetzt war das Mädchen auf der Suche nach ihr. Der Mann war in seiner Fabrik.

Ich benutzte erst das Telefon in der Kleiderablage, um den Herrn von Schley anzurufen, und erfuhr von ihm, daß der Attentäter ein umfassendes Geständnis abgelegt habe, sodaß der untersuchende Richter seiner Bitte willfahrt hatte, auf Renates Aussage noch zu warten; auch ihr Name war aus der Wiedergabe des Protokolls, das an die Zeitungen gehen würde, fortgelassen. Von ihm hörte ich auch, daß im Befinden Georgs keine Änderung eingetreten war.

Als ich wieder in das Treppenhaus kam, sah ich gerade, wie Renate dem alten Mann, ihrem Onkel, der in einem weißen Leinenanzug war, die letzten Stufen der Treppe hinabhalf, während ein Mann, der mir ein Wärter zu sein schien, oben blieb. Ich bin ihr nach einiger Zeit nachgegangen, nachdem sie mit ihm in der Tür der Halle verschwunden war, und sah von der Veranda aus die Beiden auf dem Weg um den Rasenplatz mit der Sonnenuhr wandern, wie er immer allein zu tun pflegte: er, von ihr untergefaßt, mit seinem kahlen, von der Sommersonne gebräunten Schädel im weißgelblichen Lockenkranz, das Gesicht auch braunrot wie bei einem gesunden Mann, aber die Augen blicklos; und sie in dem kupfrigen Samtkleid, das aufglühte, wenn sie aus dem Schatten in die Sonne kam, die Augen starr und blicklos gradeaus gerichtet.

Es wäre zum Malen sehr schön gewesen, ein Gemälde von Maler Bogner, aber der saß nun selber im Bett mit einer Kanüle im Rücken, die ihm den Eiter abzapft, in einem anderen Krankenhaus leider, insofern es mir einen Weg erspart hätte, hätte er in dem Georgs und Magdas gelegen. Sterben würde er nicht, das hatte ich von Anfang an gesehn; aber er war ein Gegner des Lebens geworden, oder seiner selbst, oder Ulrikas, was Alles in seinem Fall so ziemlich das selbe ist; aber auch eine Schutzmaßnahme dürfte es sein, um sich eine Zeitlang zwischen Leben und dem Gestorbensein der Trägheit und der Erschlaffung hinzugeben, wie die Menschen sie brauchen, die ihr Leben in beständiger und großer Spannkraft verbringen. Bei ihm hatte der Schuß es bewirkt, es kommt sonst einfach von selber in seinen Jahren, wie es auch schon der Vater Homer gewußt hat, wenn er den standhaften Dulder Odysseus sieben Jahre auf dem Eiland verbringen läßt bei der ›Verhüllerin‹, Kalypso auf griechisch, bis dann ein Gott vom Himmel her kam, Flügel an seinen Sohlen, um ihn anzuspornen, daß er sich selbst ein Floß zimmerte, um davonzufahren. Denn inzwischen haben sich die Säfte des Lebens erneuert aus dem unsichtbaren Quell, und der Mensch steigt als Verjüngter empor wie der berühmte Sagen-Phönix aus seines Nestes Asche. Ja – *urit nec uritur* – brenne und sei nicht verbrannt! Wer es kann, der ist unverbrennbar geworden. Noch besser ist es sogar, wenn etwas im Brennen bleibt wie bei mir diese Füße. Sicher mag er auch nicht dahin, wo ihn Ulrika erwartet, diese arme Seele in ihrem Fegefeuer, mit dem Kind unter dem Herzen, das ihr ein feuriger Klumpen ist. Aber dieses unglückselige Geschöpf hat gleich zu Anfang das Leben an einem verkehrten Ende erfaßt und lauter Verkehrtheit ist die Folge, zuletzt die Perversion der Natur. Da sitzt sie nun vor dem kranken Mann, oder sie geht um ihn her, schwer leidend, durchaus nicht einladend, durchaus nicht Appetit anregend, sondern wie eine abgestandene Speise, mit angetrockneter Sauce rundherum und darüber, mit ihren stumpfgewordenen Haaren in der Stirn und einem Gesicht aus weißem Kalk, der abblättert. Wenn er bei Kräften wäre, so möchte er sie wohl zum Teufel schicken; nun ist er vor Kraftlosigkeit die pure Güte geworden, und Verzweiflung nagt an seiner Lebenswurzel, ohne daß er es weiß, wie der Wurm Nidhöggr, sodaß die Asen oben im Wipfel das Zittern spüren, das die ganze Weltesche hinaufrinnt.

Ich weiß nicht, ob ich das gerade erst gedacht habe oder schon, als ich auf der Veranda hinter dem eben sich rötenden wilden Weinlaub stand und in den stillen Sommergarten hinabsah, wo im Schatten auf den Beeten schöne weiße Lilien standen und blauer Rittersporn, die mich wieder peinvoll an Renates Festkleid erinnerten, und die beiden in dem Frieden herumwandeln sah, wie ich andere Menschen gesehn habe, auf den noch stilleren Wegen hinter Anstaltsmauern, hinter denen mehr Glückliche wohnen als irgendwoanders, sodaß jener kranke König Anatol Frances dort leicht das Hemd hätte finden können, das ihn gesund machen sollte. Er hätte auch dein Hemd haben können, lieber Jason, denn von diesen Füßen abgesehn und etwas Traurigkeit, die aber nicht aus dir selbst kommt, sondern von den anderen Menschen her, bist du ein glücklicher Mensch zu nennen, so wie Hölderlin es ausgedrückt hat: ›Wie so selig doch auch mitten im Leide mir ist.‹ Der liebe Gott selber kann sich unmöglich glücklicher fühlen, wenn er all diesen Jammer sieht – und er sieht mehr als ich.

Um zu unsrer Renate zurückzukehren, so mochte ich sie nicht stören, wartete also eine kleine halbe Stunde, bis ich sah, wie der alte Mann sich auf eine Gartenbank hinließ und Renate bald darauf fortging und zur Kapelle hinüber. Dort fand ich sie dann vor der offenen Klaviatur sitzend, aber schräg dazu, da und dort eine Taste herabdrückend; doch gaben sie keinen Ton, da der Windmotor nicht angestellt war. Sie lächelte höflich, wie ich sie begrüßte, und als ich sie fragte, wo sie am Morgen gewesen wäre, erwiderte sie, sie habe etwas gesucht. Ich dachte: sie meint Josef, und sagte ihr, sie brauche nach ihm nicht zu suchen, er sei gut aufgehoben. Darauf erwiderte sie: nein, sie habe nach etwas Anderm gesucht, das sie verloren habe, und nun fiel mir die Uhr erst ein, die ich gefunden hatte, und ich gab sie ihr, fragend, ob sie das meine. Ja, so war es, sie schien auf eine gewisse Weise erfreut darüber, machte sie auf, und ihre Augen hatten einen angestrengten Ausdruck, wie sie auf eine kleine Locke starrte, die innen befestigt war und die mir von ihrem eigenen Haar zu stammen schien. Dann wurde sie sichtlich von einem Schauder überlaufen, sie machte den Uhrdeckel wieder zu und gab sie mir zurück, indem sie bemerkte, ich könnte die Locke herausnehmen und die Uhr der Cornelia geben, die vielleicht kein Andenken hätte. Ich habe vergessen zu sagen, daß ich Josefs Taschen untersuchte, nachdem ich ihn gefunden hatte, aber nicht das Geringste darin fand. Es schien mir, er hatte dafür gesorgt, daß Nichts ihn bezeichnen könnte, wenn der Tod ihn erreichen sollte. Ich war aber befriedigt, was Renate betrifft, weil sie an solche Dinge denken konnte, und sagte es ihr mit irgendwelchen geeigneten Worten. Darauf entgegnete sie zuerst Nichts, aber danach brauchte sie etwas wie mein eigenes Gleichnis von der Rinde, aus der sie jetzt nur bestehe, indem sie sagte, sie wäre nur mehr eine Schale um einen leeren Hohlraum.

»Oder doch nicht ganz leer«, setzte sie nach einer Weile hinzu. »Etwas ist darin – aber das lebt nicht.«

Ich verstand leicht, was sie damit meinte, und dann hörte ich sie wieder wie unter einer großen Anstrengung sagen:

»Und, Jason, wenn du auf diese Schale drückst, dann bricht sie zusammen.«

Später fragte ich sie, ob sie nicht etwas Orgel spielen wolle; sie gab keine Antwort darauf, und ich ging und stellte den

Motor an, der gleich zu summen begann, und wie ich zurückkam, saß sie richtig vor der Tabulatur, und ich sah, daß sie ihre Schuhe mit den Zehen abstreifte, da die hohen Absätze hinderlich sind. Sie saß erst lange Zeit, die Hände im Schooß, legte endlich die linke Hand auf die Tasten, oder es war mehr ein Schlag; es gab einen Akkord, den ich kannte, dann spielte die rechte Hand eine einfache Notenfolge, dann schlug wieder die Linke einen Dreiklang, aber kaum hörbar, und dann hörte sie wieder auf.

»Das wird nie mehr sein«, hörte ich sie nach einer Weile geisterhaft sagen. Es war der Anfang des ersten Präludiums aus Bachs Wohltemperiertem Klavier gewesen, und es muß wohl für sie eine besondere Bedeutung gehabt haben. Danach sah ich sie ihre rechte Hand zur Seite strecken, ohne sich nach mir umzudrehn, und wie ich zufaßte, bekam ich den kleinen Achatring in die Hand, den sie anstatt eines Eherings zu tragen pflegte, und ich hörte sie sagen:

»Den kannst du haben«, mit einem leichten Ton auf dem du.

Danach habe ich sie gefragt, ob sie nicht Magda vermisse, und da sie zur Antwort gab, sie habe wohl viel zu tun – und dabei zu vergessen schien, daß es für sie Nichts mehr zu tun geben konnte, da auch das nicht stattgefundene Fest nun vorüber war –, so ging ich allmählich dazu über, sie wissen zu lassen, was Magda geschehn war, auf solche Weise, daß sie es erst richtig begriff, als sie Alles zusammen gehört hatte, auch die Wahrsagung, und wie Magda sie nun erfüllt sah. Dann sei es ja wirklich ein Glück für sie, meinte sie dann, zumal sie nun ihren Gesang habe. Viele würden blind, sagte sie, die weniger hätten als das, manche garnichts.

Immerhin, sie konnte sprechen und denken, wenn auch nicht empfinden, aber das war auch nicht nötig. Vom Gefühl halten die Menschen überhaupt übertrieben viel, als ob damit das Meiste getan wäre, obgleich es in 99 von 100 Fällen besser ist, gefühllos zu sein, aber das Rechte zu tun. Über die Ärzte wundert sich niemand, wie sie in offenen Wunden herumstochern und dies und jenes kaltblütig abschneiden, was ihnen unnötig zu sein scheint, unter beständigem Anhören von Stöhnen und Schreien; da heißt es kurz und schlicht: die sind abgestumpft, oder: es ist ihr Beruf. Abgestumpft mögen viele wohl sein, deshalb sind sie doch gute Ärzte, und es ist wohl keiner so abgestumpft gegen sich selber, daß er nicht wüßte, was es heißt, nachts um drei aus dem Bett zu springen und mit sicherer Hand einen Blinddarm zu operieren. Doch das ist ihr Beruf.

Ich fragte Renate nun, ob es ihr nicht lieber wäre, das Haus zu verlassen, worauf sie erwiderte, es wäre ihr gleich, wo sie wäre. Darauf ich: mir schiene es besser, sie käme in eine andere Umgebung, und - setzte ich gleich hinzu - sie könnte ausnahmsweise zu mir kommen, ja, eine große Auszeichnung und ein Glück für sie, zu Jason zu kommen, und das traf sie wirklich mit Überraschung, sodaß sie fragte: »Also hast du auch eine Wohnung?« und beinah sogar lachte, als sie sich selbst belehrte, ich müßte wohl auch eine haben. »Wir haben immer gedacht, du wohnst nirgends«, sagte sie. Ich hätte da wohl pikiert sein können, und ich war es auch, lachte daher und sagte: »Glaubt ihr, ich bin ein Geist oder eine Fledermaus, die sich irgendwo unter dem Dach aufhängt?« Das bestätigte sie und sagte, alle Leute, die mich kennten, dächten, daß ich bei anderen Leuten wäre, wenn nicht bei ihnen. (Ach, diese Menschen! Immer sind sie noch befremdlicher, als sie schon sind.)

Um sie zu unterhalten, erzählte ich ihr darauf lang und breit, daß ich nicht auf dem Land, sondern auf dem Wasser wohne, in einem langen Kahn, und aus welchen Gründen; und sie war dann auch bereit, zu mir zu kommen - das Wasser schien sie anzuziehn -, und wir machten ab, daß ich sie im Laufe des Tages holen würde. Danach verließ ich sie, nachdem ich sie noch ermahnt hatte, ein anderes Kleid anzuziehn

– sie sagte, sie habe es nicht bemerkt –, um Magda zu besuchen, vielleicht auch Bogner: doch hatte ich noch ein anderes Vorhaben.

Ich will indes hier aufschreiben, was ich zu sehn hatte in der Zeit, während ich mich in der Kapelle aufhielt. Es waren ja immerfort diese großartigen, elysischen Engels-Gemälde um uns her, die sich weiterhin ihrer Glückseligkeit hingaben und leider, so wundervoll sie waren, keine Wirkung ausübten, obwohl sie von Seelen-Sonne nur so leuchteten, aber natürlich nicht für eine erblindete Seele. Da ich nun die meiste Zeit über auf dem Boden des Podiums saß, die Füße über die Stufen hinunter, so hatte ich immerfort ein Gemälde vor Augen, das gesehen zu haben ich mich garnicht erinnerte, da es sich über der Tür befand, das große und breite Dreieck der Wand bis unter das Dach hinauf anfüllend. Das Dach selbst ist nur eben bläulich getönt mit hier und da einem kleinen oder größeren goldenen Stern.

Auf dem Bild ist Nichts zu sehn als eine sanfte Hügelkuppe, frisches, tiefgrünes Gras mit einzelnen gelben, weißen und violetten Krokusblüten betupft; darüber ist lichtblauer Frühlingshimmel und ein großer weißer Wolkenballen, der über die Kuppe heraufschwebt. Aber das Meiste des Wiesenhangs ist verdeckt von einem schönen, rosig nackten Jüngling, nur mit einem schwarzen Fell um die Lenden, der schräg über den Hang hin auf einem Kreuz von dunkelbraunen Baumstämmen liegt, daraufgenagelt. Aber die Nägel, die durch seine Hände und Füße gehn, sind die grünen Stiele von goldgelben Narzissen, die auch Osterkerzen genannt werden, und der ganze Körper des Jünglings ist mit gelben und weißen und violetten Krokusblüten wie bespickt. Ein Sankt Sebastian also, aber ein schon selig gewordener, wie das Lächeln erkennen läßt, mit dem das zur Seite, in den Schlaf geneigte Antlitz geschmückt ist; und sogar aus seinem Mund kommt eine dunkle Blüte.

Welch eine Eingebung! mußte ich denken, und: das sind

wahrlich die Dinge, würdig des Menschen, und die uns immer wieder den Glauben an seine Himmelskräfte und seine Heiligkeit erneuern! Auf dem unteren Rand des Bildes war mit goldenen Lettern eine Verszeile geschrieben, die mir altertümlich zu sein schien, und vielleicht stammt diese ganze schöne Eingebung garnicht von Bogner her, sondern er hat sie nur aufgegriffen; ich muß ihn darüber befragen. Die Verszeile lautete folgendermaßen:

Ich bin gekreuziget / Ich bin beschossen. Des bin ich fröhlich nun / Davon bin ich ein Sprossen.

Wie ich indes zu Magda kam, sitzt auf dem Bett der noch gekreuzigte Jammer und hat keine Augen mehr. Was war geschehn? Ich hatte es gottlob bereits von der Pflegeschwester vernommen, die zu mir angestürzt kam und ganz außer sich war vor Wut. Ja, ach ja, ach ja, kann ich nur wieder ausrufen, daß die Menschen so sind, wie sie sind und wie sie wirklich nicht sein dürften, sodaß es ganz unmöglich ist, es vorher zu bedenken. Aber so ist es auch immer: Wenn ein großes Gebäude einstürzt, wo dann eine unbedachte Hand zufaßt, da giebt es noch einen Zusammenbruch. Hatte ich nicht den Schwestern und dem Arzt auf das Genaueste eingeschärft, daß sie ihrer Patientin Nichts vom Herzog verraten dürften? Sie hatten das auch befolgt, ich aber war der eigentlich Schuldige, der ich die Dame vergessen hatte, bei der Magda zur Miete wohnt, und ich war gestern noch keine Stunde fortgewesen, so kam sie angefegt, frisch aus dem Gottesdienst, den sie frommen Sinnes zuerst besucht hatte, denn seine Stunde war festgelegt. Und kaum daß sie Magda Zeit gelassen hatte, etwas von sich zu sagen, was gewiß wenig genug war, so brachte sie ihre mitgebrachte Bombe zum Platzen mit: O Gott, o Gott, was fürn Unglück! Und sodann: Was, Sie wissen das garnicht? Nun, und dann .. wahrlich, das war ein unverhofft gefundenes Glück für diese Person, solch einen Knüttel bei der Hand zu haben, um ihn einem leidenden Mitmenschen um die Ohren zu schlagen, daß dem Hören und Sehen und wohl noch mehr verging – vermutlich zur Strafe dafür, daß sie eine schlaflose Nacht gehabt hatte, weil unterlassen worden war, noch am Abend ihr Bescheid zu sagen, weshalb Magda nicht nachhaus kam. So nehme ich an, wie ich auch das interpoliert habe, was ich hier eben niederschrieb, aus meiner lebhaften Imagination. Von der Schwester erfuhr ich noch, wie sie das Gejammer aus Magdas Zimmer gehört hatte und wie, als sie zu ihr hineingestürzt war, Magda nicht im Bett war, sondern im Zimmer umherwankte, an die Möbel stoßend und sich auswütend mit Schmerzgeschrei und Stöhnen aus ihrem Elend, das dreifach war, um den toten Mann, um Renate und um Georg, von ihr selbst zu schweigen. Als die Schwester sie beruhigen wollte, mit der Mahnung an ihre Augen, hatte sie nur geschrieen: Ich will keine Augen mehr, ich will kein Licht und will keine Welt mehr sehn, in der das geschehen kann! Ach ja, du mein Gott, so möchte mancher sprechen, der doch seine sehenden Augen hat, so war es bei ihr noch verständlicher. Aber wenn die ihren nun schlimmeren Schaden genommen haben, so ist es diesem Weib zuzuschreiben, das aber natürlich vollkommen unschuldig dastand, mit: Ja, wenn ich *das* geahnt hätte! Wenn ich gewußt hätte, daß es *so* wirken könnte! Oh, oh, dieser kleine Mensch, dieses Kind sollte unverletzlich sein, und wie ist nun grade sie getroffen, die nur dabei stand und einen hülflosen Arm ausstreckte. Hier will ich erwähnen, daß ich an diese Zigeunerin keinen Glauben habe; die Geschichte entbehrt mir des gerechten Verhältnisses. Damit meine ich dieses Herumfuchteln einer Betrunkenen und von oben her Zustoßen mit einem Dolch wie auf dem Theater, womit garnichts sich treffen läßt als eben ein Auge, während der gewitzte Bravo sein Messer fast unsichtbar an der Seite hält, um dann möglichst nah an sein Opfer heranzutreten und ihm gradeaus oder von unten her einen raschen Stich zu versetzen, der trifft. Dies da steht mir, wie gesagt, in keinem befriedigenden Verhältnis zu den Folgen – wie auch zu den so tief in das Leben einschneidenden Dingen, wie es die Prophezeiung für Magda war und auch das Erretten von Jasons Leben. Tief einschneidend, das war die Wirkung wahrlich; von jenem Tage in Helenenruh an, oder von dem Genesen aus der Krankheit an, in die sie bald verfiel, ist sie ein anderer Mensch geworden, und nur dadurch hat sie diesen süßen reinen Kern ihrer Lebensfestigkeit gereift; in der unbeirrbaren und unerschrockenen Voraussicht auf ein unfernes Ende. Diese Zigeunerin-Sache ist mir dafür zu plump; ein jeder Mensch hat in sich die Maße für Alles, was ihn trifft, und Magdas Maß ist nicht dies. Ich sage mir aber, da ein Schicksal sie doch getroffen hat, das die Erfüllung der Vorhersagung zu bedeuten scheint, so muß es im Verborgenen etwas geben, das besser stimmt und das, hoff ich, zu seiner Zeit offenbar werden wird.

Ich war aber, als ich Magda verließ, nicht mehr fähig, das Vorhaben, das ich hatte, in Ausführung zu bringen – eine Verdunkelung war über mich gefallen –, nämlich mir Zugang zu dem Attentäter zu verschaffen, um ihn selbst zu sehn und zu hören, diesen herostratischen Mann, wie man ihn wohl nennen kann. Denn das gedruckte, abgeschliffene Zeitungsprotokoll mag ich garnicht sehn. So mußte ich es bis morgen aufschieben, ebenso einen Besuch bei Bogner, und kehrte zu meinem Kahn zurück, wo ich dieses geschrieben habe, um die Zeit hinzubringen und auch um selbst wieder heller zu werden, bevor ich Renate zu mir hole, was ich nun tun will.

Einem Lebendigen eine Stätte zu bereiten, das den Tod in sich hat, ist wohl eine Bestattung zu nennen, sodaß mein heutiger Tag ähnlich wie der gestrige schließt – jedoch mit einem Unterschied, der auch, hoffen wir, einen Fortschritt bedeutet.

am 3. August

Renate scheint eine gute Nacht verbracht zu haben. Ich war mehrmals bei ihr, ohne daß sie erwacht wäre, und das Gleichmaß ihrer Atemzüge war vernehmlich. *Quod ferrum non sanat, ignis sanat*, heißt es, aber auch *aqua* ist nicht zu verachten. Am Morgen wollte sie zwar behaupten, die ganze Nacht kein Auge geschlossen zu haben, aber als ich es ihr mit aller Bestimmtheit verwies, indem ich ihr sagte, sie könnte meinetwegen Alles werden, was sie wolle, nur nicht hysterisch, schien sie doch einen Schrecken zu bekommen und machte sogar einen Versuch, mich bittend anzusehn, was aber leider noch mißlang. Ich habe ihr geraten, fischen zu gehn, wobei die starke Materna ihr an die Hand gehen würde, der ich es auch gesagt habe. Darüber war sie so erstaunt, daß sie keine Worte fand. Nun will ich mich in die Stadt begeben.

abends

Der heutige Tag stand mir unter keinem freundlichen Stern. Der Direktor des Untersuchungsgefängnisses erwies sich als unzugänglich; ich hätte es mit dem Staatsanwalt versuchen können, der ein Bruder Maler Bogners ist, doch hielt mich etwas zurück, ein Mißtrauen, nicht gegen Staatsanwälte im Allgemeinen, die es ja geben muß, sondern gegen diesen, und es hat mich auch nicht getäuscht, wie ich später vom Maler erfuhr; aber Alles der Reihe nach. Dann kam mir Pfarrer Nikolai ins Gedächtnis, der Anstaltsgeistlicher ist, aber dieser Häftling wird, wenn überhaupt, griechisch katholischen Bekenntnisses sein. Nun, immerhin, man muß Alles versuchen, aber der Pfarrer war nicht vorhanden, auf Sommerurlaub, wird jedoch in einigen Tagen zurückerwartet.

In Georgs Befinden keine Veränderung; Sigurd im Wundfieber phantasierend; Saint-Georges fand ich mittags, peinlich zu sehen bei einem Manne von diesem Charakter und dieser Lebensart, nämlich völlig betrunken auf seinem Sofa sitzend mit einer fast leeren Kognakflasche neben sich, die am Morgen noch voll gewesen sei. Aber wie ich eben sagte: *Quod ferrum non sanat*, und bei ihm ist es also *aqua ingniferans*. Übrigens war er davon mehr geistig als physisch gelähmt, also daß er nur mit großer Langsamkeit sprechen konnte und unter fast beständigem Lufteinziehen auf seine bekannte Art, sonst in einem Zustand hoher Beschwingtheit, dithyrambisch sich äußernd, mit hölderlinischen Worten und Wendungen, indem er mir auf mein Verlangen von seinem damaligen Freunde Sigurd ein Bild entwarf, da ich selbst ihn damals nicht recht beachten konnte. Er soll ja sonst für Alle so anziehend gewesen sein, allein auf mich wirkte er nicht. Ich sah immer ein heilloses Wirrwarr in seiner Tiefe, Echtes, Halbechtes, Unechtes in einer Weise durcheinandergewirbelt, daß fast kein Wesen erkennbar war. Saint-Georges stimmte darin mit mir überein, nur daß er es freundlicher ansehen konnte – wenigstens damals – und heute objektiver. Ist doch dieser Saint-Georges ein Mann von vielen Ideen, Plänen und Entwürfen, und Sigurds Begeisterungsfähigkeit für die Ideen und Theorieen Anderer war ihm von großem Nutzen, besonders insofern, sagte er, als Eingebungen und Einfälle bei ihrem Erscheinen oft nicht in ihrer Verschiedenheit zu erkennen sind. Habe er sich dann gegen Sigurd ausgesprochen, so sei der zwar immer höchst enthusiasmiert gewesen, aber regelmäßig für die Einfälle mehr als die Eingebungen, weil jene gemeinhin blendender oder bizarrer oder paradoxer zu sein pflegen, und so habe er immer erkenntnisfördernd gewirkt. Ach, ach ja, nun hat es das Schicksal gewollt, daß auch dieser Mann, dieser stille und klare See von tiefer Trübe durchwölkt ist, wenn sie auch in Irisfarben schillert, sogar mir undurchsichtig, denn ich kann nicht sehn, was ihn so verstört hat. Weder seine Liebe zu Renate noch auch Renates Schicksal, scheint mir, kann das bewirkt haben, und so kann ich nur hoffen, daß er sich wieder klärt.

Magda fand ich ruhiger geworden, um nicht zu sagen stumpf, und so muß sie wohl eine Weile bleiben.

Bogner, sieh an, geht es besser! Ja, eine merkwürdige seelische Angelegenheit wieder. Einesteils steht es mit ihm freilich so, daß der Lebenswille, da er nicht zu überwältigen war, nun genug hinter sich hat und das Ganze einfach satt hat, nachdem schließlich diese Rippenfellentzündung hinzutrat. Da stellte sich dann wieder eine schwere Vereiterung der Wunde heraus, es mußte geschnitten werden, ein Stück Rippe heraus, gab einen Eimer voll Eiter. Nun liegt er mit einer Kanüle an einen Saugapparat angeschlossen, aber diese Katastrophe war die endgültige Säuberung seiner Physis, und nun war zu bemerken, daß eine seelische Förderung durch den Tod des Herzogs hinzugekommen ist, eigentümlich genug, aber – wie die Menschen nun einmal sind – verständlich. Als ich das lange und schmale Krankenzimmer heut betrat, hatte ich die hohe Rückwand des Metallbettes vor mir, mit hochgestellten Kissen ausgefüllt, dazu ein Gestell mit dem Saugapparat, von dem aus ein langer roter Gummischlauch zwischen den Kissen verschwand. Von vorn gesehen saß dann da ein vergrämter alter Mann, grauen und faltigen langen Angesichts, wo aus übergroßen Augenhöhlen mit knochigen Rändern die eingesunkenen kleinen Augen blickten, unter hochgezogenen Brauen, mit diesem besorgten Frageblick überalterter Bauern, der nur immer zu fragen scheint: Wie lange wird es noch dauern? Aber heute war ein neuer Funken darin. Über ihn hin lief oben eine eiserne Stange, mit einem Turnring an einer Kette daran hängend, den er mit der einen seiner langfingrigen, schneeweißen Hände erfaßte, um sich etwas aufzurichten, mir die andre hinstreckend mit einer Bettlergebärde. Zuerst starrte er mich freilich nur an und sagte ganz langsam: »Grauenhaft. Unvorstellbar grauenhaft.« Er hatte aus den Zeitungen genug erfahren, um sich ein Bild von dem Grausensvorgang machen zu können; und dann sprach er den Namen Renates auf eine

Weise aus, die gleichsam von Tränen zitterte. Seine Augen gingen dann wie immer sogleich zu Ulrika hin, die bei meinem Kommen von seinem Bett aufgestanden und an das Fenster getreten war. Sie kam bei meinem Fortgehen mit mir auf den Flur hinaus und ging mit mir in das Besuchszimmer, das leer war, legte ihre Stirn auf meine Schulter und konnte kaum aussprechen, was sie sagen wollte. Sie war am Nachmittag des letzten Juli bei Renate gewesen und hatte sich zum ersten Mal ganz gegen sie ausgesprochen; und nun war ihr das selbe geschehen wie ihr selbst, Ulrika, nur daß es bei ihr endgültig war. Später sagte sie dann: »Er« – Benvenuto meinend – »weiß es natürlich auch. Aber«, setzte sie hinzu, »bei ihm wirkt es anders. Nun klammert er sich an mich«, sagte sie noch. Ich hatte die andere Art der Wirkung auch bemerkt und war es zufrieden, daß es ihr nicht entgangen war. Denn er hatte, nachdem wir einige Worte gewechselt hatten, gesagt: »Jason, was bin ich dagegen! Ja, was bin ich dagegen!« wiederholte er, deckte seine Hand über die Augen und schluchzte auf einmal: »Ich lebe – o mein Gott, ich lebe! Und ich habe es nicht gewußt.« Dann streckte er seine Hände zu Ulrika hin, weinte und versprach ihr, nun am Leben zu bleiben. *O fata humana, fata humana!* Ihn hat dieser unmögliche Tod in das Leben hineingetrieben, ganz so wie wenn bei einer Sturmflut eine Woge ein gestrandetes Schiff ergreift und es flottmacht, während die festen steinernen Häuser daneben in Trümmer zerspült werden; das Element, das ihre Dächer davonträgt, ist ihm zum Retter geworden.

Als ich ihn später nach seinem Sebastian-Bild fragte, hatte ich unrecht gehabt, daß die Idee nicht von ihm wäre. Er hatte sie bei der Betrachtung eines Sebastian-Bildes von einem frühen Italiener gehabt, den er Paolo Francesco nannte. Da war der Ausdruck der Beseligung, der über das Antlitz des sterbenden Heiligen gebreitet war, ihm mit der Frühlingslandschaft kleiner, noch kahler Bäume, die den Hintergrund bildete, so zusammengegangen, daß er miteins seine eigene

Vision hatte, in der die befiederten Bolzen am Leib des Heiligen zu Blüten wurden; doch hatte erst viele Jahre später das Dreieck über der Tür in Renates Kapelle die Erinnerung wiedererweckt, da jenes Bild in seiner Komposition dreieckförmig gewesen war. Aber den Vers darunter hatte einfach der junge Schomerus gemacht, als er das fertige Bild sah, wobei die altertümliche Form ihm von selber gekommen war.

Er wiederholte noch die Worte: »Ich bin gekreuziget, ich bin beschossen«, worauf seine Augen aus dem Todeskummer aufblühend wieder zu Ulrika hingingen, mit dem ihm selber wohl kaum bewußten Blick der ängstlichen Zusage, der mit solchen Worten allerdings nur aufgeschrieben, doch nicht beschrieben ist, während er sagte: »Und ich habe es schon gemalt . .«

Ich war schon im Fortgehn, als mir noch einfiel, ihn nach seinem Bruder zu fragen, worauf dann ebenso unerwartete wie unerfreuliche Dinge zutage traten. Dieser Bruder war von seiner Frau plötzlich verlassen worden, ja, vor zwei Tagen, nachdem sie in der Nacht vorher, spät, in einem an Irrsinn grenzenden Zustand der Aufgelöstheit nachhaus gekommen war, wie er ihn bis dahin noch nicht gekannt hatte. Sie war nämlich schon seit Jahren mehr und mehr der Trunksucht verfallen und hatte sich überdies mit fremden Männern abgegeben, wahllos, von einer Dirne nur dadurch unterschieden, daß sie keine Bezahlung nahm, ein verzweifeltes Ding, nicht nur für einen Mann, der Staatsanwalt war, sondern auch Vater von Kindern, und der auch seine Frau mit Leidenschaft liebte; und das war der eigentliche Grund für ihn, daß er sie bei sich behielt und nicht die Scheidung verlangte. Sein Bruder wußte dies längst; nun war er gestern gekommen, kaum fähig zu erzählen, wie die Frau am Morgen vorher in einer furchtbaren Nüchternheit einen Koffer gepackt hatte und auf seine verzweifelte Frage, was denn aus ihr werden solle, geantwortet: »Eine Hure – ich bins doch schon.«

Mir ging indes aus diesem plötzlichen Davongehn an diesem Tage und dem Heimkommen der Frau bei Nacht ein abscheuliches Dämmern auf, sodaß ich fragte, ob diese Frau vielleicht mit Georg bekannt gewesen sei und am letzten Juli sich als Zigeunerin verkleidet habe. Dies wußte Bogner nicht, aber jenes bestätigte er mir, insofern er sich erinnerte, daß Georg sie in München kennen gelernt hatte, wie er ihm, ihrem Schwager, selbst erzählte, und daß sie Briefe miteinander gewechselt hatten. Auch an einen Besuch Georgs bei ihr, vor drei Jahren, konnte er sich erinnern. Schicksale! Schicksale! konnte ich da nur ausrufen. Eine lange verschobene Rache, das war zu sehn, nicht anders als bei Sigurd – und ob aus der gleichen Verdrehung einer hypertrophischen Phantasie? Und bei keinem der Beiden reichte die Kraft zum Vollbringen aus. Hatte dann ein Engel über den Sohn die Hand gehalten – und über den Vater nicht? Über diesen Vater, ach, diesen *guten* Mann! Jason, Jason, da kannst du nur mit Schaudern dein armes Haupt senken in dein letztes Nachtgesicht – wie auch der Dichter sagt:

> Schaudernd unter herbstlichen Sternen
> Neigt sich jährlich tiefer das Haupt.

Renate an Magda   In Jasons ›Argo‹ am 5. August

Meine liebe Magda –

ich schreibe Dir, da ich nicht bei Dir sein kann und es Dir nicht genügt, durch Jason von mir zu hören. Ich bin unglücklich, Dir Nichts sein zu können, aber ich wundere mich, daß ich schreiben kann. Doch es funktioniert, wie der ganze übrige Organismus oder Mechanismus, von selbst, und es mag auch sein Gutes haben, daß der Panzer, in den wir eingepackt sind, sich selbsttätig bewegt, auch wenn er innen leer ist.

Jason sagte auch, daß ich Dir schreiben sollte, weil ich nicht weiß, was ich den ganzen Tag anfangen soll. Und man kann nicht immerfort Fische fangen, obgleich das sehr nett ist. Man sitzt in der glühenden Sonne in einem kleinen Boot, sieht mit halb geschlossenen Augen Nichts als ein Stück glänzendes Wasser und den Korken, der darauf schwimmt, und wartet, bis er einmal zuckt und nach unten verschwindet. Dann hat ein Fisch angebissen, aber es kommt selten vor. Ich habe einen Badeanzug an, und Jason hat mir einen großen mexikanischen Strohhut auf den Kopf gegeben, zum Schutz für meine schöne Haut, daß sie nicht anbrennt. *Urit nec uritur,* sagt Jason, das soll heißen, brennen doch nicht verbrennen, aber es ist eigentlich geistig gemeint. Wenn ich einen Fisch gefangen habe, zappelt er sehr und schlägt um sich, aber ich setze ihn, wenn er klein ist, wieder ins Wasser, und wenn er groß ist, in einen Bottich, mit dem ist er auch zufrieden. Die Würmer, die man an den Haken spießen muß, sind unangenehmer, weil sie sich sehr winden, aber Jason sagt, daß sie anders als wir beschaffen sind und keinen Schmerz fühlen, sondern nur eine Behinderung, und sie krümmen und winden sich, weil das ihre Art ist, sich zu bewegen. Jason hat, wie wir wissen, für Alles eine befriedigende Erklärung. Auch die Kühle, die aus dem manchmal glucksenden Wasser aufsteigt, ist angenehm.

Jason sagte, wenn ich nicht wüßte, was ich schreiben soll, so solle ich Dir beschreiben, wie es hier ist, weil Dich das interessieren würde, und mich im Detail dabei der größten Exaktheit befleißen, der disziplinarischen Wirkung wegen, die es zur Folge habe.

Erfahre also hier, daß Jason nicht wie wir auf dem Lande, sondern auf dem Wasser lebt, man kann auch sagen, im Wasser, denn er verbringt bei Tag und bei Nacht viele Stunden darin; er sagt, er ist eigentlich ein Wassermensch, eine Art Nöck oder ein halber Delphin oder ein Pinguin am wahrscheinlichsten, die ja auf dem Lande nur schwierig herumwackeln können, aber wundervoll schwimmen. Auch sind sie schwarz und weiß, so wie Jason ist, und statt der Flügel haben sie Flossen. So habe er auch keine Arme und Hände wie andere Leute – nun und so weiter, wie Jason eben redet. Es ist aber noch nicht so sehr lange her, daß er dies entdeckt hat; ich glaube, erst seitdem Du ihn aus dem Wasser gefischt hast, als er beinah darin unterging. Danach hat er das Wasser richtig für sich erkannt, und es macht ihn kühl, sagt er, denn er würde sonst einfach verbrennen, nun aber so ist es eben: *urit nec uritur,* das heißt, er sagt, er brenne nur noch ganz leise, und es seien auch eigentlich seine Füße, die brennen. Damit komme ich nun zu dem speziellen Grund, weshalb er auf das Wasser gezogen ist, denn es sei meistens so, sagt er, daß wenn ein Mensch einen dunklen Trieb zu etwas in sich verspüre, er einen vernünftigen Grund braucht, um es deutlich zu erkennen. Ich kann mich noch erinnern, wie er in Helenenruh war, bei Deiner Krankheit, und wie Du mir von ihm erzähltest, was Dir Bogner berichtete, von dem Eisenbahnunglück, und wie er ein Mädchen in den Armen hielt, das verblutete, und von dem Namen Angelika, den Du ihn aussprechen hörtest, wie er im Bett lag. Aber dieses Mädchen, hat er mir jetzt gesagt, war nur eine Wiederholung. Sie hieß auch nicht Angelika, ihren Namen konnte er nicht wissen; er nannte sie nur so wegen einer Frau, die er geliebt hatte und die, wie er sagt, versehentlich verheiratet war, sodaß sie lange nicht zusammenkommen konnten. Als sie dann schließlich zu ihm kam, hatte sie einen Blutsturz und starb in seinen Armen wie jenes spätere Mädchen. Sie war lungenkrank gewesen. Das gab ihm denn – ich meine das Eisenbahn-Mädchen – den letzten Stoß aus dem Leben heraus und in Wasser und Windmühlen hinein, und wenn Du nicht gewesen wärst, so hätten wir keinen Jason und säße ich nicht hier – aber das wissen wir schon lange.

Nun weiter. Du wirst dich erinnern, wie er uns einmal erzählt hat, daß er als kleiner Junge von dem Plättbrett fiel und sich die Füße brach. Damals sagte er uns, die Bruchstellen hätten zwar noch eine Zeitlang geschmerzt, aber dann aufgehört; doch das sagte er nur unsertwegen, aus Zartgefühl, und die Bruchstellen haben in Wirklichkeit niemals aufgehört zu schmerzen, wie zwei Ringe aus Feuer zwischen den Beinen und Füßen, und bei längerem Gehen wären die ganzen Füße zu Feuer geworden. Nun ist es mit Jason doch so, daß er viel mehr und ganz andere Dinge sieht als wir und infolgedessen auch viel mehr und ganz anders darunter leidet – vielmehr leiden würde, sagt er, wenn nicht diese feurigen Ringe gewesen wären, die immer soviel Schmerz für sich in Anspruch nahmen, daß anderer nicht recht dagegen aufkommen konnte. Aber damals, als er sich umbringen wollte, war es trotzdem zuviel geworden, und dann wurde seine Rettung das Wasser. Er hat nämlich in Helenenruh Freundschaft mit den Fischern geschlossen und ist viel mit ihnen gesegelt. Da hat er gemerkt, daß die Fußschmerzen, wenn er im Boot stand, viel geringer wurden und am Ende fast ganz aufhörten; es hat ihn auch damals immerfort in das Wasser gezogen, mit einer Gier, stundenlang darin zu schwimmen, und dabei haben die Füße nicht nur nicht geschmerzt, sondern es hat ihnen wunderbar gut getan, sodaß es noch lange danach vorhielt. Nur den Granit oder Asphalt der städtischen Straßen hat er niemals ertragen können. Es ist aber zu lang zu erzählen, wie es schließlich ein glücklicher Zufall gefügt hat, daß er Freundschaft mit dem Sohn eines Bootsbauers schloß und den Kahn bekommen hat, in dem er nun lebt.

Das ist also einer von den riesenlangen flachen Kähnen, die je nach dem Fluß, auf dem sie fahren, Rheinkähne, oder Oderkähne oder Elbkähne heißen, aber Jason hat den seinen ›Argo‹ getauft, und wie konnte er anders, da er Jason heißt. Daß er einen so langen genommen hat – er mißt, glaube ich, über 30 Meter – ist wegen der großen Unruhe, in der Jason immer lebt, weil es ihn beständig zu Menschen und vom Einen zum

Andern treibt, eine unüberwindliche Anziehungskraft, die ihn von Jugend auf beseelt hat; für diese Unruhe hilft es ihm, daß er in dem Kahn vom einen zum andern Ende auf und ab wandern kann, ohne daß seine Füße ihm wehtäten. Es muß durch die Elastizität des Wassers sein, sagt er, die das Gehen um so viel weicher und federnder macht; und so wandert er bei Tag oder bei Nacht stundenlang hin und her und denkt an die Menschen, bei denen er nicht immerfort sein kann. Auch kommen sie dort zu ihm, nicht in Wirklichkeit, sondern nur ihre Geister, aber darauf komme ich später.

Jetzt muß ich aufhören, bin von dem Schreiben in der heißen Sonne, nur im Schatten von einem chinesischen Sonnenschirm, so müde geworden, daß ich vielleicht einschlafe. Ich schlafe hier überhaupt viel, Jason sagt, das macht Alles das Wasser, weshalb auch die Menschen in den frühesten Zeiten auf dem Wasser gelebt hätten, in den Pfahlbauten, weißt Du; damals wären sie stille, immer schläfrige Menschen gewesen, so wässerig selber, still wie die Fische, unreizbar, und hätten sich nie in den Haaren gelegen. Dieser Brief ist auch schon lang genug, ich gebe ihn Jason mit, er könnte ihn Dir vorlesen, aber das will er nicht, weil ich von ihm selbst geschrieben habe, aber eine Schwester wird sicher so freundlich sein, oder Saint-Georges, den Du von mir grüßen kannst! Jason sagt, er besucht Dich jeden Tag. Wird es noch lange dauern im Krankenhaus? An die Zigeunerin glaube ich auch nicht.

Es küßt Dich Deine

R.

P. S. Du hast nun wohl gemerkt, daß Jason eigentlich ein Pinguin ist oder aber ein Nöck mit einem Fischschwanz, der zwar Füße bekommt, wenn er auf das feste Land will, aber aus Feuer. Deshalb, denke ich mir, sind wir anderen Menschen für ihn fremdartige Wesen, die ihn zwar sehr interessieren, aber mehr als Geschöpfe und Schicksale, denn als Personen. Das ist für mich jetzt natürlich sehr angenehm.

Aus Jason al Manachs Chronica

am 5. August

Ich will heute nur aufschreiben, daß Georgs Zustand sich gestern plötzlich gelöst hat, dadurch daß Typhus entstanden ist. Ich muß mit den Ärzten übereinstimmen, die es schwer erklärlich finden, nicht daß er den Typhus bekommen, sondern daß er ihn so rasch bekomen hat. Denn die Inkubationszeit ist drei bis vier Wochen, aber daß er sich damals infiziert haben sollte, erscheint bei den sanitären Einrichtungen dieser Stadt ausgeschlossen. Also kann er die Bazillen nur eingeschluckt haben mit dem Wasser der Gracht, in die er gefallen sein muß, nachdem er mit Magda beim Feuerwerk im französischen Garten war, es wird vermutet aus Schwäche durch den Blutverlust, weil seine Hand verletzt war; auch der Schrecken durch Magda mag mitgewirkt haben. Seine Kleidung ist nämlich feucht gewesen, besonders die Schuhe hatten durch Wasser gelitten. Es läßt sich nur vermuten, daß es Georgs besonderer Zustand war, der den Bazillen diese rapide Entwicklung ermöglichte. Ich halte dies aber für eine ausgezeichnete Lösung; seine Seele wird sich nun geraume Zeit mit dieser Krankheit zu plagen haben und gewinnt dadurch eine stärkende Ablenkung. Er ist auch zu Bewußtsein gekommen, wenn auch nur flüchtig und unvollkommen, und hat den Wunsch geäußert, in seinem Bett zu liegen, weshalb man ihn dorthin überführt hat. Ich hoffe, ihn dort sehen zu können und mich zu überzeugen, daß er, wie ich bestimmt annehme, nicht in Lebensgefahr ist.

Renate an Magda am 6. August

Liebe Magda –

es wird gleich ein Gewitter geben, war den ganzen Tag drückend schwül und die Fische bissen deshalb gut an, ich weiß nicht, warum sie das tun, und ich habe ein halbes Dutzend in einer halben Stunde gefangen, Jason sagt, ein Rekord.

Nun will ich Dir also die ›Argo‹ beschreiben, detailliert, wie Jason sagt, also am besten wohl so, wie ich selber dort ankam. Wir kamen mit dem Auto hin, als es schon dunkel wurde, denn als Jason mich abholte, hatte ich Nichts eingepackt, und dann bestand er darauf, daß ich einen ganzen Koffer voller Kleidung und Schuhe für abends und morgens und mittags mitnähme, weil er sich an mir weiden will, wie er sagte, wenn er mich schon beständig vor Augen hat. Auch erachtet er es für nützlich, den *standard* des Lebens aufrecht zu erhalten, wie die Engländer es tun, die auch auf den malayischen Inseln oder im indischen Dschungel abends den Frack anziehn, um nie zu vergessen, was sie sind. Und nun also:

Keine Viertelstunde weit mit dem Auto von Waldhausen liegt ein Dorf namens Laatzen; bei dem Dorf liegt die Bootswerft von Jasons Freund, und in der Nähe der Werft liegt die ›Argo‹. Es war also schon dämmerig, als wir, durch das flache Land gefahren, dort anlangten und auf einem durch das Gras getretenen Uferpfad am Fluß entlang gingen, der dort ziemlich breit ist, beinah ein See zu nennen. Die Ufer sind verschilft, die Wiesen und Kornfelder hören dort auf, und die Landschaft wird Haide und Moor, nur von Sumpfvögeln und Fröschen bevölkert, die des Nachts großen Lärm machen, aber so friedevoll, daß es nicht stört; weite, öde, braune oder schwarzblanke Flächen, aber die Haide fängt nun zu blühen an. Da lag also in dieser Einsamkeit, wo der Himmel noch gläsern leuchtete, dieser lange dunkle Kahn, oben geschlossen mit einem flach gewinkelten Dach, eine Strecke weit vom Ufer entfernt, sodaß wir in einem kleinen Boot hingerudert wurden. Dies tat die starke Materna, eine etwas eigentümliche Person, die für Jason eine Art Bemutterung und übrigens sein Mädchen für Alles ist. Denn sie versteht sich auf Alles, sogar auf den Motor, der die Argo treibt, und auf das Steuern, was freilich nicht schwierig ist, denn der Motor ist klein, und es geht nur ganz langsam, nicht schneller als wenn jemand auf dem Ufer entlang schlendert. Diese starke Materna erschien, nachdem Jason vom Ufer aus nach ihr gerufen hatte, in einer Tür am Ende des Kahns (das heißt, auf der Seite, um exakt zu sein), über dem ein hölzerner Aufbau mit Fenstern ist, um darin zu stehn und zu steuern. Die starke Materna erschien da übergroß –, einen Kopf und mehr größer als ich – wegen zu hoher Beine, wie Jason sagt, ihr Oberleib ist normal –, schwarz gekleidet mit einer weißen Schürze, auch mit schwarzem Haar und dicken schwarzen Brauen; ihr Gesicht ist grauweiß, und da die Augen beinah die gleiche Farbe haben, sind sie kaum zu erkennen, und ihr Gesicht wirkt etwas wie eine Maske. Wenn man den Blick in der Nähe dann sieht, ist er ganz außerordentlich still, so als ob er garnichts wüßte, aber wenn sie spricht, was sie nur selten tut, ist es sehr weich und gleichsam mädchenhaft. Ein sehr einsamer Mensch, sagt Jason, der aus einem geheimnisvollen Grund seines Wesens mit anderen Menschen keine richtige Berührung haben kann und in sich selber lebt wie eine Schnecke oder eine Auster. Sogar zu Jason ist sie in einem Abstand geblieben und lebt so fast ohne zu sprechen für sich allein auf dem Wasser – sie stammt von der Wasserkante – und tut Alles, was Jason sagt, was sie aber auch seit langem von selber weiß. Sie ist unmenschlich stark; später sah ich sie meinen großen Koffer das Ufer entlang tragen, ganz allein auf ihrem Rücken, ich wollte es garnicht glauben. Dies ist aber für Jason sehr nützlich, denn so trägt sie die Kohlensäcke für den Winter und die Benzintanks für den Motor, der auch das elektrische Licht macht, nicht sehr viel, aber Jason brennt meist eine Lampe oder Kerze aus Wachs, sein einziger Luxus, da sie das allersanfteste Licht geben und dazu süß duften. Das Fahren geht, wie schon gesagt, nur sehr langsam, aber das langsame Dahingleiten durch die schweigenden, ausgebreiteten Flächen hin ist grade sehr schön, wohltuend, wenn einer ein Gefühl dafür hat, und Jason hat es natürlich. Aber sogar ich kann es mitunter spüren. Er fährt so den Fluß hinunter und weiter aus einem Fluß in den andern, bisweilen bis in das Meer und bei günstigem Wetter an der Küste entlang und dann in den Dollart hinein oder auf der anderen Seite in die Elbe; auch auf den Kanälen zwischen den Flüssen fährt er.

Stelle Dir nur vor, wie es war, als ich in den Kahn hineinkam. Da war im Heck zuerst eine kleine, blinkende Küche, eine ganz kleine Speisekammer und eine Schlafkammer für die starke Materna auf der anderen Seite eines schmalen kleinen Gangs, auch die Kammer für den Motor und die Akkumulatoren und noch eine für den Ofen; der heizt das Schiff durch ein isoliertes Rohr, wie mir Jason erklärt hat, das im Kielraum bis in den Bug geht mit einer Menge Abzweigungen nach oben hin, die zu vergitterten Luken im Fußboden führen, aus denen die warme Luft aufsteigt. Nun öffnete Jason eine Tür, und ich sah in einen unendlichen, sanft erleuchteten Raum oder Gang hinein, überaus still, in zarten Farben, geheimnisvoll und strenge zugleich. Das kommt daher, daß der Raum in Abständen vielfach von lichtfarbigen Vorhängen aus Glasperlen – oder besser kleinen Glasröhrchen – abgeteilt ist, die in ganz schwachem Gelb und Blau und Grün hintereinander und durcheinander schillern. Aber das Dach darüber, der Fußboden und die Wände sind ganz dunkel, der Fußboden von einem dunkelgrünen, sehr dicken und daher festen, doch weichen Linoleum, und die Wände sind aus Holz, lauter Türen von Schränken, dunkelbraun, aber ganz leise goldschimmernd. Jason hat mir gezeigt, daß sie einfach mit dunkelbraunem Firnis gestrichen sind, in den ein wenig Goldbronze gemischt ist. Er hat das Alles selber gemacht mit seinem Freund und der starken Materna, auch die gläsernen Vorhänge, die das feine farbige Verdämmern in der Ferne bewirken, und die flachen Kästen aus Milchglas für das Licht unter der Decke. Die Vorhänge lassen sich natürlich zur Seite streifen, damit Jason ungehindert seine Wanderungen machen kann; doch es sind noch andere Vorhänge aus verschiedenfarbigem Rupfen da, die gewöhnlich zur Seite gestreift sind, doch mit denen die einzelnen Räume sich abteilen lassen. Mir kamen, als ich diesen Blick in den stillen leuchtenden und zugleich dunkelstrengen Gang tat, die Worte Schillers ins Gedächtnis, von dem Sichpaaren des Strengen mit dem Zarten, sodaß es einen guten Klang giebt. Hier könnte wohl jeder ruhig werden, der Ruhe braucht, muß ich sagen.

Dies ist aber noch nicht Alles. Denn nachdem Jason mir Alles ein bißchen gezeigt und erklärt hatte, drehte er das Licht ab und einen anderen Hebel an, und auf einmal leuchteten aus den langen dunklen Wänden große viereckige Glasscheiben auf, in die Wand eingelassen. Das waren die Vorderseiten von lauter eingebauten Glaskästen – Aquarien, in denen stille grüne Wasserpflanzen stehen und ebenso stille Fische herumschwimmen, nicht nur rote und goldene Karpfen, sondern auch ganz phantastische mit langen Schleiern statt der Schwänze und Flossen, auch possierliche mit aufgemalten Glotzaugen und andre. Da kann man wirklich stundenlang zusehn und solange Alles vergessen – oder man könnte es, denn man darf nicht, weil es nachher um so schlimmer ist. Jason sagt, es sind seine Haustiere, aber es sind noch zwei andre da, ein ganz unbestimmtes, aber stillvergnügtes Hündlein namens Dreibein, weil es beim Mitlaufen am Ufer während der Fahrt sein eines Bein nicht gebraucht, und ein sandfarbener großer Kater, der der starken Materna gehört und Tobias genannt ist – des Hündleins wegen. Schließlich ist da noch eine jüdische Schildkröte, Jasons besondere Freundin, weil sie sich im Augenblick seines Kommens von ihrem Felsen herab in das tiefe Wasser stürzt und mit ihrer gelblichen Vorderseite fast senkrecht darin schwimmend, die Arme über dem Kopf zusammenschlägt, als ob sie sagte: Weigeschrieen! Da sie eine krumme Nase hat, hat eine jüdische Person, die vor langer Zeit einmal hier war, sie als jüdische Schildkröte bezeichnet. (Ich habe den Verdacht, es ist Esther gewesen, die konnte solche Einfälle haben.) Ihr besonders großer Glaskasten ist am anderen Ende oder im Bug des Schiffes auf der einen Seite, über Jasons Bett, das sehr hübsch eingebaut ist, mit einer polierten Platte am Fuß und Kopfende für das Licht und Bücher. Dem Bett gegenüber ist Jasons Schreibtisch, nur eine polierte Holzplatte, zwischen die Schränke eingelassen, und darüber ist das einzige große und breite Fenster. Nun fragst Du noch, wo ich selber schlafe. Das ist einfach so: in einem Raum sind an den Wänden zwei Betten, so wie Jasons eigenes; davor können Vorhänge gezogen werden, sodaß es mit den Quervorhängen schmale Kammern giebt mit noch einem schmalen Gang dazwischen. Und wenn du längere Zeit da bist, draußen immer das Wasser siehst und auch viel darin schwimmst, und auch drinnen das Wasser, in dem die Fische schwimmen, fängst du bald an, ganz wie im Wasser zu leben, abgelöst von der festen Erde.

Also da lebe ich nun, was man leben nennt; da lebt auch unser Jason seit vielen Jahren, kühl und abgelöst, mit dieser starken Materna, aber doch nur wenig allein, denn es kommt oft Besuch, wie ich schon sagte, aber davon erzähle ich Dir ein anderes Mal.

Es umarmt Dich Deine R.

Aus Jasons al Manachs Chronica

am 8. August

Das war ein guter Geist, der mir heute eingab, den jungen Lohmann unverhofft zu fragen, ob er wohl wisse, wohin man den Sigurd Birnbaum verbracht habe. Er zwinkerte gleich mit den Augen und gab dann zu, daß er dort ist, und es war auch die höchste Zeit, daß ich fragte, denn es war Brand in die Wunde getreten, nicht durch Verschulden des Hospitals natürlich, sondern weil Sigurd erst spät in Behandlung genommen war und der Schuß aus so großer Nähe abgegeben, daß Stoffteilchen von Hemd und Anzug tief in den Wundkanal gerissen waren, die sich nicht mehr entfernen ließen. Der junge Lohmann versprach mir, mit seinem Chefarzt zu reden, und kam mir am Nachmittag mit einem zugedrückten Auge entgegen, ließ sich noch einmal versichern, daß auch ich das *métier* gelernt hatte, führte mich dann in sein Zimmer, um mich mit dem Berufsmantel zu bekleiden – der Schwestern wegen – und dann zu Sigurd.

Der war nicht bei Bewußtsein, und es trat dann bei ihm das ein, was ich schon einmal bei einem Fieberkranken erfahren habe, daß er in mir nicht mich sah, sondern eine Person, die vor seinem inneren Auge schwebte, nämlich seine Mutter. Er lag mit geschlossenen Augen, heiß glühend und hohlwangig, doch sein langes Gesicht war schön und auch edel zu nennen, mit der hakigen Nase unter der niedrigen indianischen Stirn, die Wangenknochen vorstehend, sodaß man wohl an einen Lederstrumpf-Unkas denken konnte, wie ihn Renate einmal genannt hat. Dann gingen die schwarzen Augen auf, er sah mich mit einer langsam aufglühenden Freude an und sagte: »Mutter, da bist du? Bist du denn nicht gestorben?« Ich wußte, daß ich Nichts zu erwidern brauchte, er antwortete sich selbst auf die Frage, indem er sie einfach vergaß und fortfuhr, mit einem jetzt ängstlichen Ausdruck zu fragen, warum sie ihn so ansehe. Seine Stimme war unsicher und kindlich geworden, indem er versicherte: »Ich habe es doch nicht getan, Mutter, ich konnte doch nicht, und an dem Herzog bin ich nicht schuld, wirklich nicht, Mutter, das war ganz allein der Andre!« Und so fuhr er weiter fort, sich zu verteidigen, indem er nun wieder zugab, daß er es tun wollte, ja, für seinen Haß könne er nicht, der sei ganz berechtigt, und er habe doch noch einen Versuch gemacht, sei selber zu ihm gegangen, unbewaffnet, ja, um zu sehn, ob er vielleicht doch ein Gewissen hätte. Er wurde immer erregter und fiebriger, machte die Augen zu und bewegte sich hin und her und stieß Beschuldigungen hervor: wie er wieder vor ihm gestanden hätte, in seiner Eleganz und seiner unantastbaren Prinzlichkeit, die Nichts als Verantwortungslosigkeit wäre, und plötzlich: »Esther, Mutter, du kennst doch Esther, und ich weiß doch, wie er sie behandelt hat, erst genommen und dann – wie sie zurückgekommen ist in der letzten Nacht, ganz naß vom Regen, wie ein Hund aus dem Wasser«, und wie sie an ihm vorüber in ihr Zimmer stürzen wollte und geschrieen hatte auf seine Frage: »Du warst bei Georg?« »Ach, der will mich doch garnicht!« und sie hatte gelacht so wie Glas oder Eis lacht; wie er das wieder vor sich gesehn hatte in Georgs Zimmer, da war er entschlossen.

Eine erschöpfte Seele, ein abgejagter, immer im selben Rad sich herumtretender Mensch; aber wir wissen ja, lieber Jason, daß es Nichts ausmacht, ob etwas von außen oder von innen kommt, oder wieviel von außen, wieviel von innen: Innen ist es doch Alles, und so ist es die Wirklichkeit für den Menschen, den sie erfüllt, wenn es die Wahrheit auch nicht ist. Er lag endlich ruhiger, nachdem er mir diese erwünschten Enthüllungen gemacht hatte, die Augen wieder geschlossen, und ich konnte nun wirklich durch seine letzte Mohikanermaske hindurch den kleinen Jungen sehn, der sich vor seiner Mutter verantworten wollte und kein Recht bekam und sich eigensinnig in sich selber zurückzog. Ich legte ihm eine Hand auf den

Kopf und brachte es so zuwege, daß er das Gespenst aus sich ließ und richtig sah, was da war. Also erkannte er mich, als er die Augen wieder aufmachte, und setzte sein damaliges Lächeln auf und sagte. »Sieh da, Jason!« Ich setzte mich auf den Bettrand, damit mein Gesicht in den Schatten käme, denn die Lampe stand hinter mir, und war eine Zeitlang still, um dann die Frage auszusprechen: warum er es dann doch nicht getan hatte? worauf er nun ganz richtig antwortete: »Ja, wie konnte ich denn? Da war doch Magda.« »War es Magdas wegen?« fragte ich, nun erstaunt und recht froh, und er erwiderte: »Natürlich, das machte es doch unmöglich.« Er habe zuerst gemeint, es sei Renate, des Kostüms wegen, das sie angehabt hatte, aber an der Art, wie sie mit Georg untergefaßt ging und zu ihm sprach, war bald zu erkennen, daß es Magda war. Schließlich war dann die Zigeunerin aufgetreten und hatte Magda verletzt; da sah er, daß Alles zu Ende war, und hätte lieber dies Weib erschossen, doch die war gleich davongestürzt, als sie sah, was sie angerichtet hatte. Er sagte dies Alles nicht so geordnet, wie ich es hier aufschreibe, sondern in einem Wirrwarr, hin und her fahrend, und nur durch meine Zwischenfragen weitergeleitet. Schließlich verlor er mich aus dem Gedächtnis und fing an, mit seinem Genossen zu hadern und zu schreien: »Ja, schieß du nur, schieß, auf mich kannst du schießen, weiter kannst du ja Nichts als schießen!« Mir stieg sogleich ein Verdacht auf, sodaß ich ihn fragte, ob er nicht selber sich angeschossen habe, und er erwiderte sogleich: »Ich? Naja, ich hätte es auch tun können, aber er ist es gewesen.«

Oh, oh, was muß ich da wieder ahnen! Schreckliche Dinge, entsetzliche Dinge, aber ich will sie hier noch nicht verlauten, sondern abwarten, bis ich Alles richtig beisammen habe. Es war auch von Sigurd Nichts mehr zu erfahren, er war fort aus der Wirklichkeit in sich selber, und Niemand wird mehr erfahren. Denn als ich von der Tür her noch einmal hinblickte, konnte ich nun sehn, daß sein Gesicht schon anfing grau zu werden und aus dem Tag wegzudämmern. Gott sei ihm gnädig, er war nur schwach und hat doch unermeßlichen Schaden gestiftet.

Ich aber konnte zu Magda gehn und ihr das Tröstliche melden: daß es nicht diese armselige Trunksüchtige war, sondern eine wahre Gefahr, durch die sie ihren Freund mit den Engelshänden hindurchführte. Sie war es auch sehr zufrieden, aber dann konnte sie mir auch etwas sagen, was sie infolge ihrer großen Erregung vergessen hatte; denn es war vorgefallen, als sie noch in der ersten Verzweiflung war. Es hatte sich eine Dame bei ihr melden lassen, die ihren Namen nicht sagen wollte; da hatte sie sich wohl gedacht, wer es sein könnte, und hatte sie hereinkommen lassen, weil ihr schon Alles gleich war. Sehen konnte sie sie nicht, aber sie hörte, wie sie an ihrem Bett niederkniete; dann wurde ihre Hand ergriffen und geküßt, und sie hörte sich um Verzeihung gebeten, worauf sie natürlich versetzte, sie solle nur still schweigen, sie – Magda – wisse schon, daß sie das nicht beabsichtigt habe. Die Fremde hat sie dann noch gebeten, nichts Schlechtes von Georg zu denken oder nur daß er ein Verhältnis mit ihr gehabt hätte, wenn er auch einmal furchtbar roh zu ihr gewesen wäre – wo dann Magda sie unterbrach, daß Alles das sie Nichts anginge und sie Nichts davon wissen wolle. »Aber ihr hätte ich die Augen ausstechen können«, hatte sie dann beinah geschrieen, »ihr doch! Ach, wenn sie es nur wirklich gewesen wäre!« Damit war sie davongegangen.

Schön war ja das nicht, aber es nahm immerhin das letzte Licht von der ganzen Zigeunerin weg, da sie es also garnicht auf Georg abgesehn hatte, sondern auf die vermeinte Renate, Magda also auch nicht Georg vor ihr gerettet hätte, sondern nur sich selber, was die Vorhersagung unmöglich meinen konnte, und so ist das wenigstens im Reinen und Magdas wegen mir eine Genugtuung.

Renate an Magda am 9. August

Meine gute Magda!

Ich will heut mein Versprechen halten, Dir noch mehr von Jason zu erzählen. Für Dich ist es eine Zerstreuung, hoffe ich, und für mich eine angenehme Beschäftigung. Ich tue sonst bald Nichts mehr als schlafen in dieser nicht endenden Sommerhitze, die Alles ausdörrt und erschlafft, und verbringe die Zeit des Nichtschlafens im Wasser, das leider auch lauwarm ist. Sogar die Fische scheinen sich in eine kühlere Gegend verzogen zu haben.

Jason ist auch eine kühle Gegend, und das dürfte eine große Rarität sein, daß ein Mensch, der kühl ist, nicht kalt wirkt, sondern erfrischend, wie er es immer tut. Wir haben ihn freilich niemals richtig zu sehn bekommen, so wie er hier ist, bei sich selbst, wo ich ihn mit nichts Anderem vergleichen kann als mit einer ganz stillen und ganz klaren, dunkel durchsichtigen Wassertiefe. Denn bei uns schlüpfte er immer nur ein und aus wie ein dunkler Schmetterling oder ein Drosselvogel, der uns eine Weise vorpfiff – meistens eine, die uns noch für lange Zeit nachdenklich stimmte – und verschwunden war, ehe wirs uns versahen. Aber das ist seine Art mit Menschen, denen es wohl geht. Bei ihnen erscheint er nur ab und an, um sich zu überzeugen, ob es ihnen gut geht, damit es ihn, wie er sagte, nicht zu sehr überrascht, wenn eines Tages wir bei ihm erscheinen. Denn das tun wir, wenn wir in eine Verwirrung oder Not geraten, auch wenn wir es nicht wissen. Wir erscheinen ihm dann ganz leibhaftig, und wenn er auch gut weiß, daß wir in diesen Fällen nicht aus Stoff gemacht sind, so ist das für ihn nicht von Belang. Deswegen sind wir doch da. Mir fällt dabei ein, was mir der junge Schomerus sagte, bald nachdem er seinen großen Roman angefangen hatte. Seine Menschen sind nun zwar nicht leibhaftig um ihn her, sondern bewegen sich in einer gewissen, unbestimmbaren Entfernung. Aber sie sind in ihren Stuben oder in ihrer Landschaft, oder wo immer sie sich eben aufhalten, ebenso wirklich wie die realen Menschen, seine Freunde und Bekannten, und er sähe absolut nicht ein, sagte er, warum diese unsere materielle Wirklichkeit die einzige und wahre Wirklichkeit sein solle, da der Lebensgehalt in der seinen ebenso stark sei. Dazu sind seine Menschen auf eine nicht erklärbare Weise ihm näher, da er seine wirklichen Freunde und Bekannten niemals sieht, wenn sie allein sind, wie sie sich dann benehmen, wenn sie mit sich selbst sprechen und uneins sind, sich quälen und ratlos ihren inneren Weg ertasten. Die wirklichen Menschen lassen nicht in sich hineinsehen, aber seine Menschen tragen ihr Innerstes offenbar; und wenn er es auch ist, der ihre Charaktere und Schicksale in großen Umrissen festgelegt hat: In jeder Einzelheit, wie sie das leben, haben sie ihre Selbstständigkeit, sodaß er mitunter seine Vorsätze ändern muß, da es nicht selten vorkomme, daß er sich irre und sie Dinge tun lasse, die sie garnicht tun könnten.

Es ist aber wirklich angenehm, so von Dingen zu sprechen, die einen Nichts angehen; man wird ordentlich kühl davon.

Also Jason erscheinen wir in unseren kritischen Zeiten und versuchen, uns zu erklären, hadern mit uns selbst in unserer Ratlosigkeit und sagen: So geht es wirklich nicht weiter. Was soll ich jetzt nur tun? So kann es unmöglich weitergehn. – Du kannst Dir denken, wie peinlich das für ihn sein muß, nicht nur so in uns hineinzusehn, sondern vor allem, daß er die Verwirrung und Hülflosigkeit so deutlich sieht und doch nicht eingreifen und zurechtweisen kann, obgleich er natürlich klar sieht, was für uns das Rechte wäre. Darein kann niemand eingreifen, sagt er, das ist nur bei geäußerten Handlungen erlaubt; das innere Labyrinth ist vor aller Welt nicht umsonst verborgen, und wenn einer auch den schönsten Leitfaden hätte. Denn die geheimen Wege sind festgelegt von der Geburt bis zum Tode, und niemand kann sie ändern. Übrigens hat er dies nur in der früheren Lebenszeit auszustehen gehabt, als ihn fremdes Leiden infolge einer, wie er sagt, hypertrophen Empfindlichkeit fast wie eigenes marterte, unsinnigerweise, denn den Andern brachte es keine Linderung und nur ihm tat es Schaden. Das war also, bevor er sich auf das Wasser zurückzog oder in das Wasser, was aber erst geschehen konnte, nachdem er sozusagen durch und durch gebrannt war, sodaß er sich wie Asche ins Wasser streuen konnte. Es ist Alles wohl ziemlich schauerlich, aber man braucht ja nicht mehr daran zu denken, da es längst vorbei ist. Das war also damals, wie er sich in den Teich gestürzt hat; so wunderlich, sagte er: Die Richtung auf das Wasser hatte er schon genommen, aber die Ausführung war noch verkehrt. Für ihn war es nur so, daß er es nicht mehr aushalten konnte. Denn es kam noch etwas hinzu.

Dies ist sein zweites Gesicht, wie es genannt wird, und Du wirst davon gehört haben. Besonders Menschen, die in einsamen Gegenden leben, haben es. Die überkommt dann die Nötigung ihrer Einsamkeit, mit den Menschen, denen sie verbunden sind, in Verbindung zu treten, so stark, daß sie sie selbst sehen können in starken Augenblicken einer Lebensgefahr oder des Sterbens selbst. So die Menschen in den Bergen und Hochmooren von Schottland oder auf den friesischen Inseln und Halligen; aber auch viele Andere haben es und übrigens meist solche, die ohne Phantasie sind, nüchterne, schlichte, alltägliche Menschen, nur sprechen sie natürlich ungern davon, sodaß man nur selten davon zu hören bekommt. Swedenborg – Du weißt, wer er ist? der große schwedische Naturforscher, der später in seinem Leben ein Mystiker wurde – ist ein berühmtes Beispiel, über das der Philosoph Kant geschrieben hat, wie er einmal in einer Gesellschaft in Göteborg eine Feuersbrunst in Stockholm sah und genau angab, wie sie fortschritt, welche Häuser sie ergriff und wie sie kurz vor seinem eigenen Haus haltmachte.

Nun giebt es aber noch eine besondere Art des Hellsehens, die manche Menschen haben, so auch Jason, die aber besser Dunkelsehen genannt würde. Das ist, daß sie einem Menschen ansehen, wenn er sterben muß, bald oder später, das heißt, wann der Keim des Todes in ihm aufzugehen beginnt, was der einer langen Krankheit sein kann oder der Gedanke des Selbstmordes oder ein Unglücksfall, auf den er schon zugeht. Dies zeigt sich ihnen so, daß der Betreffende grau oder schattenhaft wird und immer mehr verblaßt und allmählich verschwindet und endlich garnicht mehr zu sehn ist. Davon hat mein Vater mir eine Geschichte erzählt, die er selbst erlebt hat, als er in seinen jungen Jahren einmal Hauslehrer auf einem Gut in Livland war. Dort lebte ein Bruder des Gutsbesitzers zurückgezogen in seinem Zimmer, ohne je einen Menschen zu sehn; denn diese Gabe, die er hatte, quälte und erschütterte ihn so, daß er die Menschen mied. Damals nun hatte ein älterer Bruder von Papas Zögling sich mit einem Mädchen verlobt, die auf einem Nachbargut lebte, zwanzig oder dreißig Kilometer entfernt. Die Verlobung war dort gefeiert worden und sollte auf dem Gut des Bräutigams wiederholt werden; die Gäste kamen, da es Winter war, in Schlitten gefahren, so auch die Braut mit ihren drei Schwestern. Der Bräutigam bat nun seinen Onkel, wenigstens für ein paar Minuten zu der Gesellschaft zu kommen, um seine Braut zu sehn; er war schon alt und ließ sich bewegen. Wie er nun in die Tür des Saales trat und seinen Neffen fragte: »Nun, wo ist deine Braut? Zeig sie mir!« erwiderte der: »Da drüben steht sie am Klavier mit ihren drei Schwestern; sie wollen etwas singen.« Darauf drehte der alte Herr sich um und ging fort; denn am Klavier war Niemand zu sehn. Der Schlitten mit den vier Mädchen ist dann bei ihrer Heimfahrt nachts über einen gefrorenen See eingebrochen, da plötzlich Tauwetter eingesetzt hatte, und sie sind alle ertrunken.

Bei Jason zeigte es sich, daß er diese Gabe hatte, das erste

Mal auf sehr traurige Weise, wenn er selbst es damals auch noch nicht begriff. Damals nämlich, als er seine Füße gebrochen hatte, wie er uns einmal erzählte, und viele Wochen danach im Zimmer seiner Mutter auf dem Sofa verbrachte, rief er auf einmal erschrocken: »O Mutter, du siehst ja auf einmal so – so schattenhaft aus!« Er fand nicht gleich das rechte Wort, aber seine Mutter erfuhr da zu gleicher Zeit, daß sie sterben würde und daß ihr Kind die Gabe von ihr geerbt hatte. Er selber hörte dies erst später von seinem Vater, denn für ihn, da er ein Kind war, dauerte es noch längere Zeit, bis er verstand, was er an den Menschen sah. Übrigens ist es, wie er sagt, für ihn etwas leichter dadurch, daß er es nicht allen Menschen ansieht, sondern nur solchen, mit denen er in Berührung gekommen ist. So sah er es zuletzt auch bei Josef.

Ja, mein Kind, für uns, die wir uns für so gefühlvoll und mit zartem Empfinden auch für die Leiden Andrer beseelt hielten, für uns ist eine Empfindlichkeit wie die Jasons nicht vorstellbar, und sie muß auch wohl von einer vollständig anderen Art sein, so als ob er ein eigenes Organ hätte, eine besondere Membran, die auf Schwingungen reagiert, die für uns jenseits liegen, so wie die ultravioletten Strahlen, die unser Auge nicht sieht. Aber wie er darunter gelitten haben muß, kannst Du noch besser nachfühlen als ich (wenigstens zur Zeit, früher hätte ich es auch wohl gekonnt, doch nun bin ich ein Totes, wie ein verkohltes Stück Holz). Bis dann für ihn die gute Fügung kam, daß er sich vom festen Boden ablöste und in das leichtere Element tauchte, sodaß es ihn mit seiner Kühle und Klärung durchdrang. (NB: Dir wird klar sein, daß ich oft seine eigenen Worte gebrauche, mir selbst ist die Sprache auch eingeschrumpft, aber ich kann nicht jedesmal angeben, ob ein Wort grade von ihm ist.) Denn was uns miteinander verbindet – sagt er –, ist der Stoff, aus dem wir und Alles gemacht sind; wenn wir nicht stofflich wären, nur Seelen oder Geister, so wäre jeder von uns für sich allein und hätte keine Wahrnehmung vom Andern. Darum auch nur, weil wir stofflich sind, können wir gewissen Menschen, die dafür befähigt sind, in unseren Gestalten erscheinen, so wie wir in dem Augenblick eben sind. Seine Wasserhaltigkeit, sagt Jason, habe ihm die Kühle gegeben, sodaß er es sich nicht mehr anfechten läßt und einfach betrachtet und sich nur beunruhigt, wenn es nötig ist. So erzählte er mir auch, daß er Georg gesehn hat – ohne eben in Unruhe zu geraten – am Nachmittag des letzten Juli einmal, wie er in einem leichten Flanellanzug neben einem Telegraphenpfahl stand und auf einen Revolver in seiner Hand starrte; da war er nur eben von dem Gedanken des Todes gestreift wie vom Schatten eines Schmetterlings. Und am Abend hat er ihn bald eine Stunde lang in einem Halbdunkel immer wieder aus einer undeutlichen Menschenmenge auftauchen sehn; das war also, wie er mit Dir im Großen Garten war und Sigurd hinter Euch herging.

Ein Element, das wir nicht kennen, sagt Jason, ein todhaltiges Element der Zerstörung, ist durch die Atmosphäre verbreitet, in der wir leben, und dringt in uns ein, wenn die Stunde gekommen ist, die uns dafür empfänglich macht; und mancher kann das bei Anderen wittern.

Nun weißt Du von Jason Alles, was ich weiß. Da er selber so leicht ist, war es mir auch leicht, davon zu schreiben.

Auch dies fällt mir noch ein, was er sagte:

Der Mensch, der in Leid gerät, ist wie ein eiserner Topf voll Wasser, der im Feuer steht; das Eisen wird glühend, das Wasser fängt an zu glühen, die Luft im Waser steht Todesängste aus, um hinauszukommen, und wirft wilde Blasen, wird zu Dampf und sprudelt Alles über den Rand. Wer kann helfen, als wer eine Hand von Asbest hat und den Topf angreifen kann und aus dem Feuer nehmen? Wenn einer die Hand nicht hat, kann er dem Topf nicht helfen, auch wenn er selber vor Mitgefühl überkocht. Was allein helfen kann, bei Häuserbrand, Fieberbrand und Leidensbrand, ist kühle Besonnenheit.

Und ein andermal sagte er:
Erinnerst du dich der Geschichte von den drei Männern im Feuerofen, die sangen? Kühl und glorreich standen sie in der Glut und sangen die Lobgesänge. Was hat sie so unverbrennlich gemacht? Hat die Glut nicht an sie herangekonnt infolge göttlichen Eingreifens? Das wäre wohl nur eine Art himmlicher Taschenspielerei gewesen, eine Gaukelei, die wir weder Gott noch den Engeln und den Heiligen zutrauen können. Es ist daher anzunehmen, daß sie zwar verzehrt wurden von der Glut, aber eine Unverbrennlichkeit in sich hatten, wodurch sich der Schmerz in Gesang verwandelte. Das war bei diesen Heiligen die Gewißheit Gottes, mit der sie so durchtränkt waren, letzte Kühle erreichten und den himmlischen Laut, der uns wie Gesang ertönt. Für uns Andere ist das Ganze ein Gleichnis dafür, was wir werden können, wenn wir auf unsre Art brennen.

Damit Lebewohl für heute. R.

PS. Dies Gedicht gab mir Jason zum Abschreiben für Dich; es stammt noch aus seiner alten Zeit, als er selber noch längst nicht war, was darinsteht.

Wenn die Sterbensangst verging,
Wird dir leicht und lau,
Leichter als ein Schmetterling,
Kühler als der Tau.

Standest du so tief gebeugt,
Von der Last beschwert,
Sieh, wie da der Schmerz entfleucht
Und zum Himmel fährt.

Endlich bist du ausgebrannt,
Asche, sie verfliegt,
Übrig blieb ein Faltertand,
Der im Wind sich wiegt.

Renate an Magda am 10. August.

Meine gute Magda –

Heute nacht bin ich mit Jason über Josefs Grab gefahren, in das er ihn gelegt hat. Jason sagt, ich dürfte es Dir schreiben, da Du wüßtest, daß er nicht mehr am Leben ist, und mir macht es Nichts aus, im Gegenteil, ich habe wieder etwas zu schreiben, nachdem ich schon Nichts mehr wußte. Jason hat sich durch Zeichen am Ufer die Stelle gemerkt, wo er und die starke Materna ihn in das Wasser gesenkt haben, das heißt natürlich nicht ihn, Josef, sondern das, was er selber das Dunkle genannt hat. Daß er nun unter dem Wasser liegt, war mir sehr merkwürdig wegen bestimmter letzter Worte, die ich ihn kurz vor seinem Tod habe sprechen hören und in meinem Gedächtnis wieder gefunden. Da sagte er, daß wir Wasser wären, nur Wellen, gleitend und fließend, entstehend und schon vergangen. Aber von dem König Ech-en-Aton, vor dem er saß, sagte er, daß er aus dem ›dämmrigen Strom‹ aufgetaucht wäre, ›den reinen Spiegel an der Stirn‹, und er nannte ihn einen Delphin des Lichts, weil er wußte, daß er auf der Erde nur war, weil er mußte, aber nicht weil er wollte; und ich glaube beinah, so war es in Wahrheit mit Josef auch, wenigstens zuletzt; da wollte er nicht mehr.

Die Nacht, durch die wir im kleinen Boot fuhren, war ohne Mond, aber unermeßlich reich an Sternen, wie diese Augustnächte sind, und immerfort konnte ich Sternschnuppen fallen sehn in ihren schönen plötzlichen Bogen. So ist er auch gefallen, ja, ich kann das jetzt Alles ganz ruhig sehn; das Letzte, was er tat, war in einem schönen Bogen zu fallen – nun, das war vielleicht nicht viel – und es war doch viel, wenn auch aus einem Grunde, den Josef vielleicht garnicht gewußt hat, aber darauf kommt es nicht an. Denn ich glaube, meine Augen werden niemals etwas so – ich kann das Wort nicht schreiben –

etwas so – ich will sagen, etwas so Schändliches sehn wie den Schlag, der ihn traf. Er hat nicht aufgehört, mich zu quälen, bis mich Jason davon befreit hat, und nun kann ich ihn auch ansehn. Aber sein Sturz war so schön wie der Sturz eines Sterns, das kann ich jetzt erst sehn, und daß ihm der Schlag das nicht nehmen konnte. Ich habe gesehen, wie er den furchtbaren Schlag empfing und aus der Betäubung sich herausriß und mit dem Tod vor den Augen sich selbst in die Tiefe stürzte und bis in seinen letzten Augenblick blieb, der er war. Ich habe es Jason gesagt, und der versetzte ein wenig traurig, es sei leider wahr, daß schöne Dinge zerschlagen werden könnten und immer wieder zerschlagen würden; daß aber das Schöne selbst unberührbar und ewig sei, weil es der Mensch nicht erfunden habe. Denn es sei zu sehn an jeder Muschel und jedem Falter, am Kolibri wie an der Radiolarie schon, wie am menschlichen Antlitz, überall Gottes Siegel aufgeprägt, die zu seinem Heil der Mensch lesen lernte.

Die Tiefen der Flut um uns her waren so klar, daß sie mit dem ganzen Reichtum des Firmaments ausgefüllt waren und man glaubte, sie mit dem Ruder herausschöpfen zu können. Ich mußte zu Jason sagen, daß es doch traurig wäre, nicht zu wissen, wo er jetzt ist, und er antwortete mir darauf, daß man das freilich so genau nicht wissen könnte, weil es ganz von Josef selbst abhinge, wo und wie er sich jetzt befände. Ich konnte das nicht verstehn, und er erzählte mir dann, wie er und Josef zusammen sich einmal klar darüber geworden wären, wie das sein würde – soweit das zu erkennen möglich sei, sagte Jason, durch unser logisches Schließen.

Er erklärte mir dann erst, daß die Vorstellung, die wir gemeinhin haben, nicht richtig sein könnte: daß nämlich die Seele nach dem Verlassen ihres Sarges, wie Plato den Körper genannt habe, sogleich in die Freiheit hinaus träte und vollkommen erlöst wäre, was wir die Seligkeit nennen. Sie hat doch, sagte er, ihr ganzes Leben in und mit diesem Körper verbracht, war auf das Allerengste mit ihm verbunden, nein, so gänzlich verschmolzen, daß es wie Ein Stück war durch und durch, Leib, Seele und Geist, eine unlösbare Dreieinigkeit. Nun, ebenso wie ein Mensch, der aus seiner Heimat vertrieben wurde, krank vom Heimweh wird und solche Leiden aussteht, daß manche fast daran sterben, manche es auch wirklich tun, die primitiveren Menschen, die noch mehr als wir in ihren Seelen leben, als in ihren Körpern, nicht anders kann es auch mit unserer Seele sein, wenn sie den Körper verlassen hat, was sie im Allgemeinen doch nur äußerst ungern tut, denn er ist ihr im großen Ganzen doch eine gute und liebe Heimat gewesen. Sehr muß sie also sich quälen und sich nicht im Geringsten erlöst fühlen; das weiß am Besten die katholische Kirche, die aus diesen Qualen der Seele das Fegefeuer gebildet hat, mag sie es auch mit ausgesuchten Höllenfoltern vielleicht zu reich ausgestattet haben, aber so will es die menschliche Phantasie – und was wissen wir? Wie dem auch sei, hängt es also von jeder Seele ab, wie es ihr nach dem Tode ergehen wird, wo sie also noch fortfährt, an ihrem Leib und Leben zu hängen, so wie ein Heimwehkranker beständig die Heimat und Alles was dort ist qualvoll vor seinen Augen hat! So lebt sie noch fort in dem Allen, lebt immer wieder Alles, das Gute und das Böse, und natürlich hat alles Böse, das sie angerichtet hat und nicht wieder gut machen kann, nun die Oberhand, auch wenn es noch so gering ist, oft nur ein unterlassenes Gutes, das aber grausige Folgen hatte.

Nun kommt es darauf an, wie die einzelne Seele im großen Ganzen beschaffen ist, sprach Jason weiter, womit er sagen wollte, welchen Anteil an ihr das Kalte, Dunkle hatte oder das Warme, Lichte. Wenn zum Beispiel das Warme und Lichte bei ihren Lebzeiten überwog, so wird es nicht lange dauern – ja, wie lange dies Alles dauert, unterbrach er sich hier, das ist unmöglich zu wissen. Es kann zehntausend Jahre dauern, hunderttausend Jahre, und das meinen die Menschen, die an das Fegefeuer glauben, was sie aber tun, weil sie eine sonderbare Lust an Qual und Leiden haben und sich nicht genug daran tun können. Das weiß Gott allein, vor dem, wie man sagt, tausend Jahre nur wie ein Tag sind. Also bei einer sehr warmen, sehr lichten Seele wird das Licht und die Wärme überhandnehmen; diese Seelen werden durchglüht und durchleuchtet werden und so vielleicht das, was wir Engel nennen, wo sie dann Alles vergessen haben bis auf das Gute, Wahre und Schöne. Die Seelen aber, bei denen das Kalte und Dunkle zuviel war, die werden immer kälter und finsterer werden und zuletzt ganz ausfrieren. Sind sie dann vom Frost aufgezehrt, so werden sie ein Verlangen und eine Gier nach Wärme haben, sodaß sie am liebsten in lebenswarme Körper hineinkriechen möchten. Weil sie das nicht können, sind sie zu Dämonen geworden, die sich an solche Menschen hängen, die besonders warm sind, sollte man meinen; vielleicht aber auch an solche, die nur wenig Wärme haben, weil sie sie ihnen leichter entziehen können; darüber werden wir keine Entscheidung treffen können. Die Dämonen machen das, wie es scheint, oft geschickt, vermittels solcher Menschen, die selber in ungewissem Zustand sind und mit denen zusammen sie sich an warme Lichtmenschen hängen.

Die große Mehrzahl der Menschen, sagte Jason, ist ja nicht mit starkem Empfinden oder großen Leidenschaften ausgestattet, und so einfach wie es ihnen hier erging, wird es auch nachher ergehen. Am schlimmsten, meinte er, seien diejenigen dran, die zwar Energieen in sich hätten, doch nicht sich entscheiden könnten, wie auch Dante die lauen Seelen beschrieben hat, die um die Pforten umherflattern müssen und nirgends Zulassung finden. Und sie werden besonders dann leiden, wenn sie durch ihre eigene Entschlußlosigkeit großes Unheil verursacht haben. Und dies, meinte er, würde wohl Sigurds Schicksal sein.

Mich wollte da zuerst eine Bangnis überkommen, weil es

mir so schien, als ob Josef auch sich im Grunde nicht hat entscheiden können. Allein Jason war in dieser Beziehung unbesorgt und sagte: Josef – nein, der hat es schon richtig gewußt; er hat nur die Wand nicht durchbrechen können, wenn er auch wußte, daß in Wirklichkeit gar keine Wand da war. Aber zuletzt ist es ihm klar geworden. Jason sagte, er habe es deutlich gesehn, wie ihm Josef erschienen ist in seiner Todesstunde; da sei sein Gesicht wieder ganz gewesen. Und ich habe es auch gesehn, keine Stunde vorher, als wir zusammen das Präludium spielten. Da war er schon vollkommen.

Lebe wohl! R.

Aus Jason al Manachs Chronik

am 13. Aug.

Von dem jungen Lohmann erfuhr ich heute, daß Sigurd nicht mehr am Leben ist, schon seit einigen Tagen: er hatte gedacht, ich wüßte es aus den Zeitungen. Da liegt er nun wohl auf dem jüdischen Friedhof, und die Gemeinde wird ihm kaum einen Grabstein setzen, und es ist nur natürlich, daß mein Gedächtnis die Verse seines Dichters zutage fördert:

Keine Klage wird man singen,
Keinen Kaddosch wird man sagen –

und das dürfte genug sein.

★

Ich komme nun dazu, dieser Chronik das ganze Zubehör – menschlich, unmenschlich und tatsächlich – zum Tode des guten Mannes einzuverleiben. Ich tue es ungern, ja unwillig, und nur aus Pflicht gegen das Unternehmen dieser Chronik; denn das Tatsächliche, wenn es seine Erledigung gefunden hat, ist uninteressant, das Menschliche ist sehr gering und auch das Unmenschliche eigentümlich wertlos. Obendrein ist es mit Schwierigkeit verbunden, denn ich muß es aus den Fetzen zusammenstücken, wie sie aus den unterschiedlichen Mündern Sigurds, Saint-Georges', auch Josefs und des Attentäters mir zu Ohren gekommen sind. Dieser selbst lehnte es ab, mir Auskünfte über seine Person und den Hergang zu erteilen, da er sie zum Überdruß bei seinen Vernehmungen wiederholt habe und ich sie den Zeitungen entnehmen könne; da ich dies versäumt hatte, mußte ich nachträglich Saint-Georges als Quelle benutzen. Mit dem Mann, der sich Gori nennt, sprach ich nur eine halbe Stunde und fast nur über Sigurd.

Den von seinem Urlaub zurückgekehrten Pfarrer Nikolai, um sachgemäß und von vorn anzufangen, kannte ich, wenn auch nur flüchtig und nicht in seiner Eigenschaft als Pfarrer, sondern als Verfasser einiger hübscher Bücher mit phantastischen Erzählungen für Kinder. Ein Mann, dessen Gesicht größtenteils aus einem dickbuschigen roten Schnurrbart, so wie der Nietzsches war, besteht, mit einem bißchen magern Gesicht dahinter und tief liegenden und auch tief blickenden Augen. Mich mit ihm zu einem Häftling zu nehmen, erklärte er für nicht so schwer wie zu eben diesem, der von Geburt einem andern Bekenntnis angehört, aus Überzeugung jedoch keinem. Er wollte es indes versuchen – und es gelang auch – und legte mir nur die Bedingung auf, mir von seinem Innenleben soviel mitzuteilen, wie ich erfahren würde; eine Bedingung, die ich leider nicht erfüllen konnte, denn er hatte keins. Aber auch über dies Nichthaben konnte ich mit dem Pfarrer ein paar Worte wechseln.

Ich sehe den Menschen nun wieder in der nicht ganz unwohnlichen Zelle sitzen, die ein richtiges Fenster hatte, nur daß es vergittert war, neben dem Tisch, der darunter stand, so daß er einen Ellbogen auf der Tischkante hatte, den andern auf der Lehne seines Stuhls – eine Haltung, die er nicht aufgab, solange er mit mir sprach, so als ob er sie gewohnheitsgemäß an sich hatte und nicht mehr bemerkte – eine der langen russischen Zigaretten nach der andern rauchend, die aus Pappröhren mit wenig Tabak darin bestehen. Ich hatte ihm aus Höflichkeit solche mitgebracht, und er dankte es mir, da er nicht genug davon für sein Bedürfnis erhielt. Da ich seine Muttersprache redete, hatte er Nichts dagegen, sich eine Weile mit mir zu unterhalten. Er war in einem dunklen Anzug, ein Mann, nicht größer als ich, aber überaus breit mit langen Armen und einem gewaltigen Brustkasten wie bei einem Gorilla. Wie animalische Rückerinnerungen bei solchen Menschen nicht selten sind, hatte er auch die starken und buschigen Augenwülste und eine etwas aufgestülpte flache Nase; das breite Gesicht war grau, das Kinn von einem krausen schwarzen Bart eingefaßt, aber die Augen, die steingrau waren, hatten nicht nur diese Menschenfarbe, sondern auch einen solchen Blick, der stets angenehm, um nicht zu sagen, freundlich wurde, wenn er sich auf mich richtete, aber sogleich erstarrte und wie Eis wurde, wenn er vor sich hinsah. Das Urteil über ihn ist noch in der Schwebe, ich hätte es ihm sonst angesehn.

Er nennt sich also Gori und ist – wie ich dann von Saint-Georges erfuhr – vom Vater her deutscher, von der Mutter her georgischer Abkunft. Der Großvater war Zollbeamter an der österreichischen Grenze; der Vater studierte dank eines Wohltäters, der nach einer journalistischen Version sein wirklicher Vater war, auf den Geistlichen hin, ging als Hauslehrer, von Unruhe im Blut getrieben, nach Rußland, wurde bald in revolutionäre Umtriebe verwickelt, verhaftet und deportiert, und starb, kaum ein Jahr, nachdem er ein georgisches Mädchen geheiratet hatte, an der Schwindsucht. Seinem nachgebornen Sohn blieb die deutsche Sprache daher unbekannt. Man kann annehmen, daß er das Element der Rebellion von seinem Vater ererbte, denn er verließ das Priesterseminar, das er besuchte, sobald sein Intellekt reif genug war, die nötigen Grundbegriffe zu erfassen. Er lebte von da an in verschiedenen Städten von eben so viel Arbeit – körperlicher oder halbintellektueller Art wie das Abschreiben von Artikeln und Aufsätzen oder nur von Adressen oder auch das geheime Drucken –, wie für seinen Lebensunterhalt ausreichte. Auf diese Weise war er sechsundzwanzig Jahre alt geworden, aussehend wie zehn Jahr mehr, nach Charakter und Intelligenz fünfzehn Jahre weniger, nur daß ein Gran Aktivität oder Willenskraft hinzuzurechnen ist.

Seine Wirkung auf mich war alsbald so, daß ich nicht ihn mehr sah, sondern mich allein befand – nur eine redende, übrigens tiefe und wohlklingende Stimme im Ohr – in einem unterirdischen, eisigkalten Kellerraum mit vier Ziegelsteinwänden, schwach erleuchtet von einer elektrischen Lampe unter der Decke. Das war dieses Mannes Inneres, und ich brauchte dem Nichts hinzuzufügen zu meinem eignen Bedürfnis, wenn ich nicht damit rechnete, daß diese Aufzeichnungen einmal von einem oder dem andern wißbegierigen Menschen zu seinem Nutzen, hoff ich, gelesen werden. So will ich denn noch hinzufügen:

Dieser Mann war unwissend und gleichgültig. Das Wort Gleichgültigkeit auszusprechen ist aber schon zuviel, da es für den, der es vernimmt, eine Haltung bezeichnet. Aber die vollkommene Gleichgültigkeit ist oder hat keine Haltung, da sie überhaupt Nichts wahrnimmt, sich daher gegen Nichts richtet, wie es uns doch vorkommt, wenn wir sagen: er ist gleichgültig gegen dies oder jenes. Und wenn ich nun anfinge zu sagen, was Alles dieser Mensch nicht sieht oder weiß, mit Glaube, Liebe, Hoffnung, Gott, Wahrheit, Güte, und weiterginge zu Ehrgeiz, Streben, Hoffen, Wünschen und weiter zu Liebenswürdigkeit, Entgegenkommen, Rücksicht, so würde ich kein Ende finden und ins Uferlose davontreiben in der Welt des menschlichen Betreibens, der Berufe, der Künste, Wissenschaften – was es auch immer sei: er wußte und weiß von alledem nicht das Geringste, oder wenn jemals etwas davon seinen Sinn streifte, so hatte es für ihn so wenig Bedeutung wie ein Wolkenschatten. Er ging durch das Leben und Weben der anderen Menschen hin, ohne soviel davon wahrzunehmen wie die Luft, die er einatmet. Seine Lebenszeit war so wie ein einziger Tag daraus, mit dem Schlafen, Essen, Trinken, Rauchen, Arbeiten und Verbringen der übrigen Zeit in der Gesellschaft seiner Gesinnungsgenossen, indem er sie über ein und dieselben Dinge immer wieder auf etwas andere Weise reden hörte und dies oder jenes Wort selbst dazu sagte.

Ist dies also der Kellerraum, so käme nun das schwache elektrische Licht, das sich durch das Bekanntwerden mit den Theorieen des Marxismus in ihm entzündete vermittels der zu diesem Zweck verbreiteten Belehrungsschriften, denn auch hier wußte er Nichts von den Quellen und kannte, als ich ihn fragte, auch nicht das berühmte Manifest, außer vom Hörensagen. Der Pfarrer Nikolai meinte, als ich mit ihm darüber sprach, ihm komme dieses vor wie der ›große Rauch‹, wie der chinesische Kuli das Opium nennt, allerbilligster Art, eben ›Opium für das Volk‹, die Lehrsätze, Dogmen und Schlagworte der kommunistischen ›frohen Botschaft‹. Er fragte mich neckisch, ob ich wohl die Schlußworte dieses berühmten Manifests wüßte, und da mein omnipotentes Gedächtnis ihm mit den Sätzen dienen konnte: ›Ihr habt Nichts zu verlieren als eure Ketten und eine Welt zu gewinnen. Proletarier aller Länder, vereinigt euch!‹ fragte er, ob das nicht eine ganz gute Nachahmung wäre, da es doch ebensogut heißen könnte: ›Ihr habt Nichts zu verlieren als euren Leib und die Seligkeit zu gewinnen. Gläubige aller Völker, vereinigt euch!‹ Ein ganz gerissener Mann, dieser Pfarrer Nikolai.

Was also bei anderen Menschen der Charakter ist, bestand bei ihm allein aus diesen beiden, der absoluten Gleichgültigkeit gegen schlechterdings Alles, was nicht revolutionärer Sozialismus war, und diesem selbst. Dazu das schon erwähnte Gran von Vitalität, das ihn bereit machte, etwas dafür zu tun, gleichgültig was, bis zum Mord, der für ihn Nichts weiter war als eine nötig gewordene Handlung, nebst der von ihm zu leistenden entsprechenden Bezahlung dafür.

Der Pfarrer summierte das Ganze zu einem männlichen Säugetier mit der Intelligenz eines elfjährigen Kindes, in moralischer Hinsicht eines dreijährigen, und wir kamen überein, daß es der Welt schlimm gehen würde, sollte es mehr dergleichen geben, zumal wenn sie noch mit dieser und jener Eigenschaft wie Willensstärke, Fanatismus oder auch Redekunst begabt wären. Leider muß es wohl mehr davon geben, die, unter der Oberfläche lebend, von einer Woge emporgespült werden in Sturmzeiten, wie es vor hundert Jahren war, als sie Robespierre, Marat und Danton hießen.

Nun, und da Nichts in einem menschlichen Wesen nicht sein kann, so war auch die Substanz dieses Lebewesens nicht vollständig eigenschaftslos. So besaß er Menschenkenntnis und setzte Saint-Georges in Erstaunen – der selber, zugegebenermaßen, nur sehr wenig davon besitzt; die Kenntnis der Menschlichkeit, die er besitzt, ließ sie anscheinend nicht aufkommen – durch die einfache Definition Sigurds als eines Menschen, der von einem Trick lebt. Sigurd, sagte er, sei tatsächlich nur ein besonders intelligenter und fleißiger, auch liebenswürdiger und hülfsbereiter Mensch gewesen, der als solcher schlicht hätte leben können; er hatte jedoch dazu den Tick dieses Tricks, jedem seiner Bekannten mitteilen zu müssen, daß er ganz wertlos sei, die Unbedeutendheit selbst, ein zu Nichts brauchbarer, ungenießbarer Brocken, wofür er dann stets Ungläubigkeit und erstaunten Widerspruch erntete. Er aber fuhr ungerührt fort, auf seinem Punkt zu verharren, und es konnten, wie Saint-Georges sich erinnerte, halbe Nächte vergehen, während er und Andere auf den stoischen Armen einsprachen, um ihn zu überzeugen, daß er ein sybaritischer Reicher sei. Dies war Sigurds Art des Lebensgenusses, wobei durchaus nicht entschieden werden konnte, ob er sich selbst nun für arm oder reich ansah; er war irgendwie entscheidungslos Beides. Leider nur, wie wir schmerzlich zu sehn bekamen, war es nicht Alles, und es muß wohl die Fata Morgana einer schimmernden Tat oder Leistung vor ihm geschwebt haben, aus der er das Maß seiner Wertlosigkeit bezog, da er sie zuletzt zwar erkannte, aber nicht vermochte.

Endlich, so kämen wir denn wollend, nicht wollend, zu dem unvermeindlichen

Tatbestand

Als Sigurd in Odessa der terroristischen Gruppe sich zugesellte und seinen Plan ihnen vortrug, konnte weder der persönliche Antrieb dazu noch die flackrige Unkraft seiner Persönlichkeit ihnen verborgen bleiben; doch war jener ihnen gleichgültig und wurde durch seine Bekanntschaft mit der Person und der Örtlichkeit aufgewogen, und diese ließ sich durch einen Begleiter aufwiegen, der an seine Stelle zu treten hatte, wenn er versagen würde.

Aber diesen Leuten entschwand er dann, möglicherweise, ja wahrscheinlicherweise, um auf diese Art dem selbst angelegten Verhängnis in die Schweiz zu entflüchten; es kam ihm aber nach in der Gestalt des Mannes Gori, der bei einer Massenverhaftung entkam und in der Schweiz wieder ergriff, was ihm in Rußland entgangen war. Sie fanden indes in der Schweiz nach der Aussage des unwilligen Gori nicht die erwartete Aufmunterung; die dort lebenden Flüchtlinge wären, so sagte er, theoretisch verkapselt, keine energiebeseelten Terroristen gewesen, die von einer vereinzelten Tat sich Nichts versprachen, sondern nur an zukünftige Massenerhebung glaubten.

Sie beschlossen daher, auf eigene Faust und Gefahr zu handeln. Es kam hinzu, daß die Dinge in Deutschland sich inzwischen ins Ungewisse verschoben. Doch als sie wieder akut wurden, brachen sie auf, der Eine nur ein Mitgerissener seines haltlosen Unterfangens, das nicht er selbst, sondern der Andere weitertrieb – was diesem auch nicht entging; und dieser Andre daher entschlossen, jedenfalls etwas zu tun, was auch immer sich bieten würde. Also Sohn oder Vater waren ihm gleich, und wer der wichtigere der Beiden war, darüber war man schon in Rußland unentschieden gewesen.

An Ort und Stelle fanden sie, wie Saint-Georges bemerkte, Alles zu ihrer Bequemlichkeit hergerichtet, wie Georg es zu seiner Bequemlichkeit eingerichtet hatte. Da war die Sternwarte – nun ja, der Ort, von dem aus einmal ein mystischer Greis auf seine Weise mit dem Universum in Verbindung getreten war, den Wandel der Planeten betrachtend, eine über die Erde erhobene, um nicht zu sagen überirdische Stätte; sie wurde nun das Quartier für diese unterirdischen Leute. Denn Sigurd wußte, daß ihre oberen Stockwerke niemals betreten wurden, und er bestand trotz allen Widerspruchs seines Gefährten darauf, dort sein Quartier zu nehmen, um immer an Ort und Stelle zu sein, anscheinend aus dieser Atmosphäre eine Kräftigung oder Befeuerung seiner Gefühle ziehend. Sei hier erwähnt, daß sie das Gebäude nur von dem Garten hinter dem Schloß aus betraten, der von einer leicht übersteiglichen Mauer abgeschlossen ist. Das Gebäude, ursprünglich für sich allein gelegen, war von Georg durch eine zwischengebaute Garage und zwei Torbögen zu ihren Seiten mit dem Haus verbunden, so zwar, daß er aus der Tür seines Eßzimmers unter dem Bogen hinweg die Garage durch eine Seitentür bequemlich betreten konnte. Auch die Sternwarte hatte ihre Tür auf der zum Hause gewandten Seite unter dem andern Bogen, doch hatte Georg, als er sein Reitpferd darin unterbrachte, für dieses eine Ausgangstür auf der gegenüberliegenden Seite ausbrechen lassen, die wie alle andern unverschlossen war. Neben dem Pferdestall war auch eine Kammer für den Knecht eingebaut, die aber von ihm nicht benutzt wurde, da es sich im ersten Winter ergab, daß er besser mit dem übrigen Schloßpersonal in der geheizten Mansarde wohnte. Die Zeiten des Fütterns, Striegelns und des morgendlichen Ausreitens waren den Beiden bald bekannt. Sigurd entfernte die obere Bettmatratze und die vorhandenen Decken aus dieser Kammer und machte sich oben daraus ein Lager, das er am Tage unter der Treppe verbarg. Doch hätte ihm dies sehr zur Gefahr werden können, da Georg am letzten Juli einen Teil der Nacht auf der Sternwarte verbrachte, wie Saint-Georges durch Josef wußte, der ihm dort durch Magda und andere Musikanten eine Serenade bringen ließ, um auf diese Weise Zugang zu ihm zu erhalten. Ich will aber die verschiedenen Versuche Josefs zur Vereitelung des Anschlags, da sie vergeblich blieben, aus dieser Beschreibung fortlassen.

NB: das Haus wurde nur in den letzten Tagen polizeilich überwacht und nur auf der Vorderseite und auf eine nur formale, nachlässige Weise – denn wer konnte ein Attentat befürchten, geschweige, daß die Attentäter schon drinnen waren? –, indem die Türen oder die zu ihnen führenden Wege bewacht wurden.

Der Anschlag wurde für die Tage der Feierlichkeiten geplant, um den Schrecken in gehöriger Weise mit dem Glanz zu bekleiden; und zwar wollte Sigurd seinem Feind bei einem Verlassen des Hauses oder bei einer Rückkehr entgegentreten. Ihn im Schlaf zu überfallen wäre ein Leichtes gewesen, aber davon hat Sigurd Nichts wissen wollen – immerhin.

Allein am letzten Tag erfuhren die Beiden einen Schlag durch eine Zeitungsnotiz, welche die Fertigstellung der für Georg hergerichteten Räume im Stadtschloß meldete, sodaß die Übersiedlung jederzeit stattfinden könne, doch war kein bestimmtes Datum angegeben. Das natürlich mußten sie unbedingt haben; aber es war, ehe sie sich darüber klar werden konnten, in dieser Nacht, daß Sigurd bei seiner nächtlichen Ankunft von der Serenade überrascht wurde. Diese nötigte ihn zwar, die Nacht lieber in dem kleinen Hotelzimmer seines

Genossen zu verbringen, doch schlossen sie, daß Georg den nächsten Tag noch anwesend sein würde. Als einziges Auskunftsmittel fanden sie endlich nur das, Georg selbst zu fragen, was Sigurd durch einen Besuch erreichen zu können glaubte und was ihm in der Tat auch gelang, sogar ohne Befragen Georgs. Denn in seinem Zimmer, das er am Nachmittag betrat, sah er, groß und lesbar genug, den gedruckten Tagesplan Georgs vom Kaminsims herabhängen, unter eine Blumenvase eingeklemmt. Und er las darauf, von Georgs eigener Hand nachträglich hineingeschrieben, den Vermerk für die neunte Stunde: ›Mit A. zum Feuerwerk.‹

Hieraus schlossen sie zwar fälschlich, daß Georg auch die nächste Nacht anwesend sein würde, aber dieser sein Besuch des Feuerwerks schien ihnen mit dem Halbdunkel im Park und der Menschenmenge die beste Gelegenheit zu bieten, sich ungesehn an ihn zu machen.

Wer A. sein konnte, wußten sie nicht und errieten sie nicht. Auch ich hörte erst von Saint-Georges, daß Magda zuweilen von Georg Anna genannt wurde, mit ihrem zweiten Namen. Indes kam Sigurd darauf, daß es Adjutant heißen solle, denn gewiß würde Georg einen Begleiter haben. Mit einem solchen war aber immer zu rechnen – oder doch einem Lakai oder Chauffeur in der nächsten Nähe –, aber auch er war bei der eben beschriebenen Situation im Park weniger zu fürchten.

Hier will ich einflechten, daß Sigurd, wie aus den Aussagen des Gori zu schließen, diesen nicht zum Mitwisser seiner persönlichen Angelegenheiten, wie seiner Verbindung mit Renate, gemacht hat. Sie trennten sich am Spätnachmittag des letzten Juli mit der Verabredung, daß der Gori Sigurd unter der Mauer des Gartens erwarten würde, um zu erfahren, wie die Sache ausgegangen war, sei es durch Sigurd selbst oder dadurch daß er bis elf Uhr nicht erschiene. Sigurd hat sich dann zuerst zu Renate hinaus und vermutlich von dort sogleich zum französischen Park begeben, und ich kann mir seine Überraschung vorstellen, als er, wie zu vermuten, die eben verlassene Renate dort wiederzufinden glaubte, an ihrer Tracht und dem Kopfputz vom Tage her leicht zu erkennen, und in ihr den vermeinten Adjutanten Georgs. An Magdas Art, sich zu Georg zu verhalten, wird er sie indes bald erkannt haben.

Weit früher, als er erwartet hatte, sah der Mann Gori Sigurd wieder: und er wurde von ihm zuerst nur aufgefordert, mit ihm in die Sternwarte zu gehn. Dort habe er sich in der Knechtskammer auf das Bett gelegt, die Hände unter dem Kopf verschränkend, und erklärt, kein Mord werde stattfinden. Er habe ihn nicht begangen, er würde auch nicht begangen. Er sei kein Mörder, er habe es, leider zu spät erst, im Angesicht der Tat, eingesehn, aber auch Gori werde nicht morden. Aus dem daraus folgenden Hin und Her, unter immer steigender Aufgeregtheit Sigurds, hatte ein Kampf sich entsponnen, und obwohl Gori der Stärkere war, hatte er sich gegen Sigurds entflammte Wut am Ende nicht anders zu helfen gewußt, als die Waffe, die Sigurd schon ergriffen hatte, in seiner eigenen Hand gegen seine Schulter abzudrücken.

Er drückte damit zugleich das Siegel auf sein eignes Geschick; denn da er nicht daran dachte, seinen Vorsatz aufzugeben, so war er danach – ob gelungen oder mißlungen – ohne Sigurds Hülfe, der Sprache unkundig im fremden Land, der Verfolgung preisgegeben, weshalb er es denn auch vorzog, sich später selbst aufzugeben und der Behörde zu stellen.

Er war noch damit beschäftigt, den Verwundeten zu entkleiden und der Verletzung, die ihm ungefährlich schien, einen Notverband anzulegen, als die Anfahrt eines Automobils hörbar wurde, mit dem er Georg angekommen vermeinte. Er zögerte danach nicht mehr lange mit Überlegen, doch mochte eine Viertelstunde vergangen sein, bis er – auf Strümpfen – die Sternwarte durch die abgelegene Außentür verließ, um hinter ihr und der Garage herum, die unter dem Tor gelegene, in das Speisezimmer führende Tür zu betreten – gefahrlos, denn sie lag weit hinter dem vorspringenden Flügel des Hauses zurück im tiefsten Schatten der über der Eingangstür brennenden Lampe.

Im dunklen Zimmer hinter der Glastür stehend, die mit einem durchsichtigen Stoff bespannt war – auch mit dem Finger leicht etwas zur Seite zu schieben –, hatte er den ganzen Raum vor sich und sah denn anstelle des Sohnes den Vater in der hinteren Ecke auf dem Sofa sitzend im Gespräch mit einer Dame; doch war ihm der Vater ebenso recht wie der Sohn, womöglich noch rechter. Die Anwesenheit der Dame bedeutete für ihn kein Hindernis, wenn auch eine Verzögerung, da er zuerst befürchtete, sie könnte ihn bei seinem Eintreten eher sehen, vielleicht aufspringen und schreien oder auch sich vor den Mann werfen; später verließ sie ihren Platz und setzte sich gegenüber, wodurch sie ihm, wie er sagte, allzusehr in die Schußlinie kam. Er wußte nicht anzugeben, wie lange Zeit vergangen war, bis sie endlich aufstand und gleich darauf durch die offene Tür in den Garten ging, während er den Herzog in das Schlafzimmer gehen sah, wo Licht brannte, und sein Kleid mit einem Rock vertauschen. Er, Gori, war schon im Begriff, ihm dorthin nachzugehn, als er wieder hervorkam und in die Gartentür trat.

Ihn dann, lautlos hervortretend, von rücklings zu erschießen, hielt er sowohl für ihn wie für sich selbst für einen Vorteil. Er war ein sicherer Schütz; die eine Kugel, zu hoch gehend, streifte den Kopf, die andre drang in das Pericordium ein und von dort, vielleicht erst durch die Bewegung des Verwundeten, in das Herz.

Amen – gottlob, Jason, diese harte Aufgabe hätten wir bewältigt.

Und das, mein Jason, wäre also Schritt vor Schritt der Gang des Verhängnisses, wie es an dem Sohne vorüberging, um den Vater zu treffen.

*

Ich empfing, wie schon gesagt, den überwiegenden Teil dieses Berichts, aus den gerichtlichen Protokollen geschöpft, durch Saint-Georges, und mit ihm ereignete sich zuletzt noch etwas Betrübliches, das mir nicht ganz klar werden will. Ihn hatte ich so wie schon seit geraumer Zeit an seinem Schreibtisch gefunden, wo er mit der Vollendung seines Werkes über die Vereinigten Staaten beschäftigt ist, nur noch unter der Losung jetzt ›Arbeiten und nicht Verzweifeln‹, wie er sagte. Seinen Bericht gab er mir mit seiner gewohnten Klarheit, wenn auch mit mancher bissigen und bitteren Bemerkung untermischt, mit mir in der anderen Ecke seines alten Sofas sitzend, während sein gelähmter Bruder, ein offenes Buch auf den Knieen, vom Fenster aus zuhörte.

Danach saßen wir lange Zeit stumm, ich in der tiefen Beklommenheit, die mir das letzte Bild dieser Beiden hinterlasen hatte, wie sie da mit dem Tod in ihrem Rücken beisammen saßen, und das mich nun erst recht begreifen ließ, was Renate so zerschmettert hat. Auf einmal sah ich seine Augen auf mich gerichtet, mit einem grüblerisch ängstlichen Ausdruck: und er erschreckte mich durch die Frage, ob ich vielleicht wisse, wer die unbekannte Frau gewesen sei, die des toten Mannes letzte Stunde geteilt habe; er rührte mein Knie an und setzte hinzu, ehe ich etwas zu antworten vermochte: vor einigen Tagen sei plötzlich ein Verdacht in ihm aufgetaucht, und er müsse sich seither den Kopf zerbrechen, ob es möglich sei ..

Er brach ab, sich zurücksetzend. Ich hatte längst nicht mehr daran gedacht, ob er es wisse oder nicht – aber wie konnte er? Wie sie in der Nacht zu ihm kam mit den Worten: Er ist tot, konnte er sie nur auf Josef beziehen, den er längst erwartete, und später erhielt er von mir die Bestätigung seines Endes. Nun fürchtete ich, daß es ihn sehr erschrecken würde, doch mußte er es wohl einmal erfahren. Indem sah ich ihn seine Hand an die Stirn legen und hörte ihn leise sagen: »Wovon – wovon war sie so unmenschlich erschüttert?«

Er blickte mich wieder an, und nun erwiderte ich: »Ja, davon.« Die Wirkung war aber schrecklich. Er sprang so heftig auf, daß er fast hingestürzt wäre, schlug die Hände vor das Gesicht und brachte nach einem tiefen Stöhnen die Worte hervor: »O mein Gott!« mit dem Ton der letzten Verzweiflung. Darauf tat er ein paar unwissende Schritte, sagte noch einmal: »O mein einziger Gott!« und schüttelte sich dann wie unter einem Krampf und ging durch den Raum zur Tür seines Schlafzimmers, hinter der er verschwand. Drinnen konnte ich ihn noch mehrere Male stöhnen hören, und ich ging dann fort, tief bewegt von einem solchen Ausbruch der Leidenschaft bei diesem sonst so beherrschten Mann. Ich mußte daraus erraten, daß er von Renates Bund mit dem Toten wußte; trotzdem wollte mir diese Woge der Mitergriffenheit merkwürdig hoch vorkommen. Aber was sie zu dieser Höhe emporgetrieben haben mag, kann ich nicht erraten.

★

In der Nacht, nachdem ich das Vorstehende geschrieben hatte, gab es zum Abschluß noch das folgende

Nachtgespräch

mit meinem Du, meinem anderen Jason, indem ich ihm zunächst die Frage vorlegte:
Nun, mein Bruder Jason, was sagt zu diesen zwei Schächern unsere Psychologie? Wie werden wir sie wägen, oder, um die Frage gleich präziser zu stellen: Wiegt der Eine der Beiden mehr als der Andere, wie es uns scheinen könnte? Was ist darauf deine Antwort?
Daß der Eine freilich sehr wenig wiegt; man möchte fast sagen garnichts. Man möchte ihn, wenn das anginge, als ein Nichts mit etwas darin bezeichnen, an dem sich erkennen läßt, daß da Nichts ist; oder wie das winzigste Licht nur anzeigt, daß Nacht ist.

Und der Andere, Bruder Jason?

Wollen wir ihn betrachten, so mögen wir ja zuerst die Frage nach dem Ewigen, Göttlichen, Unbezweifelbaren stellen, die bei dem Anderen garnicht erscheinen konnte – oder was meinst du?

Stellen können wir sie, aber es wird sich uns nur herausstellen, daß er das Besagte früh aus den Augen verloren hat, nicht mit Unrecht, nicht wahr, Jason?

Gewiß, insofern es ihm in der Gestalt eines Gottes und einer Lehre erschien – nämlich an ihn allein zu glauben und niemand Schaden zu tun –, die ihr göttliches Gewand, sozusagen, schon lange verloren hat.

Du willst sagen, daß heute niemand mehr die Namen Jehova und Moses mit diesen Gesetzen verknüpft, da sie längst nicht mehr Eigentum jenes Volkes, sondern der meisten Völker sind – es bei manchen schon seit undenklicher Zeit waren, meinst du das?

Gewiß. Was einmal gottentsprungene Quelle war, möchte man sagen, ist heute das vielarmige Delta eines meervermengten Stromes.

Ja, Bruder Jason, so ist es. Und so hatte er nun statt eines kräftig erhaltenden Glaubens nur ein kraftloses Anzweifeln von Allem und ein ebenso unkräftiges Fürwahrhalten von diesem und jenem.

Allerdings. Und hierzu trat für ihn die Entwürdigung und Entrechtung seiner Rasse, die sich in seiner Person zu Selbstverachtung – mit einem Gran Hochmut zur Schau getragen – verwandelten, nicht wahr?

Bruder Jason, so ist es. Und die Erhobenheit dann in den Umgang mit einem von der Herrenkaste, von ihm nur als eine Zulassung empfunden, wurde entsprechend aufgehoben durch die Verachtung seiner Person.

So war es, Jason. Negatives, Nichts als Negatives.

Denn – nicht wahr? – auch die Liebeskraft sterilisierte sich gleichsam durch eine Entzündung für die eigene Schwester?

Ja; und wurde zuguterletzt noch in Verwirrung gesetzt durch die Erscheinung eines ihm unerreichbaren Engelsbilds von der dadurch noch einmal erhöhten Rasse – wie, Jason?

Alles folgerichtig, Schicksal und Charakter ein Ganzes, wechselseitig sich bildend.

Und als die letzte Folge, Bruder Jason, sehen wir die eingebildete Verschmähtheit der geliebten Person durch den Feind – aus vermeintlichem Kasten- und Rassenhochmut; und so – wie würdest du sagen?

Die Finsternis hat Nichts begriffen und wurde vollständig. Denn der Lebenswirbel, wie Lao-Tse es nennt, war bei ihm nur ein emotioneller Luftwirbel, leer zurückschlagend in sich selber, nicht wahr?

Freilich, Jason. Und als am Ende der Wirbel einmal nach außen fuhr in die Illusion einer herostratischen Tat, so konnte er Nichts ergreifen als jenen anderen Leerwirbel, und Beide umschlangen sich und verstärkten sich gegenseitig, und – nun Bruder Jason?

Und so geschahs. Nacht tat einen Spalt auf, eben groß genug, um das Licht zu verschlingen. Und ihn verschlang sie mit.

Ja. Denn er konnte nur eben soviel Kraft gewinnen, um sich durch die Hand seines Mordgenossen das Ende selbst zu bereiten. Er selber hätte nicht einmal das gekonnt.

Schauderhaft. Schauderhaft – schauderhaft. Bruder Jason, wie hat es nur möglich sein können?

Weil die Nacht anfängt, überhandzunehmen, denke ich mir. Die Tage der Welt werden kürzer, der Sommer vergeht, Flocken fallen, es wird Winter werden, für lange Zeit Winter, Jason.

Ich weiß, Jason, ich weiß. Aber dann – dann –

Nun, dann, das weißt du ja, werden die eisernen Bolzen im Leibe des Heiligen wieder Krokusse werden und die Nägel, die ihn durchbohren, Narzissen. Denn die Erde dreht sich, Jason.

Ja, sie dreht sich; und wir – ach, wie sagt unser Dichter? Wir heißen uns hoffen.

Renate an Magda   Ende August

Es tut mir herzlich leid, mein armes Kind, aber nun kann ich nicht mehr. Hab es redlich versucht, und nun hab ich mich wohl übernommen. Nachdem ich Dir zuletzt über Josef geschrieben hatte, habe ich so eine Art Anfall bekommen, sodaß ich schon glaubte, die Schale, die ich bin, würde zerplatzen. Dann würd ich in Fetzen zerfliegen. Ich bin wohl zu nah ans Leben gekommen, aber ich kann nur so tot, wie ich bin, es aushalten, daß ich dem Gott, der mich gemacht hat, mich nicht zurückgebe. Also bleibe ich da und sehe zu, was daraus wird.

Leidest Du, armes Geschöpf? Leide, leide, leide und danke Gott dafür! Ich kann nicht einmal das.

                                                                              R.

Aus Jason al Manachs Chronik   am 28. August

Magda ließ mich heut einen gestern erhaltenen Brief Renates sehn, über den sie sehr bekümmert war. Sie selbst ist auf dem Wege der Besserung, insofern die Entzündung der Augen zurückgeht; was davon übrig bleiben wird, läßt sich nicht voraussehn. Der Brief enthielt nur wenige Zeilen, die freilich niederschlagend wirken, oder es tun würden, wenn ich nicht einen anderen Augenschein von mir hätte. Es ist wahr, daß sie in der letzten Zeit noch stiller geworden ist und das Glas der Augen, das mir schon fließend zu werden schien, wieder verhärtet. Ich hatte dies aber zunächst nur für ein Anzeichen dafür gehalten, daß die Seele, den Antrieb der natürlichen Erneuerung spürend, diesem Widerstand entgegenbringt, wie es immer geschieht, da eine jede Seele in einem jeden Zustand sich einrichtet, sobald er eine gewisse Dauer erreicht hat – oder gar für immerwährend gehalten wird –, auch wenn es der äußerste, niederste Notstand ist; sie ist bereit sich zu fügen und in ihn hineinzupassen. Denn sie weiß sich darin gesichert und fürchtet das Aufbrechen der Schale oder des Panzers und die folgende Hautlosigkeit, und das damit verbundene Leiden und Leisten, mehr als Alles. Nichts fällt dem Kranken leichter, als seine Krankheit zu lieben, die ihn vor den Forderungen des Lebens schützt, und mit dem Seelekranken ist es nicht anders. Also bilde ich mir ein und halte fest daran, sie auf einem aufwärtssteigenden Wege zu sehn, wofür die Anzeichen da sind, wenn auch von so zarter Art, daß ich sie kaum zu bezeichnen weiß. Aber ich habe den Eindruck, daß ihre Gestalt, ihr Körper, mehr als ihr Gesicht, über das die Seele allein Macht hat, eine *aura* auszustrahlen begonnen hat, so freilich, als wäre es nicht Psyche, sondern Physis, die ein neues Leben beginnen will, um dann, wie zu hoffen ist, Psyche neu zu beflügeln und mitzuschwingen. Dies besonders, wenn ich sie beim Schwimmen oder Fischen nur wenig bekleidet sehe; wie Arme und Nacken und Beine sich bräunen, das ist auf eine frohlockend gesunde Weise; und als sie neulich mit offenen Haaren saß, diese dicke hellbraune Mähne sich über ihren Rücken hin bauschte und im Winde flog, da kamen mir natürlich gleich Verse ins Gedächtnis, obwohl etwas anrüchige, des jetzt so beliebt werdenden Dichters Rilke:

> Venedigs Sonne wird in deinem Haar
> Ein Gold bereiten – aller Alchemie
> Erlauchten Ausgang ..

Freilich, die erlauchteste aller, die Alchemie des Lebens, oder sehen wir da lieber den tiefen Schläfer im Licht, der wieder lebhafter anfängt zu träumen. Darum ist es gut, daß sie soviel schläft und tief und lange, sodaß der Wächter im Dunkel nur wenig zu äugen hat, bei Nacht und auch über Mittag, wenn die heißeste Stunde glüht. Aber auch wenn ich sie in solcher Stille, unbewegt wie ein Bild, viertelstundenlang mit der Angelrute dasitzen sehe oder wenn sie stundenlang so still wie eine Schildkröte oder sonst ein Reptil vor einem Aquarium sitzt und in die Stille seines geheimen Lebens emporschaut, weiß ich, daß sie schläft, und das bedeutet, daß sie nicht starr ist, sondern daß etwas sich erweicht und sich lockert. Davon strömt sie diese unwahrnehmbar feine *aura* aus, die ich wie einen Duft, ein Sprühen, ein Prickeln fühlen kann, und so sage ich wieder: Wir heißen uns hoffen.

Zweites Kapitel: September

Georg an seinen Vater

Wenn der Mensch schreiben kann, so kann er auch wieder denken, und wenn jemand abwesend ist, so kann er ihm einen Brief schreiben, also will ich Dir schreiben, Papa.

Die Menschen sagen, daß Du gestorben wärst. Aber das ist auch wieder so ein Ausdruck. Dir ist bekannt, denn auch darüber hatten wir einmal eins unsrer trauten Gespräche, daß wir im Zeitalter des Ausdrückens leben, also daß jedermann, wenn er für etwas einen Ausdruck gefunden hat, selig ist. Einmal hörte ich einer Zwiesprache zu, und der Eine fragte: »Wie geht es denn dieser Camilla Soundso?« »Nun, wie soll es ihr gehn? Sie leidet halt.« »Woran leidet sie denn?« »Ja, weißt du denn nicht«, fragte maßlos erstaunt der Andre, »daß sie manisch depressiv ist?« Nun, da wußte der Frager Alles, manisch depressiv, sie hörte fast auf zu leiden, denn es war eben manisch. Also – was wollte ich sagen?

Ich wollte sagen, daß gewisse Umstände zugunsten der Andern sprechen, die behaupten, Du wärest tot. Mordanschlag eines Irren, wird es vermutlich heißen, ich habe mich darüber noch nicht genauer informieren können, ich verabscheue Druckpapier, es riecht, besonders bei Zeitungen, so leichenhaft. Aber auch wenn es ein hirnverbrannter Russe war – ich habe jedwedes, das Vernunft und sinngemäße Ordnung heißt unter den Menschen, so oft hirnverbrannt gefunden, an Andern wie auch an mir, daß ich durchaus nicht weiß, ob wir in die wahren Ordnungen nicht eben dann eintreten, wenn die uns bekannten gesprengt zu sein scheinen, und übrigens: wer sagt hier ›gesprengt‹? Sie können auch nur erweitert sein, denn wie sagt schon der düstere Heraklit, der so hell war? »Der Seele Grenzen kannst du nicht ausfinden und gingest du jeden Weg.« Irrsinnig aber kann man es natürlich finden, daß dieser Sigurd auf mich schießen wollte und Dich traf. Oder war es doch umgkehrt? Sollte er nicht vielleicht auf Dich geschossen haben und mich getroffen? Wer kann das unterscheiden?

Ferner Trauer im Lande, an den Kleidern, betrübte Mienen und so weiter, vor allem unbedingt Deine sonst ganz unverständliche Abwesenheit – all das spricht für das sogenannte Totsein, aber, wie ich ja sagte, das ist eben der gängige Ausdruck. Übrigens eine Nervensache. Denn wie? Wenn ich glaubte, Du wärst richtig ganz tot, weg, nirgend mehr vorhanden – müßten nicht meine Nerven reißen im Augenblick? Sieh da – sind nicht gerissen. Denn da wär ich gestorben, ich; aber ich lebe. Gut.

O nein, wir glauben an Form. In der Form offenbart sich das Göttliche, nenne es Geist oder Seele. Dein Geist aber, Deine Seele – wie könnte sie gestorben sein? Ich habe es nicht gesehn. Ihre stoffliche Erscheinungsart, natürlich, die hat sie in außerordentlicher Weise gewechselt, so wie die Vernunft es tut, indem sie in Raserei verfällt. Wunderbar aber ist, daß die Form, in der Du nach wie vor Wesen hast, ganz und gar zusammenfällt mit der Form, in der ich Dich empfinde. Und ist dieser Gedanke nicht wunderbar: Du, gemacht aus dem Vaterstoff, eingesetzt in die Form des Vaters für Ewigkeit, nicht leiblich mein Vater, aber vollkommen im Geist? Erstaunlich, erstaunlich! Mir bleibt

Später als vorher.

Sieh, da war er wieder eingeschlafen! Er schläft immer ein, dieser Knabe Georg. Das Schreiben hat ihn nicht munter gehalten, wie ich mir dachte, aber es ist wohl auch wieder eine besondere Nervensache. Mein Geist, das merkst Du wohl, ist schon wieder so scharf wie ein Eisbrecher (übrigens, in Chöttingen sagt man Cheist, ich weiß nicht, es reizt mich so besonders, wenn ich nicht Alles aufschreibe, was ich denke. Es könnte gerade das von ausschlaggebender, mit einem Wort von besonderer Wichtigkeit sein.) Wie ein Eisbrecher, sagte ich, aber du lieber Gott, meine Hand ist so schlaff wie meine Beine und so weiter.

Nämlich –

Oder vielmehr –

Nein, es tut mir besonders leid, aber ich kann nun das Ende des oben angekrochenen – angebrochenen Satzes, wollte ich sagen, nicht mehr finden. Nun, Geduld, Geduld, wenns Herz auch bricht, mit Gott im Himmel hadre nicht, wie der Doktor Bürger so schön singt, aber – das ist auch nicht so einfach!

★

Denn – um an meinen ersten Brief anzuknüpfen – warum bist Du nicht anwesend und bin ich allein? Ist das nicht zum Hadern? Du bist freilich nun der große Strahlende geworden, ja, der so blendend Strahlende, daß ich gar nicht die Augen zu Dir aufheben darf, und schon deshalb ist das Schreiben sehr dienlich. Ich aber blieb hier in der kranken Dämmerung, und wenn ich nicht die Aussicht hätte wie einen Felsen, einen *rocher de bronze*, wie mal dieser großartige Kurfürst die Souveränität stabilierte, in Prima gelernt, prima prima, in nicht gar langer Frist auch dorthin zu gelangen, wo Du bist – wie wäre dieses Dasein sonst zu ertragen? Lieber Papa, verzeih schon, ich weiß, daß die Äußerung von Gefühlen zwischen uns früher nicht üblich war, aber damals ging es uns verhältnismäßig wohl. Nun verstehst Du gewiß: meine Einsamkeit macht mich mitunter recht weich.

★

Standhaftigkeit sagst Du. O gewiß, natürlich, die vorgeschriebene Haltung. Ich weiß auch: es lebt niemand in der Dämmerung, der nicht recht hineingehört, und schon daß ich darin bin, wäre daher ein Beweis. Und nun der lange schwere Weg, den ich vor mir habe, dieser furchtbare und erhabene Weg zu Dir, der mich besonders entmutigen würde, wenn ich es wagte, ihn ganz ins Auge zu fassen: ich muß schon sagen, ich bin mitunter recht verzagt. Denn in diesem zerlumpten Zustand kann ich Dir unmöglich vor Augen treten. In Deine Klarheit, Deine Hoheit, wie fang ichs an? Hoheit ist besonders anrüchig, denn so titulieren sie mich bekanntlich jetzt. Na, und wenn ich für die eine Hoheit bin, was bin ich dann gegen Deine?

*

Ich weiß nicht, als ich neulich meinen ersten Brief an Dich begann, war ich so besonders munter, aber bei mir hält rein garnichts vor. So war es immer in meinem Leben. Zum Beispiel Cordelia. Kaum war sie da, war sie auch wieder fort. Nur ein Rubinglas ist übrig geblieben, ich habe es mir wieder geholt und brenne zuweilen ein Licht darin, wenn ich nicht schlafen kann nachts, denn das hat sich auch besonders verändert, daß ich am Tage immerfort einschlafe, aber bei Nacht immerfort aufwache. Dann sehe ich zuweilen auch ihr unübertreffliches Lächeln wieder; ich meine wirklich, nicht zu übertreffen, wenigstens nicht solang man nicht gleichfalls tot ist. Es ist eben diese besondere elende Müdigkeit. Ich glaube, ich fahre bald nach Helenenruh. Da Du Dich in Trassenberg befindest, kann ich da leider nicht hinkommen, eben der Lebendigkeit wegen, und Helenenruh – ja, das steht immer vor einem wie eine besondere Fontäne – mal weiß, mal golden, mal himmelblau; aber Fontäne immer. Helenenruh war immer Sommer. Und die Kindheit, was ist sie? Immer Sommer. Folglich ist Helenenruh eine einzige, besondere Kindheit, und daraus ist wieder die einfache Folge, daß ich nach Helenenruh fahren muß – wieso? Kann ich nicht in die Väterlichkeit, so kann ich doch in die Kinderlichkeit, das ist logisch.

*

Heute will ich Dir mal erzählen, daß ich krank gewesen bin. Typhus, ja, wie der Mann sagte: mit drei Beinen, rechtes Bein, linkes Bein und Nervenfieber. Dabei soll ich Dir bereits immerhin in eine gewisse Nähe gekommen sein, aber – na, das hätte ein *désastre* gegeben! Auf drei Beinen wär ich da angehinkt gekommen, mitten in die Glorie hinein, eiwei!

Das läßt sich ja nicht leugnen, das hat dieser Irre wahrhaftig zustande gebracht: daß wir getrennt sind – und wie? Die gewöhnlichen Menschen haben es leicht. Sie sagen: kein Tod kann uns trennen, und legen sich hin und sterben gleichfalls. Haha, fabelhaft! Legen sich hin und sterben. Ich aber, ich? Ich muß noch lange, lange leben, muß schaffen und streben und muß der Gottheit besonderes Kleid aus lauter verknöselten Fäden weben – ach ja.

Und es geht mir so schauderbar viel durch den Kopf, was ich im Leben nicht aufs Papier bringe. Es wird aber besser werden, wenn ich erst wieder meine Beine bewegen kann. Dann läuft sich viel an den Sohlen ab. Aber die Beine, o je! Als ich krank war, hatte ich keine, da war nur immer das Fahren, es war die reine Hölle. Will mal sehn, ob ich es beschreiben kann.

Was es eigentlich war, weiß ich nicht, ein Wagen oder ein Boot, einfach ein Ding, das sich fahrend bewegte und in dem ich vorn so angeschmiedet saß, als wär ich ein Stück von ihm, und es waren noch eine Menge Leute herum, darunter Helene, wie ich mich erinnere, die auch, glaub ich, das Fahren besorgte, und sie waren munter und gesprächig untereinander, während ich keinen Laut äußern konnte und eigentlich nur aus dem entsetzlichen Druck bestand, in den ich eingepreßt war. Und dann die schaurige Langsamkeit. In Wirklichkeit waren es, denk ich mir, immer nur die Minuten, wenn ich umgebettet wurde, aber das Delirium dehnte sie zu Ewigkeiten aus. In uns selbst giebt es eben keine Zeit, sondern einfach nur das Dauern, und nur die Dinge um uns her und der Raum machen den Zeitbegriff. Fahren, fahren und dabei nicht vorwärts kommen, zwischen unendlich öden, braunen oder schwarzen Gefilden ohne Himmel, nur bedrückt von der schweren Niedrigkeit, unter der Alles lag, mitunter auch an einer endlosen Mauer entlang, auch durch Höfe, immer neue Höfe. Und immerfort waren sie Alle herum, Onkel Salomon, Magda, Renate, Virgo, Du, Papa, Schley, Sigurd, Bogner – Alle, die ich kannte, und sie sprachen miteinander, ich konnte kein Wort verstehn, ich war für sie nicht vorhanden. Es war schon die Hölle. Und doch war es noch Nichts gegen – das Große.

Mich friert wieder, wenn ich dran denke. Beschreiben kann ich es nicht, es läßt sich eben nur träumen. Es war Nacht – und ich selbst war die Finsternis. Ich war überall. Und darin war zugleich dieses – Große, wie ich es nur nennen kann, ein ungeheures schwarzes Wälzen, überall und in mir. Ich war selber dies Wälzen, war zum Giganten geschwollen und sollte das Große mit mir selbst umwälzen, ein grauenvoller Drang, umzuwälzen, und es wälzte mich um. Eine so wahnsinnige Angst – ich nehme an, es war Sterben.

Aber jetzt kann ich mich erinnern, daß es schon einmal war, dieses Große. Wie ich als Junge die Masern hatte, war es da, und als ich, ganz klein, die Lungenentzündung hatte, muß es auch schon gewesen sein. Aber damals selbst kann ich es nicht das erste Mal erlebt haben, damals schon muß es Erinnerung gewesen sein – an das erste Große, das eigentliche. Und die Angst, glaube ich, war nur die Erinnerung an dies erste Mal. Aber wann? Wann?

*

Nein, sind die Menschen dumm! Das ist nicht auszuhalten. Im Allgemeinen weiß man es ja, aber diejenigen, die einem besonders nahestehn, hält man doch immer für Ausnahmen. Nur Virgo ist klug – ach ja, Virgo. Von der könnt ich Stunden erzählen, sie ist natürlich sehr viel da, denn die Zwillinge lassen ihr Zeit, trinken und schlafen, schreien auch mal eine Stunde, und dann schlafen sie wieder, ganz wie der Knabe Georg, nur bei ihm ist das Schreien lautlos. Virgo plaudert und erzählt, oder sie liest mir vor, sie tut Alles, was ich will, und sie versteht Alles, ihr kann ich Alles sagen, auch von Dir, wozu andre Menschen zu dumm sind. Benno zum Beispiel, mein teurer Freund Benno. Da kommt er, zum Glück für ihn und mich ohne seine Glasperlenbeweibtheit, der, wie mir schon früher schien, meine vermutlich zu stark aufgetragene Sympathie antipathisch vorkam. Benno erzählte viel, worauf ich vielleicht nachher komme, und wie er im Begriff zu gehen ist, frage ich ihn, ob ich Grüße an Dich ausrichten soll. Hättest Du mal sehn sollen, wie er seine Augen verdrehte! Er fing an zu stammeln – ich weiß nicht was, und dann war er verduftet. Solch ein Mensch! Da waren wir nun so und so viele Jahre ein Herz und eine Seele, und nun stellt sich heraus: das war Alles nur Oberfläche. Er ist so flach wie Schweinfurt, ich meine, eine Furt, wo Schweine trocknen Fußes querüber schwimmen. Dafür hat er freilich diese japanische Glasente geheiratet, ich meine nicht japanisch, ich meine diese Zelluloidenten, die Kinder auf der Badewanne schwimmen lassen. Benno manifestierte mir hingegeben die Absicht, durch meine Vermittlung eine freiwerdende Korrepetitorstelle am Hoftheater zu erhalten. Wird Hofkorrepetitor, und ich kann ihn zum Hofkomponisten ernennen. Wer dahinter steckt, ist zu erraten, die Glasperle natürlich mit der Ganzdicken, der Schwiegermutter, denen die Unterstützung eines ums Haar zu den Toten versammelten, wenn auch noch so gekrönten Freundes nicht sicher erscheint. Mag er hingehn zum Theater und sich die Seele vollends verschandeln lassen. Das nächste wird sein, daß er eine Operette zu komponieren hat, eine Hofoperette, die auf allen Hofdrehorgeln gespielt wird. Geht er abwärts, geh ich aufwärts, wenn auch nicht eben auf feurigen Rossen, nur diesen einsamen, langen, Gottweißwannundwo endenden Weg zu Dir.

★

So nüchtern und kalt und altersschwach wie jeder bisher sah mich heute der Morgen an, der mich aus einem Traum von Dir weckte. Ich bin beiläufig dabei, nach Helenenruh zu übersiedeln, nachdem ich gestern einen Energieaufwand vollbracht habe und die Regierungsenergie einem Ministerrat überschrieben habe, mit einigen sehr gefühlvollen, im Reichsanzeiger zu druckenden Worten an meine lieben Trassenberger und Beuglenburger, daß ich infolge versehentlich eingetretener Umstände mich noch nicht wieder fähig fühlte, sie zu beglücken, mir aber die größe Mühe geben würde und so weiter. Da bleibt kein Auge trocken, das sowas liest. Doktor Birnbaum wird mitkommen, schweren Herzens, da ihm die Zentrale mehr am Herzen liegt, aber was soll ich machen? Er ist der Einzige, der mir erstens nicht fremd ist und zweitens sich auf Alles versteht und die Verbindung mit dem Regentschaftsrat, wie das sich nennt, aufrecht erhalten kann. Denn ich muß schließlich Berichte, um mich vorzubereiten – na, wir wissen ja, Mumpitz Alles, Humbug, Schein, Maya, Illusion, aber, wie Bennos Vater selten zu witzeln pflegte: Mundus vult Mumpitz.

Mir träumte also, daß ich in Helenenruh ankäme, aber es war eigentlich Trassenberg, und in die Gruft hinunterstieg, zu der aber die Treppe in den Grabenrest im alten Pallas hinabführte. Ich wußte nicht, was ich da wollte, und dachte: Wer kann da sein? Unten war ein Gewölbe, das leer zu sein schien, aber dann erkannte ich in der Ferne neben einem bunten Fenster Birnbaum, der an einem Tisch saß und in einen sonderbaren Trichter hineinsprach. Danach bemerkte ich seitwärts eine Tür, mir war ängstlich, und wie ich behutsam näher trat, sah ich Dich in einem kleinen kahlen Raum sitzen, auf einem graden Stuhl. Du hattest Dein gewöhnliches Aussehn, saßest still da, die Hände geschlossen auf den Knieen und sahst nach einem Fenster hin. Meiner hattest Du nicht acht, und wie ich näher zusah, waren Deine Augen geschlossen, und Dein Gesicht war gelb. Plötzlich wandtest Du Dich, öffnetest mühsam Deine Augen und sahst mich an wie einen Fremden ..

Nun, da brauchen wir ja keinen Montfort und Freud, um für diesen Traum eine Deutung zu finden.

*

So schreibe ich Dir denn heute aus Helenenruh, aber die Erleichterung, die ich mir versprochen hatte, ist nicht eingetroffen. Eher dürfte es sogar schwerer geworden sein. Ich weiß nicht, was es ist. Ich bin einfach schwer nach unten gesunken. Hatte es mir sehr schön vorgestellt – Nachmittagssonne auf den altroten Dächern, die Schwalben um die Türme kreisend wie breite Pfeilspitzen, und wenn eine sich herumwirft, blitzt die weiße Brust in der Sonne auf. Aber es scheint inzwischen Mariä Geburt stattgefunden zu haben, wo bekanntlich die Schwalben furt gehen. Von Schwalben keine Spur daher, auch keine von Sonne. Wind und Strichregen und schon Massen von welkem Laub. Rosen blühn noch unter der Terrasse. Ich versuchte es mit dem Gehn, hielt auch eine Viertelstunde aus, aber nun sitze ich wieder unter meiner Decke, immerhin im Freien.

Es ist auch sehr leer hier. Nur Birnbaum bei seiner Arbeit in der Kanzlei, und der ist so leise geworden! Und auf einmal um Jahre älter – aber so ists wohl manchem gegangen, hm, hm. Ich habe meine Knabenzimmer wieder bezogen, muß auch sagen, daß es mir wohltut, aber –

— naja, ich geb es ja zu, das sind Alles nur Ausflüchte. Flucht in die Kindheit, und da sollst Du einen wohl befremdet ansehn, so als wäre mans garnicht. Die Rechenschaft, ich weiß, ich weiß ja, ich schiebe sie noch immer hinaus, es ist diese verdammte Schwäche in den Beinen, aber — gedulde Dich nur noch ein paar Tage! Es ist so schwierig, ich habe noch immer nicht Alles beisammen, immer wieder tauchen mir neue Lükken auf, aber wer kann denn inständiger hoffen als ich, zum Ende zu kommen? Ja, wer kann — zu blöd! Rhetorische Frage. Wer hat hier zu hoffen außer eben ich? Morgen ganz bestimmt, oder wenn nicht, übermorgen sollst Du mich bereit finden. Rechne darauf! Ganz bestimmt!

★

Es dröhnt die riesige Posaune des Letzten Tags. An Felsen, an Grüfte, an Totes schlägt das Cherubswort: Auf! Und da kommen sie hervor wie die Gefangenen im Fidelio, staunend, schwankend, befreit, beseligt? Ach wo. Die haben ja Nichts vergessen. Die schleppen ja Alles mit sich. Mächtige Kontobücher haben sie unter dem Arm, wo Alles verzeichnet steht. Und dann gehen sie wie Andere in die Kleiderablage, in die Rechenschaftsablage hinein, Gott sei ihnen gnädig!

★

Nun sieht auf einmal der Himmel mich an — *ein* großes Auge. Es ist Abend. Hinter dem Eichendickicht im Westen lodert ein scharfes Gold. Der südliche Himmel von graublauen zarten Zügen, leise vergoldet, wölbt über mir seine ganze reine Muschel. Selige Schale! Geliebtes Gold, o geliebter Hauch, geliebte Bläue, dein Anblick ist schmerzlich wie dem Verbannten, der das Abendwunder der Heimat sich über fremden Gestaden entfalten sieht — sehr poesievoll, wenn man es so auf das Papier schreibt, aber die Wirklichkeit — Gott steh mir bei!

Du bemerkst, daß ich keine Daten über diese Briefe gesetzt habe. Aber da Tage, Wochen, Stunden, Monate nur ein zeitloser Brei geworden sind, heißt es also wie bei Conrad Ferdinand Meyer: ›Aus allen Augenblicken meines Lebens‹.

★

Diese Verse sind nicht von mir, sondern von Leo Greiner, Papa:
Und immer fremder sind mir Tag und Räume..
Was weht um mich? Man sagt: ein Menschenwort.
Was rauscht um mich? Man sagt: die alten Bäume,
Die rauschen noch aus deiner Kindheit fort.
Und Gärten stehn im abendlichen Land,
Ihr Schatten grüßt mich kühl und altbekannt.
Ich aber wandre dunkel fort, im Innern
Ein uralt Schattenbild, das leise weint.
Die nenn ich Mutter, diesen nenn ich Freund
Und lächle tief und kann mich nicht erinnern.

★

Ob dies eigentlich noch Leben ist, was ich so nenne? Tatsächlich nur noch Erinnerung. Um, wenn ich das vorhätte, in das Leben zurückzugelangen, dazu wäre es nötig, die ganze Oberschicht des menschlichen Wesens abzukratzen (*grattez le Russe*, nein, lieber nicht!), also die ganze moralische Haut, in der auch das Gewissen steckt, das Alltagsgewissen, mit dem man so behaglich lebt, *con amore*, wie es heißt, dieweil es mit Gründen oder Ausreden für Alles so vollsteckt wie ein Brombeerbusch im Oktober. Es ist sogar möglich, daß dieses quälende Mißbehagen, das der jetzige Lebenszustand mir verursacht, daher kommt, daß ich die besagte Haut schon verlor und nun schauderbar von der Nacktheit friere. Worauf es ankäme, dürfte dann sein, nicht – wie ich es unbewußt möglicherweise vorhabe – eine neue Haut zu bilden, sondern den

Zustand der Hautlosigkeit durch Ertragen dauernd zu machen, also mit Frieren einfach aufzuhören.

Mach das mal!

Fest steht, daß ich bis zum letzten Juli dieses Jahres Nichts war als ein blasser und nicht mal besonderer Nervenbaum. Nun bemerke ich, daß ich in dem Gezweige oben eine noch sehr wenig benützte Seele sitzen habe; keinen goldenen Fasan oder gar Phönix, sondern so ein besonderes Zwitterding von Nachtigall und Gabelweihe. Warum es so still sitzt, darf uns nicht wundern. (Total verlaust!)

RECHENSCHAFTSABLAGE
für meinen Vater

Zuvor habe ich zu bemerken, daß der einzelnen Schuldposten einerseits so viele sind und andererseits in einem so besonderen Durcheinander über die Seiten des Schuldbuches verstreut, daß ich den Vorschlag eines besondren Verfahrens machen möchte, nämlich die Hauptposten zusammenzustellen in der Art jener kindlichen Spielzeugkästen, bestehend aus einem Dutzend würfelförmiger Holzklötze, deren Seiten zusammen jeweils ein Gemälde herstellen, mit dessen Einzelquadraten besagte Seiten beklebt sind. Und so fange ich einfach an:

Erstes Bild:
Ein Mädchen mit einer Gänseblume. Es ist ein Mädchen, das ich vielleicht einmal liebte, ihr Name ist Esther. Hier steht sie, in der Hand die besagte Blume, deren Blätter sie abzupft: Liebe ich ihn? Liebe ich ihn nicht? Daneben ist der Knabe Georg zu sehn, eine entsprechende Blume in der Hand und bezupfend: Liebe ich sie? Liebe ich sie nicht? Resultat? Schiffsuntergang mit Pauken und Trompeten, vermittels dessen sie sich sozusagen ertränkt.

Wer ist der Schuldige? Die Antwort war da, vor der Frage.

Zweites Bild:

Ein Mädchen mit einem Rubinglas, genannt Cordelia oder die arme Seele. Hier zwischen uns Beiden zu sehn ist das Rubinglas, wie wir beide das Geheimnis unseres Lebens hineintun möchten, um den Flammengeist des wahren Lebens daraus zu trinken. Hier zu sehn ist sie, wie sie etwas Andres hineintut und austrinkt. Resultat: ein zwar körperloses, aber deswegen unvergängliches Lächeln, über der Flamme eines Nachtlichts schwebend. Ich gab mein Geheimnis nicht preis, gab sie ihres nicht preis.

Wer ist der Schuldige? Antwort wie oben.

Drittes Bild:

Ein Mädchen ohne Alles oder auch eine Blumenpflanze, namens Sigune. Hier zu sehn der Knabe Georg mit einer Gießkanne, die aber leer ist. Darum hier zu sehn das Mädchen Sigune an einem offenen Fenster unter der Gießkanne eines Gewitters. Resultat: erfroren. Ein gewisser Hofkammerrat Egge würde statt dessen gesagt haben: aus Ungeduld darüber hinweggetrampelt.

Wer ist der Schuldige? Wie oben.

Viertes Bild:

Ein Mädchen namens Magda; auch eine Frau namens Cora. Kein besondrer Zusammenhang zwischen Beiden, wie auch nicht zwischen einem Seraph und einer Cobra, außer daß diese jenen in die Ferse oder das Auge zu stechen vermag, besonders wenn der Seraph kein himmlischer, sondern ein menschlicher ist. Der Schuldkomplex erscheint dieses Mal etwas verheddert und unklar, um so klarer das Resultat. Zwar nicht vollständig tot, aber blind. (Um genau zu sein, wie ich mich durch ärztliche Befragung versicherte, auf dem einen Auge ein Lichtschein.) Sie selber, wie nicht anders zu erwarten von ihr, durch ihr Schutzengeltum hochbefriedigt.

Schuldfrage erübrigt sich nach dem Vorhergehenden.

Ein Würfel verfügt über sechs Seiten. Zwei blieben noch leer. Auf eine derselben würde ich ja sehr gern Helene bringen, wie ich ihren Tod verursacht habe, aber – ich kann es drehen, wie ich mag – es will mir nicht gelingen. Auch an ihrem Kopfleiden muß ich wohl oder übel unschuldig sein, da nicht ich es bin, den sie zur Welt gebracht hat. Es scheint kaum erklärlich, aber es muß dabei bleiben, daß ich am Tode Helenes *nicht schuldig zu sein scheine.*

Doch kann sich noch etwas ergeben, es ist ja nicht aller Tage Abend. Und so können wir vorläufig ihr Bildnis auf die fünfte Seite kleben.

Die sechste Seite bleibt leer. Unbegreiflich. Aber es ist so. Leer wie meine Hand.

Schluß.

Zusätzliche Bemerkungen könnten die Überschrift erhalten:

Unverstand für das notwendige Tun in jedem kritischen Augenblicke des Lebens.

In einer – Bar war es ja wohl, war ich einmal Augen- und Ohrenzeuge eines besonderen Gesprächs zwischen den allerseits bekannten Josef Montfort und Saint-Georges. Es wurde darin glaubwürdig nachgewiesen, daß die seelische Versetzung eines beliebigen Menschen in die Leiblichkeit eines Andern soviel wie das Vornehmen einer Maske bewirken müsse und dieses wiederum Unheil, *wo nicht Verbrechen.*

Wer schlug dieses in den Wind seiner Berauschtheit? Immer derselbe. War die physikalische Berauschtheit damals auch temporär, die psychische war schon vorher vorhanden und hielt nachher an. Eine besondere Art Berauschtheit, nämlich vom Denken, die dadurch immer unfähig machte zum Handeln. Aus der kindlichen Dumpfheit hervor begann früh die Flamme der literarischen Intelligenz zu rauchen mit der Folge, daß, wo nicht gedacht werden konnte, nicht getan werden konnte. So zum Beispiel bei der berühmten Lebensrettung des wandernden Schutzengels, als der auf andere Weise ebenso berühmte Jason in die Flügel der Windmühle lief und der ebendeswegen gänzlich unrühmliche Knabe Georg offenen Mundes dabeistand, während das halbe Kind die notwendige Tat, völlig gedankenlos, verrichtete. Denn was konnte hier gedacht werden? Nichts! Hier konnte nur getan werden – und es wurde getan.

O ja, Georg, o jawohl: die Ewigkeit hast du immer großartig begriffen, aber den Augenblick niemals.

Immerfort mit mir selber im Schwunge wie mit einer irrsinnig gewordenen Gebetskaffeemühle, sah ich von Jedem, was vor mich hingeriet, eben so viel, wie der Blick aus der Vorübergeschwungenheit hergab. Seelisch immerfort großen Umgang pflegend mit Göttern und Heroen, war ich *immer unvorbereitet für Bruder und Schwester.* So kam der Tag, wo Cordelia vor mir zusammenbrach, schon das Geständnis sich aus ihren Lippen hervorwinden wollte; aber ich ließ mich gerne *beschwichtigen,* auf später vertrösten, wo es zu spät war (denn immer ist später zu spät!), nur weil ich erst denken wollte, ehe ich handelte.

Der Mensch hat zwar eine besondre Membran erfunden, so fein, daß sie über Länder und Ströme hinweg die Mitteilung seiner zärtlichen Gefühle an die Geliebte aufzufangen vermag, so wie er die ihre auffängt; eine Membran aber, das Empfinden dieser Geliebten, das wahre, aufzufangen in dem Augenblick, wo ihre ersterbende Seele sich an die seine klammert, die erfand er freilich nicht. Aber ich, der ich ein Mensch bin, hatte ich nicht die Aufgabe, sie zu erfinden?

Ich? Es ist freilich nur zu wahr, daß ich unter allen gewöhnlichen Menschen nur ein ebenso gewöhnlicher Mensch bin; dennoch war ich nicht ganz ausgeschlossen vom Besonderen, will ruhig sagen: der Gnade. Aus Nacht und Buschwerk hervortretend die Anbetungswürdige – durchflammte sie mich nicht mit ihrem Strahl ganz und gar? Aber ich ließ das Feuer wegbrennen bis auf einen wertlosen Rest, ein Feuerchen, ab und an kindisch aufflackernd. Ich hatte doch die Kraft, das Schicksal über mir zu empfinden, das mich in jenem Augenblick an ihre Fußspur fesselte, und die Kraft, mich in meinen Grundfesten erschüttern zu lassen. Warum war ich denn so lau, so erbarmungswürdig gewöhnlich, daß ich nicht festhielt, was ich gepackt hatte, mit Klauen und Zähnen, so wie der Krake, der sich von seinen zehn Armen alle eher abhacken läßt, als daß er losläßt? Warum ließ ich mich verlocken von jeder Stimme, die vorüberflog, jedem Bleiglanz, jeder trüben eigenen Flamme, all dem Flackernden, Bunten, dem Vielzuvielen? Warum tat ich denn nicht, was not war, heftete mich an das Eine, unablösbar, mit allen Gewalten Leibes und der Seele, verfolgte es, setzte ihm zu, ließ nicht ab von ihm, warf ihm immer neue Schlingen um, wenn es die ersten zerriß, wich nicht von seiner Seite, wurde taub und blind gegen Alles andre, gegen Blitz und Donner, Frühling und Winter, Leben und Sterben, Coras und Cobras, nur dürstend, nur aufbrennend in der einen Flamme! Denn wenn ich das getan hätte, wäre ich selbst geworden, würdig geworden, ein blanker Schild, ein Panier und eine Ordnung, ein Mensch unter Gesetz, immer reinlicher auskristalliert durch den unbeirrbar einen Blick auf das Eine. Denn wer Eines bei Tag und bei Nacht und Jahr und Tag vor dem unverrückbaren Auge hat, der wird von ihm durchdrungen werden, und am Ende wird er ihm gleich werden; das kann geschehn, wie es auch geschehen ist, daß diejenigen, die sich das Leidensbild ihres Gottes bei Tag und Nacht in die Seele preßten, es sogar ihrem Körper aufprägten, daß er gehorchen mußte. Also ich, wenn ich das eine Bild vor den Augen behalten hätte, ich hätte alles Andre des Lebens, das auch sein sollte und seinen schönen und großen Sinn hatte, ich hätte es darin aufgesogen, und es wäre fest geworden mit mir. Statt dessen taumelte ich so umher, war immer gut vielleicht und doch nie gut genug, irrte herum in der Vielheit, sah hundert Werte und konnte nicht einmal wägen, wer schwerer war, denn jeder, den ich eben in der Hand hatte, war mir schwer genug. Vielheit, Vielheit, ja – o ironisches Wort der Gepriesenen! – nur Masse, immer nur Masse, und da stehe ich endlich und habe Nichts. ›Arm an Beutel, krank am Herzen‹, denn wo die dargebotenen Schätze hin sind und ich Nichts mehr halte als Schuld – was frommt es? Die sind hin, an denen ich mich verschuldet habe, ich kann ihre Augen und Ohren nicht aufbrechen, um sie mich sehen und hören zu machen, wie ich verzweifle. Warum bin ich denn ein gewöhnlicher Schuldner geworden, ja, warum bin ich gewöhnlich, wenn ich Wort für Wort und Kern und Schale weiß, wie man es macht, es nicht zu sein?

In einer übertriebenen, wegen der Maske übertriebenen, eingebildeten Sicherheit raste ich mördrisch mit Keulen umher, da im Gegenteil Alles unsicher war – nur Eines fest, das ich *nicht* sah, und unsicher in Wahrheit bis in das Mark, tanzte ich herum mit Lemuren und Chimären der fernen Möglichkeit, traumhaft ins Weite gerichtet, augenlos für das Nächste. Ratlos bis in das Mark vor lauter gedachtem Tunwollen war ich am Ende nur immer froh, Nichts zu tun, lieber Nichts als etwas *Bestimmtes,* und sie gingen in ihren Tod.

Dreimal kam der Tod selber, um mich zu warnen – ich überhört' es. O die ewige Schande, nicht eher zu wissen von einer Not, eh man sie selber erfuhr! Nicht eher zu wissen vom Tod, ehe man selber starb.

Hemmungen, wie? Ja, da haben wir wieder den Ausdruck, aber wir können ihn brauchen. Hemmungen der Tat, die hatte ich gut und gern, aber hatte ich je eine einzige Hemmung der Gedanken? Der Gedanken, sagst du? Was? Du konntest – in Erwartung deiner Geliebten – du konntest nicht einmal den Urin verhalten und bildetest dir ein, es wäre möglich, seine Notdurft zu verrichten in der Stunde der Einzigkeit. Magda –

sie wars, die Jason aus dem Teich holte, nicht ich, Magda, die ihn vor der Windmühle bewahrte, und da blüht nun meine Verworfenheit auf dem Mist, denn – Jason retten, heißt das nicht, den lieben Gott selbst aus dem Wasser ziehn? Ich aber wars nicht wert – obgleich dieser Bogner sich damals hinstellte und die Hände aufhob mit: Danken Sie Gott, Sire, daß nicht Ihnen diese Verantwortung aufgehalst wurde! Nun kann ich heulen und mich zerknirschen und zerreißen am Emmaus-Abend, daß ich beim Ewigen ewig dabeistehen muß und *darf es nicht tun.* Ist das die Hölle? Ja, das wird einmal meine Hölle sein, und sie fängt jetzt schon an. O meine Herren Richter, bilden Sie sich nicht ein, ich hätte irgendetwas vergessen! Freiwillig geblendet habe ich mich, an den Augen kastriert, als mein Herr Vater mir eine besondere Miteilung über meine Geburt machte, und da tappte ich in das Leben hinein wie der gewesene Hengst Unkas, nur Eins in Nase und Nieren, daß es mir ja nicht entweiche, o du heiliger Mistgeruch aus dem eigenen Stall!

Gewohnheit! Der Stall! *Gewohnheit!* Statt mir eigene Wege zu bahnen, glitt ich glücklich dahin auf dem Gleis, und wo mir das Große, Heilige unsterblich entgegentrat, seinen Blitz in den Händen, da zog ich hurtig die Weiche auf, glitt glatt weiter mein Gleis, meine großartigen Oden donnernd: Eisenhengst, der Morgen roch – Mitten schon im Morgen drin! Und rechtsam kam die Nacht. Hatte ich nicht auch das Glück mit tönenden Rädern gefahren, blumenumkränzt die Speichen? Dann stand die Armseligkeit vor der Tür, und ich nahm sie.

Gnädiger Gott, der du bist! Wenn es denn möglich sein soll, wenn dieses Bekenntnis wenigstens würdig ist, angehört zu werden, wenn es aus all diesem noch einen Weg für mich geben soll, so bewahre mich vor dem einen: ja, wenn ich auch mit Blut und Knochen, Sinnen und Übersinnen, wieder hinaus muß in das Alte: Führe mich nicht in Versuchung! Laß mich nicht wieder der Gewohnheit anheimfallen mit meiner *Seele!*

Laß mich meine eigenen Gedanken sehn, als wären es Sternbilder, laß mich meine eigenen Gefühle so gewachsen sehen wie feste Pflanzen, laß mich nicht wieder dem Ungefähren nachtappen, wie ich das Pferd Unkas hineintappen sah in den ewigen Stall!

Ich bin zu Ende.

Cornelia Ring an Magda   am 10. September

Liebes Fräulein Chalybäus:

Entschuldigen Sie bitte vielmals, daß ich Ihr freundliches Angebot für Li erst heute beantworte! Jason machte es mir in dem Augenblick, als ich im Davonlaufen war, hier in die Haide, wo ich nun seit Wochen bin, um mich zurecht zu finden, was mir nach alter Erfahrung besser glückt, wenn eine fremde Welt mich ansieht, anstatt der gewohnten Dinge, denen ja Allen immer so viel von uns selbst anklebt, und man ist es doch grade selbst, den man abstreifen will, d.h. muß. In solchen Fällen wird man natürlich noch egoistischer als man schon ist, und ich mußte den armen Li zuhaus lassen, ich konnte mir nicht anders helfen. Den armen kleinen Kerl hat es so gepackt, daß er keinen Herrn mehr haben sollte, daß er schon dabei war, sich das Leben zu nehmen, gleich nachdem Jason, der die Nachricht gebracht hatte, wieder gegangen war. Es war dann wieder so komisch, wie er zu mir hereingestürzt kam, mit dem Strick noch um den Hals, denn ich hatte nach ihm gerufen, weil ich dachte, ich würde ohnmächtig; aber so hat mein Geschrei ihn gerettet, oder meine Ohnmacht, ich erzähle es Ihnen nur, damit Sie sehn, wie er ist. Ihren Vorschlag bat er sich überlegen zu dürfen, und Sie sagen ja selbst, daß Sie noch nicht recht wissen, wie es mit einem männlichen Dienstboten gehn soll. Aber Li ist wohl nicht so besonders männlich, und er ist so geschickt, hat soviel Kenntnisse und ist vor Allem so taktvoll und zartfühlend, daß Sie nichts Besseres haben können als ihn. Auch er wird, denke ich mir, gern bereit sein, sich einer weiblichen Hand zu fügen, da Josefs Hand gegen jeden Untergebenen, am meisten aber gegen Li, immer sanft war, und der behandelte ihn wie einen kleinen Freund, diktierte ihm auch große Teile seines Tagebuches, und ich habe ihn selbst zu Li sagen hören, wenn auch nur im Scherz, es sei ja Stoff darin für die abenteuerlichsten Bücher enthalten, und er hinterlasse sie ihm, damit er ihn aus diesen Erinnerungen wiederherstelle und ihm ein Denkmal aufrichte. Li hat das natürlich ernst genommen – und ich nehme es ebenso natürlich jetzt auch ernst –, und er wird gewiß die Bitte an Sie richten, sich dieser Arbeit widmen zu können, in seinen Mußestunden, wogegen Sie auch wohl Nichts einwenden werden. Nur damit Sie sehen, wie zartfühlend der Kleine ist, darf ich Ihnen mitteilen, was er sagte, als ich von Ihren Augen sprach, daß Sie ihn garnicht sehn würden? Da sagte er erst, wenn es die alten Augen seines guten Herrn nicht mehr sein könnten, wären gar keine für ihn das Beste. Und dann zitierte er mir ein chinesisches Gedicht, das auf deutsch ungefähr lautet: »Die Sonne sieht nicht – den Apfelbaum; und der Apfelbaum sieht nicht – die Sonne. Aber er blüht.«

Ich selber kehre in den nächsten Tagen nach Altenrepen zurück, da Herr Bogner, wie ich höre, das Krankenhaus nun endlich verlassen darf und ich wieder gebraucht werde. Ich denke mir, daß Frau Tregiorni zu ihm hinausziehn wird, aber sie ist ja für alle häuslichen Dinge ungeeignet und erwartet zudem ein Kind.

Und nun will ich schließen und tue es mit meinen herzlichsten Grüßen und Wünschen!
Ihre   Cornelia Ring

Von Georgs Hand geschrieben

Es ist sonderbar, aber ich bin auf einmal ruhiger geworden. Schlafe besser und fühle mich morgens frischer. Fühle mich auch irgendwie – fester, möchte ich sagen; ja, so wie man sich fühlt, wenn eine Entscheidung gefallen ist, und ich frage mich, ob es daher kommen mag, daß ich dieses Bekenntnis abgelegt habe. Bekennen ist gut, aber es nützt nicht viel, wenn man es vor niemand tut als sich selbst; deshalb hat die katholische Kirche die Beichte, von der Goethe gesagt hat, daß sie vom Protestantismus nicht hätte abgeschafft werden sollen. Mir scheint, diese Freudianer sehen etwas Entsprechendes in dem Sichaussprechen des Patienten vor dem Arzt, aber da sind sie wie auch sonst auf dem Holzwege. Denn da kommt es auf das Zutagefördern von Dingen an, die der Kranke nicht sehen wollte, vor sich selber versteckt hielt und vermittels des Vertrauens zu seinem Arzt aus ihrer Verborgenheit hervorholt, sich dadurch von einem Druck befreiend und entsprechend erleichtert. Aber das war nicht der Fall bei mir und ist auch nicht der Fall bei den Sünden, die der Katholik im Beichtstuhl bekennt; sondern das sind bewußte Sünden – oder falls sie es nicht ganz sein sollten, so liegt die Gewissenserforschung vorher, vor dem Bekenntnis. Dies aber, das Bekennen, das sich schuldig Nennen vor einer hohen Instanz, als vor einem Richter, das ist daran das Wesentliche. Aber von Moral weiß diese Psychoanalyse so wenig wie von Religion. Der Fromme spricht sich nicht aus vermittels des Priesters, sondern er bekennt sich sündig vor Gott; dann muß er sich reuig fühlen und bekennen, und dann erhält er die Absolution. Welch himmelweite Unterschiede! Aber heutzutage wird eben Alles verflacht und verseicht.

Aber ja, so wird es sein, daß mein Bekenntnis mich erleichtert hat, gleichsam wie ein Feuer leichter und kräftiger brennen kann nach dem Auswerfen der Schlacke. Denn wenn ich auch vor Gott nicht bekannt habe, der – ich kann mir nicht helfen – für meine Angelegenheiten mir noch immer zu superior vorkommt, mein guter Hardenberg! so doch vor meinem Vater; und dann bleibt zu hoffen, daß die höhere Instanz auch ihr Ohr in der Sache gehabt hat.

Und sollte es sich als richtig erweisen, daß dies mich gefestigt hat, so dürfte das daran das Beste sein. Es wäre ja leicht, eine Schuld zu bekennen und die dadurch abgeworfene Last froh zu vergessen. Aber das Schuldgefühl muß bleiben; ja, es muß so etwas wie eine Verhärtung bewirken oder eine Art Mörtel sein, der das, was immer wieder in Stücke zerfallen will, zusammenhält. Mit guten Vorsätzen, heißt es, ist der Weg zur Hölle gepflastert. Also muß da etwas Andres sein als nur gute Vorsätze. Eine – wie? – Durchdrungenheit, Durchsäuertheit, möcht ich sagen.

Ja, wenn ich über mein Leben zurücksehe, diese paar Jahre, die es erst sind, seit ich zu denken angefangen habe, so habe ich zu dem Zuvieldenken doch das eine Gute gehabt, das Bemühen, über die Dinge, die mir vor Augen kamen, und vor Allem über mich selbst mir klar zu werden. Dies leider allzuoft auf eine geschwinde, auch gefällige Weise, in der leichten Genüge am treffenden oder nur blinkenden Ausdruck, so wie Reuters Bräsig sagt: ›In der Richtigkeit warst du mich über, aber in der Fixigkeit war ich dich über.‹ Das hat mir schon Bogner aufgemutzt. Und wie oft habe ich nicht gegrübelt und gegrübelt, mich verbohrt in immer komplizierteren Windungen und die Dinge so auf eine Spitze getrieben, wo es nicht weiter ging. War ich dann da, so bemerkte ich, daß die Entscheidung längst ganz woanders gefallen war; und ich hatte sie selbst gefällt, ohne es zu bemerken. So war es in Berlin, als ich nicht mehr aus noch ein wußte und schließlich erkannte, daß in der Silvesternacht in Trassenberg schon die Entscheidung gefallen war.

O Gott, mir wird immer leichter, aber es scheint, ich bin dem Wahnsinn schon ziemlich nahe gewesen. Nun werden hoffentlich auch die Beine nachkommen. Ich weiß nicht, was es mit dieser verflixten Schwere auf sich hat, die nicht daraus weichen will. Na, mein Vater hat es auch ohne Beine geschafft, und ich kann dafür diese Feder laufen lassen. Werde mir diese Blätter zusammenheften und ein Buch daraus machen, in das ich weiter hineinschreibe, was durch Erkanntwerden und Abgelegtwerden die Klärung fördert. So eine Art Schlackeneimer. Wissen, was man ist, heißt wissen, wo man steht. Man fühlt gleichsam sein Knochengerüst und durch es an den Füßen den Boden.

Von Renates Hand

Barmherziger Gott, ich bin schwanger!

O du Heiliger, Heiliger, Heiliger, was soll ich dir sagen? O du mein Herr der Gnade, wie hast du mich wieder beschämt!

Ich hatte dich vergessen, mich von dir abgewandt. Dein Anblick war nicht zu ertragen, nicht einmal ein Menschenauge hab ich mehr ansehen mögen. Nun knie ich wieder zu deinen Füßen, der du es wieder besser gewußt hast als ich, dein Kind wieder, das erblindete. Du hast das Verborgene gesehn, wie es immer ist, und nach deinem Willen geleitet.

O mein Herz! Wie soll ich mein Herz festhalten, daß es mir nicht aus den Händen springt? Mein Geliebter, du mein ewig Geliebter an meinem Herzen! Eben warst du noch tot darunter, nun bist du lebendig darunter! Du lebst in mir, du lebst, und ich trage dich in mir, trage dich in mir, in Ewigkeit will ich es wiederholen, ich trage dich in mir, Geliebter, ich trage dich in mir, ich trage dich in mir! O mein Gott, ich muß es sagen, immer wieder sagen, sprechen, singen, schreiben, und meine

Tränen strömen, daß sie die Schrift auslöschen. O daß du lebst in mir, wie soll ich es nur fassen? Nun wirst du nur noch eine kleine Weile in dem warmen Grab liegen, und dann wirst du auferstehn! Und dann wirst du – ach, wie soll ich es nur aussprechen? – dann wirst du nicht nur du sein, sondern ich auch! Wir Beide, ich und du, ganz eins, deine Augen, mein Mund und dein Haar, so werden wir beieinander sein, ineinander sein, Eines sein, ununterscheidbar, Ein Mensch, du und ich verschmolzen, Eines, Eines, nicht mehr getrennt, nie mehr, nie mehr, nie mehr.

★

Dies schrieb ich bei Nacht, als ich aufwachte und auf einmal wußte, was war, und Stunde um Stunde still dalag in meiner Glückseligkeit, mich nicht bewegen konnte, dieweil meine Seele tanzte. Nun ist es Tag, ich sitz und schreibe, schreibe, kann ja nicht immer umhergehn und mich wiegen und lachen, weinen und jubeln, und die Luft nimmts nur hin und weg ist es. Auf dem Papier bleibt es doch, ich kann es selber sehn, wie wirklich es ist, und ich weiß nun wohl, warum die Dichter dichten und singen, nur damit es nicht verlorengeht und dableibt und sie schwarz auf weiß überzeugt, daß es wirklich ist, was sie fühlen. Ach mein Gott, und ich hätte es vor Wochen schon wissen können, doch hab ich es übersehn, wie konnt ich denn acht haben auf meinen Körper, wo ich kaum eine Seele hatte, kaum wußte, ob ich noch da war. Nun, es hat so sein sollen, auf ein bißchen Schmerz mehr oder weniger kommt es nicht an, wenn danach Freude ist. O und nun weiß ich wohl, warum ich die Stunde vergessen mußte, in der ich das Glück empfing. Ich kann es ja jetzt noch nicht denken, und ich kann es unmöglich fassen, werde es niemals fassen können, daß dies Beides zusammen in einer Stunde war, was ich mit Namen nicht nennen darf. Für ein Menschenherz ist es zuviel. Aus der Nacht ist das Licht geboren; es konnte nicht anders sein, als daß ich in dem Schlund unten den Gipfel vergaß, von dem ich gestürzt war. So werde ich mich weiter darein fügen müssen, daß mir diese Stunde geheim bleibt, und ich will darüber nicht klagen. Man kann nicht Alles haben, was liegt auch daran, sie ist hin, und in der Stunde kann auch nicht mehr gewesen sein, als vorher war, und als was immer sein wird, die Liebe. Aber was in mir ist, das wird sein, es wird mich ansehn mit deinen Augen, es – ich kann nicht weiterschreiben –

Es wird Ostern sein, Ostertag, Ostertag, Auferstehung, im nächsten Jahr, wenn es Frühling wird, wenn die Primeln blühen, wieder die Amsel singt, die Schwalben fliegen und Alles, Alles neu wird; dann kommen auch wir Beide aus unserem kleinen Grab hervor, in dem wir zusammen liegen, ganz ganz winzig klein wie ein Weizenkorn, ganz ganz eng beieinander, und nun zusammen wachsen, Glied um Glied, Leib in Leib, Seele in Seele; und dann an einem Morgen wirst du mich wieder ansehn, du, du, mich ansehn wirst du mit meinen eigenen Augen.

Von Georgs Hand geschrieben

Nein, das kann ich nicht annehmen.
Das ist jetzt zuviel.
Es übersteigt das Menschenmögliche.
Jedenfalls das mir Mögliche, und so verweigere ich die Annahme. Ich sehe an der Ruhe, die mir erhalten geblieben ist, sodaß ich sogar schreiben kann, daß es mich nicht hat erreichen können. Es ist einfach an mir abgeprallt.

Also will ich hier aufschreiben, was es ist, und auch wie es zutage kam, was immerhin ganz interessant ist. Natürlich wäre es auch ohne Jason zutage getreten, wenn ich nur erst fähig geworden wäre, die Verhörsprotokolle zu lesen, und so war es immerhin von Vorteil, daß Jason mir das abgenommen hat. Ich weiß nicht, ich denke mir, es würde irgendwie teuflischer geworden sein. Daß diese Druckerschwärze nebst dem ganzen Verfahren eine Erfindung des Satans ist, das ist ja so allgemein bekannt wie die Bezeichnung ›schwarze Kunst‹.

Also dieser Jason kam auf einmal auf die Terrasse geflattert, wo ich mich in der Sonne aalte, am schönen linden Herbsttag, dem bunt gewordenen Eichenwald gegenüber. Kommt die Treppe heraufgeflattert und bleibt auf der Brüstung hängen wie eine muntere Dohle, mit seinem weißen Angesicht und den kohlschwarzen Augen voll Freundlichkeit und Ermunterung. Ich sage natürlich: »Sieh da, Jason!« wie Alle zu sagen pflegen, wenn er auf einmal da ist, und: »Wo kommst du her?« Sagt er: »Aus dem Wasser komm ich, dem Meer, den Fluß bin ich heraufgeschwommen in dem kleinen Kahn, den ich habe. Mit ihm fahre ich so spazieren, und auf einmal sehe ich mit Erstaunen eine Windmühle auf einem grünen Gestade, mir zuwinkend mit ihren langen Armen, und ich denke, sagt er, ob das nicht *die* Windmühle ist, Lornsens Mühle, in die ich einmal beinah hineingelaufen wäre aus Unverstand? Ja, sie war es«, sagt er, und er hätte auch gleich einen netten kleinen Hafen gefunden und – also da wäre er, und nun könnten wir plaudern.

Er freute sich, daß wir plaudern könnten, sagte er noch, denn er wäre in Unruhe gewesen meinetwegen, ob ich wohl plaudern könnte, aber mein Aussehn beruhigte ihn. »Also wovon wollen wir plaudern, Jason?« fragte ich und beantwortete selbst meine Frage, indem ich sagte, wir wollten von Sigurd plaudern, er fiele mir grade ein, denn infolge meiner Krankheit und einer besonderen zurückgebliebenen Schwäche, besonders in den Beinen, hätte ich für die besonderen Details jener Nacht noch nicht das rechte Interesse aufbringen können, was er auch sehr verständlich fand. Nun also, Sigurd war tot, mause, armer Teufel, mußte ich sagen, indem ich mich rasch erinnerte, wie ich ihn hatte dastehn sehn mit offenem

Munde staunend, als die Cora sich an Magda emporringelte. Dachte vermutlich, dieser Sigurd, er wäre zu spät gekommen, sagte ich zu Jason versuchsweise, und erkannte seine Mordsimpotenz, von der ich schon eher gewußt hatte und mich dem Josef Montfort gegenüber ausführlich darüber ausgelassen. Und unterdessen, sagte ich zu Jason, das heißt während ich an der Gracht saß und schwere Beine hatte, so wie jetzt eben wieder, vollbrachte sein energiebegabterer Genosse die Freveltat.

Darauf erwiderte Jason, mit seinen stillen Augen in den Park hineinblickend: so ähnlich hätte es sich in der Tat zugetragen, wenn auch nicht ganz so, und da ich es nicht gelesen hätte, so wollte er es mir wohl erzählen. Danach fragte er mich erst, wenn ich mich korrekt erinnere, was ich denn gedacht hätte, daß aus Sigurd geworden wäre. Ich sagte, ich hätte gar nichts gedacht, hätte andere Dinge zu denken gehabt, und Sigurd wäre nicht anziehend genug gewesen. Oder auch – das fiel mir da grade ein – es habe eine unbestreitbare, besondere Ähnlichkeit mit mir selbst vorgelegen, insofern auch ich im Denken besser beschlagen wäre als im Handeln, oder auch im Plänemachen und großartigen Gedankengängen, nur daß es mir selten so zum Vorteil auszuschlagen pflege wie augenscheinlich bei Sigurd. »Aber wieso«, frage ich, »ist er tot? Hat er Einsicht erworben und sich selbst abgeknallt?«

Das wieder nicht, versetzte Jason, wenn er auch Einsicht erworben habe. Ja gewiß, eben die Einsicht, die ich selber vermutete, und zwar nicht so sehr aus alttestamentarischem, angeborenem Glauben, sondern Magda ist es gewesen, die ihm die Erinnerung an dieses Gebot wiedererweckte. Ihre, wie man schon sagen muß – und auch Jason verschmähte den Ausdruck nicht – ihre Engelhaftigkeit war es, die sich ihm offenbarte und ihm dadurch bekannt machte, daß man nicht töten dürfe.

Ich war und bin noch immer, wie ich hier gern gestehe, tief gerührt, wenn auch möglicherweise nicht tief genug, aber immerhin so tief, wie die gegenwärtigen Umstände es erlauben. Es ist mir wohl bemerkbar, daß eine besondere Kälte in mir entstanden ist, die das Erwärmende nicht zur Entfaltung kommen läßt und die ich möglicherweise auch wieder Jason verdanke, wovon aber später. Alles der Reihe nach. So war es also nicht diese Schlange, der sie den Kopf zertrat und von der sie ins Auge gestochen wurde, sondern dieser drachentötende Sigurd war es, den sie mit Lähmung schlug.

Woran er denn sonst gestorben sei? frage ich Jason weiter, und da kams denn zutage.

Sigurd hatte bekanntlich einen Kumpan oder Komplizen, wie man es nun ausdrücken will; der erwartete ihn zum Stelldichein nach vollbrachter Tat unter der Gartenmauer; aber die Tat war nicht vollbracht, sondern Sigurd erschien, ganz in Großmut und alttestamentarische Gewänder gehüllt, und hat auf der nachwievorigen Gültigkeit des alten Gottes bestanden, sogar für den Kumpan, der ihm das aber abstritt, aus angeborenem Atheismus, nehme ich an; und so ist es denn über Jehova hin – Jehova her zwischen Beiden zu einem Ringkampf gekommen, damit endigend, daß Sigurd den Schuß, den er auf mich nicht hatte abfeuern können, in seine eigene Schulter bekam, notgedrungen. Und also, was ist zu sagen? Da liegt er nun wahrlich als dunkler Hund im dunklen Grabe, und da mag er auch liegen bleiben.

Was aber bleibt mir als Faktum?

Hier soll es stehn, und hier steht es.

Der Tod ist an einem Sohn vorübergegangen und hat den Vater statt seiner genommen.

Da steht es und muß also wahr sein.

Und das soll ein Mensch ertragen?

Hätte Sigurd es tun können, würde mein Vater noch leben.

Ja, Herr du meines Lebens, war ich es denn nicht, der diesen Sigurd verrückt gemacht hat und hierhergelockt? Nun sieh dir das an, Georg, du hast dir den Kopf zerbrochen, was auf der sechsten Seite des Würfels zu lesen wäre – und da steht es! Leserlich genug? Also warum hast du es nicht gleich gesehn? Ein Ausfall in der Erkenntnis, sagst du, blinder Fleck auf dem Auge oder optische Schwäche in den Beinen und so . . jedenfalls, es blieb mir unsichtbar; Jason bracht es zutage.

Übrigens muß es da in unserer Konversation eine Lücke gegeben haben, oder ich weiß nicht . . Wenn ich mich recht erinnere, war es so, daß die Schwärze aus Jasons Augen sich auf einmal über die Landschaft ausbreitete und auch den Himmel schwärzte. Als es nach einer Weile wieder hell wurde, war Jason nicht mehr da – so dachte ich erst. Er war aber doch da, denn ich spürte nach einer Weile, daß jemand meinen Kopf in den Händen hielt, auch daß diese Hände angenehm kühl waren. Und es waren also Jasons Hände, der hinter mir stand und mir den Kopf hielt, und nachträglich muß ich mich fragen, wie Jason das fertigbringt, so einen glühenden Kopf oder Topf in den Händen zu halten. Der hörte danach sogar auf glühend zu sein und wurde gleichfalls angenehm kühl, sodaß ich zu Jason sagte, er sollte seine Hände nur wieder fortnehmen, mir wäre schon kalt genug, und ich will nur hoffen, daß ich es höflich sagte. Gut, daß es mir wieder einfällt, daß ich Jason diese prächtige Kälte verdanke. Hätte ich die Protokolle gelesen, so ist es nicht ausgeschlossen, daß ich einfach übergekocht wäre.

Danach muß ein Wunder geschehn sein, indem daß meine Beine sich wieder beschwingt haben und mich davontrugen, ohne daß ich es merkte, und ich fand mich alsbald am Ufer des Teiches stehn in Betrachtung des alten Artaxerxes, der da wie immer stillvergnügt herumruderte, unbesorgt um seinen gebrochenen Flügel. Aber warum nenne ich ihn alt? Er ist jünger als ich und darauf eingerichtet, hundertundfünfzig Jahre zu werden wie alle Schwäne, schwarz oder nicht schwarz, mit und ohne Flügel. Danach habe ich, glaub ich, gedacht, daß auf der Insel drüben Helene liegt, und Cordelia liegt und Signe liegt und auch Esther, wenn auch im Ozean, und noch jemand, der woanders liegt, und daß ich selber recte auch da zu liegen habe. Aber der Teich war zu flach. Auch Jason konnte da nur beinah ertrinken, weil er keine Kraft in den Beinen hatte, grade zu stehn; er hat es ja in den Beinen, wie er mal erzählte, und es andre Leute auch haben.

Aber ich kann stehn, stehn und gehn und stehn, wie ich selbst neulich bemerkte vom Rückgrat, das uns den festen Boden empfinden läßt. Bloß daß der Boden nicht fest ist, daß er immerzu entweicht, so wie damals an der Gracht, ja, immerzu entweicht, immerzu, immerzu, wohin soll das noch führen – o Gott – Hülfe, Hülfe, Hülfe!

Aus Jason al Manachs Chronik

Oh, oh, oh! Oh und ach und oh! Da bin ich wieder angelangt, nachdem ich schon beinah fertig zu sein glaubte mit dieser Chronik, soweit sie die Menschen betrifft, von der sie zuletzt handelt, aber nun muß ich mich wohl entschließen, auch dies hineinzuschreiben, nachdem ich es tagelang mit Seufzen in mir herumgetragen habe; vielleicht wird es dann besser, und ich kann den Entschluß ausführen, der sich mir aufnötigt, obgleich ich an seine Wirksamkeit nicht recht glauben kann.

Nun wieder diese Renate. Da ist sie wirklich in das Leben zurückgekehrt, aus dem Wasser emporgetaucht und selig wie eine getaufte Nymphe; aber dieses Leben, das ich schon, wie früher auf diesen Blättern verzeichnet, als erste zarte Morgenröte von ihr ausstrahlen sah, hat einen andern Quell, als ich zu ahnen vermochte. Und wie gut, wie unübertrefflich wunderbar wäre dies, wenn nicht ein Erdenrest daran klebte, unsagbar peinlich. Was ist immer der Erdenrest? Täuschung, Täuschung über die Wahrheit, und nun hat sie sich in eine wahrhaft teuflische Täuschung hineingestürzt – oder ist hineingestürzt worden, denn konnte sie anders? Wie war ich doch erst froh, als ich beim Heimkommen des Abends, als es schon tief dunkelte und nur der Himmel im Westen noch gelbgolden brannte, ihre dunkle Gestalt auf dem Uferweg stehen sah, den ich entlang kam; und wie sie auf einmal mich zu gewahren schien und beide Arme emporhob – diese erhobenen Arme, mit denen sie dann auf mich zugeflogen kam, wie sie mich erfreuten! Näher gekommen, ließ sie die Arme sinken, und wie sie langsamer herankam, sah ich ihr Gesicht in der Dämmerung leuchten, sah die Augen einer Verklärten und einen Mund, der singen wollte. Doch sie blieb still, nur mich anblickend, sprach dann meinen Namen aus, kam und legte ihre Stirn auf meine Schulter und sagte wieder mit einer tiefen und dunklen Stimme: »Jason!« und dann: »Ein Wunder – – es ist ein Wunder geschehn.«

Aber das Wunder war nicht, was ich zuerst zu hören bekam, und das ist auch weiter kein Wunder in unseren Augen, obgleich ein Wunder gewiß, eine göttliche Unfaßlichkeit, die es ist und bleibt, daß aus zwei Wesen zwei Tropfen zusammenfließen und daraus ein neues entsteht; allein wir nennen es Natur und sind daran gewöhnt. Ich konnte mich also entsprechend entzückt bezeigen – trotz meiner Überraschung, da ihre jahrelange Ehe unfruchtbar geblieben und sie eben erst von der Reise zurückgekehrt war, wie mir schnell durch den Kopf ging. Dankbar mußte ich der Dunkelheit sein, daß sie mein Gesicht verhüllte, als ich dann das wirkliche Wunder erfuhr, das – ach! – garnicht möglich sein kann, wie ich wohl wußte, nicht aber sie!

Oh, oh, oh, du arme Renate, wie kann dieses Kindes Erzeuger der Mann sein, den du wähnst? Nein, du kannst es nicht wissen, weil dir jene Nacht undurchdringliche Nacht ist – ausgenommen – wie auch ich nur ahnen kann – das Wissen, daß eine Stunde darin war, die so gewesen sein muß, für dich, daß du nun in ihr den Quell dieses Lebens siehst, blinden Auges.

Niemand darf daran rühren, und so läßt sich nur auch ahnen, daß es eben dieser Zusammenprall des höchsten Lebens mit dem Tode gewesen ist, der dich in die Finsternis stürzte und dein Gedächtnis vernichtete. Wir aber, Jason, wir wissen Alles genau, denn wir haben die exakten Angaben und Daten des Menschen, der ungesehen von dir, Renate, hinter dir stand an der Tür, an die er keine Viertelstunde später getreten war, nachdem du selber das Zimmer betreten hattest. Er sah dich und ihn beisammen, und dies ist ebenso sicher, wie der Tod sicher ist – oh!

Aber wenn es wahr ist, was sie in sich erkannt hat, nicht eine Täuschung von der Art, wie sie den Wissenden wohl bekannt ist, mit Namen hysterisch genannt; wenn sie also empfangen hat und in jener Nacht empfangen, was unbestreitbar zu sein scheint – was also dann? Dann ist uns bekannt, wo sie den übrigen Teil der Nacht verbrachte; und dann finden wir unser unerklärliches Wittern beim Verhalten des unseligen Mannes bestätigt und begreifen sein ›Oh, mein Gott‹, mit dem er davonwankte, nachdem er erfahren hatte, woher sie zu ihm kam.

Was wird nun geschehn? Was steht ihr nun bevor? Ein Wunder ist ihr widerfahren, denn als ein Wunder muß es ihr erscheinen, daß der Quell des Lebens gleichsam aus dem Tode entsprang, wie von Osiris die Sage meldet, daß aus seinem Sterben von der Hand seines Bruders Seth ein Strahl in Isis' Schooß fiel und den Horus zum Leben erweckte. Ach, Götter sind hier nicht, und doch ist es beinah das Gleiche gewesen, ja so beinahe, wie kaum erfaßlich Menschliches dem Göttlichen nahkommen kann. Was aber wird nun kommen? Was, wenn sie die Wahrheit erfahren wird?

Jason, was wirst du tun? Es liegt auf der Hand, was du tun wirst – diesen Mann Saint-Georges zu ewigem Schweigen verpflichten, dem, wie zu vermuten, das Geständnis längst auf den Lippen brennt. Das wirst du tun müssen, Jason, obwohl es sehr ungewöhnlich ist, für dich, Jason, so etwas zu tun und einem Menschen zu verraten, was ein Andrer dir als sein tiefstes Geheimnis vertraute, dir, Jason, und keinem Andern, wie sie selber sagte: Nur du allein darfst es wissen, weil du es bist, Jason. Also eben, weil ich der Jason bin, bin ich so gut wie ein Beichtiger, der auch Nichts verraten darf, und wenn es ein geplanter Mord wäre, kein Mensch wie andere Menschen. Also, wenn ich es recht erwäge, liegt dieser Fall garnicht anders, als wenn einer der lieben Menschen, mit denen ich eng verbunden bin, zu mir kommt, nicht leiblich, sondern als Erscheinung und ohne daß er es weiß, sodaß ich erkennen kann, welche Geheimnisse und Mysterien in seinem Innern sich abspielen, in die niemand eindringen darf, die er ganz für sich allein hat. Dieses Mal hat sie es nur deshalb mir offenbart, weil ich in ihrer Nähe bin und sie sich in meiner Hut glaubt und mir dankbar ist. Sonst hätte ich es niemals erfahren – oder eben vielleicht auf die andere Weise, die mich zum Schweigen verpflichtet hätte.

Nun ja, Jason, gehen wirst du wohl und diesen Mann unterrichten, doch ist uns nicht wohl dabei, denn uns fehlt der Glaube an unser Tun, fehlt die sichere Seelenruhe. Denn es sollte nicht sein; und auch mit der Wahrheit ist es eigentümlich bestellt, daß sie immer ans Licht will. Sie ist magisch dafür; sie hat gleichsam das Geheimnis der Sonne in sich, die aus dem verborgenen Korn – weil das Korn sie schon in sich hat – die Ähre hervorziehen kann, wie auch das alte Wort sagt: Die Sonne bringt es an den Tag. Ja, wenn sonst niemand anders, wird die Sonne es tun. Nun, Gott helfe mir, ich bin leider kein weiser Chinese, der Tao in sich aufgenommen hat mit dem Gebot: Nicht handeln! Nicht eingreifen! Nicht regieren! Hier steh ich im Abendland und bin zum Handeln verpflichtet. Im Leben niemals bin ich eines andern Menschen wegen in solcher Unschlüssigkeit gewesen, solcher Ratlosigkeit. Ich wollte, ich wäre nicht Jason mehr! Ja, ich wollte lieber, ich wäre irgendwer, aber nicht dieser Jason.

Drittes Kapitel: Oktober

Aus Renates Gedächtnisbuch

Anfang Oktober

Ja, Anfang Oktober muß es geworden sein, ich zähle die Tage nicht. Ich lebe, ich habe mein Kleinod, trag es auf seinem Kissen von Schmerz und sehe darüber hin in die Welt und den Himmel – es ist Alles doch Gottes. Ich bin noch immer in Jasons Schiff, er sagt, ich muß noch eine Weile hierbleiben, mein Blut, sagt er, ist noch zu dick, ich muß es mit Wasser verdünnen. Damit ich ihm nicht entwiche, sind wir weit gefahren, von einem Fluß in den andern und bis in das Meer und an der grünen Küste entlang, ich weiß nicht, wie weit – ach, es tut gut, einmal nicht zu wissen, wo man ist. Diese Oktobertage sind nach dem vielen Regen im September unglaubhaft schön, einer reiner als der andre, wenn sie aus ihren sanften Frühnebelhüllen emporsteigen und zu ganz reinen blauen Kristallen werden. Und das Wasser hat jetzt eine Kälte und beißende Frische – wunderbar! Ich hab längst entdeckt, daß nie eine Menschenseele zu diesen Ufern kommt, an denen wir langsam hingleiten, selten einmal spielende Kinder, wenn ein Dorf in der Nähe ist, und habe mich dieses grauslichen Badekostüms mit seinen knielangen Hosen und drei Halskragen entledigt, das hinterher überall anklebt, und mich nackig ins Wasser geworfen, daß es nur so klatscht und brennt und ich aufschreie vor Schreck. Dann spiel ich in ihm herum wie ein Aal oder Hecht, stundenlang, ohne kalt zu werden; ich hab eine Glut in mir, als ob ich den Sommer verschluckt hätte. Hinterher roll ich mich im Ufersand, wenn einer da ist, oder im Haidekraut, und o wie das duftet! Ich möchte mir einen Weihrauch draus brauen lassen, im Winter zu brennen: Haide und Brombeeren, Pilze und welkes Laub, und der Duft der Kartoffelfeuer sollte mit darin sein und auch von den zerstiebenden Morgennebeln und dem Sonnengold, wie es überall durchbricht, mit den hellen Flächen von fernen Bauernhäusern, die im Dunst glänzen. Alles das sollte darin sein, daß ich mich immer wieder hineinhüllen könnte, so wie ich mein Kind umhülle, seinen süßen keimenden Leib mit dem meinen. Könnte ich für ihn nur so zart und duftig sein wie die Schleier dieser Tage, nur sanfte Wärme und zartes Licht, Wolkenschatten, Falterflug, Bienensummen, Haideblüte und weichfeuchtes Moos! Weich und rein, weich und rein, so wie Morgen- und Abendschein.

★

›Wie so selig doch auch mitten im Leide mir ist!‹ – läßt Hölderlin seinen Menon sagen, und wenn selig auch zuviel gesagt ist – oder ist es doch nicht zuviel? Nein, es ist wahr, es ist Seligkeit – und sie ist zugleich tief in Leid gebettet, und wenn es nicht Seligkeit wäre, wie könnte ich es ertragen, daß du nicht mehr bist, du mein Einziger, nie mehr, nie mehr sein wirst und ich immer ohne dich, immer allein – ach, mein Herz, mein Herz, schweige, schweige, sei still, werde so still wie dieses Land, durch das der Kahn hingleitet, fast unmerklich, während ich auf dem Dach sitze und meinen Blick auf den schweigend ruhenden Flächen ruhen lasse, wo nur selten in der Ferne ein Dorf aus seinen Obstbäumen hervorschimmert, als läg es am Rande der Welt.. Diese unendliche Ziellosigkeit um mich her gebreitet, unendliche Fraglosigkeit, unendliche Stille!

Und wie wundervoll ist dann wieder das Gegenteil bei Nacht, wenn ich irgendwo im Schiff zwei Vorhänge zusammenziehe und eine Zelle herstelle mit ihren dunklen, leise schimmernden Wänden und den leuchtenden Flächen, hinter denen das fremde, stille Unterweltsleben sich bewegt. Diese Fische, wie still sie im Wasser hängen können! Ich sehe so lange hin, daß es mir vorkommt, als ob ich auch so zwischen Oben und Unten schwebte. Der weichere Stoff der Vorhänge nimmt die Härte aus den Wänden der Zelle; es sind nur leicht geschlossene Falten, die sich jeden Augenblick teilen können, um vielleicht einen guten Geist einzulassen, Jason, den verschwiegenen Nöck, der etwas Liebliches sagt, als ob er er eine kleine blanke Muschel hinlegte mit feinen gezahnten Rändern und wieder verschwunden ist. O du guter, guter Jason, wie soll ich dir jemals danken?

Aber von Allem das Beste ist wohl doch, ganz am einen Ende des Schiffes zu sitzen, wenn in dem langen Tunnel kein Licht ist als ganz am andern Ende das von Jasons Lampe; nur dieser unendlich scheinende, dunkel ernste Gang, zu dem stillen Licht hin. Stunde um Stunde hab ich so sitzen können und Alles, Alles vergessen, Nichts mehr denkend, Nichts mehr wollend und Nichts fühlend als in mir das heilige Leben und vor mir den Weg zu dem Licht. Diese Stunden sind meine tiefste Stärkung gewesen – das Leben am Herzen, den Tod am Herzen und Gott im Herzen, und ich konnt es ertragen.

★

Nun muß ich doch Abschied nehmen, und ich spüre, daß ich nicht ganz ohne Angst bin. Habe ja oft und oft denken müssen, es kann nicht möglich sein, daß ich zurückkehre, daß Alles wieder sein soll, das Haus, mein Zimmer; wie ich es aus der Ferne sehe, sieht es entfremdet aus, als gehörte ich nicht mehr hinein. Ich bin freilich ein anderer Mensch geworden, und da meine Umwandlung nicht dort geschehn ist, in dem Raum, in dem ich Jahre lang mein ganzes Leben hatte, so muß er wohl ungehalten sein und Nichts von mir wissen wollen. Aber ich darf mich nicht fürchten vor dem, was dort vor mir steht. Erasmus – – es ist schwer, nicht zu fürchten, was man nicht kennt, es ist unheimlich. Aber ich glaube an meine Kraft, die ich endlich gewonnen habe, sie, die einzige Kraft, die wirkliche Kraft ist in der Welt, o der einzige, wirklich durchdringende Strahl, o du, Liebe, Liebe, Liebe, ich habe dich, ich weiß es, ich weiß, daß ich jetzt nur noch lieben kann, nur liebend bin, nur liebend und deshalb ohne Angst. Ich, dieser kleine, dürftige Mensch Renate, ich bin nun ein Schatten geworden, ein bunter, der vor dem Licht steht, oder ein kleines, dunkles, farbiges Wölklein, um das Licht gewoben, da es irgendwo sein muß, sonst garnicht dasein könnte. Einmal, ich weiß, war es schon fast soweit, war ich schon fast durchdrungen und davon so stark, daß ich die Menschen nicht fürchtete. Heliodora, ja, Sonnegabe, ach ja, da war es noch mit Eitelkeit verbunden und nur ein luftiges Glück, leider noch ungenährt. Nun habe ich aus dem furchtbaren dunklen Becher genug getrunken, hoff ich, um wahr zu sein. Und wenn ich damals schon beinah angstlos geworden war, wie sollt ich es jetzt nicht sein? Jetzt – ach, ich weiß, ich könnte mir einen Sack überziehen bis an den Hals, wenn die Menschen nur mein Gesicht und die Augen sehn, dann werden sie eben nicht mehr mich sehn, die Renate Montfort, sondern nur noch das, was aus mir leuchtet. O ich liebe sie nun, das ist es ja, ich kann sie nun lieben, wie ich Alles liebe, was ich sehe, jeden Baum, jeden Strauch, jeden Halm, jeden Glanz und jeden Schatten, Alles, was ist – und nun erst die Menschen! Denn was sind sie, Alle, in ihrem Herzensgrund, Einer wie der Andre? Sie sind Durstige, sie sind Hungrige, sie halten sich immer hin wie offene leere Schalen, um das Eine aufzufangen, das ihnen not ist – und ich kanns ihnen geben. Still doch, nicht du, armes, dummes Geschöpf! Du bist auch nur ein Gefäß, das nicht sich selber gefüllt hat, noch weniger sich selbst gemacht, sodaß es nun sich ausschütten kann mit seiner ganzen Fülle, die so unerschöpflich ist wie der Ölkrug der Witwe. Nur noch farbiges Fenster, o du armer Josef, dir hätte ich es auch gegönnt, da hineinzusehn, wie ich nun wirklich Nichts mehr bin als das, ein buntes Glas, das den einen Strahl wieder in die Farben zerlegt, die erfreuen. Das wird eine Freude sein!

Und auch du wirst es sehn, Erasmus, auch du! Und wenn dann auch dein armer Stein und dein Dunkel zerschmolzen ist, dann wird nur noch Licht sein.

Nur noch? O nein, ich weiß, daß es nicht möglich ist, mein Geliebter. Es wird immer noch genug Renate vorhanden sein, um deine Augen im Dunkel zu sehn, die meine Augen nicht sehen können. Oder doch? Oder doch? Denn ich weiß, du leidest nicht mehr. Du siehst mich längst mit anderen Augen an.

Von Georgs Hand geschrieben

Jener vom bekannten Baron Münchhausen mit dem Schwanz an eine besondere Eiche genagelte besondere Fuchs, als welcher durch Peitschenbestreichung veranlaßt wurde, die ›süße Gewohnheit‹ seines Balgs zu verlassen, ist eine immerhin wollüstige Vorstellung für die ins Fell der Gewohnheit eingewachsene Seele. ›Ein Rätsel ist Reinentsprungenes‹ sagt Hölderlin; damit ist der Schlaf gemeint. Er entspringt aus reinem Gewissen, daher üben die meisten Menschen ihn gewohnheitsmäßig bei Nacht aus. Ich nahm ihn in kürzlich erst sich verabschiedet habender Zeit wie so eine besondre Arznei, alle Stunde einen Eßlöffel voll, aber nun hat mir ein besondrer Diabolus die Flasche verstochen, und wo find ich dieselbe? Meist schleicht er sich abends herein, verabreicht mir einen Löffel voll und bleibt weiterhin unsichtbar. Was also bleibt mir? Ach, zwischen Leib- und Seelenonanieren blieb dem Menschen nur die bange Wahl! Sei denn sie gewählt, die süße Gewohnheit des schriftlichen Sichniederlegens aufs platte Plättbrett des Papiers, das Schreiben, nicht wegen besondrer Unsterblichkeit, sondern allein *sui ipsius causa*, um des Schreibens willen. Es ist einerseits Wollust, der eigenen Seele liebzukosen, und anderseits ist es eine ausgezeichnete Sache, daß, so lang auch ein Satz sich dahinhäkeln mag, doch einmal ein Punkt kommen muß. So ein Punkt zwischen zwei Sätzen ist etwas ausgezeichnet Haltbares, scheint mir, um so mehr, je länger man drauf hat warten müssen.

Was werde ich schreiben? Ich will einen Nachtspaziergang beschreiben, wenn der endgültig verlassene Jüngling Telemach statt der Gedanken seine Beine spazieren führt, in die seit langem schon aus der besonderen Lähme eine besondere Unrast gefahren ist, folgendermaßen:

Telemach erwacht wie üblich aus befristetem Halbschlaf. Er seufzt, legt sich auf den Rücken und über ihm wird allmählich das graue Vieleck der am Tage weißen Zimmerdecke sichtbar, er erkennt auch die Möbel, und im Glase des Türflügels zum Balkon glänzt es bläulich. Er streift die Decke von sich, schlüpft in die Schlafschuh und auf den Balkon hinaus, und unter ihm liegt die graue Fläche der Terrasse mit ihrer Brüstung und den stillen steinernen Urnen darauf – totenstill. Aber plötzlich rasselt es eisern in der Höhe, der Uhrhammer fällt, hell schmetternd, einmal, dann ist Alles still. Halb – halb was? Meinetwegen halb elf oder halb zwölf.

Im Dorf schlafen die Bauern eng und heiß in ihren karierten Betten. Die harte Weckuhr tickt durch die Schwüle, sie schnarchen den schweren Bauernschlaf, ohne es zu hören. Eine Kuh brummt im Schlaf, ein Hahn gackert im Traum, niemand hört den Spitz, der mit wildem Geheul auf die Decke seiner Hütte springt, weil Schritte herankommen und ein arger Teufel von fremdem Menschen vorübergeht; er muß noch lange bellen und belfern und immer noch einmal blaffen, bis er wieder in seine warme Höhle kriechen kann und sich zweimal um sich selbst drehn und hinsinken und wieder schlafen.

Telemach sitzt auf dem Balkongeländer und lauscht. Die Nachtstille singt in seinen Ohren, es rauscht leise im Park, die See ist nicht zu hören.

Hier in dem Zimmer, denkt er, lag einer des Nachts, und wie oft wohl wachte er auf und hörte über sich Schritte, ruhelos, ruhelos, nur ein Huschen, hin und her streifend, hin und her. Das war Mama, denkt dieser T., das war die Penelope, die bei Nacht Alles wieder auftrennen mußte, hin und her, hin und her, zwanzig Jahre Pein und Alleinsein und Sehnsucht und niemals Dabeisein, und dann – Nichts mehr. Wo ist sie nun? Vergessen, vergessen.. Unter der Erde liegt schon fast Nichts mehr von ihr, noch ihr Lächeln, ihr letztes Lächeln? Auch Cordelias Lächeln ist kaum noch zu sehn..

Telemach – warum lebst du noch? Kannst du mir das sagen? Wenn in alten Zeiten die Schildwachen ihren Gang auf den Wällen machten, rief der Eine dem Andern zu: Lebst – du – noch? Und der hörte und gab den Ruf weiter: Lebst – du – noch? So lebe ich noch als Schildwache, denn da ist ja ein Land, Trassenberg ist es genannt, das braucht einen Posten, und man kann wohl nicht einfach die Fahnenflucht ergreifen, vielmehr da ist das Erbe, Plan 11, da liegt er, Plan 11, klar und sachlich und perfekt wie ein zugeschnittener Handschuh, da mußt du hineinfahren.

Ja, wieder hinein, wie schon dereinst in das Dasein, worin ein Jeder das Seine vorbereitet findet von Ahnen und Uhrahnen her, mit Planeten und Zaubersprüchen, fern in die Zukunft wirkend. Drin bist du im Leben und besitzest es, eh dus erworben. Schon steckst du so tief im Gewohnten, daß zum Beispiel, wenn du selbst Hölderlin wärest, du versemachend anfangen müßtest wie Schiller, und mit Rokokoverslein als Goethe. Bis du deine eigene Sprache gefunden hast, bist du schon irrsinnig geworden und hängst deine Harfe am Neckar auf. Du redest, lachst, spielst, lernst, nicht wie du selbst, sondern wie tausend Andre, bist in zehntausend unauflösliche

Zusammenhänge verknöselt und kannst vor hundert Spiegelbildern dein eigen Bild nicht erkennen. Alles hängt, klebt, hakt, haftet an dir, und du kommst nicht los von dir selbst, nicht zu dir. Plan 11, Plan 11, da hängt er dir an den Beinen, nein, da liegt er, ein Sisyphusblock, den du nicht gemacht hast, und da ist vor dir der Berg, den er hinaufgewälzt sein will. Na, also los, mein Telemach, gieb ihm den Telemachschwung! Was sitzest du da und starrst in die Nacht und die Tiefe? Über dem schwärzlichen Gewipfel des Eichwalds quillt ein bleiches, silbrig rötliches Scheinen, dahinter steigt nun der Mond empor. Hell aus dem Wald hervor klagt plötzlich ein Kinderweinen, und ein Gespenstergelächter folgt, ganz schnell: Hahahahaaaa! Kauz in der Nacht, End ehs gedacht. T. erhebt sich und wendet sich.

T. macht Licht, geht mit geblendeten Augen ins Ankleidezimmer, kleidet sich in irgendetwas, Schnürstiefel, Reithosen, Lederjacke, windet einen grünen Schal um den Hals und fühlt sich einen Augenblick warm und behaglich. Darauf geht er.

Im Garten vor der Terrasse unten findet er sich sehr klein und einsam in der Dämmerhelle der Nacht, im Hof der drei mächtigen Fronten mit langen Fensterreihen und kalkweißen Mauern. Schweigsam bedrohlich steigen die beiden weißen, schwarzbehelmten Türme zum nachtblauen Sternhimmel auf, der ganze alte Bau mit Essen und Mansarden und Dächern, Fenstern und Simsen und Mauern atmet stark seine Dauerhaftigkeit aus, in der du, o Knabe, heranwuchsest! Ach! Heiliges Kindheitsland, wo bist du? T. geht davon, den Kopf gesenkt, verloren in seine Erinnerungen.

Auf dieser Terrasse brannte einmal ein bunter Lampenschirm und saß ein noch unbekannter Maler Bogner; und dort am Gatter stand Telemach, eben noch Knabe gewesen, aber hinweggegangen aus seiner Kindheit zu Annas Bett – das war schon vor tausend Jahren.

Da zwingt sich T. mit Gewalt durch den Spalt zu einem kindlichen Aufenthalt.

Der Kaufmann in Böhne hieß Sengstaak, ein Name, den ich als Junge niemals aus dem Gedächtnis in die Luft schreiben konnte. In allen Sommerferien war einmal eine Monatsrechnung bei ihm zu bezahlen, das tat Salomon Birnbaum selber und nahm uns mit. Im Laden war die Diele mit weißem Sand bestreut, durch eine geriffelte Glasscheibe sahen wir Herrn Sengstaak an seinem Stehpult schreiben, und wir zitterten, er möchte nicht merken, daß wir da wären, denn dann bekamen wir keine Cakes, aber er merkte uns immer. Da standen Kisten mit eingewickelten Apfelsinen, Fässer voll Mehl, Margarinefässer, Butterfässer, Kisten voll Eier, und wie war Alles dick und dauerhaft, die hölzernen Griffe an den tiefen Schubläden und die Holzschaufeln in den Erbsen und Linsen. Über dem Tresen wurde immer auf dickem blauem Papier ein Zuckerhut zerkleinert, mit einem Hammer, Alles solide und dauerhaft. Oben war es dunkel von unzähligen Bündeln zusammengeschichteter Tüten, rechteckiger und spitzer, blauer und brauner, und sie hatten als Aufdruck ein schwarzes Wappen zwischen zwei bärtigen Nacktmännern. Noch höher über den Tüten war ein stilles Gedränge von braunroten Würsten und Schinken, und wie das roch nach ihnen und nach Rosinen und Salzgurken und Vanille, und geheimnisvolle Leitern lehnten im Winkel oder wurden von kleinen frechen Jungen mit wasserblanken Haaren schwierig hin und her getragen. Dann kam Herr Sengstaak aus seinem Kontor, das ich später in ›Soll und Haben‹ wiederzufinden glaubte; er hatte ein rotes Gesicht, kleine Augen und Falten unter dem Kinn, rieb sich die Hände und sprach unverständlich mit eigentümlichen Bewegungen des Kinns und wie ohne Konsonanten. Er beugte sich über den Tresen, griff Anna mit seiner großen Hand unter das Kinn, und dann holte er den längst erwarteten großen blechernen Kasten mit Cakes, über sich greifend, herunter und hielt ihn uns offen schräg entgegen, und Jeder nahm einen kleinen Cake heraus, aber das war nicht Alles. Ein großer Papiersack wurde abgerupft, und auch das war wundervoll, wie Herr Sengstaak mit dem einen Arm hineinfuhr, mit der andern Hand die eine Ecke weich eindrückte, dann leicht die Tüte herumwarf und die andre Ecke einknickte; und nun kam ein Blechkasten nach dem andern herunter, und die Tüte wurde gemischt voll, nicht ganz; es blieb noch genug Papier, das auf eine vortreffliche Art zu parallelen Streifen zusammengefaltet wurde, worauf die Enden nach innen umgeknickt und festgedrückt wurden. Noch kam Bindfaden aus einem verblüffenden Ding heraus, und das Paket flog links herum und rechts herum, der Bindfaden schlang sich darum, es war Zauberei, ein reizender Holzknebel war auf einmal da, wurde in die Schlinge geschoben, und dann wurde es mir überreicht. Dies war unser geheiligtes Recht, Kekse, wie wir sagten, von Herrn Sengstaak, nur war leider immer eine Sorte dabei, die mochten wir nicht, sie hießen Dextrinkeks, denn so schmeckten sie, aber natürlich, Mama hatte dafür eine Leidenschaft.

T. ist am Weiher angelangt, gegenüber der Insel, keine fünf Schritte von der Brücke. Soll er hinübergehn, zu dem grauen Block, auf dem Nichts steht als das Wort: Helene? Mutter, sagt er, Mutter. Leeres, leeres Wort. Warum hinübergehn? Da ist Nichts, Nichts, das dir helfen kann, da du kein Kind mehr bist, mit Keksen zu trösten. Bist du allein auf der Welt? So ist jeder Mensch, und in die Rätsel deines Busens kann keine andre Hand hineingreifen und sie lösen oder herausreißen – packe dich fort! Plan 11! Denk an Plan 11! Eine Lebensaufgabe, herrlich, großartig, für dich hergestellt wie eine gutuntermischte Tüte, verschnürt und handlich gemacht, brauchst sie nur auszupacken. Was sind deine Finger so zittrig? Schuld so groß, daß sie unannehmbar ist; Erbe so groß, daß es unannehmbar ist. Dazwischen stehst du, Bileams Esel, und kannst nicht leben noch sterben. Schuld, Schuld, Schuld, auf jedem Schritt; Schuld jeder Bissen und Atemzug, kein Ausblick und keine Möglichkeit zu etwas Neuem, nirgend ein Anfang, nur das Dickicht.

Ja, dann versucht er es wohl, dieser T., und stellt die bekannten Figuren zum tausendsten Mal auf, und ob sie angefroren sind im Triumph ihrer Unabänderlichkeit, will er sie doch mit Zauberkraft zwingen und dazu bringen, sich anders zu bewegen, als sie getan haben; und doch steht immer da Esther und tut ihren Schritt, Sigurd und tut seinen Schritt, Magda und tut ihren Schritt, und er selbst tut vom Einen zum Andern seine Marionettenschritte, und immer liegt da einer am Boden, der nicht in das Spiel gehörte. Und was nutzt es, rasend zu werden und sich zu wehren mit der letzten Verzweiflung und zu sagen, daß man nichts *getan* hat, keine willentliche Handlung begangen hat, sondern daß Alles, was geschehen ist, so geschehen mußte, weil diese und dieser und jene und jener so waren, und weil man selber so war, wie man war und ist; und wenn man sogar so weit gehn will, zu sagen, daß da keine wägbare, meßbare, haltbare Schuld ist, sondern nur eben – na was? Der Charakter, das Sosein: was ist dadurch geändert? Das eine, letzte Ergebnis liegt unausweichlich, unabänderlich da; mag alles Andere wertlos sein, dieses *ist*, und *weil ich so war*, darum ist es und bleibt es in Ewigkeit.

T. geht weiter; er geht, denn die Nacht ist noch lang, auch wenn da eben ein Hahn krähte. Hähne haben es an sich, zuweilen des Nachts zu krähn, vielleicht um sich zu erinnern, daß sie noch krähen können, wenn es bei Morgengrauen nötig ist. Bei Morgengrauen – ja, frühmorgens in der Kindheit, das Krähen der Hähne, hier nahe hell schmetternd, dort heiserer fern, hier und da, so ging ein himmlischer Tag an. Sonntag war anders als die andern Tage, auch in den Ferien, obgleich keine Schule war. Die Straße unter den Fenstern, die Felder in der Sommersonne, das Dorf, alles sah anders aus, stiller und feierlicher. Man hatte einen schneeweißen Anzug an, der noch nach Wäsche roch, und Anna ein weißes Kleid mit Spitzen und handbreiter blauseidener Schärpe. Vorsichtig zu behandeln. Du lieber Gott, wie hoch war eine Roggenwand damals! Wir verschwanden uns darin, wenn wir vorsichtig hineintauchten, um eine Kornblume herauszuholen oder eine violettrote Rade, die ich liebte, weil sie so geometrisch waren: vier lange grüne Blattspitzen genau in den Einbuchtungen der kleinen runden Kelchblätter. Ja, diese langen Spitzen gegen die kleinen Rundungen, so genau – wundervoll! Und der Sandweg am Feld entlang, mit den Radgleisen, die ich noch sehe, wie hell! Unsere Schatten darauf, dick und kurz mit riesigen Kreisen von Hüten, sie schoben sich voraus; jedes Staubkorn wie hell, die Steine im Staub, jeden einzelnen könnt ich beschreiben, Brocken von rotem Klinker, halb vom Sand verschüttet, und die Krusten der Wagenspuren, und scharfe Chausseesteine, mit denen man besonders gut schmeißen konnte, und die großen, weiß übertünchten Steinbrocken am Wegrand – nur Steine, und welches Leben hatten sie damals, welche Bedeutung! An diesen weißen kletterte aus der Grasnarbe die vielköpfige kleine Schlange der Winde mit schönen, sehr weißen Kelchhäuptern, und da waren die kleinen Oasen von niedrigem Dreiblätterklee, und wir suchten bei jeder ein Weilchen nach einem Vierblatt. Immer schien die Sonne, nur damals schien die Sonne, ein einziger Vormittag war so lang wie ein ganzer Sommer von heute, und dann hörten wir die Lerchen. Diese Stille nun, diese Stille über dem singenden Korn, und in der Stille, unaufhörlich, ganz oben das Lerchengetriller, immer mit neuem Anlauf: Zizizizizziiiiiih! Zizizizizziiiiiih!

Und dann kam – – T. findet sich jetzt am Gatter, das, hell im nächtlichen Licht, ihn unsichtbar ansieht aus dem grauen Holz seiner Stangen. Er lehnt sich darauf, sieht oben am Himmel den Kahn des abnehmenden Mondes im Fahren leicht durch das fließende weiße Gewölk schneiden, sieht die dunklen Wiesen – – und aus ihrem Dunkel flattert ein Kohlweißling auf, die Wiesen liegen wieder hell in der Sonne, der Falter schaukelt den glühend heißen Sandweg hinab, hin und her, den Hügel hinauf; er hört Annas schreiendes Lachen und sein eigenes, atemlos hinlallend, im Laufen zusammentaumelnd, lachend nur Lachens wegen, laufend nur um zu laufen. Und dann liegt man da, der weiße Anzug sieht bejammernswürdig aus in einer braunen Staubschicht – und ach, da steht Anna im Schlafzimmer, ganz rot im Gesicht und sieht ängstlich von ihrem Kleidchen auf und dem Loch, das darin ist, weil sie einen Mistfleck mit Bimsstein herausgerieben hat.. und hier stand sie, auf den Stufen des Knicktors, auf seine Schulter gestützt; ihr Mädchenhaar leuchtete über der Dämmerung des Abends, und sie sagte: Ach, es ist himmlisch! Einmal hat sie das gesagt, einmal in ihrem Leben, und das Kind, das es sagte, habe ich niemals wieder gesehn.

Beim Ersteigen des Deichs fällt T. hintenüber, muß sich nach vorn werfen und erreicht auf Händen und Füßen im taunassen Gras die Höhe, wo er sich zu seinem Erstaunen über einem totenstillen weißen Felde befindet: Nebel, weißer, lautloser, regungsloser Nebel, der die ganze See bedeckt. Nur tief unten, am Fuß der Deichmauer, sind die schwarzen Pfahlköpfe der Buhne zehn Schritte weit sichtbar, dann ist nur noch Nebel.

Aber die Tiefe zieht T. besonders an; er setzt sich, klettert mit Händen, Absätzen und Gesäß die schräge Mauer hinunter, springt auf den festen Ebbeschlamm, zaudert und schreitet in den Nebel hinein.

Es ist tiefe Ebbe. Der Nebel bleibt stets ein wenig vor seinem Gehn; jetzt wird der Boden weicher, und jetzt – da ist Wasser, er riecht es, er sieht es auch glitzern. Was sitzt denn dort? Kleine, dunkle Gestalten hocken da. Ach, da sitzt der Tütvogel im Nebel am Wasser und schläft, zwei, drei kleine Gesellen. Wie die Seelen am Acheron, denkt T. Hier ist Gewässer, ungeheure Meilen weit nur die tiefe See, satt von einer

Menge Land, das sie eingeschlungen hat, Marschland und die Inseln und weit nach Schleswig hinauf die Halligen, Frauen und Kinder, Gehöfte und Kirchen, Rinder und Schafe, Eichenwälder und die langen Deiche. Es gurgelt im Schlick, die Flut will sich regen. T. fühlt seine Sohlen langsam tiefer einsinken, dreht sich genau um und geht zurück.

Und dann sitzt dieser T., was auch Topf heißen kann, auf dem Deich im Gras über dem Nebel und denkt – na, was denkt er wohl? Schade, daß hier keine Halligen sind. Auf einer Hallig wäre jetzt gut wohnen, dem festen Land entronnen, den Menschen entronnen, der Vergangenheit, der Gegenwart, der Zukunft entronnen – mit einem Wort Allem, was unentrinnbar ist. Aber dann hätte man es endgültig in sich selber allein, mit Nichts mehr zusammenhängend, innen zusammengeballt, fest, immer fester, noch fester, bis es platzt – oder weg ist. Denn rund herum ist nur Wasser, Nichts als wallende Wasser, und du liegst wie ein saftiger Kern in einer grünen Schale, das ist die Hallig, und darüber die andre Hälfte der Schale ist der Himmel, mal blau, mal grau, das macht keinen Unterschied. Aber ich könnte nach Hallig Hooge gehn, nordwärts, natürlich, da sind wir einmal gewesen, sogar er war mit dabei, den wir hier lieber nicht nennen wollen, zeigte mir und belehrte mich über Alles. Hallig Hooge ist mein persönliches Eigentum, mein teurer Ahnherr, der siebente Georg, nach dem ich der achte genannt bin, hauste dort in jüngeren Jahren, um sich abzukühlen, vermute ich, bevor er ein milder Greis wurde, der sich ganz von der Erde löste und mit den Planeten umherschwebte. Da ging auch der Dränger um, aber nicht nur auf Hallig Hooge, auch sonst auf den Inseln und Halligen und an der Küste, dem einsamen Wandrer plötzlich aus dem Nebel erscheinend, um ihn ins Meer zu drängen. Das kann er bei mir leicht haben. Hallig Hooge hatte genau sieben Hügel, wie ich mich wohl erinnere, die nach den Hügeln Roms genannt waren vom Astrologen, der ja auch dort verstorben sein soll –

wie passend! Hallig Hooge – wundervoll, ein Inselbollwerk, eine kleine halbe Segelstunde vom festen Land, aber merkwürdigerweise nie zu sehn. Es soll an der Spiegelung liegen. Anno sechzehnhundertvierundneunzig die große Flut .. da verschwanden drei große Inseln und siebenzehn kleine und größere Halligen spurlos in der See, nur Hallig Hooge hielt stand. Nein, es war damals, daß Hallig Hooge die sieben Hügel hatte, und auf dem Palatindeich stand der Deichhauptmann Waldemar Pontanus und rief die Teufel der Hölle zur Hülfe gegen die Flut, aber das half ihm Nichts, Aventin und Esquilin und Palatin wurden nacheinander weggerissen, und als der Palatin stürzte, warf Waldemar Pontanus sich kopfüber hinterdrein. Damals hörte das Watt auf, Watt zu sein, die See mit ihren Heeren ging gradeswegs das Festland an und hämmerte auf die Deiche, und Waldemar Pontanus ging überall um und drängte in die See, wen er kriegen konnte. Da will ich hingehn, dahin will ich ziehn.

Mit diesem Entschluß, in der letzten Nacht gefaßt, stand T. auf und erschrak ein bißchen vor einem riesigen schwarzen Schattenkoloß, der plötzlich vor ihm stand. Aber es war nur Lornsens Mühle, und sie war garnicht so nah, mindestens hundert Meter landeinwärts, zwei schwarze Flügelarme drohend in die Lüfte erhoben. Warum drohend? Weil da unten in den Wiesen ein fuchtelnder Jason herumlief und an einer anderen Stelle Anna liegt in ihrem hellroten Kleid. Nun liegt sie wieder woanders, wie es im schönen Lied gesagt ist: Wer liegt in Finsternis? Wer blind im Dunkel? O du sei still! Ja, sei du man still, Telemach, du kannst immer nur dichten und andern Leuten vordichten, was sie nachher zu tun und zu leiden haben. Geh nach Hallig Hooge, schaff dich aus dieser festen Welt in das fließende Wasser, stülp deinen kochenden Kopftopf hinein und verzische.

Und T. ist auf diese Weise im Kreise wieder an seine Ausgangsstelle gelangt und steht unter der Terrasse, und was sieht er? Er sieht einen Lichtfaden in einem Fensterladen, dahinter sitzt der weißgewordene alte Mann noch bei seiner Arbeit, er, der nun Nichts mehr hat als seine Arbeit – nicht einmal seine eigene, sondern nur die, die T. nicht leisten kann. Horch, die Uhr will schlagen! Sie schlägt – einmal – eins – oder wieder nur halb von irgendwas?

T. schließt leise die Tür zum Vogelsaal auf, wendet sich im Dunkel nach links, stößt vermutlich schmerzlich mit dem Schienbein an einen Stuhl und erreicht die Tür, öffnend behutsam.

An der langen Wand der Aktenregale brennt die elektrische Lampe unter ihrem grünen Blechtrichter und überstrahlt den Wust von Papieren, Aktenstößen und Mappen und Glanzpapierdeckeln, rot und gelb und blau. Davor schläft der alte Mann, dies Bett hat er sich bereitet, seinen eigenen Arm auf der Tischplatte, nur sein weißer Kopf ist rührend zu sehn; der linke Arm hängt herunter, zwischen zweitem und drittem Finger steckt die erloschene Zigarrenhälfte, nach der es im Zimmer riecht. Ja, nun braucht es Posaunentriller und Böllerschüsse, wenn er nicht von selbst aufwacht. T. geht leise, aus Ehrfurcht mehr denn aus Vorsicht, über den Teppich zu ihm und hat, wie er sich über den Schläfer beugt, den Antrieb, dies dünn emporstehende, lichte Haar, durch das die Kopfhaut schimmert, küssen zu müssen. Warum tut er es nicht? Warum? Damit jetzt etwas Furchtbares geschieht, der alte Mann plötzlich aufwacht und ihn verstört erkennt aus seinen blutunterlaufenen Augen und erst wie immer lächeln will, aber auf einmal aufsteht und T. die Arme über die Schultern wirft und seine Stirn auf T.s Schulter und weint und schluchzt und dann zur Tür hin wankt und T. die Frage zurückläßt, um wen er geweint haben mag, um T. oder sich selbst oder noch einen, der nicht da ist?

T. – was bleibt ihm übrig, als sich auf den verlassenen Stuhl zu setzen, dessen Filzunterlage noch warm ist, und eine von den Mappen zu ergreifen, die daliegen? Darauf geschrieben steht in schöner Kanzlei-Rundschrift: ›Personalia. Täglicher Einlauf.‹ Und so liest er, was da täglich am Einlaufen ist, zum Beispiel:

Taubstummenanstalt Göhrde – Einladung zur Feier des fünfundzwanzigjährigen Bestehens .. Göhrde, ausgerechnet, da stürzte jemand vom Gerüst – da wurde ich geboren .. ehrfurchtsvolle Bitte, den Titel und die Würden eines Ehrenvorsitzenden des Vereins – bisher in den Händen Seiner hochseligen Durchlaucht .. natürlich, da ist er wieder, wohin ich sehe, steht Er .. Annenmagdalenenheim, Stiftung für lungenkranke Fabrikarbeiterinnen – ja, von Helene gegründet, als Magda geboren wurde .. Erhöhung des Anlagekapitals .. das kam doch aus Helenes Schatulle? Richtig: Vermächtnis Ihrer schon wieder hochseligen Durchlaucht als nicht zureichend erwiesen .. Erbe, Erbe, Erbe, immer die Toten, die Toten .. T. fühlt, wie ihm der Schweiß ausbricht, die Buchstaben flimmern .. Krank – Krank – Krank – tanzt es ihm vor den Augen. Warum nicht zureichend erwiesen? O es war abgebrannt, halb, ein paar Tage vor .. vor was? T. starrt in die grelle Glühbirne, vor dem großen Tralla, flüstert jemand ihm zu, und so ist es. Weiter, ein anderes Blatt: Oberförster – unleserlich. In Blankenhaide – einen neuen Plankenzaun notwendigerweise, weil mir sonst die Bauern das Wild totschlagen, was übrigens nichts schaden könnte, ungerechnet daß sie es meist nicht richtig totkriegen und ich dann die Schweinerei in Jagen 15 herumliegen finde .. weiter unten: und da mir die pp Beuglenburgschen Bauern wieder ein Stück von Jagen 15 abschneiden wollen .. T. dreht matt lächelnd das Blatt um, was kommt nun für ein Fetzen? Unterschrift wie von einer Kinderhand: Bombe, Kätner und Kesselflicker, na, hat er wenigstens ne Firma, wenn auch sonst nicht viel. Kann die Pacht nicht zahlen .. Bombe? der klebte doch Invalidenmarken, den kenn ich persönlich, der Sohn ist Vorarbeiter bei Haupt und Ungefesselt, Dampframmen, verdient fünfzig Mark die Woche und ist nicht verheiratet. Kuh gefalen – ale Katoffeln faul – Frau Hochgratig Magen Leident – anliegent AthekerRechnung .. T. findet das Blatt – Opiumtropfen – Opiumtropfen – Opiumtropfen .. Lezithin, drei Flaschen, Summa acht Mark neunzig, abzüglich Kassenprozente fünf Mark und fünfzehn Pfennige – ob ich das zahlen kann? – T. trocknet sich die mittlerweil triefende Stirn, langt einen Bleistift vom Schreibtisch und schreibt ›Bezahlen‹ auf das Blatt. Seine Hand klebt beim Schreiben, er liest umblätternd weiter: Verein ehemaliger Königinhusaren .. Elisenhütte, Einladung zur Aufsichtsratssitzung .. T. klappt die Mappe zu, legt sie auf den Tisch, lokkert seinen Schal vorn am Hals und sitzt, das Taschentuch in den Händen, starrt vor sich hin und denkt: Ein Fünftel vom täglichen Einlauf, Personalia – und schon kaputt.

Kaputt? Aber nicht davon, Mensch! Nicht davon! Sondern von dem, was überall zwischen, über, unter und hinter den Zeilen steht und herumtanzt: Plan 11 – Plan 11 – Plan 11 – Plan 11 – hunderttausendmal nur Plan 11 – denn der ist hinter, über und unter dem Allem, der – und –

Ja, nun dreh dich herum, du Kreisel, blick hinter dich, da ist Plan 11, blick vor dich – da ist – Er, und dazwischen kannst du dich hin und her wirbeln, bis du umfällst und daliegst und deinem Schöpfer mit Winseln dankst für das Eine, das Eine, das Eine, was dich noch am Leben erhält: Daß du nicht aus dem Blut dessen bist, den du gemordet hast! Daß es nun deine letzte Rettung ist, was vorher deine letzte Pein war: daß es nicht dein Vater ist, dessen Blut ..

Gute Nacht, mein Telemach, schlafe wohl!

Vergeblichkeit

Als Renate im Wagen saß, heimfahrend; als sie noch einmal zu Jason auf dem Ufer zurückgewinkt, noch einmal zurückgeblickt hatte, fühlte sie sich unerwartet von einem Schauer der Heimkehrfreude übergossen, die freilich vornehmlich ihrem Zimmer galt und darin besonders dem stillen kleinen weißen Gesicht, dessen Augen zwar wie immer über sie hinwegsehen würden, aber das sie nun liebender als jemals in ihr Herz fassen würde, ja, mit dieser Alles umfassenden, heilig-süßen Kraft, von der sie durchdrungen war – und die auch nun Alles durchdringen würde, ohne Ausnahme Alles, und auch ihn, der – ja, den sie doch einmal schon hatte verwandeln können, Erasmus, und ihn mit Wärme, Güte und Freude erleuchten. Unmöglich doch, daß das Nichts gewesen sein sollte, ihm nur angeflogen von außen, übergezogen nur wie ein wärmender Mantel. Was im Menschen nicht ist, kann nicht aus ihm erweckt werden; also war es nur zugeschüttet, erstickt, und – war es nicht möglich sogar, daß die Tat ihn befreit hatte, wenn es auch eine Untat war? Eine Untat – ja, und doch, und wenn er auch zweimal der Angreifer gewesen war, so war sie doch nicht aus ihm allein gekommen, sondern aus Josef auch – ach, ob sie das nicht wußte, immer schon gewußt hatte, daß der Haß in Beiden der gleiche war, verschieden nur der Charakter, daher die Äußerung, die bei Josef Verachtung war, und wenn auch noch so sehr zurückgehalten im täglichen Umgang – die Verachtung des Dumpfen, Plumpen, Häßlichen, Gefesselten; der, dem sie galt, mußte sie doch aus jedem Blick, jeder Miene und Geste, dem ganzen, höchstens leutseligen, herablassenden Wesen in sich einsaugen, das Gift der Nichtachtung, das in ihm schwärte und schwärte. Da war dann endlich der furchtbare Schlag herausgefahren, in das Schöne hinein, es zu zertrümmern in seinem eiskalten Glanz. Das war Alles wahr, ebenso wahr, wie das morsche Geländer wirklich war; begreiflich eins wie das andre. Nun aber – sie glaubte sich an ein Wort zu erinnern, das sie gelesen hatte, ohne zu wissen wo: ›Denn das ist die Wahrheit: wir ermorden – Außen und sind innen tot geworden.‹ Innen tot geworden – und er hatte nicht einmal gemordet, hatte nur aus Sinnlosigkeit zuschlagen müssen – und um so leichter würde es für sie sein, ihn zu erwecken, obwohl –

– nein, nicht denken jetzt an das, was er nicht wußte und wissen mußte. Es kam Alles auf ihre Kraft an, doch die durfte sich nicht vorher im Vorausdenken schwächen, mußte sich ganz rein und süß innen zusammenballen, um dann herauszufahren – ach, o ja, so wie der furchtbare Arm, ihm doch noch entgegen, um ihn aufzufangen und die noch immer geballte, verkrampfte Faust zu lösen.

So ging sie denn vorfreudig klopfenden Herzens auf die Tür ihres Zimmers zu und öffnete, mußte aber im Augenblick mit einem Erschrecken rasch mit den Augen zwinkern, da das kleine weiße Gesicht des Gottkönigs sie ansah. Es war ein Blick stillen Ernstes zuerst, der sie zu begrüßen schien, worauf die Augen sich langsam forthoben mit einem gütig überlegenen Lächeln, das dann wieder zu dem beständigen Blick in das Unendliche wurde, der über sie hinsah.

Danach war sie erst wirklich erschrocken, und es half ihr Nichts, daß sie mit der Hand über die Augen strich, murmelnd: Was sind das für Einbildungen? so wirklich war es gewesen. Sie setzte sich auf das Sofa, ihren kleinen Suitcase noch in den Händen auf den Knieen, zuerst nach den Fenstern blickend, die vom Regennebel beschlagen waren, dann wieder auf das weiße Gesicht, das so wie seit Jahren auf seiner Säule stand; und nun fühlte sie ein Schuldgefühl in sich aufsteigen. Nur noch blaß und undeutlich kehrte die Erscheinung seines Anblickens mit dem verschwiegenen Ernst vor ihren Augen wieder, sodaß sich nicht mehr erkennen ließ, ob der Zug von ganz leiser Ungehaltenheit, den sie nachträglich zu gewahren glaubte, wirklich dagewesen war. Ungehaltenheit – aber warum? Sie lächelte nun zu dem Kopf hin, fragend: Bin ich dir untreu gewesen? Weil ich so lange fort war? Aber ich war öfter schon fort und bin immer zu dir zurückgekommen! Frage und Antwort, die sie nun als töricht empfand.

Dann kam ihr altes Mädchen herein, das sie schon draußen begrüßt hatte, ihr Koffer wurde hereingebracht, und sie ging in ihr Schlafzimmer, um sich umzukleiden, doch gab es jetzt Schwierigkeiten mit dem Auspacken, da ihre Kleidung und Wäsche in das andre Schlafzimmer gehörten, sie aber darüber nicht entscheiden konnte, ehe sie mit Erasmus gesprochen hatte, also am Abend vermutlich, vielleicht auch erst am morgigen Vormittag; es war Sonntag, und er würde zuhaus sein. Sie entschied sich schließlich für den Mittelweg, den Koffer unausgepackt zu lassen. Der geheimnisvolle Schrecken bei ihrer Ankunft war wieder vergangen, und sie bat um die Morgenzeitung, um zu erfahren, was im Theater gegeben würde. Denn das schien ihr das Beste zu sein, gleich noch heute die Probe zu machen – ach, nein, keine Probe! Sich selbst und den Menschen das Glück zu bereiten, daß sie angstlos vor ihnen stehen konnte und – leuchten, Nichts als leuchten, so wie sie niemals ein Leuchten gesehn hatten, daß es ihnen den Atem verschlug und sie wußten: Das ist die Liebe, das ist sie, da steht sie vor uns leibhaft, mit Mund und Augen und Wangen, so leibhaft wie wir selber, Fleisch und Blut, Segen und Seele – und ein verklärter Schmerz – Gott, wenn sie das sehen könnten, wenn das geschehen könnte! Die Freude, diese unermeßliche Freude! O ruhig, du mußt ruhig werden, denke lieber, wem du gleich eine Freude machen könntest! Magda – natürlich, die kam zuerst, konnte sie leider nicht mehr sehn, aber doch fühlen, gewißlich fühlen. Und wer dann? Peter Schomerus vielleicht, der ohnehin von ihr enttäuscht worden war, weil die Uraufführung seines Stückes ohne sie stattgefunden hatte. Vielleicht würde es am Abend wieder gegeben; aber ob er es zum zweiten Mal mit ihr sehn würde? – Da wurde ihr die Zeitung gebracht, und richtig, die ›Vehme‹ wurde zum dritten Mal gespielt, nun würde sie ihn gleich anrufen.

Sich vor den Schreibtisch setzend, sah sie einen kleinen Berg Briefe darauf liegen und fächerte ihn auseinander, während sie schon um die Verbindung bat; es waren nur Stadtbriefe, lauter bekannte Handschriften, Einladungen vermutlich oder auch Familienanzeigen. Es dauerte einige Zeit, bis der Dichter aus seinem möblierten Zimmer an das Telefon auf dem Korridor geholt war; und dann gab es ein neues Erschrekken, da als Erwiderung auf die Nennung ihres Namens ein so gequält erlöstes »Gott sei Dank!« von seiner Stimme ertönte und er gleich fortfuhr mit: »Wo waren Sie? Wie geht es Ihnen jetzt? Ich war ja schon am Verzweifeln!« Und weiter nach ihrem Versuch der Beruhigung: »Renate! Sie wissen es doch – es ist nur jetzt unerträglich geworden –, ich lebe nur von Ihnen, ich sterbe ab, wenn Sie fort sind, Sie sind meine Erde, mein Himmel, meine Göttin –« Endlich konnte sie abschneiden mit der Frage: So habe er aber doch arbeiten können, und die Antwort kam: Nun ja, arbeiten und nicht verzweifeln, und wieder war es unmöglich, dem Schwall Einhalt zu tun, dessen Exaltiertheit auf sie freilich eher abkühlend wirkte, sodaß sie denn endlich, zwar freundlich, aber doch kurz, fragte, ob er mit ihr zusammen sein Stück sehen wolle oder nicht – worauf dann ein kleinlautes »Gewiß« kam und sie nun hinzusetzte, aber nur, wenn er bis dahin im Regen umhergegangen sei, um sich abzukühlen, denn wenn er schon am Telefon mit solch Richard-Dehmelscher, skythenkühner Leidenschaft über sie herfalle, was habe sie dann im Theater zu erwarten? Nun, und wie war das Theater? – So gab es denn endlich noch ein kleines Gespräch über die Aufführung, wobei er nun freilich gleich wieder in Bitterkeit verfiel: Die heutige Aufführung würde die letzte sein; natürlich, Alle hatten recht behalten, es war kein Bühnenstück mit Bomben und Granaten, aber – sie hörte das ›aber‹ an, das ihr aus den längsten Diskussionen lange bekannt war, und beendete das Gespräch mit der Verabredung, ihn am Abend abholen zu wollen.

Danach ging sie, beide Fenster zu öffnen; es war eine schwüle Wärme im Zimmer entstanden, und sie blieb eine Weile in der Kühle des Nebelgeriesels und dem Geruch des modernden Laubes, der aus dem Garten aufstieg, indem sie das eben Vorgefallene rasch zu vergessen suchte, samt der kleinen Genugtuung, die ihr daraus zugetropft war. Ein schwärzlicher Bodensatz blieb zurück durch die Heftigkeit des Ausbruchs, den sie niemals erwartet hatte nach den hundert und mehr zuchtvolleren und schöneren Entladungen in Versen, die ihre Schublade füllten. Um nicht mehr daran zu denken, dachte sie: Dieser sonderbare Drang nach dem Theater, bei ihm wie bei so vielen Andern, ohne ihm dann doch geben zu wollen, was es verlangt, das starke, harte, ja rohe Aufeinanderprallen und die Ausbrüche grade. Nun war es keine so liebliche Aussicht, drei Stunden lang neben dem liebeskranken jungen Menschen mit den Delphin-Augen zu sitzen, wie jemand sie genannt hatte, weil sie immer etwas vorquellend und fischig waren, fast ohne Blick, der in die Außenwelt stets aus inneren Träumen zurückzukehren schien. Und ich kann ihm nicht helfen. Mit meiner Liebe – was fang ich an gegen seine Liebe? Womit es ihr denn genug schien und sie sich entschloß, Erasmus in der Fabrik anzurufen, um ihm ihre Rückkehr zu melden .. da erhob sich der Schatten des gemeinsamen Abendessens mit ihm vor ihr, und als sie bereits die Hand nach dem Hörer ausstreckte, fiel ihr mit Erschrecken Saint-Georges ein, den sie vergessen hatte, sie konnte es fast nicht begreifen, sie würde es sogleich nachholen, aber – fiel ihr ein – in das Theater wäre er nicht mit ihr gegangen, da er grundsätzlich nicht dahin ging, außer in die Oper, die seiner Meinung nach das Einzige war, was dahin gehörte. Doch nun nannte sie die

Nummer der Fabrik und war dann erleichtert zu hören, daß Erasmus bei einer Konferenz abwesend war und zur Zeit nicht zu erreichen. Danach hatte sie sich für Saint-Georges überwunden, allein da war es das Gleiche, die Klingel ertönte vergeblich. Nun also zu Magda.

Magda fand sie in ihrem Zimmer, nur wenige Häuser weit entfernt, mit dem chinesisch lächelnden Li über einer Schreibmaschine, die sie eben gekauft hatte, und so damit beschäftigt, daß ein paar Worte Renates genügten, um sie wegen ihres Befindens zufriedenzustellen. Es war keine Blindenschreibmaschine, nein, eine solche brauchte sie nicht, sie konnte erkennen, was hell war, und Jason hatte ihr geraten, die Tasten mit weißen Plättchen zu bekleben und auf die in der Mitte einen Siegellacktropfen fallen zu lassen, um links und rechts auseinanderhalten zu können. Dies war es, was Li ihr eben besorgte, während sie selbst das Licht hielt. Renate schien sie übererregt, fast gereizt, und als sie dann allein mit ihr war, hing sie ihr auch bald am Hals und weinte sich das erste Mal bei einem anderen Menschen aus. Ihr eigentliches Unglück kam dann zutage, daß sie nicht vollständig blind war, sondern einen hellen Schein vor den Augen habe, auch Schatten darin erkennen könne. Es sei eine elende Halbheit und lasse sie auch beständig denken, wie es gewesen war und sein könne, außerdem immer versuchen, sich mit den Augen zurechtzufinden, anstatt mit Händen und Fingern anders sehen zu lernen. Die Ärzte hatten ihr ans Herz gelegt, das bessere Auge nicht zu überanstrengen, aber sie dächte es eher grade darauf anzulegen; denn nur wenn es ganz dunkel sei, könnte sie von Grund auf neu anfangen und sich ihre eigene Welt aufbauen; nun sei sie weder da noch dort, nirgends.

Mit dem Gesicht an Renates Brust war sie stiller geworden und fragte plötzlich: »Siehst du auch anders aus? Deine Stimme ist anders geworden, das habe ich schon gehört.« Wie denn anders? fragte Renate, doch wußte sie es kaum zu sagen; tiefer vielleicht – oder auch leuchtender, und sie höre es vielleicht nur durch die Blindheit, denn auch sonst seien schon viele Geräusche anders geworden. Sie erklärte dann, große Sehnsucht nach Helenenruh zu haben und vielleicht wirklich dorthin gehn zu wollen, wo sie aufgewachsen und wo ihre wahre Heimat war. »Da kann ich die Augen zumachen«, sagte sie, »und mich von Li zu Allem hinführen lassen, jeden Baum und Strauch kennen lernen, wie er beschaffen ist, Zug um Zug, in jeder Kleinigkeit.« Ob Renate nicht mitkommen würde, fragte sie zaghaft, damit sie nicht ganz allein sei. Allerdings würde Bogner wohl da sein, der sie darum gebeten hatte. Er sollte kräftige Seeluft haben und hatte selbst großes Verlangen nach dem Meer; »aber ihm darf ich mich nicht zeigen«, sagte sie, »Blinde sind kein Anblick für Maler, es würde ihn zu sehr aufregen.« Er habe es ohnehin schwer, setzte sie hinzu, könne noch immer nicht in das Leben hineinfinden, fast als wäre auch er mit einer Art Blindheit geschlagen. Alle Farben fände er entweder zu grell oder zu matt, und es wäre überhaupt Nichts mit den Farben, hatte er geäußert, nur eine Augenbelustigung und nicht haltbar; die Kontur sei das einzig Gewisse und die Farben verwirrten sie nur.

Hier, dachte Renate, als sie wieder in ihrem Zimmer war, hier kannst du auch weder mit Schönheit noch mit tieferer Liebe etwas ausrichten. Denn was vermögen Worte? Ein einziger Liebesblick sagt mehr als zehntausend Worte, doch nun kann sie mich nicht sehn. Aber sonderbar, was sie von meiner Stimme sagte! Ob das wahr ist oder nur ihre Einbildung, wie sie selbst dann meinte? Es wäre schön, wenn es wahr wäre; dann wär ich wirklich ein anderer Mensch geworden. Oh, nur erst unter Menschen sein jetzt, ich bin ja nun ganz hungrig! Sie haben mich früher gesehn – wie werden sie mich jetzt erst sehn! Sie sind ja nicht blind, nur getrübt, und ich habe das Strahlen, das durchbricht! Habe ich es? Hab ich es wirklich?

Sie lief in ihr Schlafzimmer, ließ das Licht über dem Spiegel aufflammen und bekam dann fast einen Schrecken vor der Flamme des Antlitzes, die ihr daraus entgegenschlug, dazu diesem schwarzen Blitz inmitten der Farbigkeit und der Süße, als sie dann lächelte, obgleich es ihr plötzlich wehtat und auch an den Brauen, die tiefer braun als ihr Haar waren, ein Schatten von Schmerz zu haften schien. Und was werde ich anziehn? dachte sie, das verscheuchend. Etwas Unprächtiges, wie es sich für eine Tragödie und ihre Zuschauer gehört – und Peter besonders, damit er nicht.. das dunkeltaubenblaue Taft mit viereckigem Ausschnitt.. und die Perlen vielleicht.. und den Blaufuchs-Umhang? Schade, grade heute sollt ich so reich sein wie niemals – – aber nein! Es kommt doch nur auf meine Augen an – ach, ich liebe sie, liebe sie Alle – – wenn sie die nicht sehn, brauchen sie garnichts zu sehn.

Während ihres Umkleidens kam von Erasmus die telefonische Nachricht, die sie nicht selbst hörte, daß er mit seinen Konferenzherren in der Stadt essen und erst spät nachhaus kommen werde. Als sie dann im dunklen Wagen saß, fing die Erregung so in ihr zu strömen an, daß sie sich in allen Adern versüßt vorkam und nicht wußte, ob sie lachen oder weinen sollte, mit geschlossenen Augen dasitzend und immer wieder zu lächeln versuchend, vielmehr es müssend, obwohl es immer wieder wehtat. Nun werde ich strahlen, dachte sie, und wer wird es sehn? Nicht die Toten, nicht die Toten..

Und dann hielt der Wagen schon in der dunklen Straße mit umnebelten Laternen, und ein fremder Mensch in seinem Überzieher und seiner Männlichkeit, die ihr empfindlich in die Nase drang, war neben ihr, preßte ihre Hände mit merkwürdig knochigen, harten Händen, und sie fühlte seine Lippen trocken darübergehn. Gut, daß es dunkel im Wagen ist! dachte sie, aber kaum daß aus der ersten, breiten, von Schaufenstern erhellten Straße der Schein in den Wagen fiel, sah sie ihn mit der Hand nach seinen Augen fassen und hörte ihn sagen: »Oh, mein Gott, Sie blenden mich!« »Aber Peter, still doch!« bat sie, »was ist denn geschehn? Seien Sie doch, wie Sie früher waren!« Er versetzte, er wisse selbst nicht, was über ihn gekommen sei, aber es hätte sich wohl lange vorbereitet, ein Durchbruch, der einmal kommen mußte, er wisse wohl, es sei unsinnig, aber – schon wie er ihre Stimme hörte am Telefon, habe es ihn umgeworfen, er habe in seinem Leben keine solchen Laute gehört wie dies: »Hier ist Renate«, eine Woge, es hätte ihn fortgeschwemmt. Wieder meine Stimme, dachte sie, bin ich wirklich so ganz verwandelt? »Nun werden sie jubeln«, hörte sie ihn sagen, »sie werden Alle niederfallen und –« »Ihnen die ganze Aufführung verderben«, fiel sie lachend ein, »weil kein Auge mehr auf die Bühne sehn wird, wie?« Er wollte die Aufführung und sein ganzes Stück drangeben, erklärte er, wenn sie das wirklich täten.

Indem fuhr der Wagen langsam hinter einem andern die Rampe zur Säulenvorhalle empor und hielt, aber Christian hatte es wie immer abgepaßt, daß nur noch wenige Minuten bis zum Anfang der Aufführung fehlten, und im Vestibül wie im unteren Foyer waren nur noch einzelne Menschen an den Garderoben, sodaß sie ungesehen zur Proszeniumsloge im ersten Rang gelangte. Vor ihrer Tür ließ sie sich, ohne es mehr zu bemerken, den Mantel abnehmen und den schwarzen Umhang umlegen. Ihr Herz klopfte stark – oder garnicht? Nein, keine Angst jetzt, keine; nur Freude, nur Gewißheit, nur das große, große Leuchten..

Danach stand sie, Renate, an die Brüstung vorgetreten, ohne die Arme auszubreiten und hochzuheben, wie das in ihr lebende Wesen es tat, um zu rufen: Hier bin ich! Ich bin wieder da! Ich bin zu euch gekommen! Sie stand, nur ein stilles Bild, den Kopf ein wenig gesenkt und dann ihn leise erhebend – oder ihr Lächeln erhebend unter den schmerzlichen Brauen, wovon sie Nichts wußte; stand, sie wußte nicht wie lange, bis sie sich auf den hingeschobenen Stuhl niederließ, ihren Pompadour öffnete, um das Opernglas herauszunehmen, dann den Theaterzettel nahm, den jemand ihr reichte; und sie war schon hinabgesunken in das kalte, immer kälter werdende, wie ein Wirbel sie einschlingende Nichts, aus dem heraus sie nach dahin und dorthin lächelnd winkte, zu Bekannten hin, die ihr zunickten und winkten. Sonst geschah nicht viel in dem nur zu drei Vierteln gefüllten Logenhaus, wo nur die oberen Ränge ziemlich voll waren. Eine Anzahl Operngläser wurde erhoben, auf sie gerichtet und wieder sinken gelassen; Köpfe beugten sich zu ihren Nachbarn, und deren Gesichter wandten sich zu ihr herauf, im Parkett verbeugten sich stehende Herren. Das war Alles, und schon ertönte das Klingelzeichen, der Raum versank unter dem oben fortschwebenden Kronleuchter in Dunkel, und die erleuchtete Bühne ging auf.

Das Stück setzte mit dem kräftigen Elan ein, der späterhin leider niemals wiederkehrte, und zog für eine Weile ihr Bewußtsein in sein wortetönendes Geschehen – bis sie sich nicht mehr wehren konnte gegen die Kälte, die ihr im Mark zu zehren begann und ihren Kopf dumpf machte. Was war denn geschehn? Nein, was hätte denn geschehn können? Jubel? Niederfallen? O nein, nein – aber doch – was? Nun, eben nicht das, was jetzt war. Und was war das? Nichts, garnichts; sie war umsonst gekommen, ihr Kommen war bemerkt worden, festgestellt, und nun war, wie sich das gehörte, das Stück, aber nicht sie. Davon war sie jetzt so erloschen, daß sie nicht mehr wußte, warum sie überhaupt da war, und sich nun sehr müde fühlte und an ihr stilles Zimmer und das ewige kleine Gesicht und an ihr Bett dachte, in dem sie sich schon liegen sah, auf der Seite, ganz verstummt und leer wartend, daß der Schlaf in sie einströmte. Waren ihre Augen schon zugefallen? Ja, sie hatte sie heftig geöffnet, weil starkes Licht umher war – das Logenhaus mit vielhundert Gesichtern, und der erste Akt war zu Ende.

»Es is doch eine sehr schöne Aufführung, Peter«, sagte sie,

»was wollen Sie mehr? Und wie gut sie die Verse sprechen!« Zu ihm zurückgewandt, der halb hinter ihr saß, sah sie seine vorquellenden Augen, und er versetzte zwischen den Zähnen hervor: »Dieser Mob! Dieser erbärmliche, elende Mob! Sie sollen nicht auf die Bühne sehn, sie sollen hierhersehn! O diese Blindgeborenen!« worauf sie keine Erwiderung fand und nur leise den Kopf hin und her bewegte.

Später, in der großen Pause nach dem dritten Akt, füllte sich ihre Loge mit Besuchern, die sich und sie für ihr Wiedererscheinen beglückwünschten; sie konnte von Männern und Frauen die gewohnten Äußerungen ihres Enthusiasmus hören, und so schien Alles zu sein, wie es immer gewesen war, allein es war nicht einmal das. Alles war irgendwie flüchtiger, oberflächlicher, wie Routine, und jeder Begeisterte verschwand wieder wie nach Erledigung einer Pflicht. Nicht einmal das frühere Gedränge ihr unbekannter Bewunderer vor der Logentür hatte es gegeben, und nur eine Reihe rosaweißer Backfische, die vorbeipromenierten, als sie einmal in die Tür trat, steckte die Köpfe zusammen und starrte nach ihr.

Danach ging das Spiel zu Ende, ohne daß sie viel davon wahrnahm, und sie saß wieder mit dem Dichter im Wagen, der stumm aus dem Fenster blickte. Einmal sagte er: »So sind sie – ja, so sind sie. Für die sind wir Beide umsonst.« Dann zitierte er, was ihm jemand gesagt hatte, der immer behend war, die Stimmung einer Menge zu erfassen und pointiert auszusprechen; er hatte gesagt: »*Beauté passée* – die Mode Renate ist vorbeipassiert, *c'est ça.*«

Also das war es gewesen. Eine Mode oder Massen-Infektion, -Affektion, eine Psychose; war vorübergerauscht, hatte sie emporgetragen und wieder abgesetzt, wo sie nun weiter sitzen konnte, eingeordnet in das Leben der Stadt, die schönste Frau, eine bunte Laterne; kein Licht, keine Leuchte, kein Fenster, kein himmlisches Leuchten. Und wenn ein Engel vom Himmel käme, so werden sie nicht hören; wenn Einer von den Toten aufersteht.. von den Toten aufersteht.. bin ich nicht auferstanden? dachte sie matt. »Armer Peter«, sagte sie plötzlich, wagte aber nicht, nach seiner Hand zu fassen und sie zu streicheln. Der hier war von Allen der Einzige, der Augen hatte zu sehn, denn er war auch ein Liebender, wie wäre er sonst ein Dichter? Und doch: war seine Liebe und ihre Liebe die selbe Liebe? Wohl nicht – jedoch – Christus machte darin keinen Unterschied, sagte: Sie hat viel geliebt. Und da saß er bei ihr und liebte, sie konnte es sehn und auch fühlen, aber weiter machte es auch keinen Eindruck auf sie, wenn er ihr auch recht leid tat. Aber warum litt er eigentlich? Warum quälte er sich, statt zu jauchzen, daß er sehende Augen hatte und das Sehenswürdige sah?

Später war er ihr abhanden gekommen und sie im Wagen allein, fast bewußtlos, nur heftig frierend. Als sie merkte, daß sie allein war, brauchte sie minutenlang, um sich zu besinnen, wer bei ihr gewesen war, und verfiel zuerst auf Saint-Georges. Warum Saint-Georges? Nun, der konnte es auch gewesen sein, auch ein beherrschter Mensch für gewöhnlich, aber konnte er nicht auch einmal einen Ausbruch haben? Oh – ja – gehn nicht Alle hinter blanken Schilden umher, mit dem Tohuwabohu darunter? Auch Erasmus..

Als sie wieder vor ihrer Zimmertür stand, zog ihre Brust sich zusammen in plötzlicher Angst vor dem Eintreten, als sei etwas Erschreckendes drinnen, und sie konnte ihren Blick lange nicht losreißen vom auf und nieder Gleiten in dem weißen Türrahmen. Als sie sich dann überwunden hatte zu öffnen, war es ein kalter Raum, dunkel, mit zwei offenen Fenstern, aus denen die weißen Vorhänge wie große Flügel heftig wallend hereinschlugen. Draußen schien es jetzt heftig zu wehen, denn auch als sie die Tür geschlossen hatte, schlugen und bauschten die Vorhänge sich weiter. Sie machte kein Licht, ging zum nächsten Fenster und schloß es, ebenso das zweite, und war dann in Sterbensmüdigkeit nur fähig, sich auf ihrem

Sofa auszustrecken, obgleich sie noch lieber gleich auf den Fußboden hingesunken wäre, um tief dazuliegen. Sie glaubte und hoffte, gleich einzuschlafen, aber statt dessen entstand eine Klarheit in ihr, daß sie dachte:

Nun, da bist du wieder, wo du vor drei Jahren warst — bei dir selbst. Warum bist du fortgegangen? Jemand meinte, du solltest, dann kam es über dich .. Heliodora — Sonnegabe — Blau und Silber — Kostüm und Theater — so wie heute auch. Was hast du im Theater zu suchen? Was sind Menschen, die ein Theater füllen? Was wollen sie da? Gepränge, eine Schaustellung, tönende Schönheit und Aufeinanderprallen und Durchbrüche der Leidenschaft.

Aber die Liebe .. die Liebe — — die Liebe?

Was fang ich nun an mit ihr? Ist sie überhaupt noch da?

Ja, sprach es in ihr süß-leise, hier ist sie; tief innen in dir, unverderblich, nur eben ein wenig erstarrt, verfroren, zugeschüttet; aber sie wird wieder auftaun. War ja Alles nur ein Irrtum — Theater — Schönheit — Begeisterung. Wozu brauchst du ein buntes Fenster, wenn du die Liebe hast? Und die Schönheit ist in sich selbst genug. Also die ganze Tragödie dieser Jahre mit ihrem grausigen Lampenfieber war überflüssig, nur ein Versehen. Wärst du nicht besser woanders hingegangen? Diese Leute ohne Sorgen, die da Logen und Ränge füllen — gehn sie dich etwas an? Ja, Schönheit wollen sie sehn, aber — und — die Sorgenvollen, die Armen, die Elenden — die können mit Schönheit auch Nichts anfangen, und ich weiß nicht einmal, ob mit Liebe. Teilnahme natürlich, gewiß, aber sonst — Brot und Fleisch und Milch, warme Kleidung und Bargeld am liebsten, und auch Liebe wird manche erfreuen ..

Sie war plötzlich eingeschlafen und sah im Erwachen in eine weite Klarheit hinein.

Es war Alles nötig und gut, hörte sie deutlich sagen, Alles nötig und gut. Du hast dein Heil gewonnen und brauchst um dich nicht zu weinen.

Ihre Augen verdunkelten sich; sie fühlte sich getrieben, hinzuknieen und zu beten, aber als sie es getan hatte, war es völlig dunkel vor ihren Augen, während sie nach innen horchte und sagte: Bald – bald – es wird nicht mehr lange dauern – dann werd ich sein Herz klopfen fühlen. Unsäglich .. dieses Glück – dieser Schmerz – unsäglich ..

Indem begann in der Nacht vor ihr eine Helle zu keimen und wurde bald zu einem Kranz von leuchtenden goldgelben Blättern um eine Mitte, die schwarze Nacht blieb. Ein wenig über ihr, sodaß sie zu ihr aufblicken mußte, schwebte die große, dunkle und leuchtende Blume, ein Entzücken, wie ihre goldenen Blätter sich leise bewegten, vollkommen.

Als das schöne Wunder sich wieder entzogen hatte und ihren Augen der Raum in der Helle von den Fenstern her erkennbar wurde, sah sie dort, wohin ihr Blick gerichtet war, die obere Fläche der Säule leer; der weiße Kopf stand nicht mehr darauf. Der hereinwehende Vorhang mußte ihn heruntergeworfen haben.

*

Sie war noch im Aufstehn begriffen, als sie hinter sich an die Tür klopfen hörte und wie sie gleich danach aufgestoßen wurden und jemand hineintrat; und sie stand, von einem Entsetzen durchzuckt, eben erst aufrecht auf schwachen Beinen, halb herumgeworfen, als sie schon von den Armen eines Mannes umschlungen war und an seinen Körper gerissen und gepreßt, während sein Gesicht auf ihre Schulter schlug. Sie hörte zuerst nur sein Keuchen und war in ihren Sinnen so betäubt, daß sie nicht wußte, wer es war, und dachte, es sei Peter Schomerus, ehe sie an seinem Umfang und dem ihr bekannten Geruch seiner Kleidung erkannte, daß es Erasmus war. Der stammelte nun: »Endlich, endlich! Ich war schon am Verrücktwerden, ich komme um – die Verzweiflung – und du, du –«
Nun fuhr sein Gesicht über das ihre, ihren Hals, ihre Schultern und Brust hin unter einer wütenden Entladung von Küs-

sen; dann wieder nur Ächzen und Pressen, ihren Leib zwischen seine Schenkel hinein, daß ihr der Rücken zu brechen schien, und nun war er unten, ihre Kniee umschlingend und den Mund darauf pressend, daß sie nach seinem Kopf fassen mußte, um sich daran zu halten. Mit ihren Händen auf seinem Haar wurde er stiller, und sie vermochte nun zu sagen: »Ja, Erasmus, ja, ich bin es, ich bin wieder hier – bei dir, du Armer, aber – o laß mir einen Augenblick Zeit, ich muß dir –«
»Nein!« Er war wieder aufgesprungen, riß sie wieder an sich, stöhnte: »Du, du, nur du! Ich kanns nicht aus – keinen Augenblick mehr, keinen – ich habe zu lange – komm, komm, ich trage dich!« »Um Gottes willen, Erasmus, du weißt nicht, ich bitte dich, ich flehe, du mußt erst –«

Endlich hatte sie soviel Kraft, sich mit den Händen gegen seine Schultern zu stemmen und ihren Leib von ihm abzubiegen, während es durch sie hinflog, die gegebene Ausrede zu gebrauchen, weshalb sie heut unfähig sei: aber sie konnte nicht, denn was würde es helfen, eine Nacht zu gewinnen? »Ich kann nicht!« rief sie, »ich kann nicht, du mußt mich erst anhören! O bitte«, sagte sie leiser und weicher, spürend, daß seine Umschlingung sich lockerte, »höre, was ich sage, aber laß mich los, ich bitte, du mußt mich loslassen, ich kann nicht sprechen, solange – solange du mir Gewalt tust!«

Danach fühlte sie sich frei und im Augenblick, wo sie allein dastand, so stark und so erleichtert, daß sie mit aller Liebe in ihrer Stimme sagen konnte:

»Ja, noch einmal, Erasmus, ich bin wieder zu dir gekommen, es wird Alles wieder wie früher sein – o nein, es wird besser sein, viel besser, denn nun werde ich dich erst liebhaben, ja, ich will dich lieben, ich kann es!« schluchzte sie, obwohl es ein Jubel war, denn sie spürte, daß eine ungeheure Macht sie ergriffen hatte, die auch diesen Mann in sich aufnahm, und daß Alles gut sein würde, im nächsten Augenblick, alles Hingabe und Demut und Abbitte und Friede, Friede, Friede die ganze Welt, darin Liebe von jeder Art nur Liebe war, aber – »Komm«, sagte sie sanft, »laß uns miteinander sprechen.«

Es war hell genug im Dunkel geworden, daß sie ihn dastehen sah, den Kopf gesenkt, sogar der Glanz und das Vorquellen seiner Augen war erkennbar. Sie war, ohne es zu wissen, an das Fenster zurückgewichen und hätte es gern geöffnet; eine schreckliche Luft war im Zimmer, voll Schauder und Schmerz, Tabak und Alkohol, daß es ihr Atem und Stimme verschlug.

»Was ist da viel zu reden?« hörte sie ihn sagen und erwiderte leise: »Du wirst noch warten müssen.«

»So«, sagte er, »so. Noch länger – ich muß – und warum?«

»Weil –« nun fehlten doch Worte, und sie mußte danach suchen. »Weil die Zeit noch zu kurz war. Wir sind doch zwei Schuldige, und –« Ihre Zähne schlugen auf einmal wild aufeinander, doch vermochte sie dann zu sagen: »Und weil ich auch gegen dich schuldig geworden bin –«

»Bin ich gegen dich schuldig geworden?« fragte er stumpf. »Wieso denn?«

»O Gott nein! Du nicht gegen mich, natürlich nicht. Aber du bist doch – oder fühlst du dich nicht – schuldig?« brachte sie kaum hervor.

Er versetzte: »Das geht nur mich an. Was hast du damit zu tun?«

Ja, was habe ich? dachte sie angstvoll, gequält; warum habe ich das gesagt? Nur um – um – sie wußte es nicht. Es war und blieb still im Raum, nur sein Atem war laut zu hören. Und dann konnte sie es aussprechen und tat es; obgleich sie noch vorher wußte, daß sie es nicht hätte tun sollen, ließ sie die kaum hörbaren Worte hervorkommen:

»Ich erwarte ein Kind.«

Es hatte nicht gesagt werden können, und nun war es trotzdem gesagt. Sie hätte die Ausrede brauchen sollen, wußte sie nun, und am nächsten Tage davongehn und dann einen Brief schreiben – jedoch nicht mehr da sein, weit weg, unerreichbar, bei Jason. Nun war es unabänderlich, aber sie hatte es tun müssen, um das zu schützen, was in ihr war, aber nun würde sie dafür zahlen müssen, gleich, in einer Minute spätestens, sie wußte Alles vorher, und das Kind war nicht zu schützen. Sie wußte Alles aus der Stille in der Nacht, die kein Ende nahm, und aus der es dann doch hervorspritzte, das Wort, das nicht zu ahnen gewesen war:

»Josef!«

»Nein, Erasmus, nein! Du irrst dich, du bist –«

»Josef!« und immer noch einmal: »Josef!« und nun mit einem unanhörbaren, zerbrochen leisen Laut: »Josef!«, daß sie hätte aufjammern mögen. Sie sah seine Gestalt hinwegschwanken und auf das Sofa fallen und quer darüber liegen, dann sich zur Seite werfen, die Fäuste vor der Stirn, und sie mußte das zerbrochene Wimmern hören: »Umsonst – Alles umsonst! Betrogen, immer betrogen – immer hinterm Rücken – und nun ganz, nun – nicht einmal tot – wieder da – o mein Gott, er ist wieder da und tanzt auf mir, tanzt – wieder leb – wieder lebendig –«

Dann war sie auf den Knieen vor ihm, hielt sein Gesicht in den Händen und sagte mit der letzten Ruhe, die sie erlangt hatte: »Es ist nicht wahr, Erasmus, es ist nicht wahr! Es ist nicht Josef.«

Sie spürte, wie er stiller wurde; dann richtete er sich auf und fragte: »Also wer dann?«

Nun wieder die Stille, die sich nicht berechen ließ. Der Name – heiliger Name – ließ er sich aussprechen? Im Grabe – unanrührbar – nun ja, ihn konnte Nichts mehr anrühren. Sie erhob sich von ihm, noch knieend, und sprach den Namen aus.

Danach war eine Weile Schweigen – und was kam dann? Ein so helles, grelles Gelächter – fast wie auf dem Theater – und dann: »Das hast du mal herrlich erdacht! Toter Mann – toter Mann – kann Nichts aussagen – o du, du!«

Jetzt kam es, jetzt war es soweit. Er hatte sie schon an den Schultern, sie schüttelnd: »Das soll ich dir glauben? Das soll ein Mensch dir glauben? Wo Josef tausendmal hier war, und der – wann denn der? Wie alt ist denn das Kind? So alt wie Remüs – und man siehts nicht? Oder zwei Monat vielleicht? Gezeugt, wie er schon tot war oder im Augenblick vorher?«

Die Vernichtung – die Vernichtung –

»Josef – willst du noch leugnen? Willst du noch – willst du noch? Josef – und jetzt – jetzt –«

Ja, jetzt kam es. Ungeheure Hände, die an ihren Kleidern rissen, sie war oben schon nackt, und wer war das, der mit ihren Fäusten immerfort in ein Gesicht hineinschlug, an Haaren riß, einen Kopf hin und her zerrte, und mit den Knieen sich gegen einen Berg stemmte, der auf sie herabsank? Und die jetzt schlaffer wurde, immer schlaffer, das letzte verteidigend, ihren Leib und was in ihm war, das jetzt gemordet werden sollte . .

»Ja, es war Josef«, sagte sie umsinkend. Ihr letzter Gedanke war: Nachgeben – nachgeben – weich sein – weich sein – hingeben – nur das kann noch retten . .

Darauf lag sie, das erleidend, was sie hundert Male erlitten hatte und das deshalb am Ende nicht anders war als sonst.

Magda an Georg   Altenrepen am 23. Oktober

Mein guter Georg:

Diesen Brief schreibe ich leider noch nicht selbst, sondern diktiere ihn meinem guten kleinen Li, Josef Montforts Diener, der zu mir gekommen ist, und über den ich Dir noch viel mehr Schmeichelhaftes sagen würde, wenn er es nicht hörte. Mir fällt dabei ein, daß Du vielleicht gar nicht weißt, daß Josef nicht mehr am Leben ist, und es wird Dich gewiß erschrecken.

Ich weiß von Renate, wie es zugegangen ist, aber ich muß jetzt noch davon schweigen.

Also – ich selber finde mich auf meiner Schreibmaschine noch nicht ganz zurecht. Diese neue Art des Lebens ist ein bißchen anstrengend, aber höchst interessant, kann ich Dir sagen, und Du mußt nicht glauben, daß dies eine Beschönigung darstellt. Du selber würdest in meiner Lage auch nicht rückwärts in das Verlorene blicken und ihm nachweinen, sondern sehn, von jedem Tag, den Du hast, das zu nehmen, was er Dir bietet – freilich nur wie einen kostbaren Rohstoff, aus dem Du selbst Alles machen mußt; und so sehe ich jeden Tag neue und herrliche Aufgaben vor mir.

Heute schreibe ich Dir aus einem praktischen Grunde, nämlich um Dich zu fragen, ob es Dich nicht stören wird, wenn ich nach Helenenruh komme, und zwar nicht allein, sondern mit Renate. Und auch Bogner möchte sehr gern dorthin kommen, nachdem er endlich seine Gesundheit wiederhat, aber sich leider noch unfähig fühlt zur Arbeit. So hat er großes Verlangen nach Einsamkeit und dem Meer und an Helenenruh die schönsten Erinnerungen. Ulrika Tregiorni wird mit ihm sein; sie erwartet ein Kind und ist leider, leider davon nicht so beglückt, wie sie sein sollte. Du wirst mir natürlich antworten, daß Helenenruh mein Eigentum ist und ich Dich nicht zu fragen brauche; aber ich tue es trotzdem, und Du verstehst mich.

Das Schicksal Renates ist nun mit dem meinen in den letzten Tagen enger verknüpft worden. Sie verläßt ihren Mann, und leider Gottes ist die Trennung auf eine solche Weise erfolgt – mehr kann ich darüber nicht sagen –, daß sie von ihm Nichts mehr annehmen kann und das Haus so verläßt, wie sie es vor Jahren betreten hat. Vor unmittelbarer Not ist sie geschützt durch ein Sparkassenbuch, in das ihr Onkel seit dem Tod ihres Vaters – der selbst Nichts hatte als sein bescheidenes Gehalt als Pfarrer – bis zu seiner Erkrankung Einzahlungen zu ihren Geburtstagen und Weihnacht gemacht hat, aber das ist natürlich nicht viel. Nun trifft es zusammen, daß ich nur in Kirchen singen kann und sie nur in Kirchen spielen; denn die großen Konzertsäle mit Orgeln sind sehr gezählt. Mir tut es nur leid dabei, daß die Zuhörer sie auf dem Orgelchor nicht sehen können. Also werden wir zusammen Konzerte geben. Eine Stellung als Organistin ist für sie als Frau so gut wie ausgeschlossen; auch wäre das bißchen Orgelvorspiel und Choralbegleitung bei den Gottesdiensten kein Leben für sie. Aber diese Dinge liegen noch in weitem Felde. Meine Stimme ist zwar so gut wie fertig, aber ich überlege, ob ich nicht noch für eine Zeit nach Berlin oder Leipzig gehen soll, um Unterricht bei einem berühmten Sänger oder einer Sängerin zu nehmen, als deren Schülerin ich mich dann bezeichnen kann; dies ist besonders den Agenten gegenüber von Vorteil. Doch nun erwartet auch Renate ein Kind, und erst im Frühling, aber vorher kann sie Nichts unternehmen, und sie ist, wie ich kaum zu sagen brauche, sehr der Ruhe und Kräftigung bedürftig. Ja, mein Georg, hier liegen schreckliche Dinge unter der Oberfläche, die wir allein berühren dürfen; und von ihr ganz zu schweigen – ich selbst kann es noch nicht fassen, daß das Haus in der Güntherstraße, der Garten, die Kapelle und Bogners Engel – daß Alles das nicht mehr sein soll. Die ganze Welt scheint auf einmal anders geworden zu sein und wie umgestürzt. Und was ist es doch Alles gegen den Einen Verlust, von dem ich nur schweigen kann. Es ist, als ob er es wäre, der Alles mitgerissen hat.

Dieser Brief verschafft mir hoffentlich die Freude einer Nachricht von Deinem Ergehen, wenn Du darüber Dich äußern könntest. Aber wir norddeutschen Menschen sind von der Art, die das Leid ganz verstummen macht, und ich weiß, wie ich selber wäre, hätte ich nicht meinen Gesang, der das Leid in sich aufnimmt und verschönt, während es selber davon erstarkt.

Immer müssen wir ja das Wort vor Augen haben: ›Darum sollt ihr vollkommen werden, wie euer Vater im Himmel vollkommen ist.‹ Und wenn wir nur immer Kraft gewinnen aus jedem Schlag, der uns schwächen will, so wird es uns wohlgehn und der Himmel wird mit uns zufrieden sein.

Immer in Liebe und Sorge Deine alte　　　　　　　　Anna

Georg an Magda　　　　　　　　　Auf Hallig Hooge, 31. Okt.

Meine liebe Anna:

Es tut mir herzlich leid, daß diese Antwort auf Deine lieben guten Zeilen verspätet in Deine Hände gelangt, da sie mir erst hierher nachreisen mußten. So erübrigt es sich, wie Du siehst, auf Dein Zartgefühl einzugehn, da ich längst nicht mehr in Helenenruh bin, sondern auf dieser Hallig, die mir gehört, an der Küste von Schleswig gelegen, gegenüber von Eiderstedt, als die unterste der Reihe von Inseln und Halligen südlich von Föhr, also nicht weit vom Husum Deines Theodor Storm. Sie stillt mein Verlangen nach Abgesondertheit restlos, aber sei unbesorgt, ich habe aus Staatsraison, die verständlich ist, schon lange einen zuverlässigen Hauptmann der Infaterie namens Rieferling bei mir zur Beobachtung meines Gesundheits- und Geisteszustandes und um die Verbindung mit den Herren von der Regierung aufrechtzuerhalten. Er ist zum Heil für ihn auch ein einsamer Nordmensch, ein verschwiegener Moltke, und daher zufrieden, für sich allein seinen Studien der Kriegsgeschichte und des täglich näher kommenden Zweifrontenkriegs obzuliegen. Und falls dem Maler Bogner die Abgeschiedenheit von Helenenruh nicht genug sein sollte, so ist er herzlich eingeladen, die meine zu teilen. Er ist der richtige Mensch für ein Zusammensein in solch wundervoller Öde wie diesem baum- und strauchlosen Eiland mit seinen Werften und Strohdächern inmitten der rollenden Meeres-Unendlichkeit, von deren Gebrause man nach kurzer Zeit anfängt zu tönen, als wäre man eine Muschel. Das Wasser ist für meine derzeitige Empfindlichkeit schon zu kalt, um mich hinein zu tauchen; aber da es auf den Leib ohnehin weniger ankommt: die Seele atmet in dem reinen Salzgeist, der aus den unermeßlichen Tiefen aufsteigt, sodaß auf Klärung für sie zu hoffen ist.

Wie Renates Geschick mich bestürzt, vermag ich nicht auszusprechen, denn erschreckend kommt es auf diese Weise, obgleich jeder einigermaßen Sehbegabte von Anfang an erkennen mußte, daß dieser Ehe keine Dauer bestimmt sein konnte. Aber nach dem, was Du durchblicken läßt, muß der Mann ein Lump sein, und das war nicht zu erwarten. Ihren Reichtum wird sie, wie wir sie kennen, nur für eine leicht zu vermissende Leihgabe erachten; doch würde sie auch pure Armut wie ein Diadem tragen. Ich würde beiläufig ihr das meine, mir selbst freilich nicht aufgedrückte, auf die erhabenen Locken setzen, doch würde sie es, fürcht ich, nicht annehmen. So bleibt mir Nichts als die bescheidene Bitte, mich ihr zu Füßen zu legen.

Von mir selbst wünschest Du zu hören? Weil Du es bist, Anna, will ich darüber kurz und klar sein. Du dankst dem Himmel, so nehme ich an, für das mir erhaltene Leben; ich dagegen habe es eher dem ihm gegenüberliegenden Südpol zu danken, daß diese Erhaltung des meinen die Zerstörung des andern Lebens zur Folge hatte, die allein beklagenswert ist. Dieses Faktum liegt unmißverständlich und unweigerlich klar da. Denn wer hätte mir nachzuklagen? Niemand außer Dir, dazu die paar lieben Freunde. Sein Verlust ist nicht auszumessen und wird wohl niemals ermessen werden. In welchem Zustand ich mich demgemäß befinde, ist für Dein liebes Herz leicht zu erraten. Da aber, wie der beliebte und berechtigte Schiller sagt, der Mensch aus Gemeinem gemacht ist, so ist zu erhoffen, daß die gute Amme Gewohnheit auch bei mir von Erfolg sein wird und Du mich eines Tages wieder eingepflanzt sehen wirst, in meiner magern Entbehrlichkeit, in diese erdfeste Welt. Bis dahin bitte ich nur Deine Güte, mir weiter nicht nachzufragen! Ich melde mich wieder.

Ein langes Skriptum – und noch kein Wort von Dir. Aber Du, Anna, hast Deine Frömmigkeit und bist durch sie in Dir selber gefeit, ja gesegnet. Weiterhin ist wieder einmal zur Verschwiegenheit verdammt des Sängers Höflichkeit – oder sagen wir lieber: Demut, in der ich leben und sterben werde als Dein
Georg

Viertes Kapitel: November

Aus den Papieren Georgs

Dem Kalender nach ist es November geworden, aber was weiß diese Insel von Jahreszeit? Sie ist grün und das ganze Jahr durch, nur daß es gegen den Sommer zu saftiger und grüner wird und gegen den Winter zu grauer und gelber; selbst Schnee fällt ganz selten und wenig darauf, und Bäume und Sträucher, die von Frühling und Herbst erzählen könnten, sind nicht vorhanden. Dafür wechselt die See Züge und Farben ihres Antlitzes zu jeder Stunde des Tages, aber bald wird auch das aufhören, wenn der Wolkenhimmel mit rastlosem Jagen durch Wochen und Wochen gleichförmig bleibt und so auch die graugrüngelbe Ebene beschäumter Wogen darunter. So hindert mich Nichts an der Einbildung, in der Ewigkeit zu leben und meine Zeitlichkeit als den unbedeutsamsten Tropfen an dieser Wimper anzusehn, der von einem vorüberfahrenden Windhauch abgestreift werden kann oder sogar von selber abfällt, nur der Schwerkraft gehorsam. Aber ich bin von dem Augenblick an, wo ich diesen Boden betrat und die leere grüne Fläche mit ihren paar Hügeln am Rande und den flachen Strohdachhäusern darauf vor mir liegen sah, von ihrer Ruhe inmitten des ewig Rollenden – dessen Bewegung durch ihr unveränderliches Gleichmaß auch nur Ruhe atmet – umfangen worden, mütterlich darf ich sagen, einwiegend jedenfalls und stillend.

Ja, ich erinnere mich noch, wie es mich schon auf der Fahrt herüber ergriff. Vom Festland ein weicher emsiger Wind trieb das Boot in grader Fahrt, weich reitend über die dunkle, blaue See. Und da, wie vor dir nur Himmel noch war, zu sehen als letzte Kontur der scharfe Bogen des Horizonts, und schon zu empfinden die vollkommene Erbarmungslosigkeit der her sich wälzenden Wasser mit den Tiefen darunter, da wurde, o Telemach, dir schon leicht im Aufblicken zu dem großen, locker beweglichen Getümmel grauer und weißer Wolken über lichtblauen Grund hin: auch nur Wasser, die Wolke, in anderer Konsistenz, doch nicht mehr schweregebunden, erdegefesselt, sondern schwebefähig, erleichtert, mühelos in den Verwandlungen zu leichter Gestalthaftigkeit, die der Atem des Windes aus ihr hervorbläst. Dazu noch das stille, mildäugige Leuchten der Nachmittagsstunde, aus der dann auf einmal, wie Homer sagt, die Insel ›gleich einem Schild im äthergleichen Meer‹ auftauchte und dem Auge ihre unkühne Festigkeit hinhielt.

Und hier ist nichts Lebendiges außer den rupfenden Schafen und kaum sichtbar werdenden Menschen. Da liegt auf einer der Werften das ehemalige Gesindehaus, in dem nun die alte Mutter Gesine Jensen mir ihr garnicht geschmackloses Essen kocht, langgestreckt mit seinem schwarzmoosigen Schilfrohrdach, überwölbt von dem einzigen – von mir aber sonst unterschlagenen – Birnbaum, daneben die Gemüsefelder. Und das sogenannte ›Kavalierhaus‹, in dem ich wohne, unterscheidet sich auf seinem Hügel von dem andern nur dadurch, daß es nicht aus roten Ziegeln, sondern aus Fachwerk besteht, weiß mit schwarzen Balken. Da schläft es sich wirklich ganz gut in der niedrigen Balkenstube, in dem schrankartigen Alkoven mit blauen, bemalten Türen. Ich habe meine kleine, noch als Schüler gesammelte Bibliothek aus Helenenruh mitgenommen und angefangen, die durch den Schulbetrieb einem fast verleideten Klassiker wieder zu lesen, nun langsam, Vers um Vers und darüber meditierend. Mit dem notwendigen Hauptmann, dem stillen Mann, der in bürgerlicher Kleidung aussieht, als könnte er der Pächter dieser Insel sein – mit Einsamkeit um sein festes bartloses Gesicht wie ein Bart –, läßt sich ab und an ein Gespräch führen, und nun hat mir auch Maler Bogner seinen Besuch angekündigt mit ein paar Zeilen, die aber doch anmuten, als ob er vor etwas flüchten müßte. Ich will hoffen, daß die lange Krankheit ihn nicht allzusehr mitgenommen hat, seinetwegen, wie auch meinetwegen, da es ein alter Wunsch von mir ist, mich mit ihm ausführlich zu besprechen.

Nein, seine Menschhaftigkeit wird mich nicht stören, wenn nur die meine erst aufhört, es zu tun. Aber sie will immer noch nicht. Muß ich mich doch nun seit Tagen wieder mit einem ganz vertrackten Gedanken herumschlagen, der so ursachlos aus dem Nichts hergeflogen gekommen ist, um sich mir anzuhaken, daß man den Teufel dahinter argwöhnen möchte. Ich will ihn jetzt endlich einmal auf das Papier streichen, vielleicht daß er daran kleben bleibt und mich losläßt.

Warum – dies die erste, plötzlich dastehende Frage – warum hat er dir seinerzeit mitgeteilt, daß du nicht sein Sohn bist?

Unsinnige Frage, sage ich; sinnloses Biest von Frage, mach daß du wegkommst, du bist überhaupt keine Frage! Er hat es getan – also ist es geschehn – und daher keine Frage mehr.

Aber bitte schön, sagte die Frage ganz frech, hier bin ich nun einmal – so antworte! Und wenn du mir keine handfeste Antwort giebst, siehe, so lasse ich aus mir eine zweite Frage hervor, nämlich: Warum behielt er es nicht bei sich? Was hatte er davon? Du davon, sie davon – Helene –, daß du es erfuhrst?

Ich sage dir, Frage, versetzte ich, es geschah um der Aufrichtigkeit willen! Es war einfach natürlich.

Natürlich? Es war garnicht natürlich. Der bestehende Zustand war natürlich geworden, gleichviel ob berechtigt, ob unberechtigt. Zwanzig Jahre und länger hattet ihr drei darin gelebt, eure Sicherheit, euren Bestand, wie schon gesagt, euer natürliches Leben darin gehabt. Ja, es bildete besonders für dich den festen Boden zu deinen Füßen. Warum, frag ich, warum mußte er ihn dir erschüttern, um nicht zu sagen, ihn dir unter den Füßen wegziehn? Dies, obgleich er dir sagte, daß das ominöse Faktum weder für ihn noch für Helene noch für dich von irgendwelcher Bedeutung sei. War es das wirklich, warum verriet er es – und verlieh ihm eben dadurch Bedeutung? Kannst du mir das sagen?

Siehst du, du kannst es nicht. Und so gebär ich dir auf der Hand eine neue Frage: Warum ging fürsorgende, um nicht zu sagen väterliche Liebe nicht so weit, dir diese Erschütterung zu ersparen, dir die Sicherheit deines Lebensbodens zu erhalten, da doch weit und breit keine Notwendigkeit dazu vorlag?

Keine Notwendigkeit, o du Schafsdämel von einer Frage? Keine Notwendigkeit, mich nicht in einer falschen Illusion, in einer Täuschung leben zu lassen –

Und dich dadurch in die Notwendigkeit zu versetzen, deine Umgebung, deine Menschen, deine ganze Welt zu betrügen! Am Ende sogar dich selbst! Wie, das hätte sein Alles durchdringendes Auge nicht sehn sollen, willst du mir einreden?

Also dann, wenn wir schon einmal dabei sind: wollen wir doch einmal ganz absehen von Ethos oder Moral, auch vom definierten Charakter, seiner bekannten Güte, Menschlichkeit und so weiter und weiter. Sehen wir völlig ab von Charakteren, stellen wir uns allein auf den Boden der Realität und der Tatsachen und stellen die Frage: *cui prodest?* Das heißt: Was konnte es ihm nützen? Jetzt bin ich an der Reihe zu fragen, o mein kleiner Diabolus, nun antworte du!

Na, weil er dich brauchte! Brauchte zur Durchführung seiner Pläne und Absichten, denen er sich allein nicht gewachsen fühlte, als Krüppel, der er damals noch war.

Und was konnte es ihm da helfen, daß ich in mir selbst unsicher wurde, den Boden unter mir schwanken fühlte?

Das muß ich dir erst sagen? Erst sagen, daß er dadurch an Macht gewann, Macht über dich bekam, der sich um so mehr an ihn anschließen mußte, ja klammern? Daß er sich das Instrument oder Organ, dessen er bedurfte, gefügiger machte durch das ihm offenbarte Geheimnis?

Das sehe ich absolut nicht ein. Das ist irrsinnig, eine komplett irrsinnige Frage, da es kein besseres Bindungsmittel geben konnte und kann als die Blutsverwandtschaft, die Sohnschaft, hörst du?

Gut, solang sie bestand. Wenn aber nun die Lockerung dieses Bindungsmittels erschien, mußte nicht das als ein noch besseres Bindemittel erscheinen? Erlaube mir vielleicht, auf der anderen Seite wieder etwas Charakterlichkeit in das Bild zu bringen, nämlich einen leicht beweglichen, in sich garnicht gefestigten, zum Schwanken geneigten, unfertigen Jüngling Telemach – na, was dann?

Was dann? Dann hätte doch wohl Nichts näher gelegen als ihn zu beeinflussen, einen Druck auf ihn auszuüben. Tat er jemals desgleichen? Denn auch ich nehme mir nun die Freiheit, das Charakterbild wieder aufzurichten im Glanz seiner vollkommenen Vornehmheit, mir alle Freiheit zu lassen.

O natürlich! Ein Menschenkenner wie er, und ein Kenner des Telemach insbesondere: er wußte wohl Bescheid, daß der geringste Versuch eines Druckes nur negativ wirken konnte, Verwirrung stiften mußte, wo nicht Widerstände erzeugen. Und wieder: ein Menschenkenner wie er, er wollte ein Organ, aber keinen Gliedermann, ein Instrument, aber keine Puppe. Also verhielt er sich still wie die Schnecke im Haus – um eines Tages herauszufahren mit seinem: Ich bin dem nicht gewachsen. Da hatte er seinen Salat.

Ich hatte meinen Salat, muß es heißen, und es ist übrigens eine unpassende Redewendung, die ich dir untersage. Dahinter steckt aber Nichts als diabolische Lügerei. Er wollte, wie du selbst sagst, keinen Hampelmann oder Puppe, sondern einen ganzen, festen, geschlossenen, in sich gegründeten Menschen. Er übte keinen Einfluß, nicht aus berechnender Vorsicht, sondern aus Respekt, aus Ehrfurcht vor der unangreifbaren, eigenständigen Seele. Und wie überhaupt? Brachte er sich nicht vom ersten Augenblick an selbst in Gefahr durch die Mitteilung, da sie Verwirrung doch jedenfalls anrichten mußte, wo nicht Schwächung bewirken – oder gar Zwietracht?

Schwächung eben, das war es doch, was er wollte.

O du Hamlet, eintöniger! Schwächung – war sie nicht die Wirkung? Habe ich nicht schon lange das Rätsel dieser vergorenen Telemachfigur dadurch gelöst, daß ich ihn durch Vornahme einer Maske verwirrt, ins Schwanken gebracht, geschwächt zum Handeln erkannt habe, noch mehr, als er schon von Natur war, dagegen abscheulich gestärkt in seinem Hang zum Selbstzersetzen durch Spintisieren, Kalkulieren, Theoretisieren und Komplizieren?

Na eben, na eben, was willst du denn? Schwächung, Schwächung, Schwächung! Degradierung zum Instrument, zum handlungsunfähigen Handlungsgehülfen, der nur tut, was man ihm vorschreibt, unterschreibt, was ihm vorgelegt wird, Plan 11 und keine Gespenster in Europa, sondern nur das Gespenst im Rücken –

Was für ein Gespenst, mein Junge?

Ach, was geht das dich an?

Na schön, lassen wir das. Es genügt mir vollkommen, die Verwirrung einerseits und die Gespensterangst andrerseits festgestellt zu haben, und brauche nur noch die Folge zu nennen, oder brauche ich es überhaupt? Denn dir selber ist längst bekannt, was aus dieser Verwirrung am Ende entstanden ist, aus dieser deiner Geschwächtheit entstanden ist: das beständige Vergreifen, Übersehen, Zurückschrecken und so weiter und weiter mit all den Folgen – soll ich die Folgen nennen? Du wähnst dich selber schuldig allein, aber wo liegt nun die wahre Schuld? Ja, wo liegt sie, kannst du –

O geh zum Teufel, zum Teufel! Fahre, Teufel, zur Hölle mit deinen verschwefelten Lügenbeinen *de mortuis*, hörst du? *Apage!* Packe dich! Weiche von mir!

Weg ists. Gott sei gelobt, weg ists. Nichts als vermaledeite Krakeelerei in den Därmen und gasige Seifenblasen, die geplatzt sind. Ich atme Morgenlüfte. Nun nie wieder, niemals, niemals, nie wieder!

Aus Georgs Papieren   Anfang November
                                                (scheint mir)

Nun habe ich diesen Bogner hier – aber was für einen Bogner? Einen sehr verbogenen Bogner, oder wie ganz genau unser Hölderlin sagt:

Und es kehret umsonst nicht
Unser Bogner woher er kam.

Umsonst nicht – oh, freilich umsonst nicht! Denn was für Dinge kommen da zutage! Was liegt einmal wieder unter der schimmernden Oberfläche? Nur Elend, Wirrsal, Verstrickung.

Er hat es anscheinend so eilig gehabt, herzukommen, daß er meine Antwort auf seine letzte Anfrage nicht mehr abgewartet hat, sondern aufgebrochen ist und gestern nachmittag mit einem Segelboot herübergekommen. Denn das Motorboot, das auch bei widrigem Winde meinen Kurierverkehr besorgt, liegt natürlich an der Hallig. Ich war zur Zeit seiner Ankunft auf einem Rundgang über den Ebbestrand begriffen, den ich morgens und nachmittags oder abends zu machen pflege, wie die Flut es gestattet, und hatte beim Zurückkommen einen Anblick von eigentümlicher Bildhaftigkeit, sodaß er sich mir eingeprägt hat. Auf der See, die sich dunkelblau wölbte, lag das starke Nachmittags-Leuchten. Über mir stieg haushoch der schräge, grasige Hang der Werft, auf der oben das Kavalierhaus lag, und dort stand am Rande eine weibliche Gestalt, helle leuchtend, im blauen Kleidrock und weißer

Bluse, auf das Meer hinaus blickend, in einer Haltung, als wäre sie angewurzelt. Ein paar Schritte weiter zurück saß auf einem Stuhl ein grauhaariger alter Mann, in dessen hagerem fremden Gesicht ich erst nach einer Weile Maler Bogner erkannte. Das schwärzliche Strohdach, das weiße Fachwerk, der Hang und die beiden stillen Gestalten waren, vom feurigen Abendlicht überflutet, in scharfer Klarheit vor der blauen Himmelswand, und es mutete mich an wie ein altes Bild aus dem Anfang des vorigen Jahrhunderts.

Unbeschreiblich war dann die Freude des Malers, als ich seinen Namen rief und zu ihm hinaufklomm. Wie sein gealtertes Gesicht sich veränderte, in einer Freude, als sähe er einen Sohn wieder, und wie er aufstand und die Arme erhob – im Stehen noch etwas verkrümmt wegen der herausgenommenen Rippen – für mich sehr schön das, da ich nicht gewußt hatte, daß ich ihm lieb war, sonst aber sehr erschreckend. Die weibliche Gestalt war nicht Ulrika Tregiorni, sondern Cornelia Ring, in einiger Verlegenheit – faktisch, nicht in ihrer Haltung – wegen ihres Mitkommens; sie hatte sich selbst dem Maler im letzten Augenblick aufgedrängt, wieder auf Drängen Ulrikas, die – wie Cornelia freilich auch – um seine Gesundheit in Sorge war – warmes Anziehen und zarte Kost, deren er noch bedürfen soll und für die meine alte Gesine allerdings nicht zuständig wäre. Ich habe, hoff ich, verbergen können, daß die Cornelia mir zuviel ist hier, wenn auch immerhin lieber als diese verödete Ulrika; aber wie sie beschaffen ist, wird sie nicht erwarten, daß ich mich um sie kümmere, und der notwendige Schweigende wird ihr wohl nicht gefährlich werden – oder sie ihm.

Am Abend dann, als wir, Bogner und ich, in meiner kleinen Wohnstube vor dem runden Tisch auf dem alten Roßhaarsofa saßen, im traulichen Schein der Petroleumhängelampe, bedurfte es kaum der Zungenlösung durch ein Glas heißen Grogks, um zutage zu fördern, was er nicht mehr mit sich allein herumtragen konnte. Ich will es hier mal aufschreiben, denn es ist eine lehrreiche Geschichte. Er fing sie damit an, daß er nach einer Stille im Gespräch sich zu mir wandte und mit einem traurigen Blick aus seinen eingesunkenen Augen sagte:

»Ja, Georg, da komm ich als Flüchtling her. Ein geschlagener Mann, der nicht weiter weiß.« Bald danach fing er ordentlich von vorn an, sich erinnernd, wie ich dabei gewesen war, als er die Bekanntschaft Ulrikas im Speisewagen machte, und erzählte die ganze Geschichte.

Er hat sie niemals geliebt – das ist des Pudels Kern. Es war eine fröhliche Liebschaft entstanden, die ein paar Wochen währte, bis er für ein paar Monate verreisen mußte – nicht eben unglücklich darüber, oder jedenfalls nicht über die Trennung, und sie hatten von einander leichten Abschied genommen als von einem glücklichen Abenteuer. Aber fünf Tage später war sie ihm nachgereist gekommen und hatte ihm in ihrer kühl verhaltenen Art, die sie gemeinhin hatte, gesagt, es sei ihr klar geworden, daß sie nicht ohne ihn sein könne; er sei ihr Leben und Alles, es sei Schicksal und – nun da war sie eben, was war zu machen? Konnte er sie wieder wegschicken? Brutalität anwenden? Nein, warum, da er sie doch sehr lieb hatte, sie reizend war, ihn erfreute? Er sah keinen Grund zum Abbruch einer so holden Verbindung mit einem weiblichen Wesen, das unter der gleichsam porzellanenen Oberfläche von zarter und süßer Glut war – wenigstens damals, später wurde sie derber und dumpfer, oder wie man es nennen will. Diese intimeren Dinge hat er mir natürlich nur eben zugewinkt.

Er dachte auch wohl, die Leidenschaft würde mit der Zeit sich legen; sie legte sich aber nicht, es zeigten sich vielmehr tiefere Ursachen, wie aus ihren Mitteilungen über ihr Leben zutage kam. Er hatte sozusagen nämlich ihr Weibtum erlöst, da sie zwar verheiratet war, aber nie einen Mann gehabt hatte; denn den sie hatte, hatte sie in der Brautnacht, von Grauen gepackt, geflohen und war virtuell nie zu ihm zurückgekehrt. Ihre physische Natur war ihr unbekannt gewesen und alle physischen Naturdinge überhaupt; sie hatte, so kann man sagen, ihren Flügel als Ehemann, schon in Kinderehe mit ihm verbunden, und von der Welt kannte und wollte sie Nichts als ihre Kunst und die anderen Künste, mit hohem und edlem Enthusiasmus, um nicht zu sagen Exaltation. Die Ehe blieb bestehn, da der in der Blüte der Brautnacht gebrochene Ehemann sie nicht aufgab und nicht abließ, sie zu sich zurück zu erbetteln oder zu drohen, sie unablässig verfolgend, wenn auch nur in den Intervallen zwischen seinen Abwesenheiten als Seeoffizier. Vielleicht auch war er Sadist, seelisch wo nicht körperlich, denn er sprach den Fluch über sie aus, daß er einen Liebhaber, wenn sie je einen hätte, vor den Kopf schießen würde – was dann allerdings ihm zugestoßen ist, da er selber nicht richtig traf.

An dieser Stelle sprach ich Bogner meine Bewunderung aus über die vom bekannten Josef Montfort mir gerühmte Treffsicherheit seines Malerauges, aber dem war nicht so, wie er mir listig zuplinkte. Es stand nur im Polizeibericht, und der treffsichere Schütze war Josef selbst gewesen, was ich – den Umgang mit Pistolen ebensowenig schätzend wie Maler Bogner – wirklich sehr nett von ihm finden mußte. Er habe ihn, sagte Bogner, niemals in Rage gesehn außer damals, wo er den Mann noch anbrüllte, wie er schon tot war, und ihn ein verdammtes Luder nannte.

Was aber diese Ulrika angeht – was für Mysterien wieder der weiblichen Psyche, undurchdringlich für Mannsaugen, für die nun das, was beim einen Mann Entsetzen und Grauen gewesen war, ohne irgendwelche Belehrung inzwischen, beim andern Mann Beseligung, höchste Erfüllung, Erlösung wurde, mit der Folge freilich, daß sie an dem Erlöser nun ebenso festhing wie der unerlöst bleibende Ehemann an ihr. So geht es zu in der Welt.

Von der Drohung des Mannes Hoeck erfuhr Bogner Nichts von Ulrika, was auch recht war – sagte er – denn was hätte es geholfen? Er hätte es doch in den Wind geschlagen, wäre nicht hingegangen zu dem Mordlustigen, um ihm zu sagen: Hier bin ich also, nun schieß mal! Das Einzige, was sie hätte tun können – wenn sie die Drohung ernst nahm, und das tat sie, sie verbrachte ihr Leben in Ängsten –, wäre gewesen, daß sie von Bogner abließ; und – wie zuguterletzt an den Tag kam durch ihr eignes Geständnis – sie nahm es sich tausendmal vor, aber sie bracht es nicht fertig, und als das Unheil gar war – ja, da war es zu spät, da blieb nur: *Mea culpa, mea maxima culpa!* Aber das kennen wir selber Alles.

Natürlich: er – Bogner – sagte es nicht, aber ich konnte mir sagen, was er empfinden mußte: durch eine Frau, die er nicht liebte und die es hätte abwenden können, an Todesenden zu kommen. So versteh ich auch nun erst die fast demütig anmutende Güte, die in seinem Blick und seiner Gebärde war: nur um ihr zu verdecken, daß er ihr feindlich gesinnt sein könnte. War doch all die Jahre lang das ganze Liebesverhältnis dadurch getrübt und innerst zersetzt, daß – wie sie naturgemäß bald herausbekam – er sie nicht liebte, niemals lieben konnte; aber mit einer anderen Volte der weiblichen Psyche hatte sie völlig vergessen, daß allein sie ihn ergriffen hatte, nicht er sie, im Gegenteil sie nicht im Unklaren über seinen Mangel an Liebe gelassen hatte. Ja sogar, da es ihm später nötig schien, ihr dies zu wiederholen, fand sie nun Kränkung, Nichtachtung darin, begann und hielt daran fest, Liebe zu fordern, Lieblosigkeit ihm vorzuwerfen, Szenen deswegen zu machen, alle vier Wochen eine, mit Weinkrämpfen und allen Schikanen bis zur Selbstmord-Drohung – natürlich infolge des hinter ihr stehenden Gespenstes – was aber Bogner nicht ahnte. Ja, gerade das, was er zu seiner Sicherung hatte für nötig erachten müssen: über sein Unvermögen zur Liebesleidenschaft sie nicht im Unklaren zu lassen, das wurde ihm nachträglich als

Lieblosigkeit und Härte ausgelegt. Es ist schon allerhand, muß man sagen, wenn man hinzu bedenkt, wohin es am Ende geführt hat, wenn auch nun sie mit Selbstfolter zahlen muß.

»Sie konnte«, sagte er trübe, »mit mir das schönste Leben haben, aber es war ihr nicht genug. Sie verlangte in Allem ein Höchstmaß – und zersetzte sich dadurch auch das Gute, das ihr zuteil wurde.«

Ein Höchstmaß in Allem – das war das Schlimmste daran; es verdarb ihr das ganze Leben, daß sie keinen Alltag kannte, sondern Nichts als Festtag allein, nur immer auf Goldgrund leben wollte, anstatt dem Mann, den sie liebte, seinen Tag mit allen Gaben der Weiblichkeit zu vergolden. Sie haßte und verachtete den Alltag, und wenn nicht die klare Cornelia die Gabe besessen hätte, Alles, was ihr unnötig oder ungehörig schien, an sich ablaufen zu lassen wie Regen an einem Ölmantel – eine Andre wäre längst auf und davon gegangen, und Bogner hätte mit zerrissenen Socken und Unterhosen und immer knurrendem Magen einherwandeln können. Andererseits, wenn nicht sie, Ulrika, auf Cornelia mit ihren Kochkünsten, ihrem Plättbrett und ihrer Blumenpflege sogar, herabgesehn hätte, so wäre sie vor Eifersüchten natürlich geborsten. (Ja, die hing nun wieder an ihrem ägyptischen Josef, der sich in der Ferne tummelte wie ein Triton im Meere der Nereiden und Schiffsuntergänge.) Aber ebenso wie sie Kochtöpfe und fehlende Knöpfe verachtete, so auch schlechterdings Alles, was nicht Kunst war. Dafür freilich hatte sie einen Enthusiasmus, der Bogners Herz erfreute, dazu eine Gabe des Ausdrucks, daß er, wie er mir sagte, aus ihren unzähligen Briefen über Kunst und Dichtung im Allgemeinen sowie über Lyrik oder Musik oder Plastik im Besonderen ein schönes Buch hätte machen können. Er aber hatte grade, nach fünf bis zehn Jahren der intensivsten theoretischen Beschäftigung mit den bildenden Künsten, den Geschmack daran gänzlich verloren und sich dafür Allem in der Welt zugewandt, was ihn anzog und ihm wissenswert schien – ich brauche das hier nicht einzeln zu nennen. Aber sie hatte für die Tagespolitik nur Verachtung, sah nie in eine Zeitung, und Geschichte oder Biologie, was auch immer es sein mochte, war ihr gleichgültig – sogar die Natur. Denn auch die war für sie nur ein allgemeiner elysischer Schleier, in dem sie, schöne Diotima-Gespräche führend, herumzuwandeln liebte; sie konnte aber keinen Haferhalm von einer Roggenähre und keine Eiche von einer Ulme unterscheiden, und ob, was vor ihr aufflog, ein Spatz oder eine Krähe oder ein Lämmergeier war – sie hatte überhaupt Nichts auffliegen gesehn, während er dastand und staunte und von Ente oder Specht oder Häher die besondre Art des Fluges in sein Gedächtnis schrieb. Hinterher, wenn sie es auf einem Bild von ihm sah, staunte sie baß und sagte: Wie machst du das bloß? Denn dann konnte sie es auch sehn.

»Du liebst mich nicht, du liebst mich nicht, du liebst mich nicht!« das – wie er es sie einmal unausgesetzt vor sich hinsprechen hörte, als sie von der Narkose nach einer Blinddarmoperation noch halb umnachtet war – das war ihr Leben.

Endlich meldete sich das Kind an, und da wäre sie fast in Raserei verfallen – weiß Gott warum, aber sie wollte es nicht, sie wäre noch am gleichen Tag hingerannt, um es sich wegeskamotieren zu lassen, hätte er nicht trotz seiner Schwäche – denn er erhielt die Mitteilung während seiner Krankheit – die wildesten Drohungen ausgestoßen, was geschehn würde, wenn sie sich einfallen ließe, einem Kind von ihm nicht das Leben zu geben. »Denn«, sagte er mit einem fast mystischen Blick in den Schatten, »es ist ein Geheimnis dabei. Das Kind muß in einer der letzten Nächte gezeugt sein, bevor ich den Schuß empfing.« Für ihn war daher das Kind vom ersten Augenblick an seine *ultima ratio* oder *spes*, da er selbst auf den Tod lag, der Lebensenergie für lange Zeit verlustig und nur durch dieses neue Leben, das von ihm stammte, am dünnen Faden gehalten. Sie aber war auf das Geschwindeste von der fixen Idee durchdrungen, daß dies Kind ihr Tod sein würde, die gerechte Strafe; es und er würden leben, sie aber würde dahingehn. Sie hatte nie im Leben Schmerz ertragen können - die Vorstellung der Wehen flößte ihr schon Sterbensangst ein und -

- und so war er denn aus dem gordischen Knotengreuel davongeflohn, nicht für immer, nur um einmal allein zu sein und zur Besinnung zu kommen. Er ist selber leiblich wie seelisch erschöpft, leer, ohne Vision, ohne Lust, ohne Beschäftigung, ein Krüppel, so - sagte er - daß er das gestockte Leben in seinen Handgelenken spüre, als ob die Hände ertaubt wären. Es gab, nachdem er das dritte Glas Grogk intus hatte, einen herzbrechenden Ausbruch, mit dem er sich dann gottlob entleert hatte und wieder Haltung gefunden.

»Ich warte nun auf dies Kind«, sagte er, wieder ruhig geworden, »das muß die Erleichterung bringen.« Ihm wäre, sagte er, als hätte er selbst es im Leibe und den ganzen Klumpatsch verworrenen Lebens dazu. »Denn wie bin ich da nur hineingeraten? Ich habe gar keinen Teil daran, es hat mit mir Nichts zu tun. Ich bin Maler und habe zu malen. Ich lebe dafür, sammle Kenntnisse, Erfahrungen, Wissen von aller Art. Ob Grashalm oder die Gebärde einer Menschenhand, ich kann mich hineinversenken, den winzigsten Zug erkennen, und das Wachstum und das innerste Leben gehen mir auf durch das Äußere, während es mir durch die Augen in die Hände und den Stift gleitet, fast ohne daß ich es merke. Wenn es dann vor mir steht, so hat es mich selbst belehrt, ich bin reicher geworden, habe mir eine neue Stufe in den Berg gehauen, zu einem tieferen Verstehn, einer höheren Einsicht, einem verbesserten Können. Da kommt dieser Schuß und wirft mich -«

Er brach ab und sagte: »Nun, lassen wir das. Gehn wir noch an das Wasser und riechen es, wenn wir es nicht sehen können.« Und später, als wir über der unsichtbaren Fläche standen, kein Laut war, keine Welle und am Himmel kein Stern, da sagte er wie zu sich selber:

»Das Salz ist in der Natur, wie das Göttliche ist im Geist: Wir hätten kein Leben ohne das. Und so sind sie wohl ein und das selbe«, schloß er geheimnisvoll.

Dem mag nun sein, wie ihm wolle! Denn wir, mein Telemach, wir konnten nur und wir können nur in diese Finsternis hineinstarren, in der kein Laut, keine Welle und kein Stern mehr ist; hineinstarren, so wie das Weib Ulrika in ihre Nacht ohne Morgen starrt, die sie selber gemacht hat. Denn so wie sie jetzt glauben muß, daß es ihre eigene Hand war, die den Schuß auf ihr Heiligstes abgefeuert hat, so muß ich es auch glauben. Denn an ihm, Bogner, dürfte wohl nichts Unrechtes zu finden sein, oder welcher kenntnislose Töffel wollte ihm vorwerfen, daß er die erste Ursache zu Allem dadurch gegeben hätte, daß er nicht nein sagen konnte, als eine Liebende sich ihm in die Arme warf.

Oder – sonderbar, indem ich dies schreibe, will es mir vorkommen, als ob hier doch ein Haken wäre. Sollte man dem nachtasten, Telemach? Sollte man wieder mal das Spintisieren nicht lassen und sagen: hier *war* jedenfalls die Ur-ursache: das ungesprochen gebliebene Nein. Aber konnte er anders? Soll man das ein Verschulden nennen, daß er – nun, einfach das tat, was das Gegebene war, das sich Ergebende? Aber was heißt das, was ergiebt sich? Nichts begiebt und ergiebt sich im leeren, luftlosen Raum; kein Geschehn ist abstrakt an sich da, sondern immer ist es der Mensch, der es macht, der Charakter. Denken wir uns einen anderen Mann an seiner Stelle – sagen wir beispielsweise Josef Montfort? Der wäre auch nicht brutal gewesen, denn das scheint nicht in der Großartigkeit seiner Natur zu liegen, aber – na, wir wissen schon. Ergo: Er war seinem Charakter gemäß nicht imstande Ulrika abzuweisen – ich war dem meinen gemäß nicht imstande, Esther zu halten. (Gar nicht zu reden davon, daß sie mir in der letzten Nacht fortlief, was mich bitter enttäuschte.) Und bin ich dafür verantwortlich zu machen, daß sie einen hysterischen Bruder hatte, der verrückt wurde? Sonderbar kommt es mir jetzt vor, daß ich das früher so nicht hab sehen können. Und es ist rechtsam zu fürchte, daß es wieder solch eine Diabolus-Kralle ist, die mich rein kratzen möchte. Es fängt sogar an weiter zu rumoren bezüglich Cordelias, indem es feststehen dürfte, daß ich sie nicht gemacht habe, daher in bezug auf sie Nichts vorausahnen konnte; und andererseits, daß es früher oder später mit ihr und mir ein Ende nehmen mußte. Sollen wir immer ein Ende im Auge haben wie Buddha? Ein uns unerkennbares Ende – nein, einfach das Faktum des Endigens? Natürlich, dann ist die einzige Konsequenz die des erlauchten Vollendeten, auf das Leben ein für allemal zu verzichten, denn was immer beginnt, nimmt ein Ende mit Schmerzen.

Signe .. gewiß, Überstürzung, allzu heftiges Vorwärtsdrängen .. Aber wer war hier der Drängende? War das ich, der sie garnicht wollte? Ich wurde selber bedrängt und gedrängt von meinen V–

O geh zur Hölle!

Aus Georgs Papieren

Im November geschr.

Aber nun freut es mich recht, Bogner hier zu haben. Ein paar Tage haben genügt, sein Gesicht glatter zu machen und die Augen aus ihrer Eingesunkenheit hervorzuholen; und jetzt hat sein Blick, wenn er aus der Tiefe des Nachsinnens oder des Sicherinnerns hervorkommt, etwas weich und doch fest Umfangendes, worin Weisheit und Güte insgeheim sich umarmen, sodaß ich schwer hineinsehen kann. Nun sitzen wir abends bei mir zusammen, ziehen aus der feinen und edlen Glut des mit Wasser erhitzten Rums von Batavia eine leichte Geister-Beschwingung, und ich bemühe mich, seinen lieben

Geist zu Äußerungen zu bewegen, die mich erleuchten. Meistens sind es dann freilich so außerordentlich einfache Dinge, daß nur die Art, wie er sie sagt, ihnen Bedeutung verleiht, und sie würden den ihnen eigentümlichen Lebenshauch verlieren, wenn ich sie auf das Papier brächte. Doch hörte ich ihn heute sagen, nachdem wir längere Zeit Menschenleben und Schicksale und die tiefgeheimen Verknotungen, die uns als Zufälle erscheinen, erörtert hatten:

»Die Fäden des Lebens sind Jedem von uns in die Hand gegeben. An uns selber liegt es, ob wir ein festes, dichtes Gewebe herstellen, das vielleicht nur klein ist, oder ein Netz lockerer, weiter Maschen, in denen nur wenig hängen bleibt, aber dann Großes.«

Später hatten wir dann ein ausführliches Gespräch über Humor, das ich hoffentlich noch zusammenbringe. Nachdem wir schon eine Weile hin und her gesprochen hatten, sagte er auf einmal: Das Lachen sei eine Erlösung innerhalb des diesseitigen Lebens. »Es ist«, sagte er, »eine Art natürlicher Gnade, die uns verliehen ist, entsprechend der göttlichen.«

Ich versetzte darauf: ja, wunderschön und gewißlich wahr. Aber es gebe nun Gelächter der verschiedensten Art, so das von einem knalligen Witz erregte und das des Humors, und mitunter seien Witz und Humor wieder kaum voneinander zu scheiden. Mir sei einmal eingefallen, sagte ich weiter, daß unser deutsches Wort Witz auf Blitz reime, und habe der Witz mit dem Blitz nicht das unvermutete Einschlagen gemein, das Erschreckende, von dem wir uns dann durch Gelächter befreien? Wir lachen doch auch über einen Schreck, nach überstandener Gefahr – als wäre sie nur ein Witz gewesen; ob es das sei, was er mit Erlösung gemeint habe?

Er wußte das nicht gleich genau, meinte aber, es sei in solchen Fällen des Witzes eine durch ausgedachtes Erschrecken künstlich bewirkte Erlösung – und mehr Entladung zu nennen. Der Humor aber wirke auf eine sanftere Weise – nicht eines Ausbruches eben, einer Explosion, sondern sanften Lösens – Erlösens.

»Wenn ein in Trauer versunkener Mensch«, sagte er, »am wolkendunklen Tage plötzlich oben das Gewölk an einer Stelle zerfließen sieht und zu Schatten zerstieben, während das Blau des Himmels erscheint, dann glaubt er, den Himmel lächeln zu sehn und kann dann vielleicht über sich selbst lächeln.«

»Das«, sagte ich, »ist Humor. Lächeln über sich selbst – aber nicht über sich lachen. Ja, ist es nicht so?« fragte ich, »daß Beide auf einer Verachtung beruhen, aber das, was verachtet wird, da und dort ganz ein Andres ist? Über ein Leid lächeln können ist die schönste Verachtung des Leidens, nicht wahr – ja wirklich, eine Begnadigung, die wir selbst an uns ausüben. Aber der Witz – was verachtet der? Es ist der Intellekt, der sich selbst eine Nase dreht, sein Gelächter ist die Schadenfreude, sei es dessen, der uns den Witz erzählt, oder unsere eigene, die ja auch dann erfolgt, wenn wir in das Gelächter des Witzigen einstimmen müssen. Witz ist immer beißend, und wir sind der Hund, der sich selbst in den Schwanz beißt.«

Bogner lobte diese Erkenntnisse sehr und bemerkte, daß auch deshalb Kinder keine Witze verstünden und meistens auch Frauen nicht, jedenfalls die feineren nicht oder die besonders weiblichen. Ich schlug danach vor, einfach so zu sagen:

»Witz ist Gelächter, Humor ist Lächeln. Oder sogar: Humor ist engelhaft, Witz ist satanisch – oder geh ich mal wieder zu weit?«

»Oh, zu weit kann man niemals gehn«, meinte er nachsichtig, allerdings hinzusetzend mit einem Zwinkern, es müsse nur in der rechten Richtung gegangen werden. Sicherlich sei es wahr, daß losgelassener, allein wirkender Intellekt etwas Satanisches habe. Das kalte, blicklose, seelenlose Gefunkel, am eisigsten das leere Schlangenauge des Zynismus. »Humor«, sagte er, »o ja, Humor ist auch den Engeln erlaubt. Aber da reden wir so im Leeren herum; sagen wir einmal ein Beispiel.«

Ich besann mich eine Weile auf einen besonders guten Witz und fand diesen, den ich einmal meinen Vater erzählen hörte:

»Ein Dominikaner-Mönch und ein Jesuit, die in stiller Meditation in einem Garten zusammensaßen, wünschten zu rauchen. Sie kamen überein, daß Jeder seinen Vorgesetzten um Erlaubnis fragen solle, und der Dominikaner war, als er den Jesuiten am nächsten Tag rauchend im Garten fand, entrüstet und sagte: ›Mir ist es verboten.‹ ›Was hast du ihn gefragt?‹ fragte der Jesuit. ›Was soll ich gefragt haben,‹ sagte der Dominikaner, ›als ob ich rauchen dürfte, wenn ich meditierte?‹ ›Und ich‹, versetzte der Jesuit, ›habe gefragt, ob ich meditieren dürfte, wenn ich rauchte.‹«

»Ein famoser Witz«, sagte Bogner, »und ein ausgezeichnetes Beispiel. Denn dieser Witz ist so fein, daß wir auch nur lächeln können, kaum lachen, und er ist wirklich satanisch.«

»Und was die Hauptsache ist«, sagte ich, »er bringt gar keine Befreiung, geschweige Erlösung. Im Gegenteil, er bewirkt hinterdrein eine Dumpfheit, eine Beschwerung. Es ist eine Scheinbefreiung, nach der wir uns nur tiefer beladen fühlen.«

Nun verlangte Bogner auch ein Beispiel für Humor, und das war mir nun schon längst auf den Lippen, nämlich die Ballade Gottfried Kellers von dem gräflichen Narren, der bei einer Messe den fehlenden Ministranten macht und, da beim Einläuten der Wandlung die Klingel fehlt, seine Schellenkappe rührt, worauf der Dichter dann sagt:

»Der Herr, der durch die Wandlung geht,
Er lächelt auf dem Wege.«

»Jawohl«, sagte Bogner ordentlich aufleuchtend, »das ist Humor zu nennen, wenn ein Gekreuzigter lächeln kann, weil die Narrheit am Wunder ihr Spiel treibt – und doch das Richtige fertigbringt.«

»Und was ist daran eigentlich komisch?« mußte ich fragen. »Aber es gehört, glaube ich, zum Wesen des Humors, daß er sich selbst nicht fassen läßt – außer eben durch die Worte, die ihn mitteilen. Eine äußerste Inkongruenz freilich – das Erhabenste und das Lächerliche, unmittelbar verbunden, nicht ein Schritt dazwischen. Aber«, sagte ich, »würden wir es auch lächerlich finden, wenn im Augenblick des fehlenden Geläuts eine Ziege hereingesprungen käme mit einer Schelle um den Hals?«

Da legte er seinen Kopf zurück, und ich war ganz beglückt, wieder diese Bewegung zu sehn, mit der er den Mund öffnete, um eine fast lautlose Lachfanfare herauszulassen; und dann sagte er:

»O Mensch – welch ein Witz!«

»Ja«, sagte ich, selbst ganz verblüfft, »das wäre freilich ein Witz.«

»Künstlich herbeigeführt«, sagte er, »durch einen zufälligen Ziegenbock Satans.«

»Und es wäre im Grunde nur dumm. Eben weil es nur Zufall wäre, ausgesonnen. Denn der Bock könnte nicht Ministrant sein, aber die Einfalt kann es.«

»Und kein Heiland«, schloß Bogner, »könnte darüber lächeln, und Lachen ist ihm nicht möglich. Da kann nur der Teufel lachen.«

*

Als ich heute am Tisch auf einem Stuhl saß, nachdem ich eine Weile im Raum hin und her gegangen war, so in meinen Gedanken, während er in seinen Gedanken in der Ecke des Sofas saß; also dahockte, die Ellbogen auf der Tischplatte und das Kinn auf den Händen, meine Zigarette rauchend, lächelte Bogner; und er lächelte über mich, wie er auf Befragen zugab.

»Sie haben nämlich«, erklärte er, »eine so – erinnerungsvolle Bewegung, wenn Sie die Lippen vorschieben, um die Zigarette hineinzunehmen und den Rauch in Ihre seelenvolle Tiefe hineinzuziehn.«

»Erinnerungsvoll?« fragte ich unverstehend.

»Nun ja – warum raucht denn der erwachsene Mensch? Er raucht, um sich vollzusaugen; er saugt sich voll mit Erinnerung an die verlorene Kindheit, wo die süße Milch ihn erfüllte, während er nun süßes Gift einsaugt. Dann muß er den entseelten Rest wieder von sich geben, und er tut es wie Sie mit einem traurigen Seufzer.«

»Ach, Bogner«, sagte ich lachend, »die Kindheit!« während er selber seine alte Pfeife aus der Tasche zog, die er nicht rauchen darf, daran roch und sie wehmutvoll betrachtete. »Sie bricht immer wieder durch, diese Kindheit«, fuhr ich fort, »auch wenn wir es garnicht wissen, und die tiefsten Erinnerungen – die an die früheste Zeit – sind uns ganz verloren gegangen. Mein Gott, was da vielleicht zu wissen wäre!« Mir fiel da ›das Große‹ ein aus meinen Fieberdelirien, das mir auch aus der Kindheit zu stammen schien, und ich fragte ihn, ob er es auch kenne, es beschreibend, so gut ich konnte. Oh ja, auch ihm war es bekannt. »Ein riesiges, finsteres Anwachsen«, sagte er, »ein entsetzliches immer größer Werden, rettungslos. Und dann dieser Gang, durch den man hindurchsoll und der viel zu eng ist.«

»Ein Gang war bei mir nicht«, sagte ich, »bei mir war das Wälzen, das schauerliche Umwälzen.«

Nun, das sei gleich, meinte er, habe es doch den gleichen Sinn.

»Es hat einen Sinn?« rief ich aus, »was hat es für einen Sinn?«

»Ja muß es nicht einen Sinn haben, da wir Beide es so erlebten? Ich habe es auch von andern Leuten gehört.«

»Also was ist der Sinn dann, um Gottes willen?«

Er sagte: »Nun – die Geburt.«

★

»Rembrandt«, sagte Bogner, »er mußte nur immer malen.«
Er hatte unter meinen Büchern ein Buch mit Abbildungen Rembrandtscher Gemälde gefunden, und ich fand ihn darin blätternd.

»Er mußte nur immer malen, denn das war seine Art, über einen Gegenstand nachzudenken und das heißt, in der Dunkelheit das zu finden, was ihn allein an sich zog: das Leuchten. Ins Licht geradenwegs kann ja keiner von uns gelangen, wir müssen immer die Nacht aufbrechen – unsre eigne Nacht, auch wenn wir die äußere statt ihrer nehmen. Und er hatte eine brennende Sehnsucht – nach dem letzten Licht, vor dem Verlöschen. Sehen Sie nur«, sagte er, »diese Unzahl von Selbstbildnissen. Kein Maler hat sich so oft gemalt wie er. Hier – drei, sieben, vierzehn Bilder aus benachbarten Jahren, aus demselben Jahr. Immer derselbe Mensch – immer ein andres Wesen. Glauben Sie, er hätte sich so verändert in so kurzer Zeit? Nein, er runzelt nur seine Stirn, und schon ist es ein andres Gesicht. Er setzt eine Mütze auf, einen Hut, eine Sturmhaube, und ein andrer Mensch kommt zum Vorschein und das tiefe, verborgene Licht der Seele breitet sich über das Antlitz aus. Und hier, wer ist das? Ihre Majestät, die Ruine. Das Absterben der Seele – hier ist es auf jedem Bild – immer Verfall. Er zerfällt, er zerblättert, es bläht ihn wieder auf, es sackt wieder zusammen, es glotzt aus ihm, es grinst, es schluchzt, es sickert, es bröckelt – es zerfällt, und er sieht es mit dem unerbittlichen Auge, und er malt es, Gesicht nach Gesicht, die Larven einer Armenhäuslergalerie, ohne Geist, ohne Zukunft, ohne Gott, nur noch wütendes Schicksal des Zerfallens und – des Malenmüssens, der Urzwang in seinen Händen, die mit den Pinseln Jammer hervorziehn und an das Licht bringen, das eigne, vergehende Licht. Ohne Farbe schon fast, ohne Leinwand, ein Stück Brett und nasser gelber Lehm, mehr ist nicht nötig für diesen Triumph seiner Hände, in den sich die Natter der Gicht verbiß. Und so doch bis zum Letzten die ewige Glorie: Licht! Licht! Licht! das die vergrämte Ruine mit Seelenblut überlodert – unabtötbar, Georg, unabtötbar! Solange er malen kann, ist Licht, und nur Licht ist, was er malt.

»Er war, denke ich, auch ein Heiliger«, beschloß er leise, »auf seine Art, die Art, die wir ästhetisch nennen. Denn er verachtete die Auflösung seines Leibes und seiner Seele; er verachtete das Leiden und den Schmerz und die Armut und das Absterben, mit dem Finger darauf zeigend: Seht, es ist Nichts wert, außer daß es eine Pfütze im Sumpf ist, die so lange noch lächelt, wie das Licht darin widerscheint.«

Ich war erschrocken, da ich ihn auf diese Weise sonst nicht hatte sprechen hören und denken mußte, daß er von sich selbst sprach, der nun hier untätig seine Tage verbringt, in der Entkräftung, die er anscheinend nicht überwinden kann. Ich wiederholte dann seine Worte, daß keiner geradeswegs in das Licht gelangen könne, und sagte, daß ich an van Gogh denken müßte, der gerade das anscheinend gewollt hatte.

»Nun, und was ist daraus geworden?« fragte er, trübe blikkend. »Nichts als dies Geflacker. Van Gogh war augenscheinlich von einem blinden Teufel besessen, der ihn zwang, in die Sonne zu sehn, was kein Mensch kann, doch er dachte, es wäre möglich. Also starrte er mitten hinein, wenn auch nicht in die Sonnenscheibe, so doch in ihr wildestes Blenden in Bäumen, Wiesen und Sträuchern, und Alles zerflackerte, wand sich in diesen Schlangenbäumungen, zerstob zu Flecken und Funken. Welcher Mensch mag das ansehn? Aus seinen eigenen Wahnsinnsqualen hat er nur fertiggebracht, die Qualen des Lichts zu zeigen, wie es sich in den Dingen windet und sich die Dinge in ihm winden, aber wen interessiert das? Nicht mich. Überwindung ist Alles – Überwindung der Nacht durch das Licht, nicht das Sichbäumen und Winden. Darum sah Rembrandt in die Nacht hinein und sah das Licht darin zeugen, unüberwindlich, die letzte Freude, den letzten Jubel, das letzte Schmerzenslächeln – wie er vorher das Entzücken gemalt hatte, das Spiel des Lichts im Dunkel, mit Juwelen und Perlen, Brokaten und Spitzen, Fahnen, Harnischen, Fackeln, Stickereien und Sammet; das Lächeln der Saskia, den Goldleib der Hendrikje – bis ihm dann die Seele aufging und er sie aus dem eigenen Antlitz herausfing. Endlich war ihm Alles zu Nacht geworden, ein einziger schwarzer Spiegel, in dessen unendlicher Tiefe er den letzten unsterblichen Funken erglänzen sah, unverlöschbar. Das finde ich sehenswert, das, so wie auch Homer die Götter auf die Zinnen des Olymp steigen läßt, um zuzusehen, wie Hektor starb.

»Ich möchte das einmal malen«, sagte er, aus dem Vorsichhinbrüten aufblickend zu mir, doch ohne mich zu sehn. Danach war es, als ob ihn ein schrecklicher Schauder durchliefe, mit dem er seine Unfähigkeit wieder gewahr wurde, als das Verlangen in ihm erwachte.

Ich sehe, daß ich nicht der einzige Unselige bin auf einer so kleinen Insel.

Fünftes Kapitel: Dezember

Renate an Saint-Georges am 1. Dezember

Mein guter Georges!

Du sagst, daß die Renate Dich vergessen hat, aber es ist nicht wahr! Sie hat Dich nicht vergessen – ausgenommen zwei Monate, aber da hatte sie sich selbst vergessen. Und danach mußte sie noch lange, lange allein sein, ganz allein, um sich in dieser Welt zurechtzufinden – weil sie noch einmal ganz herausgestoßen war, so heraus, daß sie eine Zeitlang die Welt nicht wiedererkennen wollte und nicht sehn, daß sie immer noch Gottes ist. Es ist arg, daran zu zweifeln – oder vielleicht auch nicht; jedenfalls ist es mitunter schwer, es nicht zu tun, sodaß ich mich oft frage, wie die Menschen es machen, die vielleicht noch Härteres durchzuleben haben als ich, oder die einfach ihr ganzes Leben in solchem Elend verbringen müssen, daß uns schaudert, wenn wir daran denken. Aber das Zurückfinden war dann doch leicht, denn er ist mir ja so unendlich gnädig gewesen, daß ich es noch immer nicht ganz fassen und nicht aussprechen kann – oder doch nur vor mir selbst, wo ich meine eigene Sprache habe, die kein Andrer versteht. Aber sagen will ich es Dir nun auch, denn Du mußt es ja endlich auch wissen: Ich erwarte ein Kind. Ja, ja, ja, ich bin gewürdigt, ein neues, anderes Leben in mir zu tragen; zu tragen? O nein, es trägt mich! Es ist mir keine Last, es ist eine Beflügelung .. aber hier kann ich nicht weiter sprechen.

Georges, willst Du jetzt nicht zu mir kommen? Der erste Advent steht bevor – ich weiß wohl, wie unendlich schwer Du es gehabt hast in diesen Jahren und bin Dir immer dankbar dafür gewesen, daß Du es mich niemals hast merken lassen. Nun merke ich wohl, daß ich hier wirklich recht allein bin, denn Magda, die ich habe, war all die Jahre schon, und wenn ich es Dir sagen darf, bist Du der einzige Freund, nach dem ich nun wirklich Sehnsucht habe, und die Stunden mit Dir in Deinem stillen Zimmer, wo ich auf meine bescheidene Weise Deine schönen Aufgaben teilen konnte, waren immer sehr beglückend für mich! Du hast ja auch mehr als Andre von mir gewußt – aber ich möchte diese so zarten Dinge lieber nicht berühren; Du verstehst Alles ohne die Worte. Die Jahreszeit ist zwar nicht besonders einladend, aber der Winter ist hier an der Küste ja mild, immer wieder kommen so warme Tage wie im Oktober und vor Spätjanuar soll hier niemals Schnee fallen. O und das Meer, das Meer! Wie kann ich fühlen, daß wir mit allem anderen Leben aus ihm gekommen sind, daß der süße, purpurne Baum unserer tausend Adern aus ihm entsprungen ist – und auch wieder, daß ich in seiner unendlichen blauen Schale liege, ein Tropfen von ihm, nur für eine kleine Weile beständig – und bins doch, wie eine Perle. Wasser und Licht, die sinds doch, die Beiden allein! Und vom Licht die Feuerwärme, und dazu ein bißchen Verdickung und Festigung, die hat wirklich nicht viel zu sagen.

Nur, das muß ich Dir vorher noch sagen, nur mußt Du Dich nicht wundern, wenn Du mich mitunter ein bißchen müd finden wirst. Es ist in Wahrheit nicht Müdigkeit, sondern eher eine Überwachheit – was dann wieder der Müdigkeit gleichkommen kann. Ich will Dir darum lieber sagen, daß mir von dem letzten Geschehen – davon weißt Du Nichts, es hängt mit Erasmus zusammen – eine Angst zurückgeblieben ist, so ein inneres Zittern, das stundenlang währen kann. Eine Angst – als könnte noch etwas kommen, als ob irgendwo noch etwas lauerte; und dahinter noch die schlimmere Angst, daß ich das nicht mehr überstehe; daß ich dem nicht mehr gewachsen bin.

Diese Angst geht aus von Erasmus, ich weiß wohl den Grund und will versuchen, es Dir zu erklären.

Von der Feindschaft, die - wohl lebenslange schon - zwischen ihm und Josef bestand, muß ich nicht erst sprechen, und wir wollen auch nicht die Frage der Schuld berühren, das steht uns nicht zu. Aber der Haß des Erasmus ist, so lange ich dort war - durch die Einbildung genährt worden, daß ich Josef liebte. Darüber läßt sich kaum etwas sagen. Es ist einfach zu einer Art Wahnsinn, zu einer fixen Idee geworden, verstehst Du, und daher durch Nichts zu erschüttern gewesen, eben weil es Wahnsinn ist. Einem Irren kannst Du nicht sagen, er sei irr; eher wird er sagen, Du seist es.

Und so glaubt er nun auch, daß mein Kind von Josef ist - - Georges, was es deswegen gegeben hat - ich kann kaum daran denken. Denn nun glaubt er, daß seine Tat - die doch furchtbar auf ihm lasten muß - umsonst gewesen ist und Josef wieder aufleben wird in dem Kind - - nun, es ist Wahnsinn, ich weiß es, aber was nützt das Wissen und der Name dafür? Es ist doch wirklich.

Kannst Du nun begreifen, in welcher Angst ich zittere .. Georges, es ist mitunter, als ob ich selbst wahnsinnig würde. Ich habe Gesichte, Georges! Gesichte bei Tag und bei Nacht, unsagbar! Und dann seh ich in meiner Todesnot nach Rettung umher und habe am Ende Gedanken, die schon unerlaubt sind und in das Unmögliche gehen. Ein Gedanke kommt immer wieder - Georges, er ist wirklich ganz unsinnig, aber da ich weiß, was ich für Dich bin, so muß ich nun daran denken, wie oft Du mir gesagt hast, daß es Nichts in der Welt gäbe, das Du für mich nicht tun würdest, und daß Du nur den einen Wunsch hättest, es mir zu beweisen. O Georges, könntest Du es nicht tun und zu ihm hingehn und ihm sagen, daß es von Dir ist, das Kind? Da ist's nun heraus, ich hätt es nicht sagen sollen, darf ja auch nicht daran denken, denn die Folgen, die es für Dich haben könnte - unvorstellbar! Dir würde er doch vielleicht glauben, er glaubt ja an Realität und all die einfachen Dinge – aber nein, nun höre ich auf damit, ich glaube, ich werde den Brief garnicht abschicken und einen neuen schreiben, aber die Wahrheit ist, daß dies schon der dritte Brief ist, und ich weiß nicht, wie es zugeht, immer wieder kommt es mir in die Feder. Nun, ich muß sehn, was ich tue.

Und so sage ich Dir rasch Lebewohl, denn nun ist Alles gesagt, mein Kopf tut mir weh, ich muß an mein Kindchen denken, daß ihm kein Schade zustößt, und so rufe ich Dir nur Auf Wiedersehn zu, auf baldiges Wiedersehn zum Advent!

Deine
Renate

Saint-Georges an Renate   Altenrepen, am 3. Dezember

Renate –

Du weißt, ich habe niemals ein anderes Wort gefunden, das meinem Gefühl für Dich Ausdruck gäbe, außer eben Deinem Namen.

Und nun suche ich ebenso vergeblich nach Worten, die der Beglückung und der – Erleichterung Ausdruck geben könnten, die mich, möchte ich sagen, von den Füßen erhebt und schwebend macht. Ich küsse Deine Hände und Deine Füße – das ist Alles, was ich Dir sagen kann, da ich es in diesem Augenblick nicht tun kann.

Es ist Dir ein Glück geworden – noch wage ich es nicht, es zu fassen. Und daß Du mir es aussprichst, in der hohen Freiheit, die immer Dein eigen war – gegen mich, der glaubte, sich so tief an Dir versündigt zu haben, daß Nichts die Vernichtung wieder aufzuheben vermöchte. Dazu noch Dein Irrglauben, den ich von Jason erfuhr.. ich hoffe, dieser Gute ist es gewesen, der Dir geholfen hat, ihn zu überwinden! Aber da dies nun wahr ist – so ist sie mir nun auch erst wahr – die nicht begriffene Bewegung von Dir, die Du machtest – in der Nacht, als ich zu Dir kam in Sorge um Dich und das Fenster öffnete, weil die Luft im Raum glühend war, und mich dann über Dich beugte und Dich liegen sah, um die Decke über Dir hochzuziehn – wie Deine Arme sich öffneten – eine Bereitschaft.. um Gott, vergieb, doch ich darf es ja nun gestehen, was meine einzige Rechtfertigung war; denn Du sagst, Du seist glücklich.

Ich schriebe hier gern nicht mehr weiter, aber ich muß Dich doch wissen lassen, daß ich Erasmus nicht habe erreichen können. Hinzugehn und ihm die Wahrheit zu sagen, war meine selbstverständliche Pflicht zwischen Mann und Mann, ohne irgendwelche Verbindung mit Dir und Deinen Ängsten. Auch ohne Dein armes, krankes Flehen hätte der Weg zu ihm sich mir vorgeschrieben. Es muß hier allerdings eine partielle Störung oder Schizophrenie, wie man es nennt, vorliegen, da er – mich einfach anlachte – oder anklirrte, möcht ich sagen – und mir erklärte, ich wäre bereits der zweite, den Du ihm schicktest – was mir unverständlich geblieben ist, aber es kam zu keiner Aufklärung darüber, da er gleich darauf in Worte über Dich ausbrach, die ich nicht auf das Papier bringe. Ein ganz zerstörter Mensch, das war ihm anzusehn, und es scheint ein Wunder, daß er seinen Beruf ausübt wie immer. Trotzdem ist anzunehmen, daß der Tag kommen wird, wo ihm Alles unter den Händen zerbricht.

Ich schreibe Dir Alles dies, was ich geschrieben habe, weil ich meinem inständigen Verlangen, zu Dir zu eilen, Zügel anlegen mußte, meines Bruders wegen. Du weißt ja, daß wir seit dem Tode meines alten Stoll nur eine Aufwartung haben, die ihn nicht besorgen kann, und ich konnte bisher noch niemand ausfindig machen, der das übernimmt. Am liebsten würde ich ihn mitbringen – obgleich es mir noch lieber wäre, ganz frei und ungelähmt sozusagen zu Dir zu kommen – und ich bitte, mir umgehend zu schreiben oder zu telegraphieren, ob das möglich ist.

Bitter ist diese Verzögerung, denn nun kann ich ja den Tag nicht erwarten, wo ich vor Dir hinknieen darf, Du mir heiliges Leben, vor Dir und unserm Kind.

Georges

Cornelia Ring an Magda Hallig Hooge am 4. Dez.

Liebe Magda, hier erfülle ich Ihren Wunsch, von Ihrem Freund Georg zu berichten, ›naturgetreu‹, wie Sie möchten, und ich will gern tun, was ich kann, obgleich ich in Menschenbeschreibung gar keine Übung habe. Und ich kenne ihn ja kaum und sehe ihn fast nur bei den Mahlzeiten. Was übrigens diese angeht, so war es gradezu ein Glück, daß ich hier erschienen bin, denn kaum daß ich da war, legte sich die alte Mutter Jensen, die ihm die Küche besorgte, mit Lungenentzündung ins Bett, und es ist zu befürchten, daß sie nicht wieder daraus aufsteht. Sie kennen das Sprüchwort ›Wat den Einen sin Uhl, is den Annern sin Nachtegal‹; denn das nimmt mir etwas von der Verlegenheit, hier zu sein. Bitte sagen Sie Frau Tregiorni, daß ich von Bogner den bestimmten Eindruck einer Besserung habe. Er klagt zwar auf Befragen noch über Schmerzen beim Gehn, aber an Stellen, wo eigentlich Nichts sein kann, und es ist wohl nur noch Erinnerung. Mit dem Gehen ist es freilich für uns Alle nicht weit her; das Wetter ist bisher fast ununterbrochen so stürmisch gewesen, daß der Wind vor einem steht wie eine feste Wand, und ich wundere mich, wie die Menschen hier leben mögen. Aber ich habe vor Allem seelisch den Eindruck, daß es mit ihm aufwärts geht; sein Blick ist wacher und munterer geworden. Er verbringt die Abende meist im Gespräch mit Georg, und mitunter sitze auch ich dabei, zuhörend und erstaunt, worüber sie sich die Köpfe zerbrechen. Wenn der Sturm und das Meer draußen brüllen und donnern, ist es sehr behaglich unter der Hängelampe, und ich kann dann, so lange ich mag, ihre Gesichter studieren. Sie sind Beide viel älter geworden, und es ist merkwürdig, wie sie dann Beide oft den gleichen Ausdruck bekümmerter oder versorgter Weisheit haben. Georg habe ich beim ersten Anblick kaum wiedererkannt. Daran war hauptsächlich der leichte, rötliche Bart schuld, der ihm ums Kinn gewachsen ist und sein Gesicht älter macht, auch weicher und leidender, scheint mir. Aber das Rötliche des Bartes steht ihm zu dem schwärzlichen Haar recht gut, muß ich sagen. Am linken Mundwinkel hat er ein nervöses Zucken bekommen, indem es die Unterlippe ruckweise nach links zerrt, oft drei-, viermal nacheinander; die Augen erschienen mir erst zum Erschrecken eingesunken, kommen aber in der Lebhaftigkeit des Sprechens wieder stark hervor und können etwas Gläsernes bekommen – ich meine damit eine starke, fast starre Klarheit, die auch etwas Überlegenes hat, und es erinnert mich übrigens an seinen Vater, als ich auf Trassenberg mit ihm zusammen war; der hatte das immer. Wenn ich Ihnen nun noch sage, daß sein Haar über den Schläfen dünner geworden ist und um die ganze Stirn zurückgewichen, so werden Sie nun ungefähr wissen, wie er aussieht. Er muß auch noch gewachsen sein während seiner Krankheit; ich hatte ihn jedenfalls nicht so groß in Erinnerung, sicher einen halben Kopf größer als ich, und ich bin doch nicht klein.

Es ist kaum möglich, im Innern eines Menschen zu lesen, der so wie er durch seine Erziehung darauf eingestellt ist, Nichts von sich zu verraten und jedem Andern, Frauen besonders, nur die größte Liebenswürdigkeit zu bezeigen; und daß er Unbeschreibliches erlitten haben muß und noch immer leidet, muß ich Ihnen nicht erst sagen. Er ist zuweilen, wenn man mit ihm spricht, von einer – wie sage ich nur recht? – Demut, möcht ich fast sagen und weiß doch nicht, indem ich das Wort schreibe, wie und wo ich sie gesehn haben will. Er hat eine unbeschreibliche Gebärde, wenn ihm Bogner etwas erzählt oder erklärt und wobei er mit einer selbstvergessenen Angespanntheit zuhört, als ob er das Wichtigste erfahren und sich einprägen müsse – eine Gebärde, wollt ich sagen, mit der er dann die Hand hochhebt und einen mit diesem vertieften Staunen ansieht und sagt: »Ja, sehn Sie!« mit dem Ton auf dem ›sehn‹ – verstehen Sie, was ich sagen will? Es muß ihn etwas entsetzlich quälen, und diese Stunden der Gespräche, die ihn für so lange vergessen machen, sind ihm eine Erleichterung. Aber bitte, sorgen Sie sich nicht zu sehr um ihn! Ich tue, was ich kann, seiner physischen Entkräftung nachzuhelfen – komisch, wie ich in den letzten Jahren zur ›Herdjungfrau‹ geworden bin, wie er es höflich nennt, nur weil das Kochen mir immer Spaß gemacht hat, und was für ein Feinschmecker Josef war, das hätten Sie sehn sollen! Was ihm die alte Gesine aufgetischt hat, das hat er nur immer heruntergeschlungen und kaum gemerkt, was es war. Nun hat er wieder Appetit bekommen, freut sich aufs Essen und macht mir Komplimente darüber.

Und nun will ich schließen. Frau Tregiorni wird wohl kaum schreiben, nehme ich an und hoffe daher, von Ihnen eine Zeile zu erhalten, wie es ihr geht und wie sie die Trennung aufnimmt. Ich bin hart genug zu sagen, daß sie Bogner gut tut, was für sie leider kaum zu erhoffen ist.

Von Herzen grüßend, bin ich Ihre   Cornelia

Georg an Benno   Hallig Hooge, 8. Dezember

Mein lieber Benno, wie geht es denn Dir? Teuerster Benno, die See ist des Teufels! Heute nacht – ich hatte der Abwechselung halber mal ein paar Stunden geschlafen – fing ein Rumoren an, wie ich es noch nie gehört habe, und als der sogenannte Morgen kam, war der Teufel los. Du wirst vernommen haben, daß ich dahier auf einem ogygischen Eiland hause, und das ist etwas Anderes als Serk, wo wir triumphierend den

Möwen gleich in der Höhe schwebten, sondern hier liegst Du mitten darin, auf einem kleinen Teller Erde, mitten und unten in der Unendlichkeit rollender Wasser, und wenn auch Menschen da sind, sie kommen Dir Alle bald wie ausgewischt vor, jedenfalls im Freien sind sie wie nicht vorhanden. Unter ihnen befindet sich seit einiger Zeit Maler Bogner, auf dessen freundschaftlich gewordenen Umgang ich stolz bin, ferner ein notwendiger Hauptmann, der acht auf mich hat, und ein angenehmes weibliches Wesen namens Cornelia, die aber nicht die Stelle der ogygischen Nymphe Kalypso vertritt, wie Du vielleicht anzunehmen geneigt sein solltest. Das Haus, in dem ich wohne, steht auf dem höchsten der Hügel, Werften genannt, die am Rande des Eilands sich erheben, und von seinem Fenster aus habe ich das ganze Panorama unter mir: Himmel, grau und schwarz in fürchterlicher Aufregung, ein unsagbares Fluchtgetümmel von Lapithen und Kentauren durcheinandergemengt, die vor Raserei sämtlich in Fetzen gehn, und darunter die ruhmwürdige Winterschlacht der bodenlosen Gewässer. Wie wäre es, wenn Du auch kämst? Hier säßest Du, wie gesagt, mitten darin und schlottertest vor Angst, die Wüstenei überrennte Dich kaltherzig im Augenblick. Tausend Satanasse von Gischt siehst Du unter Dir herumtanzen und denkst: Wie einfältig ist das Land gegen das Meer, eine fromme milchende Kuh gegen einen tollwütigen Stier. Hundert Millionen in Raserei aufgelöster Büffel sind hier zu sehn, wie sie herantaumeln, in ihren Hirnen Nichts als die aberwitzige Besessenheit, sich die Schädel einrennen zu müssen; und schon ists ein Erdbebenfeld von Wassermauern, die dahergeschoben werden und in Trümmer zerspritzen, und das Gebrüll, wie sie sich zerknattern, steigt zum Himmel, daß er davonjagt. Alles siehst Du wanken, die bewohnte Erde ist spurlos verloren gegangen, nun berennt hier die See ihren letzten Widerstand, auf dem wir, die letzten Erdgeschöpfe, herumkriechen wie Raupen. Allein, getrost! Begieb Dich in die Fläche des Eilandes hinein, so ist Alles wieder ganz sanft geworden, ein wenig öde, ein wenig trostlos, aber der Teufelslärm hat sich gelegt und ist zum Orgelrumoren geworden. Komme her, komme her, hier kannst Du was hören, was sich in Musik zu setzen verlohnt, aber Du hast wohl Alles in Dir und saugst es Dir mühelos aus den Fingerspitzen. Grüße Deine Elfe, sei glücklich, daß Du sie hast, ich habe keine, und sie wäre mir hier auch nicht nütze, da die Toten mir näher sind als die Lebenden, das war es, was ich Dir eigentlich sagen wollte, nimm daran kein Ärgernis, sondern bleibe am Leben und mein Freund, den gehabt zu haben mir eine Freude und Ehre war. Und so Lebewohl!

Der Deinige

Georg

Magda an Cornelia Ring Helenenruh am 10. Dezember

Liebe Cornelia!

Es liegt mir daran, Ihnen für Ihre lieben, ausführlichen Mitteilungen zu danken, wenn sie auch, was Georg betrifft, mich nicht recht beruhigen wollen. Doch ist das eine Welle, die mich – ich schäme mich, es zu sagen und muß es doch – im Augenblick nicht erreichen kann, infolge eines mir noch unerklärlichen Schrecknisses, das Renate zugestoßen sein muß. Man kann leider sein Herz nicht überall haben, es nützt Nichts, sich zu zerreißen, und wie ich nun zum ersten Mal meine Hülflosigkeit empfinde, das könnte mich über mich selbst weinen machen. Es muß ein Brief gewesen sein, den sie am Frühstückstisch öffnete, nachdem sie mir noch gesagt hatte, von wem er sei. Danach hörte ich eine Zeitlang Nichts mehr und dann einen Laut, den ich nicht anders bezeichnen kann denn als einen Laut des Ersterbens. Ich griff nach ihr – sie saß neben mir auf dem Sofa – und fühlte, daß sie dalag, ohnmächtig, und sie ist es durch Stunden geblieben, trotz aller Bemühungen. Sie muß dann von selbst wieder zu sich gekommen sein, denn ich hörte, wie sie sich bewegte und dann sagte: O du bist es, aber ganz ohne Ton. Darauf ist sie aufgestanden und in ihr Zimmer gegangen. Seitdem ist sie nun so – ich weiß nicht, wie ich es nennen soll – als ob sie nicht richtig da wäre. Sie geht im Hause herum, kommt zu den Mahlzeiten, wenn sie gerufen wird, geht auch spazieren und zieht sich etwas an und scheint so weit ganz vernünftig. Aber sie spricht kein Wort, und wenn ich zu ihr etwas sage, bekomme ich keine Antworten als: O ja, oder: Gewiß, oder: Ich weiß es nicht, ganz leer hingesprochen. Sie bleibt auch immer allein und sitzt in ihrem Zimmer am Fenster, kommt niemals zu mir und ist ohne jede Beschäftigung. Li und Ulrika sagen Beide von ihr das Gleiche, daß sie von ihren Augen immer wieder erschreckt werden, da sie keinen Blick haben und so erstarrt aussehen, als ob hartes Glas davor wäre. Ist es nicht zum Verzweifeln? Nach Allem, was sie schon durchgemacht hat, nun dies! Und niemand, niemand kann helfen.

Und was soll ich von Ulrika sagen? Daß die Flucht Bogners, wie man es wohl nennen muß, ihr einen Schlag versetzen mußte, wissen Sie selbst. Und ich muß gestehen, daß es auch meiner Verehrung für ihn einen Schlag versetzt hat; denn mag er auch ein kühler oder leidenschaftsloser Mensch sein, so hielt ich ihn doch nicht für kalt. Ulrika ist noch stumpfer geworden, als sie schon war, ich weiß nicht, womit sie ihre Tage verbringt, dies ist für mich zuviel. Ja, so schütte ich Ihnen mein Herz aus, das ist Alles, was ich kann, und so grüße ich Sie, ohne daß das Herz leer oder nur leichter geworden wäre, nur bittend, auf Georg ein Auge zu haben und es mich gleich wissen zu lassen, wenn eine ungünstige Veränderung Ihnen bemerkbar werden sollte.

Ihre
Magda

Aus Georgs Aufzeichnungen

Bei einer Wanderung auf langer Straße im flachen Land kann es uns wohl begegnen, daß wir in der Ferne zu unserer Linken oder Rechten, wo ein Weg heranführen mag, etwas Menschenhaftes gewahren, Nichts weiter als einen Punkt, den wir als menschlich erkennen. Vergaßen wir ihn dann lange Zeit über den sehenswerten Dingen unserer Wanderung, so gewahren wir ihn plötzlich garnicht weit vor uns auf einem zu unserer Straße heranführenden Wege, deutlich genug jetzt seinen Gang, seine Kleidung, seine Züge, und am Ende betritt er nahe von uns unsere Straße, hält an und erwartet uns; wir sprechen miteinander, wir finden Gefallen genug aneinander, zusammen zu bleiben, und nach wieder einer Zeit sind wir gut Freund geworden – mit jenem Punkt, den wir zuerst nicht beachtet haben und von dem wir nicht dachten, daß er je Bedeutung für uns gewinnen könnte.

Heut sind es nun Jahre her, daß ich Cornelia von fern sah, als weiter Nichts mir erkennbar als ein Menschenpunkt, ein weiblicher Mensch. Vor ein paar Monaten sah ich sie zu meiner Straße heraufkommen und erkannte nicht nur ihre Züge, sondern auch ihren Charakter, und sie war mir sehr angenehm. Und nun ist sie auf meine Straße gekommen, wir gingen nebeneinander, in Wirklichkeit, den einzigen Spazierweg um die Insel herum bei Ebbe, manchmal mit Bogner zusammen, manchmal weil wir uns trafen und ich dann noch mit ihr ging. Und wir tranken nachmittags Tee zusammen mit Bogner, nachdem ich dazu eingeladen war, oder sie saß abends bei uns, hörte zu, wenn ich vorlas oder wenn Bogner und ich unsre Probleme wälzten, gab nie einen Laut von sich, aber erfreute durch ihr weibliches Vorhandensein. Und dann fing ich an, sie zu sehn, fing an, nach ihr hinzusehn, und war froh, wenn sie meinen Blick aufnahm und erwiderte, Verständnis bezeigend, und ich erkannte die gerundete Perlklarheit ihrer Stirn, den Ansatz des Haars an Stirn und Schläfe, die Feinheit der Nasenflügel, der Lippenwinkel, die lockere Fülle der Unterlippe in der Mitte – und vieles Andre, das reizvoll war. Diese Klarheit, mußte ich denken, diese Schlichtheit – und dieser Hauch von Bereitwilligkeit! Erlaubte es irgend das Wetter, so erwarteten wir gemeinsam am Strande das tägliche Boot mit meinem Kurier; dort trafen wir den Notwendigen, standen in unseren Mänteln und hochgeschlagenen Kragen gegen den Wind gedreht, froren erbärmlich und lachten, wenn wir uns gegenseitig röter und röter anlaufen sahn.

Nun, und so ging es weiter.

Was aber war dann eines Tages anders geworden? Was veranlaßte sie, immer da zu sein, wenn ich aus dem Hause kam, und was veranlaßte mich, ihre Hand im Gehen zu nehmen, und sie, ihre Hand in der meinen zu lassen? Unsere Stimmen hatten einen anderen Ton von Vertraulichkeit, meine Hand das Recht, den vom Wind umgeklappten Mantelkragen aufzuschlagen oder die schiefgewehte gestrickte Mütze über ihrer Stirn gradezuziehn. Ich fand alte Gedichte und las sie ihr vor, ich kannte nun den besonderen Ton ihrer Haut im Nacken, dort wo die Bluse sich ablüpfte, wenn ich ihr in den Mantel half. Und Alles dieses waren liebliche kleine Ereignisse, und ob ich mich erinnerte, das Alles schon früher erfahren zu haben, so war es damals keineswege abgenützt worden, sondern etwas ganz frisch Neues, das blühte.

Siehe da, plötzlich eines Nachts brachen diese Verse aus mir hervor:

> Diese Nacht aus dumpfem Schlummern
> Fuhr ich auf: das Schweigen dröhnte
> Mir ans Ohr, doch spürt ich andres
> Dröhnen, spürte Fausthieb draußen,
> Zornig auf des Tores Bohlen,
> Das trieb mich empor.

Gleich da wußt ich draußen stehen
Einen vor dem Tore, jenen
Eros mit den Löwenfüßen,
Eros mit den Geierschwingen,
Eros mit dem Fackelantlitz
Donnerte ans Tor.

Am folgenden Morgen dann gingen mir die Augen auf, und nun erkannte ich erst, daß sie weiblich war.

Bald darauf stellte sich von Augenblick zu Augenblick ein Wort oder auch eine Handlung ein, die veranlaßten, daß ich sie küßte – und daß sie sich küssen ließ auch. Ich küßte ihre Wange, ihre Stirn, ihre Schläfe; küßte sie beim Morgengruß, beim Gutenachtsagen, beim Klettern über eine Buhne, kurzum, bei jeder Gelegenheit. Küssen, dacht ich einmal, ist wie wenn es regnet; erst wenig, dann immer mehr.

Sie aber, was war mit ihr? Ich hatte sie veranlaßt, dies zu tun und jenes, mit mir zu gehn, zu mir zu kommen, sich vorlesen zu lassen, sich küssen zu lassen – Alles, was ich wollte. Was ging in ihr vor? Warum ließ sie sich Alles gefallen, war zu Allem bereit? Trug sie nicht einen teuren Toten im gebrochenen Herzen? Tat sie immer, was ein Anderer von ihr verlangte? Fragen, unbeantwortbar, und wozu, dacht ich, immer fragen?

Eines Nachts blies der Sturm mit solcher Gewalt, daß Bogners Lunge es nicht ertrug, er es aufgeben mußte und in einer Kammer in meinem Haus übernachten; Zimmer sind genug da, aber Wäsche und Bettzeug mußten erst zusammengeholt werden, was für uns ein Vergnügen war. Dann konnte ich sie nicht allein gehn lassen, und eng aneinandergepreßt, mitunter zum Verschnaufen die Rücken gegen den Wind drehend, brachte ich sie in ihr Haus hinüber, wo wir dann im Windschutz standen und uns aufatmend ansahn. Und dann zog ich sie an mich, und sie legte den Kopf zurück, und ich legte meinen Mund auf den ihren, und es gab den unendlichen Strom, Leib und Seele verzehrend, den wir Beide kannten – und noch niemals gekannt hatten; denn wir waren es nicht gewesen – waren es nun, waren es zum ersten Mal. Waren nur voneinander getrennt gewesen und nun Vereinte.

Wie, Georg, wie, Telemach, wie Topf, wie sollen wir uns verstehn? Wie ist es zugegangen, daß wir uns wieder verstricken ließen, verlocken ließen von dieser Unwissenden, Ahnungslosen, die gewiß meint, daß sie gut sein muß zu einem hart Getroffenen, weil sie selbst hart getroffen wurde und es ihr gleichfalls gut tut. Doch sie ist augenscheinlich vollständig am Leben – und du? Warum mußt du dich noch einmal umdrehn auf diesem Weg, der schon so nahe wie möglich am Rand ist? Warum gabst du doch wieder nach? Ist es am Ende – ist es Angst, was dich zu ihr treibt? Ist es ein letztes Sichaufraffen zum Widerstreben, ein Versagen des Willens, arges Versiegen der Kraft? So dachte ich, mir den Rückweg zu meinem Haus erkämpfend.

Und nun, wieder einmal schlafesunbedürftig, sitze ich in der langsam verhauchenden Wärme des Ofens, verzeichne eine Stunde dieses nie zu begreifenden Daseins, blicke von unten in die Lampe, bin besonders ruhig, allem Ewigen so fern, ein kleiner Mensch in seinem Gehäuse, und ich beginne fruchtlos zu staunen über die Ahnungslosigkeit, die uns das Leben ermöglicht und es unmöglich macht.

Da doch immer wir selber es sind, die den Weg, den wir gehen, selber erst herstellen, wie bleibt es doch unbegreiflich, daß wir eben vom Leben Nichts sehen und wissen als diesen unseren schmalen Streifen von Pfad, der drei Schritte vor uns schon unsichtbar wird im Dunkel. Und was würden wir sagen, wenn bei unserer Begegnung mit einer fremden Frau ein Dritter uns ankünden würde, daß über Jahr und Tag ihre besondre Art, das Strumpfband zu verhaken, nicht unbekannt sein wird und nicht das bräunliche kleine Mal an ihrem linken Knie.

Dann sind wir Gefährten geworden; zwei Ströme sind ineinander geflossen – ach nein! Sie fließen noch immer nebeneinander her, und nur inmitten, am Rande von Jedem, vermischen sich ihre Wellen. Wollte Gott, daß es mehr wäre – aber es ist nicht mehr.

Sondern ich sehe mich in dem bäuerlichen Schrankbett liegen, ausgestreckt auf dem Rücken, die Hände unter dem Kopf, nur bis zu den Knieen zugedeckt in dem warmgeheizten Raum, aufgetaucht aus – wie nannte es Hans Carossa?

Seele rast hinab zum Schooße,
Dort wird sie von Lust verschlungen.
Auf den Geistern ruhen große,
Glühende Verfinsterungen.

Ja, aus diesen glühenden Verfinsterungen wieder aufgetaucht, liege ich da und höre das dumpfe Brausen der See. Ein Licht in einem alten Messingleuchter mit Schale und Handgriff bewegt unmerklich die goldene Flamme mit gasblauem Mandelkern im Luftzug der nahen Fensterfuge; es steht auf einem einfachen Tisch, hellbau gestrichen wie die übrigen Möbel im kleinen Zimmer, Stühle, Waschtisch, Kommode, Kleiderschrank – mit bunter Blumenmalerei – und hinter Allem, die Wände empor, sind die stillen Schatten: Zwischen mir und der Wand aber im Bett sitzt, die Hände um die Kniee geschlungen, eine Frau, und ihre Augen, groß, rund und dunkel, sind ohne Bewegung auf das Licht gerichtet, von dem sie erglänzen. Ich sehe die winzigen Runzelfalten im Ellbogen ihres schönen Arms – wie ein Geheimnis. O es ist ein Geheimnis darin! Sie selber, die Stirn geneigt, sieht aus, als wüßte sie genug. Weich und gerötet ist die Haut ihres Gesichts, das mir süß wurde wie eine Frucht. Sie spricht kein Wort, wie auch ich.

Und sie und ich, so enge beisammen, sie saß und ich lag, und wir dachten Beide weit weg unsrer Toten.

★

Also da haben wir den Salat. Sie ist angekommen. Nun, ich will weiter Nichts sagen gegen dies Weib Ulrika, denn wenn ein Mensch so weit kommt immerhin, ein Gesellschaftsmensch, Konventionsmensch wie sie, daß er Konvention und Rücksicht so in den Wind schlägt und herkommt, wo Bogner selber mein Gast ist, da will ich gerne den Mund halten und lieber denken: zerlitten, jahrelang, und nun endlich am Bersten. Ich würde das freilich nicht denken, wenn ihr Herkommen auf Bogner ungünstig gewirkt hätte, aber das hat es sonderbarerweise nicht getan, und ich nehme es als das beste Zeichen für ihn. Er hatte sogar einen humoristischen Zug um den Mund, als er mir mitteilte, die See habe eine armselige halbe Leiche an die Insel geschwemmt – sie war zu ihrem Heil an dem Tage besonders still, die See – und er würde sie natürlich alsbald aufpacken und sich mit ihr entfernen, was ich natürlich nicht zugab. Er sagte, es hätte durchaus keinen Verzweiflungsausbruch gegeben, sondern vielmehr eine Stummheit, die freilich noch schlimmer wäre. Er sagte auch, er habe eine ziemlich gewisse Ahnung, daß noch etwas Fürchterliches im Hintergrund laure, aber er wäre gefaßt darauf. »Wenn ein Mensch so weit kommt wie sie«, sagte er, »so kann man das nur hinnehmen; mit Ehrfurcht«, sagte er, und so wird er sie wirklich haben.

Die Geburt steht frühestens für Ende Februar bevor, und bis dahin werden sie jedenfalls längst von hier fort sein.

Aber in dieser Nacht, als wir zusammen saßen, fing er an, von seinen Eltern zu erzählen oder mehr von seiner Mutter.

Ob ich mich noch erinnerte, fragte er erst, an die Nacht, nachdem wir zusammen in Altenrepen angekommen waren, dann durch das Wiesengelände zum Montfortschen Haus gegangen; und wie wir dann im Café wieder zusammengetroffen waren. Und er fragte mich, ob ich mich nicht gewundert hätte, daß er in dieser Nacht im Café erschien, was ich allerdings getan hatte, wenn auch nur so flüchtig, daß ich es über der Gegenwart mit ihren Josef Montfortschen Vorgängen sogleich wieder vergaß.

Es habe seine Ursache gehabt, sagte er, in einer Unruhe, die ihn aus dem Hause trieb. Sein Vater, sagte er, sei früh ins Bett gegangen, aber seine Mutter mit ihm aufgeblieben und habe alsbald angefangen, ihm von ihrer Ehe zu erzählen, in einem plötzlichen Enthüllungstrieb, der wohl zu verstehn war.

Sie hatte nämlich, als sie fünf oder sechs Jahre verheiratet war, einen andern Mann kennen und lieben gelernt. Er war Schriftsteller oder Dichter, aber es scheint Nichts aus ihm geworden zu sein, jedenfalls hatte Bogner nie seinen Namen gehört. »Doch berührte es mich eigentümlich«, sagte Bogner, »wie eine geheime Verwandtschaft. Es giebt ja wohl mehr Kinder, deren Vater nicht der Mann, sondern ein Traum ihrer Mutter war und dann also ein anderer Mann, den sie liebte.« Sein älterer Bruder und er selbst waren damals schon am Leben. Seine Mutter hatte seinen Vater geheiratet, weil er mehrere Jahre nicht abgelassen hatte, sie zu nötigen, und sie ihn schließlich lieb gewann und kein Andrer sich fand, den sie lieber gehabt hätte.

Nun wollte sie sich scheiden lassen. Sie war bereit, eins ihrer Kinder zu opfern, aber er gab sie Beide nicht her, sondern verlangte aus Gründen der Sittlichkeit, daß sie den Kindern ihren Vater und ihre Mutter und also die Ehe erhielte, was sie damals nicht einsehen wollte und deshalb ein Jahr lang einen verzweifelten Kampf führte. Bogner sagte: »Wenn ich das nur fünf Jahre früher gehört hätte, so wäre ich außer mir gewesen, und es giebt heute eine Menge Menschen, die über eine solche Knechtung der Persönlichkeit außer sich wären – Sie vielleicht auch?« fragte er mich.

Ich versetzte, daß ich darüber keine Meinung hätte; ich hätte in meinem kurzen Leben so viele Meinungen gehabt, sagte ich, die mir später sich als nichtig erwiesen hätten, daß ich mir über solche Dinge kein Urteil erlaubte. Zum Beispiel wäre ich vor drei Jahren außer mir gewesen, wenn jemand mir gesagt hätte, ich wäre kein Dichter. Und ich war doch wirklich keiner. Aber ich würde gerne von ihm hören, wie er über diese Ehesachen denke.

»Nun«, versetzte er, »es kommt darauf an, ob man an Bindungen oder Verpflichtungen glaubt oder nicht – eben das, was wir sittlich nennen. Heute glauben die Menschen an Freiheit und weiter Nichts. Das heißt, sie glauben an Ungebundenheit. Sie glauben ja auch nicht an Gott mehr – wie sollen sie an sich selbst glauben? Und doch halten sie mehr als je von sich. Jeder hält sich für eine Persönlichkeit, die nicht geknechtet werden darf. Aber die ganze Persönlichkeit besteht in einer Leidenschaft zu einem andern Mann oder einer andern Frau. Wo ist denn an meiner Mutter, ein so lieber, guter, bemühter, liebevoller Mensch sie ist, so viel Persönlichkeit zu finden, daß deswegen ein Mann, ihr Mann, seine Frau, seine Ehe und eins seiner Kinder verlieren soll? Wenn sie eine Persönlichkeit wäre, so würde sie recht denken, recht wägen und recht handeln und sich nicht von Leidenschaft blenden lassen. Sie hätte damals die wahre Freiheit erkannt und brauchte dann nicht geknechtet zu werden.

»Und sie hat es ja Alles auch nach einiger Zeit vergessen und ist meinem Vater eine gute Frau, ihren Kindern eine gute Mutter geworden – eben das, was sie werden sollte und konnte. Aber nun geschieht freilich ein Andres. Ihr Sohn – der fühlt sich geknechtet von seinem Vater und bricht diese Ketten entzwei und rennt jauchzend in seine Freiheit hinein. Und was nun?

»Denkt sie: das ist die Strafe? Oder denkt sie: Der Junge hat vermocht, was ich damals nicht vermochte, Gott segne ihn, daß es ihm gelungen ist? Nein, sondern sie denkt, daß dies nicht passiert wäre, wenn sie damals die Scheidung erlangt und dies Kind mit sich genommen hätte, das ihr lieber war, weil ich von Anfang an ein Sorgenkind war, erst von schwächlicher Gesundheit und später durch Unbotmäßigkeit. Wäre ich bei ihr geblieben, so denkt sie, dann hätte sie mir nicht verboten, Maler zu werden, im Gegenteil, sie hätte mich verstanden und mir geholfen. Und natürlich hält sie diese Anschauung vor ihrem Mann nicht verborgen, sondern sagt es ihm immer wieder, daß er schuld an Allem ist, er – dem es seinerseits doch Nichts bedeuten kann zu wissen, daß ihm kein Schmerz von seinem Sohn widerfahren wäre, wenn er ihn garnicht gehabt hätte. Er wieder sah nur die Unbotmäßigkeit oder den Geist des Aufruhrs in ihm als Erbe von seiner Mutter, und so quälten sie und zermürbten sie sich gegenseitig, bis sie anfingen älter und stumpfer und stiller zu werden.

»Nun, Georg, ich erzähle Ihnen das Alles nicht deswegen. Es sind Dinge, die überall alle Tage geschehn und allein den etwas angehn, der direkt getroffen ist. Ich erzähle es Ihnen nur, weil ich heute aus irgendwelchen Gründen mich an diese Nacht nach meiner Heimkehr erinnerte, wie da die alte Frau, sechzig Jahre alt, zu mir kam, weil sie sah, daß ich nun auch schon gealtert war, und dachte, ich würde sie verstehn. Da wacht ihr altes, vergrabenes Leid wieder auf und ist so unverständlich wie damals. Und wie ist es auch zu verstehn? Der selbe Mann, der aus guter Sittlichkeit – und aus Sinnlichkeit und Selbstsucht natürlich auch, aber wo dürfen die ausbleiben oder geleugnet werden? – die Familie zusammenhielt, aber dann in seinem Sohn doch nur einen Empörer sah und seinen Feind? Nicht den Menschen in ihm ehrte, nicht das Echte, den eingeborenen Zwang und Willen in ihm verehrte, sondern ihn brechen wollte und in das Gleis eines Berufes zwingen, der ihn ernähren würde? Das bricht nun auch wieder auf in ihr, und sie muß es dem Sohn sagen, daß sie immer auf seiner Seite gewesen ist und ihn verstanden hat, und obwohl sie unter seinem Davonlaufen und seinem Fortbleiben durch fünfzehn Jahre ebenso gelitten hat wie sein Vater, sieht sie nun – auch wenn sie es nicht sagt – für ihn eine Strafe darin, nicht für sie. Das Alles muß sie nun aussprechen, in Verworrenheit, sich jetzt beschuldigend, jetzt ihn, sich jetzt entschuldigend, jetzt ihn – und das ist die Stunde der Heimkehr. Der Vater – schläft er, oder ist er wach in seinem Bett und denkt, daß sein Sohn jetzt ein großer Künstler geworden ist und daß er stolz auf ihn ist und daß Alles garnicht hätte zu sein brauchen? Ich weiß es nicht«, sagte Bogner mit kränklichem Ausdruck, »denn was weiß ich? Ich weiß, daß ich jahrelang gehungert habe und beinah gestorben wäre; und daß ich weitere Jahre in mir selbst mich zerpeinigt habe, im Elend und im Finstern gelegen habe, nach meiner Mutter geschrieen und meinen Vater gehaßt und verflucht habe wie den leibhaftigen Satan. Ich bin verzweifelt und habe sterben wollen, ich habe mich geschändet und gedemütigt und zerknirscht, weil ich Nichts konnte, Nichts zustande brachte, Nichts aus mir wurde, keine Vision, die in mir saß, sich verwirklichen wollte – nun, aber wozu davon reden? Alles, was ich sagen wollte, ist nur –

» – diese halbe Stunde mit meiner Mutter – denn mehr war es nicht –, wo ich in Scham verging: warum? Weil aus mir etwas geworden war und aus ihnen nicht. Sie hatten doch auch das Leben und wundervolle Eigenschaften der Güte, der Opferwilligkeit, des Verstehens und der Liebe, aber sie waren hängengeblieben, nicht im Kleinen, sondern im Kleinlichen, im Gezänk, im Gemäkel, im Nichtverstehn. Aber da saß ich nun bei meiner alten Mutter – und war mehr als sie. Ihr Sohn war wiedergekommen – aber sie hatte Nichts als Klagen und Sichbeklagen und Rechtbehalten und Armut. Da saß ich und sah, daß ich wirklich Alles aus mir selber geworden war; daß ich den Menschen, die mich gezeugt hatten, Nichts verdankte. Ich hatte gedacht, heimzukommen, aber da war Nichts. Da war nur ich selbst – und dort waren sie. Ich hatte mich selbst erzeugt, selbst erzogen, selbst zurechtgeschunden, aber was hätte ich nicht darum gegeben, hätte ich sagen können: Ich danke euch! Ich danke euch, daß ich bin!

»Denn, Georg, lassen Sie sich sagen: es giebt nichts Herrlicheres im Leben, als dankbar zu sein für ein erwiesenes Gutes. Ich muß das natürlich zurücknehmen oder einschränken, wenn ich eben gesagt habe, daß ich Alles nur mir selber verdankte. Dies war nur so meinen Eltern gegenüber. Ich habe andern Menschen soviel zu verdanken, wie ich nicht aussprechen kann –« Ich würde mich wohl erinnern, sagte er, an die Geschichte von der Frau – Judith Österreicher –, die er mir und Magda vor Jahren mitgeteilt hatte. Doch es hätte in seinem Leben noch manchen Andern gegeben wie sie.

»Und die heute gekommen ist, gehört auch dazu«, schloß er, sich erhebend, um fortzugehn, und sagte nicht mehr. Aber ich konnte nun verstehn, daß dies letzte der eigentliche Grund war, weshalb er gesprochen hatte, um über den tiefen Schatten Ulrika in seinem Leben das Licht zu breiten, das ihm auch zukam.

Sechstes Kapitel: Januar

Aus Georgs Aufzeichnungen

Noch ist der Januar längst nicht zu Ende, und das Jahr fängt gut an, muß man sagen, damit, daß nun Ulrika Tregiorni im Sterben liegt, wie es scheint. Ich will das auch aufschreiben, dieweil es ja den Anschein hat, als sei sie deswegen hierher gekommen, denn die Umstände, die dieses Ereignis herbeigeführt haben, konnten sich allein hier begeben.

Es fing damit an, daß – nachdem bis vor wenigen Tagen ein unveränderlicher Nordwestorkan über unsre Insel getobt hatte – der Wind in einer Nacht plötzlich umsprang, einen Tag lang warm und nässend vom Lande herüberwehte, sich dann legte oder verschwand und über die beruhigte See sich ein dichter Nebel zog, der die Aussicht verbarg. Es wurde infolgedessen zwischen Bogner und Cornelia und auch mir beratschlagt, ob die Meeresstille nicht dazu benutzt werden solle, um wegzufahren, wenn auch die Entbindung erst in sieben Wochen etwa bevorstehe, aber Ulrika hat sich dem selbst widersetzt, da sie die Stille des Windes und der Wogen noch länger genießen wollte, nachdem sie unter dem Getöse vorher entsetzlich gelitten hatte, nicht begreifend, wie wir es darin aushielten, und ich begreife es manchmal auch nicht. Es war auch wirklich wundervoll in der Nebelstille, in der nur wieder der einsame Schrei des Tütvogels zu hören war. Und dazu war es so warm wie im Oktober.

Vorgestern saßen wir denn am Abend Alle in meinem Zimmer beisammen, Bogner und Ulrika, der Notwendige und

Cornelia, die ich zuletzt nenne, weil ich eine Bemerkung über die Köstlichkeit ihres gespickten Hasen mit Rotkohl daran anknüpfen kann, der auf der Zunge einen wahren Jubel erregte. Ich hatte wohl einmal Gastlichkeit üben müssen, und dies war sie also. Danach saßen dann wir drei Männer bei unserm bevorzugten Grogk und die beiden Frauen mit dem Rest des Burgunders, und die Unterhaltung kam durch den Nebel auf die Fischer, die mitunter tagelang darin ganz verloren gingen, und dadurch auf das zweite Gesicht, mit dem die Lebenden und die Toten miteinander in Verbindung treten, wobei der Notwendige sich als ein Wissender um diese Dinge entpuppte, denn er stammte aus Schleswig, und auch als ein Gläubiger dieser Dinge, die ich selbst allerdings auch nicht abzustreiten denke, da es vielmehr wundervolle Lücken in unsrer kahlen Verstandeswelt sind, die wir lieber in Dankbarkeit anerkennen wollen. Das Phänomen ist ja nicht nur hier auf den Inseln und Halligen nordwärts und an der Küste verbreitet, sondern kommt ebenso in Westfalen vor und in Schottland. Sicherlich ist es die ungeheure Einsamkeit, besonders der Inseln und Halligen, die in den dort hausenden Menschen das Organ entwickelt, das wir Alle bis zu einem gewissen Grade besitzen, das seelische Organ der Beziehung zu anderen Menschen, das auch beständig Menschen, die miteinander verbunden sind, die selben Gedanken denken oder den Einen die Gedanken des Andern auffangen läßt und wie eigene denken, was ich in meinem Zusammenleben mit Cordelia, so kurz es war, hundert Male erfahren habe; aber sie hatte eine besonders empfindliche Membran, wie man es nennen möchte, zu wissen nicht nur, was ich dachte, sondern auch, was ich empfand. Oft hat sie mich auch genau beschrieben in irgendeiner Situation meines Tages, von der sie nicht das Geringste wissen konnte, oder auch unerwartete Begegnungen mit Menschen, wie zum Beispiel die mit Hardenberg, die für mich so bedeutungsvoll wurde. Und stelle ich mir nun diese winzigen Eilande vor, überhängt von der stürzenden See, die Einsamkeit dieser Gehöfte, die endlosen Nächte im Winter – und dazu die Verbundenheit mit den Vätern und Söhnen in ihrer wochenlangen Abwesenheit auf der See; die Ohren ertaubt von dem ewigen Brandungsdonner und vor den Augen Nichts als die längst nicht mehr gesehenen Wände und Geräte von Küche und Kammer, und außerdem kein Baum, kein Strauch, nur die leeren Grasflächen und die Ebene des Meers: Wie soll ihnen da nicht zu Gesichten werden, was mit ihren fernen Geliebten vor sich geht in den Augenblicken der Gefahr und des Todes? Und wie kann es anders sein, als daß nun die Sterbenden oder Toten bei den Lebenden eintreten, so wie sie immer sind, und sich ihnen zeigen? Hierüber waren wir uns Alle einig, als wir darüber sprachen, und ich erzählte einen Vorgang, den mir ein Pfarrer als sein eigenes Erlebnis berichtet hat, ein klarer, trokkener Mensch übrigens, so phantasielos, wie die Menschen nicht nur hierzuland, sondern die meisten überhaupt.

Zu Besuch bei einem erkrankten Freunde und Amtsbruder auf einer der nördlichen Inseln, folgte er an seiner Statt der Bitte eines Mädchens zu ihrer im Sterben liegenden Mutter. Er fand die Frau in ihrem Bettschrein ohne Besinnung, setzte sich aber zu ihr, ein mögliches Wachwerden erwartend; die Tochter kniete am Bett, in dessen Nähe ein Licht brannte, denn es war Nacht geworden. Da sieht der Pfarrer eine dunkle Menschengestalt draußen an den Fenstern vorübergehn und erhebt sich, ohne genau zu wissen warum, und geht auf den Flur hinaus. Er glaubt, den Fremden draußen zu hören, öffnet die Haustür, und da steht er, still, bleich, die Haare hängen ihm unordentlich in die Stirn. Der Pfarrer fragt ihn, was er wünsche, und bittet ihn hereinzukommen, tritt zur Seite, und der Fremde geht an ihm vorüber in die Stube, scheint zu zögern und setzt sich auf einen Stuhl, die Augen auf die Frau im Bett gerichtet. Die schlägt jetzt die Augen auf und sieht ihn, und auch die Tochter, die ihren Augen folgt, sieht ihn und stößt einen Schrei aus und sagt: »Jan.« Gleich darauf sinkt die Sterbende wieder zurück, und der Fremde erhebt sich und geht an dem Pfarrer vorüber wieder zur Tür und zum Hause hinaus. Die Frau war tot, und der Mann, ihr Sohn, ist in der selben Nacht ertrunken, wie später die Kunde kam.

Darauf gab der Notwendige einen schönen Bericht, den er gehört hatte, von den Doggerbankfischern. Die an den Doggerbänken in der Nordsee Fischenden leben wochenlang in ihren Booten, nur mit ihrer schweren Arbeit beschäftigt, mitten in der See, im Regen, im Nebel; auch ihre Boote trennen sich oft weit voneinander, und jede Mannschaft lebt in der Wasser-Abgeschiedenheit für sich allein.

An einem Nebelabend nun gewahrte die Besatzung eines Kutters plötzlich in fast schon gefährlicher Nähe ein anderes Boot, das auf das ihre zukam ohne Laut; sie schrieen Warnungen hinüber, lärmten und fluchten, allein das stumme Boot kam näher und näher und glitt endlich so nah, daß Bordrand an Bordrand streifte, an dem Kutter vorüber. Drin saß die Mannschaft ohne Bewegung und Laut. Nur der am Steuer sagte, als sie fast schon vorüber waren: »Wir dürfen keinen Lärm machen«, mit einem unmerklichen Ton auf dem Wir. Der Kutter schwand im Nebel, und später ward offenbar, daß jenes Boot an dem Abend an einer meilenweit entfernten Stelle untergegangen sei.

Wir sprachen noch über das eigentümliche Geschehnis, als Ulrika sich erhob und hinausging, indem sie bemerkte, sie höre solche Geschichten nicht gern, sie wären ihr zu phantastisch, bloß gruselig, und sie könnte keinen Sinn darin finden, daß Tote kämen und anzeigten, daß sie gestorben wären. Bogner dagegen war von diesen Geschichten sehr gefesselt, weniger von den Ereignissen selbst als der Art, wie sie sich vollzogen: Das wortlose Schweigen, mit dem jener Sohn seiner Mutter erschien, und die Stille, in der die Abgeschiedenen an den lärmenden Lebenden vorüberfuhren, nur daß der eine sich hinabließ, eine höfliche Bemerkung darüber zu machen. Wir kamen dann von diesen ›Gängern‹ oder ›Wiedergängern‹, wie sie genannt werden, auf die mehr spukhaften Erscheinungen zu sprechen, die aber wohl auf Legendenbildung und Halluzination zurückzuführen sind, wie die von dem sogenannten ›Dränger‹, der die einsamen Wandrer an der Küste ins Meer zu drängen beflissen ist, das sie selber verschlungen hat, so wie dieser weiland Deichhauptmann Waldemar Pontanus, von dem ich dann erzählte. Ich war noch dabei, als Cornelia aufstand und, da wir sie fragend ansahen, äußerte, sie wolle nach Ulrika sehn, die nicht wiedergekommen sei; und darauf erhob sich auch der Hauptmann, indem er bemerkte, er würde sie begleiten. Kein Unheil schien in der Luft zu liegen, die Lampe brannte friedlich, und ich wußte von Bogner, daß Ulrika nicht selten allein im Freien auf und ab ging oder am Strand saß; das Wetter war ja überaus milde in diesen Tagen. Aber bald darauf erschreckten uns eilige Füße im Flur, Cornelia riß die Tür auf und rief mir zu, ich solle rasch kommen, der Hauptmann könne sie nicht allein tragen .. Bogner galt natürlich für zu schwach. Cornelia berichtete mir dann fliegend, während wir den Hügel hinabliefen, sie habe Ulrika im Dunkel erst nirgend gesehn, dann einen dünnen Schrei gehört und habe sie unten am Stand gefunden, zusammengekrümmt, sich windend und stöhnend. Die Geburtswehen mußten jählings angefangen haben, und ihre Zuckungen machten es Rieferling unmöglich, sie zu tragen. Er kam uns aber doch bald entgegen, die ruhiger Gewordene auf den Armen, und ich half ihm, sie ins Haus zu tragen. Ihr erstes Wort, als sie Bogner sah, war: »Benvenuto, das Kind, das entsetzliche Kind!« Später hat er dann von ihr erfahren, daß sie im Nebeldunst am Ufer, als sie von dort zurückkehren wollte, einen Schein gesehn hätte und darin ein Kind mit einem übergroßen Kopf. Vor Entsetzen den Hang emporlaufend, war sie gefallen und wieder herabgerollt.

Ein paar Stunden später war der Arzt da, den der Notwendige geholt hatte, aber inzwischen habe ich ein Geschrei gehört, über das ich hier kein Wort sagen will. Ich bin die Nacht aufgeblieben, bin ab und an hinübergegangen und habe es kaum fertig gebracht vor diesem nicht anhörbaren Brüllen, Orgeln und Pfeifen. Ich weiß nicht, wie Cornelia und Bogner es ausgehalten haben, aber der kam auch gegen Morgen – sagte, er habe am Meer gesessen und mein Licht gesehn – und sagte, es wäre zuviel. Es war aber insofern nicht eigentlich zuviel, als es nach der Erklärung des Arztes eine normale Geburt war, wenn auch die Mutter nicht mehr ganz jung und etwas schmal in den Hüften sei. Auch Cornelia kam und kochte uns Kaffee, war sehr blaß und hatte schmerzliche Brauen, verhielt sich aber sonst wie immer und sagte, als ich sie in meiner schauerlichen Ratlosigkeit fragte, ob das Kind vielleicht einen zu großen Kopf hätte, daß es daran nicht läge, sondern daß es einfach die Wehen wären. Ich habe auch mit dem Arzt gesprochen, und es scheint, daß man sich als Mann falsche Vorstellungen macht, als ob es die Größe des Kindes wäre, die infolge der engen Öffnung die Schmerzen verursache, aber das ist es nicht, darauf sind diese Geschöpfe durch Weichheit und Dehnbarkeit eingerichtet, sondern es sind die Wehen, eben die Geburt selbst, das Hervortreiben, das die Eine eben leicht und in kurzer Zeit leisten kann, die Andre nur in unendlichen Stunden. Sie scheint zu schwach dazu; und sie konnte nie Schmerz ertragen. Aber was mach ich hier Worte? Sieben Uhr morgens entschloß sich der Arzt, mit der Zange nachzuhelfen, und beförderte eine gesunde Tochter ans Leben. Ulrika ist tot. Der Arzt hat das Kind mitgenommen, um dafür zu sorgen. Bogner ist starr. Ich wars auch, bis ich mich dies aufzuschreiben entschloß.

Welch eine Reihenfolge: Ein Schuß – ein Sterben – ein Wiederaufleben – ein Sterben – ein Kind. Und wäre sie in Helenenruh geblieben, hätte ihre Zeit abgewartet, wäre in eine

Klinik gegangen, hätte dort ein schmerzstillendes Mittel bekommen, das der Arzt hier nicht hatte .. wäre sie – hätte sie – wäre sie .. Alles geschieht, wie es geschehn soll, und auch der Tod nimmt nur, was ihm zukommt.

Georg an Magda   Hallig Hooge am 17. Januar

Meine liebe Magda:

Eine schmerzliche Nachricht; Ulrika Tregiorni hat gestern vergeblich versucht, einem Kind das Leben zu geben, und ist daran gestorben. Das Kind, eine Tochter, soll gut lebensfähig sein nach der Aussage des Arztes, obgleich die Zeit der Geburt nicht eben günstig ist; aber ich bin auch zwei Monate zu früh zur Welt gekommen und habe meine Lebenskräfte glänzend bezeugt. Ein unglücklicher Fall am Abend vorher hat die Verfrühung verursacht, aber wie es scheint, war sie zu schwach, das zu leisten, was sie mit dem äußersten Widerwillen erfüllte, wie ich von Bogner hörte. Über diesen selbst hat sich eine tiefe Ruhe gebreitet, in der ergebenen Aufnahme, wenn ich das sagen darf, dessen, was unabänderlich sein soll – so unerwartet es kam. Muß er sich doch plötzlich von einer Lebensbürde befreit sehn – durch den Tod, nachdem er selber aus dessen Hand entschlüpfte –, die trotz aller Güte und Liebe nicht mehr erträglich war. Doch er hatte natürlich das Umgekehrte erwartet, eine – wo nicht Befreiung, doch Erleichterung durch das Kind, dem Ulrika sich zuwenden würde. Ob sie freilich das getan haben würde, scheint zweifelhaft. Morgen wird sie auf dem Friedhof in Tönne auf dem Festland begraben werden, und da wird sie nun liegen – oder nicht sie, wirst Du sagen, sondern nur ihr stofflicher Überrest, der ja auch dann der Vergessenheit anheimfallen kann.

Von Bogner kann ich noch dies erzählen: Von Cornelia erfuhr ich, daß er den ganze Tag neben der Toten gesessen hat, um sie zu zeichnen. Er hat keine Malgeräte hier, hat vom Deckel eines Pappkartons die Randstücke abgerissen und einen Kinderspielkasten mit Malkreiden aufgetrieben. Heute Vormittag nun, wie ich eben an meinem Schreibsekretär mit den täglichen Unterzeichnungen beschäftigt war, Rieferling und der Kurieroffizier mir dabei an die Hand gingen, wurde hinter mir an die Tür geklopft, und ich sah umblickend Bogner dastehn, seinen Pappdeckel in den Händen, den er dann hochhob, um ihn mir zu zeigen. Zuerst war mir Nichts darauf erkennbar als wenige und verworrene rötliche Linien und Striche ohne Sinn und Zusammenhang. Aber sie schossen auf einmal alle zusammen, schlossen sich, wurden Züge, umrahmendes Haar, halb geschlossene Augen, und mich sah die Meduse an.

Tot, tot, Nichts als tot. Alles gebrochen und entstellt. Die Lippen halb geöffnet wie die Augen, mitten in der Not des Lebens und des Sterbens stehen geblieben, gleichgültig stehen gelassen von einem, der anscheinend die Seele noch lebend heraus und in Fetzen riß. Es war schauderhaft, daß keiner hinsehen mochte, aber Bogner, seinen Pappdeckel wieder senkend, tippte mit dem Finger darauf, sah mich ganz ruhig an und sagte: »*Das* ist nicht die Wahrheit.«

Ich war entgeistert, wie er das machen konnte; aber er hat es wohl für seine Pflicht gehalten, auf diese seine Weise daran teilzunehmen, wie er auch ihr unmenschliches Schmerzgeschrei vorher ausgehalten hat. Als ich ihm später am Tage meine Bewunderung – könnte auch sagen, mein Grauen – auszusprechen versuchte, daß er dies fertig bekam, schüttelte er nur still seinen Kopf und versetzte: »Ja – nun – ja; mir scheint, ich kann wieder.«

Dir kommt vielleicht, wie auch mir, Bogners Bild von dem Schatten des Schmetterlings in Erinnerung und seine Erzählung von jener Judith, die er gemalt hat, als sie im Sterben lag und ihm, wie es scheint, der Tod zu diesem Schatten des Falters wurde, der über ihr Antlitz huschte, das sie zum Licht emporhob. So verwandelte es sich damals in ihm; dort ihr Sterben – und hier seine eigne Vision von ihr. Diesmal hat er einfach hineingegriffen – wenn Du verstehst, was ich damit sagen will – und sich selbst nicht geschont. Denn diese Tote ist ihm auch mehr als jene gewesen. Es scheint mir, Magda, man muß so hart sein können gegen sich selbst, um diese Behutsamkeit und Sicherheit seiner Augen und Hände zu erlangen und eine Anzahl Striche und Linien auf eine Fläche zu bringen, die dann zur Meduse werden.

Er sagte, das sei nicht die Wahrheit, diese Zerstörung des Fleisches, aus der die Seele davonfloh, und ich weiß wohl, daß das Antlitz des Todes auch blühende Seligkeit sein kann; ein Lächeln nur, so vergänglich wie Falterflug, aber nein, ein ewiger Marmor und ein unvergängliches Licht.

Aber ob dies, ob jenes: dies ist, was für uns übrigbleibt; nur dies ist, was wir behalten. So sehe ich mich auf einmal aus einem Wahn erwacht. Ich hatte bisher nicht geglaubt, daß mein Vater gestorben sei. Ich nahm an, er lebte weiter in einer höheren Form, und ich nahm an, daß sie dieselbe sei, in der er mir erschien – ein strahlendes Wesen, mehr kann ich davon nicht sagen. Nun ist mir das erloschen. Nun weiß ich, daß wir von unseren Toten Nichts haben als das, was uns sichtbar bleibt. Die Toten sind tot – sonst Nichts. Und was von meinem Vater noch lebendig ist, das ist in mir. Das sollte golden sein, heilig; aber es ist nur Gift. Denn es ist meine Schuld.

Versuche mir dies zu glauben, ohne daß ich es weiter erkläre. Alles dieses wird, denke ich, in Bälde zur Ordnung kommen.

Durch Cornelia hörte ich von Renate und kann nur sagen, daß ich bei ihr Alles verstehe, wie auch immer unverständlich es uns erscheinen mag. Denn wie sagt die Sage? Wer die Meduse sieht, wird zu Stein – oder er ist der Perseus mit dem spiegelnden Schild – mir ein schönes Gleichnis für Bogner, der auf diese seine Weise heroisch genug erscheint. Ich bin kein Heros. Ich bin nur Dein –

                    Dir immer dankbar ergebener

                                              Georg

Siebentes Kapitel: Februar

Aus Georgs Aufzeichnungen

Es konnte nicht ausbleiben, vielmehr es war die natürliche Folge der Gemeinsamkeit zwischen Bogner und mir, daß unsere Augen sich zusammen auf das höchste Wesen richteten, das sich mir eben zuletzt wieder in eine arktische Unnahbarkeit – kann auch heißen: Unbegreiflichkeit – zurückgezogen hat.

Wir hatten lange Zeit schweigend beisammengesessen, jeder in seiner Ecke des alten Kanapees, und auch die Nacht draußen war zwar nicht vollkommen still – inbegriffen den niemals schweigenden Laut der Brandung –, doch warf sich nur hin und wieder ein Windstoß über das Dach hin und ließ an den Fenstern die hölzernen Läden klappern. Ich konnte es dann nicht lassen, die Verse auszusprechen, die sich in mir gemeldet hatten, die letzten vier des schönen Gedichts von Conrad Ferdinand Meyer:

Es sprach der Friedestifter, den du weißt,
In einer solchen Sturmesnacht wie heut:
Hörst, Nikodeme, du den Schöpfer Geist,
Der mächtig kreist und seine Welt erneut?

Bogner fragte darauf nach einer stillen Weile, indem er mich besorgt anblickte: »Hörst du ihn wirklich, Georg?«, das nun schon vertraute Du brauchend, um das ich ihn bald nach Ulrikas Tod gebeten hatte.

Ich erwiderte der Wahrheit entsprechend, daß ich früher

schon geglaubt hätte, ihn zu hören, aber letzthin wieder unsicher geworden sei, mein Verlangen danach freilich um so tiefer.

»Nun«, versetzte er, unwissend, wie es wirklich in mir aussieht, »laß dir nur Zeit! Du hast noch genug davon.« Als er in meinen Jahren gewesen wäre, setzte er friedlich hinzu, wäre er ganz sicher gewesen, Gottes entraten zu können. »Ich sagte damals so«, erklärte er weiter: »Da an der Gottheit das Wesentliche das ist, ein den irdischen Ursachen und Zusammenhängen nicht unterworfenes Wesen zu sein, so kann wenn irgend einer, der Künstler seiner entraten. Denn er ist das auf seine Art auch in der menschlichen Sphäre: den Ursachen und Bindungen des Alltags und seiner Zwecke nicht unterworfen, schöpferisch aus sich selber.« Er nannte dies, glaub ich, die logistischen Blasphemieen dieser Jahre, und ich konnte getrost erwidern, daß ich trotz meiner Jahre meine mehr von der populären Naturwissenschaft übernommenen Bedenken überwunden hätte. Und ich erzählte ihm von Hardenberg und wie er mir in dieser Beziehung geholfen habe. Ich erwähnte auch das Wort des Apostels - ›Leben wir, so leben wir dem Herrn‹ - und daß es mir auf eine merkwürdige Art eine Gewißheit darstelle oder eine vollkommene Wahrheit, und nun fragte er natürlich, wieso die denn merkwürdig sei, diese Gewißheit.

Ich versetzte, daß ich das kaum erklären könne. Es seien diese Worte und Sätze; von denen ginge mir eine dunkle Gewißheit aus, obgleich das Wort ›Herr‹ darin mir eigentlich wesenlos bleibe. Ich sagte: Ich kann damit Nichts verbinden. Ich empfinde zwar etwas Unbestimmtes - irgendwie Geheiligtes oder Unendliches, Umfassendes; und doch kann ich es nicht fassen. »Hardenberg«, sagte ich, »hat es mir damals einleuchtend gemacht und faßlich; aber es hat wohl doch nicht Kraft genug gehabt und ist wieder verblaßt und nichtig geworden. Vielleicht kannst du es noch einmal«, sagte ich, »denn du scheinst Gewißheit zu haben.«

Nein, das sei ihm sehr zweifelhaft, sagte er, daß die Gewißheit eines Andern sich jemand einflößen könnte.

Aber, versetzte ich, ein Anderer könne doch wohl gute Hinweise oder Fingerzeige geben, wenn jemand am Suchen sei.

Darauf war seine Antwort: »Man kann Gott nicht suchen, Georg, und das tut auch niemand.«

»Ja, was tut er denn, lieber Freund?«

»Gott«, sagte er, »kann man sich nur zuwenden. Und was einer sucht, ist die Stelle in sich selbst, so er sich ihm zuwenden kann.«

Das Wort ergriff mich sehr, sodaß ich für längere Zeit Nichts zu sagen wußte. Schließlich richtete ich dann die Bitte an ihn, mir die Stelle zu zeigen – wo nicht in mir, dann eben in ihm – dieses Zuwendens. Er versetzte darauf, das wolle er gern tun, glaube aber, daß ich doch wieder nur unmaßgebliche Gründe zu hören bekäme.

»Wir sprechen vom Glauben«, sagte er, »aber du selbst hast eben das Wort Gewißheit gebraucht. Und es ist eben nicht so, daß sich der Glaube durch Überzeugtwerden aus Gründen bildet, sondern die Überzeugung, die Gewißheit muß ursprünglich dasein; Gründe werden ihr dann die Faßlichkeit geben, die Gestalt gleichsam, die sich erkennen läßt. Sonst bleibt es eben dabei, daß noch so frohe oder so ernste Botschaften nur gehört werden, doch keinen Glauben finden.«

Ich wandte dagegen ein, daß die Mitteilungen des Neuen Testaments dem widersprächen, da es dort die Zeichen und Wunder Christi gewesen seien, die den Menschen den Glauben an seine Macht oder Wahrheit erweckten; jedoch er versetzte:

»Aber, Georg, wovon sprechen wir? Doch von Gott, nicht von Christus. Er trat menschlich auf und wirkte auf menschliche oder auch übermenschliche Weise. Meinst du aber, Einer von denen, die seine Botschaft hörten, habe am Dasein Gottes gezweifelt? Er gab den Menschen der damaligen Art die ihnen erwünschten Zeichen seiner Wahrheit oder Gewißheit. Mit einer neuen Offenbarung dessen, was ewig ist in die Zeit gekommen, mußte er sie von sich überzeugen, doch nicht von Gott.« Da könnte ich auch sagen, setzte er noch lächelnd hinzu, die Griechen hätten an Zeus geglaubt, weil er Blitze schleudern könnte; aber er konnte Blitze schleudern, weil er Zeus war, und sie glaubten an ihn, nicht an die Blitze.

»Nun, und was ist deine Wahrheit?« fragte ich ihn.

Darauf wandte er mir langsam sein Gesicht zu und sagte mit vollkommener Stille in seinen Augen:

»Ich wäre nicht, wenn nicht Er wäre.«

Ich mußte tief Atem holen und mich zurücksetzen und schloß meine Augen. Nach einer Weile hörte ich ihn dann sagen:

»Du wärest auch nicht, Georg.«

Dann waren wir Beide still.

Es dauerte freilich nicht lange, bis mir klar wurde, daß es die Schlichtheit und die Gewißheit seiner Aussage war, die mich erschüttert hatte, und ich brach gleich in die Worte aus:

»Das müßtest du aber begründen!«

Darauf legte er – und ich war froh, es wieder zu sehn – zum ersten Mal seit langer Zeit seinen Kopf zurück, um den Mund zu öffnen und seine Art einer lautlosen Lachfanfare hören zu lassen, worauf er sagte, er habe es ja vorausgewußt und gesagt, daß wir wieder zu Gründen kämen, und ich rief: »Tit und tat, es ist mir ganz gleich, aber ich will jetzt nur deine Gründe!«

Er wurde dann wieder ernst, trank sein Glas aus, setzte sich in seine Ecke zurück und fing an zu sprechen.

Er hätte auch sagen könne, fing er an: Ich denke, also ist Gott. Oder ich fühle, also ist Gott. Ich liebe, also ist Gott. »Fassen wir das zusammen und sagen: Ich habe Bewußtsein, und –« er erhob seine Stimme – »und das ist Gottes-Bewußtsein.

»Du kannst das so oder so sagen: Mein Bewußtsein ist das Bewußtsein von Gott, oder: Gottes Bewußtsein ist mein Bewußtsein. Ihm ist es einerlei«, sagte er.

»Du, Georg«, begann er wieder, »du glaubst, du hast Bewußtsein und es sei dein Bewußtsein. Aber es ist nicht dein Bewußtsein, sondern es ist Gottes.

»Du verstehst«, sagte er erklärend, »ich spreche nicht von diesem Bewußtsein, ein Lebewesen zu sein und wahrnehmen zu können; dem Wissen, daß man vorhanden ist. Sondern ich spreche von dem, was – die Wahrheit des Menschen ist, von den höchsten geistigen Offenbarungen. Oder muß ich dir noch erklären, daß nicht der Kuli oder der Buschmann oder was auch immer Beispiele für Menschentum sind? Denn sie sind Nichts als die arm Gebliebenen, die am Rande Gebliebenen der ganzen menschlichen Sphäre.

»Dein Bewußtsein«, wiederholte er, »ist das Bewußtsein Gottes, und das ist Kern oder Wesen der Menschenseele. Daß du deiner bewußt bist, ist die Wahrheit Gottes in dir.

»Du sprichst von dir und sagst Ich. Aber dieses dein Ich ist nur Antwort. Weißt du nicht, wie es mit dem Kind ist? Lange Zeit hat es kein Ich – bis zu dem Tage, wo es inne wird, daß es jemand gegenüber steht, der es anruft, und dann antwortet es: Ich.

»Ach, Georg«, sagte er, »was ist denn der Mensch? Wäre er das, was diese Stimmen von unten her sagen, die du gehört hast: daß er Nichts weiter sei als ein von den Primaten her höher entwickelter Intellekt? Ja, sie glauben an eine solche Entwickelung in das Ethische oder Religiöse hinauf, wie wenn eine Hopfenranke, von unten her an einer Stange höher und höher kletternd, sich dabei mit der Stange verbände und so zu einer Platane würde. Das zu glauben fällt ihnen leicht, denn wenn die Platane da ist, ist die Stange verschwunden, und fragst du sie nach der Stange, so zucken sie die Achseln und sagen, sie hätten sie nicht gesehn oder sie wäre nicht wichtig, oder: irgendetwas muß doch da sein. Na, du weißt doch wohl, Georg, es giebt in allen Kirchen der Welt keine solchen Mogler, Schwindler und betrügende Selbstbetrüger wie in der orthodoxen Naturwissenschaft, weißt du es nicht?«

Ich versetzte, ich wüßte es wohl, seit mich Hardenberg darauf hingewiesen und ich es nachgeprüft habe, zum Beispiel beim Heiligen Darwin, der auf den Einwand, daß Tiere keine Werkzeuge herstellten, sondern daß nur der Mensch das könne, erwidert, die ersten Urmenschen hätten vermutlich Feuersteine zerschlagen – indem er also, nach Tieren gefragt, mit Menschen antwortet – und es gäbe Affen, die aus Blättern Plattformen herstellten, und – »Siehst du wohl«, sagte Bogner lachend, »überall die fehlende Hopfenstange, die doch da ist.«

Wieder dann ernst geworden, sah er mich streng an und sagte:

»Du aber, Georg, wir Beide, wir können nicht glauben, daß du etwas aus dir, einen Teil aus dir herausheben kannst und über dich selber stellen und es anbeten und dich ihm unterwerfen. Nicht du und nicht ich – niemand kann es, als der sich mit der unsichtbaren Stange begnügt; niemand kann eine Ranke in die Luft werfen und daran emporklettern und auf sich selbst blicken. Niemand kann auf sich selber herabsehn, sondern das kann nur einer, der oben ist, auf einen Andern, der unten ist. Niemand kann sich selbst unterwerfen und sich selbst verantworten. Verantworten – hörst du wieder, was ich vom Antworten sagte?«

Ich warf in Begeisterung ein: »Du meinst das Gewissen«, doch er versetzte: »O nein! Ich meine nicht das Gewissen. Das Gewissen ist etwas Andres.«

»Was ist es denn?« fragt ich begierig, und er versetzte: »Das Maß.

»Alle Dinge auf Erden und in dem ganzen Kosmos«, sagte er sehr besonnen, »alle Dinge, Kreaturen und auch die Geschehnisse haben ihr Maß, und wir wissen es. Ja, wir wissen von Allem, was ist und geschieht, das Maß. Wir haben dafür das allerfeinste Empfinden – und das ist unser Gewissen –, das Empfinden für die leiseste Überfüllung – oder Nichterfüllung des Maßes, Übertretung und Unterlassung. Nicht genügende Rücksichtnahme, ein Wort, eine kleinste Handlung, die wir hätten begehen sollen, ein Vergessen, Versäumen, Zuspätkommen – so vom allerleisesten Anpochen bis zum lautesten Schrei der Mordschuld wirkt in uns das Gewissen – das Wissen um das Maß, das wir erfüllen sollten, genau.«

Ich glaube wohl, ich hatte den Kopf in den Händen .. und dann hörte ich ihn nach einer Weile wieder sprechen. Er sagte:

»Das Gewissen dient zum Leben in Länge und Breite, auf der ebenen Fläche des Lebens. Wir haben aber von dem in der Höhe gesprochen, und du kannst es das Göttliche selbst nennen oder auch seine Attribute sehen, nämlich die Ideen, Ideale, Prinzipien, hohen Normen – die höchsten Menschengedanken der Wahrheit, der Güte, der Gerechtigkeit, der Schönheit, der Liebe. Und was zu ihnen gehört, ohne die sie nicht wären: die Heiligung, die Anbetung, die Verehrung, die Demut, die Sehnsucht danach. Und was auch immer es ist – es ließ sich hier unten nicht auflesen; die sind hier unauffindbar, und die bringt kein Mastbaum nach oben.«

»Attribute hast du gesagt?« flocht ich fragend ein, und er sagte: »Nun ja, eben die Attribute des Göttlichen, durch die dein Bewußtsein Gestalt erhält, dir leibhaftig wird. Das ist auch so, verstehst du? wie wenn im Kinde das Bewußtsein zu erwachen beginnt, dadurch daß die Züge seines Charakters ihm zum Bewußtsein kommen. Der Charakter ist in ihm fertig, angelegt, um sich entfalten zu können. Nichts von außen her kann ihn bewirken oder nur beeinflussen, so wenig wie die Körpergestalt von außen bewirkt werden kann.

»Und so sahst du auch zugleich mit dieser Entfaltung deiner Charakterzüge diese höchsten Attribute, die ich genannt habe, über dir erscheinen und dein Bewußtsein bilden, und du unterwarfest dich ihnen. So erkennt selbst der niedrigste Dschungelindianer ein Gesetz über sich selbst, in welcher Gestalt auch immer – und was ist denn am Buschmann selbst, das gesetzlich wäre? Das Menschliche an uns Allen ist immer nur das Widerstreben.«

»O Gott, ja«, rief ich aus, »du hast das selbe einmal schon vor Jahren zu mir gesagt, als du ganz einfach bemerktest, die Menschen sind Alle gut, es will sich nur niemand hindern lassen.«

Ihm scheine das zwar etwas Andres, bemerkte er mit seinem feinen Lächeln, doch es komme nicht viel darauf an. Danach hob er wieder an, mich zu belehren, und sagte:

»Der Ungesetzliche hat aus Unbotmäßigkeit das Gebot erfunden – giebt es eine Vernunft, die das fassen kann? O diese elende Hopfenstange«, sagte er ganz bekümmert, ich aber mußte fragen:

»Aber die Ängste, Bogner, was ist das mit den Ängsten? Waren es nicht die Ängste, aus denen – «

»– die Götter entstanden sind, meinst du? Aber nun sprichst du nicht klug mehr.« Er tat verdrießlich und holte seine Pfeife aus der Tasche und zu meiner Verwunderung aus einer anderen Tasche einen ledernen Tabakbeutel und Streichhölzer und stopfte seine Pfeife und fing an zu rauchen. Ich hatte das Empfinden, daß er selbst nicht bemerkte, was er da tat, äußerte daher Nichts; aber nach einer Weile legte er die Pfeife auf den Tisch, legte die Stirn in die Hand und rieb sie und murmelte etwas, das mir klang wie: »Armes Kind, armes Wesen!« Und ich denke mir, daß er nur aus Rücksicht auf Ulrika das Rauchen bisher gelassen hat, denn seine Lunge muß längst wieder gesund sein. Er nahm denn auch seine Pfeife alsbald wieder auf und sagte, die Angst bestehe natürlich, wir hätten davon gesprochen. »Aber wie kann sie Götter erzeugen?«

»Nun, beweise mir das auch noch«, sagte ich, und er tat es wie vorher, erklärend, daß ich doch wissen müßte, daß jedes Ding oder Wesen in einer Sphäre existiere, aus der es auf keine Weise heraus könne.

»Zum Beispiel«, sagte er, »wenn du ein Uhrwerk siehst und nach seinem Urheber fragst, so kannst du, wo nicht einen Uhrmacher, doch nur einen Techniker sehn; oder: die Uhr existiert allein im Raum, in der Sphäre der Technik. Oder wenn du eine Tonfolge hörst, so erzeugt sich dir ihre Sphäre der Musik, aber nicht der Technik oder der Naturwissenschaft oder der Religion.

»Also kannst du aus der Angst nur auf einen Angstbewirker schließen, also irgend eine Art von unheimlichem oder boshaftem Wesen, eine Art Teufel, Dämon, Ahnengeist, Gespenst, oder eine Zaubermacht und dergleichen. Darauf kannst du schließen.

»Aber auf keinen Gott. Man spricht zwar von Naturgöttern, und die davon sprechen, tun dann so, als ob da bloß Natur wäre, gestaltet, personifiziert. Das Göttliche am Gott lassen sie weg, denn sie sehn es nicht. Sie sehen nur die Macht – aber nicht das Beherrschen der Macht, das Innehaben und die Willkür – ob Zerstörung oder Schonung oder vor allem Segen. Segen, Ordnung, Gesetz, also Hoheit, Erhabenheit, Heiligkeit, die göttliche Unberührtheit und Unbeeinflußbarkeit – nun, wozu all die Worte? Denn wie sagt dein Dichter?«

Ich zitierte, was er meinte, den Hölderlin mit den Versen:

»An das Göttliche glauben
   Die allein, die es selber sind.

»Aber«, wagte ich dann einzuwenden, »waren nicht auch die Götter der Alten furchteinflößend?«

Er lachte auf seine Art und versetzte:

»Nun, Georg – auf diese Frage antworte ich dir mit der Frage, warum du ein andres Wort nahmst? Wir haben von

Angst gesprochen, aber nun sagst du Furcht. Angst und Furcht aber sind von Grund aus verschieden, weil sie verschiedene Wurzeln haben. Angst – kannst du einfach sagen – Angst ist schlecht, Furcht ist gut. Angst geht über nach links hin, in Grauen, Entsetzen, Grausen, Erstarrung, Vernichtung. Das ist die Angst vor dem großen Wälzen, die Angst unserer Geburt, in dieses Unbekannte, dieses Leben, diese Kälte aus der warmen, glühenden, umschließenden Muttergrotte in das unermeßlich Offene hinausgewälzt und gestoßen zu werden. Die Angst, etwas zu tun, was du nicht kannst – du noch Ungeborener –, Luft einatmen in deine unwissenden Lungen, bis dein erster Schrei dich erlöst, und du kannst es. So fährst du noch heute aus deinem Albtraum auf, in dem du ersticken wolltest, mit dem Schrei der Geburt aufatmend – und siehst, daß es vorbei ist, überstanden. Aber die Furcht geht nach rechts hin über in Ehrfurcht, Verehrung, Anbetung, Demut, Frömmigkeit – bis in die Liebe. Angst fährt aus der Erde, umschlingt deine Füße und will dich hinunterziehn, aber Furcht senkt sich von oben. Du kannst – du weißt es – fürchten und lieben zugleich; du kannst fürchten, was du liebst, und lieben, was du fürchtest. Aber du kannst nicht lieben, was dir Grausen erregt, du kannst es nur hassen, und kannst nur ergrausen vor dem, was dir haßbar ist.

»Also die alten Götter hatten das unentrinnbar Eherne in den Händen, die Herrschaft des Gesetzes, und niemand mußte sie fürchten, solange er sie ehrte und sich nicht gegen sie verging. In der Bibel heißt es darum, daß Noah und Henoch und Andere mit Gott gingen; sie brauchten ihn nicht zu fürchten, obgleich er doch furchtbar war. Für Andere freilich waren die Götter immer zu fürchten, da die Versuchung immer sehr nahe liegt.

»Ja, Georg, nun weißt du soviel, wie ich selbst weiß«, schloß er, seine Pfeife im Aschbecher ausklopfend, und sah mich ein wenig müde, doch um so freundlicher an. Nach einer

Weile wiederholte er dann noch einmal seine früheren Worte, zur besseren Einprägung vielleicht, mit leiser Stimme, fast murmelnd:

»Heiligkeit, Ordnung, Kosmos – die sind unser Bewußtsein, Gottes Wesen – des Menschen goldenste Tugenden, die Sternbilder seines Firmaments.

»Was unerreichbar, doch unverrückbar, von dir nicht eingesetzt wie die Himmelsbilder, über dir steht; und was von jeher deine Gewißheit war, dir eingeboren, dir von niemand gelehrt, von dir nur *erinnert: Das bist du.*

»Gottes Spiegelbild, Gottes Ebenbild – seine Antwort.

»Sei so trübe du willst! Sei so dunkel du willst! Sei so verloren du willst! Aber geh nicht so weit, in dir den letzten Funken zu verleugnen und zu sagen: Das bin ich selbst, da es nur ein Funken im Spiegel ist.«

Danach sprachen wir nicht mehr.

Allein in der Nacht, nachdem ich noch das Gespräch aufgezeichnet hatte und dann tief und, wie mir schien, glücklich ermüdet sogleich eingeschlafen war, erwachte ich mit einem Schrecken und fast einem Schrei aus einem Entsetzenstraum. Ich hatte darin meinen Vater ohne Kopf gesehn – ein Gespenst, unsagbar grausig. Hinter mir, der ich wie aus Blei oder gefesselt war, stand etwas, das mich erlösen konnte, wenn ich nur fähig gewesen wäre, mich nach ihm umzudrehn, aber das konnte ich nicht. Ich konnte nur endlich emporfahren und lange Zeit zitternd daliegen und den Schlaf nicht wieder finden, bis es Morgen wurde.

Achtes Kapitel: März

Aus Georgs Aufzeichnungen

Endlich bin ich allein – und noch immer am Leben. Warum nur? Kann wohl den eben verschwundenen Rest davon – in Cornelia und Bogner – noch nicht verwinden – na schön.

Vorgestern sind sie gegangen, und nur Rieferling ist noch hier, aber dieser gute Mann gehört nicht in das Buch meines Lebens. Bogner, ja – der fängt das Leben von vorne an. Ihm hat ein andrer Tod die Befreiung gebracht, die er brauchte – schwere Sache das, aber wie es unabänderbar ist, daß es nur der Tod machen konnte, so auch unabänderbar, daß es Befreiung ist. Eine Zeitlang zuerst war er wie vor den Kopf geschlagen – so sagte er noch zuletzt –, daß der Tod dazu nötig war, um in ihn das Leben hinein zu befördern, samt dieser ihm noch unbegreiflichen Tochter. Ein merkwürdiger Mißgriff, meinte er diesbezüglich, denn er habe sich mitunter eine neun- oder elfjährige Tochter gewünscht – weiß der Himmel, warum nun das wieder –, und nun muß er noch acht oder zehn Jahre warten. Vorläufig hat der Pfarrer in Tönne sie ihm abgenommen, der zu Bogners Heil kinderlos ist, damit sich das gute alte Wort von der Uhl und der Nachtegal wieder bestätigt.

Warum schreibe ich dieses? Zur Auswechselung nehme ich an und ein bißchen Denkdisziplin durch das Schreiben. Können auch die nötigen Abschiedsbriefe dran schuld sein, die mich, glaube ich, mehr beschweren als die Sache selbst. Sehr unangenehm, Andern begreiflich machen zu müssen, was sie doch nicht begreifen.

Bogner – nun, er saß und ging so herum hier, stärkte sich weiter mit Butter und Sahne und wartete wohl nur auf den Anstoß von außen, der von innen nicht kommen wollte. Doch kam er dann in Gestalt eines betrübten Briefes von Magda an ihn über Renate, aus dem ihm plötzlich klar wurde, was er vor Monaten schon hätte wissen können, daß seine Engel verlassen sind, infolge Renates Verlassen des Hauses, und dem Verfall preisgegeben, worin er sie schon begriffen sieht. Weiß ja auch niemand, was mal aus ihnen wird. Nun war er unruhig und ratlos, was zu tun, denn die Engel sind fest mit der Wand verbunden, und er kann sie nicht nachmachen aus anderem Material, sagte er, sie sind eben nur Fresko. Ich sah da schon, daß er auf etwas lossteuerte, und er rückte denn auch bald mit der Idee einer Gedächtnishalle oder -kirche für meinen Vater heraus – und regte dadurch wieder mich zu der Idee an, sein Gedächtnis mit Renates Musik und Orgel zu verbinden – wodurch auch das Gedächtnis ein lebendiges würde – zu einer kirchlich strengen Konzerthalle, in die auch ihre Orgel vergrößert eingebaut würde. Ihn begeisterte der Gedanke und vor allem dabei die Vergrößerung seiner Engel, denn sie wären von einer solchen Dimension, daß sie sich in das Unendliche ausdehnen ließen und zu Giganten würden. Daran ist zu sehn, wie er sich selber schon ausgedehnt hat; er zuckte und flammte von architektonischen und malerischen Plänen, wunderbar anzuschaun. Siehe da, eine Maus war gekommen und hatte das Netz durchgenagt; der alte Leu bemerkte, daß er noch Löwe war, und zerriß das Netz und ging über alle Berge davon, seine Löwenpranken zu zeigen. Da kann einer gelb werden vom Zusehn.

Und so sage ich dir Lebewohl, mein letzter Freund und Gefährte und mein größter auch, beinah Vater! Deine letzte Belehrung ist nicht auf unfruchtbaren Boden gefallen, und wenn ich nur länger Zeit hätte, so denke ich, könnte ich wohl die mancherlei Stücke ohne Zusammenhang, die ich jetzt in mir hege, zu einem Ganzen zusammenschweißen, das haltbar wäre. Dazu ist es zu spät; aber wenn auch die Gewißheit ausbleibt, so ist mir doch ein unverhoffter Strahl von Hoffnung oder Möglichkeit aufgegangen, der sich, scheint mir, leichter festigen läßt. Ich werde sehn. Lieber, Edler, Hoher – du hast, wie mir bei dem Löwen einfällt, als ein anderer Herakles die Schrecken des Lebens in dir selbst überwunden; und wenn du dich auch selbst nicht so ansiehst – ich darf dich heroisch sehn.

Heroisch zu sein in den wahrhaften Augenblicken des Lebens – das ist bekanntlich die Aufgabe; die Aufgabe, ja, die ich immer wieder verriet.

Mein Heros, lebe wohl!

*

Und du, Cornelia auch! Das war wirklich gut, daß es für dich selbstverständlich war, Bogner zu begleiten, wie du mit ihm gekommen warst und zu ihm gehörtest – nicht zu mir. Gut, daß es dir klar war – wenn es dir auch nicht ganz leicht gefallen ist, natürlich – mir ebenfalls nicht. Immer Alles einfach: die Koffer gepackt, Pelzmantel angezogen und Hut aufgesetzt und gekommen, um mich zum Boot zu holen, das Gesicht etwas hart und die Augen nicht recht aufgeschlagen, aber – so macht man das eben. Dann still und ohne Worte meinen Arm unter den ihren geschoben, durch das neblige Wiesenland gegangen zu der Uferstelle, wo die schwarzen Boote wie riesige Käfer liegen und das weiße dazwischen, und die Menschen umher – na, wir wollen das weiter nicht ausmalen – oder doch nur, wie sie im Heck stand und mich ansah. Ja, da brannte in mir das Herz wie ihre dunklen Augen – und ihr Herz wohl auch. Bogners Taschentuch winkte und meines, aber sie stand nur still und hob nicht einmal die Hand auf. Vorher kein Wort gesprochen; doch: Lebe wohl, Georg! kaum hörbar, ich mußte die Augen starr machen an ihr vorüber.

Hinterher – wie war mir zumute? Mir war – ja, mir war, als

wäre hier das Leben gewesen; ein letztes Angebot gleichsam. Doch ich konnte es nicht mehr erfassen. Nun, das sind seine üblichen Fallstricke. Und da wir uns nur so flüchtig im Schatten berührten, mein Kind, so wird dich, liebe Gute, auch mein Schatten nur flüchtig berühren, wenn er vorüberstreift.

★

Ja, da hab ich noch einmal ein Gedicht aufgeschrieben – und hier mag es denn stehn zur Erinnerung – an was nie gewesen ist:

Gingst du je beladen, ein Mensch, und suchtest
Eines Bruders, einer Schwester Schooß,
Auszuruhen das stet und steil
Aufwärtsragende, überbürdete Haupt?

Und vom Schweigen – im Lärm deine einzige Wehr –
Ja, vom Schweigen, der Lippen brennendem Siegel,
Einmal zu erlösen die harte Dürre der Lippen
An kühler Quelle, an geliebtem Mund?

Suchtest du lang, und sank nicht der Tag, ach sanken
Viele nicht? Doch als eines Abends dein Blut
Müde verging in die ruhige Röte und Nacht,
Fandest auch du? Und immer gefaltete Hände
Lösten sich, vertrauter Geschwister gewiß?

Zuckte die Lippe schon? Und ging dein Atem
Schwer von Verlangen stammelnden Worten vorauf?

O Schatten, Schatten, wo bist du? Die letzte Fülle
Ist versiegt; geblieben ist nur das Schweigen.
Und an den Ufern stehen wir, meilenferne
Über des Schweigens Meer, das spiegelt im Dunkel
Das letzte Sternbild der Vergeblichkeit.

★

Da ist ein Tisch, und ich gehe um den Tisch. Tage - was liegt an Tagen? Ich gehe links herum, gehe rechts herum, tagein, tagaus, und fange an zu bemerken, daß sich in der Farbe der Dielen eine Spur bildet. Mitunter ist der Tisch eine Insel, und ich gehe am Rand herum. Das Wetter ist mild, immer ein paar Grad Wärme und in der Mittagssonne so warm, daß ich keinen Mantel brauche. Rieche ich Frühling? Will noch wirklich ein neuer Duft mich verlocken, daß ich nicht fortkann? Was Schlaf ist, habe ich einmal gewußt; nun ist es ein fliegender Rauch, durch den unabwendliche Bilder wirbeln aus Wachsein in Wachsein hinüber. Entsetzlich, Mensch, worauf wartest du noch? Wartest du darauf, daß ein Mensch über das Meer herfliegt und dir an den Hals und schreit: Geh nicht von mir, geh nicht von mir, Georg! Georg - bin ich noch immer dieser Georg, der Nichts leisten kann? In eine hohe Flamme zu steigen wie in ein Bad und darin prasselnd zu stehn, daß die Seele hinwegschrumpft unter der Leibespein, das müßte wollustvoll sein. Ich aber brenne allzeit und werde nicht warm davon. Nur die Sonne .. ich stehe mitten in dem grünen Teller und sehe zur Sonne empor, blinzle und kann mich nicht losreißen. Ich rüttle an den Steinen des ewigen Geduldspiels, aber wie sich die Steine einmal zusammengefügt haben, so stecken sie nun, und keiner weicht von der Stelle. Ich hoffte schon, rasend zu werden, und bemerke statt dessen, daß ich vielmehr in Ordnung gekommen sein muß, denn ich muß nicht mehr jede Laus von Gedanken, die mir über die Leber kriecht, auf das Papier streichen, sondern lasse sie sitzen.

O du, Himmel, noch immer, immer so blau! Wiesen des Sommers, und ihr Aurikeln in Cordelias Garten - blaues Wogen des Jugendtags, wart ihr wirklich einmal? Ein Knabe klettert hoch am Sockel der Sonnenuhr, um die Stunde zu lesen, deckt den Schatten des Zeigers mit seinem Schatten zu - rundum ist nur Sonne; keine Stunde, und das ist die Jugend.

O ein Zeichen, gieb, heilige Allmacht! Halte mich nicht mehr auf! Laß mich endlich los! All ihr unendlichen Mächte, was verschlägt es euch, ob einer getröstet wird? Wenn ich auch schuldig wurde an Menschen, so waren es doch immer solche, die ich geliebt habe .. oder hätte ich besser auch hassen sollen? Ja, war es dies am Ende, daß ich lau war, nicht böse, nicht gut, nicht kalt, nicht heiß, kraftlos? Und soll ich darum, darum niemals aufhören dazusitzen zwischen Leben und Sterben?

Cornelia Ring an Georg   Altenrepen am 10. März

Lieber Georg!

Ich schreibe Dir, weil Bogner mich darum bittet, Dir zu sagen, daß Alles anders geworden ist mit ihm, und so auch mit mir. Um dies Wichtigste vorauszunehmen: Sein Vater ist gestorben, eben an dem Tag, als wir ankamen; das heißt, er war schon tot – ein Gehirnschlag. Es ergiebt sich daraus von selbst, daß er seine Mutter zu sich nimmt; sie ist noch nicht alt, noch nicht sechzig und rüstig genug, daß sie ihm haushalten kann, wie sie es bisher getan hat. Ich bin daher nicht mehr vonnöten.

Bogner wird aber nicht in Altenrepen bleiben, und das kam so: Unser Zug ging doch über Böhne, und auf der Fahrt kam ihm die Lust, auszusteigen und Magda zu besuchen, auch nach Renate zu sehn. Nun, wie das Schicksal so will, es war anders gemeint, und wir sahen, als wir im Wagen noch kaum aus Böhne heraus waren, ein großes Plakat am Weg ›Zu verkaufen‹ mit einem Pfeil, der auf ein großes, weißes, ovales Gebäude zeigte. Es war ein ehemaliger Tattersall, wie wir später von Magda hörten, ein Einfall ihres Vaters, in Verbindung mit dem Gestüt, der sich aber nicht bewährt hat, weil Böhne eine zu kleine Stadt ist. Aber Bogner war gleich Feuer und Flamme, da könnte er sich einmal ausbreiten und Bilder malen so groß wie Tintorettos. Magda und er streiten sich noch, da sie ihn umsonst geben will, auch will ihn seit Jahren niemand haben, und er kostet viel Reparatur, besonders des Daches. Es muß auch angebaut werden, da nur ein paar Zimmer dabei sind. Bis dahin wohnt B. in Böhne oder Helenenruh. Hier hat er zwar mit Herrn von Montfort wegen der Kapelle telefoniert – er wäre etwas kurz angebunden gewesen, hätte ihm aber beruhigende Zusicherungen gegeben –, aber als er in Steuerndieb draußen seine älteren Entwürfe sah, besonders des großen Achillesbildes, hat er die Engel, glaube ich, wieder vergessen. Wir haben dann Alles aufgepackt und in einen Möbelwagen geladen, Bilder, Zeichnungen und Möbel, darunter auch die meinen, die vorläufig mit den seinen auf einem Speicher irgendwo unterkommen können, ich wußte mir im Augenblick nicht anders zu helfen – wie ja auch mit mir selbst. Irgendetwas wird sich natürlich finden, vielleicht bei Magda; ich könnte das Geflügel übernehmen, verstehe zwar Nichts davon, aber das lernt sich leicht. Dies macht mir keine Sorge, eher tust Du es, mein Lieber, Du sahst in den letzten Tagen schrecklich verfallen aus, sodaß ich mich nur schwer losmachen konnte und dachte, Du brauchst mich eher als Bogner. Vielleicht ist das wirklich so und nicht nur in diesem Sinne, und ich will Dir jedenfalls sagen, daß ich frei bin, wenn es mir auch nicht leicht fällt, weil Du denken könntest, ich tu es der Not gehorchend. Es geschieht aber aus eigenem Triebe.

Cornelia

Antworte mir bitte nicht, wenn es aus ist.

Georg an Magda am 17. März

Dieser Brief wird in meinem Schreibsekretär gefunden werden, wenn das Wenige vorüber ist, das hier Alles genannt wird.

Endlich kann ich nicht mehr. Endlich bin ich leer, die Außenwand läßt sich leicht eindrücken. Mein Körper schläft zuweilen, aber die Seele löst sich nur in einen rauchenden Wirbel auf. Ich habe in den letzten Wochen Gott und Christus und Buddha und Lao-Tse und was es nur Denkbares giebt in der Welt noch einmal gedacht und bin so satt davon, daß es mich anekelt. Dazwischen kommt dann immer der gleiche Traum, daß ich Sindbad bin. Die Beine des bösen Geistes, der sich im Schlaf um seinen Hals legte, daß er ihn schleppen mußte, liegen um meinen Hals geschlungen, und ich lauere immer wieder darauf, daß er einschläft und ich mich losmachen kann von dem Gedanken, daß es mein Vater ist. Dieses Grausen!

Höre dagegen hier die Wahrheit von mir, die ich Dir nicht vorenthalten darf; denn Du allein bist es, gegen die ich mich verantworten muß, da ich das, was Du mir erhalten hast, mir doch nicht erhalten kann. So lege ich es Dir klar und einfach hin:

Wie soll ich die Verantwortung für Millionen von Menschen, für einen ganzen Staat übernehmen, der ich für mich selber ratlos bin? Warum bin ich ratlos? Weil ich nur wie der Faust ›in die Welt hineingerannt bin, jedes Gelüst an den Haaren ergriffen habe‹, mich nicht geübt, nicht gesäubert, geklärt, nicht vorbereitet habe auf meine Aufgabe, auf die ich nur mit dem Traumblick des Ehrgeizes blickte wie auf einen goldenen Gipfel, in der Seilbahn hinauffahrend; und Nichts gewonnen habe, sondern mich nur in Schuld und wieder Schuld verstrickt bis zu der letzten, untragbar unsagbaren – dem Tode meines Vaters.

Ich weiß genau voraus, was Du mir darauf antworten wirst: daß ich selber darüber nicht entscheiden kann; daß ich nicht

Delinquent, Ankläger und Richter sein kann in einer Sache, in die ich bis über die Augen versunken bin. Hier siehst Du, daß ich das weiß. Aber ich weiß auch, wer allein mein Richter sein kann. Es giebt nur Einen, ihn, und deshalb gehe ich zu ihm, ihm meine Schuld vorzulegen und um sein Urteil zu bitten.

Dies ist unausweichlich. Es zieht mich unaufhaltsam. Ich kann diese Last nicht mehr schleppen, und nur er kann mich von ihr entbinden. Daß dieser Weg aus dem Leben hinausführt, ist nicht zu ändern – er wird mir schwer genug, aber ich will nun nicht mehr rückwärts sehn. Hinter mir ist keine Aussicht als die am Anfang dieses Briefes stehende: die Verantwortung, die ich nicht leisten kann.

Ist dies klar genug? Es ist meine letzte Klarheit, und wenn sie Dir trübe erscheinen sollte, so bleibt mir der Ausblick auf eine, die über allen hiesigen Klarheiten ist, und – ich sehne mich nach ihr, ich sehne mich unaussprechlich, Anna, nach dem einen, einzigen, unverderblichen Wissen. Ja, ich darf eins für mich anführen: daß es immer mein Streben gewesen ist, zum Wissen, zu Gewißheiten, zu Klarheiten vorzudringen, mag ich es auch noch so verkehrt angefangen haben.

Schließlich: Er allein kann, wenn er mich schon für schuldig erklären muß, mich begnadigen, und – genug.

Verzeih den Schmerz, den ich Dir antun muß, ich weiß, er geht vorüber, aber Du wirst im Herzen behalten den

Dir immer wieder ungetreuen

Georg

Georg an Cornelia   17.3.

Hier sage ich Dir Lebewohl. Mich von Dir zu trennen – Dich von mir zu trennen – tut Beides weher, als ich gedacht hatte, allein da es sein *muß,* bitte ich Dich, es zu verstehn!

Georg

Georg an Hauptmann Rieferling

Mein lieber Rieferling:

Ich erweise Ihnen schlechte Dankbarkeit, indem ich die Ihnen gestellte Aufgabe, der Sie mit solcher Ergebenheit und soviel Zartgefühl oblagen, Ihnen nun so verderbe. Da ich aber – wenn auch nur ironischer Weise – im militärischen Rang Ihnen übergeordnet bin, so habe ich das Recht, Sie von ihr zu entbinden. Ich tue dies, indem ich Ihnen herzlich die Hand drücke als Ihr

Ihnen dankbar ergebener

Hallig Hooge am 17. März

Georg

Georg an Benno Prager   Hallig Hooge, 17. März

Ich möchte Dir auch Gutenacht sagen, mein lieber Junge, da ich denke, Du wärest betrübt, wenn ich es unterließe. Erklärungen kann ich nicht mehr abgeben, Du erhältst sie von Magda, so Du ihrer bedarfst. Aber Du warst immer reich an Verstehen, und so nimm hier den Dank dafür, daß Du mein Freund warst. Möchten die besten Deiner Träume und Wünsche Erfüllung finden! das wünscht Dir noch zuletzt Dein

leider unverbesserlicher

Georg

Hallig Hooge

Georg stand vom Stuhl vor dem Schreibsekretär auf, auf dessen heruntergelegter Platte er seine Briefe geschrieben hatte. Ein silberner Leuchter mit zwei Kerzen ließ das braunrote, polierte Holz und die Messingknöpfe der kleinen Schubladen über der Platte, auch den Eierstock des Gesimses darüber leise glänzen; sonst lag die niedrige Stube mit dunkelblauen Wänden, dem schwarzen Kanapee und dem runden Tisch davor im Schatten. Es war vollkommen still, von der See nicht ein Laut zu hören. Georg sah im Aufstehen sich selbst, die Lichter und den Leuchter im dunklen Fensterglase gespiegelt, bewegte sich, um näher hineinzusehn, aber ließ es wieder. Er legte die vier Briefe in ihren weißen Umschlägen akkurat untereinander, die Schreibunterlage zur Seite schiebend. Nach einem Augenblick Zögerns öffnete er dann die kleine Tür in der Mitte der Schubladen, sah die kleine schwarze Waffe darin liegen, nahm sie heraus und sah sekundenlang darauf nieder, unter wiederholtem Zucken seines linken Mundwinkels, indem er innerlich murmelte: Wenn dieser Montfort ihn mir nicht gegeben hätte, hätte ich jetzt vielleicht keinen.

Danach mußte er heftig gähnen, ließ den Kopf vornüberfallen und fühlte sich am Zerbrechen vor Müdigkeit. Will doch sehen, wie spät es ist, murmelte er und fand, seine Uhr öffnend, daß es ein Viertel nach acht war. Sonderbare Zeit .. zum Schlafengehn eigentlich zu früh, dachte er, aber ich kann ja noch eine Stunde warten .. könnte mich auch ins Bett legen. Aber dann schlafe ich am Ende ein.

Auf einmal fühlte er alles Zeug, das er am Leibe hatte, die lederne Ärmelweste, Breeches und Wadenstrümpfe, überall drücken, zwicken und kratzen und so glühen, daß es ihn verlangte, Alles von sich zu werfen, worauf er dann dachte, er werfe es gleich ohnehin und noch mehr von sich, während er zum Tisch vor dem Sofa ging und den Revolver auf die andere Seite hinüber legte. Darauf fragte er sich, warum er das getan habe, und fand als Antwort, daß er dort nachher sitzen wollte, aber erst noch einmal ins Freie und an das Meer gehn, um seinen brennenden Kopf abzukühlen und nicht in dieser elenden Müdigkeit aus dem Leben zu schleichen. So ging er auf den dunklen Flur hinaus, sah zur linken Hand gegenüber die erleuchtete Ritze der Tür zum Zimmer des Hauptmanns, wandte sich rechts zur hinteren Ausgangstür und trat ins Freie.

Ein grauer Dunst stand in der leeren Schwärze der Nacht, und die Luft war feucht und schien erst warm, wurde jedoch bald kälter. Er ging die drei oder vier Schritte über die Grasnarbe bis zum Rande des schrägen Hangs und sah in dem schwachen Lichtschein, der aus dem Fenster fiel, unten das Meerwasser glitzern, das in hoher Flut am Fuße des Hügels stand. Er starrte lange in die graue Leere der Nacht, die da meilenweit über dem Rücken des Gewässers ohne Grenzen war; dann rührte aus der tiefen Stille und dem dunklen, graswolligen Nacken des Hangs unter seinen Füßen das Geheimnis der Erde an seine Brust, sodaß eine Scham in ihm aufstieg und er den Kopf senken mußte. Auf einmal bog sich sein Knie, er legte die Hände zusammen, kniete und sagte zur Erde:

»Vergieb mir! Ich bin sehr arm. Ich weiß nichts Andres.

»Und ich danke dir auch«, sagte er. »Dank für Alles! Du bist gut und schön. Dein Abend und dein Frühling, die Amsel und All das.

»Viel gelitten«, sagte er plötzlich, »viel gelitten – ja.«

Danach stand er rasch auf und stieg den Hang wieder hinan, mehrmals stolpernd vor Müdigkeit. Als er die Stube wieder betrat, wurde er von der Wärme darin so umfangen, daß er die Zähne zusammenbeißen mußte, um nicht aufzuweinen, und er sagte, am Tisch stehend: »So geht das nicht, Georg, du mußt erst zu dir kommen.« Dann setzte er sich in die Sofaecke, wie er gewollt hatte, aber sein Kopf sank langsam vornüber, bis er auf der Tischplatte lag; nach einer Weile kam seine rechte Hand empor, legte sich auf den Tisch und bewegte sich auf die Waffe zu. Sie kam jedoch nicht bis hin, sondern fiel nach einer Weile wieder herunter. Daß er sich eine Zeit später aufrichtete und Rücken und Kopf anlehnte, wußte er nicht mehr; er schlief.

★

Seine Augen öffnend und blinzelnd, da das Licht der Kerzen sie blendete, spürte Georg sich vom Schlaf erquickt, sodaß er sich wohlig recken und dehnen mußte. Die Müdigkeit war noch nicht ganz fort aus seinen Gliedern, und er wollte sich wieder zurücklegen, um weiterzuschlafen, als er zusammenfuhr und jetzt Alles wieder wußte. Ja, was ist denn? fragte er, seine Augen aufreißend. Habe ich wirklich geschlafen? Wie lange denn? – Er sah, daß die Kerzen im Leuchter mehr als zur Hälfte herabgebrannt waren, und erinnerte sich, neue aufgesteckt zu haben am Abend. Da lagen die weißen Briefe, und – sein Blick ging über die Tischplatte, aber es lag Nichts darauf. Wo war der Revolver? Ich hatte doch einen Revolver hier liegen.. wo ist er? Oder habe ich das nur geträumt? Wie kann er denn weg sein? Oder träume ich jetzt?

Er war sekundenlang völlig ratlos, nicht wissend, ob er wach war oder träumte. Er ließ seinen Blick an den Wänden umhergehn, sah den weißen Ofen an der Tür, den Schrank, die Kommode, die weißen Gardinen vor den Fenstern und in dem neben dem Sekretär diesen und die Kerzen darauf gespiegelt. Das kann doch kein Traum sein, murmelte er, aber wo ist der Revolver? Er faßte in seine Taschen, suchte überall mit den Augen, stand endlich auf und öffnete die Tür im Sekretär, aber dort war er auch nicht. Er überlegte: Wo bin ich noch gewesen? Unten am Wasser – ja – habe ich ihn da in der Hand gehabt und verloren? Es ist doch niemand da außer Rieferling, und der.. er mußte lächeln: der hätte ihn nicht genommen. Wenn der hereingekommen wäre, hätte er sich hingesetzt und respektvoll gewartet, bis ich erwachte. Also wer war es denn?

Nun beschlich ihn ein Gefühl der Unheimlichkeit. Die Stille der Nacht schien auf ihn einzudringen, und es war, als sähen von überallher Augen mit einem Vorwurf. Du hast deinen Tod verschlafen, dachte er, und jemand ist gekommen und hat ihn dir weggenommen. Und jetzt – mit einem wilden Zucken glaubte er, eine hohe dunkle Gestalt zu sehn, die hereinkam, während er schlief, und ihn spöttisch betrachtete und den Revolver aus seiner schlafenden Hand nahm – sein Vater.

Gottes willen, Gottes willen, nun muß ich ins Wasser gehn! Angst wollte über ihm zusammenschlagen; im Zimmer war etwas, das ihn hinaustrieb, ein Gejammer stieg in ihm auf: Nun muß ich ins Wasser gehn, muß im Wasser sterben .. Aber er brachte sich auf den Flur, dort war es dunkel, keine Türritze erleuchtet. Aber anstatt zur hinteren Tür zu gehn, öffnete er die vordere und wäre fast die beiden Stufen hinuntergefallen, die er nicht erwartete. Dann sah er die Nacht von einem hellen und dünnen grauen Nebel erfüllt, und er ging hinein, den hier flacheren Hang schräg hinab in der Richtung auf das Wasser. Die feuchte Frische, die ihn umfing, ließ ihn aufatmen, und er blieb stehn, atmete, atmete tiefer und tiefer, und dann schrie es in ihm auf: Was denn? Was war denn das Alles? Habe ich sterben wollen? Wie kann ich denn sterben wollen? Wie kann ein vernünftiger Mensch sterben wollen? Sterben – Gott im Himmel, lieber der Knecht eines armen Mannes – – er lachte krampfhaft, daß es ihn schüttelte – als König im Reich der Toten, sagte sogar Achill, und er blickte im nächsten Nu in das helle Klassenzimmer der Prima, sah die langen hellbraunen Bänke mit den Rücken und Köpfen, sah Bennos heißes rotes Gesicht sich herausheben und nach ihm blicken .. da verschwand es wieder. Er lenkte hülflos den Blick nach oben, und dort war ein weißgelbliches Quellen von Licht, und sonderbar erschien der Umriß eines grauen Berges darunter. Danach überfiel ihn so wild das Verlangen nach Menschennähe, nach einem Fensterlicht, daß er aufs Geratewohl in den Nebel hineinging, bis ihm einfiel, daß um diese Stunde nirgend ein Fenster hell sein konnte. Er dachte: Ich will nach

Afrika – nach Brasilien, in den Dschungel.. es ist eiskalt hier, ich friere.. Indien – Hawaii – und – wie heißt sie denn? Cordelia – nein, Käthe – Katha – o Cornelia, ich will bei ihr schlafen, wo ist sie denn? im Dschungel will ich mir ihr.. und dann in der Brandung herumrollen. Er sah wieder empor und dort schwebte jetzt deutlich die stille weiße Maske des lächelnden Totengesichts und entsetzte ihn. Wieder nach ein paar Schritten wurde der Boden weich unter seinen Füßen, Wasser glitzerte, und er schrie auf: Ich will nicht! erkannte aber fast sogleich, daß es die sumpfige Stelle war, wo das Regenwasser sich zu einem Tümpel sammelte. Hier kann ich ewig in dem Nebel herumlaufen, verdammt noch mal, eh ich ein Haus finde! schalt er, um den Tümpel herumgehend. Aber wenn ich jetzt gradeaus gehe, muß ich jedenfalls auf das Ufer kommen, und wenn ich am Wasser entlanggehe? Dann seh ich in dem Nebel weder ein Haus noch eine Werft. Na, muß es versuchen.

Er zwang sich über das, was ihn angstvoll zurückhalten wollte, hinweg, gradeaus zu gehn; sah nach langem Gehn, wie ihm schien, das Weiß des Ufersandes, und dann sanken seine Füße in das Mehlige ein, stampften schwer weiter und betraten bald darauf den festen Boden des Ebbestrandes. Er atmete wieder, roch das Salzwasser und Tang, aber der Atem blieb flach und beklommen. Es mußte tiefste Ebbe sein, er ging langsam, immer langsamer weiter und weiter, sah den Nebel grau ziehen und stieben und da und dort weißlich aufleuchten. Der Mond mußte oben im Zenith stehn. Endlich – da glänzte Wasser – da war das Meer. Der Mensch wäre wahnsinnig, der da hineinginge, dachte er und fühlte sich zu Eis werden von oben bis unten. Und jetzt wird der Dränger kommen, sagte es in ihm. Unsinn – Blödsinn – es giebt keinen Dränger! – Er schritt aus neben dem Wasser hin und wußte, daß er von hier aus niemals den Hang einer Werft erkennen konnte. Er sah die Steine und Balken einer Buhne, die meerwärts im Nebel verschwand, dachte, er müßte die Buhnen zählen, und – Er ist ja schon hinter dir, sagte es, merkst du es nicht? Er will dich ins Wasser drängen. Dreh dich doch um, du siehst ihn! Unsinn, ich will mich nicht umdrehn! Seine Zähne schlugen zusammen, er konnte nicht mehr vorwärts, blieb stehen und sah sich um. Er fuhr heftig zusammen: eine Gestalt stand unfern im Nebel, der um sie hell war, ein Schatten. Gott im Himmel, Gott im Himmel – nimm dich jetzt zusammen, geh landeinwärts, bis Grasboden kommt, sei doch vernünftig! So ging er schräge vom Wasser fort, wagte nicht, sich umzusehn, tat es doch, und da war die Gestalt in der selben Entfernung. Nun ist es aus, Georg, Alles aus, nun mußt du ins Wasser, er kommt, er kommt immer näher – Wahnsinn ist das, heller Wahnsinn, es giebt keinen, will denn ewig kein Gras kommen? Herrgott, Herrgott, da bin ich wieder am Wasser!

Ein wüster Wirbel in seinem Hirn leerte es völlig aus, und dann wußte er, daß es sein Vater war. Der wollte ihn hier ins Wasser drängen, wollte .. Er hörte sich selber ächzen. Hülfe – oh, ein Licht, ein Fenster, wer hilft mir denn gegen meinen eigenen Vater? Ich muß in das Wasser hinein, er will es, er ist unerbittlich, ja, da ist es, da glitzert es schon, ja, ich komme, ich gehe ja schon, ich –

Die Verzweiflung des Todes warf ihn herum. Er sah die hohe schwarze Gestalt im Nebel, und eine Glutwelle schlug in ihm hoch, daß er jammervoll seine Arme hochhob und klagte:

Warum hast du mir das angetan, Vater? Warum hast du es mir nicht verschwiegen? Warum hast du mir dies übergeworfen, daß ich dran ersticke, daß ich nie habe atmen können, niemals, niemals – o Vater!

Es war still; die schwarze Gestalt stand unverändert – oder bewegte sie sich auf ihn zu? Kam sie – kam er? Georg schrie:

»Bleib mir vom Leibe, bleib mit vom Leibe! Hast du noch nicht genug? Soll ich in alle Ewigkeit deine Puppe sein? Mein Leben hast du mir ruiniert, und nun willst du mich – ja, ruiniert, ruiniert, ruiniert – und – da hast du mich, hast du mich – «

»Georg, ja Georg, was ist denn, was schreist du denn?« kam es mit weiblicher Stimme aus dem Nebel, und aus dem schwarzen Schatten war eine Gestalt geworden, die auf ihn zuflog, über deren Schultern er seine Arme warf und seine Stirn an ihre Brust, um dann langsam an ihr hin auf die Kniee zu sinken. Er lag dann lange Zeit auf Händen und Knieen mit niederhängendem Kopf, während das Entsetzen der letzten Augenblicke aus ihm forttriefte, als wäre es Wasser, und Erlösung in ihn eindrang, bis er der Schwächung von Beidem zusammen nachgab und sich hinlegte. Gott sei gelobt, dachte er, Gott sei gelobt in alle Ewigkeit.

Georg stand auf, noch zittrig, strich mit der Hand über die Stirn und sah sich um. Ein hoher schwarzer Pfahl stand dort, und an ihn gepreßt stand Cornelia. Er ging auf sie zu, Nichts begreifend, aber als er vor ihr stand und ihre Hand ergreifen wollte, sah er trotz der Dunkelheit, daß ihre Augen geschlossen waren. Er rührte ihre Arme an, ihre Gestalt bewegte sich gegen ihn, und dann sank sie langsam zu Boden, während er sie zu halten versuchte. Er hörte die leisen Worte: »Laß nur – es geht gleich vorüber«, und sie lag still da, das Gesicht auf der Schulter. Was ist ihr denn? fragte er, und sprach es zaghaft aus, worauf sie das Gesicht langsam emporwandte und dunkel zu ihm aufblickte. Gleich danach richtete sie sich auf, und er half ihr aufstehn, nun fragend: »Wie kommst du denn hierher?« Sie erwiderte Nichts, drückte sich nur leise an ihn; und jetzt schlug aus den Falten ihres Pelzmantels und seinem Geruch, aus ihrer Gestalt darunter, das Verlangen nach ihr so durch ihn hin, daß er sie an sich riß und flüsterte: »Es ist alles gleich – du bist da – komm ins Haus – o komm ins Haus!« und er sah, daß sie lächelte. Sie legte die Stirn auf seine Schulter, murmelte: »Ach, Georg!« und er war sehr gerührt, sodaß er sein Verlangen zurückdrängte und wieder fragte, wie sie auf einmal hier sein könne. »Hast du meinen Brief nicht bekommen?« fragte sie dagegen. »Nun, der sagt ja auch Nichts«, setzte sie hinzu und dann: »Aber du bist ja wie Eis, Georg, komm rasch ins Haus!« »Ja«, flüsterte er, »zu dir – o zu dir – willst du – ich bitte dich – ich bin fast gestorben eben – o versteh!« Er wußte kaum, was er sagte, sein ganzer Leib brannte und fror zugleich, aber sie ließ sich willig emporführen.

Die Haustür oben war offen, der Flur war kalt, aber im Zimmer umloderte ihn die Wärme, auf dem Schreibtisch brannten die Kerzen, jetzt nur noch kurze Stümpfe, die trieften. Nur nicht denken jetzt, nur nicht denken! Er drängte sie durch den Raum hin – o sie war immer bereitwillig, sie – nahm den Leuchter auf, drängte sie zur Tür des Schlafzimmers hin, gab ihr den Leuchter und flüsterte: »Geh hinein, ja? Warte auf mich, ich komme!« Die Tür öffnend vor ihr, sah er sie hineingehn und mit dem dunkler werdenden Lichtschein verschwinden. Er wollte sich ausziehn; aber da kam das Versagen.

Lange Zeit wußte er Nichts von sich als eine unendliche üble Schwäche und Eis, in dem er erstarrte. Endlich merkte er, daß er auf einem Stuhl saß, den Kopf in den Händen, und fand sich allmählich wieder, erinnerte sich auch, daß jemand nebenan war. Aber dann begann es in ihm zu quellen, und fassungslos vor Grauen fühlte er in sich einen ungeheuren Klumpen; seine Eingeweide, sein ganzes Inneres wollte sich umwälzen, doch konnte nicht. Ihm war, er müsse hineingreifen und es packen, sein Atem versagte, seine Kehle erstickte, es schrie in ihm: Das ist der Tod – nein – oh – das Leben – beide zusammen – ein Klumpen – zusammengepackt – sie können nicht – sie können nicht.. oh, die Geburt, sagte er, plötzlich zusammensinkend; und während langsam, langsam der Klumpen in ihm nach unten schmolz und sich auflöste, flüsterte er in einer seligen Erleichterung vor sich hin: Da bin ich noch einmal geboren.

Eine Minute später hatte er mit großer Mühe seiner erfrorenen Finger Jacke, Hosen und Stiefel vom Leib herunter, saß aber dann wieder auf dem Stuhl, hin und her gezerrt vom Verlangen und einer Angst vor dem Kommenden, als ob er zum ersten Mal dies wollte. Was war das? Was ist das? Es ist ja wie – wie bei Anna damals, aber dies ist doch nicht Anna ..

Aber sie wartet, dachte er, und dann, daß er nach ihr sehn wollte, eine süße Begierde jetzt, sie liegen zu sehn, ihn erwartend, und so verging die fremde Beklemmung vor einer zarteren, während er sich behutsam zu der halb offenen Tür hinbewegte und, den Pfosten anfassend, langsam das Gesicht vorstreckte. Aber wie er dann in den kleinen, dämmrig erhellten Raum hineinspähte, sah er etwas, das Alles in ihm zum Stillstand brachte.

Auf dem Bett in dem weit geöffneten Alkoven saß eine nackte Frauengestalt, die so schön und so fremd erschien, daß er sie kaum erkannte. Sie saß am Kopfende aufrecht, das eine Bein vor sich gestreckt, um das hochgestellte Knie des andern die Hände geschlungen, mit langen, herrlichen Armen; und sie hielt den Kopf etwas emporgelegt, mit dem glatt von der Stirne zurückgestrichenen Haar, und die Lider so gesenkt, daß die langen Wimpern fast auflagen, dazu den Hauch eines Lächelns um den Mund .. er konnte nicht hinsehn vor Scheu, sah statt dessen wieder ihren Leib in seiner Länge, der gelblich getönt war, wie Marmor, und knabenhaft schmal und schlank bis auf die weiblichen Arme. Wie habe ich das niemals sehen können? dachte er noch und sah nun wieder die süße Zartheit der graden Nase, die gesenkten Wimpern, die feucht schimmernden Lippen und das Lächeln eines – eines Stolzes – nein, oh – dies Alles, diese Haltung des Kopfes, der ganzen Gestalt, atmete stille und reine Hoheit aus. Das war nicht sie, die er kannte, das war – ein Märchen – eine – Prinzessin – Fee – eine –

Da schlug sie die Lider empor und sah ihn, und die Freude, ein Freudenlächeln schimmerte – doch es zerbrach im nächsten Augenblick, und sie und er starrten sich an; doch er wußte Nichts von sich, sah nur in ihren Augen die Angst und das Starren einer unendlichen Frage, während seine Brust anschwoll von einem Gefühl, das kein Ende nahm, einem Gefühl über allen Gefühlen, nie gekannt, namenlos – namenlos – seine Brust war am Zerspringen, als ihm der Name dafür auf die Lippen sprang, daß er schrie:

»Katharina!«

Dann taumelte er auf sie zu, dann war er über ihr, dann hatten sie sich umschlungen, er sah ihr zerbrochnes Gesicht, das aus den Augen von Wasser strömte, er schluchzte, lachte, stammelte und hörte zugleich, was aus ihrem Munde kam, Gestammel, Lachen und Schluchzen, von ihr wie von ihm:

»Mein – du – mein – mein Leben – mein – Georg, endlich, endlich! Katharina – du, mein du, o mein Du, Georg, Alles, Alles, mein – nie mehr – jetzt – ich liebe dich – o Katha – mein, o mein du – Einziger – Einzige – wo warst du, wo warst du denn – das ganze Leben – das ganze Leben – immer, immer, immer...«

Endlich mit allen Gliedern umschlungen, brachen sie in ein Schluchzen aus, das nicht enden wollte, aber dann ein Gelächter wurde und ein Ringen und Sichwinden, bis sie plötzlich still lag, und er.. da war wieder Nacht vor seinen Augen, und ein andrer Raum, ein andres weißes Bett, eine andre Gestalt darin, und.. Ich komme – – Ich komme! schrie es in ihm, und er rief es: »Ich komme, ich –«

»Ja«, sagte sie leise, »komm.«

Er blickte auf ihr Gesicht hinunter und sah im Dunkel ihrer Augen einen Blick so ernst wie des Todes.

Dann flüsterte er: »Ist das wahr? Liebst du – liebst du – mich?«

Ihre beiden Arme sanken auseinander; dann kamen aus ihrem Munde kaum vernehmbar die Worte, unbegreiflich zu hören:

»Ich habe nur dich geliebt, so lange ich lebe.«

★

Georg erwachte und fühlte sogleich seine Brust wieder angespannt von der Überfülle, mit der er entschlafen war, auf dem Rücken liegend, und es war Nacht. Tiefe Finsternis – aber nein – was für ein rötlicher Lichtschein? Eine wundervolle Erschlaffung ließ ihn nur seine Augen bewegen, und er sah, daß der Schein aus der offenen Tür des Ofens kam, der weiß gekachelt neben der weißen Zimmertür stand. Davor kauerte, rötlich angeschienen, sie – die Arme um ihre Knie geschlungen; unter der leicht geneigten Stirn ging der Blick des dunklen Auges ernst, beinah streng heraus. Es war kühl im Raum, wie er, bis an den Hals zugedeckt, am Gesicht fühlte, und die ihn so zugedeckt hatte, war sie, und die jetzt für das erlöschende Feuer sorgte, war sie .. Herdjungfrau .. o wieder wie ahnungslos hingesprochen! ›Ich habe nur dich geliebt, so lange ich lebe!‹ Konnte das wahr sein? Aber ich auch, Katharina, ich auch! Niemand so wie dich, niemand als nur dich .. auch nicht Cordelia, nein, sie war unvergleichlich, ein Juwel, doch nicht du, nicht du, o nicht du, nicht diese Stirn, diese Nase, dieses Haar und dieser Mund – Alles eine Verlockung und Erfüllung, dieser Nacken, dieser sanfte Fall zu den Schultern, und dieses Alles nur Schrein und Bild deiner Seele, die wie der Tag ist .. ist es möglich, daß ich das Alles erst jetzt sehe? Aber meine Augen waren in andrer Richtung eingestellt .. nein, ich will jetzt nicht denken, o nicht mehr denken, will nur eingeschlossen sein in diesen Raum, den du anfüllst mit deinem Leben, und dann werden wir sprechen, Alles verstehn, Alles erklären, ich liebe dich, ich liebe dich, nur dich, Katharina, nur dich – o mein Gott, daß dies ist, daß dies sein kann! Solche Liebe, solches Glück – und ich habe sterben wollen, aber – ich –

»Katharina«, sagte er leise.

»Ja, Georg, gleich wird es brennen – einen Augenblick noch!«

Sie löste ihre Haltung, kniete, nahm ein Scheit Holz aus dem Kasten neben dem Ofen, blickte noch Sekunden in die

Öffnung, aus der der Schein jetzt heller hervorleuchtete, legte das Scheit hinein, dann behutsam ein zweites und drittes, worauf sie die Tür schloß und im nächsten Augenblick neben ihm unter der Decke war, die er hochhob. »Natürlich, eiskalt«, sagte er, ihren Leib fühlend, und drückte sie zärtlich an sich; sie schob sich hin und her, bis ihre Wange über seiner Achselhöhle eingebettet war, während sein rechter Arm über ihrer Schulter lag, und er wußte, daß die Vertraulichkeit und Vertrautheit, mit der sie sich zurechtlegte, niemals vorher bestanden hatte.

»Möchtest du schlafen, mein Liebling? Bist du müde?«

»Wie soll ich schlafen, Georg? Bin doch viel zu glücklich.«

»Hast du nicht eben geschlafen?«

»Du hast geschlafen – das reicht. Du mußt noch viel mehr schlafen.«

»Aber nicht jetzt – o nicht jetzt. Diese Nacht ist unendlich, und ich habe zehntausend Fragen im Herzen.«

»Ja, du mußt fragen, Georg. Ich kann von selbst nicht reden.«

»Ich weiß – ja, so bist du. Aber nun ist es vor meinen Augen – wie ein Kartenspiel ausgefächert, lauter Bilder, Gesichte und Rätsel, und ich weiß kaum, welche Karte ich zuerst herausziehen soll«, sagte er, obwohl er wußte, welche Frage am hellsten brannte; aber gerade die wagte er nicht zu stellen.

»Zieh halt irgend eine«, sagte sie.

Er wartete noch eine Weile und nahm dann das Bild, das sich ihm vor die Augen gestellt hatte, und sagte:

»Merkwürdig – ich sehe dich jetzt immer sitzen – neben mir – in unserer ersten Nacht – kannst du dich erinnern?«

»Wie sollte ich nicht, Georg?«

»Was hast du da gedacht, wie du neben mir lagst?«

»Das soll ich wissen? Was werd ich da schon gedacht haben? Was einem so durch den Kopf geht.. ach ja, nun fällt mir ein, daß du beim Abendessen sagtest, du hättest noch kein

Gulasch von mir zu essen bekommen, und so werd ich wohl gedacht haben, ich dürfte nicht vergessen, Leutnant Herbert zu bitten, daß er mir Paprika besorgt –«

Sie konnte nicht weitersprechen, da er ihr den Mund mit Küssen verschloß in seiner Begeisterung. »Du bist hinreißend!« sagte er. »Du denkst Paprika – o daß du ewig Paprika dächtest, dann ist Hoffnung, daß ich vernünftig werde.«

»Nun redest du unvernünftig jedenfalls«, sagte sie. »Frag mich was Andres.«

»Also was hast du gedacht – nein, du denkst ja Nichts außer Paprika; also was hast du – empfunden, sagen wir mal, damals an dem Abend, wo ich zu dir kam, um dich wegen Käthe zu fragen?«

»Georg, das war doch der glücklichste Tag meines Lebens.«

Ihn überlief ein Zittern. »Der glücklichste – Tag deines – Lebens?« fragte er. »Aber wir kannten uns garnicht.«

»Na, Georg – vor vier Jahren – hast du das etwa vergessen?«

»Nein, aber – da haben wir doch kaum miteinander gesprochen – außer auf deinem Heimweg Josefs wegen.«

»So war es für dich«, sagte sie leise, »aber nicht für mich.«

»Nicht für dich – o mein Gott – und wie war es dann?«

»Ich hörte da eine Stimme. Ja – nein, erst wie wir uns ansahn – da ist mir das Herz stehn geblieben.«

»Wirklich? Ich hab Nichts gesehn.«

»Man kann sich doch beherrschen.«

»Und dann, Katharina, dann?«

»Wie ich dann neben dir saß – und du mit Josef sprachest, war immerfort diese Stimme, die zu mir sagte:

»Das ist er – das ist er – das ist er..

»Und auf dem Heimweg auch – immerzu.. immerzu.. bitte glaub mir!«

»Wie soll ich dir nicht glauben?« Er vermochte kaum die Worte herauszubringen, kaum zu denken. So war das gewesen, so?

»Dann hast du mich – Katharina – hast du mich geliebt, all die Jahre?«

»Ja, Georg, all die Jahre.«

Er stöhnte. Das war nicht auszuhalten. Ein Jahr, zwei Jahre, drei Jahre – dann kam er und ging vorüber – noch ein Jahr, dann kam sie hierher – dann nahm er sie – wußte Nichts – hielt Alles nur für Bereitwilligkeit – hatte es sogar aufgeschrieben. Und sie – o du Barmherziger!

Er hörte ihre Stimme neben sich leise sagen:

»Wie hätte ich das denn sonst sagen können vorhin?«

Da hatte er nun schon die Antwort, aber in dem Augenblick preßte sie ihr Gesicht an ihn, und er spürte, wie sie aufschluchzte und es verbiß, wieder schluchzte und dann anfing zu stammeln:

»Immer doch, Georg, immer du, immer – mein ganzes Leben – mein ganzes verpfuschtes Leben – nur immer du, der nicht da war!«

Sie hatte sich aufgesetzt, er hörte, wie ihre Zähne aufeinanderschlugen, aber sie war dann ruhig, als sie sagte:

»Glaub mir – bevor ich dich kannte – hast du mir nicht gefehlt. Aber in der Stunde –«

Sie warf sich wieder an seinen Hals, und er flüsterte, während sie sich umschlangen:

»So war es ja auch bei mir, Geliebte, ganz so war es bei mir! Nie hat mir etwas gefehlt – aber seit heute weiß ich –«

»Daß ich nur dich gesucht habe, nur dich geträumt habe«, flüsterte sie, »nur dich gewollt habe, vom Leben nur dich, Nichts als dich.«

»Aber«, sagte er, »Josef –«

Sie legte sich zurück.

»Nun ja, Josef natürlich. Irgendetwas mußte ja sein, und er war jedenfalls –«

»Unvergleichlich«, sagte er, »ein Juwel.«

»Das kann man wohl sagen. Josef war eine Ausnahme. Den

giebt es in hundert Jahren nur einmal – das weißt du, Georg, und – o Georg, wir wollen doch nicht von mir reden! Warum hast du das tun wollen, Georg, ich kann es nun nicht mehr aushalten!«

Er versetzte: »Ich hatte keinen anderen Ausweg.

»Nein«, sagte er, »davon können wir auch nicht reden. Nicht jetzt. Bitte, sei lieb, du mußt das jetzt hinnehmen. Es hängt mein ganzes Leben daran – und du wirst es Alles einmal von mir hören. Es ist ja auch nun vorüber.«

»Wenn es vorüber ist, will ich warten.«

»Glaube mir, was ich sage: Es ist wirklich vorüber.« Das ist wirklich vorüber, dachte er, Andres ist nicht vorüber, ich weiß, aber das kann auch warten. »Nein, du mußt mir jetzt erst sagen, wie du heute gekommen bist! O mein Gott«, rief er gequält, da er sie jetzt wieder im Boot stehen sah, von ihm fortfahrend, ohne Bewegung, mit den brennenden Augen, den Tod im Herzen, »wie hast du denn fortfahren können?«

»Ja, das weiß ich auch nicht.«

»Und hast es doch getan?«

»Ich mußte doch. Ich konnte mich dir doch nicht aufdrängen.«

Nicht aufdrängen; klang es in ihm. Woran erinnerte das? Ja – Ulrika Tregiorni – die hatte das getan .. und was war das Ende? Der Tod – für sie, fast für ihn, und vorher ein elendes halbes Lügen und Hinschleppen.

»Du liebtest mich doch nicht«, hörte er sie leise sagen.

»Nein – aber jetzt, jetzt weißt du es, daß ich nur dich liebe und nur dich geliebt habe!«

»Wie du meinen Namen sagtest.«

»Ist es denn noch dein Name?«

Sie war eine Weile still, ehe sie sagte:

»Nun, Georg – es war so. Damals war es mein offizieller Name. Alle nannten mich so – Vater duldete keine Kosenamen. Trotzdem nannten meine Geschwister mich Käthe.

So lag mir damals eigentlich Nichts an dem Namen, aber – man bekommt doch seinen Namen nicht umsonst. Und wie ich Cornelia wurde –«

»Hat Josef das erfunden?«

»Natürlich. Ich glaube, der Name paßte auch gut zu mir, nicht? Aber ich bin dadurch wie ein andrer Mensch geworden – wurde es ja auch zu der Zeit und bin es nun. Das, was vorher war, ist vollständig fort, glaub mir das. Und doch, wie du jetzt den Namen sagtest, da wußte ich – ach, ich kann das nicht ausdrücken, sag du es, du weißt ja viel mehr als ich!«

Georg lag still unter ihren zarten Küssen und in einem Gedankenwirbel, der ihn auf unerkennbare Weise durchtoste und quälte und den er nicht hochlassen wollte. Unrechtmäßig, sagte eine Stimme .. gebührt dir nicht .. eine echte – ja, echte Prinzessin .. du hast kein Recht. Aber Jeder hat doch ein Recht auf sie, da sie es nicht sein will .. Aber gerade du eben nicht!

Endlich gelang es ihm freizukommen durch das, was ihm in den Armen lag – Gegenwart, menschgeworden und viel mehr – das ewig Weibliche – weiblich Ewige – die Ergänzung – ja, und wie war sie anders! Wie hatte sie gelebt – und wie er? Nichts als Ungeduld, Greifen nach All und Jedem – sie aber hatte ihn geliebt, jahraus und jahrein, hatte doch nicht nach ihm gelangt – ihm sich nicht aufgedrängt – doch immer nach ihm gesehen – war ihm endlich nahe gekommen – hatte sich hinnehmen lassen – war wieder fortgefahren ..

»War es sehr schlimm?« fragte er heiser.

»Was, Georg?«

»Ich meine – diese Jahre; wo du ohne mich warst?«

»Nun, Georg – so mußt du dir das nicht vorstellen. Es war doch keine Leidenschaft. Natürlich, als du damals nach Steuerndieb kamst, war ich sehr glücklich – und es tat auch sehr weh, aber vorher .. es konnte doch nicht sein. Und es war doch viel mehr das Leben: daß ich wußte, bei dir war es, bei dir hätte es sein können, und ich hatte es nicht. Das war zum Verzweifeln mitunter. Überhaupt, Georg, ich kann das jetzt Alles nicht sagen, es ist auch Alles nicht wichtig mehr, und wir wollten von dir sprechen, du wolltest mich fragen, also frage!«

»Ich frage also, warum du heute gekommen bist?«

»Ich hatte doch rasende Angst um dich. Ich schrieb dir einen Brief – und konnte Nichts darin schreiben. Gott, Georg, ich hab dir doch Alles angesehn, die ganzen Wochen, glaubst du denn, ich hab keine Augen im Kopf! Wenn auch nicht das, nein, das kam erst ganz zuletzt, wie ich schon fort war, da wußte ich erst. Aber ich habe doch gesehn, wie du jeden Tag mehr verfallen bist. Ach«, weinte sie wieder laut auf, »und dann bin ich doch zu spät gekommen!«

»Bitte, hör auf zu weinen, ich kann weinen nicht aushalten.«

»Ich höre ja schon auf. Ich weine überhaupt nie mehr von jetzt an, habe auch früher nie geweint, ich dachte, ich könnte das garnicht. Also, wie ich hierhergekommen bin? Ja, erst mußt du wissen, was ich dir schon geschrieben habe, daß Bogners Vater gestorben ist. Er nimmt nun seine Mutter zu sich, dadurch bin ich frei geworden. Das habe ich dir geschrieben, mich dir angeboten, jewohl, ich habe mich doch aufgedrängt, siehst du. Aber am nächsten Tag bin ich fast verrückt geworden, und wie ich am Nachmittag ankam, wollte Petersen mich nicht fahren, weil beinah kein Wind war, aber dann tat er es doch, mir zuliebe, weil ich zuletzt zu weinen anfing, und dann mußten wir eine Stunde lang kreuzen, und danach kamen wir in die Flaute, und er hatte zum Glück seinen Sohn mitgenommen, und sie haben eine Stunde lang gerudert, aber das hätte ich auch gekonnt, ich wäre bis nach England gerudert, und Petersen und sein Sohn mußten die Nacht auf Hooge bleiben, siehst du, so war das, und was ich da ausgestanden habe, wie das Boot nicht vorwärts kam, und der Nebel, das wirst du niemals erfahren. So ist es neun Uhr geworden, ich werde niemals wissen, wie ich in der Finsternis bei dem Nebel das Haus

gefunden habe, aber es war auf einmal da, Rieferlings Licht
– wie ich da wieder geweint und gejauchzt habe .. laß doch,
Georg, wie kann ich denn reden, wenn du mich –«

Georg ließ nach mit Küssen und Ansichdrücken, indem er
sagte: »Und bist nicht in mein Zimmer gestürmt?«

»Ach, Unsinn, Georg, du kennst mich doch. Ich bin um das
Haus gegangen und habe ins Fenster gekuckt, und da hab ich
dich sitzen gesehn im Sofa – und das schreckliche schwarze
Ding auf dem Tisch –« Sie stockte, er hörte sie schlucken,
dann wieder ihre Stimme, zarter und süßer als je eine Stimme
war: »Aber ich konnte sehn, daß du schliefest.«

»Dann bist du hereingekommen?«

»Nicht gleich – hab erst lange gewartet. Wie ich dann sah,
daß du immer schliefest, bin ich so leis wie ein Mäuslein hereingeschlüpft.
Du schliefst so fest – da hab ich das Ding genommen.«

»Und bist wieder hinaus?«

»O nicht gleich. Ich konnte mich nicht losreißen von deinem Anblick und bin dagesessen – weiß nicht wie lange. In deiner Erschöpfung – du warst so schön, so edel ..« Sie mußte
wieder schlucken, und dann blieb es lange Zeit still.

»Nein«, sagte sie, »das – das war in meinem Leben die erste
glückliche Stunde.«

»Gott gebe, daß es nicht die letzte gewesen ist, du mein
Geliebtes!«

»Du Geliebtes – sag das noch einmal! Laß es mich immerzu
hören, tausendmal, immer wieder – du, du, o du – Gott, wie
ich dich liebe, o mein Gott, wie ich dich liebe! Wie du dagesessen bist – ich wußte nicht, daß man so lieben kann .. ich
habe dich aufgezehrt .. und du warst so wunderbar wie noch
niemals.«

»Aber Kind, nun hör auf, oder sage gleich: schöner Mann.«

»Na, Georg, du wirst doch wissen, wie zauberhaft du sein
kannst.«

»Ich? Das ist das Neueste. Lauter Blendwerk der Leidenschaft.«

»Welchen Charme du hast, Georg! Alle lieben dich doch, Alle.«

»Diese anerzogene Liebenswürdigkeit nennst du –«

»Wo Nichts ist, kann Nichts erzogen werden. Sogar Josef hat gesagt, du wärst der einzige waschechte Prinz, den er jemals – autsch, warum kneifst du mich?«

»Weil du nicht weißt, was du redest. Weil ich keiner bin.«

»Kein – was?«

»Prinz von Trassenberg.« Da war es gesagt – und wie leicht es mir über die Lippen kam, dachte er. Um das ich mich sonst zerquält habe! Und nun grade bei ihr, die das ist, was ich nicht bin! »Ich bin weder der Sohn meiner Mutter noch meines Vaters, Katharina.«

»Georg – ist das wahr?«

»So wahr, wie ich dich im Arm habe.«

»Und – hast du das immer gewußt?«

»Nein, erst seit drei Jahren. Ich erkläre dirs später.«

Lange Zeit lag sie still ohne Laut und Bewegung. Dann kam ihre leise Stimme hervor:

»Also deshalb!«

Zwei Worte – und sie hatte Alles begriffen.

Glück.. Glück.. Glück.. sagte jeder Schlag seines wachen Herzens in dem Schweigen der Nacht, in dem sie umschlungen lagen.

Er fragte: »Wie ging es dann weiter?«

Später bin ich hinausgegangen, habe draußen gesessen und den Mond auf- und abtauchen sehn im Nebel und bin von Zeit zu Zeit ans Fenster gegangen, um nach dir zu sehn. Und dann einmal sah ich dich aus der Tür gehn – aber du gingst vorn aus dem Haus, und wie ich zur Ecke kam, sah ich eben deinen Schatten im Nebel verschwinden. Ich wunderte mich, daß du in den Nebel hineingingst.«

»Du hattest da keine Angst?«

»Erst nicht. Ich dachte, du tätest es zur Erfrischung. Später wurde mir dann wieder ängstlich zumut, und ich bin zum Wasser hinuntergegangen. Es war tiefe Ebbe geworden und der Nebel so dicht – ich konnte mich nicht hineinwagen. Und dann hat mich doch auf einmal die Angst überfallen, daß ich einfach in den Nebel hineingelaufen bin, und – gottlob, ich sah dich am Wasser stehn. Ich war schon an dir vorüber.«

»So – du warst das. Ich glaubte, es war jemand anders.«

Der Atem stockte ihm. Sie war das gewesen..

»Und was tatest du dann?«

»Du gingst am Wasser weiter, und ich ging dir immer nach. Ich hatte Angst, dich zu rufen – oder nicht Angst – eine Scheu. Ich wußte doch, in welchem Zustand du warst. Aber –«

»Nun, mein Liebling?«

»Wenn du ins Wasser gegangen wärst, dann weiß ich, was ich getan hätte.«

»Was denn, mein süßes Herz?«

»Dann hätt ich so laut: Hülfe! Hülfe! gerufen, daß du gleich herbeigerannt wärst.«

Georg fand Nichts zu sagen. Diese andern Geschöpfe wußten immer genau, was zu tun war.

Nacht, Nacht, Nacht.. unendliche, niemals endende Nacht des Beieinanderseins..

»Schläfst du, geliebtes Herz?«

»Immer hör ich dein Herz gehn.«

»Darf ich dich etwas fragen?«

»Aber du mußt doch fragen.«

»Warum hast du das gesagt – von deinem verpfuschten Leben?«

»Nun, Georg ..« Sie bewegte sich und legte sich auf den Rücken.

»Glaubst du denn, ich bin darum von Allem fortgegangen?«

»Darum? Was willst du sagen?«

»Um dies Leben zu führen?«

»Nun verstehe ich nicht .. Als ich bei dir war damals, sagtest du, du wärest vollkommen zufrieden und die ganze Welt sehr schön, besonders wenn du säßest und an garnichts dächtest. Mir war das sehr eindrucksvoll, sodaß ich es heut noch weiß.«

»Und so war es auch – so ist es immer gewesen. Ich meine: so sah ich die Welt – und mich selber darin, auch zu einer Zeit, wo ich es selbst nicht wußte, weil ich überhaupt noch kein Begreifen hatte. Und wie konnt ich das haben, mit achtzehn, neunzehn, zwanzig Jahren? Ich bekam es eigentlich erst, als ich bei Bogner war und mein Leben auch mehr in Ordnung. Aber zwischen dem, was ich war, und dem Leben, das ich führte, war doch ein Unterschied – ein schrecklicher Unterschied! Erst bei Bogner – nun ja, es war nicht eben viel, der Haushalt und mein Garten –«

»Hattest du einen Garten?«

»O einen schönen, Georg! Nun – Blumen sind meine einzige Leidenschaft immer gewesen. Ich hab ihn ganz selbst angelegt, Bogner hat auch geholfen. Dann waren seine Freunde, nicht viel, aber gute. Dazu mein Klavier – das war Alles in Ordnung. In den Jahren bin ich erst zur Besinnung gekommen. Richtig aufgewacht.« Sie schmiegte sich an ihn. »Mit dir fing es doch an, Georg – ich hatte dich doch gesehn.«

»Und – das machte dich glücklich?«

»Aber wieso denn? Im Gegenteil – schrecklich unglücklich. Was kann einen Menschen denn anders zur Besinnung bringen als Unglück? Zu sehn, daß man sich verstrickt hat – daß man jahrein, jahraus durch das Leben gelaufen ist und Nichts wert war? Und du dort – nicht zu erreichen?«

»Nicht zu erreichen? Aber Kind, konntest du nicht eine Postkarte nehmen und –«

»Und was?«

»Mich zum Tee zu dir einladen, mein Gott!«

»Welcher Mensch kann wohl so etwas tun! Na, ich nicht, Georg. Das ist mir im Traum nicht eingefallen.«

»Aber du bist doch von zuhaus fortgegangen damals?«

»Und du meinst: zu Josef? Aber das war doch ganz etwas Andres. Das war Schicksal – reiner Zwang. Ich hatte da kein Leben – und wie ich da herauswollte – verstehst du nicht?«

»Da stand Josef davor und hatte es.«

»Ganz so war es, Georg. Es war einfach ein Wirbel, der mich erfaßte. Wenn man so alt ist wie ich damals – ist das schwer zu verstehn?

»Und dann ging es immer so weiter – in die Welt hinein – Reisen, Meere und Länder, und seidene Kleider, was denkst du, Pelze und Schmuck und Hüte – und überall Kavaliere um mich her – muß ich das einzeln aufzählen? Und immer Josef – du weißt doch, wie Josef war! Drei Jahre waren da hingestrichen, bis ich es merkte.«

»Es? Was hast du gemerkt?«

»Daß es Nichts war – Alles Nichts. Nichts von dem, was ich gewollt oder geträumt hatte.«

»Ja, und was war nun das – eigentlich?«

»Aber Georg, ich habe es doch gesagt! Du warst es – also Liebe! Es war ein Mann – und Kinder, und – etwas tun, etwas sein, leisten – o mein Gott, leiden, doch lieben, in Not sein um sich, um jemand, sterben, wenn es sein muß – aber doch nicht das! Ich war doch nur ein Schmuckstück.«

»Ich verstehe – nun versteh ich. Du sagtest aber: drei Jahre...«

»So lange hat es gedauert, bis ich durch damit war. Da war ich einundzwanzig, und da bin ich denn recht auf den Ring hineingeplumpst. Es war eben Alles verkehrt.«

»Und wie ist das zugegangen? Wolltest du fort von Josef?«

»Natürlich – ich glaube, ich sagte es dir damals, daß ich mich versklavt gefühlt hätte – so oberflächlich war damals noch Alles. Und freilich, es war schwer, zu Josef den richtigen Abstand zu gewinnen. Mir kam es eben einfach wie Ketten vor – und da griff ich zum Nächsten, und – er war dir ähnlich in manchem, das hat wohl mitgewirkt – nur noch viel zarter als du, ganz gebrechlich, menschenscheu – und wie er sich an mich hing! Ach, Georg, ich muß dich jetzt gleich um etwas bitten, das du mir nicht abschlagen darfst.«

»Aber gewiß nicht, mein Liebling.«

»Ich muß noch einmal hin zu ihm – nicht gleich morgen, aber doch bald. Er muß nämlich nun in eine Anstalt. Ich bekam einen Brief von seinen Verwandten, daß ich kommen und helfen soll, weil ich die Einzige bin, die Einfluß auf ihn hat. Ich muß das zu Ende bringen, Georg – nicht, weil er mein Mann war, sondern – «

»Ist er es denn nicht mehr?«

»Ach, schon längst nicht, was denkst du? Überhaupt – er war gar kein Mann.«

»Das klingt lieblich in meinen Ohren.«

»Pfui, Georg, du bist eklig! Mir war das nicht wichtig, kann ich dir sagen. Aber dann wurde er mit der Zeit ganz pervertiert; ich sah, daß ihm nicht zu helfen war, mußte ihn wieder allein lassen. Das war Alles nicht so leicht. Am Ende war es doch wieder nur Pfuschwerk gewesen.«

»Ja, nun versteh ich – du Ärmste! Aber dann war doch wieder Josef?«

Sie schwieg; er hörte sie atmen; dann kam ihre Stimme mühsam:

»Damals war Alles gleich. Ich war wie versunken. Lauter Vergeblichkeit. Hätte ebensogut sterben können. Wir wollen davon nicht reden. Ich weiß auch kaum noch, wie ich damals gelebt habe in Altenrepen, die letzten zwei Jahre, weißt du, bevor Josef nach Amerika ging und Rußland. Ist auch wirklich ganz gleich. Und gottlob, dann wurde es anders!«

»Ja, wie wurde es anders?«

»Es ist sonderbar – wenn ich jetzt dorthin zurücksehe, sieht es aus, als wäre Alles auf einmal gekommen, Alles an einem Tag: daß Josef ging – und daß du kamst – und daß ich zu Bogner ging .. da war das ganze Leben auf einmal anders geworden. Da war schon eine Freiheit – solch ein Aufatmen! Die Luft schien mir anders geworden. Und es war doch Alles nur, weil du warst und ich an dich denken konnte.«

»Katharina, ich kann das nicht anhören!«

»Aber es war doch schön! Du hast mir den Halt gegeben. Auch wenn du mir ganz fern warst – du warst doch in der Welt, da ist mir die Welt erst geworden. Die Welt – ach, Georg, was ist die Welt? Das sagt man, wenn man ganz jung ist. Die Welt ist man selbst, sonst Nichts – o du weißt Alles viel besser als ich und kannst es ausdrücken. Ich war immer so, wie ich war, ich habe mich nie verändert, hab die Dinge immer einfach gesehn – und ich war doch selber verstrickt in lauter Dinge, die nicht meine Art waren, verstehst du?

»Da bin ich aufgewacht. Da sah ich nicht mehr das Viele. Nicht mehr Glanz und Schimmer und Blinklichter. Von da an sah ich das Eine.«

Georg wagte kaum zu sagen: »Und bist drauf zugegangen.«

Sie lachte: »Ach wo! Da bin ich entzweigerissen. Grade, wie ich es vor mir sah.«

»Entzweigerissen – wieso denn?«

»Aber Georg, wie du zu mir kamst an dem Abend –«

»Da kam hinter mir Josef.«

»Ja, Josef auch. Aber das hatte doch keine Bedeutung mehr. Josef kam nicht mehr zu mir. Der kam – dir kann ich es sagen – der kam nur, um zu sterben.

»Er hat es gewußt, Georg, mir sagte er es freilich erst später. Du weißt, er war nicht wie Andre. Er hat das auch gewußt und – er war schon ganz ein Andrer. Oh, Georg, können wir Josef nicht fortlassen? Ich habe um ihn sehr geklagt, habe ihn sehr betrauert. Er war wundervoll, aber laß uns ihn nun begraben!«

»O von mir aus gern! Aber wie bist du zerrissen damals?«

»Georg, weißt du denn nicht mehr, daß du Sigune heiraten wolltest?«

»Mein Gott, ja, Sigune .. ich hatte sie vergessen.« In Georgs Hirn begann ein Aufruhr. Und ich hab ihren Tod verschuldet, wenn auch unwissend, aber .. aber wäre sie nicht gestorben, was dann?

Wie von fern aus der Nacht, dann näher kam die geliebte Stimme:

»Du gingst nach Zinna – zu ihr – und ich war damals fortgegangen – Gott, Georg! Und dein Vater hatte gesagt –«

»Was hat er gesagt, Katharina?«

»Er hat mir doch damals den Rat gegeben – erinnerst du dich nicht? – ich sollte den Lipsch heiraten und dann zu ihm kommen – erinnerst du? Und wie ich ihn dann besuchte auf seinen Wunsch, da sagte er –«

»Sagte er? Sprich doch, sprich doch!«

»Wenn ich damals seinen Rat befolgt hätte, dann könnte ich längst deine Frau sein. Er wünschte sich keine bessere.«

»Und was hast du geantwortet?«

»Was konnte ich schon darauf antworten? Ich wäre zu alt gewesen.«

»Zu alt? Die paar Jahre.«

»Anderthalb Jahre immerhin, die ich älter bin.«

»Es hat wohl Alles so sein sollen.«

»Er hat mir auch noch geschrieben.«

»Wer? Mein Vater?«

»Ja. Ein paar Wochen nach Sigunes Tod.«

»Was hat er geschrieben?«

»Sehr schön, Georg. Ich kann dir den Brief ja zeigen.«

»Nein, sage mir jetzt!«

»Nun – er schrieb – er glaubte, mich nicht umsonst gesehen zu haben, das würde ihm – je länger ich fort wäre – um so gewisser. Er könnte den Gedanken an mich nicht aufgeben, nun um so weniger, nach Sigunes Tod, und er sähe eine Fügung darin, daß ich wieder erschienen sei in meiner rechtmäßigen Sphäre – «

»Hat er rechtmäßig geschrieben?«

»Freilich – er mußte es so sehn. Dann schrieb er, ich möchte es mir noch einmal streng überlegen, und ich könnte jederzeit zu ihm kommen, er würde Alles regeln.«

»Nun versteh ich, warum er dich sehen wollte und zu sich rief. Wie gefiel er dir denn?«

»O Georg – wunderbar! Ich kann es doch noch immer nicht fassen – «

»Und – als Schwiegervater?«

»Nun, Georg – wenn es Einer sein müßte .. Aber es war doch unmöglich!«

»Unsinn – was hast du geantwortet auf seinen Brief?«

»Muß ich es sagen?«

»Aber ja, ja doch!«

»Ich habe ihm nicht geantwortet.«

»Nicht? Warum nicht?«

»Liebster, sei nicht böse – aber wie konnte ich denn? Ich hätte nur schreiben können, daß meine Vergangenheit dagegen spräche, und vor Allem natürlich, daß ich da nicht hinpaßte; daß ich nicht deshalb vor sieben Jahren fortgegangen wäre, um nun dahin zurückzukehren. Nein, höre, Georg, unterbrich mich nicht! Ich habe dir gesagt, daß ich erst in den letzten Jahren zur Besinnung gekommen bin und wirklich ich selbst geworden – so wie du mich doch möchtest, Georg. Also bin ich auch in dieser Zeit erst ganz in die Klarheit gekommen, daß ich damals recht getan habe, als junges, dummes Ding, das ich war.«

Georg warf sich auf den Rücken herum und seufzte. Oh, was stieg da jetzt auf! Was wollte da jetzt wieder hochkommen?

»Aber das Eigentliche, Georg«, hörte er sie sagen, »das Eigentliche war doch, daß ich dich liebte!«

»Das war dir ein Hinderungsgrund?«

»Wie denn nicht, Georg? Du liebtest doch mich nicht – sollt ich da – mich dir zuführen lassen, gar deine Frau werden – kannst du das nicht verstehn?«

»O ja, gewiß, ich verstehe nun, Liebste! Wie mußt du dich gequält haben! Aber nun ist doch Alles in Ordnung.«

»Wie meinst du das, Georg?«

»Nun liebe ich dich wie du mich – so kannst du meine Frau werden.«

»Nie im Leben, Georg, was fällt dir ein?«

»Willst du immer dies illegitime Leben führen?«

»Ich denke nicht, daß ich es will, aber es ist nun so und ist mir auch ganz unwichtig. Du weißt, mir liegt Nichts an diesen äußeren Dingen, und wenn ich dich habe – Liebling!«

»Aber mir liegt an diesen Dingen, die für mich keine äußeren Dinge sind, mehr als du ahnen kannst. Ich sage – du wirst meine Frau werden.«

»Sei nicht böse, Georg, aber –«

»Oder ich werde niemals Herzog werden.«

Sie lachte: »Du bist es doch schon!«

»O Verdammung!« Er verstummte, ihm wurde glühend und kalt. Da war die Grenze. Da gab es keine Verständigung mehr. Das war allein seine Sache. Da war er wieder allein und sein Kopf fing an zu wirbeln.

»Georg! Liebster! Georg! Wir wollen uns doch nicht zanken in unserer ersten –«

»Brautnacht, ja – das ist sie.« Er drückte sie an sich und küßte sie, dachte schon Alles wieder zu vergessen, sagte aber im nächsten Augenblick: »Ich bin es nicht, der hier zankt. Du weißt nicht, was ich durchgemacht habe.«

»Doch, Georg, ich weiß es.«

»Ja, Liebling, du weißt – nun, das Leiden, aber nicht die Ursache.«

»Ist sie noch nicht fort?«

»Nicht im Geringsten, im Gegenteil –« Er konnte nicht weitersprechen, unvorstellbare Dinge drängten sich vor ihn hin.

»Georg – Liebster – wir können doch über Alles noch sprechen. Wir haben unendliche Zeit.«

»Warum widerstrebst du mir, Katharina?«

Sie war still.

»Georg«, sagte sie leise, »willst du mich denn nun anders?«

»Himmel, wie sollte ich! Aber – ich sage dir eins: ich will keine Prinzessin als Geliebte.«

Sie lachte wieder. »Aber ich bin doch keine, Georg! Wirklich, glaub es doch endlich! Ich habe das vollständig abgetan. Ich bin – bin genau das gleiche, was du bist«, schloß sie kaum hörbar leise.

»Das sagst du, das ist deine Auffassung, doch nicht die Wirklichkeit. Was du von Geburt bist, das bleibst du.« Er verstummte wieder. Sie hat es von sich getan .. sie kann mich niemals verstehn. Nun kommt wieder das Denken – bricht aus mir wie Schweiß. Denn was ist der Unterschied – Gattin oder Geliebte? Nein, Gattin geht ja noch tiefer – macht es noch schlimmer – ganz schlimm. Grade meine Frau kann sie nicht sein. Nun fängt Alles von vorne an.

Er hörte ihre Stimme wie aus der Ferne erst, dann allmählich näherkommend: »Georg, o Liebster, mein Einziger! Es ist doch nun Alles gut, muß doch Alles gut werden! Ich bin doch da, bin bei dir! Ist es nicht genug, daß wir uns endlich haben? Höre doch, bitte, höre!«

Und mein Vater, dachte er, hat auch das gewußt, hat es auch für mich einrichten wollen .. Puppe, Nichts als Puppe, aber das habe ich Gott sei Dank hinter mir.

Indes unter dem süßen Schmelz ihrer liebenden Stimme und ihres Anschmiegens zergingen langsam die Wirbel, und eine andere Stimme in ihm sagte: Du hast sie, und das ist recht. Es giebt Nichts darüber hinaus.

»Ja«, sagte er, »du bist bei mir! Oh daß ich nur einmal vergessen könnte!«
»Du wirst Alles vergessen, Georg, Alles!«
»Wills versuchen.«
Danach schmolz sein letzter Widerstand in ihrer Beider Umschlingung.

Aus Jason al Manachs Chronik

Haben wir dich noch einmal geheilt, Renate, noch einmal dem Leben wiedergegeben? Und ist nun endlich die letzte Schlacke zerfallen, Alles ausgebrannt – und du kannst es ertragen, noch länger dies Licht zu sehn? Ich fürchte – ich fürchte ..

Nun, ich will aufschreiben, wie es gelungen ist.

Nach einer wochenlangen Abwesenheit bei anderen Menschen, die zu bedenken waren, trieb eine Unruhe mich zu Renate hin, weil sie sich mir in der letzten Zeit nicht mehr gezeigt hatte; das konnte zwar eine gute Bedeutung haben, aber auch auf ein Versiegen der Kräfte deuten. Dies bestätigte sich leider, als ich zu ihr nach Helenenruh kam und sie wieder so fand wie in den ersten zwei Monaten, ja, eher noch lebloser als damals. Sie schleppte sich nur durch die Tage hin. Was war geschehn? Ich erfuhr es durch Magda: Es war das, was zu befürchten gewesen, und wie es scheint, hat sie es selber herbeiführen müssen. Denn es ist nicht eben schwer zu erkennen, daß sie einen Brief an Saint-Georges geschrieben hat und sich darin auf eine Weise ausgesprochen, die ihm die Täuschung erweckte, sie wüßte, daß er ihres Kindes Vater ist; und sein Antwortbrief brachte ihr das Wissen, das sie mitten durchschnitten haben muß und zugleich geblendet. Nun, Jason, was ist? Das geht hinaus über Ach und Weh. Diesen Antwortbrief erhielt ich von Magda. Sie war zugegen, als Renate ihn bekam und erlebte die Wirkung auf sie. Magda hat den Brief nicht zu lesen gewagt, doch ich hielt es für kein Vergehen, mich daraus zu unterrichten, und hatte recht damit.

Ja, was war zu tun? Konnte etwas getan werden? Sie wieder mit mir nehmen? Aber solch ein Mittel hilft nicht zum zweiten Mal. Ich wußte Nichts, lange Zeit, und wenn ich dann einen Versuch unternahm und der auch glückte, so ist es nicht mein Verdienst.

Mir wollte es nicht gefallen, daß sie aus ihrer Sphäre heraus war. Ich sah sie in dem zwar ganz behaglichen, doch ihr fremden Zimmer sitzen – fast unheimlich, in einem Alleinsein, einer Verlorenheit und Ausgerissenheit, daß ich es selbst nicht ertragen konnte. Der Mensch lebt nicht in seinem Körper allein, sondern in dem Gehäuse, das er um sich legt, das aber weit mehr ein Gehäus seiner Seele als seines Leibes ist. Er würde sich diese Gehäuse sonst niemals geschaffen haben. Ist er doch sogar überzeugt, daß seine Götter Wohnungen haben in ihrem Jenseits und daß sie auch im Diesseits solche haben wollen. Es scheint, daß er seine eigene Luft einatmen muß, die von ihm ausgeht, seines Leibes Ausdünstung, die der Raum um ihn festhält. Wieviel mehr aber noch die Atmung und Strahlung der Seele, der er deshalb geistig Gehäuse bildet und formt in Tempeln und Kirchen und in seinen Häusern und Zimmern – mit Tapeten und Bildern, Möbeln und Teppichen und einer Menge von kleinen Gegenständen, die er beständig mit Augen und Händen berührt und handhabt. Ja, wie nun erst eine so empfindliche Natur wie Renates! Sie muß sich in dieser Fremde hüllenlos vorkommen, ja, hautlos, und sich so in sich zusammenziehn, daß sie nicht atmen kann.

So dachte ich und versprach mir wohl auch etwas von einem leichten Schrecken, der heilsam wirken könnte, durch die Zurückversetzung in den Raum, wo sie Alles litt und lebte, da es ein Schrecken war, der ihr die Besinnung geraubt hat. Ich bin dann mit diesem Mann Erasmus in Verbindung getreten, da ich mir sagte, daß die Einrichtung ihrer Zimmer ihr persönliches Eigentum sei, schon vor ihrer Ehe, und er ihr sie nicht vorenthalten würde. Verhandlungen zur Scheidung waren von ihm eingeleitet worden, wie ich hörte, aber zum Stillstand gekommen, als sie für die äußeren Dinge wieder unerreichbar wurde. Er war auch bereit, die Sachen herauszugeben, und ich habe selber das Verpacken überwacht und dafür gesorgt, daß Nichts fehlte. Die Zimmer waren abgeschlossen, wie es scheint von ihr selbst, doch ein Schlüssel fand sich im Hause. Zu meiner Verwunderung sah ich den Kopf des ägyptischen Königs nicht auf seiner Säule, sondern er lag hinter dem Schreibtisch auf dem Teppich, unbeschädigt; er muß heruntergefallen sein, und ich wunderte mich, daß sie es nicht bemerkt hat. Es schien mir nicht ohne Bedeutung, und auch damit sollte ich recht haben.

In Helenenruh fanden sich leicht zwei Räume im Gästeflügel, die in ihrer Größe passend genug waren, und sie konnten hergerichtet werden, ohne daß sie es gewahr wurde. Sie folgte dann auch Magda und mir, als wir ihr sagten, wir möchten ihr etwas zeigen, das sie freuen würde. Das vordere Zimmer betretend, schien sie erst in Verwirrung zu geraten, nach ihren Augen fassend, als ob etwas sie blendete. Dann fiel ihr Blick auf den Kopf, dem ich seinen Platz hinter dem Schreibtisch wiedergegeben hatte, und sie stieß einen lauten Schrei aus. Ich glaubte, sie würde umsinken, aber sie blieb aufrecht, wenn auch sehr schwach, und ließ sich zum Sofa führen und hinbetten, wo sie dann lag, halb sitzend, den Blick auf den Kopf gerichtet; einen Blick, dessen Art zu beschreiben ich kein Wort finde. Uns schien sie nicht wahrzunehmen, und so haben wir sie verlassen.

Abends, als es dämmerig wurde, bin ich zu ihr gegangen. Sie saß noch da wie vorher, nahm meine Hände und drückte sie an ihre Brust, ohne zu sprechen. Ich konnte es auch nicht.

Ich hatte in ihren Augen, als sie zu mir aufschaute, einen Glanz gesehn wie noch in keines lebenden Menschen Augen, und ich gedachte der Worte: ›Ich bin nicht wert, die Riemen deiner Schuhe zu lösen.‹

Später stand ich an einem Fenster, das offen war. Der erste warme Märztag war draußen, und mir schien, es mußten Veilchen unter dem Fenster sein. Ich weinte. Ich konnte nicht in dem Raum bleiben, in dem sie weilte, und bin hinausgegangen und habe lange nicht aufhören können zu weinen.

Jeder Stern, den wir sehen, ist leuchtende Feuersglut. Feuersglut ist auch unsere Erde, doch innen, und sie könnte nicht Erde sein ohne die kalte, verhärtete Rinde, und wir könnten auf ihr nicht leben – wir, die wir auch so sind, feste, harte Schale, gefüllt mit Feuer.

Aber sie ist das nicht mehr; sie ist fast schon durchstrahlt, von innen her.

Meine letzte Hoffnung für sie und uns Alle ist, daß sie doch weiblich ist und in sich wieder die dunkle Frucht des neuen Lebens reifen kann. So kann sie sich noch teilen und sich selbst dann über das Neue neigen – hoff ich. Ein neues Geschöpf – eine neue Erde – aber die alten ewigen Bindungen durch den Ackerlehm, dem wir entstammen – – oh, daß sie sich an ihr bewähren möchten!

Georg an Cornelia Ring Hallig Hooge am 22. März

Meine Einzige – Du mein Leben!

Du mein Leben – hat wohl jemals ein Mensch einen anderen Menschen mit solcher Wahrheit mit diesem Wort angerufen? Nun bist Du fort, und wenn ich weiter am Leben bin, so ist es deshalb, weil Du in mir bist und alles, was um mich her ist, Du geworden ist. Hier war eine winzige Insel wie ein leerer Teller; nun ist er mit Früchten vom Baum des Lebens gefüllt, und sie alle haben Dein Angesicht, Dein Haar, Deinen Mund, Deine Augen, Du Geliebte, Dein Lächeln. Was sie auch in Wirklichkeit sind - Gras, Wiese, Sand, eine Hauswand, ein Dach von Stroh, ein Feldweg, der braune Strand, Tang und Muscheln, die angespült sind, die Woge des Meeres, wenn sie sich aufhebt - Alles schlägt auf mein Herz und sagt: Katharina, Du, Du - oder ich, ich, und sieht mich mit Deinen Augen an. Die Wolke im Licht bist auch Du, überallher lächelt Dein Lächeln, küßt mich Dein Mund und sagt: Liebster, und das Herz steht mir still. Glaube mir, dies ist nicht Ekstase, oder wenn es Ekstase ist, so ist es Fülle, Völle, Wirklichkeit, und sie hebt mich nicht aus mir heraus, sondern sie wölbt mir das Leben in der Brust, spannt mir die Brust empor, als ob sie von Liebe zerspringen wollte, und die höchste Wonne ist die Wonne der Haltbarkeit. Daß es mich trägt, trägt, trägt, ich nicht mehr verloren bin. Denn wo Du bist, da ist Klarheit, Du bist der lichte Tag, die lichte Einfachheit, und der stille Blick Deines dunklen Auges scheint mir das Meer zu glätten.

Das Meer, sag ich - o könnte er es mit mir tun! Warum kannst Du das Wort nicht sprechen, das mich bis zum Grunde ausheilt, den Blick nicht einsenken in meine letzte Verworrenheit, daß sie still wird? Denn immer ist noch etwas, ich kann es nicht ändern, nicht abtun, die Verhärtung ist nicht zu schmelzen, und daß sie schmelzen könnte, dazu müßte geschehn, was unmöglich ist, daß Du einmal in mich eintauchtest, Dich einmal in mich versenktest - es ist unmöglich, das kann kein Mensch. Du bist Du und ich bin ich, und wäre das nicht so, so wäre auch keine Liebe, kein Umfassen, kein an den Mund setzen und trinken, trinken und niemals satt werden. Wir könnten uns nicht lieben, wenn wir nicht Zwei wären. So hilfst Du mir auch gewiß, ich sehe den Tag, und er stärkt mich, aber die Lösung für mein Rätsel kann ich nur selber finden, weil niemand das Rätsel eines Menschen kennen kann außer ihm selber.

Du bist fort, um das einfach Rechte zu tun und ich bin der Kreisel, der fort und fort um sich selber wirbelt, und dem die bunten Farben des Bildes auf seiner Fläche nur zu ödem Grau sich verschleifen; oder wenn er einmal still daliegt, so ist immer kein Bild zu sehn, sondern nur bunte Tupfen und Fetzen und abgebrochene Konturen da und dort, die nirgend an andre passen. Du bist fort, denn Du kannst nicht helfen, die fünf Tage mit Dir – da war das Leben ganz, und diese Ganzheit ist mir noch erhalten geblieben wie eine Sesam-Höhle, in die ich immer wieder eintauchen kann, weil ich das Zauberwort nie vergesse, und darin Stärkung finden – Deine süße, klare Seele in Deinem unvergeßlichen Leib. Aber Du darfst nicht wiederkommen, denn dann wäre Alles anders. Denn dann würdest Du fordern, ob Du willst oder nicht, Du würdest mich zu Dir fordern, und ich könnte nicht, denn zwischen Dir und mir steht die Entscheidung, der ich immer noch nicht in das Auge sehn kann. Denn sie hat, Du weißt es, nicht Dein Auge, nicht ein Auge, sondern Millionen Augen – sie, die ein Recht haben auf mich – und ich kann es nicht leisten. Mir brennt das Licht unter den Nägeln, sie warten auf mich, ich kann es kaum ertragen, ich weiß nicht, was daraus werden soll. Kind, und Du weißt nicht, was Du getan hast, unwissend, ganz ohne Deinen Willen, einfach nur weil Du der Mensch bist, der Du bist – grade dadurch, grade deshalb, nur indem Du Dein Wesen aussprichst – die Freiheit. Du warst von Anfang frei, wie Du Dich selber gemacht hast, ich bin verstrickt. Darum konntest Du das Wort nicht aussprechen, das auch mich frei gemacht hätte. Es kam auf den Augenblick an – der kehrt niemals wieder. Du könntest das Wort jetzt aussprechen in alle Ewigkeit – da *der* Augenblick fehlt, kann es niemals mehr gültig werden.

Liebling, Einzige, Du mein Stern, Du wirst mich nicht

falsch verstehn, als ob Du etwas versäumt hättest! ich sage, es lag nicht an Dir – das heißt, nicht an Deinem Willen. Was nicht möglich ist, kann nicht versäumt werden, also war es unmöglich. Mein Schicksal hat es gewollt, nicht Du, und hat Dich deshalb so eingerichtet oder so geschaffen, daß es unmöglich wurde.

Ich hoffe, Du kannst verstehn und verzeihst mir.

Ich bitte Dich nun, wenn Du Deine Sache erledigt hast, entweder nach Böhne zu gehn oder nach Helenenruh, Magda wird Dich gern aufnehmen. Aber Du mußt mir noch Zeit lassen, es muß sein – also muß es sein. Du weißt – ich brauche es nicht erst zu sagen –, daß, was vorüber ist, niemals wiederkommen kann, darum brauchst Du Dich nicht zu sorgen! Ich bin so weit gestorben, wie das menschenmöglich ist; ich schäme mich meines Schlafes nicht, und ich habe auch viel dadurch gewonnen. Aber es langt eben nicht, und ich habe mir nun einen letzten Termin gesetzt bis Ostern. Bis dahin muß mir Gewißheit werden – o mein Gott, wie ich danach lechze! – und falls nicht, dann – nun dann werde ich vielleicht an Dich eine Bitte richten, und ich denke, Du wirst sie mir nicht abschlagen. Es wird dann zwar nicht sein, wie es sein sollte, aber – genug, wir werden sehen.

Lebe wohl und vertraue mir! Ich bin egoistisch und scheine allein an mich zu denken, aber Du weißt, daß es nicht so ist, da ich, nur für mich sorgend, an uns Beide denke und an das Amt, das ich mir angemaßt habe und nur auf mich nehmen kann, wenn ich ihm einen ganzen Mann stelle.

Tausendmal lebe wohl, Du mein einziges Wesen!

Georg

Georg an Cornelia Ring Hallig Hooge am 27. März

Mein Liebstes – nur in der Eile des plötzlichen Aufbruchs ein paar Zeilen mit der Nachricht, daß ich nach Berlin fahre, um einen da gestorbenen Onkel zu begraben. Es ist mir merkwürdig, diese Anstandspflicht zu erfüllen, als ob dadurch ein Stein ins Rollen gekommen wäre – ich sage nicht mehr. Andrerseits – ich soll nicht zur Besinnung kommen, scheint es. Meine Adresse ist bei der Fürstin Henrietta Rosenstein in der Matthäikirchstraße, die Nummer hab ich vergessen. Ich kann nicht sagen, wie ich mich nach einem Wort von Dir sehne, und fürchte sehr, ich muß auf einen Brief, den Du mir nach Hooge geschrieben hast, nun warten, bis er mich in Berlin erreicht.

So verlasse ich denn diese Insel, auf der ich gestorben und wieder geworden bin. Aber was bin ich geworden? Nicht mehr ich allein, sondern auch Du. Denn Du lebst in mir, es ist so, ich kann es anders nicht fühlen, und es ist und wird mir immer ein Wunder bleiben, daß aus dem todähnlichen Schlaf, in den ich ratlos versank, Du emporstiegst. Tod und Leben, sein zermalmender Schooß, und Dein erlösender Schooß – ein Augenblick – wie soll ich es je begreifen? Ich glaube nicht, daß jemals ein Mensch solch ein Mysterium erfuhr. Aber – ich habe es Dir gesagt, und ich sage es Dir hier noch einmal: Ich verstehe nun, und ich glaube nun das Wort: ›Leben wir, so leben wir dem Herrn, sterben wir, so sterben wir dem Herrn.‹ Ja, wir leben und sterben in einem göttlichen Willen: der lenkt den Willen derer, die an ihn glauben, und sogar der, die zu ihm gehören – so wie Du. Er lenkt ihn, auch wenn der Mensch im Schlaf liegt – ja eben dann! Und so darf ich in tiefer Demut ein anderes Wort für mich nehmen: daß Gott es den Seinen im Schlaf giebt.

Darum kann ich auch tiefer hoffen, daß ich – mit dem Stern vor mir, der Du bist – mich auch im Wachen zurechtfinde.

In unaussprechlicher Sehnsucht bin ich ganz Dein

Georg

Cornelia Ring an Georg Dresden am 24. März

Mein Liebster – Dein Brief kommt eben, da ich mich endlich entschließen wollte, Dir einen zu schreiben, und befreit mich glücklich aus dieser Notlage, denn nun muß ich mich auf das Papier stürzen. Dennoch sind inzwischen einige Stunden vergangen, oder um die genaue Wahrheit zu sagen, es ist Abend und Nacht geworden, ich bin viele Stunden lang an der Elbe einhergelaufen und hab Hallig Hooge gesucht, kann noch immer nicht verstehn, daß sie weg ist, aber es muß wohl so sein, sie ist eben bei Dir geblieben. Dabei hab ich Deinen Brief ganz auswendig gelernt, die ersten Seiten, ich war ganz zittrig davon geworden, habe sie nur so eingeschlungen, war davon ganz betrunken, ja wie soll man nicht – solche Worte, es war Alles ein Tosen in mir, bis ich sie ganz in mir hatte und einfach gesättigt war. Ach ja, mein Liebster, das ist nun leider Alles, was ich Dir sagen kann, ich habe keine Sprache wie Du, aber das weißt Du und verlangst nichts Unmögliches. Ich bin Dein, ganz Dein, ganz Dein, Du lieber Gott, ich bin wohl auch im Schlaf gegangen die Jahre lang und – weißt Du, es giebt ein Märchen von Hauff, Du kennst es gewiß, da hat ein junger Kaufmannssohn in Arabien von einer Fee, die seine Patin ist, eine silberne Flöte als Wiegengeschenk bekommen, die aber nur tönen soll, wenn er in größter Not ist, und sie dann zur Hülfe herbeirufen. Er wird dann auch in Gefahren und Nöte verstrickt, aber die Flöte will niemals tönen, sooft er es versucht, bis zuletzt sein Schiff untergeht mitten im Meer. Wie er da schon fast im Ertrinken ist, fällt ihm die Flöte ein, die an seinem Hals hängt, und wie er jetzt hineinbläst, da tönt die Flöte, und sogleich taucht ein großer Delphin aus dem Meer, nimmt ihn auf seinen Rücken und trägt ihn – na wohin wohl, Georg? Nach einer ganz kleinen Insel, da bin ich Dir schaumgeboren, wie Du sagtest – ich vergesse kein Wort, das Du sagst, siehst Du! Aber so war es in meinem Leben, daß ich halt nie in der richtigen Not war, weshalb auch die Flöte nicht tönen konnte, bis dann Nichts mehr umher war als öde und leere Wasser, aber wer in der Not war, das warst Du natürlich. Ach, Georg, Georg, ich liebe Dich so sehr, so sehr, so sehr, ich bin ganz taumlig vor Liebe, und die Leute sehn es mir Alle an und sagen, ich sehe wie eine Braut aus, aber wie auch nicht? Es sprüht mir fast aus den Augen. Ich weiß nicht, was ich rede und tue und wozu ich in dieser Stadt bin mit dem Häuflein Unglück, das sich an mich klammert – und wo bist Du? Ich kann Dich mir garnicht allein vorstellen auf Hooge, ich kann mir überhaupt Nichts vorstellen, außer daß Du nicht glücklich bist, und wie kann ich da glücklich sein? Ich bin sehr unglücklich, Georg, trotz der Seligkeit, und es hilft mir wenig, daß Du mich klarer Tag nennst, wenn er nicht da ist, wo Du herumkreiselst, wie Du sagst. Daß ich doch diesen Kreisel zu fassen kriegte und in das Meer werfen könnte, wie das greuliche schwarze Ding, das ich hineingeworfen habe, so weit ich nur konnte. Das sind sehr dumme Wünsche – man hat sie aber. Denn ich weiß eins ganz bestimmt, Georg: daß Du allein sein mußt – ja, wie wär ich sonst fortgegangen? Ich konnte das wohl merken, und es ist auch weiter kein Verdienst dabei, im Gegenteil! Ich sehe, daß ich mit diesen Dingen nicht das Geringste zu tun habe, obwohl Du mich mit hineinziehen willst und doch dabei selber sagst: Du bist Du und ich bin ich. Ja, so ist es, ich weiß es, ich wollte nur, Du wüßtest es auch, und vielleicht wird mein Fernsein Dir nützen. Glaube nicht, daß ich irgend eines Deiner Worte nicht mit Liebe höre und aufnehme, das darfst Du nicht denken, Georg, sie brennen alle in meinem Herzen, und wenn Du wüßtest, wie weh das tut, Du würdest mit mir nicht tauschen. Du sagst, ich wäre Kristall – schön, so laß mich Kristall sein, und wenn Du dann willst, so kannst Du Dir die Zähne dran ausbeißen. Das sage ich Dir ganz ruhig. Aber Du wirst nicht, Georg, es wird dazu nicht kommen. Denn ich glaube an Dich, ich glaube ganz fest an Dich, und ganz so fest, wie ich glaube, wirst Du einmal werden.

Ich bleibe vorläufig hier. Nach Helenenruh mag ich nicht, da erinnert zuviel an Dich. Ich gehe täglich ins Museum, sitze stundenlang vor der Sistina und habe meine frommen Gedanken auf meine Weise, wenn sie auch nicht gerade auf den Himmel gerichtet sind. Rufst Du, so bin ich gleich da.

Katharina

Georg an Cornelia Ring   Berlin am 29. 3.

Dein Brief, geliebte Seele, den ich hier gottlob erhielt, war eitel Balsam auf mein Herz, oder besser gesagt, er pflanzte mich wieder in den festen Boden Deiner Liebe ein, aus dem ich mir plötzlich herausgerissen vorkam, weil herausgerissen aus unserer Insel, mit dem Schnellzug davongeführt und in das Gewimmel dieser Stadt versetzt, das, wie George sagt, niemand anders ansehen kann als ›jener Kaiser, der zehntausend Spinnen zusammenkommen ließ in einer Kufe‹. Seit ich hier bin, leb ich wie ohne Besinnung, leere Maske der Konvention, bewege mich marionettenhaft von einen Leuten zu andern Leuten, höre immer die gleichen Fragen, erteile die gleichen Antworten, tue schön, tue lieblich, wirke zauberhaft, wie Du sagst, und errege überall staunende Freude über meine ›Auferstehung‹, wie sie es nennen, ahnungslos, was für eine es wirklich ist. Nun, vielleicht wirkt es ablenkend, man muß ja immer das Beste hoffen. Dein Brief war, als ob mir Deine ganze Gestalt in ihrer unbeschreiblichen Lebensfrische leibhaftig entgegenkäme; nun ist es Nacht – am Tage ist keine Zeit zu schreiben – und ich versuche, mich so weit zu sammeln, um Dir meine letzte Vision von Hallig Hooge zu beschreiben; ich hatte sie bei der Abfahrt.

Wie ich da im Heck des Bootes stand und zurücksah, erschien mir zuerst der Himmel; das ganze, gewaltige Halbrund der Kuppel, in der ich unten stand, war in der Höhe reinblau, gedämpftes Morgenblau, aber rundum auf den Rand war eine Lagerung von sechs, sieben Stufen weißer Quadern mit Fugen von Blau geädert. Die See darunter war dunkel, in kleinen Wellen kräftig bewegt; breitere Wogen zu meinen Füßen zerschellten zu weißem Schaum, laut brausend mit einzeln vernehmlichen Stimmen, und der Wind strich sausend herauf.

Und wie sich das grüne Eiland vor mir im Entgleiten langsam erhob und erhöht im dunklen Rollen der Wasser ruhte, erschien es mir auf einmal wie eine riesige Schildkröte. Auf ihrem gewölbten Rücken aber lagen Du und ich, aus dem Meer zusammen auf diesen Rücken geworfen und gerettet, und nun von ihr dahingetragen wie von dem Delphin, von dem Du erzählst. Aber dann mit einem Zauberschlage – waren Himmel und Meer und die Insel, die Wolken und Du und ich – Alles war ineinander verschmolzen zu einem einzigen Jubel des Lebens. Darin zog mein Schiff seine feste Bahn – die Bahn, an die Du glaubst – und ich war meiner sicher.

Dem will ich jetzt kein anderes Wort hinzufügen.

Lebe wohl, mein Geliebtes, ich schreibe wieder, so bald ich kann, lebe wohl!

Dein
Georg

Cornelia Ring an Georg   am 29. März

Ich bin bei Dir, mein Liebster, bin bei Dir!

Cornelia Ring an Georg   am 30. März

Immer, immer, immer bin ich bei Dir, mein Geliebter!

Cornelia Ring an Georg am letzten März

Wo Du bist, bin ich auch, Du mein Einziger, überall, überall immer!

Neuntes Kapitel: April

Renate an Saint-Georges Helenenruh am 1. April

Mein guter Georges,

hier ist Renate wieder. Sie war in Deine Schuld geraten, aber ihr Schweigen auf Deinen Brief hat Dich gewiß erraten lassen, daß es einen tiefen Grund haben mußte. So war es in der Tat, aber sie kann Dir nun einfach dieses sagen: sie hat nicht gewußt, daß Du es gewesen bist, und Du hast irrtümlich aus ihrem Brief gelesen, daß sie es wüßte. Sie hatte vielmehr geglaubt, daß es ein Andrer gewesen ist, und das hat verursacht, daß sie eine Zeitlang gleichsam nicht auf der Welt war. Sie ist auch nicht eigentlich zurückgekehrt – – ich bin jetzt darin, aber das ist nicht mehr Renate; doch kommt es daher, daß ich über sie so mit Dir reden kann. Aber wo ich selber bin, das kann ich weder Dir noch irgend jemand sagen.

Was also die Renate angeht, so bitte ich Dich, ihr noch eine Weile Zeit zu lassen, nämlich so lange, bis das Kindchen geboren ist, es sind nur noch ein paar Wochen, zu Anfang Mai. Darüber läßt sich nicht hinaussehn. Ich weiß, Du hast ein Recht darauf, aber ich bitte Dich doch zu warten und auch nicht zu schreiben, bis Du wieder Nachricht von mir bekommst.

Aber bitte, wolle nicht länger denken, Du wärest gegen mich schuldig geworden. Ich bin glücklich dahin gelangt, wo keine solchen dunklen Dinge mehr sichtbar sind – soviel kann ich Dir sagen. Sonst – wie ich schon sagte – läßt es sich nicht mit Worten aussprechen, sie bleiben alle weit hinter der Wahrheit zurück, von der ich erfüllt bin. Doch verstehe ich, daß Du

gern mehr davon wissen möchtest, und am nächsten kommen
zur Wahrheit noch so einfache Worte wie die von Paquet, die
ich behalten habe, seit ich sie einmal las:

Wohin ich jetzt sehe,
Ist hellichter Tag.
Den Weg, den ich gehe,
Geht keiner mir nach.

Hellichter Tag – o mein lieber Georges – solch ein Tag,
solch ein Glanz, solch ein Licht! Als ob der Himmel selber aus
allen Dingen schiene. Glanz ist Alles, Glanz, meinen Augen
oft nicht erträglich, aber nicht von der wirklichen Sonne, verstehst
Du? Ein ganz andrer Glanz ist in das wirkliche Leuchten
gemischt, und das giebt ein Licht, Georges, ein Licht!
Auch am trübsten und dunkelsten Wolkentag – es ist mitunter,
als ob lichtes Feuer ausbräche, und ich muß meine Augen
schließen, sie sind zu schwach dafür. Gern wär ich jetzt wie
Magda – diese Augen brauch ich nicht mehr. Nicht mehr für
lange. Denn es kommt ja der Tag, wo neues Leben sein wird,
das wird dann die wahren Lichtaugen haben, und – nun, was
dann sein wird, kann ich nicht wissen. Aber ich kann leicht
warten. Denn es wird gut werden; Alles ist gut.

In Liebe,

Renate

Georg an Cornelia Ring Berlin am 1. April

Du meine süße Seele, sei tausendmal mir bedankt für Deine
Schmetterlinge des Herzens, die mir jeden Morgen zugeflogen
sind, mir grade gegen den Mund, so wie Küsse. Ich bin unselig,
daß es keine wirklichen sind, trage sie auf dem Herzen
in Papier und im Herzen wie die Beeren einer Weintraube, die
sich immer wieder frisch abpflücken lassen. Von Dir getrennt

zu sein ist schwer zu ertragen, aber – es ist mir merkwürdig, daß ich diese Trennung selbst verursacht habe, die doch nun nötig geworden wäre. Denn hier könnten wir kaum etwas von einander haben, da ich über und über, von früh bis spät beschäftigt bin und nur über mich selbst staune, daß es auf einmal geht. Ich spreche Leute aus allen Lagern, Parlamentarier, Herrenhäusler, Minister, Botschafter, den Kronprinzen und den Kaiser, worüber gar viel und lehrreich zu reden wäre, wie auch über die wohlwollende Skepsis, mit der mich diejenigen aufnehmen, die mich nicht brauchen, und die bis zur Kriecherei gehende Devotheit derer, die mich brauchen. Aber ich stehe meinen Mann, und wie schon gesagt, es fällt mir auf eine Weise leicht, als ob ich ausgetauscht wäre oder – wie sage ich es nur? – gleichsam hürnen geworden wäre, mit einer ganz leichten Rüstung bekleidet, die wie eine andere Haut ist.

Aber Dir, mein Leben, möchte ich von einer andern Begegnung erzählen. Es ist wieder Nacht, aber ich spüre nicht die geringste Müdigkeit – um so mehr Deine Nähe!

Heute vormittag hatte ich mich für eine Stunde frei gemacht, um eine archaische Göttin zu sehn, die kürzlich im Neuen Museum aufgestellt worden ist, kam aber nicht zu ihr. Denn ich traf im Vestibül zu freudiger Überraschung einen lieben älteren Freund, dem ich viel verdanke – Hardenberg, ich erzähle Dir noch von ihm; und er nahm mich in die ägyptische Abteilung, wo er einen persönlichen Freund besuchen wollte, wie er sagte, der mir auch sehenswürdig sein würde. Nebenher kam heraus, daß er, Hardenberg, seine Frau verloren hat, was für mich gewisse Komplikationen zur Folge hat, des Hauses wegen, in dem er wohnt – aber das gehört nicht hierher. In der ägyptischen Sphäre, die ich dann betrat, erging es mir wunderlich. Vor einem Jahr ging ich hindurch und hatte kaum Augen dafür, nun gingen sie mir plötzlich auf. Aber damals galt mir Hellas allein, und von dort führt kein Weg nach Ägypten. Denn die hellenische Art der Plastik will das Leben darstellen, den Menschen und nur den Menschen: dazu ist ihr der Stein das Mittel, er selber gilt ihr fast Nichts, und sie löst sein Steinernes auf bis an die Grenzen der Möglichkeit, sodaß er aufhört Stein zu sein und natürlicher, atmender, schwellender, lebenstrotzender Leib wird, Menschenleib oder Götterleib, in Anmut und Kraft und Schönheit und in einer solchen Vollendung, solcher göttlich gelassenen Sanftbewegung und Ruhe, daß er zu Seele wird. Ja, Maß und Schönheit und die Göttlichkeit des flutenden Lebens, diese allein sind die Seele dieser Gestalten, und sie sind unser Staunen und unsere Hingerissenheit deswegen, aus unserer, wenn ich so sagen darf, gotischen Seele heraus, dieser feurigen, hitzigen und frierenden, zackigen, eckigen, immer nach Auflösung, nach Befreiung beinah gierigen, also unfreien, übermäßigen und unmäßigen, nur höchst selten und ungern ins richtige Maß sich zwängenden und so überleicht fehlgreifenden deutschen Seele.

Aber wie ich jetzt nach Ägypten kam, sah ich noch nie Gesehenes, nämlich einen Willen, der Stein will und Nichts als Stein; die äußerste Härte und Starrheit – so sehr, daß er nicht den weichen und zarten, fleischhaften Marmor oder Sandstein nimmt, der unter dem Meißel schmilzt, sondern das Allerhärteste, das zu finden ist, Granit, Porphyr, Obsidian, leblos grau oder gar schwarz. Und das läßt er nun Stein sein bis an die Grenze der Möglichkeit. Da ist ein Würfel aus grauem Granit, bedeckt mit Hieroglyphen; aus der Oberseite ragt vorn der Kopf eines Kindes, dessen Körper unsichtbar in dem Block steht, und hinten der größere Kopf eines Mannes, der in dem Würfel hockt, das Kind umschließend, Züge und Haartracht von letzter Strenge, versteint; und mit einer unglaublichen Kunst sind in den Seitenflächen des Blocks leiseste Wellen zu sehn, die Arme andeuten, Schenkel, Hüften, einen kauernden Leib; Hauche von Leben nur, aus der Starre des Granits herausgefangen.

Es läßt sich kaum Atem holen in dieser steinernen Welt;

denn du kannst nicht entatmen diese ungeheuerliche Zentripetalität, dieses nur zur Mitte und innersten Ballung Drängen, das deinem nach Freiheit und Regung, nach Tanz und Geschmeidigkeit und Musik und Offenheit begierigen, zentrifugalen Wesen diametral zuwiderläuft. Diese Bildwerke sind überhaupt gleichgültig gegen dich, gegen sehende Augen – wo bei den Griechen alles Verlockung und Bezauberung deiner Sinne ist, des Auges, des Tastsinns, sogar des Gehörs, daß du Harmonie und Melodie wie von Saiten gespielt im Steine zu hören glaubst – das ist die Sage von Orpheus, der zitherspielend den Stein belebte. Aber dies hier hüllt sich ein, zeigt sich nicht, ist gleichgültig gegen schauende Augen. Es stellt sich nicht dar; es ist nur, um zu sein. Es scheint das Geringste an Form zu sein – und ist eben dadurch das Höchste; aber ich muß aufhören, wollte Dir nur eine Vorstellung dieser steinernen Leblosigkeit erwecken – steif dastehende graue Götter und Göttinnen mit Tiger- und Sperberköpfen überall, nur *Bild!* verstehst Du? Denn nun bekam ich zu sehn, was wieder das äußerste Gegenteil davon ist, nicht anders, wie wenn Du in einem Porphyrbruch eine blühende Rose fändest, die aus dem Stein wächst.

Stelle Dir einen halbdunklen Umgang ägyptischer Säulen und Kolosse vor, der einen von Oberlicht erhellten Raum einschließt. In seiner Mitte, auf einem schulterhohen Postament steht ein gläserner Kasten und in dem Kasten ein kleiner Kopf – das Gesicht wenig größer als Deine Handfläche, gelblich getönt und ein wenig mit schwärzlichen Brauen bemalt und einem rosigen Hauch auf den wie zum Kusse gewölbten Lippen; dazu der schlanke Stiel eines leicht vorgestreckten Halses und der Ansatz der Brust. Und aus diesem kleinen, blütenhaften Gesicht geht aus flachen, schmalen Augen ein Blick – blind, blind für die Welt, durch unsere Welt unsehend hindurch in eine Ferne – oder unendliche Nähe. Hauch eines Lächelns auf diesen küssenden Lippen, sanfte Wangen, zart gespitzte Lieblichkeit eines kleinen Kinns, die Nase so zart und flügelig und frisch wie eines kleinen Tiers. Und immer die blinde, unsterbliche, nun dreitausend Jahre währende, über sie hinweglächelnde Sicherheit dieses Blicks, der Eines sieht, nur Eines, sonst Nichts.

Was er sieht, sagte Hardenberg, ist die Sonne. Nicht daß er grade in sie hineinblickt, denn das kann kein Mensch. Er sieht sie, wohin er auch blickt, sieht überall das Licht, das seine einzige Liebe war – oder Liebe und Licht waren da eins.

Dies war also zwölfhundert Jahre vor Christo ein König namens Amenophis griechisch, eigentlich Ech-en-Aton, der aus dem Stein und der Starre Ägyptens entwich, um ein Reich und einen Kult der Sonne zu gründen, auch an seinem Hof alle Starrheit des Zeremoniells auflöste, sich mit Weib und Kindern überall öffentlich zeigte und auch darstellen ließ in entzückenden Reliefbildern mit der Sonne darüber, und kleine Hände an den Enden ihrer Strahlen legen sich auf Köpfe und Schultern der Gotteskinder. Aber all das dauerte nicht länger als er selbst, der Ägypter konnte oder wollte nicht aus dem Stein und kehrte zu ihm zurück, Reich und Stadt und Tempel, Alles wurde zerstört, wenig blieb übrig, darunter diese Rosenblüte des Kopfes, der nur ein Bildhauermodell ist, aber eine Blume, wie Hellas selbst sie nicht kannte. Ich bringe Dir einen Abguß mit, Du wirst Dich in ihn verlieben und abwenden von diesem Deinen zwittrigen, zerstreuten, mangelhaften, hoffnungslos immer zersplitterten, aber Dich immerhin liebenden Freund

                                             Georg

  O du mein Gott, so wie du
  Stoff sein der ewigen Hand!
  Sein im Wandel, unwandelbar leicht und ein Spiel!
  Fern der Erfüllung, doch stets,
  Stets auf dem Wege zu ihr –
  Aus der unendlichen Mühsal dann blühte Geduld.

Reinlich getan jede Tat,
Reinlich gewirkt jedes Werk,
Greift aus dem Chaos ein Stück, und es ballt sich zur Form.
Dasein und Stein und Gedicht,
Tagwerk und Sternengesang,
Alle schmelzen in diesen alleinzigen Chor.

Leben, o Kreatur,
Glühend in jeglicher Form,
Prägst du reiner und immer noch reiner dich aus!
Ordnung, tönend und schön,
Anmut wurde Gesetz,
Ach, welch Lächeln heilt aus dem Leiden uns aus?

Cornelia Ring an Georg am 1. April

Siehst Du, mein Liebster, ich bin schon wieder da, und es ist kein Aprilscherz.

K.

Georg an Magda Berlin, am 3. April

Liebe Magda:

Hier siehst Du mich in Berlin, Tante Henriettes wegen, die Du kennst und deren kleiner Mann mit dem Papagei das Zeitliche gesegnet hat. Tante Henriette hat sich mit alter lebhafter Teilnahme nach Dir erkundigt und sich erzählen lassen; aber sie ist vom Hingang des kleinen Alten mehr mitgenommen, als ich gedacht hatte, und wenn er auch seit Jahrzehnten nur eine merkwürdige Marionette war, so tut ein mehr als fünfzigjähriges Zusammenleben doch seine Wirkung. Apropos Zusammenleben kommt mir die Busenfreundin Tante Henriettes ins

Gedächtnis, die ich hier kennenlernte, eine Gräfin Török aus Ungarn, gebürtige Wienerin; die ist so alt wie der Böhmerwald, ganz unförmig, im Gesicht so faltig wie ein Truthahn, das Haar weiß, aber Augen und Augenbrauen kohlschwarz, und schwarze und weiße Haare hängen ihr abwechselnd in den Gesichtsfalten. Sie redet, wenn sie da ist, von früh bis spät ununterbrochen, Du gehst morgens aus dem Zimmer, und wenn Du nachts zurückkehrst, sitzt sie noch da und redet, eine haarsträubende Munterkeit, eine Geschichte oder Anekdote nach der andern, aber ihre Herzlichkeit und ihr unerschütterliches Vergnügen an den Erscheinungen des Lebens sind beinah göttlich zu nennen. Ihr Schicksal war so: Als Angehörige des Wiener Hochadels verwandelte sie sich im Augenblick ihrer Heirat vom Kopf zu den Füßen in eine ungarische Patriotin, und das will etwas heißen, denn es war vor 48. Ihrem Mann wich sie in allen politischen Lagen nicht von der Seite, folgte ihm, was damals noch anging, auf die Schlachtfelder, jung und schön, wie sie war, eine Befeuerung für alle ritterlichen Ungarherzen, pflegte die Verwundeten und so weiter. Als dann in den fünfziger Jahren ihr Mann plötzlich starb, hatte dies die eigentümlichste Folge. Nach einigen Wochen der Verzweiflung erschien sie wieder wie zuvor, ihre Lebenskraft hat seidem nicht abgenommen, sie ist in allen Ländern der Welt zuhause, läuft noch heute in jede Uraufführung, vergleicht die Elena Gerhardt mit der Patti und Grete Wiesenthal mit der Camargo, liest Strindberg und Rilke und humpelt dir sicher am Eröffnungstage der Freien Sezession an ihrem Stock entgegen. Und alles dieses in steter Begleitung ihres Mannes. Es kommt vor, daß sie im Erzählen, wenn ihr Gedächtnis versagt, zur Seite fragt: Wie war das noch? und dann sagt er ihr Bescheid, gleichviel ob die fragliche Sache sich zu seinen Lebzeiten ereignete oder nicht. Wenn einer sie nicht genau kennt und nicht weiß, wen sie fragt, antwortet sie: O ich frage nur eben meinen Jozsi, der wo gestorben is. Ich wünschte nur, er lebte wirklich auch so mit ihr zusammen – müßte wunderbar sein, denke ich mir –, aber es scheint nicht so, denn sonst würde er sie auch wohl an seinem Leben teilnehmen lassen; aber sie redet vielleicht zuviel von dem ihren. Denn auch wenn sie allein spazierengeht in ihrem Budapester Garten, kann man sie reden hören.

Ich bin selbst ins Reden gekommen, denn ich hatte Dir eigentlich nur zu schreiben, daß ich mich für die Ostertage bei Dir ansagen möchte, allwo ich noch einmal in mich zu gehn vorhabe. Dann berichte ich Dir vielleicht mehr von mir, es ist schon allerhand, darunter auch Solches, das Dich erfreuen wird.

Auf baldiges Wiedersehn also und viele Grüße Deines

dankbar ergebenen
Georg

P. S. Ich öffne den Brief wieder: Aus Trassenberg kommt die niederschlagende Nachricht, daß unser alter Birnbaum einen Schlaganfall erlitten hat, der zwar nur ganz leicht sein soll, aber ihn fürs Erste arbeitsunfähig macht. Er tut mir von Herzen leid, ich weiß, was ihn gebrochen hat, aber da bei seiner Gesundheit und Vollblütigkeit etwas Derartiges nicht vorauszusehn war – und er ist erst Mitte Fünfzig –, so ist es gradezu ein *désastre*. Er allein hat die Übersicht über das Ganze, jeder Andre in der Zentrale kennt nur sein eignes Ressort, Zimmermann vielleicht – aber der ist nur ein Beamter, ohne Meinung und ganz ohne die sichere und rasche Schlagfertigkeit Birnbaums. So kommt heraus, daß ich der Einzige bin, der einspringen kann, wenn auch nur für den Augenblick, da ich mich seinerzeit in Alles eingearbeitet habe, wenn auch nicht allzu gründlich. Mir sträuben sich alle Haare, woher nehme ich einen Nachfolger, ich werde Schley fragen, er konnte sich bisher – d. h. bis zum letzten Juli – für keinen Posten, den ich ihm anbot, entscheiden, aber ihm traue ich Blick zu, und – nun, ich muß sehen, mein Besuch zu Ostern steht nun in Frage, ich fahre natürlich sogleich nach Trassenberg. Lebe wohl!

Georg an Cornelia Ring (*Telegramm*)

Fahre nach Trassenberg, Erklärung brieflich. Georg

Cornelia Ring an Georg am 3. April

Innigsten Dank, mein Liebster, für Deinen lieben, schönen, guten, langen Brief aus Berlin! Ich möchte Dir zehntausend zärtliche Dinge sagen, aber es geht nicht auf Papier, ich bin Deine Antipodin und strample mit Händen und Füßen dagegen, während Du auf der anderen Seite seelenruhig ›opus hinter opus‹ daraufwirfst – ich kann nur sachliche Dinge daraufbringen, und Du mußt es schon sehr ehren, wenn es doch einmal mehr ist, zum Beispiel jetzt, wo ich Dir etwas erzählen möchte, das irgendwie aus einer Stelle Deines Briefes als Erinnerung in mir emporflog. Es ist ein bißchen mystisch, aber deswegen kein Schade, weder in meinen noch in Deinen Augen, sondern grade deshalb sehr schön.

Das war vor ein paar Jahren, im September, denk ich, ja, die Winden blühten, Du wirst sehn, daß sie eine Rolle spielen, und vielleicht ist es besser, wenn ich vorausschicke, was Du selbst wissen wirst: daß es erst kürzlich geglückt ist, eine blaue Winde zu züchten, die rein blau ist, kein bißchen Rot enthält; es scheint ein englischer Züchter gewesen zu sein, denn die rein himmelblaue heißt ›Morning Glory‹ – nun also:

Ich war am Nachmittag zur Universität gefahren, wo ich damals an ein paar Tagen in der Woche Vorlesungen über Musik hörte, und fand, daß ich mich im Tage geirrt hatte. Da hatte ich nun freie Zeit und daher eine Anwandlung, nämlich durch die Herrenhäuser Allee zu gehn und auf der anderen Seite ein gewisses Haus liegen zu sehn – nicht aus stürmischer

Leidenschaft, wie ich ja sagte, aber doch – nun – man hat doch so seine Träume, von unverhofften Begegnungen, so wie im Café damals. Aber ich bin dann doch nicht hingegangen, sondern habe mich mit dem fernen Schimmer der Säulen und des Giebels begnügt, aus dem Grün der Umrahmung. Wie ich da eine Weile stand und dann weiterging, hörte ich in mir die Worte klingen – ich glaube, sie sind von Rückert – ›Hoffe, du erlebst es noch!‹ Ich weiß nicht, wie es weitergeht, es waren nur diese Worte, und sie genügen ja auch. Also, ich ging die Allee hinab bis ans Ende und dann zur Straße hinüber – weiß nicht mehr, wie sie heißt –, um mit der Elektrischen zurückzufahren. Da war eine Querstraße von einzelnen Villen und Gärten, und da kein Wagen kommen wollte, schlenderte ich hinein und kam an einer anderen Ecke an ein Gittertor zwischen hohen Hecken – ich brauche das wohl weiter nicht zu beschreiben. Im Garten arbeitete ein verwachsener kleiner alter Mann; der kam auf einmal angelaufen, hatte ein bißchen wehmütiges Lächeln im Gesicht und lud mich ganz freundlich ein, hereinzukommen, der Garten wäre hinter dem Haus noch schöner. Nun mußt Du mir das glauben: Ich war völlig ahnungslos, wie ich eintrat, aber in dem Augenblick, wo ich drin war, da, Georg, da wußte ich, wo ich war, und ich spürte Dich auf einmal in all meinen Fasern – den ich doch kaum kannte – oder Deine Nähe – o Du verstehst das schon selber. Ich wäre am liebsten gleich fortgelaufen natürlich, aber es war unmöglich, nun – und was soll ich sagen? Wie ich zur Hinterseite des Hauses kam, stand sie – von der ich natürlich wußte – vor einem Stück Wand, das mit Blüten der blauen ›Morning Glory‹ über und über bedeckt war, und nahm welke Blüten davon ab. Sie kam mir zuerst fremdartig vor, aber bald fand ich sie reizend, und sie war die Liebenswürdigkeit selbst, versprach mir gleich, mir die Adresse eines Stuttgarter Gärtners zu geben, von dem sie den Samen hatte, und so mußt ich ins Haus. Ja, nun muß ich wohl etwas von mir sagen, nämlich daß, wenn ich eine Aufregung habe, ich zwar meine Haltung ganz gut bewahre, aber ich werde auffällig blaß und bekomme Ringe unter den Augen, sodaß man es mir ansieht – wenn man Augen dafür hat. (Ich glaube, Du hattest sie nicht, damals, an dem Abend, wo Du bei mir warst, oder zogst jedenfalls keinen Schluß daraus – Gott sei Dank –, sondern fandest nur, daß ich etwas elend aussah, wie?) Nun, also weiter – was steht da gleich auf dem Schreibtisch? Eine Photographie von Dir, eine große Liebhaberaufnahme – na, hinreißend! und ich sitze da und kann die Augen nicht abwenden, während sie eine Schieblade nach der andern aufzieht und den Brief von dem Gärtner nicht finden kann. Schließlich giebt sie es auf und bittet mich um meine Adresse, weil sie die gesuchte bestimmt noch zu finden hofft. Nun, ich hoffte, mein Starren auf Deine Photographie wäre ihr entgangen, aber es scheint nicht so und auch meine Verblaßtheit nicht, denn – ein paar Tage später kam ein großer Brief, darin war – ein Zettel mit der Adresse – und Deine Photographie, ein andrer Abzug, nehme ich an, und was stand auf der Rückseite geschrieben: Ich kann es Dir später zeigen, Georg: ›Hoffe, du erlebst es noch!‹ stand darauf.

Ich weiß nicht – es gab mir einen eigentümlichen Schauder zuerst; später haben die Worte, die mir erst in der Allee wehmütig klangen, einen Ton von Ermutigung angenommen, der mir lieb zu hören war; und so habe ich sie ganz stark wieder gehört – wie ein Glockengeläut in den Ohren – an dem Abend, wo Du bei mir warst; und auch wie ich nach Hallig Hooge hinüberfuhr – da fing ich ja erst an, Dich zu lieben! Du mußt mir einmal erzählen, was aus ihr geworden ist; Du gingst ja bald darauf nach Berlin.

Nun Schluß, und ich umarme und küsse Dich, schließe Dich fest an mein Herz!

Katharina

Georg an Magda Trassenberg, am 4. April

Meine liebe Anna – Du erhältst hier die schmerzliche Mitteilung, daß unser lieber Birnbaum gestern abend einem zweiten Schlaganfall erlegen ist.

Ich bin Mittwoch oder Donnerstag bei Dir.

Georg

Georg an Cornelia Ring Trassenberg am 5. April

Ein Stein ist ins Rollen gekommen, ein zweiter hat sich ihm angeschlossen – jeder ein Todesfall –, nun ist es ein Erdrutsch geworden, ich liege verschüttet darunter, schnappe nach Luft – und genieße es! Aber höre: Ein guter Mann ist aus seinem und meinem Leben geschieden, ja, ich kann wohl mit Claudius sagen: »Sie haben – einen guten Mann begraben – und mir war er mehr!« Mir war er ein Stück meiner Kindheit und Jugend, Magda und ich nannten ihn Onkel, er hieß Salomon Birnbaum und war Privatsekretär oder die rechte Hand meines Vaters, und diese Hand ist wahrlich mit dem Körper verdorrt und abgestorben, es ist erschreckend zu sehn, doch so war es, denn er war ein gesunder Mann, etwas vollblütig nur, erst Mitte Fünfzig. Ein gelinder Schlaganfall erst, und als ich hier ankam, war er schon nicht mehr am Leben. Ich habe ihm nicht einmal Dank sagen können für seine treuen Dienste, seine Güte und Liebe, konnte nur seine kalte Hand küssen und die edle Stirn. Er war, abgesehen von seiner hervorragenden Intelligenz, nur ein einfacher Mann, ein Diener, nimm Alles in Allem, doch er sah im Tod wie ein König aus. Wollte Gott, er wäre wieder mit dem vereint, dem er hier so verbunden war, daß er ohne ihn nicht mehr leben konnte.

Nun, ich lebe, und wie! Sein Tod traf mich erst so, daß es mich betäubte, denn er schien unersetzlich, aber ich erfuhr hier zu meinem Trost, daß er in den letzten Monaten einen Nachfolger gefunden und schon so weit herangezogen hat, daß es mit meiner und der anderen Nachhülfe gewiß gut gehn wird. Er hat durch Zuverlässigkeit der Physiognomie und Haltung, durch Umsicht und Weitsicht den allerbesten Eindruck auf mich gemacht, sodaß ich wieder beruhigt schlafen kann. Übrigens war es ein unerwarteter Erfolg für mich selbst, da ich bei seiner Prüfung eine eigene Prüfung durchzumachen hatte und mich besser bestehend fand, als ich selbst gedacht hatte. Es muß in meinem Gehirn ein mysteriöser Vorgang stattgefunden haben, eine Entwickelung insgeheim, sodaß ich tausend Dinge auf einmal in einer Klarheit und Offenheit sehe, die mir vorher geschlossene Knospen waren; und was damals mechanische Handhabung war, das hat nun organisches Leben. Und doch beglückt mich etwas noch Höheres mehr; eine innere Freiheit und Leichtheit, Resultante der Sicherheit, mit der ich mich selbst zugreifen sehe, rückwirkend wieder verbunden mit dem Eifer und dem Entgegenkommen der Leute, sodaß ich mich wie getragen, um nicht zu sagen erhoben fühle. Ja, mein geliebter Liebling, ganz so wie Du einmal die Worte in Dir hörtest: Er ist es! so klingen mir nun immer wieder die Worte im Ohr: Ich kann es .. Ich kann es .. Ich kann es .. Und wer ist es also, der dies Leben in mir erweckt hat? Du bist meine Erweckerin, Du – mein Glück, meine Kraft, meine Lebendigkeit, und meine Dankbarkeit, die ja nur eine andre Form der Beglückung ist, wird niemals enden. Es giebt Nichts Herrlicheres als Dankbarkeit, ist ein Wort Maler Bogners, das er mir freilich nicht erst ins Herz zu legen brauchte, denn es war schon immer darin.

Und wo bist Du? Es ist schwer, Dich zu sehn in der mir unsichtbaren Ferne, da ich ein sinnlicher Mensch bin und der leibhaftigen Vorstellungen bedarf. Ich habe nicht verstanden, warum Du weder nach Böhne noch nach Helenenruh gehen wolltest. Die Karwoche hat bereits angefangen, und wo nicht am Mittwoch, fahre ich Donnerstag nach Helenenruh. Zur Selbstbesinnung bin ich bisher nicht einen Augenblick gekommen, der Himmel weiß, was das geben soll; aber ich habe ein Übriges getan, um mich selbst festzulegen, indem ich den Landtag für Ostermontag zu außerordentlicher Sitzung einberufen habe, um Erklärungen entgegenzunehmen. Sagt Dirs genug?

Dein Georg

Georg an Cornelia Ring   am 6. April

Tausend Dank, Liebste, für Deinen Brief mit dem Erlebnis! Wie es mich bewegt hat, erfährst Du, wenn ich Dir sage, daß sie, die fast Deinen Namen hatte, wenn auch nicht den richtigen – Cordelia – im November nach der Begegnung mit Dir aus dem Leben gegangen ist; und auch Dir werden die Worte, die sie Dir schrieb, nun anders verständlich sein.

Es ist Nacht, ich war am Tag zu beschäftigt, um schreiben zu können, nun bin ich mehr als wach, fühle ganz Deine Nähe und möchte unendlich mit Dir reden. Da möcht ich Dich einmal fragen, ob Du eigentlich weißt, wer oder was Du bist? Dumme Frage, sagst Du, die nicht zu verstehen ist, so werd ich sie gleich selber beantworten. Du bist ein rechtes Kind unserer neuen Zeit, und der Ton liegt auf dem ›rechten‹ natürlich. Was will dieser Georg damit sagen? Dieser Georg will Dir sagen, daß er, wenn er Dich betrachtet, was er erst leider in neuester Zeit zu tun angefangen hat, Dich geprägt sieht von einer sehr alten Form. Du selber weißt nicht einmal das, wie ich Dich kenne, nämlich daß – in der besonderen Schmalheit Deiner Füße und Hände und Arme, dem Fall Deines Nackens zu den Schultern, dazu einer gewissen Zartheit der Nasenflügel, des Haaransatzes und sonst auch einem undefinierbaren, doch deutlich wahrnehmbaren Hauch um Deine Gesichtsbildung –

einfach gesagt ein Stempel erkennbar ist mit der Zahl 16. Das besagt: nachweisbar sechzehn Ahnen und wahrscheinlich mehr. Du willst es natürlich nicht wahrhaben, aber so ist es, wie schon Goethe sagte: ›So mußt du sein, dir kannst du nicht entrinnen.‹ Dir nicht entrinnen, nein, und doch bist Du entronnen, indem Du an dieser Deiner Form das, was nur mehr Form war, abgeworfen hast und Du selber geworden bist, um in Freiheit vom Herkommen und der Züchtung Deine eigene Form von innen her aufzubauen. Wenn auch noch so unbewußt, das war es doch, was Du gewollt hast: die Freiheit, nicht um ihrer selbst willen, sondern um sie dazu zu benutzen. Du magst aber nun wollen oder nicht: Die Sicherheit – trotz der Irren mit der Du es gekonnt hast, die verdankst Du nicht Dir selbst, sondern das ist das Erbe der Sechzehn. Du hast die Tradition im Blut, und so ist es, wie mir einmal in einer unvergeßlichen Stunde mein Vater sagte: daß die Tradition heute zwar hinter uns läge, aber: man muß sie gehabt haben. Das heißt also: sie irgendwie in sich haben – und das hast Du.

Ich fürchte übrigens nach manchen Anzeichen sehr, daß eine Zeit bevorsteht, ja vielleicht schon angebrochen ist, die von Tradition überhaupt Nichts mehr sehen noch hören will. Tatsächlich sind so phänomenale Erscheinungen wie die von Karl Marx schon die ersten frühen Symptome, wobei das Judentum des Mannes nicht ohne Bedeutung war. Denn die Tradition, die er als Jude hatte, war für ihn schlechthin nicht zu gebrauchen, und mit ihr warf er denn alle über Bord. Ja, wenn sie denn einmal Alles über Bord geworfen haben werden, dann werden sie erkennen, daß das ganze Schiff mitgegangen ist, und sie werden ersaufen, und ein neues Geschlecht muß geboren werden, das an die Vergangenheit wieder anknüpft.

Weißt Du notabene, daß Du eine große Vorgängerin gehabt hast in meines Vaters Urgroßmutter Gudula Trassenberg, die Ende des vorvergangenen Jahrhunderts zur Welt kam und beinah noch unser Jahrhundert gesehn hätte? Sie lief nicht zu, sondern gleich mit einem Josef davon, der Longinus Drolshagen hieß und ein Bildhauer war, anno vierzehn, dazu ein Freiheitsheld. Mit ihm zusammen entwickelte sie sich in Weimar und später in Berlin zu einer revolutionären Demokratin und Sozialistin, die in allen freiheitlichen Bewegungen eine lebhafte Rolle spielte und sehr verehrt wurde. Auch von ihr haben Andre gesagt, es sei nur Lottrigkeit und Unwissenheit um die Bindungen und ethischen Werte des angeborenen Standes gewesen. Ja, wenn aus ihr Nichts geworden wäre, wie aus der sächsischen Luise, die trotz ›Freiheit der Persönlichkeit‹ und ›Sich-ausleben-Dürfen‹ doch Nichts hatte als eben ihren Liebeshunger. Aber was die Gudula gewollt hat, war, was auch Du gewußt und gewollt hast: die eigene Lebensform mit den eigenen Händen aufbauen – wozu die Zerstörung der alten freilich erst notwendig war. Und sie hat es auch nicht allein gekonnt, nicht ohne ihren Mann, und auch Goethe hat dabei eine eigentümliche Rolle gespielt. Nein, solche Dinge kann keiner allein aus sich selbst leisten; wenn die Vorsehung nicht hilft, so hilft auch der beste Wille nicht, das weißt auch Du: Es geht nicht ohne die silberne Flöte.

Ja, und nun, mein Herz, kannst Du es noch immer nicht sehn, daß der Bogen des Lebens Dich zurückgeführt hat, woher Du kamst?

Und daß ich nun dastehe – nein, daliege in meinem Meer der Unmöglichkeit, schon das Gestade glaube nahe leuchten zu sehn und doch hülflos umherpaddele und – und auf das Wunder der Flöte warte?
        Immer ganz Dein
               Georg

Cornelia Ring an Georg   am 8. April

Ich möchte Dir so gern noch ein Wort sagen, mein geliebtes Herz, und weiß nicht, wohin ich es richten soll, hoffe es aber zu treffen, indem ich nach Helenenruh adressiere. Du fragst, warum ich nicht dorthin gegangen bin, aber – mein Lieber, Guter, Du selbst hast unsere Trennung beschlossen; sollte ich diesen Beschluß aufheben und nun doch in Deine Nähe kommen? Ich verstehe nicht, warum Du es nun anders willst; war ja mit Deinem Entschluß ganz einverstanden – so sehr, daß ich ihn Dir angemerkt habe, noch bevor Du ihn ausgesprochen hattest, und – die Wahrheit zu sagen – ich hab mich ein bißchen verstellt, als ich Dir erklärte, fortgehn zu müssen. Eine Unruhe war Dir anzumerken, ich spürte so deutlich durch Deine Liebe und Dein Festhalten an mir den Drang nach Alleinsein und habe mich ja nicht geirrt. Nun, wie schon gesagt: rufst Du, so bin ich gleich da, aber rufen mußt Du halt. Ich sehe, es ist recht, daß Du allein sein mußt – ohne mich, ja grad ohne mich! – und – auch ich glaube an die Flöte, gleichviel woher sie kommen mag. Aber nicht von mir, Georg, das weiß ich auch, nicht von mir. Ich kann Dir nur hinderlich sein – wenn es vielleicht doch geschehn sollte, daß Du die Flöte an Deinem Hals hängen findest und – nur entdeckst, daß Du ins verkehrte Ende hineingeblasen hast, wie?

Wie glücklich Dein Brief mich gemacht hat, kann ich unmöglich sagen, vielleicht gehts einmal mit Blicken und Küssen und ein bißchen Tränen vielleicht auch, sie sind mir seit Hallig Hooge etwas locker geworden, und es ist sonderbar, daß sowas Salziges so süß sein kann. Bei süß fällt mir ein Wort ein, das ich vor langer Zeit einmal gehört haben muß und das mir in meinem Leben sehr wichtig geworden ist und mir oft geholfen hat; von wem es ist, weiß ich nicht, ist ja auch gleichgültig; es heißt:

In Nachtgewalten,
In Taggewittern,
Sich süß erhalten,
Sich nicht verbittern.

Nun, hier schenk ich es Dir.

Was Du von mir geschrieben hast, ist wunderschön und wird auch wohl wahr sein. Ich natürlich habe es niemals bedacht, aber nun leuchtet es mir sehr ein. Ich habe diese Vergangenheitsdinge wohl zu sehr verachten müssen, war auch zu jung und dumm damals, die Werte zu erkennen, die innere Sicherheit, wie Du sagst, die ich durch sie bekam. Freilich habe ich von dieser Sicherheit Jahre lang Nichts bemerken können, sondern eher das Gegenteil, und es muß auch die Fee, wie in Saids Geschichte, ihre Hände im Spiel schon vorher gehabt haben und mich zu Bogner gebracht, dessen fast unscheinbar stille Kraft und Größe mir unendlich geholfen hat. Er war ja wirklich wie in Renates Vers, den Du mir sagtest, eine festgefügte Säule. Und nun muß ich Dir etwas sagen, das mir auf Hooge nicht über die Lippen wollte, als Du mir all das von Dir und Deinem Vater sagtest: Zu Bogner gekommen bin ich durch Sigurd Birnbaum. Er hatte den Gedanken, daß ich Bogner haushalten könnte, als ich bei Saint-Georges ratfragen war, und ich kannte ihn nicht einmal, Sigurd. Und nun, wie ist es, mein armes, zerquältes Herz: ohne daß ich bei Bogner gewesen wäre, hätten wir uns niemals näher kennen gelernt; also – willst Du hier nicht auch ›danke‹ sagen?

Mir kommen ein paar Verse in den Sinn, die ich bei Hebbel gelesen habe, und ich will mit ihnen heut schließen:

Und aus seinen Finsternissen
Tritt der Herr, so weit er kann,
UND DIE FÄDEN, DIE ZERRISSEN,
KNÜPFT ER ALLE WIEDER AN.

K.

*Hier enden des achten Buches neun Kapitel
oder ebenso viele Monate.*

Neuntes Buch

Karfreitag oder *Die Eltern*

All dies stürmt, reißt und schlägt, blitzt und brennt,
Eh für uns spät am Nacht-Firmament
Sich vereint, schimmernd still, Licht-Kleinod:
Glanz und Ruhm, Rausch und Qual, Traum und Tod.

Erstes Kapitel

Fahrt

Unermüdlich arbeitete der Motor, den großen Wagen über die breite Landstraße zwischen den Obstbäumen dahinschnellend, und unermüdlich arbeiteten die Gedanken.

Georg saß in seine Ecke des halb gläsernen Wagens gelehnt und hatte, zur gegenüberliegenden Seite hinausblickend in die österlich kahle Landschaft, über der es zu dämmern begann, zugleich den ruhigen Rücken und die betreßte Mütze des Chauffeurs vor den Augen und ganz zur Linken das Profil des in seiner Wagenecke sitzenden Hauptmanns, der in einem Buche las – auf Georgs eigenen Wunsch, den es störte, wenn jemand unbeschäftigt neben ihm saß, während er selbst seinen Gedanken nachhing. Angenehm war um ihn her die weite Leere des Landes mit seinen Wiesen oder Saatfeldern, kleinen kahlen Wäldchen, Häusern und Dörfern hier und da, nachdem der unablässige Menschenbetrieb der letzten Wochen bis zu seiner Abfahrt am Frühnachmittag gedauert hatte. Danach hatte er ziemlich erschöpft eine Stunde gedämmert, und endlich hatte sich wieder aus dem halben Traumwirrwarr von Gesichtern, die nicht aufhören wollten, sich ihm zu zeigen, das Katharinas herausgelöst, wenn auch unzulänglich in ihrer Ferne und schwer ins Auge zu fassen. Denn immer wenn er einen liebenden Blick, eine Welle zärtlicher Süße auffangen wollte, fuhr es dazwischen: Sigurd! Sigurd! aus ihrem letzten Brief, sodaß er seinen Kopf – wenn auch nur innerlich – schütteln mußte wie ein fliegenabwehrendes Pferd, um dann ihr begütigendes ›Und die Fäden, die zerrissen‹ unter einem bittenden Blick von ihr zu hören, unwillig. Denn das konnte, das durfte nicht möglich sein, daß solche Fäden – nicht zerrissen, nein, ganz ohne Zusammenhang miteinander – sich verknüpften. Und doch – es kam immer wieder: ›Und die Fäden, die zerrissen...‹ Ja, in ihm war etwas zerrissen, oder zwischen Sigurd und ihm, Alles – und nun kam er und bot ihm mit der ungelenken Geste, die er hatte, Katharina an, und mit seinen ironischen Mundwinkeln: Siehst du wohl, das hab ich für dich gemacht. Aber er hatte es garnicht; er hatte an ihn, Georg, nicht gedacht, es war Nichts als seine übliche leichte Hülfsbereitschaft. Aber der Haß, die Feindschaft, die Mordabsicht – und sein toter Vater –, die waren echt und wirklich. Dennoch – dennoch – irgendetwas war da in der Tiefe, ein Geheimnis, eine Verknüpfung, Gut und Böse verflochten.. Ich will es nicht, dachte Georg zum hundertsten Mal, ich will von dem Menschen Nichts. Aber da stand sie, Katharina, lächelnd, wie ein Himmelsgeschenk – und war doch aus seiner Hand gekommen, der Mordhand. Und wenn er, Georg, an keine Zukunftsverhängnisse denken konnte, als er mit Esther seinen Flirt hatte, so hatte eben auch Sigurd an keine Zukunft gedacht.. Da lagen sie wieder zusammen, der Tod und das Leben, in einer Hand; sie hatte gegeben, sie hatte genommen, das war unleugbar.. Zwei Schalen einer Waage schienen sich vor Georgs Augen zu bewegen, und er mußte sagen: Wenn ein Sinn in der Welt ist – und es ist ein Sinn, du weißt es, du wärest nicht, wenn er nicht wäre –, dann ist er nicht dort oder da, an erlesenen, leuchtenden Punkten, geordnete Bilder im regellosen Gewimmel des Firmaments, sondern er ist überall; er besteht nicht in geordneten Bildern, er besteht in dem Zusammenhang von Allem mit Allem und in den unabänderlichen Gesetzen, die das Kreisen der Planeten und selbst das Kreisen deiner Gedanken, auch wenn du es nicht weißt, in Ordnung halten und ihnen Richtung geben. Es giebt Zufälle, gewiß, man stolpert über einen Stein und geht weiter, man verrenkt sich nicht immer den Fuß und verliert seine Stellung und dergleichen; was keine Folgen hat, was sich nicht einfügt wie ein Haken oder Kettenglied, sodaß erst später erkennbar wird, daß es zwei Ketten waren, die an jener Stelle durch ein hineingepaßtes Glied zu einer einzigen zusammengefügt wurden, das ist Zufall. Aber es war nicht Zufall, daß ich diesen Montfort mit Katharina im Café traf und daß er das eine Wort fallen ließ – wie eine Knospe, die sich nun vier Jahre später zum blühenden Kelch ihres wahren Namens entfaltete. Und es war nicht Zufall, daß Sigurd den Namen Bogners für sie aussprach, diesen und keinen andern, der für sie und für mich so zum Heil, so zum Segen wurde. Hier ist Sinn, Georg, gieb es zu, hier ist ein Sinn in einer Tiefe, aber es ist – ja, es ist, als ob ich in die Tiefe eines Brunnens hinunterblickte, wo unter der Wasserfläche ein Goldschatz zu flimmern scheint; aber mein eigenes Gesicht im dunklen Spiegel unten verdeckt mir das Erkennen. Wenn ich mein Gesicht fortnähme, könnte ich sehen – aber wie sehe ich ohne mein eignes Gesicht? Also ich müßte von mir absehn, mich eliminieren oder – objektiv nur sehen, was ist – und was ist das?

Katharina und Vater. Die Eine hat leben sollen – für mich, kommen sollen – zu mir; der Andre hat sterben sollen – mein Gott, kann das wahr sein? Wieder schoß es ihm zusammen und durcheinander – der Tod und das Leben, ineinandergeschlungen in dem unbegreiflichen Mysterium der Nacht, wo er einschlief, den Tod in der Hand mit dem Instrument; und wie er erwachte, war er ihm ausgetauscht – die glühende, saftige, strotzende, unsterbliche Frucht der Liebe, an den Lippen zerschmelzend. Nein, da war er wieder bei sich selbst, doch wieder mußte er nachgeben; aus dem Dunkel erschien die Bank im Park vor vier Jahren, Sigurd und Esther – – da war schon Alles angelegt, bestimmt und fertig, außen und innen, es war daran Nichts zu ändern, es war nur zu erleiden, wenn auch handelnd, und es war vollkommen wahr, daß es keine Freiheit des Willens gab, keine absolute, sondern nur die relative der Unwissenheit, da wir von keinem Ding, das uns geschieht, die ganze Bedeutung erfassen, sondern nur die gegenwärtige allein, aber nicht die unendliche, nicht das – furchtbare, oder das selige Gesicht, das nach Jahren aufleuchtet: Käthe .. Katharina, Knospe und Frucht – ungeheuerlich, unbeschreiblich. Und folglich – folglich bist du dem Menschen Dank schuldig; das ist deine persönliche Sache; aber ganz unpersönlich, ohne dich und für sich allein, ging mit ehernen Füßen ein andres Verhängnis seinen Weg und nahm deinen Vater aus deiner Welt fort, und – war das nicht gut für dich?

Nein, hier geht es nicht weiter, murmelte Georg, heiß werdend, hier steht: Betreten verboten, ein für allemal, ich darf das nicht denken, vielmehr – nein – im Gegenteil, ich habe das wieder vergessen, etwas weit Ärgeres ist geschehn, nämlich daß sie, die dir die Tür in ein neues Leben auftat, dir selber den Weg verstellt. Es ist nicht auszudenken – aber es ist so. Da sind wir wieder, Georg, da stehn wir wieder – und die Tür ist in Wahrheit zu. Was in all den Jahren dein Begehren war, weil du es nicht hattest: sie hat es besessen, und sie hat es von sich getan, abgeworfen wie einen unpassenden Mantel, eine Wertlosigkeit. Dir war es unerreichbar – nun kannst du sie nicht erreichen. Ja, warum, warum nur? Was hindert mich? Das ist kein Ethos, keine Moral, das hat Nichts zu tun mit unedler oder edler Gesinnung, mit Anmaßung, mit – nun gleichviel, es hat einfach mit Nichts zu tun als mit sich selbst. Es ist in mir, ich kann nicht, ich begehre sie wahnsinnig, ich kann nicht sein ohne sie, nicht atmen mehr, nicht leben – aber mir sterben die Arme ab, die ich ausstrecke, in mir stockt Alles und – und – und – hier sitze ich, mit meinem Flügeladjutanten, Großherzog, königliche Hoheit, ich lenke, ich gebe Anweisungen, ich schicke Leute von da nach dort, ich werde mit Ergebenheit angehört, keiner widerspricht mir, der nicht sagte:

Wenn ich mir gestatten darf einzuwenden, was übrigens ekelhaft ist, ich werde das abschaffen, aber – was wollte ich eben denken? Ja – es geht, es hat seine Richtigkeit, es paßt mir, ich kann es, es ist mir selbstverständlich, und woher habe ich das? Nein, nun muß ich aufhören. In dem Augenblick stieg auch das Verlangen nach der Geliebten in seinem Leib und seiner Seele mit solcher Glut auf, daß er sich von sich selbst abwenden mußte und das äußere Auge auf den lesenden Mann richten und ihn fragen, was er da Gutes lese.

Strategie

Der schloß sogleich das Buch, den Zeigefinger hineinschiebend, sodaß der goldene Titel auf dem Deckel sichtbar wurde: ›Briefe, die ihn nicht erreichten‹, und Georg sagte: »Von der Heyking, ich kenne es nicht, aber sieh an, Sie lesen Romane?«

Der Hauptmann hüstelte aus einer Angewohnheit leicht – er wie Georg waren in Zivilkleidung mit leichten Mänteln –, bevor er erwiderte, es sei wohl kaum ein Roman zu nennen, Briefe eben, geistreiche Plaudereien über Landschaft, Kunst, Politik, und Fräulein Chalybäus hatte es ihm gegeben. Magda? dachte Georg, welch interessante Neuigkeit, aber der Hauptmann kannte sie seit einiger Zeit, wie Georg auf Befragen erfuhr, sie hatte sich an ihn gewandt, ihn zu sich gebeten, um ihn über Georgs Ergehn zu befragen, und der konnte wieder gerührt sein von ihrer immer wach bleibenden Sorge um ihn, wie auch von der stillen Verschwiegenheit des Mannes an seiner Seite, der übrigens – Georg glaubte, es nicht zum ersten Mal zu erkennen – in seinen Zügen eine gewisse Ähnlichkeit mit Annas Vater aufwies, besonders in der feinen Krümmung der Nasenspitze und der Art, wie der Schnurrbart darunter hing. Sonst war hier Alles besser, die Stirn höher, das Kinn fester, obwohl nicht ohne Weichheit. Er erinnerte sich auch, daß der Hauptmann musikalisch war, Klavier spielte – sieh an, dachte er, man sollte diese Beiden verkuppeln, wenn nicht ihre Blindheit .. Er brach den Gedanken ab, da der Hauptmann unterweil das Buch geöffnet hatte, um eine Stelle vorzulesen, die ihm interessant vorgekommen war, Sätze aus einem Gespräch zwischen einem jüngeren deutschen und einem älteren amerikanischen Diplomaten in New York, und der deutsche sagte:

»Das Wachsen der imperialistischen Tendenz in den Vereinigten Staaten, die Sie uns eben als wichtigste Tatsache dieses Jahrhunderts geschildert haben, ist ein speziell europäischer und monarchischer Zug. Je mehr Gewicht der äußeren Expansion und einer starken auswärtigen Politik beigemessen wird, um so mehr werden die Volksvertreter, die sich notwendiger Weise mehr mit inneren Fragen beschäftigen müssen, an Bedeutung verlieren. Eine große imperialistische Politik bedingt die Herrschaft einzelner großer Führer, und da haben die Länder den Vorteil, wo ein einzelner Mann an der Spitze des Staates steht.«

»Glauben Sie das?« fragte Georg. »Merkwürdige Theorieen aus der monarchistischen Blickrichtung. Das englische Empire ist doch wohl nicht von seinen Königen gemacht worden – oder? Einzelne große Führer – die müßten wohl erst geboren werden. Edward VII... Kaiser Franz Joseph .. Nicky – und unser S. M.? Die geben doch höchstens einer bestehenden Richtung den Nachdruck von oben her – wie bei Österreichs Annexionen oder unserer Kolonialpolitik.«

Rieferling versetzte, daß es eigentlich nur der Gedanke der Führung gewesen sei, der ihn nachdenklich gestimmt habe. Er schiene ihm unvermittelt aus fremder Umgebung aufgestiegen, denn in der Tat – auf den europäischen Thronen seien keine solchen zu sehn.

»Wann ist denn das Buch erschienen?« fragte Georg. »1903? Allerdings merkwürdig - wie kommt sie darauf? Große Führer - was ist überhaupt darunter zu verstehn?«

»Wir glaubten«, versetzte der Hauptmann, »in Ihrem Vater einen solchen zu sehn - viele glaubten es.«

»Aber doch auf einem ganz andern Gebiet - einem gegenteiligen. Imperialistische Tendenzen - ich kann mir dabei garnichts denken. Ist Anwachsen durch Annexionen gemeint? Da brauchts, wie wir sehn, keine Führer. Oder einfach Eroberung? Ja, wir wollen doch wohl nicht England oder Rußland erobern, oder England oder Rußland uns - oder auch die Türkei? Zugang zu den Dardanellen - das ist etwas Andres. Aber wer will erobern?«

Der Hauptmann flocht den Namen Napoleons ein, und Georg lachte. »Aber der dürfte ziemlich von unten gekommen sein, und die Monarchie war das Resultat, nicht die Grundlage. Es müßte also eine Revolution vorhergehn - naja, die hat es schon gegeben, auch in Deutschland - da fehlte freilich die große Führerpersönlichkeit. Und Napoleon ist auch nicht aus den Reihen der Jakobiner oder vom Berg gekommen, sondern - von Saint-Cyr und von Korsika. Eroberungen stehen immer am Ende, nicht am Anfang - meinen Sie nicht?«

Es wäre allerdings kaum vorzustellen, erwiderte der Hauptmann, daß die jetzt doch vorwiegenden sozialen Tendenzen der Zeit ins Imperialistische umschlagen könnten - und Georg war still darauf. Die Erscheinung seines Vaters war schon vorher aus Rieferlings Worten aufgetaucht, stand nun wieder vor ihm - stand wie immer vor ihm, hinter ihm, neben ihm - wohin er sich auch bewegte, und neben ihm lag der ewige Block: Plan 11 - Plan 11 - der gewälzt sein wollte.

»Warum sind Sie eigentlich Offizier geworden, Rieferling, ich wollte Sie das immer schon fragen? Aus reiner Neigung?«

Nicht eigentlich - nur halb und halb. Der Hauptmann lachte hüstelnd und sagte: »Die Wahrheit zu gestehn - ich wollte

Musiker werden, Klavierist, solange ich auf dem Gymnasium war; lief da schon mit langen Haaren herum, aber dann verließ mich der Mut – vor dem Podium, vor der Öffentlichkeit.«

Wie von seinem Gesicht abzulesen, dachte Georg, aber welcher Mensch liest in seinem eignen Gesicht? »Da griffen Sie nach dem Degen.«

»Eigentlich mehr nach Kriegswissenschaft und Strategie; der Frontdienst war eher Notbehelf – ich mußte ja leben.«

»Strategie und Musik – die lagen da in Ihnen zusammen?«

Nun, der Hauptmann hatte ein starkes musikalisches Element in der Kriegskunst gefunden. »Wenn man es Kunst nennen darf, aber ist die Anlage von Plänen, Werken, Organisationen ohne Kunst zu denken? Jede umfassende Unternehmung hat etwas von einer Partitur.«

»O so meinen Sie das? Das ist wohl wahr.«

»Staatsmannschaft«, fuhr der Hauptmann fort, »auch große Kaufmannschaft – und eben vor Allem Strategie – es ist bei ihnen nicht anders wie bei den Künsten – Architektur, Malerei, Komposition. Das letzte Wort spricht es einfach aus.«

»Sie meinen die Zusammenfassung großer polyphoner Massen, die Vereinigung vieler Einzelstimmen zur Harmonie?«

»Gewiß – und nicht ohne die gleichsam melodiöse Herausarbeitung von ein oder zwei Hauptstimmen – Kontrapunkt und Generalbaß gehören dazu.«

»Und die taktischen Ereignisse oder Schlachten«, sagte Georg, »wären dann die Glanznummern, Bravourarien, wie? Herrliche Theorieen, mein Lieber – wie echt deutsch wir da wieder mal sind. Das Brüllen der Geschütze, Platzen der Granaten, Schreie der Sterbenden, Herumfliegen zerfetzter Gliedmaßen, brennende Dörfer, erschossene Franktireurs – mit heulenden Müttern, zerrauften Bräuten und wimmernden Kindern als Chor im Hintergrund – und das wollen Sie dirigieren?«

Der Hauptmann sah ihn still und fast abweisend an.

»Ich bin dafür nicht verantwortlich«, sagte er.

»Aber Sie tun es – und Sie wollen es doch, müssen es wollen, da Sie Offizier sind?«

»Ich will es gewiß nicht, Hoheit. Alles, was ich dazu sagen kann, ist, daß ich ein Mann bin und hoffe, es ertragen zu können – wenn es sein muß.«

»Sein muß – Sie meinen, es muß sein.«

»Es müßte nicht, Hoheit. Aber solange es Armeen giebt und Flotten – oder – solange die Völker Armeen und Flotten unterhalten und Generalstäbe und Admiralstäbe dazu, solange muß es wohl sein.«

»Das ist es, natürlich – das ist es. Und was heißt das doch wieder nichts Andres, als daß die Völker unter sich Menschen hervorbringen mit Lust zum Soldatenstand, zum Offiziersberuf, Uniformtragen, Degenschwingen und Hurrahschreien.«

Der Hauptmann konnte es nicht leugnen, so sei es, er meinte aber, wenn man denn schon beim Vereinfachen sei, so käme man folgerecht bald zum fleischfressenden Säugetier oder jedenfalls zu Hunger und Ausdehnungsdrang.

»Wo wir dann wieder bei unsrer imperialistischen Expansionspolitik wären. Nein, nun sagen Sie mir lieber – man hört und liest soviel von Feldherrngenie. Glauben Sie, daß es das giebt? Ich finde nämlich, man sollte das Wort Genie auf die produktive, die schöpferische Sphäre beschränken. Aber ich würde gern hören, wo und wie Ihrer Meinung nach im Schlagen einer Schlacht sich Genialität bezeigt?«

Der Hauptmann blickte eine Weile sinnend in die Dämmerung hinaus, ehe er sagte:

»Genialität – das Wort wird freilich wie viele andre heute sehr leicht gebraucht. Aber es giebt wohl etwas, das sich als Genialität des Handelns bezeichnen läßt; das Aufspringen eines Funkens – doch nicht ohne klares Übersehn der Sachlage. Nein, eben das – intuitives Übersehn von Punkten, die dem gewöhnlichen Auge verborgen bleiben. Und dann das augenblicklich energische Zufassen.«

»So wie Goethe sagt«, flocht Georg ein, »Alles kann der Edle leisten – Der versteht und rasch ergreift.«

Anna, dachte er unwillkürlich dabei, wie komm ich darauf? Aber wie sie auf den Jason schoß, der in die Mühle lief.. Er blickte von der Seite her auf den Hauptmann, sich fragend, ob er es ihm erzählen sollte. Der sagte indessen nachdenkend:

»Wellington.. er kam einmal mit seiner kleinen englischen Armee in Indien auf eine Ebene hinaus und fand das große indische Heer da in Schlachtstellung, aber davor strömte ein Fluß. Wellington fragte seine Führer, ob es irgendwo eine Furt gebe, aber es wäre da keine, sagten sie. Indes entdeckte er bald weiter unten, daß der Fluß eine Biegung machte, und sah dort zwei Häuser auf beiden Ufern einander gegenüberliegen. Wellington sagte: Wo zwei Häuser sich gegenüberliegen, muß eine Furt sein, und da war eine Furt, er führte sogleich sein Heer hinüber, fiel der feindlichen Armee unerwartet in den Rücken, und der Sieg war vollständig.«

Der Hauptmann meinte, dies sei nur ein einfaches, sehr kleines Beispiel, doch es erhelle die Forderung, auf die es auch im Größten allein ankomme. »Und Genie«, sagte er, »ich habe einmal den Unterschied zwischen Talent und Genie so definieren gehört, daß es dem Talent glücke, ein Ziel zu treffen, das alle andern Schützen verfehlten. Aber das Genie trifft ein Ziel, das Andere garnicht sehn.«

»Ausgezeichnet«, sagte Georg, »garnicht zu übertreffen. Und wenn es hier auch nur die zwei Häuser am Fluß sind – der Mann sieht – und er greift zu. Aber so kann es im täglichen Leben auch sein.« Er konnte es nun nicht lassen, die Geschichte von Anna und der Windmühle zu erzählen, aber nur bis zu der Stelle, wo Anna und er, das Gewehr über der Schulter, Jason auf die Mühle zulaufen sahen, um den Hauptmann zu fragen: »Nun, sagen Sie, was war da zu tun?«

»Den Mann in die Beine schießen«, versetzte lachend der Hauptmann.

»Na, Sie kennen die Geschichte wohl schon?« fragte Georg mißtrauisch lachend, aber natürlich, Rieferling hatte keine Ahnung und verteidigte sich: das Gewehr sei doch gleich so aufdringlich erschienen.

»Aber ich habe es nicht getan«, sagte Georg, »sie hat es getan.«

Er beobachtete mit Vergnügen, daß der Hauptmann nicht nur äußerlich, sondern auch innerlich zu verstummen schien. Nach einer Weile sagte er dann:

»Wenn Hoheit selbst nicht geschossen haben, so hat es zweifellos daran gelegen, daß Fräulein Chalybäus das Gewehr vor Augen hatte, aber nicht Sie.«

»Lieber Mann«, hohnlachte Georg, »sie hatte schon geschossen, ehe mir überhaupt klar war, daß der Mensch in die Mühlflügel laufen wollte. Und sehen Sie«, setzte er offenherzig resignierend hinzu, »das ist mein Geburtsfehler. Ich bin schnell im Denken – wenn es allein auf das Denken ankommt – war eher sogar vorschnell – früher, bin jetzt vorsichtiger geworden. Aber wenn gehandelt werden soll, kann ich nicht denken ..«

Er verstummte; der Hauptmann machte respektvoll keine Entgegnung, aber Georg machte sie sich innerlich selbst, indem er dachte: Es ist doch nicht ganz mehr wahr. Im konkreten, gleichsam nackten Handeln – da mag es noch immer so sein. Aber die letzten Wochen haben mir doch gezeigt, daß ich – nun – Übersicht habe, Punkte zusammenfassen kann, die für den gewöhnlichen Blick zu weit auseinander liegen, und dann – ja, dann ist es gerade dieses fast blitzhafte Erkennen oder – vielmehr ein Glück des Erkennens ist es dann, ja, die Zuversicht – nein, nicht so! Das Erkennenkönnen gab mir dann eine Zuversicht, die beschwingte – ja, mich in Schwingung versetzte und zufassen ließ. Merkwürdig – geradezu, als ob dieses Vermögen des Zusammenfassens von entlegenen Punkten schon die Bürgschaft für die Richtigkeit enthielte und mir dadurch die Sicherheit gab – und mir den Schwung verlieh, sodaß ich zufassen und aussprechen konnte, was ich für richtig hielt.

Georg blickte, vorgebeugt sitzend, zu seiner Rechten zum Fenster hinaus, wo jetzt nur Nacht zu sehn war und hier und da ein Fensterlicht aufglomm, dazu die weit vorgreifende Helligkeit der Scheinwerfer; und er arbeitete angespannt weiter über dem leichten Tosen der Fahrt und des unermüdlichen Motors.

Diese Sicherheit aber – kann sie wirklich allein in diesem Erkenntnisvermögen ihren Grund haben? Natürlich nicht. Mein Posten giebt sie mir auch, die Überlegenheit meiner Stellung, die ich zwar längst nicht besitze, die mir aber von Anderen zuerkannt wird; und wenn auch nur ein Scheinbares .. halt, nein, es muß noch etwas da sein, es muß .. die Freiheit! O natürlich! Daß ich allein auf mir selber stehe, aber weiß, ich bin am Platz. Doch wie ist das jetzt möglich? Da komm ich von Hallig Hooge, komme – aus lauter Zerwühltheit, wochenlang, monatelang Nichts als – Meer, innen und außen, Brandung, Tosen und Zerschellen der Verzweiflung, und endlich – die Erschöpfung, das Nichtmehrkönnen – der Tod, das Sterben – und schon auch – Katharina, o mein Gott, Mädchen, du – du glaubst, du giebst mir den Standplatz. Als ich mich dir bekannte, sagtest du Nichts als: Also deshalb! Und das hieß, daß die Sache selbst, die mich zu Tode quälte, dir vollständig gleichgültig blieb; du sahst nur, was mich quälte. Ob echt, ob unecht – dir war es einerlei, denn – na ja, o die Hölle – dir! Was bedeutet dir Stand und Rand und Geburt und Rechtmäßigkeit? Du hast das abgetan, und da sind wir wieder – sind wir am alten Fleck. Du glaubst – an den falschen Mann.

An den falschen – aber wie kann sie? Das kann doch nicht möglich sein! Herr du meines Lebens, ob ich jemals diese Verknotung auflöse? Laokoon – oder die hoffnungslose Verstricktheit. Sie glaubt – woran glaubt sie also? An die Kraft, die von innen herkommt, an die Freiheit, an das Verstehen – o ja, wie sagte doch Hölderlin? ›Daß er *verstehe* die Freiheit, aufzubrechen, wohin er will.‹ Wohin er will – und also, ich muß, ich muß, ich muß sie verstanden haben. Woher? Vielleicht wie ich da schlief.. den Seinen giebt es der Herr im Schlafe – und mir gab er scheints Katharina; gab sie mir – als Bestätigung – Würdigung – Siegel des Segens, des Rechts – ach, wenn es nur wahr wäre! Wenn ich es nur so sehn, nur auch fassen und halten könnte! Aber sie ist, sie ist, so muß ich sie schließlich verdient haben. Ja, da hock ich wieder allein – keiner hilft – aber wie denn auch? Ich muß allein fertig werden, und – mein Gott, bin ich nicht zum ersten Mal jetzt allein – frei von Vater?

Er warf sich in die Ecke zurück. Frei von Vater – da ist es, da! Jetzt – jetzt – was jetzt? Jetzt werde ich, jetzt muß ich endlich die Kraft gewonnen haben, dem ins Auge zu sehn. Habe ich die nicht gewonnen, habe ich Nichts gewonnen. Jetzt muß es sein, diesen Augenblick..

Georg blickte zur Seite auf Rieferling, der im Schatten der Wagenlaternen in seiner Ecke saß, die Lider gesenkt auf das Buch, das seine Hände umschlossen, oder er stellte sich schlafend. Vielleicht denkt er an Anna – und warum nicht? Er ist der Mann, der mit einer Blinden verheiratet sein kann; wird sie auf seinen Händen tragen – oder verbinde ich hier zwei nicht zusammenhängende Objekte? Nun – der Liebende wird stets ein Kuppler sein.. klingt wie ein Vers, scheint aber von mir zu sein. Wohin bin ich da wieder geraten? O Katharina, Katharina – jetzt steh mir bei, indem du dich eliminierst!

Allein das tat sie durchaus nicht. Er drückte sich fest in die gepolsterte Ecke zurück, schloß die Augen, allein nun wollte lange Zeit weder Bild noch Gedanke erscheinen. Sein Herz klopfte stark.. du, o nur du, immer du! O Wogenschlag meines Herzens! Und wo bist du jetzt? Warum habe ich nicht deine Arme um meinen Hals, deine Brüste an meiner Brust, deinen Mund mit meinem vermischt, dein Gestammel, deine Umschlingung .. und dann einschlafen, einschlafen – ja, und sie sorgt für das Feuer, oder sie denkt an Paprika – oder sie steht am Fenster und paßt auf mein Erwachen – wunderbar, o – die göttliche Gegenwart! Wenn ich zurückdenke: daß sie ganz nahe war schon, daß sie schon über das Watt fuhr, schon mich liebte, mich bedachte .. die zerrissenen Fäden schon in der Hand .. werde ich jetzt einschlafen? Und dann habe ich sie für Vater gehalten, im Nebel! Mein Gott, mein Gott, wie hat es sein können! Am Rande des Wahnsinns, bis zur Selbsthalluzination, bis ich sein Gespenst vor mir hatte und –

– heraus damit, Georg, jetzt! Bis du ihn angeschrieen hast: du hast mich ruiniert! Ja, werde jetzt schamrot, was nützt es? Mir das Leben verpfuscht! Verpfuscht – nein, das hat sie gesagt, und er hat es auch nicht getan, das sagte mein Wahnsinn nur, doch es war Wahrheit darin – Wahrheit, die ich erkennen muß und darf: daß er über mir war, ein Koloß, ein – na, nicht übertreiben, aber es muß irgendwie etwas Ägyptisches daran gewesen sein, jedenfalls – er hatte mich in der Hand. Er hat es nicht bedacht, ja, wie sollte er, er konnte es nicht bedenken, war auch so weit geblendet von seinen Plänen und seinem Ehrgeiz wie ich. Und er wollte für mich das Beste, dachte nur väterlich – freilich, eben in diesen Grenzen. Einen Kronprinz wollte er nicht – aber was wär ich geworden? Doch nur Instrument, nur Ausführer seiner Gedanken, so wie ich jetzt – nur Erbe bin, Nichts als Erbe. Wer hat das gesagt, daß zwei Bäume nicht an ein und derselben Stelle wachsen können? Gleichviel, ich sage es jetzt, ich sehe es, ich hätte nicht wachsen können, mich niemals eigen entfalten. Versklavung – wie? Hörigkeit, Unterdrückung der Persönlichkeit, und wie die verfluchten Schlagworte alle heißen – wie bei Katharina auch – hier ist es Wahrheit – oder wär es geworden. Es wäre – unrein geworden, ja, ich wäre zum Widerstreben gereizt worden, da mir die Selbstständigkeit gefehlt hätte. Weiß ja, wie das geht! Wo Gründe zur Kritik, zum Neinsagen fehlen, da werden welche erfunden, und – o – aber gleichviel, gleichviel .. Selbstständig kann nur einer allein sein; nur einer, der allein steht, und ich wäre unselbstständig geblieben, hätte nie mich selbst aufbauen können, nie meine eigene Form gefunden. Das ist es, das war es, und – gottlob, mir scheint, ich bin es jetzt los. Dieser entsetzliche Druck – ich kann ordentlich aufatmen – ja, ja, aufatmen jetzt mit Bewußtsein, jetzt erst mit vollem Bewußtsein, in tiefen Zügen – wie ich es unbewußt schon getan habe in diesen Wochen, da ich mich in die Flut stürzte und – schwamm. Schwimmen, sagte unser Turnlehrer, ist allein Sache der Atmung. Solange Sie es nicht können, atmen Sie krampfhaft – oder solange Sie krampfhaft atmen, können Sies nicht. Auf einmal können Sie schwimmen – und dann atmen Sie richtig, das heißt ebenso frei und natürlich im Wasser wie auf dem Land.

Und also – er ist gestorben, damit –

– nein, nicht damit, Georg, renne nicht wieder zu weit! Er ist gestorben, sonst Nichts. Es war sein furchtbares Schicksal so – Gott allein weiß, warum, doch es war anscheinend so bestimmt. Und – daß meine Hand da hineinspiel– ja, spielte muß man wohl sagen, so elend es klingt – das muß ich ertragen. Das bleibt; das kann nicht vergehn; das muß nun – muß nun – was?

Das muß wohl deine Ehre werden, Georg, deine Ehre; es scheint mir das rechte Wort. Schuld und – Schuld und Sühne, Schuld und Ehre? Schuld ist Erniedrigung; aber man kann nicht ewig erniedrigt dahinkriechen. Man muß sich umwandeln ins Aufrechte, und was dich niederdrückte – eben das muß dich erheben. Oder wie hieß noch das Wort, das ich einmal hörte?

Was dich vernichten will, mach dir zudienst.

Was dich vernichten wollte – – Gott helfe mir, das muß es sein. Was dich vernichten wollte, als du dich ratlos hingabst, das muß dir dienen, dich aufzubaun.

Gott, wie bin ich erlöst! Ich glaube, jetzt möcht ich schlafen – aber nicht allein!

»Mein lieber Rieferling«, sagte Georg, von Weichmut überkommen, »ich habe Ihnen zwar schon gesagt, daß Sie über die Ostertage Ihr eigener Herr sind, aber ich erinnere Sie nochmals. Und ich möchte hinzufügen: Wenn Sie in den Generalstab wollen – ich entbehre Sie natürlich aufs ungernste, aber dies hier ist auf die Dauer kein Dienst für Sie, und Sie wollen vorwärts kommen. Sie können dann gleich ein paar Wochen Urlaub anschließen und gehn, wohin Sie gern wollen.«

Das, erwiderte der Hauptmann, nachdem er sich schlicht bedankt hatte, das würde dann wohl von Fräulein Chalybäus abhängen.

»Ob sie Sie in Helenenruh wohnen läßt? Aber natürlich – nein!« Er las in des Hauptmanns vollkommen geschlossenen Zügen und unterbrach sich. »Meine zu lange Leitung! Ist es schon so weit?«

»Es war noch nicht so weit«, versetzte der Hauptmann, indem er nach der Verdunkelung seiner Stirn und Wangen zu schließen, errötete. Er hüstelte, lachte und sagte:

»Hoheit, es war dieser Schuß; er hat den Schluß hergestellt.«

»Ah so! Und da wollen Sie nicht verfehlen, der Edle zu sein, der versteht und schleunig ergreift. Ich sehe, Sie sind ein Taktiker!«

»Und Sie, Hoheit«, erwiderte der Hauptmann ganz ernsthaft, »waren der Stratege.«

Wollte Gott, ich wär einmal Beides bei mir selbst, dachte Georg, während er sagte, er wolle noch ein Nickerchen machen über die letzte Stunde der Fahrt.

Zweites Kapitel

Anna

Die erleuchtete Eingangshalle von Helenenruh sprach, als Georg sie betrat, mit dem schön und lang nach oben geschwungenen Bogen ihrer Treppe ein so deutlich freundliches Wort der Begrüßung aus, daß er aufatmend stehenblieb und emporsah. Nein, da stand nicht Helene wie in den früheren Jahren, wo sie immer dort gestanden hatte, von einem Späher am Fenster rechtzeitig herbeigeholt. Und trotzdem war es das Ankommen in seiner Jugendzeit, der volle süße Duft und Gruß der Vertrautheit wie in jedem Sommer, weit heimatlicher als Trassenberg, nein heimatlich allein. Aber die beiden Ankünfte in der Zwischenzeit, bei ihrem Tod und die in halbem Bewußtsein zuletzt – waren ausgelöscht. Auch die Gestalt des vorausgesandten blassen Egon, der nun oben erschien und lächelnd die Treppe herabgeeilt kam, war lieblich zu sehn, und zugleich ertönten von oben die Klänge eines Klaviers – sollte das wohl Renate sein, die ihn mit Tönen willkommen hieß? Aber niemand hatte hier seine Ankunftszeit gewußt – doch konnte sie auch für sich selbst spielen oder für Anna. Renate – nein, nicht ein Hauch von Beklommenheit. Hier war jetzt einmal Alles in Ordnung. Und dann hörte er vom blassen Egon, der Herr Prager sei oben mit Fräulein Chalybäus. Benno, das war reizend! Hatte sie ihn als Überraschung für ihn eingeladen? Ach, dann würde Alles wie früher sein, und er kam vom Pennal, aus Prima, Sekunda, Tertia. Aber wie – Bennos Elfe? Nun, es würde sich zeigen.

Als Georg dann, den Hauptmann hinter sich, der Tür des Klaviersaals sich näherte, war die Musik drinnen so voll im Tönen, daß er behutsam öffnete und nur einen Spalt, weit genug, um einzutreten. Der große Raum lag dunkel im Schatten der Stehlampe, die auf dem runden Tisch zur Rechten brannte; daneben saß Anna, in einen erdbeerfarbenen Schal gehüllt, sich aufrichtend, da sie doch ein Geräusch gehört zu haben schien. Dann erkannte er Benno an dem letzten der drei Flügel vor den Fenstern, aber die Töneflut, die er hervorhämmerte, kam ihm greulich und mißtönig vor. Aus Annas schmalem und wie immer blassem Gesicht blickten die dunklen Augen ihn sosehr wie immer an, daß es erschreckte – und um so mehr noch dann, als bei seinem Näherkommen auf den Zehenspitzen der Blick plötzlich verschwand und die Augen leer wurden. Aber dann lächelte sie entzückt, fragend: »Bist du es, Georg?« hob ihre Hände und nahm, da er sich auf ihre Stirn zum Kuß beugte, sein Gesicht hinein, küßte ihm Stirn und Mund, flüsterte ihm aber dann zu, er möchte noch still sein, Benno sei etwas Schreckliches zugestoßen. So ließ er sich auf einen Stuhl neben ihr und bemühte sich, Bennos Spiel zu lauschen, das ihm immer gräßlicher zu werden schien, wüste Kakophonieen, und eine kleine süße Melodie, die wieder und wieder auftauchen wollte, wurde wie ein Blümchen sogleich zertrampelt, fortgefegt und überschüttet mit wüsten Beschimpfungen obendrein – denn so klang es, gehackt, geschmettert und ausgepfiffen. Zu Anna sich hinbeugend, fragte er ganz entsetzt, was geschehen sei, und bekam es zu hören: Seine Elfe war fort – fortgelaufen mit einem Orchestermann – das mußte kommen! dachte Georg, nicht ohne ein Aufleuchten von Genugtuung, auch von Befreiung für Benno dazu, im Düster des Mitgefühls. O dieser ärmste Benno! Da saß er, sich auszuwüten, mit Kakophonieen zertrampelnd die eigene Herzensblüte, daß es nicht zum Anhören war. Georg konnte es nicht, er stand auf, um hinzugehn, sein Auftreten hörbar machend, und das Spiel brach ab, Benno blickte sich um – du mein Gott, rote, verschwollene Augen und das ganze Gesicht zerwüstet. Für eine Sekunde raffte er sich zusammen, versuchte zu lächeln, verbeugte sich – aber dann warf er ratlos die Arme hoch, rief: »Ich kann nicht – ich kann noch nicht!« lief zur Tür und hinaus, dabei fast mit dem blassen Egon zusammenstoßend, der ein Tablett mit Schüsseln und Gläsern eben noch rechtzeitig abseit biegen konnte.

Georg erfuhr dann, während er und der Hauptmann den belegten Broten, Obst und Wein zusprachen, von Anna die Einzelheiten des Geschehnisses, die fast ärger waren als es selbst, durch Niedrigkeit oder Gemeinheit. Das Verhältnis hatte seit Monaten schon bestanden und war durch eine zynisch absichtliche Unbekümmertheit der Beiden jedermann bekannt gewesen außer Benno. Aber dann hatte der Mann, der nur ein geringes Mitglied des Orchesters war, die Kesselpauken und das Schlagzeug bearbeitend, das Unwesen anscheinend satt bekommen, hatte sich unter der Hand ein Engagement nach Stuttgart verschafft und war allein dahin abgegangen, die Elfe zurücklassend, aber nicht allein, sondern mit Kind. Prompt war sie ihm nachgefahren, aber nicht angekommen, sondern zurückgeschickt, saß nun bei ihrer Mutter, die heftige Versöhnungsbemühungen anstellte, in fast täglichen Briefen. Allein die Elfe hatte, ganz dumm oder roh, wie sie im Ganzen sich angestellt hatte, Benno das Kind als nicht von ihm her stammend vor ihrer Abreise eingestanden, und etwas noch Übleres kam hinzu. Anna fing indes zu lächeln an, als sie darauf zu sprechen kam, denn es war gradezu ein Witz gewesen; ein Witz, den Benno selber gemacht hatte, ohne es zu bemerken, doch vor dem ganzen Orchester und der Bühne mit Sängern und Chören auf einer Probe, die er dirigierte. Dieser Galan nämlich, dieser Paukenschläger, hatte es schon seit einiger Zeit darauf angelegt, Benno zu reizen und zu verhöhnen. Nun versäumte er, absichtlich wie es schien, einen Einsatz mehrere Male, bis Benno endlich, die Geduld verlierend, ihn anherrschte: Herr, wann werden Sie endlich begreifen? Erst kommt Ihr Paukenschlag, und dann – Allein hier prustete Anna vor der Pointe in ein solches Gelächter aus, daß sie sich zurücklehnen und ihr Taschentuch vor die tränenden Augen drücken mußte – sich dann entschuldigend, der ärmste Benno habe ihr den Witz selber erzählt, da habe sie ihr Lachen so verbeißen müssen, daß es nun um so wilder hervorbrach. Und sie fing nochmals an: »Erst kommt Ihr Paukenschlag, Herr –« kam aber wieder nicht weiter, prustete, schalt sich dann selber und konnte endlich vollenden: »– und dann setzen die Hörner ein.«

»Scheußlich«, sagte Georg, ohne sich jedoch nebst Rieferling des Lachens erwehren zu können. Das ganze Orchester und die Bühne hatten natürlich gewiehert vor Freude, und der Witz war als berühmtes Lauffeuer durch die Stadt gehüpft. Georg war zwar wütend – solch ein Juwel wie Benno, und so verkannt und geschmäht! –, allein die Stimmung der Drei, die ohnehin freudevoll war, hatte durch den barocken Witz eine Steigerung ins Heitre erfahren; und nun bat Magda den Hauptmann, etwas zu spielen, um Bennos Ohren-Mißhandlungen ihr wieder auszutilgen. Zu Georgs Verwunderung erhob sich der Gebetene auch sogleich, nannte seine Künste zwar gegen die eben gehörte äußerst bescheiden und bat sich nur aus, spielen zu dürfen, wie es ihm um das Herz sei, was ihm gerne gewährt wurde.

Was wird kommen? fragte Georg sich gespannt, als der Hauptmann vor dem nächsten Klavier Platz nahm und gleich zum Ausprobieren, wie er sagte, ganz virtuosenhaft Kaskaden von Harpeggien und Läufen darüberhin rollen ließ. Die Appassionata? dachte Georg, oder: Ich schnitt es gern in alle Rinden ein? – Aber nein, es kam etwas Unerwartetes, zarte, hingetupfte schwebende Sprünge und dann der süß melodische Schmelz von Webers ›Aufforderung zum Tanz‹. Nun, wenn ihm so ums Herz war: »Komm, Anna!« sagte Georg, ihren Arm berührend, und sie stand, nein, sie schnellte beinah aus dem Sitzen empor, ihre Arme erhebend und flüsternd: »Ja, komm, Georg – wir haben noch nie zusammen getanzt!« Da waren sie schon in der leeren Parkettmitte und Georg begann, kunstvoll sich um sich selber drehend, den Arm um ihre schmale Mitte gelegt, ihre rechte Hand weit ausgestreckt in der seinen, ihre federleichte Gestalt um sich kreisen zu lassen; und er sah ihre blinden Augen leuchten, während sie den Kopf tief zurücklegte und sich nur dahinschwingen ließ.

Aber Georg sanken die Augen zu .. das begann traumhaft unglaublich zu werden. Dieser dunkle Raum um ihn her, die Klaviere, ein fremder Spieler .. diese brennende Lampe dort, die zu kreisen schien, über halbvollen Weingläsern und Tellern und Früchten .. was für eine Zaubergrotte war das? Er tanzte – tanzte er wirklich? Und saßen im Halbdunkel keine Toten umher mit erloschenen Augen? Nein, keine Toten .. nein, Helene – stand sie da nicht lächelnd, zuschauend in der offenen Tür? Nein, das war eine Andre, die dort stand – nicht dort stand, vor ihm war, in seinen Arm geglitten war, jetzt die Schläfe auf seine Schulter legte, und es war doch noch eine Andre wieder, die er hielt, die aber nicht mit ihm tanzte, sondern mit dem Spieler am Flügel, der sich jetzt umdrehte, mit aufleuchtendem Auge und freundlich lächelnd, wie sein Großherzog mit ihr, die er liebte, tanzte. Alles war ausgetauscht und verkehrt und hatte trotzdem seine Richtigkeit, denn es war nur leicht improvisierter Ersatz für die Wahrheit – und nur der ärmste Benno mußte die Kosten zahlen, sein bester Freund hier tanzte auf seinem zertretenen Herzen. Ist so das Leben? So ist es, entsetzlich und liebenswürdig ineins – oder war es nicht dennoch ein Traum? Wenn es ein Traum war, mußte es Katharina sein, aber sie war es nicht, als die Musik schwieg und Georg die Augen öffnete, leicht schwindlig, um sich zu neigen, während Anna die Arme um seinen Hals schlang und ihn mit so brennenden Lippen küßte wie niemals vor unendlichen Jahren. Gleich würde sie sagen: Ach, Georg, es ist himmlisch!

Das tat sie freilich nicht, brach vielmehr plötzlich in Tränen aus und schluchzte Renates Namen hervor, an Georgs Hals hängend und lange nicht zu beruhigen.

Renate

»Es ist schwer, glücklich zu sein in dieser Welt«, sagte Magda zu Georg, nachdem der Hauptmann sie verlassen hatte; Georg hatte einen Stuhl neben ihren Sessel gerückt und einen Arm um sie gelegt. »Es sind immer nur Momente des Vergessens und der Exaltation.«

»Nicht doch, Anna, so mußt du nicht sprechen. Ich finde, es ist sehr viel und – es ist eine Kraft, wenn du jetzt tanzen konntest. Und«, setzte er behutsam hinzu, »glaubst du, es ist Exaltation, wenn ein Mensch wie Rieferling Walzer spielt?«

Sie hob die gesenkten Lider und lenkte ihre Augen auf ihn mit dankbarem Lächeln. »Glaubst du wirklich?« fragte sie, und Georg freute sich über die offenbare Verschämtheit und die Frage, die nur nach erneuter Versicherung verlangte, die er dann reichlich abgab. Sie bat ihn darauf, sein Gesicht ihr hinzuhalten, um es zu betasten, indem sie sagte, sie hätte nun angefangen, die ihr vertrauteren Menschen auf diese Weise kennenzulernen. »Es ist ja wunderbar«, sagte sie, »du mußt mir glauben, es ist keine Exaltation, ich bin wie in einer neuen Welt. Überhaupt, weißt du – ich habe das nun erfahren: Es kommt immer nur darauf an, daß man sich ganz entschlossen auf die andere Seite stellt.«

»Das Schwerste auf der Welt ist der Entschluß, sagt Grillparzer glaub ich«, wandte Georg nachdenklich ein.

»Das ist wahr, und – ich kann nicht einmal sagen, woher mir der Entschluß gekommen ist. Eines Morgens beim Aufwachen war er da – und die ganze schreckliche Quälerei wie verflogen.«

»Ja, bei dir, Anna, hatte das Leiden einen solchen Sinn…«

»Ach«, versetzte sie, »der Sinn des Leidens ist doch wohl immer nur – durchlitten zu sein.«

»Ja, das ist es wohl«, versetzte Georg, tief angerührt von dem Wort, »das wird es am Ende sein. Wir verlangen nur immer zu rasch und zu viel Resultate.«

Sie hob ihre Hände, die sie hatte sinken lassen, wieder zu seinem Gesicht und ließ ihre Fingerspitzen auf das leiseste darübergleiten.

»Unrasiert«, sagte sie, »pfui, und was sind das für Borsten!«

»Aber es ist schon Nacht, Anna.«

»Wenigstens gut, daß du den Bart wieder abgenommen hast, von dem sie erzählten. Was hast du dich alt zu machen!« Sie ließ wieder die Hände sinken und sagte: »Deine Stimme – du kannst dir nicht vorstellen, wie anders, wie voll Bedeutung alle Geräusche und Stimmen jetzt sind! Soviel Nuancen, solche Vielfältigkeit! Aber mit dem Abtasten ist das sonderbar! Auch wenn ich Gegenstände berühre – Alles ist soviel größer geworden. Kannst du mir das erklären? Deine Nase, die Lippen, das Kinn – wie bei einem Riesen.«

Georg fand dafür die Erklärung, daß der Sehende immer ein Ganzes überschaue – einen Raum oder einen Tisch voller Sachen oder eine Gestalt mit einem Gesicht; darin seien die Einzelheiten dann klein. »Du fühlst in meinem Gesicht jetzt nur losgelöst jede Einzelheit und Punkt für Punkt, dadurch mag es so groß werden.«

»Wie klug du doch bist, Georg, du weißt immer Alles!« sagte sie voll Bewunderung und saß dann still vor sich niederblickend, wie es schien. ›Denen die Gott lieben, müssen alle

Dinge zum Besten dienen‹, ging es Georg durch den Kopf und das Herz, während er sie ansah.

»Sprich nun von Renate«, sagte er. »Ich werde sie doch sehen können?«

»Morgen – ich weiß nicht.. Es ist Karfreitag – wir nehmen das Abendmahl, und sie fastet schon seit heut Mittag, dazu ist sie so schwach geworden. Du weißt, sie hat das Kind.«

Georg fragte, wann es kommen sollte, vom Abendmahl und dem Fasten in leichtes Staunen versetzt. Die Antwort war: in den ersten Maitagen – am vierten wahrscheinlich.

»Sie fastet? Ist sie katholisch geworden?«

»O nein, was denkst du! Sie ist überhaupt nicht eigentlich kirchlich; oder nur so wie die ersten Christen. Und Fasten ist doch bei vielen anderen Religionen üblich – zur Sammlung und Reinigung der Seele mehr als des Körpers. Die Abwendung von materiellen Dingen. Und das Abendmahl nehmen wir nur am Karfreitag und weil es am richtigen Donnerstag nicht erteilt wird. Ihr Vater gab es am Donnerstagabend.«

»Also nur zum Gedächtnis?«

»Ja, gewiß.«

»Nicht als Einsetzung? Es interessiert mich, weißt du.«

»Dann fragst du sie besser selbst; sie kann es dir schön erklären.«

Magda war wieder still; nach einer Weile begann sie leise und mit einer Scheu:

»Es ist schwierig, von ihr zu sprechen – wie immer von irgendwie – besonderen Dingen. Auch wenn sie ganz einfach erscheinen in der Wirklichkeit – wenn man davon sprechen will, werden sie so fremdartig.«

Georg beeilte sich zu versichern, daß er einen unbegrenzten Glauben an die Dinge habe, die übersinnlich genannt würden. Da brauche sie keine Vorsicht zu üben.

»Nun, Georg – wenn du sie sehn wirst, du wirst vielleicht erschrecken. Ich fürchte, sie ist nicht mehr so schön. Es ist freilich möglich, daß meine Finger mich täuschen, aber – sie ist nicht mehr, wie sie war. Das Fleisch ist so – leicht und lokker geworden – ich fühle die Knochen darunter, das ganze Skelett.«

Georg meinte, das sei wohl immer die Folge der Schwangerschaft, sein Erschrecken bemäntelnd. Magda war wieder still, sagte dann:

»Ich weiß nun garnicht, wo ich anfangen soll . . es ist so vieles; und von dem, was ihr geschehn ist, weißt du vermutlich fast Nichts; jedenfalls nicht, wie es auf sie gewirkt haben muß. Sie ist doch unendlich empfindlicher als wir.«

Georgs Gedanken irrten, als sie dies sagte, zu sich selber ab, indem ihm bewußt wurde, daß Magda keine Frage nach ihm getan hatte. Nach seinen letzten Briefen mußte sie zwar annehmen, daß er ganz wiederhergestellt war; dennoch widersprach es ihrer Art, nicht zu fragen oder nur Freude darüber zu äußern. Aber sie war nun wohl so in die schwere Aufgabe ihres eigenen Lebens vertieft . . dann auch Rieferling, mit dem es anscheinend seine Richtigkeit hatte, und vor Allem eben Renate. Er erhielt jedoch im nächsten Augenblick von ihr selbst eine Erklärung, indem sie, sich entschuldigend, sagte, sie habe ihm nicht mehr schreiben können, da ihre Gedanken von der Sorge um Renate fast allein erfüllt seien; und dabei wisse sie doch von dem, das in ihr vorgehe, so gut wie Nichts.

Sie war wieder verstummt, sagte dann leise: »Wenn ich nur wüßte . .

»Das Kind ist nicht von ihrem Mann, mußt du wissen.«

»Nicht? Von wem dann?«

»Sie sagt: von irgendjemand.«

»Sagt sie – ? Aber dann ist sie –« Georg zögerte, nach einem Wort suchend, aber während er dann das leichteste aussprach: »wirr«, hörte er Magda schon sagen: »Nein, das ist es eben, daß sie das nicht ist. Sie ist es gewesen – o das war ja entsetzlich, die Monate, wo sie nicht bei sich war – oder vielmehr nicht bei uns, so tief in sich selbst hineingedrückt, daß sie die äußere Welt nicht erreichen konnte. Nein, jetzt ist sie vollkommen vernünftig, und wenn sie solche Dinge sagt, die wir nicht verstehen, so ist es, weil sie für sie eine ganz andre Bedeutung haben. Jason weiß mehr davon, aber er wollte es mir nicht sagen. Er sagt, es sei nicht für andre Menschen .. nun, er selbst ist auch keiner wie wir. Und sie ist es auch nicht.

»Jason hat sie auch geheilt. Alles das war freilich recht sonderbar – aber was wissen wir?

»Es ist einfach so, Georg: sie ist ein Engel geworden, und wir werden sie nicht mehr lange behalten.«

Sie schluchzte auf und drückte ihr Tuch an die Augen. Georg blieb stumm. In der Nacht draußen hatte sich ein Wind erhoben und warf sich gegen die Fenster, daß sie ganz leise erklirrten. Der Frühling hatte sich aufgerafft, atmete stark und blies. Der stille Raum in seiner Dämmerlichkeit war dagegen tief verschwiegen, mit seinen verhüllten Instrumenten, gleich schlafenden Tieren. Engelsfittiche .. nun, Anna pflegte Nichts zu sagen, was sie nicht glaubte; und Renate – war sie nicht eigentlich immer auf diesem Wege gewesen? Auf diesem Weg zur – Beflügelung? Denn das ist es doch, was wir meinen, wenn wir von Engeln sprechen. Nicht mehr an den Boden gebunden – oder vom Himmel getragen und auch erfüllt .. so wie die Vögel, die auch nicht fliegen könnten, hätten sie nicht Luft in den Posen.

»Kennst du dies Wort von Carossa?« hörte er das Mädchen fragen. »»Wenn es uns gegeben wäre, ein Wesen immerfort anzuschaun, so würden wir uns darein verwandeln.««

»Es erschreckt mich«, sagte Georg innerst betroffen. Immerfort anzuschaun, mußte er denken, das ist es ja, das ist es. Ja, wem das gegeben wäre! Und wem es nicht gegeben ist, der sollte es doch versuchen. Im Dunkel des Raums erschien ihm das Antlitz, die offene Blüte, die nur schauenden Augen des Königs, der nur das Licht gesehn hatte und davon blühend geworden war.

»Sie hat es getan«, hörte er die leise Stimme des Mädchens. »Und sie ist auch verwandelt.«

Georg wagte keine weitere Frage, da er auch unbestimmt genug zu verstehen glaubte, als ihm plötzlich die Erinnerung an seinen Vater erschien. Ihn hatte sie doch geliebt. Oder auch ihn schon mit dieser – anderen Liebe? Nun auf einmal sah er sie an dem Mummenschanztage in der Ruine sitzen, eine Abgeschiedene, und jetzt glaubte er sie von einem Schein umflossen zu sehn, den er damals – nicht sah – und doch empfand – mit seinen zu groben Sinnen. Dieses – wie war es zu nennen? ›Doch eine Würde, eine Höhe‹, kam ihm in den Sinn, ›entfernte die Vertraulichkeit.‹ Aber so war es in Wahrheit immer mit ihr gewesen. Ach, wenn man nur nicht immer über die wahren Menschendinge hinweggeglitte, hinwegsähe, in dieser schauderhaften Gleichgültigkeit unserer Selbstsucht! Die wahren Gewinne, die wir machen könnten, gehn uns immer verloren.

»Renate –« hörte er die Stimme des Mädchens wieder, »mir ist dieser Tage erst eingefallen, was der Name bedeutet. Wiedergeboren – hier, das ist sie. Sie kam von woanders her, nun wird es erst offenbar.

»Und es ist doch so wunderbar natürlich – wenn du sie sehen würdest! Anders ist sie nun freilich, nicht mehr so lebhaft. Wie konnte sie nicht oft übersprudeln! Nun ist sie sehr still, aber – sie nimmt an Allem teil, sie bespricht mit mir die Wirtschaft; jeden Morgen gehn wir zusammen durch die Räume, sie führt mich, zeigt und sagt mir Alles, spricht mit den Leuten, aber nun ..

»Ihre Stimme – du wirst sie hören! Wenn ich es nur recht ausdrücken könnte! Sie ist tiefer geworden, aber das sagt es nicht. Voller, ja, reicher; es ist eine Fülle darin, ob sie auch die einfachsten Dinge sagt, und – ein unmittelbar an das Herz

Rühren. Jeder spürt das, du solltest die Leute hören. Sie sagen selber, daß sie kaum zu sprechen wagen in ihrer Gegenwart. Manche fangen an zu weinen. Und sie sagen Alle das selbe, was mein kleiner Li sagt: daß sie ein Licht in den Augen hat..«

»Aber was ist es nun, das dich so beängstigt, Anna?« sagte Georg tief erregt. »Es ist doch wundervoll Alles – und mir garnicht unglaublich. Wir sehnen uns doch Alle«, sagte er tief aus sich heraus, »nach – einem Einzigen, das über uns ist! Einem Zeugnis – das uns selber bestätigt in unsrer verborgenen Wahrheit. Und wenn ein Mensch dies erreicht, diese Kraft gewinnt, sich hoch und immer höher zu heben .. also was ist daran beängstigend?«

»O daran nicht, Georg, jetzt verstehst du mich falsch! Aber glaubst du denn, daß eben dies, was du sagst, daß es einem Menschen gelingen kann, ohne daß die physischen Kräfte in Mitleidenschaft gezogen werden und geschwächt werden? Sie aber – sie braucht doch jetzt mehr Kraft noch als früher – für das Kind. Beides zusammen – diese Ansprüche ihres Körpers und ihrer Seele – wie soll sie das aushalten? Wenn es nur bald vorüber wäre! Sie klagt natürlich nie über etwas, aber ich weiß, wie erschöpft sie schon ist. Sie ist ausgeschöpft, Georg, zermartert. Ja, sie geht mit mir durch die Wirtschaft, und wir machen jeden Tag unsern Spaziergang, wenn das Wetter es irgend erlaubt. Aber ich weiß, daß sie danach stundenlang liegen muß und daß, wenn sie mich immer wieder ermahnt, nicht so schnell zu gehn, es in Wirklichkeit sie ist, die es nicht kann.«

Georg wandte ein, daß sie eine Last zu tragen habe.

»Ach, ich weiß, es wäre keine Last für sie, wie für keine gesunde Frau, groß und stark, wie sie ist. Ihre Augen müssen auch gelitten haben und schwächer geworden sein. Sie sagt, das Licht blendet sie, und Li sagt, wenn sie in der Sonne sitzt oder geht, hält sie immer die Hand als Schirm über den Augen.

»Morgen, Georg, morgen wirst du hören, wie still es im Hause ist – und überall. Nun, morgen ist Feiertag und von selbst Alles stiller, aber – die Gärtner, wer auch immer, keiner singt oder pfeift mehr. Aber sie sind deswegen nicht unfroh! Nein, sie finden es feierlich, glaube ich, wie in einer Kirche. Einmal, als ich Ludwig fragte, den Gärtnerburschen, der immer lauthals trällert und pfeift – aber jetzt garnicht mehr –, sagte er, ganz betreten: ›Fräulein – wir dürfen doch keinen Lärm machen.‹«

Keinen Lärm machen.. Georg war erschrocken. Wer hatte das gesagt? Diese Doggerbankfischer, von denen der Hauptmann erzählte. Ein seltsames Zusammentreffen. Dort sagten es die Toten – und hier die Lebenden. Und doch war das selbe gemeint.

Anna schwieg; draußen war der Wind lauter und heftiger geworden, und er selbst fühlte sich von Erregung durchsetzt und beängstigt. Er sah nach einer Weile, daß Magda ein Gähnen unterdrückte, zog seine Uhr und sagte, es sei halb elf und sie müde geworden. Anna bejahte, sie pflege früh aufzustehn – hoffentlich würde der Sturm sie schlafen lassen. Das Sichaussprechen schien sie beruhigt zu haben, und sie ließ sich von Georg zu ihrem Zimmer bringen, wobei sie noch verabredeten, um welche Zeit sie am andern Morgen zusammen frühstücken wollten. Ihr kam da wieder Benno in das Gedächtnis, und sie bat Georg, gut zu ihm zu sein, er sei so unendlich weich und ganz zusammengefallen. »Du weißt doch«, sagte sie, »grade solche Menschen, die ganz im Idealen leben, werden dann vom Gemeinen getroffen, und das eigentlich Gemeine ist doch daran, daß es das Edle nicht mehr erkennen läßt. Dann müssen sie ganz verzagen.«

Aprilnacht

Georg war, da er sich mehr als wach fühlte, in den Saal zurückgekehrt, mit dem Vorsatz, noch an Renate denken zu wollen. Allein als er den Raum betrat, schien auf einmal Alles anders geworden. Eine Verlassenheit – draußen lautes Gebrause, die Traulichkeit war dahin, kein Gedanke an Renate, sondern es drang von allen Wänden auf ihn ein.. ein Augenblick, und in seinen Eingeweiden hatte der alte Klumpen sich zusammengeballt, die Beängstigung, und er begriff, daß die Angespanntheit der letzten Wochen zu Nichts genützt hatte; das alte Unwesen brach nun unaufhaltsam hervor, er lag in den alten Ketten. Auf der Wagenfahrt eben – ja, er hatte einen schönen Aufschwung genommen, es war auch etwas frei geworden, aber es war doch nur ein Sprung gewesen, kein Flug. So wanderte er in dem leeren Raum auf und nieder, schleppte sich selbst als Last, mitunter ganz leer von Gedanken, unfähig, nur in sich den unlösbar verstrickten Klumpen spürend, so körperlich unter dem Zwerchfell, daß er dachte: Da schleppe ich meine Last wie Renate ihr Kind. Aber gerade sie war es in Wahrheit, die mich in sich hineingestoßen hat mit dem: Wem es gegeben wäre, ein einziges Wesen zu schauen.. ein Wesen – was für ein Wesen? – Da war wieder Alles leer.

Nun, das sind eben die Heiligen, und ich bin kein solcher. Er schnob durch die Nase und lachte. Sie schauen auf ihren Gott. Sie bohren sich so in die Leiden des Gekreuzigten ein, daß seine Wunden an ihnen aufbrechen, aber ich finde, das ist nur eine heilige Art Hysterie.. großartig ja, ich habe ja Nichts dagegen, obwohl es mir immer scheußlich vorkam. Dies Körperliche überhaupt.. na, darüber ließe sich vieles sagen. Aber mögen sie, mögen sie! Ich will mich selber heilen und kein Heiliger werden. Also was will ich, was? Ausschauen wie dieser König – ich wußte es ja, darauf kommt es allein an .. aber wonach hätte ich eigentlich ausschauen sollen?

Nein, fragen wir uns einmal einfach: Nach wem oder was habe ich gesehn? Einfache Antwort: am meisten nach meinem Vater. Nach Bogner auch, gewiß – aber das war fast das selbe. Festgefügte Säule, selbst erzeugt, selbst erzogen – gut und schön, aber – das sind doch nur Menschen. Vorbilder, ja, und wie das Wort sagt: vor – vor dem Bilde, der wahren Erscheinung, nicht aber sie selbst, nicht das Wesen. Vorbilder für Hohes, Echtes, Edles und Ungewöhnliches – und so haben sie mir geholfen. Denn wenn ich nun zurückdenke: Da war Cora – da war auch das Korpsleben, Bars und diese – wie hieß sie noch – Lenusch? Na, habe ich mich nicht herausgezogen? Es war schließlich nicht einmal so schwer, wenn ich es damals auch dachte, ahnungslos, wie ich war, was noch kommen würde. Ich war doch nur abgeirrt, hineingeraten – so konnt ich es überwinden mit der guten Vorbilder Hülfe. Aber Vater – hat er mich – sei jetzt wahr, Georg, sei ganz ruhig wahr, er gönnt es dir, er hat Nichts mehr dagegen! – hat er mich nicht gehindert, zu mir selber zu kommen? Er war es doch, der mir dies in den Weg gestellt hat, das Auge an dieses Ziel gefesselt. Dieses Ziel .. aber hast du es nicht selber mit Lust ergriffen, also selber gewollt? Freudestrahlend von ihm als Geschenk angenommen? Aber er .. nein, das war es ja garnicht, um das handelt es sich garnicht! Das Furchtbare, was er getan hat, war, mir – ja mir *seine* Sache dazu aufzuladen. Er war ihr nicht gewachsen, er brauchte mich dazu, gewiß, ich verstehe, ich mache ihm ja keine Vorwürfe. Aber so hab ich die schwerste Not gehabt, selbst ihn zu überwinden, und – ist es mir denn gelungen? In gewisser Weise ja, aber – das Erbe, das Erbe liegt doch da, mich anstarrend mit: Plan 11. Plan 11, der nicht mein Plan ist, sondern seiner, in zwanzig gewaltigen Jahren zusammengetürmt, von ihm, nicht von mir, und da steh ich und –

da hab ich ihn als Felsblock unter den Händen, als Koloß in meiner Brust, ihn und nichts Andres.

Georg trat zu einem Fenster, packte den Riegel und riß es auf. Sogleich schlug der Sturm mit nassen Flügeln um sein erhitztes Gesicht, die Vorhänge zu seinen Seiten flogen hoch auf und schlugen gefesselt umher, die Nacht war ein Orgelbrausen und schwarzes Wälzen, der Regen sprühte herein, aber die Kühlung war herrlich. Georg ließ sich lange Zeit von der kalten Nässe umspülen, trat endlich zurück, schloß das Fenster, aus dem er die hineingeschlagenen Vorhänge erst herausziehen mußte, nahm dann sein Taschentuch und trocknete sich Gesicht und Hände. Das tat gut, sagte er, das tat gut. Er ging zu seinem Sessel und setzte sich, ruhiger geworden, wie ihm schien, nahm eine Zigarette aus dem dastehenden Kasten, kam aber dann nicht weiter, die Ellbogen auf den Knieen, in die Lampe blickend.

Durchlitten sein .. dachte er, und was habe ich selbst gesagt? Wir wollen immer zu rasch und zu viel Resultate. Ewige Ungeduld und Neurotik. Aber wie kann ich Geduld haben? Freitag, Sonnabend, Sonntag, und am Montag der Landtag, unabwendlich, aber ich komm nicht ins Klare. Ich komme niemals hinein. Alles nur Illusion, Schwünge, Aufflüge, und du liegst wieder da.

Aber ist es nicht dennoch wahr? Habe ich keine Resultate aufzuweisen? Ist Katharina kein Resultat? Und wie hab ich einmal geschrieben? Worauf es ankäme, wäre - die ganze Oberschicht des gewöhnlichen Daseins von sich abzukratzen - so ungefähr - und - nur man selber zu sein. Ich meinte damit die Gewohnheit. Ihr wollte ich nicht wieder anheimfallen mit meiner Seele. Nicht wieder wie Unkas hineintappen in den ewigen Stall. Nun, und habe ich das getan? Ist es mir nicht gelungen? Bin ich da nicht heraus? Freier, reiner geworden? Habe ich nicht sogar ziemlich sicher auf neuem Boden stehen können, Dinge überschauen auf eine ganz neue Weise? Und

Festigkeit – das war mir Vater, Gegründetheit, Wissen, wo ich stehe, wo ich – ach du lieber Herrgott, wenn ich nur ein einziges Mal mich selbst sehen könnte!

Gesucht hab ich – immer gesucht – nach was denn? Nach einem nur menschlich hohen, würdigen Ziel. Das muß ich anerkennen. Und was ich auch vornahm, was ich auch betrieb, wie ich mich vergaß: wenn ich aus der Trunkenheit, der Niedrigkeit und dem Schleim aufwachte – dann hab ich die Sterne gesehn. Hölderlin, George, die feste, gewollte, gehämmerte Form – und nicht – nicht Richard Wagner, Trompeten und Pauken wie Benno; und der hat auch dafür bezahlt und weiß es nicht einmal. Siehst du, Andre trotten noch viel blinder dahin, kriegen Hörner am Kopf – jammervoll, jammervoll – aber doch ganz konsequent. Ich hatte bei mir keine Elfe, ich hatte Cordelia, und jetzt – o Katharina, Mädchen, nein, bleib mir jetzt lieber vom Leibe, sieh mich nicht grade jetzt so verführerisch an, bleib, wo du bist, ich habe dich, das genügt mir, und – wie dieser Sturm in den Bäumen wühlt, Dachpfannen klappern! Wollte er nur in mich hereinfahren und diesen gottverdonnerten Klumpen herauskehren!

Er sprang auf und packte sich selbst an die Brust.

Plan 11 – nein, jetzt packe ich dich wahrhaftig und –

Vater, ich kann und ich will das nicht! Es ist nun endlich gar, wie sie in München sagen. Ich gebe es auf, hörst du? Entschuldige schon, wenn ich dich wieder anschreie, aber es ist ja nicht auszuhalten. Ich bin kein Sozialist, da ist es endlich heraus. Ich bin – ich weiß nicht was, aber ich bin schon was, doch nicht das, was du bist. Ich bins nicht und will es nicht werden. Mein Gott, ich bin sozial, welcher anständige Mensch ist das nicht, denn was heißt das auch? Es heißt erstens, für alle Menschen das Beste wollen und für die vor Allem, die nicht einmal Gutes haben; und es heißt zweitens – ja, was heißt es? Eben war es noch vor mir.

Zweitens heißt es, daß – wenn ich hier mit mir ringe, mich

abquäle und schinde wie mit einer Panzerhaut, die ich nicht von den Gliedern bringe – daß ich das zwar zunächst und wahrhaftig um meiner selbst willen tue; aber – was will ich denn mit dem Selbst? Sitzen und daran lutschen? Ich will es, damit ich grade und fest und geschlossen in der Welt stehe und dienen kann. Es ist pure, nichtige Oberflächlichkeit, wenn die Menschen es jetzt umkehren und das Sozialbewußtsein vor das Selbstbewußtsein stellen. Eh du nicht etwas bist, kannst du Andern Nichts werden, und – wie sagt doch Spitteler zu meiner Ermunterung? ›Die stärksten Seelen gehn am längsten fehl.‹ Und was hast du selber gesagt, Vater? Daß mein Erbe, das ich hätte, das Leben mir leicht machte, daß es für mich also darauf ankäme, es mir schwer zu machen. Das hab ich redlich getan, oder etwa nicht? Aber nun will ich auch, wenn ich einmal regieren soll – frei sein, nicht nach fremden Plänen, Fahrplänen und auf vorausgelegten Schienen dahindampfen. Ich will meine Gleise selber legen, und wenn sie noch so krumm sind. Es muß natürlich Sozialisten geben, ebenso wie es Künstler, Gelehrte, Erfinder, Weltverbesserer, Bodenreformer und was nicht Alles giebt. Aber ich bin kein solcher – oder ich will es auf meine eigne Faust werden. Ich weiß nicht, was ich bin, brauche auch keinen medizinischen Namen dafür. Wenn die Zeit sozialistisch wird – gut, ich gehe mit. Ich werde mich gewiß nicht entziehn. Aber ich will nicht auf Gleisen fahren, und ich will auch nicht in die Ferne vorausspähn und mich von daher bestimmen lassen. Sage doch selbst, Vater! Du, du mußtest so sein, es war dein Charakter, es hing gewiß mit deinen gefesselten Füßen zusammen, daß dein Blick in die Ferne der Zukunft vorausfliegen mußte und da die drohende Wolke sehn – Krieg und Kriegsgefahr; und so war es für dich das Rechte, deine Aufgabe. Aber du kannst das nicht von andern Menschen verlangen, daß sie voll Angst in die Zukunft blicken und ständig fragen: Was wird kommen? Hat nicht jeder genug mit sich selbst zu tun? Wie solle ein Mensch leben und schaffen mit einem Pulverfaß an der nächsten Straßenecke und der brennenden Zündschnur vor seinen Füßen? Wie soll ein Künstler, ein Forscher, ein Erfinder ein großes Werk planen, wozu er Jahre, vielleicht sein Leben braucht, und zugleich bedenken, daß in drei oder vier Jahren Krieg oder Revolution es ihm aus den Händen reißt? Vorsorgen – gewiß, es muß solche geben, die das tun, und du warst so einer. Aber mir brennt wie Jedem die tägliche Gegenwart unter den Nägeln, und wir wollen denn lieber ungewarnt und unpräpariert in das Verderben hineinschlittern – und dann sehn, wie wir damit fertig werden – so wie der Engländer sagt: Über diese Brücke wollen wir gehn, wenn sie da ist.

Uff – ah – oaha! Jetzt atme ich freier. Georg lachte, schüttelte den Kopf über sich selbst, sah die Weinflasche dastehn und goß sich ein Glas ein, zündete dann auch seine Zigarette an, trank das Glas herunter und tat heftige Züge. Nun, keine Exaltation, mein Junge, wir sind längst nicht fertig, wenn wir auch dies von der Seele haben. Langsam stieg der zarte Weinnebel in sein Gehirn und bewirkte Sanftmut. Er warf die Zigarette wieder in den Aschbecher, legte sich zurück und machte die Augen zu. Oh, warum bist du nicht da? Oh, wo bist du? Alsbald stieg sein Gefühl, und es fing süßer und linder in ihm zu kreisen an.

Du hast nach mir gesehn – ich habe nach dir gesehn. Zwar auch wir sind nur Menschen, keine höheren Wesen, aber – aber warum mußt nun gerade du dich mir in den Weg stellen? Nein, daran will ich nicht denken jetzt, sonst muß ich wieder verzweifeln. Ich will dich sehn, ganz einfach, so wie du bist, du – mein anderer Mensch, nur so weiblich, daß es mich zittern macht, und ich möchte dich einschlingen. Aber von der Weiblichkeit abgesehn – muß nicht etwas in dir sein, was in mir selber ist – nur daß ich es da nicht erkennen kann? Ist nicht das der Sinn, wenn wir nach einem Andern suchen und wenn wir dann einen finden, den wir lieben, an den wir uns angeschlossen finden: daß wir in ihm das erkennen, was uns selber – eben nicht fehlt, nein, sondern was wir nur nicht zur Entfaltung bringen können? Daß du weiblich bist, macht mich nach dir verlangen, doch das ist nur das Konkrete, das Reale – nicht das Wesen. Das Wesen ist – die Verbundenheit. Und auch Cordelia – so köstlich sie war – o sie machte das Leben leicht und schwingend und blühend und reich. Aber ich war an sie nicht gebunden, in ihr war Nichts von mir, denn – wie läßt es sich nur fassen? Ein eiserner Magnet kann nur Eisen anziehn, oder – nur Eisen zieht Eisen an, und sie war mir Gold und Flieder und Amselflöten – ein völlig andres Geschöpf. Du bist mir unausweichlich, unabänderbar, unbedingt! Und bist du nicht auch durch Irren gegangen, glaubtest dein Leben verpfuscht und hast dich hervorgerungen – vielleicht leichter als ich, oder einfacher; durch die Einfachheit eben, die du hast und die ich in mir nicht finden kann. Denn wer bist du? Ein andres Wesen als ich, von mir in Allem das Gegenteil, gewiß nicht das, was ich in dir sehe, aber – was kann ich mehr tun, als dich von mir aus sehen? Ganz falsch ist das Bild sicher nicht, und wenn du mich auch auslachst, wenn ich klarer Tag zu dir sage: für mich bist du es – und das gilt!

Georg öffnete schwer seine Lider und lächelte. Allein statt des Namens Katharina war auf einmal der Name Renate auf seinen Lippen, und er fand sich von dem Gedanken getroffen, daß er sie vergessen hatte, als er der Menschen gedachte, zu denen er aufgesehn hatte in seinem Leben – und wie war das möglich? Renate – an sie nicht gedacht? Aber wie? Katharina! – Sein Herz war jubelerfüllt. Die hatte sie so verdrängt und ausgelöscht. Und wie habe ich doch nach Renate gesehn und sie zu lieben geglaubt, wie war ich entflammt von ihr zuerst – und immer wieder! Gewiß, immer wieder, das war es eben, und dazwischen war sie erloschen, sie hatte in dir keine Stätte, war immer nur wie ein Strohfeuer, du konntest sie niemals halten. Und wenn ich es getan, mich fest an sie geheftet hätte –

was wäre dann geworden? Nun – entweder du hättest ihr deine Liebe, deine wirkliche Liebe gestanden – so hätte sie dich wohl abgewiesen. Dann wärest du verzweifelt – und wieder zu dir gekommen, und dann war sie – halt erledigt. Oder – sie nur immer lieben? Anbeten, von fern und von nah? Unmöglich – es ist unvorstellbar, denn – ich brauchte doch Liebe, Weiblichkeit, Umarmungen, Cordelia – sie kam spät genug. Also was ist das Ergebnis? Daß sie zu Vater und Bogner gehörte, vielleicht eine Art Trinität mit ihnen bildete – von – nun – von Rechtheit, Kraft und Schönheit. Und nun ist sie eine Heilige geworden, hat ein höheres Ziel erreicht – den Himmel am Ende. Ich bin auf der Erde geblieben, wie es sich gehört; ich habe Katharina – ach Gott!

Habe ich sie denn? Da sitzt sie irgendwo in der Welt, anstatt – nun, ich habe das selber gewollt, wenn auch nicht so! Sie konnte doch näher kommen, aber wenn morgen kein Brief von ihr da ist, dann telegraphier ich ihr, daß sie herkommt. Aber sie will anscheinend nicht, ist ganz störrisch, unnachgiebig, ich weiß nicht, was sie hat. Und – was sie auch sagt, sie ist eine Beuglenburg. Das kann sie auch nicht abkratzen, das ist einmal eine Haut, damit ist sie geboren. Ach, wenn sie nur das eine Wort sogleich ausgesprochen hätte, Sesam, tue dich auf! »Ja, ich will deine Frau werden.« Hätte sie es im Augenblick ausgesprochen .. ich weiß ja nicht, versteh es selber nicht ganz; aber dann wär Alles gut gewesen. Hätte mich geschlagen, überzeugt, gestillt. Nun ist es ewig zu spät, und wenn ich sie jetzt auch bitte – das Richtige ist es nicht; nur so eine – so eine Schlaffheit. Und nun sind mir die Arme wie abgestorben, wenn ich sie zu ihr hebe; ich kann sie nicht einmal richtig mehr ansprechen. Ich komme eben nicht darüber hinweg, daß sie ist, was ich nicht bin. Ja, da sitz ich in meiner Klarheit, was fang ich damit an? Du, Morning Glory – ja, du Süßeste, Einzige, ich weiß, zum Donnerwetter, du kannst nicht dafür, du bist einmal, wie du bist, und ich bin es auch, und an deiner

Geburt bist du ebenso unschuldig wie ich an der meinen. Ergo – wie es ist, so bleibt es, ein Rattenkönig, und ich komme niemals hinein. Immer noch Wein in der Flasche? Mit scheint, ich habe sie *peu à peu* allein ausgetrunken, aber das Leben ist doch zu gemein. Endlich, nach jahrelanger Mühsal, jahrelangem Sichquälen, bis fast ins Grab hinein, endlich hat man sich selbst gefunden, man glaubt aufatmen zu können – da ist erst Alles verbaut, verrammelt, vernietet. Der Regen schlägt an die Fenster, Wind jault, und hier sitzest du, ›trinkend in süßer Schonung‹, aber Montfort hat recht behalten, du bleibst ein Bastard des Lebens, du kommst niemals hinein.

Drittes Kapitel

Stimmen

Renate fand, ihre Augen aufschlagend, daß sie wieder einmal eingeschlafen war, auf ihrem Sofa sitzend in den Kissen, auch die Füße darauf unter einer leichten bunten italienischen Wolldecke, um die Schultern einen weißen Fransenschal gehüllt. Der Raum lag im dämmrigen Licht der kleinen Schreibtischlampe mit braungoldenem Schirm; sie hörte das Brausen und Tosen des Windes und weiter dahinter den Brandungsdonner und dachte: Nun bin ich wieder so wach, daß ich stundenlang nicht einschlafen kann, hab obendrein Hungergefühl – und wie spät mag es sein? Erst ein Viertel nach elf . . ob Georg noch gekommen ist? Scheint nicht so, sonst hätte Magda mich doch gerufen. Ich sagte ihr doch – – oder sagte ich nicht? Ach, ich weiß nicht, aber ich spreche ihn auch besser morgen allein, damit ich ihn endlich fragen kann. Ja, mein Geliebtes, ja, ja! antwortete sie auf eine zarte Bewegung in ihrem Innern, rege dich nur, strecke dich, das ist gut, zeigt mir, wie du lebendig bist, es ist ja Alles in bester Ordnung, mein Kleines, Süßes, der Doktor hat es gesagt, daß du dich ganz schön umgekehrt hast, und da hängst du nun wie die Fledermaus mit dem Köpfchen nach unten, schon ganz fertig, das ganze kleine Gesicht, schon Härchen auf dem Kopf und Nägelein an Fingern und Zehen – wie aus Perlmutter – ach, wie ich das Alles schon sehen kann! Du schläfst und saugst an mir, saugst, ich kanns fühlen . . saug mir nur nicht das Leben aus, ich bin nicht so furchtbar stark, weißt du . . oh, du mein Himmelgott, wie das schön ist! Nichts im Leben war jemals so innig geheimnisvoll – und ist doch nichts Andres als ungezählte Millionen erfahren haben wie ich. Ist es denn für keine von denen ein solches Glück wie für mich gewesen? Nun vielleicht – doch wem konnten sie es sagen? Das versteht doch keiner sonst, kein Mann vor Allem – damit sind wir allein. Allein – ach, nicht nur mit dem, mit Allem – und ich besonders. Allein, immer allein; ich hab es nur niemals richtig gewußt, wie allein ich war, über zuviel lieber Gesellschaft. Und so muß ich es bleiben – wenn ich nur wüßte, wie ich es aushalten soll! Jetzt ist doch Alles anders, jetzt – dieses Haben, dieses Wissen, dieses Licht, diese Seligkeit! Und diese Sehnsucht, dieses Verlangen – wie es immer nur drängt und drängt und mich hinausdrängen will zu Menschen, ach, nicht wie da im Theater, das war Unsinn, Dummheit, nein, jetzt – ja, mein Kleinchen, ja, ich habe dich, ich weiß, und wenn du geboren bist, dann bist du allein, nur immer du! Dann bin ich immer gewölbt über dich, tränke dich, nähre dich, wiege dich, tränke dich, wiege dich – furchtbar, furchtbar, den ganzen Tag nichts Andres als das? Wie soll ich das aushalten?

Nein, Georges, sagte sie fast hörbar, ich kann nicht! Ich kann das nicht! Nie im Leben.

Gott, nun kommen wieder diese Gedanken! flüsterte sie, ihre Stirn in den Händen. Es ist doch nicht vorzustellen! Ich kann ihn doch nicht heiraten, wenn er auch ein Recht hat, obwohl – – nun, er ist doch sein Vater, aber – es wäre doch wieder nur falsch, völlig falsch! Ich kann ihn doch nicht lieben, niemals, grade ihn! Ich habe ihn immer liebgehabt, aber nicht wie einen Mann, nur wie einen Menschen, einen Verwandten – ich weiß nicht, grade in Georges habe ich nie einen richtigen Mann gesehn. Und ich wollte doch einen Mann haben, mußte doch, bin doch wie Alle .. und nun, wo all das überstanden ist, wo ich nur die Liebe habe, nur die Liebe bin – zu Allen, zu allen Menschen .. ach, für tausend genug, zehntausend – und ich hab nicht einen!

Ja, nun ist es zu spät, sagte eine spöttische Flüsterstimme in ihrem linken Ohr, und ein ganz leises Kichern folgte. Renate stöhnte.

Nun fängt das wieder an! Nun sind die wieder gekommen! Das kommt von dem verkehrten Einschlafen. Nun muß ich das wieder über mich ergehn lassen, stundenlang. Aber ich muß ja nicht hinhören. Mögen die ihr dummes Geschwätz vollführen. Ja, redet nur, was ihr wollt! Ich denke derweil an mein Kindchen.

Sie steckte die flachen Hände unter die Decke, zog ihren Morgenrock auseinander und legte die Handflächen auf die dünne glatte Seide des Nachthemdes, die über die Wölbung ihres Leibes gespannt war, fühlte mit leise drückenden Fingern und jubelte beinah laut: Da! Da hab ichs gefühlt! Das muß ein Füßchen gewesen sein – oder ein Knie! Gott, ist das himmlisch zu haben!

Und wenn es dann da ist, sagte eine andre, der früheren fast gleiche Stimme, was wirds dann für Augen haben?

Das weißt du doch, sagte die erste Stimme. Wenn es ein Mädchen ist, hat es ihre Augen, und wenn es ein Junge ist –

Bscht! Das mag sie nicht hören, du weißt. Immer dezent sein!

Pfui, wie gemein sie doch reden, sagte Renate, und ich muß das dulden. Seid doch still! Ist ja lauter dummes Zeug, was ihr redet!

Nun war Alles still. Aber nach einiger Zeit hob ein Flüstergeraschel an, das zu den Worten wurde: Saint-Georges, Saint-Georges, Saint-Georges, hinter Renate von der Tür her. Ich springe doch gleich hin und jage sie weg, dachte sie. Aber sie kommen ja immer wieder. Ich muß ganz fest an andere Dinge denken. Georg – wenn er doch da wäre! O wenn nur ein Mensch bei mir wäre!

Nun denkt sie wieder an all ihre Versäumnisse, kam es von hinter ihr.

Daß sie nicht zu ihrem Woldemar hingelaufen ist!

Ja, ja – hätt ich doch genommen – den König Drosselbart.

Aber sie hat ja immer an ihrer Orgel gehangen. Die heilige Cäcilie in der Engelskapelle.

Und dann macht sie sich obendrein lustig über die arme Ulrika mit ihrem Klavier. Als ob die was dafür gekonnt hätte!

Ja, die rührt nun keine Taste mehr an.

Und sie auch nicht! Du weißt doch! Seit sie mit Josef zusammen spielte. Das war das letzte Mal. Nun kann sie nie wieder . .

Gott, o Gott, himmlischer Vater, was die sich zusammenreden! Es ist ja nicht auszuhalten!

Aber sie wollte ja nur ihren Sonnenkönig – ja, *le roi soleil*, unter Königen tut sie es nicht. Und nun kann sie sitzen und sich ihre Augen ausweinen, daß sie ihm untreu geworden ist mit dem Woldemar.

Nützt ihr garnichts, daß sie seinen Kopf an Magda gegeben hat und gesagt, sie braucht ihn nicht mehr.

Solche Lügerei. Sie schämte sich so, daß sie ihn nicht mehr sehen wollte. Dafür muß sie nun in einem fort auf die leere Stelle starren, siehst du?

Ich höre kein Wort, was ihr sagt, hauchte Renate, nicht ein Wort hör ich – nach der Säule hinter dem Schreibtisch blickend, auf der ein großer Busch weißer Narzissen stand. Und ihr – wenn ihr nicht so tückisch und feige wärt und euch mir gegenüberstelltet! Ich wollte euch anblasen. Nur immer hinter dem Rücken – so erbärmlich! Aber ich sehe euch wohl!

Sie warf ihren Kopf herum – aber nun war es nur, als ob da ein weißes Tier sich duckte und zwischen den Dielen verschwände, dicht neben der Tür. Renate warf sich in die Kissen zurück, preßte die Hände gegen die Augen, ließ sie wieder fallen, allein es dauerte nicht lange, so konnte sie dort zur Linken hinter sich, eben so, daß sie es noch im Augenwinkel hatte, es wieder erscheinen sehn: die beiden blassen Köpfe, die mit Hälsen und Schultern über den Fußboden ragten, auf den sie die Hände gelegt hatten, als ob sie dahinter stünden.

Ja, so war es immer: wenn sie hinsah, so war Nichts da, aber wenn sie es nicht tat, so war es ganz deutlich zu sehn. Diese hübschen Puppengesichter, wie aus Porzellan, nur so welk und ältlich, und beide einander fast gleich mit ihren Hörnern oder Tüten, die aus dem gelben Haar über der Stirn gedreht und gewunden waren und die nickten, wenn sie sich zueinander drehten und unterhielten. Abscheulich – aber so war es schon in der ersten Zeit bei Jason gewesen, wenn auch nicht lange damals; sie konnten nicht an gegen Jason. Nun waren sie wiedergekommen und warfen ihr ihren Schmutz in die Ohren, solche Dinge, an die sie niemals gedacht hatte und an denen Nichts wahr war. Ich will einmal etwas singen, das hilft vielleicht. Und sie begann leise zu summen: Guten Abend, gute Nacht! Mit Rosen bedacht .. allein schon am Ende der ersten Strophe kam wieder das Tuscheln hervor:

So ein Kind dauert auch nicht ewig.

Überhaupt – wie sie sich das vorstellt! Die meisten Stunden am Tag schläft es. Und kaum sind ein paar Jahre vergangen, so geht es zur Schule und – weg ists. Dann sitzt sie da mit ihrer Unendlichkeit.

Ein Gewäsch redet ihr, nicht zum Anhören! sagte Renate.

Eine Weile war Alles still. Dann kam ein leises Kichern.

Nicht zum Anhören, sagt sie, aber sie hört es doch an.

Wenn sie nur eher auf uns gehört hätte! Wie sie diesen Klotz von Erasmus nahm und sich weißgottwas einbildete auf ihre Güte und Pflichtgefühle. Aber in solche Einbildungen war sie immer verrannt. Dieser Glaube an Liebe, Liebe! Als ob die was helfen könnte!

Und grade bei dem! Der wollte sie doch nur in sein Bett haben.

Und wie er sie dann darin hatte –

– drehte sie ihm eine Nase.

Nein, sie drehte den Mund weg.

Eine Nase so lang wie mein Horn!

Zum Totlachen! – Endloses Gekicher und Gekecker folgte. Renate rang ihre Hände. Diese entsetzlichen Lügen! Liebe ja, Liebe! Daß ich zu wenig hatte, das war es, und ihr könnt mir Nichts weismachen. Auch er hat Liebe gewollt und nicht das! Und ich war da, um sie zu versöhnen. Wenn ich das gekonnt hätte, dann lebte Josef noch und Woldemar auch – Alle. Ach Gott, mein Gott, diese Ohnmacht!

Nun, gottlob war es wenigstens still. Ja, darauf wissen sie Nichts zu antworten, dachte Renate.

Weißt du, was sie jetzt denkt? Ich weiß es.

Na, ich weiß es auch.

Sag du es!

Nein, sag du es!

Sie denkt natürlich wieder an ihren König.

Daß sie den verlassen hat.

Daß ihr Kind nicht von ihm ist.

Ein Kind von einem Gipskopf. Ein Kind aus der Luft – hahahaha!

Darum hat sie ihn weggesteckt.

Als ob Kinder aus Luft werden könnten!

Oder aus Geist, was das selbe ist.

Hahahaha! Hihihihi! Hehehe!

»Nein, jetzt habe ich aber genug von euch!« rief Renate laut, aufspringend, und wäre fast hingestürzt, mit den Füßen in ihre Decke verwickelt. Wieder schien in dem Winkel zwischen Fußboden und Wand ein weißes Tier zu verschwinden, sie sah noch ein niedergeducktes Horn. Sie saß, den glühenden Kopf in den Händen, in ihren Schläfen sauste es, und dann hörte sie wieder den Sturm in der Nacht und den Donner der See. Die Luft im Raum war zum Ersticken warm und mit dem leidenschaftlichen Duft der Narzissen geschwängert. Sie stand endlich auf, ging zum nächsten Fenster und öffnete es; der Wind warf es fast gegen sie. Regennässe sprühte herein und erquickende Kälte. Sie lehnte mit geschlossenen Augen am Fensterflügel, todmüde jetzt; doch begann es nun in ihr zu zehren. Diese entsetzliche Einsamkeit! Daß ich nur ein einziges Mal einen Menschen hätte! Immer nur Magda – ja, sehr lieb, sie hat solche Sorge. Immer sind Andre zu mir gekommen und haben gewollt, gewollt – und ich hatte niemand. Niemals einen Menschen im Arm gehalten, mich ausgeschüttet, und ich bin doch schon vierundzwanzig, habe gegeben, gegeben, gegeben, soviel ich konnte .. Woldemar, ja, seine Briefe, er sagte mir Alles, aber er war doch fern, immer fern, und dann kam Remüs, die Krankheit, dies Verhängnis, als ob es nicht hätte sein *sollen!* Und – oh, nun diese Sehnsucht, dieses Überfließen – ich kann mich ja nicht mehr halten! Ob ich nicht doch zu Magda gehe, mich zu ihr lege, ihr einmal Alles sage, wie es gewesen ist! Nur sprechen, nicht allein sein, jemand am Herzen haben, mit ihm zusammen liegen und still sein – und wieder reden – wieder reden – tausend Erinnerungen – erzählen – die ganze Nacht – die ganze Nacht ..

Mir wird kalt, ich muß mich in acht nehmen, murmelte sie und schloß das Fenster nicht ohne Mühe gegen den Wind. Ja, ich sollte nun wohl zu Bett gehn. Wie spät ist es? Erst halb zwölf? So wenig Zeit ist vergangen? Dann sind sie vielleicht noch auf, wenn Georg wirklich gekommen ist. Ich muß doch einmal sehn.

Sie ging zu ihren Pantoffeln und schlüpfte die bloßen Füße hinein, fühlte nach dem Gürtel, der ihren Leib stützte, ordnete den Morgenrock, tastete flüchtig nach ihrem Haar und legte den Schal, der von ihrem linken Arm auf den Boden hing, um die Schultern.

Der Flur draußen war dunkel, sie drehte die Lichtkurbel neben der Tür und mußte geblendet die Augen schließen. Dann ging sie zum nächsten Fenster hinüber und spähte, das Gesicht an die Scheibe drückend, zum Klaviersaal hin; die vier Fenster waren noch schwach erhellt – so war Georg doch gekommen. Aber soll ich sie stören? Ich kann ihn morgen allein haben. Der liebe Mensch – eigentlich war er mir immer der liebste von Allen – und wie hat er mich geliebt! Nun weiß ich nicht einmal, wie er es überstanden hat. O horch, wie der Sturm wieder orgelt! Ach, es ist ja in mir das Gleiche, nur Tosen und Tönen und lauter Vergeblichkeit – doch stumm, immer stumm, Nichts dringt jemals heraus .. nein, ich will nur ins Bett gehn. Oder nein – soll ich? Schlafen kann ich nun doch nicht, und am Ende kommen sie wieder ..

Georg / Renate

Georg war in seinem Sessel, der Tür schräg gegenüber, vom Weingenuß und der seelischen Anspannung ermüdet, im Eindämmern und rang eben mit dem Entschluß, sein Zimmer aufzusuchen, als die Tür sich öffnete und die weiße Gestalt, die darin erschien, zu Renate wurde, jedoch auf eine erschreckende Weise, da sie der – wenn auch undeutlichen – Vorstellung, die Annas Schilderung in Georg erweckt hatte, nun garnicht entsprach. Denn da war Nichts von einem irgendwie ätherischen, fast überirdischen Wesen, sondern die da stand, prangte als Renate wie eh und je, und erst der nächste Blick ließ ihn gewahren, daß die blühende Rosigkeit ihres Gesichts locker war und so aufgetrieben oder erweitert, wie er es von Hochschwangeren kannte. Aber Mund und Wangen und auch die Augen schienen von innen zu glühen und die Lider verschmälert, sodaß die Augen tiefer innen zu liegen schienen, schwarz und mit einem Leuchten .. beinah unheimlich aus der Tiefe; er hatte sie nie so gesehn, nie so etwas gesehn und war so betroffen, daß er sich nur langsam erheben und lächeln konnte. Die langen Fransenenden ihres weißen Schals verdeckten ihren Leib, sodaß ihrer Gestalt von vorne keine Entstellung anzusehn war. Nun zogen ihre Lider sich mehr zu-

sammen – sie schien ihn erst jetzt deutlich zu erkennen – er stand im Dämmer hinter der Lampe –; aber wie sie nun lächelte .. kein Engel, dachte Georg beklommen, eher eine Göttin, wie sie einst .. Und die Anmut, mit der sie jetzt ihren Arm und die Hand erhob, war nicht zu beschreiben. Aber als sie sich auf die seine legte, versetzte die federleichte Berührung ihm einen Schlag, der seinen ganzen Körper durchlief; er brachte sie kaum an die Lippen, war einen Augenblick wie betäubt oder verschlungen und dachte: Wie soll ich mich retten? Sie ist schwanger, aber – sie duftet über und über. Es dauerte eine Weile, bis er den Klang ihrer Stimme vernahm, erst fernher, und dann war es wirklich dieser Ton, den Anna beschrieben hatte, eine Tiefe, eine Fülle, und ein unmittelbar an das Herz Rühren, während sie nur die gewöhnlichen Worte sagte:
»Georg? Sie sind allein? Aber da werd ich stören?«
»Stören, Renate? Sie?« war Alles, was er hervorbringen konnte. Er ging dann langsam neben ihr bis zu dem kleinen Sofa, das zwischen den mittleren Fenstern stand, und sie setzten sich Beide, Georg ihr sich zuwendend unter ihrer Aufmunterung, zu sprechen, zu erzählen, von Benno, wie er ihn gefunden habe, von Magda, von sich selbst vor Allem.

Diese Stimme! Dieser Glanz! Dieses Feuer! Er redete, hörte seine eigene nüchterne Stimme in üblicher Konversation, von Magdas Blindheit und Bennos Tragödie, von Rieferlings Walzerspiel und daß sie getanzt hatten, dazwischen lächelnd und lachend, aber in beständig zunehmender Angst, daß sich etwas ereignen würde, er in die Kniee sinken oder in ihre Arme stürzen, während etwas entfernt zu seiner Seite etwas Schattenhaftes stand, das nicht erkennbar wurde.

Renate indessen dachte: Was ist denn mit Georg geschehn? Er ist ja glänzend geworden – was für ein Mensch! Bezaubernd. Wie er männlich geworden ist! So geschlossen, gehalten und ernst, auch wenn er lächelt, beinahe strenge, und drinnen solch Leben! Etwas davon mache ich wohl, aber – diese unerklärliche Ähnlichkeit mit seinem Vater dazu! Nun hat er auch dieses Gläserne vor den Augen – die Überlegenheit – mit der Nase, die krummer geworden scheint. Nur daß die Augen nicht so enge beisammen stehn. Oder liegt das auch an dem Wort: Wenn wir immerdar ein Wesen anschauen könnten .. Wie alt ist er nun? Ein Jahr älter als ich, glaub ich. Und ich mußte Erasmus nehmen. Was für Gedankensprünge! Aber nun muß ich ihn gleich fragen. Sieh doch an, ihm ist heiß geworden.

Georg hatte allerdings sein Taschentuch genommen und betupfte Lippen und Stirn. Dann hörte er sie sagen:

»Hören Sie, lieber Georg, ich wollte Sie etwas ganz Andres fragen. Bin froh, daß ich Sie endlich treffe. Das heißt – wenn Sie davon sprechen können. Ich meine – vom Tod Ihres Vaters.«

»O gewiß, Renate, ich kann gern mit Ihnen davon sprechen«, versetzte Georg, durch die unerwartete Ablenkung erleichtert.

»Sie müssen wissen, Georg«, fuhr sie fort, indem ihre Stimme immer leichter und heller wurde, »daß ich nicht das Geringste mehr davon weiß. Können Sie verstehn? Ich habe die ganze Nacht vollkommen vergessen.«

»Ich verstehe sehr gut«, versetzte er leise.

»Nun – dann sagen Sie mir – wie war die letzte Stunde?«

Georgs Herz begann zwar zu klopfen, doch vermochte er still zu berichten wie sein Vater in das Zimmer gekommen war und wenig später auch sie; wie sie zusammen gesessen und gesprochen hatten, und wie sie von dem Mörder beobachtet worden waren, der hinter der Tür des Eßzimmers stand.

»Sie haben lange Zeit einander gegenüber gesessen«, sagte er, und sie wiederholte, nun beinah tonlos: »Gegenüber gesessen .. so .. so war das.«

»Zuletzt sind Sie aufgestanden und bald zur Gartentür hingegangen und in den Garten hinaus. Mein Vater ging in mein

Schlafzimmer und hat dort den Schlafrock, den er anhatte, mit einem Rock vertauscht, Smoking; und wie er dann zurückkam, trat auch er in die Tür.«

Georg stockte, war aber ruhig genug, vollenden zu können: »Dann trat der Mann hervor.«

Renate hatte ihre Augen geschlossen; sie sah nun Alles so leibhaft, als ob es sich vor ihr abspielte, sah auch sich selbst als Gestalt außerhalb ihrer selbst. Sie sah ihn am Boden liegen, sah sich über ihm knieen .. es war wie im Theater – oder wie die lebhafte Erinnerung an einen Traum. Endlich hörte sie ihn seine letzten Worte sprechen.

Sie schlug die Augen auf und sah Georg dasitzen, den Kopf leicht gesenkt, still vor sich hinblickend. Auf einmal schmolz ihr ganzes Herz zu ihm hin; sie hätte gleich die Arme um ihn legen mögen .. er sah so vereinsamt aus .. ein solcher Vater ihm tot – und er hatte gewiß niemand, war so verlassen wie sie .. nun waren sie hier zusammen, wie noch nie im Leben – oder wie damals, als er hereinkam; sie sah ihn wieder über den Treppenstufen, die Angst in seinem Blick .. doch nun saß er vor ihr und wandte sich ihr zu ..

»Georg«, sagte sie leise und mußte ihre Stimme halten, daß sie nicht bebte, »Georg, ich habe noch etwas für Sie. Und – ich fühle mich schuldig, daß ich es Ihnen nicht längst gesagt habe. Aber nein«, verbesserte sich sich, »mir ist ja eben erst das Gedächtnis wiedergekommen.

»Georg – Sie waren es, an den er zuletzt gedacht hat.«

»Ich, Renate? Ich?«

»Ja. Sie müssen wissen: er hat – irgendwie – garnicht begriffen, daß auf ihn geschossen wurde. Er glaubte, er wäre niedergeschlagen worden und – er glaubte, es wäre vorübergehend. So hörte ich ihn sprechen. Und seine letzten Worte waren dann: Georg – Nichts – sagen.«

Georg senkte seinen Blick. Es brauchte ein paar Sekunden, bis er begriffen hatte; dann brach es in ihm, er war blind von dem Wasser, das in seine Augen gestürzt war, er wollte aufstehn, die Zähne zusammenbeißend unter dem harten Stein in seiner Kehle; allein wie er in der Verschwommenheit der Nässe die weiße Gestalt dasitzen sah, glitt er unwollend auf die Kniee herab, legte sein Gesicht auf die ihren, fühlte ihre Hände auf dem Kopf und schluchzte gewaltsam auf. Indes kam das Weinen rascher zu seinem Stillstand, als er gedacht hatte; er empfand plötzlich die warme Wölbung, an der seine Stirn lehnte, und dann – was war das? In ihrem Innern war ein Tikken hörbar, geschwind, wie von einer kleinen, verborgenen Uhr, sodaß es fast lachen machte. War es – das Kind? Sein Herzschlag? Natürlich! Er hob seinen Kopf empor und war im Begriff, es zu sagen.

Allein Renate saß, den Kopf tief zurückgelegt, die Augen geschlossen und doch sichtbar in solcher seligen Stille, mit so blühenden Lippen, daß er stumm blieb, dann aufstand und sich neben sie setzte. Dann hatte gleichzeitig sein Arm sich um ihre Schultern und sie sich mit Schulter und Kopf an ihn gelegt, und so saßen sie still eine Weile, während er in einer Erleichterung dachte: Da halte ich sie nun wirklich im Arm – aber als eine Mutter .. so wie Virgo damals ..

Freilich, als er jetzt auf ihr Gesicht hinabsah, war da nichts Mütterliches; es war Renate, und ihre Lippen bewegten sich, sie lächelte, und sie sagte:

»Ich weiß noch etwas jetzt – du auch?«

»Ich kann mich nicht erinnern.«

»Daß wir uns geküßt haben.«

»Ja – mein Gott – nun dämmert es. Wir haben uns angesehn –«

Er dachte: Es war die letzte Not in uns, doch er konnte es nicht aussprechen. Dieses Gesicht an ihm – diese Schönheit!

Es war jetzt ganz verschlossen. Ihre Lippen bewegten sich wieder und sagten:

»Dann bist du der einzige Mensch –«
»Bin ich der einzige Mensch – ?«
»Der je meinen Mund berührt hat.«

Georg starrte auf diesen unter ihm liegenden Mund mit wild klopfendem Herzen. Dieser Mund – von keinem berührt? Und das war möglich? Und der war jetzt unter dem seinen, zu ihm emporgehoben – mit – o ja – mit Verlangen – zu ihm, wie er es einmal gesehn hatte – hundert Male gesehn hatte – für unmöglich gehalten – Renates Mund – für ihn aufgehoben, für ihn bestimmt – jetzt – hier? Diese Lippen, schöner, süßer, geschwungener, blühender, herrlicher als alle?

Und er legte seine Lippen darauf. Allein in dem nächsten Augenblick wußte er, daß es nicht Renate, sondern Katharina war, die er küßte. Dann war ihre Gestalt, ihr Mund, ihr Gesicht mit solcher Leibhaftigkeit vor ihm, daß er es kaum begreifen konnte, als er, die Augen öffnend und seine Lippen abhebend, doch Renates Gesicht erkannte. Das war aber in einem ganz seltsamen Lächeln aufgelöst; es schimmerte zwischen ihren Lidern hervor, geheimnisvoll erst, dann offener, und sie sagte, zu ihm emporlächelnd:

»Wen hast du denn eben geküßt?«

Georg fand nicht gleich Worte, ein wenig beschämt, und brachte endlich hervor: »Jemand anders.«

Darauf sagte sie. »Ich auch.«

Ihr Lächeln erlosch wie ein Licht, und sie nahm sich aus seinem Arm, schwer in die andere Ecke des Sofas sinkend. Sie lächelte noch einmal matt, mit der Hand winkend und flüsternd, bevor sie ihr Gesicht vergrub:

»Bitte, Lieber, geh fort! Laß mich allein!«

Georg erhob sich, ging leise zur Tür und hinaus. Renate richtete sich nach einiger Zeit empor, sank wieder zusammen und sagte, starr nach oben blickend:

»Nun habe ich wohl meine Seligkeit ganz verscherzt.«

Der Bote

Als Renate aus dem breiteren Flur des Treppenhauses sich dem erleuchteten Korridor zuwandte, an dem weiter unten ihr Zimmer lag, schien die Strecke bis dahin ihr unüberwindlich zu sein; sie blieb stehn, an die Ecke sich stützend, und wußte nicht, wie sie diese Entfernung je bewältigen sollte. Als sie es dann mit einer Willensanspannung erzwungen hatte, sich vorwärts zu bewegen, schien es ihr wie in manchen Träumen zu sein, wenn die Füße sich schleppend bewegen und es doch kein Vorwärtskommen ist, das Ziel immer gleich weit entfernt bleibt. Und vor diesem Ziel mußte sie sich jetzt fürchten, immer atemloser und tiefer, in einer quellenden Angst, daß in ihrem Zimmer jetzt etwas wäre, das sie nicht überstehen konnte – ein Gerichtetwerden – Hingerichtetwerden – ein Namenloses – über alle Vorstellung Riesiges. Trotzdem zog und zwang es sie weiter, an einer Tür vorüber, an einer anderen Tür, die Augen wollten ihr zusinken, ihre Angst stieg ins Ungemessene, und dann war die Tür – plötzlich –, vor der sie endlich stand, eine Tür zwar – doch es war auch Gott. Gott war darin verborgen – furchtbar! Sie bebte an allen Gliedern, glaubte schon hinzusinken.. dann mußte sie plötzlich lächeln, da es wirklich nur eine Tür war, und sie faßte die Klinke an.

Nein, es war darin.. die Unmöglichkeit. Und nun stand ihr Herz, ihr Atem; ihr ganzes Wesen hörte langsam zu sein auf, und sie war Nichts mehr – oder nur noch ein weißer Schatten, den sie durch die Tür in das Zimmer gleiten sah. Sie erkannte die brennende Lampe, die Möbel, die Wände – aber es waren nur Schatten ihres Seins; was sie zu sein schienen, das bedeuteten sie nur, aber sie waren nicht wirklich, bestanden nicht mehr aus Stoff, nur aus Stille.

Der Raum – sie selbst – die Welt – Alles war nur noch Stille.

In diese Stille hinein kamen leichte Schritte im Nebenraum. Die graurosigen Falten an den Seiten der offenen Tür schienen zu beben. Aus dem Dunkel hervor kam es gegangen, trat die fast kleine lichte Gestalt hervor, in einem gelblichen Gewand, das lichte kleine Haupt mit bläulich schimmernden Augenmandeln erhoben, deren Blick einmal leicht umherschweifte, fast vogelgleich, um sich auf sie dann zu senken, die er nun erst zu erkennen schien. Und dann lächelte er.

»Da bin ich«, sagte er, fast schien es ein wenig atemlos. »Siehst du, da bin ich.

»Dein Bruder«, sagte er. »Nein, du willst doch nicht knieen?«

Seine Stimme schwebte so leicht wie ein tönender Flaum. Sie hatte nun tief aufatmen können und flüsterte:

»Du kommst selbst?«

Er lächelte. »Um dir zu sagen, was du selber nicht weißt, wie es scheint. Schwester, was ist denn?« sagte er. »In was für einem Irrtum bist du befangen? Sag doch!«

»Ein Irrtum? War es ein Irrtum? Daß ich – dich verließ? Daß ich dir – untreu wurde?«

»Mir untreu? Ich kann dich nicht verstehn. Mir untreu? Ich bin dein Bruder. Weißt du nicht, wo du bist?«

Sie versetzte: »Ich bin auf Erden.«

»Und wenn du auf Erden bist, so gehst du die irdischen Wege. Manche davon sind irrig, manche sind es nicht. Recht sind sie alle. Hast du das nicht gewußt?«

»Mein Gott – wie soll ich? Wir wissen doch Nichts – wir.«

»Erinnerst du dich auch an Nichts, meine Schwester?«

»Erinnern .. woran möchtest du, daß ich mich erinnere?«

Er bewegte leise den Kopf hin und her, senkte seinen Blick auf die Lampe und sagte dann:

»Hier ist es freilich sehr trübe. Aber komm, komm, weißt du nicht mehr, wo du warst? Du kannst es unmöglich vergessen haben. Bevor du hierher kamst – wo warst du?«

Sie sagte: »Wie soll ich wissen?«

Es war still. Seine lichtgefüllten Augen schimmerten ganz wenig mitleidvoll, wie ihr schien, und er sagte:

»Dann hast du es freilich schwer. Schwerer als wir gedacht hatten.

»Aber vergiß das – freue dich nun! Es ist bald überstanden. Süße Geduld, süße Hoffnung, süße Trägerin – du weißt doch? Das weißt du doch?«

Seine kleinen Sätze kamen immer wie die Hauche zartester Schwingenschläge durch die Luft.

»Ach, mein Lieber, was soll ich wissen?«

»Daß du ausersehn bist!«

»Ich?«

»Ja. Denn was trägst du?«

»Oh – ja, mein Kind.«

»Dazu kamst du hierher.«

»Aber das tut jede Frau so wie ich.«

»Wie du? Was sagst du? Wie du? Vom wem hast du empfangen, weißt du auch das nicht?«

»Von wem? Nun von – oh – von irgendjemand.«

»Ganz recht.« Er lächelte selig. »Ja, von irgendjemand nach leiblicher Art, wie es sein muß. Aber dazu – von wem?«

»Mein Gott, wie soll ich es wissen?«

»Schwester – nach wem hast du ausgesehn all dein Leben?«

»O das weiß ich! Nach dir.«

»Nach mir? O ärmste Kreatur! Nach mir? Wer bin ich denn? Ich bin, was du bist. Ich war deinesgleichen. Ich sah wie du – ach, du weißt es doch Alles. Ich bin dir ein Bild geworden, ein Gleichnis. Welche Verwirrung! Doch ich verstehe nun – ich verstehe..«

Sein Blick schien nachdenklich geworden, indem er sich niedersenkte. Als er sich dann wieder zu ihr erhob, war es nur durchbohrendes Leuchten – und sie zitterte davon, es durchlief sie, ihre Augen schlossen sich, sie glaubte, in Licht zu zerschmelzen, und als sie wieder aufzuschauen vermochte, stand der Bote noch da, nur hingen seine Arme jetzt sonderbar an den Seiten herab; er schien starrer geworden zu sein, dämmerlicher; das kleine Haupt schien weiter hervorgestreckt, und sein Blick ging nun über sie hinweg, während seine Stimme kaum hörbar sagte:

»Erinnerst du dich des Tags – hinter dem es dir Nacht wurde? Erinnerst du dich an die Stunden – der Heiterkeit, der Leichtheit, der Sicherheit, des farbigen Glänzens?

»So wie dir war an dem Tage, so ist auch heute die Welt, in der du lebst, in Gold und Frieden gebettet, in dem Glauben an sich selbst, gewiegt von der Hoffnung auf Immersein.

»Aber es wird eine Stunde kommen wie deine; da wird sie zerbrechen wie Glas. Ihre Tiefen werden aufbrechen und unsere Feinde, die Dämonen, entladen. Dann wird nur blutige Nacht sein.

»Das wird geschehn, wenn nicht in der letzten Stunde der Retter erscheint, der Heiland.

»Hörst du? Hör, was ich sage.

»Du bist ausersehn.

»Du bist die Hoffnung.

»Du hast das Licht.

»Wir hoffen – vielleicht – vielleicht – – du bringst es noch...«

Seine Stimme war jetzt so schwach geworden, daß sie Nichts mehr verstehn konnte. Aber plötzlich schwang sie sich noch einmal auf, und es ging wie ein Schmetterling quer durch sie hin mit den Worten:

»Was du empfangen hast – bring es ans Licht!«

Es war ein so unendliches Zuviel für Renate, daß sie im Augenblick in Nichts als Splitter zu zergehn meinte und aufschrie:

»Halte mich du – geh nicht fort – ich kann mich nicht länger halten! Es will aus mir hervor überall – o Gott – Himmel –

die Unermeßlichkeit – haltet mich – ich muß überfließen – überallhin – kann nicht länger – zu Allen – Allen – o ein Wasser – ein Wein – jetzt bin ich schon am Zerspringen – und ich will, ja, ich will – Alles sein – Liebe – überall sein – ich will Gott sein –

»O nimm nur, nimm nur, nimm nur dies Leben vom Herzen weg!«

Für einen Augenblick bestand ihr ganzes Wesen aus Licht, in dem eine dunkle Frucht hing. Aber das Licht, schon wieder von außen erlöschend, zog sich in das Dunkle hinein und hellte es auf zu einem erst blauen, dann klaren Kristall, in dem das Kind saß wie ein Rosenblatt, die Hände zusammengelegt, die Augen geschlossen. Sie selbst aber war rund umher; sie war der Himmel und sah es von allen Seiten an.

Dann kam das Erlöschen und Nacht. Sie lag auf den Knieen und auf ihre Hände gestützt und hob langsam ihr Gesicht empor, flüsternd:

»Nun kann ich nur noch sterben.«

Viertes Kapitel

Magda / Benno

Georg fühlte sich nicht sehr wohl, als er – mehr als eine Viertelstunde über die verabredete Zeit hinaus – das Frühstückszimmer betrat; die tiefe Erregung durch Renate, das fruchtlose Grübeln über den Widerspruch ihres Wesens, wie Magda es ihm dargestellt und wie er selbst es erfahren hatte, hatte ihn keinen Schlaf finden lassen. Er mußte endlich, als es schon zwei Uhr in der Nacht vorüber war, zu einem Schlafmittel greifen, fand sich trotzdem unausgeschlafen und dumpf im Kopf von der Nachwirkung. Dazu erwachte er mit dem Gedanken, daß es Karfreitag war und er nicht an Katharina telegraphieren konnte. Als er dann noch eine Weile den Sinn des Tages zu betrachten versuchte, wäre er fast wieder eingeschlafen – und dann regnete es, statt strahlendes Sonnenwetter zu sein. Aber es war April und mochte nur ein Schauer sein, obwohl es wie Landregen aussah; er hatte vorgehabt, Bogner zu besuchen und sich auf dem Gang zu ihm die Mißstimmung abzulaufen.

Magda saß in Erwartung seiner am Frühstückstisch, mit Benno und Rieferling plaudernd, die Jeder an einem der bis zum Boden reichenden Fenster standen, und auch Magdas netter kleiner Chinese war zu ihrer Bedienung da, den Georg nun kennenlernte und der durch die wachsame Art, wie er für sie sorgte, erfreute. Benno war zwar magerer von Gesicht und dünner von Figur als jemals, aber sein Blick war gefaßter und lebhafter, wenn er sich auch still und ergeben verhielt. Georg konnte in der Gegenwart Rieferlings nicht von seinen Angelegenheiten sprechen, erkundigte sich indes behutsam nach der Dauer seines Kontrakts und sprach von den Vorteilen eines Ortswechsels, den Berliner Intendanten erwähnend, den er dort kennen gelernt hatte. Aber Benno war von Magda für beliebige Zeit nach Helenenruh eingeladen, da der Kontrakt mit dem Hoftheater zum Glück im Ablaufen war, und hoffte, die Arbeit an seiner Oper wieder aufnehmen zu können, von der ein und ein halber Akt bereits so gut wie vollendet waren; drei sollten es werden, dazu das Vorspiel.

»Nun, dann erzähle, Benno, erzähle, ich weiß ja garnichts. Wie heißt sie denn, deine Oper?«

Benno, nun beglückt und verlegen schamvoll wie immer, brachte den kostbaren Namen ›Carmilhan‹ hervor, den Georg ausgezeichnet fand; ein eigentümliches, mysteriös klingendes Wort, als Titel vortrefflich. Der Text von Peter Schomerus war nach einer Erzählung von Wilhelm Hauff, ›Die Höhle von Steenfoll‹, an die Georg sich erinnern konnte. Ein goldbeladenes holländisches Schiff war in dieser Höhle an der schottischen Küste untergegangen; einer von zwei Brüdern, armen Fischern, dem die Geistermannschaft sich in der Johannisnacht gezeigt hatte, verlor sein habgieriges Leben bei dem Versuch, in der meerdurchbrandeten Höhle nach den versunkenen Schätzen zu tauchen.

Aber das reichte für ein Musikdrama natürlich nicht aus, und vor allem fehlte das unumgängliche weibliche Element. Peter Schomerus hatte daher einen glücklichen Griff in eine andere Erzählung von Hauff getan, die vom ›Gespensterschiff‹, dessen gesamte Mannschaft bei einer Meuterei umkam – worauf dann also das führerlose Schiff in der Höhle scheiterte und nun die verdammten Geister um ihre Erlösung durch ein freiwilliges Opfer flehten, wofür sie die Goldladung dankbar erstatten wollten. Die Brüder waren beide in Leidenschaft zu der schönen Tochter eines ebenso armen wie auch habgierigen Fischers, den der böse Bruder durch das Vorzeigen eines am Meeresufer gefundenen kostbaren Armreifens – mit der Verheißung aufzufindender Schätze – bewog, ihm das Mädchen zu geben. Der gute Bruder wurde dadurch bereit, sein wertlos gewordenes Leben als Opfer zu spenden, doch offenbarte er sich zuvor dem Mädchen, die natürlich ihn im Herzen trug, und in der letzten Minute dazukam, worauf sich ein Kampf entspann, die Liebenden in die Tiefe stürzten und die argen Genossen leer zurückblieben – da das Opfer nicht freiwillig gewesen –, während die erlöste Geistermannschaft nebst den Seelen der Liebenden gen Himmel fuhr, unter schönen Gesängen – vom Geheul der Verdammten unterbrochen – das letzte nicht ohne schamvoll zugestandene Erinnerung an die befreiten Gefangenen im ›Fidelio‹.

»Aber nun stelle dir vor«, sagte Benno in Verzückung seiner Vision der großen Apotheose, »wie über dem mählichen Sichglätten des Sturms und der Meeresbrandung der Himmel sich oben lichtet, die Molldisharmonieen in immer strahlenderes Dur zerschmelzen, nun der Himmel zu flammen beginnt, in dem Lichtmeer zuerst ein Kreuz erscheint, dann aber eine Lichtgestalt, und wie die erlösten Seelen in seligen Harmonieen zu ihren Füßen hinsinken – ein unendliches Aufsteigen in die Glorie und das Willkommen der Himmel hinein – läßt sich Wunderbareres ausdenken?«

Ja, das klang allerdings außerordentlich vielversprechend, eine hohe Aufgabe für die Musik. Hoffentlich wird seine Kraft dazu ausreichen, dachte Georg, seinen Teller leicht von sich schiebend, nachdem er seine gewohnte Semmel mit Butter und Honig zur Tasse Kaffee genossen hatte. Diese und Bennos Begeisterung hatten seine Laune erhellt, sodaß er in seinen und Magdas Enthusiasmus einstimmen konnte. Benno, bescheiden und offenherzig wie immer, gestand dann, daß die Idee der Apotheose ihm durch ein Gemälde gekommen sei; ja – ein Bild Maler Bogners, das er nicht gesehn, von dem aber Ulrika Tregiorni ihm eine solche Beschreibung gegeben hatte, daß es ihm unversehens zu einer eigenen Vision geworden war. Das Bild hatte ursprünglich den Achilles darstellen sollen, wie er aus Schmerz über den Tod seines geliebten Patroklos einen solchen Schrei über die Schlacht ertönen ließ, daß die trojanischen Kämpfer entsetzt ihre Rosse zur Flucht wandten. Aber Bogner hatte das geändert. Er hatte den Kriegern das spezifisch Griechische der Kampfwagen und Bewaffnung genommen, sodaß es nur ein Bild von Schlacht wurde, über der fern und klein in einem entflammten Himmel und vor Andeutungen eines Kreuzes aus Licht eine Gestalt mit gebreiteten Armen stand. Georg war nun sehr gespannt auf dies Bild und fand es höchst interessant, Malerei und Musik so vor den gleichen Aufgaben zu sehn, mit so verschiedenen Mitteln.

Nun, die Musik war es ja eigentlich nicht – oder doch nicht allein; sie würde nur auf ihre Weise zum Ausdruck zu bringen suchen, was die Bühne durch ihre Effekte zur Darstellung brachte, die sowohl architektonisch wie plastisch und malerisch waren, erklärte Benno – und da war also das Unding, das Gesamtkunstwerk vor Georgs Augen. Er zwang sich indes zum Stillschweigen und fragte nur, ob wirklich die Bühne die Mittel zu so grandiosen Effekten darreiche. Aber nun, warum nicht! Eine gewaltige Freitreppe war leicht zu erbauen. Sie brauchte nicht einmal so gewaltig zu sein, da die Bühne selbst in die Tiefe sinken und das Aufsteigen zum Teil nur scheinbar sein würde. Und die Beleuchtungstechnik war heute zu einem solchen Grad vorgeschritten – sie konnte mit Harmonieen und Melodieen in großartigen Übergängen mit der Musik wetteifern.

»Und der Heiland oben, der Sohn des Himmels, wird er auch singen?« fragte Georg.

Benno war sich hierüber noch im Zweifel, glaubte indes, daß er es kaum wagen würde, seine Musik aus dem höchsten

Mund ertönen zu lassen. Immerhin war er zu höchsten Kühnheiten bereit; trat doch auch in den Oberammergauer Passionsspielen der Heiland persönlich und handelnd auf.

Georg wandte ein, daß dies ein religiöses Spiel und eine Ausnahme überhaupt sei, dachte aber dann von dem prekär werdenden Thema abzulenken und stellte unversehens die nicht weniger verfängliche Frage, ob dies nun von Anfang bis Ende eine einzige und unaufhörliche Masse von dramatischer Musik sein würde. »Wir stimmten seinerzeit in der Ablehnung des Musikdramas überein«, bemerkte er dann behutsam.

Benno hob, sich krümmend, die Schultern, indem er äußerte, er könne fast selbst Nichts dafür. Aber er sehe nicht ein, warum er sich soviel musikalische Möglichkeit entgehen lassen solle und sich selbst mit langen Rezitativen langweilen – da nun das Musikdrama einmal geschaffen sei und die Spieloper überholt und veraltet.

»Ja, Benno, das sagst du«, versetzte Georg in gereizter Munterkeit. »Deine Langeweile ist meine Erholung. Warum gehe ich denn in die Oper? Um mich auszuruhn. Ich versenke meinen Leib in einen Fauteuil – zu schade, daß im Theater noch immer das Rauchen verboten ist – und meine Seele in die Wollust emporquellender Harmonieen. Aber die Lust will bekanntlich nicht Ewigkeit, wie Nietzsche behauptet, sondern verlangt gar zu bald nach Entspannung. Da freut es mich dann, auf einem Rezitativ mich ausstrecken zu können und zu warten, bis die Lust wieder anfängt. Ihr heutigen Musiker«, fuhr er behaglicher fort, da er Benno gutmütig lächeln sah, »wollt entsetzlich zuviel. Ich will schlürfen, trinken – aber ihr wollt einen betrunken machen. Tristan – nicht wahr? Nach drei Minuten weißt du schon nicht, wo dir der Kopf steht – sternhagelbetrunken sinkst du hinein in den Liebestod – was bleibt dir übrig?«

Magda fand dies abscheulich, obgleich sie selbst keine

Liebe zu Wagner hatte, und Georg war nun in Schwung gekommen und fand, daß Wagner allerdings die höchsten Ziele verfehlt habe.

»Ich will ja gern zugeben«, sagte er, »daß die Winterstürme des Wonnemonds hinter der schönen blauen Donau nur sehr, sehr wenig zurückstehen, und ich stehe nicht an, das Preislied aus den Meistersingern noch über das Viljalied zu stellen, aber –«

»Georg, du bist groß – du bist großartig, wenn du so redest, großherzoglich!« witzelte Benno, während Magda und der Hauptmann lachten, jene indes auf dem Tischtuch nach Georgs Hand tastend, der die ihre ergriff und drückte, indem er seufzend bemerkte, er sei *old-fashioned*. Benno indes fand das Gesamtkunstwerk Wagners bereits im katholischen Hochamt vollständig. Denn war da nicht die Architektur des Doms, die Malerei in Altar- und Glasgemälden, die Plastik, Dichtung und die Musik – Alles ineins?

»Ja, Benno, wenn du das sagst – machst du mich freilich sprachlos. Merkst du wirklich den Unterschied nicht? Daß hier Wirklichkeit ist – wirkliche Architektur, wirkliche Malerei und Plastik? Den Evangeliumstext dagegen erniedrigst du zu Poesie – und wo bleibt am Ende die Religion? Aber na – du magst recht haben. Auch beim Hochamt kommt es schließlich nur auf die Effekte von allem an, so mag Nichts daran liegen, ob die Architektur aus echtem Stein oder aus Leinwand und Pappe ist. Und ist die Musik von Verdi oder Rossini, so löst sich die ganze Religion in Weihrauch und Brokat und schöne Verneigungen auf. Du aber, Benno, du kannst dir doch wahrhaftig nicht einbilden, in den Imitationen und Effekten der Künste – nebst Hojotoho und Wallalalü der Dichtung – ein echtes Gesamtkunstwerk vor dir zu haben?«

Da saß Benno nun wirklich geknickt; er hatte das nicht bedacht. Aber, raffte er sich auf, ihm kam es doch nur auf seine Musik an, und die Bühne gab ihm die Mittel –

»Schade nur, daß du die Mittel nicht in der Musik selbst finden kannst. Aber – höre gut zu und laß dir raten – täuschest du dich nicht? Ist das wirklich noch Musik, was du machst? Ist es nicht auch schon Imitation?«

»Nun, Georg – geht das nicht zu weit?«

»Ich weiß nicht. Denn – wozu giebt es eigentlich Musik? Damit sie – wie jede Kunst – etwas zum Ausdruck bringt, was auf andere Weise garnicht zum Ausdruck gebracht werden kann. Und was ist das? Du sagst: Gefühle! Ich sage: nicht einmal das! Ich sage: musikalische Gefühle, spezifisch musikalische, verstehst du? Ja, du kannst Schmerz hören in der Musik, Trauer, Jubel, Freude, Melancholie, Entzücken. Aber auch wenn du das hörst, so ist es nicht die Absicht der Musik, dieses auszudrücken, sondern es sind nur – die Erinnerungen, verstehst du, das unablösbar Menschliche, das anklingt. Benno! Ist denn nicht dies das Einzigartige, das wirkliche Wunder an der Musik, daß sie eben – Nichts ist als nur Musik, losgelöst von Allem, gedankenlos, gefühllos, wortlos, unaussprechlich – einfach engelhaft. Ich habe die Entdeckung gemacht, laß dir sagen, daß ich – der ich ja nur ein blutiger Laie und Liebhaber bin – bei Musik leicht in visuelle Visionen verfalle. Aber ich sage dir: je schlechter die Musik ist, um so leichter schwellen mir die Visionen. Bei Beethoven geht es noch grade. Bei Bach ists schlechthin unmöglich. Da kann ich nur hören. Ihr aber, ihr reißt uns nun platt auf die Erde herab und denkt wunder was ihr könnt, wenn ihr Sturmbrausen und Lerchengetriller, Meeresbrandung, Geisterstimmen und Liebeslied mit Pauken und Flöten und Harfen – *ausdrücken* könnt. Na, ist es etwa nicht so?«

»Warum bist du so bissig heut, Georg?« fragte Magda, deren Gesicht heiß und gerötet geworden war, für Georg ein Zeichen, daß sie ihm innerlich recht gab, weil sie jedenfalls von seinen Worten entzündet war. Benno war freilich nur noch eitel Geknicktheit, und Georg erfaßte die Reue.

»Nun, mein Benno«, sagte er begütigend, »ich sage ja Nichts gegen dich persönlich. Ich sehe schon ein, daß du mitmachen mußt und deine Gelegenheit nicht versäumen darfst. Ich wünschte nur –« Er verstummte. »Wie gesagt, ich bin wohl nur altmodisch und komme da so wenig mit wie – *sit venia verbo* – der alte Goethe bei Beethoven und Schubert. Nur – wenn es nicht die Effekte wären! Alles wird zu Effekten. Nicht Architektur, Plastik, Malerei und Musik – sondern nur die Effekte davon, und unter zwanzig auf mich einfeuernden Effekten geht mir die Besinnung zum Teufel. Wer Alles will, der wird Nichts haben – die Effekte heben sich gegenseitig auf, und was entsteht ist nur vage schillernde Betäubung. Alles nur Mittel zur Sensation – wenn du es auch noch so gut meinst. Aber ich mein' es auch gut mit dir – früher waren wir uns über diese Dinge doch einig – warum heut nicht mehr? Denn du mußt das doch einsehn, Benno: Du findest es wunderbar, wenn über Opfertod und Erlösung der Auferstandene in seiner Glorie erscheint, und dein Gefühl ist gewiß fromm und echt. Und es ist doch nur Theater. Oder glaubst du wirklich, daß die Gefühle der Gläubigen, die sich vor dem echten Kreuz zerknirschen oder die Auferstehung mitjubeln – daß sie die gleichen sind wie die des Opernbesuchers im Parkett? Bist du auch fromm, wenn du komponierst – ist er fromm, wenn er deine Musik unter Beleuchtungseffekten einschlürft? Nun ja, die Kirchen sind heut leer, die Theater und Kinos sind voll, und – als ich in München war, hab ich ein Reklamebild der Oberammergauer Spiele gesehn – eine riesige, verkrampfte Hand, durch die ein langer Nagel ging. Die Qual des Gekreuzigten als künstlerisch ausgeführtes Reklameschild – ich nenne das *Finis Poloniae* oder *Christianitatis.*«

Er stand auf, von sich selber erquickt und erhoben, und trat an eines der Fenster, wo er denn auch sehn konnte, daß der Regen aufgehört hatte und strahlende Frühlingssonne durch weiße Gewölke brechend ihm recht gab, in der besten Stimmung zu sein. Sich zu Magda zurückwendend, die mit blinden Augen ihm entgegenlächelte, fragte er:

»Nun, worüber freust du dich?«

»Daß du wieder solch Kampfhahn bist, Georg. Und immer noch so – so –«

»Prinzipiell«, sagte Benno sich aufrichtend aus seiner Kümmernis. »Prinzipien müssen zwar gewiß sein –«

»Zum Haben, doch nicht zum Befolgen, nicht wahr, alter Junge? So wie die Religion halt auch. Man hat sie, besonders am Sonntag, aber man lebt nicht danach. Immerhin – wenn sie nur da sind. Ohne Prinzipien geht die Welt unter – aber das tut sie wohl auch demnächst. In Berlin sah ich bereits die Säule unsrer Kultur zertrümmert am Boden liegen – die Litfaßsäule. Nun, ich mache mich auf zu Bogner – ja wo wohnt er eigentlich?«

Bogner hauste bereits in seinem Reitstall, wenn auch daran gebaut wurde. Georg forderte anstandshalber Benno zu seiner Begleitung auf, doch der wollte Magda und Renate zum Gottesdienst begleiten, und so machte Georg sich auf den Weg.

Georg / Bogner

Als Georg aus dem Südflügel von Helenenruh in den Park hinein, in der Richtung des Weihers ging, lag warme Sonne auf allen Wegen, und nur leichte weiße Wolkenballen flogen über den hellblauen Frühlingshimmel. Ein Tiepolo-Himmel, dachte Georg, und fragte sich, woher ihm diese Erinnerung an die Münchener Pinakothek komme, erkannte sie aber alsbald als eine Vorerinnerung Bogners. Und hier war sonst nichts Italienisches, sondern die violetten und gelben Krokus des Nordens standen auf den Wiesen – wie blühende Ostereier, dachte Georg. Alle Gebüsche glitzerten nach dem Regen im frischesten Grün, und das süß-bunte Gezwitscher der Meisen und Baumläufer füllte die Sonnenlüfte. Ach, Frühling wieder – es war unwiderstehlich, Aufatmen, Sichdehnen, Aufquellen, Erneuerung, und Georg ließ sich, als er zum Weiher gelangt war, auf die Bank hin, die dort stand, entzückt von der vollkommenen Klarheit des glatten Spiegels; Himmelsbläue und Wolkenflügel, die Wölbung der Insel mit grünem Buschwerk und kahlästigen hohen Bäumen waren in der dunklen Tiefe auf das Genaueste abgebildet, und er murmelte: Diese Klarheit! O wer je dazu kommen könnte! Dann kam von rechtsher der schwarze Schwan geschwommen mit seinem hängenden Flügel, der verschwiegene Eremit, ein immer länger werdendes Dreieck glänzend blanker Wellen in der Flut hinter sich ziehend, in der die klaren Spiegelbilder zu wanken und zu wallen begannen, wie sie ergriffen wurden, und so taten es in Georg die Erinnerungen, die Spiegelungen nun so ferner Zeit: der emporgeflogene Schwan, die von ihm fortgeflogene Anna, Bogners erstes Erscheinen, das Gespräch mit seinem Vater, Ursache aller Verstrickung. Anna – nun war sie blind – hatte ein neues Leben begonnen – welche Begabung und Kraft zum Leben, Glücklichleben, sodaß sie nun tanzen konnte. Aber was war das für eine Konfusion am gestrigen Abend! Jeder von uns hielt einen Andern im Arm, und ich tanzte da gleichsam über Bennos armer Leiche, seine Schmach war die Ursache unserer Heiterkeit. Es war wie in manchen Träumen, wenn wir mit einem Menschen zusammen sind, von dem wir wissen, wer er ist, doch er hat fremde Züge oder gar die eines Andern. In der Zeit nach Helenes Tod fand ich sie einmal tot unter einem Tisch liegend, anzusehn wie die Mamsell, und dann ging ich fort, um es ihr zu sagen, und fand sie im Park, aber als eine fremde Dame. Doch wenn es auch im Leben so ist .. In Renate küßte ich Katharina – und sie war keine Heilige, sondern – ich weiß nicht was; und ihren Mund, sagte sie, habe noch keiner berührt. Schauerlich – wenn es wahr ist, aber sie sagte es. Dann wurde sie Katharina – na, Georg, mir scheint, du errötest. Da bist du richtig wieder hineingeschlittert, konntest nicht widerstehn – es *war* doch Renate, nicht Katharina; die Verlockung kam von Renate – und dachtest du da an Katharina? Schändlich! Nur – immerhin – diesmal war es Renate, nicht eine Cora, ein höheres Wesen. Katharina aber – was würde sie sagen, wenn sie es wüßte? Ich glaube, sie würde es leicht nehmen, nur sagen, ich hätte doch sie geküßt; in solchen Dingen ist sie, glaub ich, besonders einfach .. und nun ist sie in Dresden – ganz einfach: Ich habe gesagt: bleibe weg, also bleibt sie weg. *Mea culpa* – ach ja, wie immer.

Georg seufzte halb lachend, stand auf und war bald auf der Landstraße draußen, gemächlich hinschlendernd unter den kahlen Apfelbäumen am Grabenrand, wo im Gras der Böschung die gelben kleinen Köpfe von Lattich und die weißrötlichen Sterne der Maßliebchen saßen. Zu beiden Seiten breiteten sich die Wiesen, Kleefelder und Saatfelder aus, und darüber lag die Stille und Feierlichkeit des Sonntags, so vernehmlich, daß Georg sich wunderte, wie es doch möglich war, daß sein Bewußtsein des Feiertages die Landschaft prägte, die selbst nicht anders war als am Werktag; doch so war es von Kindheit auf gewesen. Diese wundervolle Wärme – wieder ohne Mantel zu gehn, frei beweglich; diese leichte, unbeschreiblich zarte, gleichsam ungebrauchte Wärme des Frühlings! Ein leichter Schwall des Windes trug das Glockengeläut von Böhne herüber, er sah die dunkelgekleideten Menschen zum Gottesdienst strömen, ihre schwarzen Goldschnittbücher in der Hand, um gemeinsam zu ihrem Gott zu singen und zu beten, ihm ergeben und abgewandt von sich selbst und dem Tagewerk. Das Leben wäre leichter, wenn man auch darunter sein könnte! So war es nun in allen Kirchen des Landes, sie begingen den seltsamen Sterbetag ihres Gottes, versenkten sich in das Leiden, das längst wieder aufgehoben war, fanden eine unbegreifliche Erlösung darin – und vergaßen es wieder. Aber wenn sie diese Religion nicht hätten – wie mochten sie dann erst sein! Gott, diese vergehenden Wolkenfetzen im Blau und dies Gezwitscher im Sonnendunst, dies ganz zarte süße, zitternde Zirpen! Daß man nicht davon schon ein besserer Mensch wird! Alles Gewohnheit, Gewohnheit! Alle wollen immer zuviel. Dieser Benno, der musikalische Ossas auf Pelions türmen möchte! Statt leicht instrumentierter Arien Nichts als polyphone Meereswogen. Enthusiasmus im Überfluß, und die Flamme der Selbstentzückung zerfrißt ihm den Stoff, wenn er nicht hart genug ist. Und woher kann Härtung kommen? Von solch einem Schicksalsschlag? Nein, nur vom Charakter. Ist der nicht gehärtet, schlägt ihn das Schicksal zu Brei. Hoffen wir das Beste für ihn. Aber das muß dieser Reitstall sein.

Georg sah die große ovale Rotunde mit weiß in der Sonne leuchtender Wandung zur Linken liegen – trübe Erinnerung an den schimmelliebenden armen Chalybäus. Bald führte ein sauberer Weg von roten Klinkern auf das kleine Wohngebäude zu, das der Reitbahn vorgesetzt war, jetzt umgeben von Baugerüsten, und daneben stiegen angefangene Ziegelmauern empor und lagen die gelben Berge ausgeschachteter Lehmerde. Georg mußte auf bekalkten Brettern über Wasserlachen im Lehm, die den Himmel auch spiegelten, die Haustür erreichen. Ein Klingelknopf war da, schien aber keinen Ton zu geben; er trat durch die unverschlossene Tür in einen dämmrigen Flur, zu dessen beiden Seiten die leeren Boxen der ehemaligen Pferde offen waren. Auch eine Tür am anderen Ende stand halb geöffnet, und Georg sah aus ihr in die weite Reitbahn hinein. Aus der gegenüberliegenden Wand war ein riesiges Fenster gebrochen, und zu seiner Linken war die Rundung ganz voll von Malwerken, Studien und Entwürfen in Farben, Kohle und Rötel, Körper und Gliedmaßen, an der Wand hängend, auf Staffeleien und Stühlen und am Boden liegend. In der Mitte stand schräg gegen das Fenster ein farbenreiches mächtiges Gemälde, mehrere Meter breit, und davor saß der Maler im weißen Kittel auf einem Hockerstuhl, Pfeife rauchend; doch waren keine Malgeräte zu sehn – auch er schien den Tag zu ehren. Sich umwendend, als Georg seinen Namen rief, streckte er Arme und Füße von sich vor Freude. Georg fand ihn vortrefflich aussehend, nicht hagerer als je, die tiefliegenden Augen glänzend in einer vielleicht tieferen Stille als früher; nur an den Schläfen war das Haar weiß geworden.

Georg stand dann vor dem Gemälde, das in der Mächtigkeit seiner vielen Bewegung durch seine Stille zuerst betroffen machte – so als habe das Denken und Sprechen von Musik sein Gehör damit angefüllt. Die kleine dunkle Gestalt in der Höhe des Bildes, mit ausgebreiteten Armen vor einem in Gelb und Scharlach flammenden Himmel, beherrschte es ganz und gar mit ihrer Bewegung einer Verzweiflungsgebärde, die trotz ihrer Kleinheit deutlich erkennbar war. Der Mittelgrund, der aus den breit darüberliegenden braunen, roten und branstigen Tönen des Gewölks in fahle, bläuliche und graue dunkle überging, war noch unfertig; Leichenhaufen schienen es zu sein, auch Scharen von Flüchtenden. Im Vordergrund bäumte sich zur Linken eine wilde Woge von braunen und roten Rossen aus dem Bilde hinaus; daneben stürzten Reihen von Flüchtenden hinweg, mit rückwärts gewandten Angstgesichtern, von Nachstürmenden mit erhobenen Lanzen verfolgt, und ein Bogenschütz, in die rechte Bildecke gekrümmt, spannte den Schuß seines Pfeils in den Hals eines links Hinstürzenden hinüber. Mittlings fiel die stark verkürzte Gestalt eines Weibes – nackt wie die Kämpfenden alle – unter den Füßen der Verfolger hervor, ein Kind an der Brust, das angstverzerrte Gesicht hergedreht; sie war rothaarig – ja, waren das nicht Ulrikas Züge? Georg sah rasch darüber hinweg, wieder emporgezogen von der Alles beherrschenden Figur in Himmelsgluten, in denen ihm nun schwache Spuren eines Kreuzes aus Licht erschienen.

»Verstehst du?« sagte die halblaute Stimme des Malers neben ihm. »Die überwundne Antike. Was gehen uns Halbgötter an, was Achill? *Hic Rhodus, hic salta!* Was meinst du?« Georg sah ihn lautlos lachend den Kopf zurücklegen, während er seine Pfeife erhob, um ein brennendes Streichholz darauf zu halten. Georg versetzte:

»Nun doch nicht ganz, mein Lieber. Ich denke – man muß sie gehabt haben – in Tertia, mit fünfzehn Jahren. Wer da richtig zugreift, kann sie danach vergessen – und behält sie trotzdem für das Leben.

»Freilich«, setzte er nach einer Weile hinzu, »wenn das da oben Achilles wäre, so wäre es nur eine Ilias-Illustration.«

»Eben – das ist es. Und dann wär es schon fast Theater. Nun ist es mir freilich etwas mystisch geraten. Ob es jeder versteht?«

»Ich finde das grade gut«, meinte Georg. »Ein großer Eindruck – und jeder kann sich das Seine dabei denken.«

»Und ich hätte eine ganze Masse Bilder gemalt statt nur eins.« Bogner lachte wieder auf seine Art, und Georg sagte:

»Du kannst lachen, denn du kannst malen. So etwas saugst du dir aus den Fingerspitzen. Wundervoll! Alle diese Bewegung wie mit Zügeln in Maßen gehalten und zueinander gestimmt. Ich gehe mit dir jede Wette ein, daß jeder Quadratzentimeter hier mit jedem andern Quadratzentimeter in Harmonie und Zusammenhang ist. Eine Partitur einfach! Und dabei diese Stille!«

Er dachte an Bennos Tönekaskaden; der Maler rauchte und sagte Nichts.

»Wie willst du es nennen?« fragte Georg.

»Wenn ich das selber wüßte! Erfinde mir einen Titel.«

»*In hoc signo non vincas*, könnte man sagen, aber das wäre ein Kommentar. Tausend Jahre Morden im Zeichen des Kreuzes –

und keine Spur von Erlösung. Ich werde das nie verstehn. Vergeblichkeit könnte es heißen, aber das ist zu abstrakt. Wie wärs mit ›Die ewige Schlacht‹? Es sieht auf die Dauer entsetzlich aus, wie der oben keinen Einhalt gebieten kann.«

Sie waren wieder still. Georg sah einen leeren Strohstuhl dastehn, warf seinen Mantel über die Lehne und setzte sich, und der Maler nahm seinen Schemel wieder.

»Aber was willst du?« fing Georg wieder an. »So etwas zu malen ist mir heroisch genug – ich sage Nichts weiter. Übrigens war das ja auch nicht lauter Glanz: Achill, Theseus, Jason – nimm wen du willst; sie gingen Alle in Jammer unter, und der große Herakles fuhr aus Feuer in die Unsterblichkeit. Auch die Griechen kannten den Schmerz.«

Der Maler schwieg eine Weile, ehe er sagte:

»Und doch haben sie ihn niemals im Bildwerk gezeigt.«

Georg dachte einige Zeit nach und sagte: »Laokoon.«

Der Maler lachte. »Etwas ist immer verkehrt, aber eine Schwalbe macht keinen Sommer, und der Laokoon nebenbei ist kein Menschenalter älter als Christus.«

»Ja, du hast recht; und – sonderbar! Die Gruppe stellt doch das Gleiche dar – wie Christus zwischen den Schächern. Das im Schmerz zurückgeworfene Haupt – und die tödlichen Schlangen der Sünde. Seltsam genug, daß Lessing grade darauf verfallen ist.«

Er mußte plötzlich aufstehn, dem Maler die Hände auf die Schulter legen und mit leisem Aufklopfen murmeln: »Ich bin so froh, dich zu haben.« Dann setzte er sich wieder hin, zog Zigaretten hervor und fing an zu rauchen.

»Ja, ich muß mich nun anpassen«, fing er nach einer Weile an. »Ziemlich unheroisch.« Die beständige stille Größe des Malwerks hatte ihn in Kleinheit herabgedrückt. »Prinzipien – eben sprachen wir davon, Magda und Benno; sie fanden mich zu prinzipiell. Natürlich – das ist jetzt meine Schwierigkeit. Soll da in lauter Realität wirtschaften – immer Anpassung an das Mögliche. Entschuldige, daß ich von mir rede, aber du redest da so überlaut auf mich ein – ich muß mich ordentlich verteidigen, weißt du.«

Der Maler nickte mit seinem zartesten Lächeln des nachdenklichen Verstehens.

»Du bist ja noch jung«, sagte er. »Wart ein Weilchen. Die besten Resultate kommen immer von selbst.«

»Wenn überhaupt welche kommen, aber du hast natürlich recht. Man ist immer zu voreilig. Aber hast du von dem armen Benno gehört? Bei ihm sieht es aus, als ob er den Kopf zum ersten Mal in die Welt gesteckt hätte; schon kriegt er einen Dachziegel darauf – und wußte noch kaum, daß es das giebt.«

Er schwieg eine Weile mit dem Maler, das Bild betrachtend, begann dann wieder:

»Wunderlich doch – dies hier! Du sagtest selbst: Theater. Alle Darstellung ist Schaustellung – Theater – und mit was für Effekten hier? Wir sprachen von Bennos Oper, weißt du – apropos, er sagte, er hätte die Idee der Schlußapotheose von diesem Bild – ein Auferstandener in der Glorie, der die Erlösten empfängt. Ich fand das nicht mehr Religion – diese Beleuchtungseffekte – und hier sind sie doch auch.«

»Nun – Technik, das ist etwas Andres. Wo die Technik anfängt, hört der Mensch auf – Geist, Seele, Handwerk und Alles. Wo Technik sich in die Kunst mischt, da leeren sich die Effekte – das heißt, dann werden es erst Effekte. Dazu die mechanische Wiederholbarkeit. Ein Bild ist einmal – die Scheinwerfer spielen immer wieder.«

»Das Orchester auch«, lachte Georg, und der Maler äußerte mitlachend, er habe es eben gesagt, irgendetwas sei immer nicht richtig.

Sie waren wieder still.

»Religion«, sagte Bogner, »ist ja dies auch nicht zu nennen. Es ist Kunst. Wenn die Kunst sich ihrer bemächtigt, ists schon der Anfang vom Ende. Denn dann wird sie Stoff.«

»Aber doch nicht immer, wie? In Griechenland – da bestand doch keine Diskrepanz zwischen Religion und Kunst.«

»Weil auch keine bestand zwischen Religion und Leben. Es waren andere Menschen – eine ganz andre Zeit; man darf das nicht vergleichen.«

»Allerdings. Es scheint mir auch lange schon verkehrt, das Gleiche in verschiedenen Zeitaltern als Gleiches zu sehn und von da nach dort zu übertragen. Ihre Religion war anders – ihre Kunst war anders – ihre Götter waren andre – nur überhöhte Menschen, und durch Macht überhöht, nicht durch – Tugenden, Sittlichkeit.«

»Das ist es«, sagte der Maler. »Sie waren mit auf der Erde. Sie waren ja Künstler selbst – Apoll, Athene, Hephaistos – wie sollte da Kunst und Religion im Streit liegen?«

»Ach ja, hier bei uns! Welch ein Abgrund zwischen Himmel und Erde und Menschenwerk! Daher auch die Bilderstürme – nur konsequent. Aber in Hellas .. ein Gott – eine Säule – ein nackter Mensch – das war Alles eins – nur Atmen, nacktes Leben, lebendige Haut; und war doch Heiligkeit, Göttlichkeit, Freude. Wir aber beten den Tod und das Leiden an.«

»Ja«, sagte der Maler. »Die Angst.«

»Die Angst?« rief Georg verwundert. »Hast du mir nicht selbst nachgewiesen, daß aus Angst keine Götter kommen?«

Bogner lächelte und versetzte: »Du sagtest doch Tod und Leiden und deren Anbetung im Bilde – aber nicht Gott. Recht hast du allerdings, daß sie in den Raum der Gottheit das Qualenbild – ich möchte sagen – hineingezerrt haben – aus ihrer Todesangst. Die war scheints hier stärker. Und das ist der Einschnitt zwischen der Vorwelt und uns. Die alte Welt – sie haben den Schmerz auch gekannt; glaubst du, sie haben den Tod nicht gefürchtet?«

»Furcht«, sagte Georg leise, »ich erinnere mich wohl. Die ist auf der andern Seite. Aber mit Christus haben sie den gemarterten Tod Gott aus dem Herzen gerissen – als seinen

Sohn – mir kommt es wie Irrsinn vor. Sieh nur diese tausend und tausend Kruzifixe und Kreuzigungsbilder durch die Jahrhunderte hin! Diesen Grünewald – über alle Maßen hineingewühlt in die äußerste Qual, eine wollüstige Hypertrophie! Damit sind wir aufgewachsen. Ein Geschlecht prägt die Todesangst immer dem nächsten auf. Und warum eigentlich? Diese Schmerzensmütter – als wäre noch nie einer Mutter ein Sohn gestorben. Was ist daran so – exorbitant? Und warum dieses Äußerste: Mein Gott, du hast mich verlassen! Der Gott selber von Todesnot so zerrissen, daß er an Gott verzweifelt. Wie soll irgendein Mensch, der das weiß, in Ergebenheit sterben? Kannst du es verstehn? Warum ist das Religion – was täglich Ereignis ist?«

»Nun – weil die Menschen so waren. Sie haben es so gewollt, sie haben es so gelitten. Sie kamen über den Tod nicht hinweg, er war der ewige, nicht zu löckende Stachel.« Der Maler war vor das große Fenster getreten und stand dort hinausblickend, die Hände in den Taschen des Kittels. »Wie ich schon gesagt habe«, fuhr er fort, »die Griechen, die Juden, die Perser – nimm, wen du willst, auch die Chinesen, die Inder. Alle Völker haben seit ewig den Tod erlitten und Leiden erlitten wie wir. Ihnen aber war er das einfach Unentrinnbare, Unabänderliche, Gesetzte, und sie fügten sich einfach hinein. Denn er war ihnen *in* dem Leben; uns ist er außerhalb.«

»Wahrhaftig, außerhalb. Ein Verhängnis Gottes von oben her. Übrigens – auch wer das Leiden als etwas Übergewaltiges ansah wie der Buddha – was schloß er daraus? Daß man die Welt ablegen soll, die es beherrschte, und dahin gehn, wo es nicht ist. Wir aber gehen da grade hin, in den Schmerz, in die Qual, in das Dunkel. Bohren uns in die Nacht hinein und sehn das Licht nur – wie mit Augen, die wir im Nacken haben.«

Der Maler kam langsam wieder zurückgegangen und blieb vor seinem Bilde stehn.

»Da ist es vor dir, Georg – na, und was ist es? Der Norden. Unser Norden. Wie kann es hier anders sein?«

»Du meinst – die Dunkelheit?«

»Wie du hier siehst: unten die Finsternis, wo sie sich ballen und umschlingen; über ihnen das Licht, das keiner sieht. Schmerz erleidend und Schmerz zufügend – und ich habe es auch malen müssen. Ich bin auch nicht anders – wenn ich auch wollte, ich wäre es. Und – Goethe, Winckelmann, Lessing aus Wolfenbüttel – warum lechzten sie so nach Hellas und legten ihr Christentum ab? ›Mehr Licht‹ – wenn Goethe es nicht wirklich gesagt hat, um so tiefer hat es die Nachwelt gewußt, von ihm und von sich selbst.«

»Ja, das muß es sein«, sagte Georg ergriffen leise. »Nur das Licht, die weite Helligkeit...«

»Das hier vor dir, Georg, diese schwarze Gestalt vor dem Licht, könnte die ein Florentiner gemalt haben? Stelle dir einmal so im Fluge die Bilder der Renaissance vor, die du kennst – siehst du einen einzigen Gekreuzigten darunter? Nicht einen – Nichts als holde Madonnen und Magdalenen. Keine zerjammerte Schmerzmutter – denk an Michelangelos! Selige Heilige und triumphierende Farben. Nun geh weiter nach Griechenland, tauch in die Flut des Lichts, wo sich Alles fast auflöst. Menschen in weißen Gewändern, Gold und Elfenbein, lichte, buntgesäumte Giebelstirnen, Marmor und Sandstein, sanft erhobene Häupter.«

»Nun muß ich an Ägypten denken«, rief Georg, stockte jedoch wieder, das Gemälde vor den Augen; seine Gedanken überstürzten und verwirrten sich, und er mußte noch eine Zeit still bleiben, schwankend, womit er anfangen sollte, um endlich zu sagen:

»Kannst du es denn verstehn? Wie machten es diese Menschen? Da hatten sie einen Gott – allumfassenden Schöpfer, der in das Chaos hineinsprach – und sein Wort wurde Licht. Daraus wurde sein Sohn – der doch von Anbeginn bei ihm war und der von sich selbst sagte: Ich bin das Licht der Welt.

»Und dann haben sie ihn hinab- und hineingezwängt in die elendeste Knechtsgestalt, in die Verachtung des Leibes, Folterung des Leibes, Todesnöte des Leibes. Christus selber hat doch den Leib nicht verachtet. Im Gegenteil, er hat gerne gegessen und getrunken und sich sogar salben lassen. Aber die Todesnöte wurden so ungeheuer, weil es der Tod eines unendlichen Gottes war; ja, als ob die Unendlichkeit selbst an dem Kreuz verächzte. Warum das? Nun, die Antwort kann doch nur sein, daß ihre Angst vor dem eigenen Tod so ungeheuer gewesen sein muß.«

»Vor dem Tod in Sünden«, sagte der Maler.

»Na eben – das noch dazu! Das Alles haben sie selbst gemacht, sich aus den Fingern gesogen. Tod und Schmerz und Sündhaftigkeit und Adam und Abel – das kannten die Juden auch, doch machten sie Nichts daraus. Nun kam die Erbsünde und machte den Tod zum Folterknecht und Henker, und sie sahen den Tod so ungeheuer am Kreuz, obgleich er doch, die Wahrheit zu sagen, nicht schwerer war als irgendein Menschentod, wenn es nicht glücklicherweise grade ein Schlaganfall macht. An Krebs, an der Pest, an Diphteritis, an Nierenkolik stirbt es sich eher noch schwerer, von den Millionenheeren, die auf Schlachtfeldern tagelang verröchelt sind, ganz zu schweigen. Ich verstehe das nicht.

»Und dieser Tod am Kreuz soll dem, der daran glaubt, seinem Sterben den Stachel nehmen? Was für Menschen waren das, was für Menschen?«

Es war still. Der Maler erwiderte Nichts, fragte aber, nachdem eine Minute vergangen war, Georg, warum er Ägypten erwähnt habe.

Georg erzählte mit ein paar Worten, was er in Berlin davon gesehn hatte, schließend: »Kurzum: den düstersten Stein, Nichts als Stein – Porphyr und Granit. Aber – das wollte ich sagen – dort hatten sie Licht auch im Überfluß.«

Der Maler lächelte. »Eben – da hatten sie wieder zuviel davon, scheint mir. Es ist überall anders, man muß immer aufpassen. Fast unter dem Äquator – in der schattenlosen Glut ..«

»So wird es sein«, gab Georg zu. »Aber da habe ich erst gesehn und begriffen, was Marmor und Sandstein ist; einfach, daß er weiß ist, also Licht ist, nur zusammengeballt; und daß in jeder Marmorgestalt das Tageslicht fast keine Grenze findet, sondern eindringt. Ein Apollo kann nicht aus Porphyr sein, und ein Ammon Ra nicht aus Paros oder – aus Meerschaum steigen.

»Diese Ägypter – du hast recht – sie müssen das Dunkel gewollt haben. Aber in Hellas steht im Lichte die reine Form – die wir nicht haben – leuchtend, nur eine Verdichtung des Lichts – Lichtgebilde.

»Und dagegen wieder Grünewald, Baldung Grien, Rembrandt! Aber haben wir schon das Dunkel, warum müssen wir uns noch tiefer hineingraben?«

»Weil es«, versetzte der Maler aufblickend, »weil es nicht das Dunkel ist, sondern der Stoff.«

»Der Stoff? Wie meinst du das?«

»Nun, was ist denn dein Dunkel, Georg? Etwa die Nacht, die nordische Winternacht, die Dämmerung? Aber die vertieft doch nur, was das wirkliche Dunkel ist – die Uneindringlichkeit für das Licht, die Materie, dein eigener Körper.«

Er schwieg eine Weile und redete langsam weiter:

»Ich habe das nicht entdeckt. Dieser Josef Montfort hat mich darauf gebracht – in den letzten Gesprächen vor seinem Tode, den er übrigens, scheint mir, vorausgewußt hat.

»Der war auch starke Nacht – mit Fackelbeleuchtung – ich könnte sein Inneres malen.

»Aber er wußte, was Licht und was Dunkel ist; was Geist ist und Stoff ist.«

»Du meinst, wir sind selbst das Dunkel, weil wir aus Materie sind? Aber Alles ist Materie, überall.«

»Das sagst du. Andre sehen es anders. Nun, lieber Georg, du weißt doch: der Mensch ist nicht Materie, sondern er ist Geist. Du mußt also wieder sehn, daß es überall anders ist, weil überall auf der Erde eine andere Menschenart, ein anderer Geist es ist, der sich zur Materie verhält.«

»Freilich, natürlich, ich verstehe. Es kommt nie auf die Sache an, sondern stets auf das geistige oder seelische Verhalten.«

»Also – für den Materialisten von heute ist die Materie Alles, sogar Lebensurgrund – dafür ist er ein Materialist. Aber wie ists mit dem Inder? Ihm ist die Materie Illusion, und die Körper sind ihm nur leicht auswechselbare Gefäße für das Leben, das ein unendlich-unaufhörliches Aus- und Einschlüpfen ist. Wiederum der Ägypter war gewiß materiell, aber deshalb kein Materialist. Er glaubte an Ewigkeit und nahm daher zur Darstellung seiner Götter das Ewigste, das zu haben war: Porphyr. Nun, deshalb war es doch der Gott, was er verewigte, nicht der Stein. Er betete Porphyr nicht an – er brauchte ihn.

»Endlich der Grieche. Meinst du, er hatte vor der Materie Respekt? Meinst du, sie galt ihm etwas? Ich sage dir, er wußte garnicht, was das war – außer wenn es Gold war, Elfenbein, Olivenholz, Sandstein, Marmor. Und selbst den respektierte er so wenig, daß er ihn blau und rot anmalte. Seinen Körper verehrte er – etwa weil er Materie war? Nein, sondern weil er schön war. Also die Schönheit war es – also Geist.

»Diese Christen aber, wie du gesagt hast, die verachteten die Materie des Leibes und kamen doch niemals los von ihr. Sie zerrten sich mit ihr herum, zerfleischten sie an sich selbst, verbrannten die Ungläubigen, brannten sich aus Seelenliebe zum Himmelsbräutigam Stigmata ein – nun, Georg, das waren alles wunderbare, großartige Angelegenheiten, Heldentaten, nicht zu vergessen – aber wir wollen ja nur auf den Kern kommen. Sie quälten diesen Leib und diese Materie, weil sie von ihr maßlos gequält wurden, quälten sich in Fegefeuer und

Höllenqualen hinein, unaufhörlich. Wenn du so willst, so kannst du das ganze christliche Zeitalter als eins der sadistischen Schmerzwollust sehn.«

»Es ist entsetzlich«, sagte Georg, »grauenhaft. Soll es nicht endlich ein Ende nehmen?«

Der Maler blieb eine Weile nachdenklich still.

»Nun«, fing er an, »nun – es scheint ja so. Seit dem Barock – wo der Schmerz schon ins Süße und Bunte sich verrenkte – ist die Kreuzigung und das Leiden allgemach aus den Künsten verschwunden; oder wenn es noch erscheint – dann geschwächt, nicht mehr wahr, nicht mehr echt. Und sonst heute – die Unkirchlichkeit, Areligiosität, sind im Zunehmen, das wissen wir. Und das ist doch ein Zeichen –«

Er stockte. Georg fragte: »Wofür ein Zeichen?«

»Daß in den Menschen das Erlösungsbedürfnis im Schwinden ist. Soviel mir bekannt ist, ist nicht sosehr Atheismus im Anwachsen – frage herum, die Menschen glauben noch immer an Gott –, sondern wirklich dies Christentum. Und was ist es? Erlösung durch Gnade Gottes und den Opfertod seines Sohnes. Die Erlösung also von dem Druck – der Todesangst und der Sündenlast.«

»Ihr Erfinder war scheints Paulus«, sagte Georg, indem er plötzlich eine starke Nötigung zum Aufbrechen empfand. Das Gespräch, so wundervoll es ihm gewesen war, hatte seinen Gipfelpunkt überschritten, aber war das ein Grund, gleich davonzueilen?

»Du wirst ihm daraus hoffentlich keinen Vorwurf machen. Auch das Telefon hat nur einer erfunden«, sagte der Maler lachend, »und alle Welt ist selig damit.«

»Du willst also sagen, das Schwinden des Erlösungsbedürfnisses deute auf das Schwinden des Druckes hin?«

Bogner erhob sich und stellte sich wieder ans Fenster.

»Es mag nun wohl wieder ein Einschnitt kommen«, sagte er langsam; »wieder eine andere Menschenart. Auch wir Beide hier .. wir spüren noch den Druck. Aber dies Leidensbild – uns kann es nicht mehr helfen. Die Wissenschaft? Mag sein – allein, was mich betrifft – ich hab keinen Glauben daran. Ich sagte schon, Gott ist es nicht – es ist dieses Bildnis. Da habe ich es auch als vergeblich gemalt.

»Weißt du, von wem das ist?

Uns lösen keine Geister, keine Flammen,
Als die aus unserm eignen Blute stammen.«

»Von Carossa, glaube ich«, erwiderte Georg, sich erhebend, da der Drang zum Fortgehn jetzt unausweichlich wurde. Bogners Worte hatten ihn tief bewegt und auch erhellt. Jetzt wandte er sich ihm zu mit dem zarten Lächeln, das Georg so gern in den Tiefen seiner Augen und den Winkeln zugleich sich entfalten sah, und er sagte:

»Tja, du armer Landesvater, wir Beide haben es herausbekommen.«

»Was meinst du?« fragte Georg, dankbar entgegenlächelnd für das ›wir Beide‹.

Der Maler sagte auf:

»Mit Sorgen und mit Grämen
Und mit selbsteigner Pein
Läßt Gott sich garnichts nehmen,
Es muß erbeten sein.

»Das Licht«, fuhr er fort, »ist uns Frucht des Dunkels. Wir könnens nicht ändern. Wir müssen jeden Tropfen Gold aus Blut, Schweiß und Tränen verwandeln.«

»Erbeten?« fragte Georg unschlüssig, »erbeten?«

»Nun – es giebt wohl nur ein Gebet.«

»Und das ist?«

»Dein Wille geschehe.«

»Die Resignation in Alles.«

»Oh nein, Georg! Nicht in Alles! Beileibe nicht!

»Nur – nun, du weißt doch! – nicht fordern.«

»Ich hoffe, daß ich es weiß.« sagte Georg halblaut, von den letzten Worten betroffen. Dann gab er sich einen Ruck, nahm seinen Mantel vom Stuhl und war mit einem Handwinken und: »Auf Wiedersehn! Wir sehn uns noch dieser Tage!« schon an der Tür, bevor der Maler sich zum Hinausbegleiten aufraffen konnte.

Er hatte es auf die Minute getroffen, denn in dem Augenblick, wo er die Tür hinter sich schloß, wurde die gegenüberliegende am Ende des Flurs geöffnet, und in ihrem Licht stand sie, zu der es ihn unwissend fortgetrieben hatte.

Katharina

Sie stand in der Tür, Augenblicke lang unbeweglich, in einem dunkelgrünen Regenmantel, das Gesicht von der spitzen Kapuze umhüllt, vor einem goldenen Regenschleier, der hinter ihr durch die Sonne wehte. Aber dann kam sie den Flur hergeflogen mit fußfrei schwingenden Röcken, Georg wie immer entzückend durch die Weiblichkeit ihres Laufens, nur von den Knieen ab auf ihren schmalen Füßen. Und wie sie nun an ihn gepreßt sich zurückbog in seinen Armen, aus halb geschlossenen Augen – die geschlitzt wurden – ihn anblickend mit sinnlicher Innigkeit – die vom Himmel goldgeregnete Seligkeit! »Ja, wo kommst du jetzt her?«

Sie drückte, sich bückend, ihr Gesicht in seinen Ellbogen, lachend und rufend: »Ich bin ja garnicht da! Ich bin ja erst Sonntag da!« Danach waren minutenlang nur ihre Lippen und die Lust des Umschlingens.

Sie standen dann zusammen in der Box neben der offenen Tür, da der Regen bei schwindender Sonne stärker zu fallen begann, leise sprechend, um von Bogner nicht gehört zu werden, ein glückliches Plaudern, von dem Maler, seinem Bild und dem schönen Gespräch, das Georg mit ihm geführt hatte, auch von ihrem Ergehn und daß sie nach Wunsch Alles erledigt hatte. Danach hatte sie es nicht länger ausgehalten und war gekommen, um da zu sein, wenn Georg sie brauchte.

»Aber nun brauchst du mich wohl noch nicht?« fragte sie ängstlich. »Oder – oder ist schon Alles in Ordnung? Du siehst so gut aus.«

Georg hatte es auf den Lippen zu sagen, daß, wenn sie da sei, Alles in Ordnung sei; aber die Worte wollten nicht hervor, er zögerte, und sie sagte schon:

»Nun wirds wieder dunkel in dir, Georg, ich seh schon, sie ist wieder da.«

»Sie? Wer ist da?«

Sie blickte ihm sekundenlang versuchend und prüfend in die Augen und begann dann mit anmutiger Bewegung aufzusagen, in den Regen hinausschauend:

»Wen ich einmal mir besitze,
Dem ist alle Welt Nichts nütze.
Ewiges Düstre steigt herunter,
Sonne geht nicht auf noch unter,
Bei vollkommnen äußern Sinnen
Wohnen Finsternisse drinnen,
Und er weiß von allen Schätzen
Sich nicht in Besitz zu setzen.«

Schrecklich, schrecklich! dachte Georg. Leise beginnend, war ihre Stimme beim Sprechen mutiger und fester geworden. Als sie nun innehielt, fragte Georg, von den ihm unbekannt scheinenden Worten innerst getroffen:

»Was ist das? Von wem sind diese Verse?»

»Kennst du sie nicht? Aus dem Faust. Die Sorge sagt es.«

»Gehts noch weiter vielleicht?«

Sie besann sich ein Weilchen und sagte weiter auf:

»Glück und Unglück wird zur Grille,
Er verhungert in der Fülle;
Sei es Wonne, sei es Plage,
Schiebt ers zu dem andern Tage,
Ist der Zukunft nur gewärtig,
Und so wird er niemals fertig.«

Georg blieb still, nachdem ihre Stimme verstummt war, unvermöge, sich gegen die Wahrheit der Worte zu wehren, aber verstimmt durch den Vorwurf, der daraus klang, als ob er selber es sei, der sich das Ungemach zuzöge – und meinte sie es nicht so? dachte er, bitter werdend. Sieht es so für sie aus? Er half sich darüber hinweg, indem er sagte:

»Sieh einmal an – kannst du den Faust auswendig?«

»Nicht den ganzen; aber die Monologe und sonst Alles, was schön ist.«

Georg erinnerte sich, daß sie in den letzten Tagen auf Hallig Hooge Verse von Goethe zitiert hatte, und fragte, ob sie noch mehr von ihm wüßte. Ja, von seinen Gedichten eine ganze Menge – sind sie nicht wundervoll, Georg?«

»Warum erfahre ich das jetzt erst?«

Sie lachte. »Man muß doch nicht all seine Juwelen auf einmal anlegen.«

Sie trat von ihm fort in die Tür, groß und schlank, um nach dem Regen zu sehn, und er betrachtete sie aufmerksam. Sie nahm an Reichtum zu, je länger er sie kannte. Und wenn sie so wie jetzt Verse aufsagte, so war es irgendwie anders, als wenn man einen Dichter zitiert, weil er die Dinge schöner zu sagen weiß und seiner höheren Instanz wegen; sondern bei ihr war es Leben; die Worte schienen für sie eine lebendige Wirklichkeit und Bedeutung zu haben.

»Weißt du, Goethe«, sagte sie in ihrer stillen Art, »er ist mir viel gewesen, in meiner schweren Zeit – und in den Jahren bei Bogner. Ich war doch so – vertrocknet. Da wurde er meine

Belebung, so wie Regen auf ein Gewächs. Er hat Alles wieder frisch und grün gemacht.«

Georg blieb still, unfähig auszusprechen, wie es ihn berührte, daß jemand Dichtung nicht um der Dichtung willen liebte, sondern um des Lebens willen; sich wirklich mit ihr erquickte und nährte und lebendig davon erhalten wurde.

»Du bist ein Juwel«, sagte er leise, und sie lachte und sagte: »Komm, gehn wir, lassen wir die Sorge in der Box, es regnet nur noch ganz leise, da kommt schon die Sonne hervor.«

Georg zog seinen Mantel an, und sie gingen still nebeneinander auf der Straße in der Richtung auf Helenenruh. Nach einer Weile bat Georg sie zu sagen, warum ihr Goethe so besonders nahe sei.

»Nun Georg – spricht er dir nicht auch gradezu in das Leben hinein? Er ist doch so – vollkommen natürlich. Alles was er sagt, geht einem so ein, als ob man es selbst hätte denken können – und ist doch weit über einem in seiner Wahrheit. Und diese Klarheit der Tiefe – findest du nicht? Alles erscheint darin so einfach und rein genau.«

Rein genau .. Georg fragte sich, ob sie die Worte auch zitiert hatte, und sagte dann leise, ihren Arm nehmend:

»Sag, was will das Schicksal uns bereiten,
Sag, wie band es uns so rein genau?«

»Ja, Georg, ich weiß wohl.«

»Ach, du warst in abgelebten Zeiten
Meine Schwester oder meine Frau.
Kanntest jeden Zug in meinem Wesen –«

Er verstummte, da ihn das Gedächtnis verließ, aber auch an den ›abgelebten Zeiten‹ haften bleibend, indem er dachte: Warum will sie es heut nicht sein? Und sie schien mit ihren eigenen Gedanken beschäftigt, gradeaus blickend, und sagte nun:

»Bogner erklärte mir einmal, als ich mit ihm darüber sprach: an Goethe sei das Große – oder das Einzige –, daß er immer das einfach Verständliche gebe, in reines Gefühl gehüllt, oder das volle Gefühl, von schlichtem Verstand getragen – so ungefähr – du verstehst, was er sagen wollte. Und das mache ihn stets so tief befriedigend.«

»Du meinst die Harmonie von Gefühl und Verstand?«

»Und dann hat er doch Herrlichkeiten wie keiner«, fuhr sie leise fort. »›Das tiefe schmerzenvolle Glück . .‹ Erinnerst du dich, Georg?

»So gieb mir auch die Zeiten wieder,
Da ich noch selbst im Werden war!

»Und dann:

Ich hatte Nichts und doch genug,
Den Drang nach Wahrheit und die Lust am Trug.«

Ihre Augen waren starr und weit geworden und die Stimme unsicher, als sie weitersprach:

»Gieb ungebändigt jene Triebe,
Das tiefe, schmerzenvolle Glück,
Des Hasses Kraft, die Macht der Liebe,
Gieb meine Jugend –«

Ihre Stimme schien zu brechen, und plötzlich warf sie sich gegen ihn, aufschluchzend, mit der Stirn an seiner Schulter.

»Gieb meine Jugend – o Georg, warum warst du denn nicht da?« rief sie, von harten Stößen des Schluchzens unterbrochen. »Warum warst du nicht da, als ich fortging? Wozu war es denn, wenn du nicht da warst?«

Er hielt sie in den Armen, ganz erschüttert von ihrer Verstörtheit, nur leise ihren Rücken klopfend und streichelnd und murmelnd: »Wir sind doch noch jung, Liebste, ganz jung!« Aber sie bewegte den Kopf hin und her. »Was nicht gewesen ist, das kommt nie mehr. So wie ich damals war..« Er wußte selber, daß Sichjungfühlen und wirklich Jungsein nicht dasselbe sind, und sie war auch älter als er und ein Mädchen. Sie richtete sich indes auf, blickte besorgt zu ihm empor und sagte:

»Nun mache ich es dir auch noch schwerer. Es kam auf einmal so über mich .. und sei mir nicht böse, daß ich die dummen Verse von der Sorge gesagt habe.«

»Ja, was hilft es, mein Kind«, sagte er, während sie weitergingen, »die Dinge sind einmal, wie sie sind, und ich bin es wahrhaftig nicht, der sie macht.«

»Nein, Georg, gewiß nicht, ich weiß.«

»Ich möchte nicht bitter werden –« Er blieb stehn. Der Regen hatte nachgelassen; zur Rechten bog der Fahrweg zum Dorf ab, vor ihnen lag unfern das weiße Schloßgebäude mit seinen Türmen, von Himmelbläue und Wolkenschnee überflogen und sonneglänzend.

»Kommst du mit mir dorthin?« fragte er, sie fest anblickend. Sie blickte hin und erwiderte erst Nichts; dann sagte sie leise:

»Wenn du es verlangst ..«

»O Gott, nein, ich verlange nicht das Geringste!« rief er erbittert und schritt in den Fahrweg hinein, so rasch, daß sie hinter ihm zurückblieb. Ach, was war das nun? Eben war Alles wundervoll .. vorher das Gespräch mit Bogner – diese Einigkeit! Ja, das war Geist – hier war die Realität und – die beiden Geschlechter – und – ›Nicht fordern‹, hörte er Bogners Stimme und wehrte sich: Fordere ich denn? Ich gebe ja fortwährend nach!

Als er sich nach ihr umwandte und stehenblieb, fand er ihr Gesicht leider nicht liebevoll ihm geöffnet, sondern ohne Ausdruck oder in leerem Grübeln, und sie sagte dann, zu einem bittenden Blick sich entschließend:

»Darf ich dich etwas fragen, Georg?«

»Aber bitte, Liebling!«

»Was war das für ein Wort, das ich zu dir hätte sagen sollen damals?«

»Ich sagte doch, daß du es nicht sagen konntest. Aber wenn du es willst .. Ja, ich will deine Frau werden! war es.«

»Nun verstehe ich nicht ..«

»Natürlich verstehst du es nicht, und es ist auch nicht zu verstehn. Es ist eben ein Gefühl, oder sage Instinkt, daß – wenn du es klar und rein in dem Augenblick ausgesprochen hättest, dann – nun .. es wäre mir eine Fügung gewesen.«

»Hast du dir das nicht hinterher ausgedacht?«

»Wenn du meinst .. vielleicht ..«

Sie gingen wieder schweigend, Jeder in sich vertieft und verhüllt.

»Dein Vater –« hörte er ihre Stimme zaghaft und fuhr herum: »Was ist wieder mit Vater?«

»Er – ich wollte dir nur sagen – er hat es auch so gesehn.«

»Also was hat er gesehn?« fragte Georg in einer unguten Ahnung. Sie nahm seinen Arm, drückte sich an ihn und bat ihn dann, nicht böse zu sein über das, was sie sagte.

»Ich habe mich verstellt – in der Nacht, als du mir das von dir sagtest; als ob ich es nicht wüßte. Es kam so überraschend .. Aber dein Vater hatte es mir schon gesagt, und er fand: grade weil ich mich selbst frei gemacht hätte – so müßte das es dir leichter machen, verstehst du?«

Aber Georg machte sich unwillig los, ohne zu hören, daß sie seinen Vater gegen sich selbst zum Zeugen angerufen hatte, sondern nur empfindend, daß er das auch wieder gedacht und gewußt hatte und für ihn zurechtmachen wollte. Jetzt blieb sie stehn und rief verzweifelt:

»Aber nun weiß ich nicht mehr, Georg – was willst du denn eigentlich? Genügt es dir denn nicht, daß du mich hast? Mir ist es doch gleich, als was du mich nimmst – Cornelia Ring oder – Beuglenburg! Nimm du mich, als was du willst, aber laß mich auch sein, was ich will!«

Georg erwiderte Nichts, seinen Mantel ausziehend, da die Sonne jetzt warm die Luft durchglühte. Das Dorf, durch das sie jetzt gingen, lag mit seinen breiten niedrigen Häusern unter den steilen Strohdächern fast menschenleer in der Feiertagsstille, aber er nahm es kaum wahr, sich zusammenraffend, um dann zu sagen:

»Wollen wir die Frage nicht einmal einfach praktisch sehn und beleuchten? Dann sage mir: wie stellst du dir unser Leben vor? Nehmen wir an, ich wohne zunächst weiter im kleinen Palais. Es ist Platz genug da für Amtsräume, und ich habe ohnehin vor, Alles auf das Unumgängliche einzuschränken.

»Also, wo willst du wohnen? Willst du – willst du vielleicht in der Alleestraße wohnen?«

Sie blickte ihn fragend und ratend an, bis sie begriff und lachend versetzte:

»Warum nicht? Wenn ich mir das Haus selber einrichte.. Ich hätte zwar lieber meinen eigenen Garten..«

Die Person kriegt Alles fertig. Eine Simplizität ist das! dachte Georg. Und meine Gefühle!

»Und dann«, sagte er, »komme ich vierspännig bei dir vorgefahren und –« er verschluckte: schlafe bei dir! fortfahrend: »Begreifst du nicht, daß ich keinen Schritt unbeobachtet tun kann?«

Sie erwiderte Nichts, unglücklich vor sich hinblickend, und er fuhr fort:

»Nun weiter. Willst du keine Kinder haben?«

Sie warf ihm einen Blick zu. »Vor ein paar Jahren«, sagte sie leise.

»Aber ich will. Siehst du denn nicht«, sprach er eindringlich weiter, »daß ich heiraten muß? Wenn nicht heute, dann morgen. Na, zwingen kann mich keiner dazu, aber – es wird doch selbstverständlich von mir erwartet, daß ich die Dynastie –«

Das Wort ›fortsetze‹ kam nur noch schwach über seine Lippen, da er innerlich plötzlich verstummte. Ich – die Dynastie fortsetzen? Ich? – Es brauste in seinen Schläfen. Ich, der nicht dazugehört? Was ist denn das jetzt wieder? Wieder eine Unmöglichkeit! Ist jetzt Alles verfahren?

Keiner der Beiden sagte etwas, während sie nun die mit Klinkern gepflasterte Baumstraße betraten, die schnurgerade in die Ferne lief, parallel mit der Linie des Deiches, hundert Schritte zu ihrer Linken. Dort stand Lornsens Mühle als mächtiges schwarzes Kreuz, aber Georg sah es nicht; seine Gedanken irrten hemmungslos im Gehemmten. Unmöglich! Wohin ich den Fuß setzen will – Sumpf oder Abgrund.

Er zog seine Uhr und sah, daß Mittag vorüber war.

»Wir müssen leider zurückgehn«, sagte er stehenbleibend, »um halb eins wird gegessen. So kann ich dich leider nicht einmal nach Böhne bringen. Wo wohnst du übrigens? In der ›Krone‹?«

Sie nickte nur, und Beide gingen die Straße zurück. Das Mädchen sagte:

»Ich verstehe Alles, Georg! Ich verstehe Alles.«

Und nach einer Weile:

»Aber nun weiß ich auch nicht, was werden soll.«

Die Luft, der Sonnenschein, die ganze Welt schmeckte bitter und elend wie Lumpen. Georg blieb stehn und sagte:

»Ich werde abdanken.«

»Wie kannst du, Georg, wie kannst du?«

»Wie ich kann? Indem ich es sage. Warum soll ich nicht können, he? Das Einzige tun, was recht ist. Wem tu ich Schaden damit? Bin ich unersetzlich? Die Länder kommen, da kein Erbe da ist, an Preußen. Preußen schluckt Alles, schwillt an – das ist der Lauf der Geschichte – seit dem Großen Kurfürsten.«

»Ach, mir kommt es auf dich an!«

»Na und ich? Erlaube mal! Meinst du, ich könnte sonst kein Leben haben? Allein der Besitz, den ich zu verwalten habe, bedenke das! Dann können wir das herrlichste Leben führen, ich kann die Künste pflegen, Menschen fördern, mich selbst.

»Und dann wirst du vielleicht gütig einwilligen, mich zum Mann zu nehmen.«

Sie lächelte schwach, blieb aber still in ihren Gedanken, ein Bild des Unglücks.

»Vielleicht wär es wirklich das Beste«, sagte sie kaum hörbar, und Georg war, ohne es zugeben zu wollen, außer sich, daß sie einfach schon darauf einging. Da waren sie vor dem Schloß angelangt und blieben stehn. Georg nahm ihren Arm, führte sie an den Rand der Straße und sagte:

»Also zum letzten Mal, Katharina: Überlege es dir! Es könnte sein, daß es geht – wenn ich dich bei mir habe. Vielleicht, daß die Tatsachen – die Gewohnheit –«

»Aber es geht doch nicht, ich kann es doch nicht«, sagte sie zerquält. »Ich bin doch dazu nicht –«

»Nicht?« schnitt er ihr das Wort ab, »nicht was? Nicht dazu geboren? Bist du geboren, Bogners Köchin zu sein? Wenn du das kannst, so kannst du wohl Herzogin sein.«

Sie lachte mit nassen Augen. »Meine Vergangenheit, Georg! Bedenke doch, was die Leute sagen werden!«

»Die Leute werden reden – und dann werden sie wieder aufhören. Das ist das kleinste Übel. Wenn sie sehn, wer du bist, und wenn deine Persönlichkeit wirkt .. warum sträubst du dich, wenn ich schon so weit nachgebe? Nichts als dein Eigensinn, hörst du? Du kannst, was du mußt; ich muß es auch können.«

»Es ist nicht Eigensinn, Georg, glaube mir, es ist tiefer.«

»Also dann nicht. Dann ist es aus.«

Er zögerte, halb abgewandt, mit heißen Augen und erstickendem Herzen auf ihr kalt gewordenes blasses Gesicht starrend.

»Sag nicht so etwas«, bat sie leise.

»Also gut. Ich laß uns Bedenkzeit. Hatte ja ohnehin Sonntag gesagt. Überleg es bis dahin!« Wieder wurden die Worte ›nicht fordern‹ in ihm vernehmlich, und er setzte hinzu: »Ich fordere Nichts von dir – eher von mir selber. Also«, schloß er mit notdürftiger Freundlichkeit, »wollen wir es so halten?«

Sie sah ihn an und nickte bereitwillig. Sie reichte ihm ihre Hand, die kalt war, und er küßte sie herzgebrochen, das letzte Zaudern überwindend, da sie nicht notwendigerweise bis zum Sonntag getrennt bleiben mußten; doch war es ihm recht, mehr zu leiden, und so wandte er sich von ihr. Als er sich vor der Haustür nach ihr umsah, stand sie noch da, unbeweglich, von ihm abgekehrt.

Fünftes Kapitel

Erasmus

Renate hatte, nachdem sie von der Kirche zurückgekehrt war, einen Teller Haferschleim zu sich genommen und ein kleines Glas Portwein und saß nun, angenehm leicht betäubt, in ihrem Sofa, die Füße unter der Decke, denn es war kühl im Raum, der nach Nordwesten lag; auch waren die Läden vor den offenen Fenstern schräg gegeneinandergestellt, sodaß nur durch zwei schmale Spalte die warme Luft mit dem Licht Zutritt hatte, und der Raum lag in Dämmerung. Sie blickte so mit mählich zusinkenden Augen gegen den weißen Kopf des Königs hin, der wieder auf seiner Säule stand, nachdem sie ihn am Morgen von Magda zurückerbeten hatte, und wie immer still über sie hinwegsah, als die Tür hinter ihr leise geöffnet wurde und die Stimme ihres alten Mädchens hörbar: der Herr Doktor Saint-Georges lasse fragen, ob er heraufkommen dürfe.

Renate bewegte sich nicht, nur von einem flüchtigen Zukken innen durchlaufen, und erwiderte: »Aber ja, Anna, ich lasse sehr bitten.«

Sie wandte sich eine Minute später nach der Tür um, als sie wieder geöffnet wurde, konnte jedoch mit ihrem geschwächten Blick im Halbdunkel seine Züge fast nicht erkennen und garnicht das Erschrecken, das in seinen sich weiter öffnenden Augen aufging, und daß er die Hand über sie deckte. Sie sagte:

»Mein Lieber – Georges – da kommst du? Was führt dich her? Und wie bist du gereist?«

Erst nach Sekunden wurde seine Stimme hörbar, die sagte:

»Bitte, Renate – ich bitte dich, sieh mich nicht an! Deine Augen sind –«

Er verstummte, und sie fragte lachend: »Was ist mit meinen Augen?« die Lider senkend, wie es ihr selbst lieber war, und das Gesicht gradeaus richtend.

Er erwiderte Nichts. Sie hörte dann, wie er einen Stuhl nahm und in ihre Nähe stellte, aber hinter ihr bleibend, als er sich setzte. Dann war es lange Zeit still, nur daß sie ihn atmen hörte, und sie dachte, durch ihre Wimpern wieder auf den König blickend: Wie sonderbar es doch ist, daß er ihm ähnlich sieht. Aber darum ist es wohl, daß er mir immer der Liebste von Allen war – und wie lieb ich ihn jetzt habe! Wie schön ist es, seine gute Stimme wieder zu hören! Ob er noch immer beim Lächeln seine Lippen zurückzieht? Aber er will nicht, daß ich ihn ansehe. Und diese rührende Treue! O wie ich ihn liebe, diesen treuen Menschen – ach, ich muß Jeden lieben, der zu mir kommt, ich weiß. Was werde ich für ihn tun können?

»Renate«, hörte sie ihn endlich sagen, »ich komme zu dir mit einer Nachricht, die dich erschrecken wird. Ich wollte es niemand anders lassen, sie dir zu bringen.«

»Sprich nur, Lieber, und glaube nicht, daß ich erschrecken kann.«

»Höre dann: es ist eingetroffen, was ich vorauszusehn glaubte. Ich habe es wohl in meinem Brief an dich erwähnt. Es ist ein Unglück geschehn; eine Explosion hat stattgefunden; Erasmus' Laboratorium ist zerstört, und er selber ist schwer verletzt.«

»Das ist wirklich geschehn?«

»Ja, vorgestern abend – oder schon nacht. Er hatte lange schon die Gewohnheit, tief in die Nacht hinein allein zu arbeiten und Versuche anzustellen. Deshalb ist zum Glück kein Menschenleben zu beklagen, da niemand im Gebäude war.«

»Und was ist ihm geschehen?«

»Nun, Renate – die ganze rechte Körperhälfte ist aufgerissen – dazu schwere Verbrennungen. Die rechte Hand hat nicht erhalten werden können – mit der linken soll es besser stehn. Ich sprach selber mit Dr. Schlange, dem Chefarzt des Krankenhauses, der mein Schulkamerad war.

»Auch das linke Auge ist angegriffen.«

Es war still im Raum; ihre Augen blieben geschlossen, die Hände über ihrem Schooß zusammengelegt.

Sie sagte: »Die rechte Hand –«

»Ja, Renate.«

»Und das linke Auge«, sagte sie, hinzudenkend: Josefs gesundes.

Wieder war es lange Zeit still, bis sie ihn sagen hörte:

»Gottes Mühlen mahlen langsam, heißt es; doch mitunter schrecklich schnell.

»Es besteht aber keine unmittelbare Lebensgefahr, sagt der Arzt.«

Sie fragte: »Ist er bei Bewußtsein?«

»Er war es bisher nur für Augenblicke; aber sollte er erwachen, so wird er Morphium bekommen.«

Es wird trotzdem besser sein, wenn ich gleich hinfahre, dachte sie; für mich je eher, je besser. Wäre nur der Wagen hier nicht so schlecht gefedert. Sie hörte Saint-Georges wieder sprechen.

»Ich sage dir ungern etwas, wozu ich mich doch verpflichtet fühle. Es ist vielleicht sogar der eigentliche Grund meines Kommens.

»Dr. Schlange – dem es natürlich bekannt ist, daß du getrennt von ihm lebst, aber – sonst Nichts von dir – er sagte mir, die Nachtschwester habe ihn mehrmals deinen Namen aussprechen hören.«

»Warum sagst du das ungern, Lieber?«

»Weil ich fürchte, daß es dich bewegen könnte, zu ihm hinzufahren – was bei deinem Zustand einfach unmöglich ist.

Aber noch mehr ist die Zukunft zu fürchten. Augenblicklich könntest du ihm auch kaum nützen, da er, wie gesagt, nicht bei Bewußtsein ist und auch keine Lebensgefahr besteht.

»Aber ich denke an später. Ich weiß, daß es mir nicht erlaubt ist, an mich selbst zu denken – und doch kann ich mich nicht ganz ausschalten. Wie ich dich kenne, Renate – nun, was soll ich sagen, du verstehst mich, Renate, und ich bitte dich eindringlich, bitte dich flehentlich, es nicht zu tun!«

»Warum soll ich es nicht tun, Lieber – wenn nicht deinetwegen?«

Sie hörte ihn aufstehn und einige Schritte machen und ihn dann sagen:

»Ich bitte dich innig, Renate, laß mich nicht in deine Gedanken! Laß mich jetzt nur an dich denken! Und es kann und wird nicht gehn. Es wird furchtbar werden, wenn du dich wieder vom Mitleid verleiten lässest. Es wird wieder sein im Anfang – wie damals auch deine Ehe – Liebe und Güte, die wieder nicht vorhalten wird, weil Nichts derart bei ihm vorhält.«

Es wurde an die Tür geklopft; Saint-Georges sagte: »Es wird Jason sein, der mit mir gekommen ist«, und sie sah, sich zurückwendend, wie er die Tür öffnete und Jasons schwarzgekleidete Gestalt darin erschien; sie erkannte auch seine kohlschwarzen Augen, die zu ihr kamen und dann still standen, während sie ausrief:

»Jason! Da bist du! Wie schön, daß du einmal kommst!«

Es vergingen jedoch Sekunden, bis er leise erwiderte:

»Renate – so, da bist du. Ja, ich sehe dich.«

»Warum kommst du nicht zu mir?« fragte sie leise lachend, doch er versetzte:

»Ja, ich werde kommen. Aber nicht jetzt – später. Ich sehe, du hast noch mit Saint-Georges zu sprechen, und ich will nicht stören. Auf Wiedersehn! Ich komme am Abend.«

Damit drehte er sich um und war fortgegangen, ohne viel Verwunderung für Renate, der sein Wesen bekannt war.

Nach einer Weile hörte sie Saint-Georges vom Fenster her wieder sprechen.

»Noch einmal, Renate, es ist mir nicht erlaubt, mich hereinzubringen. Das einzige Recht, das ich beanspruchen darf, ist, dich mahnen zu dürfen. Du darfst aber deinem Leben nicht diese Gewalt antun, dich von der Welt abzusperren mit einem Krüppel, dem die Welt, der sich selbst verhaßt ist. Und – also – du wirst das Kind haben, das nicht sein Kind ist – muß ich noch mehr sagen, Renate?«

Sie dachte: Es ist wahr, er hat ein Anrecht. Ich verstehe, daß er ein Anrecht hat, da es nicht ohne ihn wäre.

»Habe ich dich überzeugt?« hörte sie ihn fragen.

»Überzeugt? Nun, mein Lieber, du weißt: Niemand handelt in solchen Fällen aus Gründen. Und die Stimmen des äußeren Lebens sind mir in dieser Zeit etwas schwach geworden.«

»Ich weiß, Renate, ich sehe.. Aber dein Zustand – ich habe das so gefürchtet. Man darf in solchen Tagen keine Entscheidung treffen, von der die Zukunft abhängt.«

»Da hast du gewiß recht, Georges. Ich will es überlegen.«

»Du kannst es nicht gleich entscheiden?«

Sie lachte leise und sagte: »Eben sagtest du selbst, man dürfe keine Entscheidung treffen. Und – höre, Lieber, ich habe ein Wort im Ohr, das du gesprochen hast. Es scheint mir eine Bedeutung zu haben, die ich noch nicht verstehe; aber ich finde sie schon.«

»Möchtest du, daß ich dich allein lasse?«

»Ach ja, ich bitte, sei mir nicht böse darum! Willst du am Abend wiederkommen?«

»Gewiß. Ich gehe dann. Geht es dir gut sonst, Liebe?«

»O sehr gut, danke! Der Arzt sagt, es sei Alles in bester Ordnung. Hast du Magda gesehn?«

»Flüchtig. Nun, dann auf Wiedersehn!«

Lebensgefahr, hörte Renate deutlich wieder. Was hat es nur zu bedeuten? Etwas ganz andres.. wo habe ich es gehört? Oder vielleicht gelesen?

Oh, nun weiß ich schon! – Sie streifte die Decke von sich, stand auf und ging zum Schreibtisch, öffnete, sich setzend, eine Schieblade, in der Briefe lagen, und zog, mit der Hand tiefer hineingreifend, einen großen Briefumschlag hervor. Von der Hand Josefs stand darauf geschrieben:

»Zu lesen nicht vor meinem Tode, auch dann nur bei Lebensgefahr.«

Das hatte sie vor vier Jahren von ihm bekommen, als er Deutschland verließ. Seine Anweisung war ihr früher unverständlich geblieben, doch hatte sie das Wort Lebengefahr auf sich selbst bezogen. Nun schien ihr der Augenblick da zu sein, der von ihm gemeint war.

Sie nahm eine Schicht beschriebener Blätter aus dem Umschlag und las auf der ersten Seite:

»Auszug aus meinem Tagebuch vom April des Jahres 1903.«

April 1903 – da war Renates Vater gestorben; es galt also ihr.

Sie erhob sich wieder, die Blätter in der Hand, fand jedoch, daß es zum Lesen auf dem Sofa nicht hell genug war, klingelte und bat dann ihr Mädchen, die Läden des Fensters gegenüber weiter auseinanderzustellen. Als das geschehn und sie allein war, begann sie in dem helleren Lichtschein zu lesen:

»Wir kamen – Erasmus, der in Marburg zu mir stieß, und ich – am Nachmittag in B. an, von wo wir das Kirchdorf Flohr in einer Gehstunde erreichen sollten. Es wurde ein schöner Gang durch die Vorfrühlings-Luft, während oben die Sonne rastlos kämpfte und mächtige Bläuen großherzig zwischen davonjagenden Wolken einhersegelten. Unseren Weg entlang – Alleen eben weiß blühender Kirschbäume – schloß sich Obstgarten an Obstgarten, in denen die Häuser lagen mit Gärten, wo Aurikeln, Krokus, gelbe Narzissen blühten auf nackter brauner Erde. Ich beklagte den toten Mann, dessen ich mich vom Begräbnis des Großvaters her erinnerte: weißhaarig und bärtig, Augen von eisklarem Blau unter der gebräunten, sehr milden Stirn, mit dem durchbohrenden Blick innerster Wahrheit; dazu die enorm krumme Nase.

Im Dorf, das sich allgemach aus der Straße entwickelte, war es um so stiller, als die ganze Bewohnerschaft im Freien war, aber sich still verhielt in ihren Gärten oder vor den Türen, schwarzgekleidete Männer und Frauen in Gruppen überall, und auf Bänken und Treppenstufen saßen auch die Kinder verstummt, großäugig uns nachblickend. Der Lehrer vor der Schulhaustür in einem Kreise von Männern, barhaupt, kenntlich an seiner überhohen Stirn, brachte die allgemeine Kümmernis mit Ergriffenheit zum Ausdruck. ›Ein Mann‹, sagte er, ›wie es keinen zweiten giebt. Unser aller Vater und lieber Freund.‹ Er schloß sich uns an, augenscheinlich gesprächsbedürftig, und begann alsbald uns auf eigentümliche Dinge vorzubereiten, die wir sehen würden, über die er weiter nicht mit der Sprache herauswollte. Plötzlich hatten wir dann, um die Ecke in eine Seitengasse geführt, die reizvollste kleine Barockkirche vor Augen, sehr schlicht, durch deren den Turmhelm tragenden kleinen Säulenkranz Himmel und Wolken sich bewegten, und leise wankten die Säulen.

Die Kirche lag ein wenig erhöht, vom Friedhof umgeben, den eine niedrige, gelbgetünchte Mauer umschloß. Zur Linken um die Kirchhofsmauer im Bogen führte eine alte Kastanienallee, mit eben frisch ergrünten fingrigen Blättern, zum Pfarrhaus, einem warm gelb getünchten Bau von schlichtem Barock. Reizend war da der Blick die Allee hinunter auf das schmale Portal über drei Stufen mit sandsteinernen Bogenstücken darüber und höher den leise vergoldeten Korb des Balkons, endlich das gebrochene schwarzbraune Dach, auf das eine große und schöne, schneeweiße Wolke sich eben so anmutig niedersenkte, daß der Lehrer davon berührt wurde und einen Vergleich anstellte mit einem Schiff, das sich auftun möchte, eine kleine Schar singender und musizierender Engel herauszulassen. Er fuhr fort mit gedämpfter Stimme:

›Sie glauben – seine Dorfleute meinend – daß er mit solcher Liebe an der Erde hing, daß er sich nun nicht losmachen kann, und sie würden sich gewiß nicht wundern, wenn himmlische Musikanten kämen, um ihn hinaufzulocken.‹ Dann zeigte er auf das schwärzliche Netzwerk einer kahlen Linde, worin die schwarze Figur einer Amsel saß, als sei sie gefangen. Sie sänge nicht, sagte er, alle Vogelsänger seien völlig verstummt.

Unser Vater trat uns im Hausflur entgegen, verweint, aber, wie es schien, mehr niedergedrückt als schmerzlich; er führte uns durch ein großes und feierlich heiteres Arbeitszimmer – mit weißen Abgüssen von Büsten und Figuren zwischen den Bücherregalen – in ein um so einfacheres Schlafgemach, wo der Schein der Kerzen im verdunkelten Tageslicht uns zunächst den offenen, noch leeren Sarg zeigte, daneben das Bett mit dem Toten, von dessen Antlitz mein Vater das Tuch fortnahm.

Indes schien, der darin lag, ein Lebender zu sein. Nichts von wächserner Gelbe, jetzt am dritten Tag; die Stirn, braun, schien noch warm, ebenso die Hände; aber erschreckend waren die Augen, die, weit offen, gefüllt mit einem stumpfen Blau, nach oben starrten.

Ob sie nicht zu schließen seien? fragte ich nach einer Weile, aber er zuckte die Achseln. ›Wer sagt denn, daß er tot ist?‹ murmelte er, schüttelte den Kopf und bat uns, ihm zu folgen.

Durch das Arbeitszimmer zurück führte er uns über den Flur und öffnete eine Tür auf der Westseite des Hauses. Wir standen da geblendet vor einem Raum aus Feuer und Gold zuerst, bis ich ihn als ein nicht eben großes quadratisches Zimmer erkannte, mit weißgoldenen Wänden; durch die gläserne Gartentür und das Fenster schwoll die tiefe Sonne im Strom herein. Wie wir uns dann umblickten, meinem Vater folgend .. nun, ich glaube selten etwas so Liebliches gesehen zu haben wie jetzt, als mein Vater einen Wandschirm beiseite rückte. Er enthüllte die auf einem Sofa sitzende, vom Abendlicht gleich Rosen überflossene Gestalt eines schönen, anscheinend blonden Mädchens in weißer Kleidung, das uns aus groß offenen, hyazinthblauen Augen anzublicken schien – doch es nicht tat; der Blick war so starr wie der einer Puppe. Es war gespenstisch, wie sie da hinter dem Wandschirm unbeweglich gesessen hatte.

Sie war schön – meine Kusine Renate, untadelhaft schön, und die Starre der Augen beeinträchtigte ihre Umgebung kaum. Das Haar von einem hellen Braun, wie ich es noch niemals als Haarfarbe gesehn habe, war um die reine Stirn in tiefen Bögen nach unten gelegt. Das schmale Gesicht war schneeweiß, nur alabastern zu nennen, und nicht anders waren die im Schooß ruhenden Hände und bloßen Unterarme. Alles Blut mußte aus den Gliedern zum Herzen gewichen sein, sodaß es mir darin erschien, blutrot in dem Körper aus Alabaster.

Ich rührte eine von diesen Händen an; sie war eiskalt und steif, nicht zu bewegen.

›Was ist mit ihr?‹ fragte ich. Allein ich sah meinen Vater durch die Glastür eben ins Freie treten; Erasmus stand hinter einem runden Tisch in der Zimmermitte, die Hände vor sich aufgestützt und übergebeugt, die Sitzende so starr anblickend wie sie – anscheinend – ihn, ohne meiner zu achten.

Mein Vater erklärte mir dann, als ich mich im Garten zu ihm gesellte, daß sie so sei wie jetzt, seit ihr Vater tot war. Er starb unerwartet gegen Morgen. Als mein Vater sie rufen wollte, saß sie schon fast wie jetzt, starr, jedoch schwer keuchend. Später wurde sie still.

Und nun fürchtete er sich, ihn zu begraben.

In der Tat mußte ein Zusammenhang zwischen der Lebenden und dem Toten bestehn, und ich fragte meinen Vater nach der Beziehung der Beiden. Die war allerdings die denkbar innigste gewesen. Ihre Mutter war gestorben, als sie erst zwei Jahr zählte; so hatten Vater und Tochter seitdem für einander gelebt. Er erwähnte, weiter erzählend, daß sie Beide sehr musikalisch wären; das Mädchen solle schon sehr schön auf der Orgel spielen, und ich versuchte darauf den Rat, die Orgel zu spielen, um sie aufzuwecken. Ihm schien das kein schlechter Gedanke, der Lehrer würde es tun können; allein in eben dem Augenblick hörten wir entferntes Brausen einer Orgel, hörten ein Präludium, dann lauteres Brausen, und mit ihrer mächtigen Freudigkeit begann die Kantate Bachs: Mein gläubiges Herze, frohlocke, sing, scherze, dein Heiland ist da! Ich habe später erfahren, daß es das Lieblingslied des Verstorbenen war, das der Lehrer aus seiner und Aller Bedrängnis heraus zu spielen unternommen hatte. Eine Wirkung hatte es indes weder auf die Lebende noch auf den Toten.

Als mein Vater und ich wieder in die Tür traten, hatten wir die etwas befremdliche Erscheinung, den Erasmus in der andern Ecke des Sofas sitzen zu sehn, ihr zugewandt und wie sie ohne Bewegung.

Wenn diese Lebende angeschlossen war an die Starrheit des Todes, durch ein magisches Band grausamen Gleichgewichts des Nichttotseinkönnens und des Nichtlebendseinkönnens: was für einen Weg konnte es geben, dieses Band zu zerreißen? Und ohne Gefahr für die Lebende?

Inzwischen ist Nacht geworden. Ich übernahm für meinen erschöpften Vater die Wache bei dem Toten und schreibe in mein Buch. Ein drittes Mal war ich eben an der Tür von Renates Zimmer und fand meinen Bruder nach wie vor in seiner Ecke des Sofas, still dasitzend mit untergeschlagenen Armen, ihr zugewandt, die dasitzt, unverändert, eine lebensgroße Puppe, starräugig im Dunkel.

Geheimnisvolle Vorgänge fördern Geheimnisvolles zutage. Was geht vor in dem Menschen? Was kann auf einmal blühen in einem Holzklotz?

Die dritte Nacht unseres Hierseins, die fünfte seit dem Tode ihres Vaters. Auch ich kann nicht raten, ihn unter die Erde zu bringen. Die Luft im Haus, ohne eine Spur von Verwesung, kommt mir eher reiner als anderswo vor. Spatzen und Meisen hüpfen genug in der Nähe des Hauses herum; keins giebt einen Ton von sich. Ärzte, die wir kommen ließen, gingen kopfschüttelnd wieder davon; so etwas paßt ihnen natürlich nicht. Der Papa ist am Rande seiner Kraft, ich selbst bin ungewöhnlich erregt. Kein Ende ist abzusehn in dieser Unabänderlichkeit, und es muß in der Totenstille doch ein Kampf von Kräften vor sich gehn, von denen keine die Oberhand gewinnen kann.

Und nun dazu emsig die dritte Kraft bei ihrer Arbeit zu sehn, die sich da hineingraben will! Erasmus, seltsamer Geist, der sich augenblicks an diese Aufgabe machte. Denn augenscheinlich giebt er sich der Einbildung hin, er könnte sie mit der Kraft seines Blickes herauslösen aus ihrer Erstarrung – oder kann er nur einfach nicht anders? Ist auch er gebannt? Von ihrer Schönheit?

Hier wurde ich von ihm selbst unterbrochen, der zu mir in das Sterbezimmer kam, um mir ganz ruhig zu erklären, er verlasse das Haus für eine Weile und würde mich später um meine Hülfe bitten. Er kehrte nach einer halben Stunde zurück, eine Decke in der Hand; ich folgte ihm in das Zimmer des Mädchens und half ihm auf seine Bitte, sie in die Decke zu hüllen, worauf er sie auf die Arme nahm und forttrug, zum Hause hinaus, wobei ich die Türen öffnete.

Die Nacht war kühl, sternlos, windig und feucht, vollkommen dunkel, indes ging Erasmus, der den Weg zu wissen schien, mit Sicherheit einen Weg hinunter, der bald durch Weingärten führte und zum Rhein hinab. Was für ein Einfall, dacht ich! Metaphysik eines Physikers – er will das Geschöpf in den Rhein tauchen. Nun, sie ist aus diesem Boden gewachsen, der Gedanke ist vernünftig, die Natur hat unbekannte Kräfte, Verbindungen, auch die Traube ist Wasser. Ich fühlte kostbar die vom Strom herüberhauchende Luft von fast feuriger Kälte, und so kamen wir an das hohe Ufer, das uns jetzt der Mond sehen ließ, ein kaltes Halbgesicht im Gewölk, dazu in der Tiefe die ruhig strömende dunkle Fläche, rastlos erfüllt von einem anderen Geist als die Feste; eine schmale Treppe führte zwischen den Rebstöcken hinunter, und der Schattenriß eines Kahns war dort zu sehn. Mein Bruder senkte seine Last auf den Boden des Nachens, nahm zwei Stangen auf und gab mir eine mit dem Bemerken, hier sei es zu tief, um im Wasser zu stehn, aber weiter stromab sei eine Furt. Ich dachte, er ist vollkommen irr geworden, als er anfing, seine Kleider abzulegen, aber er erklärte mit Ruhe, falls das Mädchen wirklich zu sich komme, müsse ich sie hierher zurückbringen, während er an das Ufer waten und zurückgehen würde.

Im Fahren hatte ich meine Freude an seiner nackten Gestalt, die wirklich schön und athletisch gebaut ist, wie er in der Spitze des Kahns mit erhobenen Armen gleichmäßig ein Mal um das andre die Stange in das dunkle Gewässer senkte. Schon nach einigen Minuten hörte ich den Kiel auf Steinen knirschen, und wir saßen fest. Erasmus sprang in die Flut und watete bis zum Heck des Kahns, wo die Flut bereits seine Hüften überstieg. Ich hob die Scheintote aus ihrer Decke, legte sie ihm in seine Arme, sah ihn tiefer watend ins Dunkel versinken und sie mit ihm. Als nur noch ihr und sein Haupt über die Fläche ragten, schienen mir anderthalb Jahrtausende unvergangen. Der Rhein floß durch römische Provinz; hier wurde geheim ein Götterbild aus der Flut geholt, um verehrt zu werden, das am Tag vor den Eifernden einer neuen Lehre verborgen wurde.

Erasmus dauerte aus – während ich im Kahn schon bald zu frösteln anfing, obgleich mir die Augen zufielen vom einförmigen Gurgeln des Flusses. Ich glaubte die Arbeit dieses Gewaltigen zu hören durch Jahrzehntausende, rastlos den Schiefer benagend. Einsamkeit und Kälte wuchsen über dem Strom. In einem Halbjahr, dachte ich, würden diese jetzt kahlen Uferhügel überschüttet sein mit den süßen Gefäßen des Feuers und vom dichtesten Pfeilhagel einer unerschöpflichen Sonne. Sollte man sie, dacht ich, nicht darin baden? Bei halbgeöffneten Augen sah ich im Zenith der Nacht quellendes Licht, Wolkenumrisse, und wieder in meiner Tiefe dunkel die Fläche des Stroms, glänzend darin eine nackte Mannsschulter, ein dunkleres Haupt, und daneben das Alabastergesicht über dem Wasser. Und die Flut spülte und nagte an ihrem verborgenen Leib. Würde sie ihn auflockern können, daß die Seele darin wieder Atem schöpfte?

Auf einmal glaubte ich einen halblauten Ruf zu hören, und dann kam er heran zum Kahn, hob die Gestalt in seinen Armen über den Bord und legte sie nieder. Es war hell genug vor meinen Augen, um zu sehn, daß die ihren geschlossen waren. Ihre Hand war, als ich sie berührte, kalt, aber sie war weich und sank schlaff zurück, als ich sie sinken ließ. Ich hob sie an den Schultern empor: ihr ganzer Körper war weich und sank wieder hin. Wir beeilten uns, sie in die Decke zu hüllen; Erasmus stieß den Kahn in die Flut, und ich hatte Mühe genug, ihn gegen den Strom zur Treppe zurückzubringen und anzuhängen. Dann nahm ich sie auf die Arme, die ruhig zu schlafen schien, und trug sie fort, bis auf halbem Wege Erasmus zu mir kam und sie mir abnahm, was ich ihm gönnen mußte. Im Hause wurde die Magd geweckt, die sie in ihr Bett brachte.

Preis und Ehre dem Siegreichen! Ja, alle Ehrfurcht, mein

Bruder, vor dir, ich hatte das von dir nicht gedacht, und sei gewiß, ich werde es dir nicht vergessen. Immer habe ich dich für das trockenste Holz gehalten – wie verfielst du also auf dies Element und diesen Gedanken, das zum Lebensquell zurückergossene Blut durch die eiskalte Spülung mit Rheinwasser, nicht Rheinwein, wieder hervorzureißen? Gleichviel, du hast es vermocht, nicht ich, und ich gebe dir Ehre.

Der Tote verfiel dann schnell ..«

Renate saß still, die Hände auf den Blättern in ihrem Schooß, nachdem Josefs leicht leutselige Schlußdithyrambe sie zum Lächeln gebracht hatte. Ihr Wesen war noch in Flohr .. wieviel hundert Male war sie in diesem Strom geschwommen, auch bei Mondlicht allein, nackt wie eine Nixe. Sie sah die Obstbäume blühn, ihren lebendigen Vater, hörte seine Stiefel auf dem Flur stampfen in der Schneenacht, wenn er von einem Sterbenden kam, sah sich als Kind, das Näschen an das Fenster gedrückt in seiner Erwartung ..

Durch das Fenster tönte von draußen ein ganz zartes Vogelstimmchen; ein immer gleiches, süßes, ganz leises Girren, und die Sonne war draußen ..

Wenn ich das nun früher gewußt hätte, mußte sie denken; hätte es etwas geändert?

Daß ich vielleicht ihm mein Leben verdanke?

Nun, uns kommt ein Jedes zu seiner Zeit.

Aber warum hat er es mir verschwiegen? Auch Onkel Augustin – immer lebt er noch, immer –, doch vielleicht hat der es selbst nicht erfahren. O warum diese unselige Stummheit des Herzens, dieser Bann, der nur zerrissen werden konnte – niemals geschmolzen – durch Wut und Empörung, daß du immer nur toben konntest!

Aber nun hat er doch meinen Namen gesprochen.

Mit dem Wasser geheilt, schon damals, wie jetzt von Jason. Wie hat er es wissen können?

O dieses süße, süße, goldene Girren – wie aus dem Paradies! Bist du das, mein Seelchen, da draußen noch – oder ein Brüderlein – Schwesterlein?

Vielleicht fängt die Liebe erst an ..

Danke dir, Erasmus, danke dir, danke dir .. und du wirst nicht allein sein.

Sechstes Kapitel

Anna

Beim Betreten seines Zimmers stand Georg für Augenblicke geblendet durch das voll einflutende Nachmittagslicht; beide Fenster standen offen, und die Luft war mit dem Duft der weißen Narzissen gefüllt, die auf dem Schreibtisch standen. Aber der tiefe Mißton Unmöglichkeit, der in ihm dröhnte, seit er Katharina verlassen hatte, war nur herabgepreßt, nicht gelöst durch die Gläser Wein und Likör, die er bei und nach dem Essen geschluckt hatte, und die Mahlzeit selbst war ungemütlich verlaufen durch die Nachricht vom Unfall des Montfort, die Saint-Georges gebracht hatte. Der schien davon völlig eingenommen, sprach kaum ein Wort und rührte kaum einen Bissen an, trank nur, und Anna war ebenso in sich verstummt, sodaß bei Bennos Schweigsamkeit nur er und Rieferling ein fachliches Gespräch über Landwirtschaft und das Gestüt geführt hatten; er, Rieferling, hatte es vor dem Essen besucht, war auch ein Liebhaber von Pferden und hatte nur aus Mangel an Mitteln auf die Kavallerie verzichten müssen. Weder auf seinem noch auf Annas Gesicht war etwas zu lesen, aber das konnte bei ihm an seiner natürlichen Verhaltenheit liegen und bei ihr durch die Schreckensnachricht verdeckt sein. Ja, wie mochte sie auf Renate gewirkt haben, und warum war Saint-Georges selbst gekommen? Müßige Fragen – vielleicht gehe ich später zu ihr.

Jetzt hatte Anna ihn gebeten, mit ihm zusammen zu sein, nachdem sie eine Weile geruht hätte. Etwas vorlesen – ja was?

Gedichte möchte sie natürlich – Nichts als schlaffes nervloses Zeug, das giebt es nicht! Vielleicht finde ich etwas in meinen Aufzeichnungen, dachte Georg, sich an den Schreibtisch setzend, nachdem er die leichten gelben Vorhänge gegen den Überfluß an Sonne geschlossen hatte. Er nahm eins der Hefte aus dem Schreibtisch, setzte sich davor und fing an zu blättern, mußte aber plötzlich aufschaun, da er sich erinnerte, daß auch Jason gekommen sein sollte, aber nicht zum Essen erschienen war; und nun, daß er vor Jahren hier einmal gesessen hatte, mißmutig – war es nicht so? Da war sie ihm fortgeflogen, richtig, und Jason kam herein – ein Gedicht von mir lag offen, er las es und wußte es auswendig. Ja, ›der Heilige‹ hieß es, lächerliches, George nachgetapptes Zeug. Katharina – sie trug Goethe im Herzen – und wie! Der Ton, in dem sie das sagte: ›das süße, schmerzenvolle Glück‹! Für sie war es Wahrheit – und ich sollte da sein, ihr Alles zu geben, was ein Mensch einem andern geben kann. ›Den Drang nach Wahrheit, und die Lust am Trug..‹ Wie der Mensch so etwas sagen kann! Aber auch die Lust am Trug? Ja, bei ihm war Alles echt. Aber nun muß ich sehn..

Er senkte die Augen wieder auf die Blätter. Was ist das hier? Über Flauberts ›Education sentimentale‹ habe ich geschrieben? Das wird Anna kaum interessieren. Will mal hineingreifen! – Er las:

»Dennoch, wovon auch Balzac nichts wußte, das ist: die Wandelbarkeit einer Seele; ist: Verändertwerden durch das Leben; ist: Durchsäuertwerden und Süßwerden von Leiden.« (Süßwerden, sieh mal an, woher wußte ich das?) »Es ist Streben, Suchen nach dem ›wahren‹ Leben, ist Wachsen und Werden.

»Freilich, in keinem Werk aller europäischen Literaturen findet sich der in der deutschen immer wiederkehrende Mensch, der als erster im Mittelalter bereits erscheint mit dem Parzival Wolframs. Was Parzivals Schicksal war: Erkennen und Wissen um eine Aufgabe, eine Bestimmung, Suchen des Weges, Streben nach Erlösung: Formung des Lebens ist das, Erlösung des eigenen Ich und der chaotischen Welt« (Nana, die Welt ist nicht chaotisch, mein Lieber, bloß immer derselbigte!) »im geformten Schicksal.

»Parzival – auch Simplizissimus sogar, Faust, Wilhelm Meister, der Grüne Heinrich, Spittelers Prometheus, Hyperion, Michael Unger von der Huch und viele Unbekanntere, Geringere in minder reinlicher Form enthalten als innere Form allesamt den Erstgenannten, Parzival, mit dem Panier über sich: ›Der gute Mensch in seinem dunklen Drange‹, oder auch: ›Wer immer strebend sich bemüht.‹

»Du aber, Georg Trassenberg, an Erkenntnissen Reicher, wohlweislich diese Dinger Zerlegender: was bist du gewesen, und was bist du jetzt? In Wahrheit, wenn du auch noch bis gestern ein armseliger Frédéric Moreau warst, *qui tenait sous son bras un album* ..«

Nein, davon hab ich genug, diese ewige .. ich will jetzt freudevollere Töne. Aber die werde ich hier kaum finden. Was ist das hier?

Erinnerung

»Ich hatte eine halbe Stunde im Lehnstuhl geschlafen und hörte erwachend, noch schlaftrunken, Mathilde, die einsame Winterfliege, in der Dämmerung umhersummen, friedfertig mit sich selber beschäftigt. (Tante Henriette pflegte die Winterfliege die unsterbliche Mathilde zu nennen, oder einfach Mathilde.)

»Da erinnerte dieses Summen nebst der winterlichen Dämmerung und dem Wärmestrom aus dem Ofen mich an etwas ähnlich Behagliches, und als ich suchte, fand ich mich nach einer Weile auf dem alten Sofa in meinem Zimmer der Pragerschen Wohnung. Die Fliege summte, es war warm geheizt, ich hatte einen Roman im Schooß vom verehrten Scott, nach dem Essen war Alles still in der Wohnung, nur über den Flur aus der Küche tönten die Geräusche des abwaschenden Mädchens, und in Pausen immer wieder von fern die schmetternden Roller eines Kanarienvogels.«

Ja, dachte Georg, in dieser Bürgerlichkeit bin ich aufgewachsen, das verdanke ich meinen Eltern, sie ist mir völlig natürlich geworden, seit meinem elften Jahr, das heißt etwas, sooft ich auch in die andre Umgebung zurückkam. Wäre ein vortreffliches Zeugnis für die Milieutheoretiker und Behaviouristen. Dem ist aber nicht so. Aus Nichts wird Nichts; ein anderer Aristokrat hätte ebenso wie ich in die gleiche Umgebung versetzt werden können und hätte sich doch immer eingesperrt, am fremden Ort gefühlt und mit Hochmut und Snobismus darauf heruntergeblickt. Und Lafayette, der Marquis, wurde von Kind auf Vorkämpfer für die Armut und Menschenrechte, ohne je in diesen Verhältnissen gelebt zu haben. Aber woran liegt es bei mir? An meiner eigentlichen Geburt? Ich erinnere mich, als ich in Berlin in dem schmalen Loch lebte – ich hatte doch Nichts dagegen. Und ich weiß seitdem ganz bestimmt, daß ich ohne den Reichtum sein könnte. Es braucht ja nicht grade eine Misere zu sein wie bei der guten Frau Wisch, aber – wie mit Cordelia damals, ein Haus und ein Garten, nur eine Bibliothek müßte da sein von zehntausend Bänden. Mehr brauchte ich nicht, und dieser ungeheure Besitz der Trassenberge – der wird mir jetzt Gott sei Dank in dem Land aufgehn .. ja, woran denk ich nun wieder? Lesen wir weiter.

»Ach, diese Behaglichkeit – nicht ohne einen kleinen Zusatz von Ödigkeit, der sie würzte. Aber auch diese Wintermorgen – das frostklappernde Aufstehn im Dunkel bei Kerzenlicht verlor bald seine Peinlichkeit im freundlich hellen Licht der Gashängelampe, in dem Alles warm wurde, und noch höre ich in jenen Minuten, wo ich selber still war nach den heftigen Geräuschen des Zähneputzens und Waschens, die tiefe Lautlosigkeit während des Anknöpfens der Hosenträger, wobei die Zeit stillzustehn schien, und auch von Benno nebenan war, vielleicht aus dem gleichen Grunde, Nichts zu hören, sodaß es war, als sei in der ganzen Wohnung kein Mensch.

»Es müßte einmal einer das Behagen der kleinen Dinge beschreiben, der allerkleinsten, jener, die Jedem bekannt sind, ohne daß Einer sie jemals beachtet. Jenes reizvolle Empfinden etwa, mit dem man beim Anziehn der Beinkleider zwischen den Beinen durch nach hinten greift und das Hemd straff nach unten zieht, sodaß man es an den Schultern und über den ganzen Rücken glatt werden fühlt. Oder die höchste Wonne des Erdendaseins, das reine Taghemd mit allen Plättfalten und seiner Frische, fertig mit den Manschettenknöpfen darin ausgebreitet liegen zu sehn und nun über den nackten Leib zu streifen! Oder die nicht minder hohe, nachts mit einem brennenden Durst zu erwachen, ohne Licht zu machen, noch die Augen auf, zum Waschtisch zu tappen und dann lechzend aus der vollen Karaffe – wunderbar! Werde ich auch jemals den Geruch von Tabaksrauch aus den Kleidern und der getragenen Wäsche meines Berliner Schrankes vergessen, diesen abscheulichen Geruch, der mir in der Erinnerung die Welt wieder lieblich macht?

»Viele behagliche Dinge fallen mir ein. Einmal begleitete ich Benno und seine Eltern in den Sommerferien für eine Woche in einen Badeort an der Ostsee, Zempin, glaube ich, hieß er, und unvergeßlich blieben mir die frühen Morgen, wenn von den Veranden das Klirren der Kaffeelöffel kam, die beim Decken der Frühstückstische in die Unterschalen gelegt wurden. Ein Abend bei Virgo fällt mir ein; sie saß vor ihrer Vitrine in der Hocke, nahm einen Gegenstand nach dem andern heraus, um ihn mir zu zeigen, Irisgläser, einen persischen Federkasten, Porzellangruppen, und sie erzählte kleine Schnurren von Allem. Eine behielt ich: wie sie als Kind zuweilen

Kuchen stahl aus einem Korb im Büfett, aber für jedes Stück einen oder zwei Pfennige hinlegte. Sie nahm sie aus einem Portemonnaie aus Perlmutter so groß wie ein Auge.

»Vielleicht ist es nur die Erinnerung, die uns dergleichen Dinge wert macht, die an sich nichtig sind. Denn sie sind es, an die man sich erinnern kann. Ich versuche, mir Stunden des Glücks oder der Erhebung oder der Leidenschaft vorzustellen, aber sie werden nicht leibhaft – und wie sollten sie? Das Feuer, das sie damals beseelte, ist mit ihnen erloschen. Aber diese unspürbar leisen Rhythmen innerster Seelenbewegung, der Stille, des abgeschiedenen Beruhens in sich selbst, die scheinen doch wie mit einem Griffel von Erz auf Erz geschrieben zu sein. Man kann immer leise sein – und das Leiseste wieder erleben – aber nicht laut.

»Nun dieses Bild, wie blieb es mir haften! Ein sehr stiller Raum, sonnig bei geschlossenen Vorhängen. Ich sitze an einem Tisch, sehe mich selbst, an der anstoßenden Seite kniet auf einem Stuhl Anna als kleines Mädchen, halb über der Tischplatte liegend, und da steht ein Wasserglas und liegen weiße Bogen Papier und jene wunderbaren Hefte voll mattfarbiger, undeutlicher Bildchen, die aneinanderhängen: Abziehbilder, so heißen sie, und Anna und ich quälten uns entsetzlich, die ins Wasser getauchten auf reinem Papier festzudrücken und – zu warten. Dieses Warten war – als ob man an Gummi zerrte, das niemals länger wurde. Immer wieder, mit unsäglicher Behutsamkeit mußte ein Zipfel angelüftet werden, und immer war es noch weiß darunter, es mußte mit dem Finger wieder Wasser darauf getropft werden, der halbe Tisch schwamm, und dann – wie kann ich nur meine eigene Haltung, meinen eigenen Gesichtsausdruck gesehn haben, mit denen ich den eben abgelüpften Zipfel wieder andrücke und vor Anna so tue, als wäre Alles in Ordnung, obgleich ich doch genau gesehen habe, daß ich die zarte, bunte, naßglänzende Haut darunter angerissen habe. Anna natürlich war die Geduld selber, und wenn sie einmal lüpfte, so kroch sie von oben fast unter das Papier; dabei stöhnte sie abgründig.«

Sehr nett, dachte Georg, ach ja . . das hätte ich Anna vorlesen sollen, die hätte sich gefreut. Nun ists zu spät, und zweimal werde ich kaum Lust haben. Aber da muß doch das sein, was ich mein ›Ultimo‹ genannt habe. »Wenn die versunkene Stadt« – o ein Gedicht! Er überflog die Zeilen mit den Augen, dachte, das geht an . . nein, nun werde ich müde – will noch eine Weile die Augen zumachen und an Katharina denken. Aber wo ist das Ultimo? Hier, da haben wir es . .

Georg stand auf und ließ sich in den Lehnstuhl in der Ecke neben dem Schreibtisch fallen, gähnte heftig und machte die Augen zu. Allein nach wenigen Minuten des Dämmerns begann die Schläfrigkeit wie ein Rauch zu entweichen, und dann hörte er auch Schritte auf dem Korridor draußen und stand rasch auf, um zu öffnen.

Das Mädchen stand vor der Tür – während ihr kleiner Chinese hinter ihr bereits bescheiden davoneilte – in ihrem lichtgrünen Kleid mit einem reizenden weißen Fichu und Korallen um den zarten Hals, und Georg glaubte nun ein Glück in der Rosigkeit ihres Gesichts schimmern zu sehn, sagte aber Nichts, indem er dachte: Laß sie nur selbst ihren Mund aufmachen! ihre Fragen beantwortend nach den Möbeln und anderen Gegenständen umher, ob noch Alles wie früher sei. Dann in dem Lehnstuhl sitzend, während Georg vor dem Schreibtisch saß, noch immer beunruhigt durch den Scheinblick ihrer braunen Augen, von denen eines einen störenden Fleck hatte, sagte sie, die Hände über den Knieen zusammenlegend, liebevoll:

»Lange, lange habe ich hier nicht gesessen . . und weißt du noch, in all den Ferien, wie oft ich hier saß, und du hast mir vorgelesen mit Begeisterung – den ganzen Faust und die Iphigenie, und Gedichte, Goethes und Hölderlins und aus den

Blättern für die Kunst, von Stefan George, den ich doch nie recht leiden konnte. Und später deine eigenen Gedichte. Viele hast du mir abgeschrieben – ich habe sie alle noch.«

Das mag ein Zeug gewesen sein, dachte Georg, sagte es aber nicht, ihretwegen, und sie fuhr fort in ihren Erinnerungen, bis sie dann abbrach und sagte:

»Ja, Georg – und nun werde ich dich verlassen. Hermann – Rieferling – hat mich gefragt, ob ich seine Frau werden will, und ich habe gern ja gesagt, obwohl –«

»Kein obwohl, Anna!« unterbrach sie Georg, seine Hand auf die ihren legend.

»Also dann nicht, gerne!« sagte sie lachend.

»Ich wüßte kaum einen Bessern für dich, Anna. Bist du ganz glücklich?«

»So glücklich, Georg, wie ich garnicht sagen kann! Gleich zuerst, wie ich seine Stimme hörte, war es bei mir schon entschieden. Also«, lachte sie wieder, »Liebe auf den ersten Laut, nicht wahr? Seine Stimme war die erste, die ich – als Stimme gehört habe – verstehst du?«

»Ich wußte garnicht, daß er eine besondere Stimme hat.«

»Vielleicht nicht für Andre, aber eben für mich. Es ist eine solche Wärme darin. Und – sie hat mir eben das Ohr für das Hören geöffnet.«

»Das ist sehr schön, Anna – fast symbolisch; ich meine – Liebe sollte immer etwas Neues in einem öffnen.« Es drängte ihn schon, von Katharina zu sprechen, doch fühlte er sich zurückgehalten und sagte statt dessen: »Und nun willst du mit ihm nach Berlin in den Generalstab?«

»Ja, Georg, darüber wollte ich mit dir sprechen. Hermann hat mir nämlich gestanden, daß er in der letzten Zeit unsicher geworden ist. Ursprünglich wollte er Musiker werden, du weißt, und er ist ja eminent musikalisch – o Georg, ist es nicht wundervoll, daß wir so zusammenstimmen? Aber es kommt noch besser. Also – der Frontdienst war für ihn immer nur

Notbehelf, und er kann ja nicht immer im Generalstab sein. Nun war sein Vater Landwirt, er ist auf einem Gut aufgewachsen, er liebt Pferde besonders –«

»Also wird er Helenenruh übernehmen, und ihr werdet hierbleiben! Das ist wundervoll, Anna, das freut mich!«

»Aber du mußt uns helfen, Georg. Siehst du, Georg, es war ja rührend lieb von deiner Mutter, daß sie mir Helenenruh geschenkt hat, aber – was soll ich mit einem Schloß anfangen? Es ist ja viel zu groß. Das Verwalterhaus genügt für uns vollkommen, es hat die schönen großen Veranden, und ein Garten könnte leicht angelegt werden, wenn du so gut sein würdest –«

»Das Schloß zurückzunehmen? Aber natürlich, Anna, das ist doch selbstverständlich! Mir ists sogar lieb, Helenenruh wiederzuhaben.«

»Aber ohne die Gutswirtschaft, Georg, wird es für dich eine große Belastung.«

»Schrecklich, Anna! Ich weiß garnicht, wie ich das tragen soll!«

Sie lachten und küßten sich geschwisterlich, und Georg mußte wieder seinen Drang, von Katharina zu sprechen, zurückhalten, ohne recht zu wissen warum. Anna bat dann, ihr vorzulesen, und er lehnte zwar ab – es seien Alles nur melancholische Mißgeburten, und er habe längst eingesehen, daß er kein wirklicher Dichter sei – las aber dann die Verse, die er gefunden hatte:

Wenn die versunkene Stadt
In der Nacht der Erlösung
Sich aus den fallenden Wassern erhebt,
Tönen die Glocken wie vormals,
Wandeln wie vormals die Straßen,
Und die kindlichen Spiele
Tun es wie je den Erwachsenen gleich.

Doch es blieb ein Vermächtnis
Aus der versunkenen Jahre Gram
Auf den seltsam alten
Gesichtern zurück.
Und es beleuchtet ein alter Mond
Turm und Mauer und seltsam verschnörkeltes Dach.

Während rings aus dem riesigen Meere die alten
Gestirne steigen und wieder schaun,
Was niemals altert.
Wo keines Segels ernster Schatten,
Kein Vogelflug nach der düsteren Ferne strebt.

Anders lächeln von Fenster und Tür
Mädchen auf Knaben, und anders der Alten Schritt
Über die steinernen Treppen und Höfe schallt,
Mädchen, die Sträuße tragen,
Atmen befremdet den Duft, der von gestern erzählt.

Im Schweigen der Glocken
Hören sie Alle
Ängstlich und deutlich
Das schwellende Dröhnen
Der kommenden Flut.

»Aber das ist doch sehr schön, Georg, was hast du dagegen?«

»Schön – naja – aber was kommt schon dabei heraus? Ja, ganz schön, das einmal gemacht zu haben, aber nun ists auch genug. Höre, ich möchte dir lieber etwas Andres lesen – es ist allerdings Prosa. Ich habe es ›Ultimo‹ genannt – als mein letztes Wort oder Wissen von gewissen Dingen – du wirst sehn. Also:

Ultimo *Motto: Wahrheit ist es nicht;*
es ist meine Wahrheit.

Wenn wir uns klar zu werden versuchen über die Wirkung eines Dinges auf uns, das wir schön nennen, welcher Art es auch sei – der Natur, der Kunst, dem Handwerk entsprossen –, so wird die einfache Antwort lauten: Befriedigung.

Wir fühlen da eine Kraft, von dem Schönen ausgehend, uns treffen, die – vom tiefsten Erstaunen zur höchsten Freude – eine mehr oder minder mächtige Wallung in uns erregt, so als würden gelockerte Bestandteile unseres Seins durcheinander gewirbelt; als fühlten wir in diesem ersten Stadium der Ergriffenheit das Chaos Welt, dem wir angehören. Danach atmen wir auf; der Schrecken besänftigt sich, das Unglaubliche, die Fremdartigkeit des Schönen, wird glaublich, da die Erscheinung bleibt, und nun fühlen wir uns erlöst, fühlen uns geheilt, fühlen uns zufrieden. Das Chaos in uns, oder die Unordnung, ist wie zum Kristalle zusammengeschossen, und das Schöne ist der Kristall. Die Verworrenheit der tausend Stimmen –

Georg hielt inne.

»Hast du jemals einen solchen Unsinn gehört, Anna?« fragte er. »Das ist ja zum Tollwerden.«

»Unsinn, Georg? Ich fand es sehr schön, schlicht und klar.«

»Jemine, ihr habt Ohren! Anna! Wenn du eine schöne Vase siehst, entsteht dann ein chaotischer Wirbel in dir, der zur Ordnung kommt? Die gelockerten Bestandteile deines Seins – glaubst du das? Und was sage ich im Anfang? Befriedigung! Und was sage ich zehn Zeilen später? Wir fühlen uns erlöst, geheilt – und dann befriedigt. Ja, ist denn Erlösung und Befriedigung das selbe? Schlicht und bescheiden fange ich mit der Befriedigung an, und schon bin ich durch ein selbstgewirbeltes Chaos in die Erlösung geschlittert. Das Unglaubliche, die Fremdartigkeit des Schönen – ist es erhört? Fremdartigkeit .. Ist die Venus von Milo dir fremd? Oder eine Rose – ein Schmetterling? Ja, ist nicht das eigentliche Wunder des Schönen, das es uns *nicht* fremdartig anmutet? Daß es die wahre Wirklichkeit, das eigentlich Vertraute – eben unsere Wahrheit ist, die uns aufatmen macht, wenn wir sie erfahren, als wären wir heimgekommen?«

»Ja, Georg, das ist wahr. Du hast wirklich recht. Aber wie sonderbar, daß ich das nicht von selbst gemerkt habe.«

»Haha, ja, Annalein, der Zauber des Gedruckten oder Geschriebenen, schwarze Kunst, glattzüngige Rede. Du kannst sagen, was du willst, den schäbigsten Galimathias – wenn du es nur glatt und gedrechselt sagst, hören alle Kinder es gerne. Nun ja, Ultimo mit dreiundzwanzig Jahren – weg mit Schaden, in die Kommode oder ins Feuer, und wein' ihm nicht nach! Laß uns plaudern, Anna – komisch, mir war eben garnicht besonders gut, dieser vermaledeite Quatsch hat mich ganz munter gemacht. Aufgewirbeltes Chaos – zum Totlachen. Wie gehts dem armen Benno? Er war wieder so still bei Mittag.«

»Ja, Georg – da verstehe ich dich auch nicht ganz. Warum warst du so scharf mit ihm? So – nun – so prinzipiell?«

»Scharf mit ihm? Aber Anna!« Georg lachte schallend und ließ sich behaglich tiefer im Stuhl gleiten, seine Hände in den Hosentaschen versenkend. »Hast du eine Ahnung, wie wir miteinander umzugehn pflegten! Du bist ein Mädchen – du kannst nicht wissen, was Männerfreundschaft ist, und Jugendkameradschaft. In der Gesellschaft – wenn da verschiedene Anschauungen auftauchen – sofort mußt du auf Katzenpfötchen gehn und einen Buckel machen, bevor du was äußerst. Aber wir – in Sekunda und Prima, in unserm Leseverein – was wir da für Schlachten geschlagen haben. Wundervoll, einzig! Wie wir uns um die Ohren gehauen haben – Hornochse! Rindvieh! Blödian! Rhinozeros! Solch ein elendes Gequassel! Alberne Salbaderei! Reiner Kretinismus! Verkalkung komplett! Das waren so unsere Töne. Und gegen Benno heut habe ich ausdrücklich sogar gesagt, daß meine Angriffe sich gegen die Zeit richten und nicht gegen ihn.«

»Ach, Georg – das mag ja damals wunderschön gewesen sein, aber wenn Einer so wund und empfindlich ist wie er, dem wird doch das Geringste zur neuen Verletzung und Gift in der alten.«

»Nun ja, Anna, darin magst du recht haben – daß ich seine Wunden zu leicht nehme. Nun und warum? Weil ich mich selbst ihrer schäme, als ob sie meine wären.«

»Du kannst ihm doch unmöglich vorwerfen, daß seine Frau ihn verlassen hat.«

»Vorwerfen kann ich ihm höchstens, daß er sie überhaupt hatte. Ja, das ist es doch, was mich an ihm kränkt. Und hast du sie vielleicht schön gefunden?« Sie schüttelte trübe lächelnd den Kopf. »Da siehst du! Man ist an Allem, was einen trifft, selber schuld.«

»Das weiß ich wohl, Georg.«

»Nun, und – aber lassen wir das. Schau, Anna, du sagst, ich wäre zu scharf –«

»Das bist du auch, Georg, und ich weiß auch wohl, daß du es gegen dich selber bist. Ich bewundere dich ja – du hast soviel Selbstkritik – fast zu viel. Aber gegen Andre, Georg, sollte man doch behutsam sein.«

»Anna, ich will dir sagen, um was es sich handelt.« Georg überlegte eine Zeitlang, da es ihm jetzt durch den Kopf ging, daß er Anna nicht die Geschichte von den Abziehbildern vorgelesen hatte, sondern durchaus mit seinem ›Ultimo‹ hatte renommieren wollen – und dann war es Nichts. Zuviel Selbstkritik? »Also, Anna, wie Schley sagt: die Sache liegt doch so:

»Es handelt sich darum, einen festen Punkt zu haben – und das heißt, ein klares Auge, das unterscheidet, ob ein Ding ein Berg oder eine Wolke ist. Das ist meine Angst für Benno.«

»Sicher, Georg, sind seine Augen in dem Punkt nur schwach. Um so mehr braucht er einen Halt an dir. Benno ist solch ein Mensch – er wird sich immer in Unglück bringen.«

»Und warum, Anna? Weil er fehlgreift. Im Menschlichen fehl nach unten, im Geistigen oder Künstlerischen fehl nach oben. Da will er immer zuviel – aus wolkigem Enthusiasmus. Er berauscht sich an Großartigkeit. Aber gerade darauf kommt es an, seine eigenen Grenzen zu kennen. Schubert – er hat fast nur Lieder komponiert; Stefan George beschränkt sich eisern auf Lyrik. Nun, einmal fehlgreifen ist weiter auch kein Schaden, wie bei Hölderlins Empedokles. Vor Allem aber, diese mir ganz unverständliche Sucht nach dem Theater. Eine Hexe, Kokotte – die Bühne – verführt grade solche Bürgersöhnchen wie Benno. Aber Hofmannsthal hat auch seine schönsten Kräfte daran vergeudet. Und da wären wir wieder beim Musikdrama – gesteh doch, Anna, dir ist es auch zuviel! Dieser Tristan – da setzen sie einen vor ein Weinfaß, stecken einem einen Schlauch in den Mund, und du mußt saufen, bis du besoffen bist. Das ist eine Barbarei – und vor ein paar Jahren würde ich das Benno mit diesen Worten gesagt haben – hab es wahrscheinlich auch, wenn er damals nicht selbst dieser Meinung war. Und mit seinen zarten, unzulänglichen Kräften..«

»Muß man denn immer so schwarzsehen, Georg?«

Georg blieb stumm, betroffen in der Erinnerung an Katharinas Sorge; dann raffte er sich zur Verteidigung auf und sagte mit leiserer Stimme:

»Ich muß an mich selbst denken, Anna. Auch ich brauche Stützen – und keine Binsen wie Benno. Kann dir sagen, ich war keine zwei Tage in Berlin, so war mir klar, daß kein Mensch an mich herankommt, der nicht etwas von mir will, mich herumkriegen will zu etwas, mich biegen will. Ich muß notgedrungen hart werden – und bins von Natur garnicht, das weißt du. Benno – nun wegen eines scharfen Wortes geht eine Jugendfreundschaft nicht in die Brüche, das wäre noch schöner. Aber ich brauche jetzt andre Leute; brauche Festigkeit, Klarheit, Bestimmtheit.«

»Dein Vater fehlt dir da sehr«, sagte Anna leise, und er hätte sie beinah angefahren, so fühlte er sich falsch getroffen. Er brauchte eine Weile, um sich zu beruhigen, lüftete den Vorhang vor ihm und zog dann beide auf, da keine Sonne mehr draußen schien; der Himmel hatte sich wieder bezogen. Sich wieder setzend, zündete er eine Zigarette an und sagte, den Rauch vor Anna mit der Hand wegwedelnd, so ruhig er konnte:

»Nein, Anna, er fehlt mir nicht. Aber über diese Dinge sprechen wir vielleicht ein andermal.«

Er schwieg eine Weile. »Es ist ja zu wunderlich mit den Menschen«, begann er dann. »Ein Augenblick Nähe zuviel miteinander kann Dinge aufrühren, die besser da unten schliefen. Und dann aber wieder – eine einzige Stunde mit einem Mann wie Bogner – und man ist gestärkt.«

»Bogner – nun ja«, erwiderte das Mädchen nach einer Weile. »Er ist ein fertiger Mann – und ein so großer Künstler.«

Georg schien ein ungünstiger Unterton in ihren Worten zu schwingen, sodaß er sagte:

»Er wäre kein Künstler von Rang, wenn er kein Charakter von Rang wäre.«

»Findest du? Nun, ich weiß nicht .. In früheren Jahren stellte ich ihn auch sehr hoch, aber ..«

»Nun nicht mehr?«

»Ja, Georg ..« Sie erhob ihre gesenkten Augen zu ihm und sagte: »Er ist doch ein kalter Mensch – fühlst du das nicht?

»Ich will dir nur gestehn – die Art, wie er Ulrika Tregiorni zuletzt im Stich gelassen hat, in ihrer äußersten Not und Todesbangnis .. das war unmenschlich, Georg. Einfach unmenschlich.«

Georgs Herz zog sich zusammen. »Unmenschlich sagst du? Geht das nicht etwas zu weit?« sagte er matt.

»Und was war die Folge dann? Daß sie auf Hooge hat sterben müssen. Aber daran bin im Grunde ich schuld. Wenn ich ihr nicht zugeredet hätte, hinzufahren, ihr immer wieder gesagt hätte, daß du der Mensch bist, der Not versteht, noch dazu bei einer Frau .. ach, Georg, wir wollen das sein lassen. Sie ist nun tot - und das Kind, an dem sie gestorben ist, ist bei fremden Leuten. Nun, es giebt schlimmere Dinge vielleicht. Du wirst natürlich sagen - und mit Recht -, daß ich nur die eine Seite kenne. Und glaube nicht, daß Ulrika sich ihrer Schuld gegen ihn nicht bewußt gewesen wäre. Aber warum hat sie denn geschwiegen gegen ihn all die Zeit?«

»Ich weiß es nicht, Anna.«

»Weil er sie nicht geliebt hat! Das ist es doch gewesen. Nun, er kann wohl garnicht lieben - er ist eben so beschaffen, er hat nur seine Kunst, der muß Alles geopfert werden. Sie hat mir von ihm erzählt - er hat selber zugegeben, daß er vielleicht garnicht lieben kann, jedenfalls .. Er hat überall Frauen gehabt, die ihm geholfen haben, ihm ihr ganzes Leben zum Opfer gebracht - in Paris, in London, in Berlin .. erinnerst du dich, Georg, wie er uns damals von der Judith erzählte? Die hat er gemalt, wie sie im Sterben lag, aber für ihn - für ihn war es nur der Schatten von einem Schmetterling - war es nicht so, Georg?«

Georg hatte Ulrikas Medusengesicht vor den Augen, wie Bogner es hochhielt. Sprechen konnte er nicht und hörte Anna fortfahren in ihrem Mitgefühl:

»Wenn ich mir das vorstelle, wie sie mit ihm gelebt hat .. Oh, er war ja immer die Güte und Freundlichkeit selbst, wer wollte das abstreiten? Aber einen Menschen zu lieben, so wie Ulrika, mit ihrer Hingabe - und was war sie nicht für ein Mensch, was hatte er nicht an ihr, diese Tiefe, dies feine Verstehn, dieser Enthusiasmus für alles Schöne! Und dann für alle Liebe jahraus und jahrein - niemals ein zärtlicher Blick - niemals ein liebevolles Wort - immer nur die Herablassung der Güte - Geduldetwerden ..«

Georg kam es jetzt vor, als ob sie nicht mehr von Ulrika, sondern von sich selbst spräche. Und nun sagte sie auch, die

Hände vor das Gesicht legend, dann über die Stirn zurückstreichend und so behaltend, während sie vor sich niederblickte:

»Nun, da bin ich bei mir selbst.«

Sie ließ die Hände sinken und legte sie in den Schooß.

»Ich weiß davon auch ein Liedchen in meiner Tonart.« Sie bewegte die Augen zu ihm, mit freundlichem Ausdruck, trotz ihrer Leere, und sagte: »Heute kann ich es dir ja bekennen, Georg, wie ich oft darunter gelitten habe, daß ich nicht losgekommen bin von dir.«

Und wenn wir, dachte Georg, zusammen gelebt hätten – würdest du dann auch über meine Herzlosigkeit geklagt haben?

»Denn das bin ich doch nicht«, fuhr sie fort. »Oh, ich bitte dich, Georg, glaube nicht, daß es nicht wirklich gut und schön gewesen ist, immer an dich zu denken! Ich glaubte doch, daß meine Liebe dich schützen könnte – vielleicht hat sie es wirklich getan..«

»Gewiß, Anna, das hat sie, sei ganz gewiß!«

»Soviel Gebete können wohl nicht ganz umsonst gesprochen sein. Aber mitunter war es doch recht schwer – dieses Festhängen – und die Unerreichbarkeit.

»Und so ist es eben wahr, was du sagtest, daß Jeder sein Schicksal sich selbst bereitet. Ich habe ganz gewiß in all den Jahren ohne Hoffnung gelebt; wirklich, Georg, ich habe mir nicht die geringste Illusion gemacht, sei überzeugt, ich weiß, daß du ganz jemand anders brauchst als mich. Aber am Ende doch – wie wir zusammen waren, nach der Serenade, und am anderen Abend – diese Fontänen, wie sie emporstiegen! Da ist es doch wieder hervorgebrochen.

»Und dann ist es anders gekommen.«

Georg tat, was er konnte, sich am Fühlen und Denken zu verhindern, indem er behutsam seine Hand auf die ihren legte und sagte:

»Es ist doch jetzt besser gekommen, Anna.«

Sie richtete sich auf und lachte mit Aufleuchten:

»Ja, da hast du recht! Und eigentlich bist du es ja, durch den ich Hermann bekommen habe, siehst du!«

»Und wenn du nicht mich gehabt hättest, so hättest du längst einen Andern genommen und jetzt eine schwere Scheidung vor dir.«

»Und du, Georg, hast du niemand jetzt? Bist du ganz allein? Freilich, auf Hallig Hooge so lange – und da war nur die Cornelia.«

»Ja, apropos Cornelia«, sagte Georg, Atem schöpfend, »wie hat sie dir gefallen?«

»Nun ja, Georg – sie ist sehr nett.« Ihre Nase war lang geworden. »Vielleicht ein bißchen – sehr simpel, fandest du nicht?« Lieber Gott, dachte Georg, wenn sie mich jetzt sehn könnte! »Aber sie ist ja so still, das ist vielleicht das Beste an ihr. Sie hat auch diese schrille hamburger Stimme.«

»Hamburger?« fragte Georg, jetzt über die Maßen verdutzt; Anna lachte herzlich.

»Ach, ich sage immer hamburger bei solchen Stimmen. In Genf war ein Mädchen aus Hamburg, die solch helle Stimme hatte. Es war ja nicht bös gemeint, und ich habe sie doch erst kennengelernt, seit ich auf Stimmen höre, weißt du. Und wenn sie auf Hallig Hooge«, sagte sie, mit dem Finger drohend, »nicht dein Liebchen geworden ist –«

»Nein, Anna, sei überzeugt! Das ist sie nicht geworden.«

Das Mädchen stand lachend auf, ihr Kleid glattstreichend, und hielt ihm dann ihre Hände hin.

»Das war eine schöne Stunde mit dir, Georg, hab Dank dafür! Wie ist es – willst du jetzt nicht zu Renate gehn? Sie erwartet dich sicher. Wir können dann zusammen hinübergehn. Aber höre – ich bin so in Sorge! Du mußt ihr ausreden, wenn sie etwa nach Altenrepen gehn will, und wie ich sie kenne.. Ich gehe später zu ihr, jetzt wartet Hermann schon lange.«

Georg

Georg fühlte sich indes nicht gesammelt genug zu einem Besuch Renates, den er ohnehin fürchtete, so sehr er ihn auch wünschte; und nachdem er Anna zu ihrer Tür geleitet hatte, dachte er, sich im Freien zurechtzuziehn und aufzumuntern. Er fand es dann freilich draußen dunkel und kühl geworden und dennoch schwül; der Himmel war eine einzige grauschwarze Wolkenbewegung, doch unten regte sich kein Lufthauch. Georg ging langsam unter der Terrasse her, in dem von Anna nachgebliebenen, ja nun erst anschwellenden Staunen immer wieder den Kopf schüttelnd und lächelnd oder den Blick zum Himmel erhebend. Denn – beim Zeus, dachte er, war es nicht etwas viel? Eigentlich Alles verkehrt – von ihrer Meinung über mein Gedicht und das Ultimo an. Benno gepriesen und Bogner ein kalter Mensch. Katharina – das sei ihr vergeben, vermutlich die Eifersucht, wenn auch unbewußt. Ja, Anna, was wirst du sagen, wenn du hörst.. Georg sah sich schon einen Brief schreiben: Meine liebste Anna, es war zwar die volle Wahrheit, als ich dir sagte, Corn – nein Katharina – nein, Cornelia muß es heißen, sei nicht mein Liebchen geworden. In der Tat ist sie mir etwas ganz Andres geworden, nämlich das, was du mir niemals hast werden können. Nein, das wäre zu scharf – ich bin ja immer zu scharf. Simpel – ach je, und zu still. Wüßtest du, wie die reden kann! Die letzten Tage auf Hooge von früh bis spät wie ein Uhrwerk. Freilich nur mit mir allein! Wenn wir abends zusammensaßen, Bogner und Rieferling – der sagte gleichfalls kein Sterbenswort – auch ein Simpel. So bewegt sie sich in Täuschungen.. wie kann sie so blind sein? Sie hat doch das wärmste, liebevollste, gütigste Herz – und nun so herzensblind! Aber so tappen wir im Grunde alle in Illusionen herum, sitzen traulich beisammen und halten ein Ding zwischen uns, das auf der einen Seite weiß und auf der andern schwarz ist. Jeder schwört, das ganze Ding wäre weiß oder schwarz, und keinem fällts jemals ein, daß es eine andere Seite haben könnte. Jämmerlich – und wie komme ich da jemals mit Katharina zusammen?

Er stand am Rasenufer des Weihers, und wieder ging ihm die Klarheit des dunkelreinen Spiegels auf, nur daß jetzt der schwarzgraue Wolkenhimmel die Tiefe füllte. Von der gespiegelten Insel ragte ein weißer Birkenstamm schräg nach unten, so genau wie der wirkliche über ihm schräg nach oben ragte.

Ja, Klarheit, Klarheit – das ist es doch, was der Mensch am meisten ersehnt. Oder nur ich allein? Nun, ich jedenfalls, das weiß ich. Immer und immer war es die Klarheit – ja, ich kann sagen, daß sie es war, nach der ich immer gesehn habe, auch wenn ich es nicht bedachte. Sie habe ich gesucht, ihretwegen habe ich gelitten. Die Maske, die ich vorhatte, die ich nicht hab abstreifen können, hat mir auch für sie oft den Blick geblendet, aber – wenn ich mich zerdacht und zergrübelt habe, und wenn ich auch noch so oft nur mit Gedankenfaltern gespielt und sie aufgespießt habe, das heißt Formulierungen, Definitionen, einfach Ausdrücke gesucht habe – nun, ich bin natürlich immer in das Geglitzer oder die glatte Kontur verliebt gewesen, aber – getan habe ich es nicht deswegen, sondern um der Einsicht – also der Klarheit willen. Selbstkritik – die hab ich doch wirklich gehabt. Habe ich nicht eingesehn, daß ich kein wirklicher Dichter bin! Dabei sind meine Verse um Nichts schlechter als die – sagen wir mal – von Hermann Hesse oder Richard Schaukal, und die werden überall angepriesen. Jeder Andre in meiner Lage hätte meine Gedichte längst auf van Geldern-Bütten oder Tokugawa-Japan gedruckt. O Klarheit, Klarheit, ja, wie ich es nun sehe! In jeder Scherbe, jedem Splitter, den ich gefunden habe – es war nicht ihr eigener Glanz, wenn der mich auch erfreute, sondern die Spiegelung, die sie mir boten, wenn sie auch niemals so rein, so vollkommen war wie die der Birke da unten – wundervoll!

Wenn ich nicht wüßte, daß es Wasser ist, würde ich es für Luft halten. Nein, zum Heiligen bin ich weiß Gott nicht geboren, aber – was will ich denn, warum lebe ich, für was?

Herausläutern – ja, herausläutern will ich den aus mir, der mehr ist als ich, höher ist, echter und klarer ist, immer klarer. Nach dem schaue ich aus, und ich will mich mit solchen Täuschungen nicht zufriedengeben; eher unter der peinvollen Wahrheit leiden als liebliche Illusionen genießen, und – Katharina – klarer Tag – na, mag sie es auch zehnmal nicht wirklich sein – mir ist sie es! Und wenn sie mir zehnmal nicht gefehlt hat, bevor ich sie kannte – sie hat mir doch gefehlt, und nun habe ich sie gefunden. Simpel – wie? O mein Gott, wenn du auch nur ein verlockender, langhaariger, Paprika oder Goethe denkender Mensch bist – Spiegel bist du mir doch, und du zeigst mit das Beste, das in mir ist, das mehr ist als ich – wie du selber mir mehr bist als ich, hundertmal mehr! Nüchtern – das wäre ein Wort für dich. *Sancta sobrietas* – heilige Nüchternheit –

Aber du willst mir nicht helfen. O höllische Teufelei! Bin ich mir endlich einmal klargeworden über mich selbst, so steht sie davor und – es regnet, auch das noch, natürlich. Große Tropfenkreise im Teich, und die Birke fängt an zu zittern. Ich muß wohl ins Haus – könnte jetzt zu Renate gehn. Wie wird sie heute sein? dachte er, unschlüssig den Weg zum Hause zurückgehend. Und in ihrem Zustand will sie nach Altenrepen? Wieder zu dem Mann zurück? Und der ist am Ende zum Krüppel geworden..

Siebentes Kapitel

Renate

Georg glaubte nach seinem Pochen an Renates Zimmertür eine leise Antwort zu hören und öffnete behutsam. Drinnen war es fast dunkel; die Läden standen vor den Fenstern gegeneinander, und nur wenig Licht floß durch die Spalten; der Duft von Narzissen erfüllte die Luft. Georg sah die weiße Gestalt Renates im Sofa sitzen, die Lider gesenkt, aber – wie licht war dieses Antlitz – fast leuchtend! Er wagte nicht, laut zu sprechen, als er sagte, daß er es sei.

Sie schlug die Augen auf. So dunkel es war, und so dunkel die Augen waren, sah Georg einen Blick aus der Tiefe kommen, der ihm den Atem versetzte. Dann wußte er, daß nur eins zu tun war, und er tat es sogleich, indem er zwei Schritte zu ihr hin machte und niederkniete, mit seiner Stirn ihre Knie berührend. Er wußte dann kaum von sich selbst, bis er in sich die Worte hörte:

Bitte, so wird dir vergeben.

Er fühlte, daß ihre Hände sich auf sein Haar legten und hörte ihre Stimme, sehr leise oder schwach:

»Nun, Georg, nun? Was ist denn mit uns?«

»Bitte«, sagte er, »bitte!«

Es war dann lange still, doch hörte er endlich die Worte:

»Ja, Georg, dir ist Alles vergeben, Alles.«

Er atmete tief auf und blieb, wie er war, glücklich spürend, wie es in ihm still und rein wurde.

Endlich stand er auf, den Kopf gesenkt haltend, und fragte:

»Soll ich wieder gehn?«

»Aber nein, Georg, warum denn? Ich freue mich doch so, daß Sie gekommen sind!« An ihrer Stimme war etwas, als ob sie nicht aus ihr selbst käme, sondern sich in der Luft bildete. »Ich bin ein bißchen matt leider. Helfen Sie mir, meine Füße auf das Sofa zu legen, und dann die Decke .. ja, so ists wunderschön, danke!«

Er breitete die leichte Decke, die er liegen sah, über sie aus, wobei er keinen Blick nach ihren Augen wagte, die auch geschlossen waren. Nach einem Stuhl sich umblickend, trafen seine Augen auf den weißen Kopf, der im Winkel schimmerte; er erkannte ihn und rief in freudiger Überraschung:

»Ja, was sehe ich da? Sie haben den Ech-en-Aton?«

»Freilich habe ich ihn – schon lange.«

»Wie lange schon, Renate?«

»Mir scheint – schon seit immer. Aber nein, ich habe ihn von Josef bekommen, vor bald vier Jahren.«

»Das ist wunderbar! Ich habe ihn erst jetzt in Berlin gesehn! Er ist einzig.«

»Finden Sie auch, Georg? O das freut mich!«

»Dieses unendliche Schauen nach dem Einen«, sagte Georg nur leise und sprach dann nicht weiter. Er ging zu dem Stuhl hin, den der in der Nähe des vorderen Fensters stehen sah und setzte sich mit dem Blick auf das weiße Gesicht, im Augenwinkel den Schein von Renates und kaum zu denken wagend, daß es wirklich im Dunkel zu leuchten schien. Ihre Stimme kam wieder nach einer Zeit, so leise und zart wie ein Hauch aus der Luft:

»Es war ein großes Glück damals für mich, daß ich ihn bekam. Denn ich hatte von Christus selbst niemals ein Bild. Da ist dieses mir seins geworden.«

»Ja, es könnte wirklich ein Bild von ihm sein. Und Sie haben recht – die Bilder, die es von Christus giebt – immer nur diese glatten, schönbärtigen Sanftmutszüge. Am schönsten fand ich noch das von Tizian – mit dem Zinsgroschen. Das ist eine beinah göttliche Überlegenheit.«

Mein Gott, was spreche ich denn? Wie kann ich einfach so sprechen? Und es wird mir doch ganz leicht. Wie kann Alles so wie immer sein? Und sie – sie ist nicht auf der Erde.

Ihre Stimme sagte:

»So war es für mich auch.«

»Nun fällt mir erst ein«, sagte Georg, »daß das Bild Christi ja der Gekreuzigte ist.«

»Nein«, sagte sie, »das ist nicht sein wahres Bild. Das konnte ich niemals sehn.«

Georg kam sein Gespräch mit Bogner in Erinnerung, und er sagte: »Darf ich etwas fragen?«

»Ja, Georg?«

»Glauben Sie, daß er Gottes Sohn war?«

»Ja, das glaube ich. Nur –

» – nur auf andere Weise.

»Ich glaube nicht, daß er es *war*; ich glaube, daß er es wurde.«

»Daß er es wurde – ?«

»Ja. Kann nicht ein Mensch Gottes werden?

»Wenn er – so wie Jesus – nur Gott sieht und nur Gott liebt – muß er am Ende nicht Gottes werden?«

»Wenn Sie es so sagen, Renate.. So habe ich es nie gehört.«

»Doch war er schon anders geboren – und hatte andere Kraft.«

»Sodaß er die Wunder tun konnte.«

»Ach, die Wunder, Georg – warum müssen es Wunder sein – solche Wunder!«

»Ja, was ist ein Wunder? Was die Vernunft nicht begreift.«

»Und was begreift sie denn? Den Frühling – den Vogelgesang – die Sterne – das Leben – ach, Georg! Ist nicht Alles ein Wunder? Die Vernunft begreift Nichts – und ist doch mit Allem zufrieden. Nichts ist gegen sie – Alles ist für sie.«

»Oh ja, nun verstehe ich! Diese Wundertaten sind gegen die Vernunft – aber wozu ist das nötig? Alles, was ist, ist – Geheimnis, unergründlich wunderbar. Und doch läßt es die Vernunft in sich ein, widerspricht ihr nicht – nun versteh ich!

»Aber nun muß ich noch fragen, Renate – wie zeigte es sich an Christus – seine Göttlichkeit?«

»O Georg, wissen Sie das wirklich nicht? Denken Sie einmal nach.«

»Ich weiß nicht – in der Taufe wohl – ja. Er war in der Wüste gewesen .. ich denke mir, da hat er viel Irdisches abgetan. Dann tauchte er aus der Tiefe des Wassers auf, und – da strömte ihm wohl die Seele aus – er sah den Himmel geöffnet, und der kam ihm entgegen und sagte: Du bist mein Sohn. War es das, Renate?«

Sie erwiderte: »Ja – wohl – der Anfang.«

»Und das Ende – wann war das Ende?«

»Das Ende, Georg – war – «

Ihre Stimme verhauchte und war nicht mehr zu hören. Zu ihr hinblickend, sah Georg, daß sie sich ausgestreckt hatte und mit dem Gesicht nach oben lag. Das geheimnisvolle Leuchten war darum gebreitet, sodaß er nicht hinsehen konnte und aufstehend leise sagte: »Ich will nun gehn.«

»Ja, Georg, es wird besser sein. Seien Sie mir nicht böse.« Ihre Stimme wurde wieder kräftiger, während sie fortfuhr: »Aber ich habe noch eine große Bitte, Georg. Könnten Sie mir wohl Ihren Wagen leihen morgen? Heute wird es mir zuviel, aber Sie werden von dem Unfall gehört haben, der meinem Mann zugestoßen ist.«

»Ich glaube nicht, Renate, daß ich Ihnen meinen Wagen leihen will.«

Georg hörte ein ganz leises, süßes Lachen wie ein zärtliches Girren, und sie sagte:

»Soll ich dann mit dem greulich gefederten fahren?«

»Liebste Renate!«

»Nun, lassen wir es bis morgen, ja?«

Ihre Hand erhob sich und war, als sie sich auf die seine legte, nicht gewichtiger als ein Blatt, und er legte seine Stirn darauf.

»Auf Wiedersehn, mein lieber, lieber Junge!« sagte ihre Stimme, und Georg ging hinaus.

Insel

Georg wurde in dem Augenblick, wo er die Tür hinter sich geschlossen hatte, von einer Schwäche übermannt, so sehr, daß er sich mit Kopf und Armen neben der Tür an die Wand lehnen mußte. Sein Herz schlug und sprang, als ob es sich losreißen wollte; in seinen Schläfen dröhnte es, und auf seiner Stirn brach Schweiß aus. Sein ganzes Wesen war mit einem Mal so erschlafft, als ob er die größte Anstrengung überstanden, sich aus Todesgefahr mühsam gerettet hätte. Es dauerte lange, bis sein Herz wieder ruhiger ging und er sich aufrichten konnte, und er dachte: Was hat mich denn so – zerkleinert? War es eine solche Anstrengung, dies Gespräch mit ihr zu führen? Oder überhaupt bei ihr zu sein?

O mein Gott, rief es verzweifelt in seinem Innern, ich habe wieder das Verkehrte getan, daher kommt es! Nur von dem Widerstand, den ich geleistet habe, bin ich jetzt so zerbrochen – denn all die Zeit hätte ich vor ihr knien sollen und Gott danken, daß ich es darf! Statt dessen habe ich geredet. Wenn sie selbst nur nicht so natürlich gewesen wäre! Als ob sie es selbst nicht wüßte! Ja, du wirst immer Gründe finden, du jämmerliches Subjekt, und nun – nun stehst du da, draußen. Kannst nie wieder hinein. Da ist die Wand, die geschlossene Tür.. so standen sie auch einmal draußen am Paradies.

Er starrte angstvoll wütend die Tür an. Aber ich kann doch

wieder hinein! Sie hat mich zwar fortgeschickt, aber – später, morgen – und da will sie im Auto fahren. Sie ist ahnungslos – es ist ja unglaublich! Dann will sie womöglich mit diesem Mann leben, der ein Krüppel und vielleicht blind ist. O dies unmögliche Leben! Da steh ich – und was einmal war, kommt nicht wieder. Ihr Gesicht war ein Schimmer, und ich habe nicht hingesehn. Nicht zu glauben gewagt, was ich sah, ich elender Mensch, o ich elender! Die Klarheit, wie – was? Da war sie, da – da, vor dir, und du sahst nicht hin!

Er fuhr noch fort, von Anklagen überzuschwellen, während er schon, halb weinend und wankend mit zerschlagenen Gliedern, die Treppe hinunterging. Und was nun? Wo gehe ich hin? Muß das verdammte Leben denn immer weitergehn? Kann es nicht einen Augenblick aufhören? Oder stillstehn? Wie im Kino, das laufende Band, unaufhaltsam weiter – Zimmer – Treppenhaus – Landschaft – eine Teufelei ist das Leben. Ich muß allein sein – aber das kann ich ja, wer hindert mich, keinen Menschen will ich sehn, nicht einmal Katharina, will wenigstens das in mir festhalten, was ich habe. Ich will ans Meer gehn, hoffentlich regnet es nicht .. nun, und wenn es schon regnet!

Die Außentür öffnend, sah Georg, daß der Himmel sich gelockert hatte. Im Westen über den Parkwipfeln lag ein breiter blauer Streifen, und nahe darüber kämpfte die Sonne mit dem Gewölk, um durchzubrechen; auch wehte nun ein leichter, hauchender Wind, und Vogelstimmen waren zu hören.

Nein, ich weiß, wo ich hingehe, dachte Georg schon im Forteilen. Dort wird gewiß niemand sein, es ist der rechte Ort, ich kann die Brücke aufziehn, mich abschließen. Das Meer ist zu weit, Zimmer zu eng, die Natur ist dazwischen freundlich.

So ging er wieder den Weg zum Weiher hin, in seinem Innern Alles zurückdrängend, um es erst in der Fülle zu haben, wenn er in dem grünen Raum allein war. Er ging über die schmale Brücke und drehte die Gewindekurbel auf der anderen Seite, sodaß sie emporstieg und schrägstand. In seinen Gliedern hing immer noch eine Kraftlosigkeit, als er in den sich biegenden engen Gang zwischen den grünbelaubten Gebüschen hindurchging, bis vor seinen Augen der kleine, von grünem Buschwerk umschlossene Platz schlichten glatten Rasens sich öffnete und er den großen grauen Block liegen sah mit dem einzigen, eingegrabenen Wort: Helene.

Da stand er still, ganz verwirrt. Helene – ja, mein Gott, daran habe ich garnicht gedacht! Schrecklich, aber – ich wollte nicht zu ihr. Helene – Renate müßte dastehn. Nein, was denk ich denn? Dann müßte sie erst tot sein. Ich meinte nur – wie kann ich Renate denken, wenn da immer Helene vor mir steht?

Schuldbewußt gegen die Tote murmelte er: »Verzeih, aber..« und stand dann unschlüssig, ob er gehn oder bleiben sollte.

Indem glaubte er durch das Gebüsch zur Linken neben ihm etwas Schwarzes zu sehn. War doch jemand hier? Er tat einen Schritt vorwärts und sah auf der Bank dort in einer Art Apsis, die von dem Gesträuch gebildet wurde, Jason sitzen – und in einer eigentümlichen Haltung, schien es. Seine Arme waren links und rechts auf der Rücklehne ausgebreitet, die seine Hände gefaßt hielten, und sein Kopf war so tief auf die Brust gesunken, daß nur das verwirrte schwarze Haar sichtbar war.

Wie sitzt er denn da? dachte Georg betroffen; als ob er gekreuzigt wäre? Er stand noch in das Hinblicken gebannt, als Jasons Kopf sich langsam erhob und sein Gesicht erschien, grau und die Lippen verzerrt, mit geschlossenen Augen. Die öffneten sich indes und wurden schwarz, und Georg sah das Erkennen seiner darin aufgehn. Jason ließ nun die Arme sinken, legte die Hände an die Augen, strich über sein Haar und stand auf. Er lächelte, wenn auch mühsam, und sagte:

»Oh, mein lieber Georg! Wie schön, Sie zu sehen! Aber Sie kommen, um hier allein zu sein.«

Nein, das wollte Georg nun durchaus nicht, im Gegenteil, er empfand es wie eine Erlösung, daß Jason da war – der konnte immer erklären. So bat er, zu ihm gehend, sich zu setzen und nahm neben ihm Platz mit einem Gefühl der Geborgenheit, obwohl Jason elend aussah, grau, und die Augen waren von stumpfer Schwärze. Georg wandte die seinen ab, und er hörte Jason sagen, nachdem sie eine Weile still auf den grauen Stein mit dem Namen geblickt hatten:

»Ich weiß, du bist nicht wegen dieses Steins gekommen.«

»Nein, Jason. Ich war bei Renate.

»Hast du sie auch gesehn, Jason?«

»Ja«, sagte Jason, »ein wenig.«

»Jason – sie war leuchtend.«

»Ja, das konnte ich sehn.«

»Wovon leuchtet sie, Jason? Jason, ich bin wie immer sehr unwissend. So unwissend wie – «

»Wie Johannes und Petrus, als sie mit ihm auf dem Berg waren.«

»Auf dem Berg – wie meinst du das, Jason?«

»Nun, mein Lieber, du wolltest nicht unwissend sagen, und die Zwei waren auch nicht unwissend. Im Gegenteil, sie wußten, daß sie Moses und den Elias sahen, und sagten, sie wollten da Hütten bauen.«

»Das dachte ich auch – hinterher. Aber warum sahen sie Moses und den Elias?«

»Wegen ihrer Religion. Denn was war Moses? Das Gesetz. Und Elias war ein Prophet. Sie sahen das Gesetz und die Propheten, oder sie sahen den jüdischen Leib, den er abgelegt hatte, oder der von ihm abfiel, als er zu Licht wurde.«

Jason schwieg, doch nur eine kleine Weile, dann sagte er:

»Licht des Himmels – und Licht der Seele – flossen in eins zusammen, und sein Leib wurde leuchtend.

»Hast du es nicht auch gesehn?«

»Ja«, sagte Georg, »nun verstehe ich.«

Ein Schauder durchlief ihn; er legte sein Gesicht in die Hände.

Ich habe das gesehn, dachte er. Ich habe das gesehn.

Und ich habe auch von – Elias und Moses gesprochen – so ist es. Sie ist in der Klarheit – der wahren, die Verklärung heißt.

Aber vergessen werde ich das nicht – nie im Leben.

Er richtete sich auf und sprach, auf Jason blickend, unversehens die Frage aus:

»Warum bist du dann traurig, Jason? Und warum hast du so sonderbar dagesessen?«

In Jasons Augen ging ein Schimmer auf, ein hülfloses Lächeln, schien es, und er sagte:

»Du sprichst ganz richtig, Georg, wenn du fragst, warum ich traurig bin? Wir wollen glücklich und dankbar sein für das, was wir gesehn haben.

»Daß ein Mensch es werden kann – nicht wahr, Georg? Solch ein Wunder!

»Nur immer so teuer erkauft! Nur immer für den einen Preis!«

Er war still, nach oben blickend, wo nun schöne große Bläuen zwischen Inseln von Wolken lagen.

»Warum ich so dasaß, wolltest du wissen?« sagte er, weiter so aufwärts blickend. »Nun ja, ich habe das mal eine Weile versucht, wie es ist.

»Ein paar Minuten – du solltest es auch einmal versuchen. Dann verstehst du sehr bald nicht, wie ein Mensch das so lange aushalten kann. Und doch ist bekannt, daß die gekreuzigten Übeltäter viele Tage dahingen, ehe sie starben.«

»Aber Jesus«, sagte Georg, »war schon nach wenigen Stunden tot.«

Nun lächelte Jason, obwohl sehr schmerzlich, und sagte:

»Eben – das ist es ja. Warum ist er so schnell gestorben?
»Weil er schon fast keinen Leib mehr hatte.
»Ein verklärter Leib – der hält die Seele nicht lange.«

Es war so still jetzt, daß Georg sein eigenes Herz klopfen fühlte. Dann ertönte von oben her der zarte Gesang einer Amsel. Georg sah empor und sah die schwarzen Baumwipfel von goldenem Licht gestreift.

»Sie singt«, sagte Jason, »hörst du? Sie singt – und wir müssen weinen.«

Georgs Augen brannten schon lange, doch trocken in dumpfem Angstschmerz. Es darf nicht wahr sein – nicht das! Es darf nicht! dachte er hülflos.

Aber ihr steht auch eine – eine Kreuzigung bevor; ob sie die überstehn wird?

»Wir wollen hierbleiben, bis Abend wird, Jason«, sagte er in Verwirrung, wieder auf den Stein blickend, auf dem der Name vor seinen Augen verschwamm.

Er fühlte den Arm Jasons, der sich über seinen Rücken und auf die Schulter legte.

»Nein, Lieber, du mußt gehn«, hörte er ihn leise und gütig sagen. »Weinen kannst du auch, wenn es Zeit ist. Jetzt mußt du gehn, ich weiß – jemand wartet auf dich.«

»Ich glaube nicht, Jason. Nun freilich – immer wartet etwas oder jemand.«

Jason anblickend, fand Georg, daß er lächelte, und er fühlte sich wie immer erquickt davon und sagte:

»Aber da du es immer besser weißt als wir, Jason – wohin soll ich gehn?«

»Deine Füße wissen den Weg«, sagte Jason.

Er nickte ernsthaft, und Georg nickte erwidernd, stand auf und ging seinen Weg zurück.

Achtes Kapitel

Die Blume

Deine Füße wissen den Weg, hörte Georg wieder von Jasons leichter Stimme in seiner immer überzeugenden Weise, als er von der Brücke fort auf dem regenfeuchten Sandweg ging; aber es schien nicht so, daß sie es wußten. Auch hatten sie ihn soeben statt in die Einsamkeit zu Jason getragen, und obgleich Jason immer gut war, hatte er erfahren, daß Renate zwar eine Verklärte geworden war, aber es kaum überleben würde. War das denkbar? Eins wie das Andre? Gewiß, er hatte ihr Gesicht in einem Schimmer gesehn – und ihr Blick, der nicht zu ertragen gewesen.. Sehr schwach war sie gewesen, und morgen wollte sie zu ihrem Mann fahren, als ob Nichts wäre.. Wußte sie selbst es nicht? Hatte niemand es gesehn außer ihm? Saint-Georges war bei ihr gewesen – war er deshalb so – wie erloschen? Ja, was konnte sonst so auf ihn gewirkt haben? Und Anna – sie konnte es nicht sehn. Welch ein Mysterium – hier – in Helenenruh – mitten im Alltag.. nein, Karfreitag war – oh! grade Karfreitag. Wie ist Alles das zu verstehn? Sie war in der Hoffnung, und – wie hatte sie gesagt? Von irgendjemand. Das hatte ich ganz vergessen. Was für Rätsel! Nun für Jason ist Alles verständlich. Wenn ich jetzt zu Katharina ginge und es ihr sagte? Dazu müßte ich Hut und Stock haben. Und was würde sie sagen? Wunderbar! würde sie sagen und sehr erstaunt sein und es unglaublich finden. Und das wird dann Alles sein. Freilich – die Mitteilung von einem Wundergeschehn kann niemals die Wirkung haben wie das Wunder selbst. Nun ist es auch in mir schon im Abnehmen .. nur so feierlich noch .. und war vielleicht das Heiligste, Höchste, was einem Menschen widerfahren kann. Bin ich solch ein Mensch, daß ich so etwas nicht in mir erhalten kann? Oder ist das meine Zeit, die mir die Augen verklebt? Nein – Alltag ist immer Alltag, auch die Jünger Jesu hatten keine helleren Augen. Und doch – dein Sinn ist zu, dein Herz ist tot .. Uns lösen keine Geister, keine Flammen, als die .. aber wo bin ich jetzt hingeraten?

Georg fand, daß er durch das Stück Wald jenseits des Teiches gegangen war und nun auf die Landstraße heraustrat, keine fünfzig Schritte vom Haus. Er blieb stehn unter dem unerwarteten Eindruck weiter Feierlichkeit, da das starke Abendlicht die schlichte flache Landschaft mit Feuer übergoß und zu verklären schien. Drüben glühten die Häuserwände des Dorfes unter goldroten Dächern; auch der Tannenwald daneben brannte in Gold, und das Saatfeld hier auf der anderen Seite der Straße hatte ein tieferes Grün. Sterben, dachte er, sterben .. und wie ist mir doch leicht jetzt und feierlich! Möchte so in die Nacht hineingehn! Er bewegte sich in der Richtung des Hauses, wieder unschlüssig, ob er Hut und Stock holen solle, um nach Böhne zu gehn, oder immer so weiter wandern auf der geraden Straße. Der Schatten des Hauses lag mit denen der Türme weit über die Straße hinweg. Auf ihrer anderen Seite zweigte ein grasdurchwachsener Sandweg mit Radgleisen ab, der in das Dorf führte. Da er nur für den Verkehr zwischen Dorf und Schloß dienen sollte, war er durch eine waagerechte Stange über zwei Pfosten versperrt, von denen einer oben eine Gabel hatte, sodaß die Stange sich abheben ließ. Georg versank im Anblick dieser Stange wieder leicht in unendliche Jahre zurück, wo er darüber gesprungen war, und lächelte tiefsinnig. Der Fahrweg verschwand jenseits unferne in einer Senke; dort war ein brauner Moortümpel, wo er Molche gefangen hatte; eine kleine Schar weißer Birken stand darüber, jetzt mit rosigen Stämmen, und links vom Weg war die leicht ansteigende Fläche braun von torfigem Boden, mit Haidekraut, Heidelbeer- und Ginstergestrüpp bestanden. Nun dachte er es sich schön, an dem goldbraunen Wasser zu sitzen und die Birken im Spiegel zu sehn und den lichtblauen Himmel, der oben jetzt völlig rein war.

Er trat lächelnd ein paar Schritte zurück und schwang sich über die Stange, auch im Weitergehn innerlich lächelnd über die Genugtuung an dieser Leistung, den Blick auf den Boden gesenkt in einer zarten Beglückung unbestimmbarer, unnennbarer Erinnerungen. Indes mußte er sich plötzlich umdrehn in dem Gefühl, jemand käme auf der Straße. Katharina – vielleicht hat sie sich schon besonnen und kommt, um es mir zu sagen? Aber die Straße war leer, so weit er blicken konnte. Was für ein Einfall auch! Nur meine Sehnsucht nach ihr, die sie herbeiziehen möchte. Er wandte sich wieder.

Zwei Schritt vom Wege war im braunen Boden eine kleine kahle Stelle, weißlich von Sand und rund wie eine Tonsur, so groß wie ein Wagenrad. Mitten dahinein hatte sich eine gelbe Sternblume gepflanzt, wie sie im Frühherbst in dieser Gegend zu erscheinen pflegten, was diese augenscheinlich nicht wußte. Eine sehr kleine Sonnenblume schien sie, mit gelbem Blätterkranz um die schwarze Mitte. Georg tat einen Schritt näher zu ihr und blickte auf sie hinab, von ihr angezogen.

Wie reizend und wie rein diese kleine Pflanze gebildet war! Und wie rührend sicher in ihrer Unschuld sie dastand, obwohl in verkehrter Jahreszeit .. aber da war sie und Alles in Ordnung. Er sah den festen, ob so dünnen, mattgrünen Stengel und wie er in Abständen kleine Zweige abteilte, die gefiedert waren; auf ganz leichter Biegung des Stiels wiegte sich der Blütenstern und schien ein kleines stilles Angesicht, das ihn ansah, in einer unschuldvollen und demütigen Haltung; und in ihrem Umkreis war der feine Odem ihres Wesens zu spüren, die *aura* ihres Lebens.

Unverklärt, dachte Georg, unverklärt! Von selber so vollkommen rein!

Er kniete nieder und neigte sich über die Blume in einer beglückenden Hingezogenheit zu dieser kleinen zarten Seelengestalt, so erfüllt von ihrem Frohsein, so sanftgeneigt, so still Alles zeigend, was sie besaß! Nun schien die Welt umher zu verschwinden. Die stille Blume stand wie eine Gottheit da, ob so klein; heilig – ein Heiligtum.. und ein unfaßbares Antlitz – ihn anlächelnd, zu ihm aufblickend.

Nicht fordern, ja, ich weiß. Ja – sich einfach hineinlassen in die Liebe – sie ist ja offen. Da ist keine Schwierigkeit, und da wird dir Alles gehören, du wirst alle Fülle haben, du wirst sicher sein, du wirst klar sein. Gieb nach, löse dich auf, höre zu fordern auf, nimm, was die Liebe dir bietet, neige dich, steh still.. kein Sorgen und Grämen – nein, ich weiß! Nur dienen.. nur dienen.. nur dienen. Und dann wirst du – ja, dann wirst du –

Dich süß erhalten,
Dich nicht verbittern.

Georg hob das Gesicht langsam von der Blume empor und dachte: Nun bin ich angelangt.

Es war Renate, die mir dazu verholfen hat. Ja, ich glaube, sie war in dieser Blume, umgewandelt.. er wagte nicht wieder hinzusehn und stand langsam auf.

Aber jetzt war sie hinter ihm, Katharina, sie war gekommen. Sein Herz klopfte, kein Zweifel, in dem Augenblick, wo er ganz zu ihr gefunden hatte, war sie auch da. Sekundenlang fürchtete er sich umzudrehn, da vielleicht doch niemand da war. Aber das Empfinden einer lebendigen Nähe hinter ihm wurde so stark, daß er sich lächelnd wandte.

Allerdings stand jemand hinter der wegsperrenden Stange, aber nicht Katharina, sondern eine schwarzgekleidete fremde Dame.

Georgie

Sie war schlank, groß genug; unter einem großen und flachen schwarzen Hut mit niedergebogenem Rand blickten ihn aus einem jugendlichen rötlichen Gesicht hell wie Gold strahlende Augen an, und sie lächelte so, daß es ihn entzückte. Er konnte sich vor Überraschung nicht gleich bewegen; augenscheinlich stand sie da seinetwegen. Er sah weiter, daß sie sehr hübsch war, allein während er jetzt auf sie zuging, die Formel der Liebenswürdigkeit sprechend, die er sich angewöhnt hatte: »Was für einen Wunsch kann ich Ihnen erfüllen?« erlosch das Strahlen ihrer Augen zugleich mit dem Lächeln. Über den Augen, die auf einmal groß und rund geworden waren, erschienen dicke schwarze Brauen, die sich fast schlangenhaft krümmten, als ob sie fortkriechen wollten; sie war fast häßlich und viel älter geworden, mit Halbmonden voll winziger Fältchen unter den Augen, und nun sagte sie leise:

»O ja – no – es ist schon erfüllt.« Sie sprach mit starkem englischen Akzent, bemühte sich nun wieder zu lächeln, furchtsam aufblickend. Auf einmal fiel ihr Blick ab, war für einen Moment ganz starr; doch nun griff sie nach der Handtasche, die an ihrem Arm hing, drückte den Verschluß auf und holte, die Hand hineintauchend, ein Etui von dunkelblauem Leder heraus, das sie auseinanderteilte und ihm geöffnet hinhielt, jetzt, wie es schien, ganz ruhig. Georg erblickte, von alledem sehr befremdet, das farbige Miniaturbild eines hübschen kleinen Jungen von drei oder vier Jahren mit schwarzbraunen Locken, der ihm bekannt vorkam. Indes klappte sie mit einer Bewegung das Bild um, sodaß die Rückseite erschien, eine Silberplatte, auf der eingraviert stand:

GEORGIE
1888

Das Etui zitterte jetzt leise in ihrer Hand; sie sagte, ohne Georg anzusehn:

»Das ist – mein Boy. O ja.

»Und – es ist auch Sie.

»Ich bin Ihre Mutter«, sagte sie, kaum zu hören.

Georg starrte in ihre Augen hinein, aus denen ihn jetzt nur eine Stille ansah. Dann war ihm zumut, als ob er selber nicht da wäre, sondern ein Unbekannter. Aber dann war es sein eigener Kopf, der sauste. Seine Hände bewegten sich und rührten an andere Hände, die kalt waren, und etwas fiel zu Boden. Er sah das Etui daliegen, bückte sich, hob es auf und starrte die Fremde an.

»Meine – – Mutter«, sagte er.

Ja – da war etwas in ihrem Gesicht – etwas nicht zu Begreifendes; und etwas so Rührendes .. Gleich darauf lag seine Stirn auf der Schulter der fremden Frau: eine Hand glitt über sein Haar, Tropfen fielen an seiner Wange herab, und eine kaum hörbare Stimme sagte: »Georgie .. mein Georgie .. mein Georgie.« Die Kehle wurde ihm dick. Er richtete sich rasch auf, bückte sich dann auf ihre Hände, nahm und küßte sie in Betäubung.

Nach einer Weile sah er sie halb abgewandt dastehn, ihre Augen und den Mund mit dem Taschentuch betupfend. Sein Kopf glühte, es flog auf darin: Vater – mein Vater! Nun werde ich wissen!

Aber dann eine jähe Beklemmung: Wer wird es sein? Nein, ich will nicht! Irgendjemand. Und er – nicht mehr mein Vater? Entsetzlich! Er war es nie gewesen .. war es doch gewesen .. jetzt sollte er ihn ganz verlieren?

Dann raffte er sich gewaltsam zusammen, und nun wandte sie sich ihm zu, wieder lächelnd, aber auf ihren Wangen waren jetzt rote Flecken, auch am Kinn und den Hals hinab war Alles rot angelaufen; sie sagte:

»Ich habe Sie geschreckt – o nein, dich – ich weiß, aber du

mußt verstehn, ich kenne nicht das Du .. o mein Deutsch ist so slecht – nur aus Büchen, ich habe immer gelesen, aber es ist so anders zu sprechen.«

Eine Engländerin – auch mein Vater dann? – Wie sie die Sprache radebrechte war zum Entzücken. Aber –

Georgs Blick fiel auf die Stange, die zwischen ihr und ihm war; er mußte auf einmal lächeln, dann sagte er:

»Aber es ist nicht möglich! Sie – du bist längst nicht alt genug.«

Nun lächelte auch sie und sagte: »O du bist Schelm, ich sehe. Ja – ich bin nicht so alt, du mußt es garnicht wissen, aber ich bin alt genug für deine Mutter zu sein.«

Georg fuhr indem ein andrer Gedanke durch den Kopf, und er rief:

»Aber wie ist mir denn? Du bist doch überhaupt .. bist du nicht tot?«

»Tot? Nein – ich?« sagte sie verwundert, »warum?«

»Nun – dies Kind – im Waisenhaus ..«

»O ja, no!« Sie lachte. »O das war dumm! Ein dumme Streich, aber – was sollte ich tun? Ein fremde Kind – ich war in Abreise – o und du weißt nicht: ich war ganz tot damals, und mein Mädchen – sie war resolved, resolut, sie sagt, sie bringt es in Waisenhaus, und sie hat es getan, hat gesagt: Alle sind tot, Vater, Mutter – und giebt falsche Adresse, und ich bin dann gleich fort zu England.«

Sie hatte nun mit übersprudelnder Lebhaftigkeit gesprochen, schöpfte jetzt Atem und sah Georg unglücklich lächelnd an, in dessen Kopf es herumfuhr: Das war Alles auf einmal Wirklichkeit, was vor fünfundzwanzig Jahren geschehn war, was er nur erzählen gehört hatte. Nun stand sie wirklich vor ihm und war zum Verlieben. Er bekam sich dann so weit in Gewalt, daß er lachte und sagte:

»Wie stehn wir denn da mit der Stange zwischen uns?«

Das Ende hochhebend und darunter durchgehend, fühlte er

sich jetzt von einer unsinnigen Freude erfüllt. Sie war so entzückend, die Nase ganz krumm und noch bucklig, die Brauen so dick schwarz, bildeten jetzt ein Dreieck von der Mitte der Stirn aus, und sie hatte überall rote Flecke, aber doch war Alles zusammen so hübsch – er konnte nicht anders, als sie in die Arme schließen und links und rechts küssen, doch vor ihrem Mund sich hütend, bis sie lachend abwehrte und rief:

»Aber so küßt man nicht seine Mutter! Was fällt dir ein?«

»Ach, Mutter, was fällt dir ein? Kommst einfach her und siehst zum Verlieben aus! Ja, wo kommst du denn her?«

»O ich komme weit – von Japan. Und so late! Aber du mußt wissen: mein Mann – er war so lange krank, viele Monate, bis er ist gestorben. Ich konnte nicht fort, es war cancer, ja, of larynx.«

»Kehlkopfkrebs – wie schrecklich!« Er ließ seine Arme sinken, die noch an ihren Hüften lagen, und sagte: »Du hattest einen Mann?«

»Natürlich – wie nicht? Doch er war schon sehr alt – o viel älter denn ich, und er war – ambassador – ?«

»Botschafter?«

»Ja, erst – in Tokyo. Dann wir sind geblieben, wir liebten so das Land, und er war wundevoll – solch ein Mensch! Nein, was spreche ich! Alles ist ein bedlam – durcheinander. Du wirst denken, ich bin englisch, aber ich bin ganz deutsch, eigentlich, mein Vater, er war noch in Deutschland geboren, ging zu Amerika mit sein Vater, sie lebten dann in Georgia – o wo soll ich nur anfangen?«

»Jedenfalls nicht hier«, konnte Georg endlich entscheiden, indem er ihren Arm nahm und sie auf die Haustür zuführte in seinem Wirbel der Beglückung und einer Angst vor dem Kommenden. Während sie vor der Tür standen, wartend, nachdem er die Klingel gezogen hatte, hielt er den Kopf gesenkt, zuhörend, wie sie auf seine Frage antwortete: Sie habe in Altenrepen erfahren, daß er hier sei, habe es nicht länger mehr ausgehalten, sei nun eben mit dem Wagen gekommen, hatte ihn gesehn und gleich gedacht, daß er es wäre. Georg wunderte sich, daß er ihn nicht anfahren gehört hatte. Das mehrfache Klingeln war indes umsonst, Georg vermutete, daß niemand zum Öffnen da war, dieser Eingang wohl überhaupt nicht mehr benutzt wurde, und sagte: »Komm, wir müssen zu einem andern Eingang gehn. Ja, ich bringe dich auf mein Zimmer, da kannst du gleich sehn, wo ich gewohnt habe in all den Jahren.« Und er zog sie fort zur Ecke des Hauses.

Mutter und Vater

In welcher Erregung sie war, konnte Georg daran merken, daß sie, in seinem Zimmer angekommen, auf Nichts achtete, sondern langsam bis zum Schreibtisch vorging, ihre Tasche darauf legte und dann still, die Hände zusammengelegt, aus dem Fenster blickte. Georg wagte nicht, sie zu stören; die Wirbel in ihm fingen an sich zu glätten, er fand sich dann selbst, wie er die Hände in den Rocktaschen auf den grauen Rupfen eines Büchergestells starrte und lächelte – mit Glücksbehagen. Aber wieder kam es schwarz in ihm hoch: sein Vater – wirklich nicht mehr sein Vater? Und wer würde es sein? Schrecklich! Nein, noch nicht! Noch nicht! Und sie – was mochte sie jetzt empfinden? Oh, sie hatte immer gewußt von ihm, natürlich.

Er wagte es nun, zum Fenster hinzublicken, und – »Ach, du lieber Gott!« entfuhr es ihm unwillkürlich über dem, was er zu sehen bekam. Sie hatte ihren Hut abgenommen, und statt des schwarzen Haars, das er zu ihr und den Brauen erwartet hatte, war da nun ein Kopf, leuchtend kastanienbraun, goldüberschimmert, in natürlichen Wellen und großen Locken tief den Nacken hinunter. Er sah sie im Profil, während sie selbst in einen kleinen Taschenspiegel blickte, eine Hand am Haar, daran zupfend; und wie sie auf seinen Ausruf hin ihr Gesicht herdrehte, war ihr Lächeln so verführerisch, daß er sich nicht zu lassen wußte. »Ich glaubte, dein Haar wäre schwarz«, sagte er, »aber nun ist es braun. Das schönste Haar, das ich gesehn habe.«

»O ja!« Ihre Augen hatten wieder das helle Strahlen, »dein Vatter – er sagte es auch«, äußerte sie, in den Stuhl neben dem Fenster gleitend. Georg dachte zuckend: Jetzt kommt es! doch es kam weiter Nichts, als daß sie den Spiegel in die Tasche steckte und sie auf den Tisch legte; und nun konnte er fragen:

»Aber wie heißest du eigentlich?«

»Charlotte«, sagte sie lächelnd, und er: »Herrlich! Mein Lieblingsname!« indem er dachte: Sie sagt den Vornamen wie ein Mädchen, statt den Zunamen, worauf er fragte: »Und weiter?«

»O zuletzt war es Rohan.« Sie setzte erklärend hinzu: »Mein Mann – er war von die french Rohan, weißt du, aber es ist so lange her! Sein Vatter – er war ganz einfach, ein kleines Lerrer in Kent, aber er – o er war sehr schön, ganz groß, mit weiße Spitzbart und so blaue Augen – wie Forgetmenot, Vergißmeinnicht, und ich nannte ihn so.«

Sie schien nun mit Hülfe der gesellschaftlichen Konvention gefaßt und heiter. Aber wie Georg auf sie zuging, kam wieder der furchtsame Blick in ihre Augen; sie legte plötzlich die Hände vor das Gesicht und sagte:

»Oh, I am so ashamed!«

»Ashamed – but why?« fragte er ohne Begreifen, eine Hand auf ihre Schulter legend. Dann glaubte er zu verstehn, sie tastete nach seiner Hand, nahm sie in die ihren, sie an die Wange drückend und küssend und zuweilen zu ihm aufblickend, mit verhärmtem und bittendem Ausdruck.

»Nun, ich will dir erzählen«, sagte sie dann ruhig, als er sich ihr gegenüber in der nächsten Sofaecke gesetzt hatte.

»Du lebtest also in Japan?« half Georg ihr ein, da sie wieder stockte, und sie versetzte:

»Ja, ich sagte schon, wie liebten sehr das Land, aber wir sind soviel gereist. Mein Mann – er war ein scholar, in alle Kunst und Religion, Shintoism und Buddhism, und wir waren in Korea und China, bis nach Tibet, auch Indien, Ceylon .. aber auch nach Samoa, Hawaii, überall. Es war ich – ich zwang ihn, es war so große Unruhe in mir immer. Es war gut, daß ich so weit weg war, viel besser, aber oft, wenn ich las von dein Vatter, auch von dir .. es trieb mich dann immer.«

»Woher hattest du denn mein Bild?« fragte Georg, da sie verstummt war, das Gesicht steif und verhärmt, doch löste es sich rasch wieder, da sie nun anfing:

»O da war ich hier einmal .. es war mit mein zweite Mann, auf Durchreise – ich wollte nicht .. Da sah ich es in Fenster bei ein Fotograf, und er ließ es mich machen. O nun fragst du nach mein andere Mann«, unterbrach sie sich lachend, »aber das war flüchtig – es war nicht recht, aber – wie ich sagte, ich war damals ganz tot, gefroren, Alles war mir gleich, wie ich dein Vatter verlor, das Herz ist gebrochen; ja – nun, man lebt weiter, man nimmt irgend ein Mann, der es will, dann – es wird langsam still – man sieht, es ist Alles noch, und man ist jung noch – erst zweiundzwanzig, man hat noch Kraft für Glück. Und dann – ich bekam so reiches Leben, die vielen Länder, und Weisheit, o ich habe gelernt! Mein Mann – er hatte alle Geduld, ich lernte die Sprachen – es geht ganz leicht, wenn man liest, es braucht wenig Grammatik, wenn da ist so viel Sinn – Sprechen, o das ist anders! Aber Vedanta, o ja, was meinst du? Du kennst Bhagavadgita – o ist sie nicht wundervoll? Dazu ein so gute Mann, der auf Händen trägt – und noch viele – denkst du nicht? O ich war verführend immer!« Sie lachte ihr jüngstes Lächeln und sagte: »Ich habe gleich gesehn an dir – du bist auch so – von eine Art Männer, die sehn mich – während Andre, die sind dumm, sie haben keine Augen – und sie fallen auf mich, wie Fliegen sagt man, sie kommen nicht los. Auch dein Vatter – gleich – eine Pistole –«

»Eine Pistole?« fragte Georg verdutzt und auch verwundert über die selbstverständliche Art, mit der sie seinen Vater erwähnte. Sie lachte indes: »Sagt man nicht so bei euch? Wie aus Pistole?«

»Wie aus der Pistole geschossen!« lachte Georg, und sie: »O ja, ich wollte das sagen! Meine Gedanken, du siehst, sie sind so quick, sie überstürzen die Wörten. Die Wor-te«, verbesserte sie sich, nun wieder die Lieblichkeit selbst.

Georg bat sie nun, einmal von vorn anzufangen, mit innerem Aufatmen, das Kommende noch hinauszuschieben, und sie begann bereitwillig zu erzählen, daß der Vater ihres Vaters, Seefeld mit Namen, als studierter Landwirt Deutschland in den dreißiger Jahren aus politischen Gründen verlassen hatte; er war zuerst nach Pennsylvanien gegangen, hatte aber dann mit einem deutschen Freund zusammen, dessen Schwester er heiratete, eine verwahrloste Plantage in Georgia gekauft, die sie bald wieder hochbrachten. Sein ältester Sohn, ihr Vater, hatte sich mit ihm überworfen, eines Mädchens wegen, das er heiraten sollte; aber er hatte gesagt: »Lieber dann nehme ich die Kuhmagd«, und er nahm sie wirklich; wie sein Vater bestand, so auch er; wie er da war, stieg er auf sein Pferd und ritt in das Sklavenquartier – »denn Kuhmagd, ich nenne das immer so, aber sie war ein negro, das heißt, wie es dort ist, ihr Vater war auch deutsch, die Mutter hatte fast kein schwarzes Blut mehr, und sie war ganz blond, o schön sie war, mit schwarze Augen und Brauen. So er nimmt sie auf sein Pferd, reitet in ein andre Staat, und sie sind geheiratet.« Sie wußte nicht, wie die nächten Jahre vergangen waren, denn dann brach der Bürgerkrieg aus, in dem ihr Vater fiel, kurz nachdem sie geboren war. Ihre Mutter ging dann mit ihr nach New

York und heiratete einen englischen Schauspieler, der mit ihr nach London ging, an das Drury Lane Theater. Dort gab er das Kind, Georgs Mutter, wegen ihrer zierlich leichten und graziösen Gestalt in die Ballettschule; mit vierzehn Jahren war sie schon dritte Solotänzerin ..

»Nun sieh einmal an«, sagte Georg atemlos, »Tänzerin bist du gewesen – so etwas Leichtes!«

Sie blickte in wehmütiger Nachdenklichkeit vor sich hin, um dann zu sagen: »Ja, sonderbar, wie das ist .. ich war leicht, es war so ein leichte Hülle. Immer unter Menschen, dann war ich – fast bewußtlos, ein kleine Blume nach alle Seiten hin, und so eitel, kokett und lustig; aber sobald ich war allein, o dann war ich ganz schwer, das Leben sah dunkel und hatte gar kein Sinn, und ich war dann so nach innen, ich las – ich lebte dann nur in Büchen und Phantasie. Es hat gewährt viele Jahre, ja, eigentlich erst mein gestorbene Mann, er gab mir Gleichgewicht, glich mir aus ein wenig. Aber nun – ich erzähle weiter. Ich war noch nicht siebzehn – aber ich sah aus viel älter damals – da kam dein Vater, von Oxford, und er sieht mich, und gleich –«

»Wie aus der Pistole geschossen«, ergänzte Georg, wenn auch beklommen. Ein Oxfordstudent ..

»Ja, aber – auch ich, o mein Gott! Auf einmal – da war reality, er war das schönste Mann, hättest du ihn gesehn, und so wild, Alles muß gehn nach sein Willen, er weiß nicht was ist Rücksicht, er war ganz toll auf mich – und ich auch. Aber ich – nun, ich war halbe Kind, und in England, man ist nicht so, du verstehst, auch wenn man Tänzerin ist, und meine Mutter – ihr Mann war damals nicht mehr im Leben – sie ließ mich nicht aus den Augen. So wir haben geheiratet ganz bald, und er nimmt mich zu Altenrepen –«

»Brachte mich nach Altenrepen«, mußte Georg einfallen, seine Angst verdrängend, und sie lachte erwidernd: »Ja, du mußt mir verbessern, ich werde lernen –«

»Mich verbessern!« Mein Gott, wie bezaubernd sie jetzt aussah! Wenn ich mein Vater gewesen wäre .. dachte Georg, während sie fortfuhr:

»Damals, siehst du, es war nur ein einziges Jahr, wo ich war unter deutsche Menschen, und – das war mein einzige ganz glückliche Jahr. Wie lebten so gut, ich war an Hoftheater, kaum daß ich kam zu Besinnung, tausend Menschen und Blumen und Kleider und alldas, so viele Vererrer, und er – o so eifersüchtig, wundevoll, wie er tobte, er warf mir Kissen an Kopf, einmal – er zerbrach ein dicke Stock, wollte mir prügeln – ich habe gelacht – er so wütend! Dann wir versöhnten uns immer, er lag vor mir auf Knieen .. ach, Georgie, wie hat er so früh sterben müssen!«

Georg hütete sich, ihr plötzlich verwelktes Gesicht zu sehn, und fragte so ruhig er konnte:

»Wann ist er denn gestorben?«

»Wann er gestorben ist? Aber das weißt du doch?«

»Ich? Wie soll ich das wissen?«

Sie lächelte unverstehend. »Du weißt doch, wann dein Vater gestorben ist, Georgie, wie kannst du sagen? Ich kann nicht verstehn jetzt.«

»Aber bitte«, rief Georg gereizt, »*ich* kann nicht verstehn, was du sagst! Von wem sprichst du?«

»Nun von –« Auf einmal ging ein Begreifen in ihren Augen auf; sie verstummte und sagte dann:

»O ich verstehe nun. Du weißt nicht – du hast nicht gewußt! Und ich habe gedacht .. nun, Georgie – dein Vater – er war doch dein Vater – er – der gemordet ist«, schloß sie mit versagender Stimme.

Georg sah sie noch eine Weile dasitzen; dann kam ihr Gesicht ganz nahe, seine Kniee schlotterten heftig, es wurde dunkel vor seinen Augen, die hellen Fenster fuhren in die Höhe, und dann wurde es schwarz.

Georg blieb noch in eine Dämmerung gehüllt, als er wieder zu sich kam, zu matt, um nur eine Bewegung zu machen; dann bemühte er sich, sich zu erinnern, wo er war. Es schien dunkel zu sein, er glaubte im Bett zu liegen, doch da war etwas Rauhes, und er wußte dann, daß er auf dem Sofa lag. Seine Stirn war feucht, ein feuchtes Tuch lag darauf. Auf einmal ging ein leiser Blitz durch ihn hin – eine Freudigkeit; irgend etwas Unbeschreibliches war geschehn .. Weihnachtsmorgen, dann war so das Erwachen. Aber was war jetzt? Die Mattigkeit in seinem ganzen Wesen war wundervoll; eine Erleichterung, als ob er entkörpert wäre. O nur so liegen, dachte er, als wäre ich schwer krank gewesen – und endlich emporgetaucht in Genesung.

Aber dann schoß es in ihm zusammen, was doch unfaßlich blieb, namenlos und unvorstellbar, nur ein Wissen, Glückseligkeit und Erlösung. Das Leben hatte ein Ende genommen; ein anderes Leben fing an. O Gott, ich bin geboren!

»Mutter«, sagte er plötzlich und fühlte nun an einer körperhaften Bewegung, daß sie dicht neben ihm war. Ein Schatten kam über ihm in die Dunkelheit, Augen wurden erkennbar, Gesichtszüge, der Schein eines mütterlichen Gesichts, und er konnte eine Hand heben und an ihre Wange legen. Dann stöhnte er tief auf.

Die Arme aufstützend, setzte er sich empor, und danach war unendliche Zeit Nichts, als daß sie sich umschlungen hielten, und die Welt war heil.

Sie ermahnte ihn, liegen zu bleiben, während sie selbst aufstand und einen Stuhl holte, den sie neben ihn stellte. Draußen schien es noch hell zu sein, doch im Raum war es beinah Nacht. Die Leichtheit seines Wesens dauerte noch immer, und darin ging ein Prickeln von Heiterkeiten um, als ob in ihm getanzt würde; kleine Flügel, die sich entfalteten, schienen zu knistern, winzige goldene Süßheiten sprangen auf, Erneuerung rann und spielte durch seinen ganzen Körper, und leise, zarte Finger strichen über seine Stirn, strichen das Haar zurück.

»Hat es doch so geschreckt?« fragte die Stimme seiner Mutter behutsam, und er versetzte:

»Ja – aber du mußt noch warten. Ich kann es dir nicht erklären jetzt. Du erfährst Alles später.

»Ich will dir nur sagen.. Warte, ich muß mich besinnen, wie es eigentlich war.« Sein Kopf war ganz leer; endlich fand er die Worte:

»Wir haben es nicht gewußt, mein Vater und ich, verstehst du? Meine Mutter – Helene – hat es ihm nicht gesagt. Wir haben es erst vor ein paar Jahren erfahren – aber auch Nichts von dir. Meine Mutter hat Alles vergessen. Ich glaube, sie hat nicht einmal gewußt, wer du warst.«

»Oh, ich verstehe nun! Nein, sie hat nicht gewußt, wie sollte sie? Ich war da nicht unter mein Name. O Georgie!«

»Gott, wie du Georgie sagst!« Er dachte, daß er immer Georg genannt worden war, da der Name keine Koseform zuließ. Er versuchte, an seinen Vater zu denken, aber es war nicht möglich; er schien wie nicht vorhanden.

»Und wie bist du denn überhaupt dahin gekommen?« fragte er, und sie versetzte: »Nun, es war einfach – es war ganz bekannt, daß man dahin ging, wenn man so war wie ich damals.«

Nach einer Weile fing sie dann zu erzählen an.

Das Ende war dadurch gekommen, daß Georgs Vater heiraten sollte; er hätte die Ehe mit Georgs Mutter garnicht schließen dürfen ohne Erlaubnis, zumal er noch nicht mündig war. Nun erhielt er am Tage seiner Mündigkeit von seinem Vater die gleiche Mitteilung, die er später an seinen Sohn weitergab, und zugleich die Ankündigung, daß seine Verlobung mit Helene beschlossen sei. Er gewann nun Einsicht in die Leichtfertigkeit, die er begangen hatte, versuchte zwar noch, sich gegen den Zwang zu wehren, aber das Bild seines Lebens hatte sich plötzlich verändert. Den Ausschlag gab dann wohl, daß er Helene sah und sich in sie verliebte – obgleich er doch von seiner Leidenschaft zu Charlotte nicht frei werden konnte. »Und das«, sagte sie, »war das Schreckliche, weißt du. Es hat noch so lange gedauert .. erst die Scheidung, dann er mußte noch zehn Monaten warten für neue Ehe, und all die Zeit – ich blieb in Altenrepen, hatte mein feste Kontrakt, und er kam immer wieder, in Verzweiflung, er konnte nicht lassen, wir haben uns ganz zerfleischt – oh, ich haßte ihn, und sie – bis am Ende ich war ganz stumpf, wie ein Holz, und doch war immer Tanzen, Tanzen, fast jedes zweite Abend, und die Proben, immer Menschen, Musik, die Ohren ganz voll Gelächter, aber – ich sage dir das nur, damit du verstehst. Eines Tages, er fragte mich, ob ich nicht ein Kind haben will; ich glaube, er wollte mir etwas lassen von ihm, für mich – auch von ihm selbst, daß es bei mir bliebe von ihm, verstehst du? Nun, ich sage Wahrheit, ich will nicht beschönigen, ich gab es zu, was tut man nicht – und vielleicht, ich dachte, er kommt dann zu mir wieder, später. O was denkt man nicht?«

»Ich weiß, o ich weiß ja«, murmelte Georg. Was kam da jetzt Alles herauf aus der Tiefe!

»Nun, und dann – kannst du verstehn, wie es dann war? Ich hatte dir nicht gewollt – so wie er. Und nun kommt sie und will dich, und ich war wie tot, ganz ausgeschöpft, so gleichgültig. Auch, wenn ich dachte – an mein Leben weiter mit dir – ein Kind ohne Vater, und ich ein dancer, ich sah deine andre Zukunft mit ihm –«

»Sprich nicht, o bitte sprich nicht«, bat Georg, »ich verstehe doch, wie sollte ich nicht verstehn!«

Die ersten Jahre hatte sie dann wie ohne Besinnung gelebt, und eigentlich war es das Bild von ihm, das der Zufall sie in einem Schaukasten sehen ließ und das sie mit Entsetzen erfüllte, da sie ihn jetzt erst als ihr Kind erkannte. Bald darauf hatte sie sich von ihrem damaligen Mann, der Arzt war, getrennt und war ein Jahr lang besinnungslos in der Welt herumgefahren, einmal dann auch nach Amerika, um zu sehn, wo sie geboren war. Auf der Überfahrt hatte sie ihren Mann kennengelernt, der, lange schon Witwer, auf der Reise nach Japan war und an einem kalten Tage eine Decke über sie breitete – was er dann fünfzehn Jahre lang nicht aufhörte zu tun.

Da war sie nun endlich, sehr spät. Sie hatte den Tod von Georgs Vater, da sie kaum Zeitungen las, durch Zufall erfahren, bei einer deutschen Freundin, die sie hatte, der Sprache wegen, die sie nicht vergessen wollte; eine Besucherin, die hinzukam, erwähnte das Schreckensgeschehn. Ihr Mann war damals schon hoffnungslos, da nicht operiert werden konnte, doch mußte er sich noch monatelang quälen, vielmehr taten es die Ärzte mit ihm, zur Erhaltung des Lebens genötigt, wie sie einmal waren.

Auch daß Georgs Mutter nicht mehr am Leben war, erfuhr sie erst damals, als sie dann die Zeitungen las. Sie hatte sich eingebildet, daß Georgs Vater Alles in Erfahrung gebracht habe, mußte nun freilich einsehn, daß dies nicht der Fall sein konnte, so gut Georg es zu erklären vermochte, und sie sagte dann selbst:

»O ja, sie wußte nicht, wer ich bin – und wie sollte ich es ihr sagen? Es hätte sie getötet – wie sie ihn liebte.«

»Und warum hast du es ihn später nicht wissen lassen?«

Sie schwieg, über seine Stirn streichend, sagte dann:

»Was man tut – man muß es ganz tun, ich dachte so.«

»So weiß ich nun auch«, sagte Georg, nachdem sie lange geschwiegen hatten, »von wem ich das Blei in meinen Adern habe. Von der Tänzerin habe ich leider nicht viel bekommen.«

Sie lachte leise, erwidernd, sie sei es ja dann auch nicht mehr geblieben. Georg wollte sie eben nach ihrem weiteren Ergehen fragen, als sie hinzusetzte: »Es hörte auf mit dein Vater«, woraufhin sie sich unterbrach, um zu fragen, ob er nicht ein Bild von ihm habe. Georg hatte eines, das er immer mit sich führte, doch niemals hatte aufstellen können. Er wollte aufstehn, um es aus dem Schreibtisch zu nehmen, aber sie nötigte ihn, sitzen zu bleiben. Die Schwäche war überwunden, aber sein Körper war noch nicht ganz vorhanden und sein Kopf immer noch leer. Nur das Gefühl des Glücks wogte und prickelte weiter in ihm, aber er ließ es gern zu, daß sie zum Schreibtisch ging, Licht machte und das Bild aus der Schieblade nahm, die er ihr bezeichnete. Es vergnügte Georg innig zu sehn, daß sie nach dem Lichtmachen an ihr Haar faßte, dann den kleinen Spiegel aus ihrer Handtasche nahm und ihre Frisur da und dort zurechtstrich und -drückte. Mit dem Bild setzte sie sich in den Lehnstuhl, lächelte erst erfreut, betrachtete es aber dann mit Wehmut und sagte nach einer Weile:

»Aber wie er verändert ist – fast nicht zu erkennen.«

Das Bild war schon ein paar Jahre alt; Georg liebte es besonders, es zeigte seinen Vater im Mantel und mit dem großen Schlapphut sitzend, die Hände auf dem Stock und scharf blickend – Georg erinnerte es an Wotan. Seine Mutter sagte:

»O wie nun diese Energie! Damals – er sah so – audacious.«

»Verwegen.«

»Ja – wie ein wildes Pferd, ein bronco. Und er war dir so ähnlich, nur du bist zarter.«

Ähnlich – mein Gott, wer hatte das einmal gesehn? Er konnte sich nicht erinnern, aber wie war es nun recht!

»Er hat sich sehr verändert, nachdem er seine Füße gebrochen hatte – du weißt«, sagte Georg.

Sie nickte. »O ich kann mir denken, wie es gewesen ist für ihn. Und es war sonderbar – auch ich mußte aufhören; mein linkes Fuß, es ist – sprained.«

»Verstaucht.«

»Ja, du weißt, es kann schlimmer sein als gebrochen. So meine Laufbahn war aus, gleich wie ich zu England kam.«

»Gingst du nach England zurück?« fragte Georg wißbegierig und bat sie, weiter zu erzählen, doch wurde jetzt an die Tür gepocht.

Charlotte

Georg drehte sich nach der Tür um, die hinter ihm war, unwillig, gestört zu werden, indem er sich fragte, wer es sein konnte? Benno vielleicht? und zögerte zu antworten. Es klopfte ein zweites Mal, er sagte nun: »Ja, bitte, wer ist es?« und zugleich erhob sich seine Mutter und ging gegen die Tür vor. Sie öffnete sich nach außen, doch konnte Georg niemand sehn; seine Mutter lächelte indes und sagte:

»Es ist ein Gentleman draußen.«

Dann erschien Bogner mit etwas erstaunten Augen auf Georgs Mutter, und nun war Georg ganz überronnen, von Freude nicht nur, sondern von der plötzlichen Wirklichkeit in der vertrauten Gestalt, nach dem Unglaublichen – Mutter und Vater auf einmal – was ihm geschehn war. Er hätte den Maler in seine Arme schließen mögen, indes waren seine Beine unsicher, als er aufsprang, rufend:

»Bogner – ach, du kommst recht! Dies ist«, erklärte er, sich fassend, »mein ältester, wertester Freund, der Maler Bogner, und dies ist – Charlotte Rohan, und – ja, nun mußt du raten!«

Aber Bogner konnte nicht raten, mit hochgezogenen Brauen und mit einem Georg unverständlichen Ausdruck auf Georgs Mutter blickend, die nun mit wieder strahlenden Augen und Heiterkeit sagte:

»Ich bin seine Mutter.«

»Und sie ist –« wollte Georg jubeln, doch kam es nur leise heraus, »meines Vaters erste Frau.« Ihn schwindelte wieder, er mußte sich abwenden, um Entschuldigung bittend, daß er sich setzte, und saß dann mit schwimmenden Augen und rauschenden Ohren, kaum vernehmend, wie Bogner sagte, das sei etwas viel auf einmal, und wie sie lachte. Er gewann sich dann wieder, als sie neben ihm saß und Bogner im Eckstuhl, und ermunterte sie, in ihrer Erzählung fortzufahren, indem er

Bogner erklärte, sie habe eben erzählt, wie sie bald nach seiner Geburt nach England gegangen sei. »Sie war Tänzerin damals, und wie hast du dir den Fuß verstaucht, erzähle! Sie erzählt entzückend, du mußt das hören, immer das Ende zuerst, dann den Anfang, und sie redet ein Deutsch – hinreißend. Also wie ging es zu? Entschuldige nur, ich bin selbst etwas durcheinander.«

Er atmete tiefer auf, wie es nun wirklich geworden war, und an ihr konnte er sehn, wie die männliche Gegenwart sogleich auf sie wirkte – kaum spürbar und undefinierbar – in Ausdruck und Haltung; und für ihn selber war Bogner der Inbegriff männlicher Leuchtkraft, nach oder neben seinem Vater.

Nun, es war gleich in Southampton, wie sie das Schiff verließ. Es hatte geregnet, das Brett des Gangwegs war schlüpfrig, so war sie gestolpert und mußte in ein Hospital gefahren werden.

»War das Alles?« fragte Georg enttäuscht, und sie lachte und gestand, daß es nicht Alles war, es ging weiter ..

»Denn am Abend – der Chefarzt kam, Alles zu sehn, auch in mein Zimmer, wo ich saß, ganz gesund und frisch –«

»O wir können uns denken«, rief Georg, »wie du aussahst!«

»Er wirft ein Blick herein – er hat mit mir Nichts zu tun, aber dann gleich – er kommt, er sagt, er muß mein Verband sehn, und er sieht ihn und sagt, es ist ganz schlecht, wie kann man solches Verband machen, eine Schande, und er wickelt Alles ab, er schimpft, er schickt Alle fort, ruft nach Verbandzeug und macht ein neues Verband – miserabel – o sie haben Alle gelacht hinterher, die nurses und Ärzte, Alle kamen, um Verband von Chefarzt zu sehn, es mußte ein neues gemacht werden. Und schon nächste Mittag, er kommt wieder, lobt sehr das gute Verband, das er gemacht hat, und er bringt Schokolade, so er kommt jeden Tag, und am Ende – wie ich aus Hospital ging, ich habe ihn geheiratet, was sollte ich tun? Er ließ mich nicht – und ich – es brauchte lange Zeit noch, bis ich wieder tanzen konnte, vielleicht auch niemehr, ich weiß nicht.«

»Ist das Alles zu glauben?« rief Georg lachend Bogner zu; der hatte, während sie sprach, aufrecht dagesessen, vor sich niederblickend, nur mitunter einen lächelnden Schein in den Augen; und er erwiderte nun, mit den Augen zwinkernd:

»Ob es zu glauben ist? Ich kann es sogar beweisen, ja, Schwarz auf Weiß, wenn du willst.«

Er lehnte sich zurück und ließ seine lautlose Lachfanfare aus dem geöffneten Munde, sagte dann zu Georgs Mutter hinüber, nachdem er sich an ihrer und seiner Verdutztheit genügend geweidet hatte:

»Charlotte Lakefield, nicht wahr? Welch beglückende Überraschung! Der Stern meiner Jugend, Georg – hahaha! In Prima – haben Sie mich nicht unter Ihrem Fenster erblickt? Ich trug eine rote Mütze mit Weiß und Gold, hinten auf dem Kopf, aber ich war nur Einer von Fünfzig. Einmal spannten wir Ihnen die Pferde aus – nach dem großen Ballett im Sommernachtstraum – die Primen von allen Gymnasien.«

»Bogner!« sagte Georg, »kannst du das beweisen?« während sie die Hände zusammenschlug und sprachlos war. Ja, Bogners Mutter hatte all seine alten Skizzenbücher aufgehoben, darin war sie zu sehn, er hatte sie gleich erkannt, nur ihre Haartracht war anders.

»Oh ja, ich weiß«, rief sie nun, »aber wie schrecklich, er kennt meine Vergangenheit, ja, ich hatte ein langes Locke an jeder Seite herab, und hier so –« Sie zog, über der Stirn in ihr Haar greifend, einen runden Bogen herab, drückte ihn für einen Moment bis auf die Brauen, darunter hervorlächelnd, und schob ihn wieder zurecht. Georg war im Begriff, aufstehend sich über sie zu werfen und sie zu umhalsen, als es ihn mit einem Schlage traf: Katharina – er hatte sie vergessen, doch wie konnte es anders sein? Nun aber – ich muß im Augenblick hin zu ihr, ich muß sie herbringen, sie muß es wissen.

»Mutter«, sagte er, wobei es ihn nun wieder übermannte, daß er das Wort so wirklich sprach wie nie im Leben vorher; und sie blickte mit so besorgter Frage in seine erregten Augen empor, daß es ihn überlief.

»Ja, mein Junge«, sagte sie leise, »was ist?«

»Mutter, ich muß dich bitten, höre zu, ich muß im Augenblick fort, es ist unumgänglich, ich bin in einer Stunde wieder zurück. Jemand – nein, ich sage es dir später, ich kann jetzt nicht, jemand muß es wissen, laß dich von Bogner unterhalten, ich komme um, wenn ich nicht –«

Damit war er schon an der Tür, auf dem Flur und die Treppe hinunter in einem Sturm, der ihn ins Freie fegte, ohne daß er bemerkte wie.

Neuntes Kapitel

Katharina

Da nahm die kühle Nachtluft ihn in die Arme, und zugleich trat etwas in seine Brust, sodaß es still darin wurde. Es war finster, er sah Sterne, und nun zu seiner Rechten über dem schwarzen Horizont von Baumwipfeln schwebte die große silbergoldene Mondscheibe, rund und voll. Und dann kam ein Übermaß, ein Anschwellen über Erträglichkeit, daß er zitterte, eine Hand über die Knöchel der anderen legte und sie fassungslos rieb: Es kann nicht wahr sein, es kann nicht – gnädiger Gott, bin ich eben aufgewacht, und es war ein Traum? Solche Erfüllung giebt es doch nur in Träumen – daß jemand kommt, den es garnicht giebt oder der tot ist; und dann sitzt Bogner da und ist vielleicht jemand anders – mein toter Vater .. Wie er da eintrat, wie sie lächelte, wie Alles sich um mich bewegte, wie er da neben der Lampe saß im Schatten – und sie war eine Tänzerin – Japan – Bhagavadgita .. es war Alles nur geträumt, und nun wird es anfangen zu verblassen.

Aber wie komme ich dann hierher? Ich bin doch nicht im Bett, habe nicht geschlafen – doch, ich habe geschlafen, ich lag auf meinem Sofa, und dann war sie da, dann fing der Traum an!

Er ging langsam vorwärts im Bemühn, sich zurechtzufinden und sich zu erinnern, was vorher gewesen war. Renate – dann Jason, dann .. deine Füße wissen den Weg, jawohl, er war zu der Blume gegangen, er sah sie wieder, dann stand sie hinter ihm, brachte ihm die Begnadigung – in dem Augenblick, wo er sich selbst gefunden hatte.

Es war Wirklichkeit – Alles!

Und nun schoß ein Jubel ihm durch die Glieder, daß er meinte, in Sprüngen die Straße hinabzufliegen. Und wieder jetzt eine Andacht, eine Stille und ein Sichbeugen, daß er im Gehn hin und her schwankte, hülflos vor Seligkeit. Gott, Gott, Gott, du hast geholfen, hast es von mir genommen, hast ein Einsehn gehabt, sagtest, es ist nun genug, du hast überstanden – o mein Gott, wie soll ich dir danken? Himmlischer Vater, es ist fast zu viel – Vater und Mutter, und sie auch, zu der ich jetzt gehe . .

Nun auf einmal schien ganz Unmögliches mit ihm vorzugehn, sodaß er dachte: Jetzt kommt der Irrsinn! Etwas hing an seinem Gesicht wie Fetzen davon, Spinnweben; an seinen Schenkeln, seinen Armen und Schultern, überall brach etwas auf; er mußte hinfassen und zupfen, am Rock, an den Hosen, als müßte es ihm in der Hand bleiben; überall hingen unsichtbare Fetzen, die losgingen. Ich löse mich auf, dachte er, was ist das, es geht so nicht weiter!

Die Maske! schrie es in ihm, die Maske geht ab, das ganze Leben, die ganze Haut, Hülle, die umgewachsen war – sie war in der Auflösung, Leib und Seele zusammen waren im Fieber des Abschrumpfens und Abwerfens. Und wie es nun langsam, langsam wieder verging und sich glättete, begriff er erst, was für einen Panzer er an sich getragen hatte, ohne es zu wissen.

Nun war ihm ganz leicht und angenehm kalt und frisch im Dahingehn, eine lautere Festlichkeit. Da war der Mond vor ihm, gefüllt zum Zeichen, daß Alles vollendet war; Alles war fest, Firmament und Mond und der Erdboden, die grade Straße, und seine Füße wußten den Weg zu ihr. Da drüben lag schon die Reitbahn, er erkannte die Baugerüste im Mondlicht, und mitten auf dem Weg, der von der Landstraße hinführte, stand eine Gestalt.

Er blieb stehn; er ging langsam weiter; nun bewegte auch sie sich; konnte das Katharina sein? Langsam kamen sie und er einander näher und näher; aber das war sie doch wirklich?

»Bist du es, Georg?« hörte er ihre Stimme fragen, aber er konnte nicht antworten. Da stand sie vor ihm, er sah ihre Augen dunkel glänzen und hörte sie fragen: »Was ist dir denn, Georg?«

Er hob die Achseln und sagte: »Ich kann nicht sprechen.

»Wie kommst du jetzt hierher?«

»Von Bogner – er war nicht da. Ich war so allein.

»Georg, was ist denn?« schrie sie und zog seinen Kopf zu sich herunter, und dann kam die Auflösung.

Als das Gewitter in ihm sich ausgetobt hatte und sie verstanden hatte, was er in Stößen herauswürgte, gingen sie langsam die Straße zurück, so eng umschlungen, wie es das Gehen erlaubte. Hin und wieder blieben sie stehen und sprachen ein Liebeswort. Als sie vor dem Hause angelangt waren, führte er sie zu dem Weg, unter der Stange hindurch, die er hochhob, und zu der Blume hin, die jetzt im Halblicht kaum zu erkennen war, doch mit einem sichtbaren Schatten.

»Die Blume«, sagte Georg. »Oder eigentlich war es Renate. Nun, das versteht sonst kein Mensch – ist auch gleich.

»Ich wollte dir nur sagen: Da habe ich mich besonnen.«

»Du hast dich besonnen?«

»Ja. Ich dachte, es sei richtig, Nichts von dir zu fordern, sondern dir deinen Weg zu lassen – wie es dir recht scheint.«

»Wirklich, Georg? Und das wollte ich dir sagen.«

»Was wolltest du mir sagen?«

»Nun – daß ich mich besonnen habe. Daß es doch nur Eigensinn war, wenn auch tiefer. Und daß ich dir deinen Willen lassen wollte – wie es dir recht scheint«, wiederholte sie seine Worte mit Innigkeit.

»Dann haben wir uns Beide besonnen?«

»Ja.«

»Dann wären wir ganz einig?«

»Ja.«

»Aber wessen Wille geschieht dann nun?«

»Nun, Georg, du bist doch die Hauptperson.«

»Das nenne ich wahre Einsicht. Dann kann ich dich zu meiner Mutter bringen?«

»Ach, Georg, deine Einsicht war doch viel mehr wert! Daß du einmal erkannt hast –«

»Man soll nicht wider den Stachel löcken. Man muß ihn drin lassen und umschmelzen, wie? Was dich vernichten will – das mach dir süß.«

Sie schwieg, sich an ihn drückend.

»Also«, sagte er, »ich habe getan, was ich konnte. Und was das Beste ist: ich habe es vorher getan, allein, ehe sie gekommen ist; sie hat es mir nur bestätigt.

»Danach wäre es allerdings nicht mehr möglich gewesen.«

Ihm war, als ob etwas Feindliches sich im Verborgenen regen wollte, als er das Letzte aussprach, doch gelang es ihm, darüber hinwegzukommen, indem er seine Frage wiederholte: »Soll ich dich zu meiner Mutter bringen?«

Sie erwiderte: »Ja, ich bitte dich darum.«

»Laß uns noch ein Stück die Straße hinuntergehn«, bat Georg, als sie den Weg zu ihr zurückgegangen waren, und so wanderten sie langsam nach Norden zu weiter. Das Land dämmerte weithin im Mond; die Fenster des Dorfes glühten rötlich darin; ein feiner Nebel erhob sich.

Georgs Gedanken schweiften mit heiterer Leichtigkeit. Eine Schwinge streifte ihn in sein Zimmer hinein, wo Bogner im Schatten der Lampe saß, ihm gegenüber seine Mutter, ihr schönes Haar schimmerte, und sie sprachen zusammen von ihm – Bogner würde ihm Lob singen – vielleicht auch von seinem Vater. Der war tot – unwiederbringlich – und wußte Nichts mehr – falls er nicht doch an einer geheimnisvollen Stätte war, von wo er betrachten konnte. Diese Mutter – noch so jung, so liebreizend, ein Kaleidoskop, in Männern erfahren wie in Leiden und chinesischer Weisheit – wie für ihn geschaffen! Mit ihr ließ sich leben. Ja - merkwürdig: vor hundert - hundertundfünfzig Jahren hätte Vater sie linkshändig zum Altar geführt - und ich wäre kein Erbprinz gewesen. Eine tolle Welt .. Legitimität immer noch anrüchig - na, mir genügt sie. Wie kommt mir auf einmal Plan elf in den Sinn? Kommt mir beinah vor, als ob ich jetzt fähig wäre - freigewillt - entbunden .. Alles ist wunderbar. Und Renate .. er sah sie in ihrem dunklen Zimmer liegen; ihr Gesicht war ein Schimmer - ein Schein war um ihr Haar. Oh nein, sie wird nicht sterben! Sie hat sich vollendet, sie wird nun leuchten, sie -

In dem Augenblick brach das Niedergepreßte in ihm auf mit lichtem Entsetzen, sodaß er die Schulter des Mädchens packte und schrie:

»Katharina! Aber dann ist Alles nicht nötig gewesen! Alles hätte niemals zu sein brauchen, wenn sie immer da war! Sie hat es gewußt, nur ich nicht - und darum habe ich mich zu Tode gequält! Wie mein Vater und ich es erfuhren - es war garnicht die Wahrheit, es war Unsinn, Blendwerk - hilf mir, um Gottes willen, sage etwas, steh nicht da und sieh zu, wie ich wahnsinnig werde!«

»Georg«, sagte sie nur gequält, »Georg!«

»Ja, was ist denn? Weißt du denn Nichts? Giebt es keine Entlastung? Alles, Alles ein Irrtum?«

»Ein Irrtum, Georg, kannst du das glauben?«

»Ja, siehst du nicht, siehst du denn nicht? Es sind Fakten!«

»O Georg, kannst du glauben, daß dein Leben anders verlaufen wäre? So wie du einmal bist - kannst du glauben, daß du ein andrer Mensch gewesen wärst oder geworden wärst? Nun hast du dies erfahren und bist dadurch der Mensch geworden, der du - o Georg, konnte denn jemand anders geschehen, was dir geschah? Ach, was soll ich sagen? Wenn dies nicht gewesen wäre, so wäre etwas Andres geschehn - o Georg, höre doch, sei vernünftig! Sie *war* niemals da, sie *hat* es dir nicht sagen können, es *hat* alles so sein müssen!«

»Ja, du hast recht, schrei nicht so«, sagte Georg plötzlich besänftigt und milde. »Du mußt nicht immer so laut schrein, geh sanft mit mir um, hier kann nur Einer schrein, das bin ich, ich bin ein Schreihals. Du aber bist es, die mit schäumendem Munde die Wahrheit redet, wie Heraklit sagt, die ungeschminkte Sibylle, und was du selbst nicht verstehst, ich kann es erklären.«

»Erkläre es mir«, sagte sie, in sich hineinlachend.

»Da ist fast Nichts zu erklären diesmal. Es ist die Willensfreiheit – sie giebt es nicht. Du glaubst zu schieben, und du wirst geschoben, wie dein Busenfreund sagt, und ich bin das Paradigma dafür. Alles ist scheinbar, jeder Punkt des Weges ist auf unsichtbare Weise festgelegt bis zum Ende, und man geht ihn scheinfrei und muß Alles handelnd erleiden. Wahrhaftig, es ist so, als sähest du einen Punkt vor dir, auf den du zugehst, und wenn du vor ihm zu stehn glaubst, so ist er verschwunden. Wenn du dann klug genug bist, drehst du dich um und siehst, daß er die ganze Zeit hinter dir hergegangen ist und nun vor dir steht – nur daß du dich umgedreht hast. Ist es so?«

»Sicher, Georg, so ist es. Du weißt immer Alles.«

»Hinterher. Ja, ich kann dir sogar etwas Anderes sagen, da ich einmal im Erklären bin.

»Sieh, da steht Lornsens Mühle, sie sieht aus wie ein Kreuz, aber sie ist kein Kreuz, sie ist eine Mühle. Da ist Jason hineingelaufen, er wußte es auch nicht besser, damals, und er ist doch Jason geworden und trägt das goldene Vließ um die Schultern – jedoch was ich sagen wollte, das ist:

»Was mich angeht: daß ich hier Großherzog werden wollte, das ist gewissermaßen nur Einkleidung. Das kann natürlich nicht einem Jeden passieren, das ist sozusagen der persönliche Charakterzug oder das Georgeske, verstehst du?«

»Doch was ist der Kern der Sache?«

»Daß Einer aufwuchs, wie Alle, und sich richtig fühlte in seiner Welt. Daß Einer erfuhr, daß er falsch war. Dann verzweifelte Einer an sich und der Welt und tat Alles verkehrt. Und Einer erfuhr am Ende, daß er ganz recht war. So viel Falsches hatte zusammen ein Echtes gemacht – verstehst du?«

Sie nickte. Er sah im Dunkel gegen das Mondlicht ihr zartes Profil und erkannte mit tiefer Rührung darin die Linie der Sternblume wieder und in ihrem dunklen Blick den stillen Blick der Natur.

»Laß uns nur hier eine Weile stehen bleiben«, sagte er leise. »Wir stehn irgendwo in der Welt und sehn unsre Straße in die Dunkelheit laufen, ohne Ende.«

»Nein, sieh«, flüsterte sie, die Hand erhebend, »die schönen drei Sterne dort!«

Er sah sie schimmernd weiß, ein flaches Dreieck bildend, und er glaubte alsbald, Gestalten darin zu erkennen, und sagte:

»Mir scheint, das sind drei Menschen, die über einem Leben gestanden haben. Wie fest und klar sie dastehn! Und darunter war Alles Wechsel und Wirrnis.«

»Wer war es?« fragte sie.

»Nun – der Eine war Bogner. Und der Andere war Renate.«

»Renate?« fragte sie mit Verwunderung in der Stimme.

»Ja, doch das erzähle ich dir ein andermal.« Er stockte indes – Renate? An sie zu denken schien unvereinbar – außer sie war schon ein Stern.

»Und der dritte?« fragte sie leise. »Dein Vater?«

Er zauderte. »Ja – nein. Der muß schon in Bogner enthalten sein, scheint mir, oder sie sind Einer zusammen.

»Der dritte war gewiß Jason.«

»O ja«, sagte das Mädchen, »ich weiß! Bogners Kraft – und Renates Schönheit, und Jasons – Vernunft: die drei sind –«

»Sind?« fragte Georg.

Sie beschloß:

UNWANDELBAR

Aus Jason al Manachs Chronik

Am vierten Mai dieses Jahres gab Renate Montfort einem Knaben das Leben, das er nur wenige Stunden behielt.
Die am anderen Morgen zu ihr kamen, fanden, daß sie entschlafen war.

*Hier enden des neunten Buches neun Kapitel
oder dreimal soviele Stunden.*

Ende.

Ein Nachwort zum »Helianth«

1 Inzwischen meinen wir, bestimmt zu wissen, wer unter den Schriftstellern der ersten Jahrhunderthälfte zu »bleiben« verspricht; wer leuchtet, wie am ersten Tage noch nicht (Kafka, der einzige, der Goethe an *lebendiger* Weltgeltung übertroffen hat, auch Robert Walser); wer Staub angesetzt hat – und wer Staub geworden ist.

Albrecht Schaeffer ist in keiner dieser Gruppen zu entdecken, freilich auch nicht in der letzten. Er ist gewissermaßen unter Trümmern lebendig begraben. Bei den wenigen, die ihn dort aufgestöbert haben, hat er einzelne Leser (keine »Gemeinde«) gefunden oder behalten. Exklusivität dieser stillen Sorte hört sich wie das Unglücklichste an, was einem Autor zustoßen kann: und dieser war von Haus aus nicht für die Unauffälligkeit geschaffen. Sein Hauptwerk, der 1920 erschienene »Helianth« war ein Riesentableau, eine ausschweifende Roman-Szenerie, die für einen entsprechenden Zuschauerraum aufgebaut scheint.

Offenbar täuscht dieser Schein, oder er hält nicht Stich. Der »Helianth« ist ein Monument für den *intimen* Gebrauch; ein merkwürdiger »Tragelaph« – jenes Fabel-Wesen, halb Hirsch halb Elefant, das GoetheSchiller in Jean Paul zugleich verehrt und abgewehrt haben. Ein Werk, dessen Maxime und Gefahr die ästhetische Redundanz ist, handelt von Letzten Dingen, ringt um einen verläßlichen ethischen Kern. Ein erdrückender Überfluß des Erzählenkönnens lebt im Widerstreit mit sich selbst. Der Roman ist auf die symbolische Ganzheit des Menschen, die Totalität des Wirklichen fixiert – und bindet sie an eine schon zur Zeit der Niederschrift anachronistisch gewordene Prinzen-Existenz. Die Oberschicht der Belle Epoque ist nicht, wie im »Zauberberg«, eine abgründige und bodenlos-ironisch behandelte Welt. Es soll *die* Welt sein, ein Kosmos, gebannt in Sprache und den Sprach-Mächtigen ausgeliefert, in dem nichts (oder alles) auf Weltkrieg und Apokalypse deutet. Was in Musils »Mann ohne Eigenschaften« geschichtliche *Witterung* ist: hier ist es das *Wetter*, die Atmosphäre, die Jahreszeit, gebrochen in subjektiven Stimmungen, ausgebreitet als enthusiastische Welt-Anschauung – in der Fülle des Augenblicks und zugleich *sub specie aeterni*.

2   Hier erscheint ein neuer, vom Autor überarbeiteter »Helianth«. Aber um die Revisionsgründe zu verstehen, bedarf der Leser eines Rückblicks auf den »Helianth« von 1920 – den einzelne Kritiker für die deutsche Antwort auf Proust und Joyce gehalten haben.

Nichts war so irreführend – und so verräterisch zugleich – wie der Untertitel des Unternehmens

> Bilder
> aus dem Leben
> zweier Menschen von heute
> und aus der norddeutschen Tiefebene
> in neun Büchern dargestellt.

Zweier Menschen *von heute*? Als das Werk 1920 erschien, konnte davon längst keine Rede mehr sein. Die Jahrhundertwende und ihre Kostümierungen waren weit weg, von »heute« getrennt durch den Weltuntergang des Großen Krieges und der nachfolgenden Revolution, Inflation, Arbeitslosigkeit. Die Welt, die der Roman schildert, ist für immer untergegangen, noch mehr, sie hat diesen Untergang gesucht und, nach dem Urteil kritischer Zeitgenossen, verdient.

Aus der norddeutschen Tiefebene – haben wir es also mit einer Art Heimat- oder Landschaftsroman zu tun, in dem sich die Provinz gegen die Moderne aufrüstet? Nochmals weit gefehlt – so hingerissen der »Helianth« Landschaften schildert, aus ihnen kommt kein Heil; und wo »goldene Dämpfe« daraus aufsteigen, haben sie mit Josef Nadlers deutschen Stammes-Seelen nichts zu tun – schon eher mit den Effekten Claude Lorrains und William Turners.

Zwei Menschen? – Es gibt wohl keinen Leser, der am Ende so genau zu sagen wüßte, wer die beiden Ausgezeichneten denn sind – bei dem Figuren-Getümmel des Romans, den Prinzen, Künstlern, Privatiers, Suchern und Findern beiderlei Geschlechts. Sind es die im letzten Satz der Trilogie genannten »Unwandelbaren«, die vergötterte Renate und der Maler Bogner? Sind es – doch wahrscheinlicher – der bereits vorweg geadelte Wilhelm-Meister-Urenkel Prinz Georg und die von ihm nie erreichte Renate Montfort? Beide Paarungen wären plausibel; fast ebenso zu vertreten wären einige andere. Einigermaßen fest steht nur: unter den Paaren, die »sich finden«, darf man sie nicht suchen. Die Groß-Geometrie des Romans verbietet die Kreisform, sie ist auf eine Ellipse aus, die *ungesättigte* Form mit dem zweifachen Mittelpunkt – oder die Spirale des Goethischen Bildungsromans.

Beim Leser gleich zustimmungsfähig ist jedenfalls die Angabe »*Bilder*« – dieses Titelwort deutet auf die Repräsentation des Menschlichen in der *Kunst* und durch die Kunst. Und mit dieser, in der Tat, haben es die Figuren so gut wie alle und so gut wie ausschließlich zu tun – mit Dichtung, Theater, Musik, Malerei. Sie drücken sich unermüdlich in allen möglichen Formen aus und verstecken sich darin: in Briefen, Tagebuchblättern, Gedichten, und immer wieder: Briefen. Ein Kaleidoskop der Spiegelungen, Reflexe und Reflexionen, die die Fabel nicht nur ersetzen: sie *sind* die Fabel. »Helianth« bietet Kunst über Kunst, und als *Roman* unterwirft er die Vielfalt der Diskurse noch einmal einer Form im Großen und Ganzen, einer Struktur mit dem Anspruch von Geheimnis und Eigen-Sinn. Hier belegt der frühere »Helianth« zugleich den Anspruch auf strenge Architektur und auf Modernität.

Aber eins wie das andere trügt. Das Zeitgerüst ist den drei Bänden (zu 3 Büchern) eher lose übergeworfen – oder eingeheimnist –, als daß es sie tragen könnte. Die trinitarische Kabbalistik des Romans ist *dekorativ* und behauptet, bis in die Archaismen des Sprachduktus hinein (»Hier enden des letzten Buches neun Kapitel oder doppelt so viele Stunden«) ihre eigene Feierlichkeit. Dieser dienen auch die Motti aus Stefan Georges »Siebentem Ring« und die preziösen Doppeltitel (»Hallig Hooge oder Die Kammern der Seele«). Um gerechter zu sein: das Geheimnis, das der »Helianth« aus seiner Struktur macht, *spielt* nur mit der Strenge einer höheren Ordnung und benützt das zeremoniell präsentierte geistige Band viel eher dazu, den üppigen Erzählflor zusätzlich zu garnieren, als dazu, ihn zusammenzuhalten.

Kunst, Sprachkunst bleibt das Um und Auf, das Ein und Alles des Romans. Er schildert im *Fin-de-siècle*-Kostüm den Musen-Hof des großherzoglichen Erbprinzen Georg von Trassenberg und seine Hauptstadt Altenrepen (= Hannover). Die barock klingende »Friedliebende Gesellschaft« ist zugleich ein schöngeistiger Salon und eine Metapher des Parnaß, auf dem die Musen Schaeffers um die Wette singen und spielen. Was aber ist das Ziel aller Künste, die sie machen? Die höchste und gediegenste: die Lebens-Kunst. Der Exzeß des Kunsthaften und Kunstgewerblichen rechtfertigt sich mit dessen Grenz-Wert. Von hier aus werden die Musen und ihre Mitwirkenden ins Gebet und ins Gericht genommen, »Das rechte Leben« – wieviel Kunst braucht es dazu? Wieviel Kunst ist erlaubt? Es geht nicht ohne sie – mit ihr allein geht es nicht.

Schaeffer verläßt sich darauf, es gebe vor diesen Fragen streng genommen keine Geschichte, tausend Jahre seien vor ihnen wie ein Tag, und der wahre und einzige Fortschritt, der dem Menschen (welchen Standes immer) sich eröffne, sei ein Fortschritt nach *Innen*. Die »Ballade des äußeren Lebens«, so üppig seine Ausstattung, hat nur gleichnishaften Charakter.

3   Aber was heißt hier: nur? Goethes Symbol behält für den »Helianth« unverminderte Verbindlichkeit. Das *ganze* Leben soll es sein, und zwar in jedem Augen-Blick. Der Stimmigkeit in sich, der Richtigkeit der eigenen Form auch für andere, strebt die Hauptfigur über zweieinhalbtausend Seiten zu. Georg ist Objekt und Subjekt zugleich für ein ebenso ästhetisches wie sittliches Projekt. Der »Helianth« verknüpft es, der Fabel zulieb, mit einer »Glückspost«-Frage: ist Georg nun der leibliche Sohn seiner Eltern oder nicht? Auch diese Legitimation ist, wie in Schillers »Demetrius«, symbolisch gemeint. Renate, die weibliche Gegen- und Überfigur, Tochter eines Pastors, der zum weltlosen Heiligen verklärt wird, ist, als Palladium und Schöne Seele des »Helianth«, eigentlich zu gut für jeden Roman. Zu gut auch für Georg, der sie verehrend und zugleich halbherzig umkreist und sich immer wieder bei weniger idealen Frauen tröstet. Sie ist zugleich Persephone, die von der Kore zur Nymphe werden muß; sie wird bei anderer Gelegenheit Heliodora oder Libussa sein, auch die heilige Elisabeth. Und da der Privatgelehrte, dem sie sich im göttlichen Kairos hingibt, eigentlich Ech-en-Aton, das lebende Bild des ägyptischen Sonnenkönigs ist, haben wir es bei der »Insel«-Szene zugleich mit »höherer Begattung« zu tun, einem *hieros gamos*, wie in den eleusinischen Mysterien – aber auch mit einem Überfall wie dem des Dionysos auf die trauernde Ariadne oder des Zeus auf Danae.

So überdefiniert ist alle Figur, götterhaft schimmert das allzu-Menschliche im Goldregen von Schaeffers Sprache auf. Ist der Höhenrausch vorbei, gerät sie kaum je in Verlegenheit, wenn sie den Abfall in gewöhnliche Neuzeit nach der Jahrhundertwende zugleich darstellen und auffangen soll. Renate, in der Depression vorübergehend zur verlassenen Ariadne geworden, muß sich in die geraubte Persephone verwandeln und den Gott der Unterwelt umarmen lernen, in Gestalt ihres schaurig-dürftigen Vetters Erasmus, der seinen luziferischen Bruder Josef ermordet hat, allerdings mit dessen heimlichem Einverständnis: denn wie sollte Zeus seine verschwiegene Identität mit Hades nicht kennen! Als höhere Pfarrerstochter ist Renate zugleich hinlänglich *christliche* Erlöserin, um das Defekte ihrer Vollkommenheit, das Notwendige ihres Falls zu empfinden. Schaeffers Kunst ist keineswegs überfordert, diese Figur mit allen Facetten, von der Göttin bis zur Gesellschaftsdame, auszustatten. Nur der Leser ist überfordert, wenn er an ihre Wahrscheinlichkeit glauben soll.

Da liegt die Schwäche dieses Riesenromans und ist von seinen Wundern nicht zu trennen: daß man oft vor lauter Kunst die Kunst nicht mehr sieht. Der »Helianth« ist ein unerschöpfliches Fest der Sprachfiguren. Er kann verstimmen, wo er damit nicht aufhören kann, und amüsieren, wo er damit aufgehört zu haben behauptet. Kierkegaards »Wiederholung« – der Bruch mit der ästhetisch bestimmten Existenz – findet immer noch als ästhetisches Ereignis statt. »Könnt' ich Magie von meinem Pfad entfernen...« – davon redet das Buch unablässig, *magisch* redet es davon, will sagen: gerade dies kann es nicht. Es ist aber auch reichlich *geborgter* Zauber dabei. Das mythologische Substrat bildet nicht, wie im »Ulysses«, Stoff zu einer Neuen Welt, es bleibt Referenz auf eine historisch gewesene. Entsprechend wirken die Requisiten der Moderne – vom Telefon bis zur Psychoanalyse – *gewählt*. Das Zeitgemäße ist der Inszenierung ebenso aufgesetzt wie der mythologische Hintersinn.

4 Es ist ein sehr deutsches Buch. Freilich, und zu seinem Glück, steht es nicht im Dienste einer deutschen Volkstums- oder National-Idee, sondern eines deutschen *Kunst*begriffs. Einer seiner Väter heißt Winckelmann, Schöpfer edler Einfalt und stiller Größe, der Heimweh-Deutsche inmitten des von ihm selbst gestifteten Antikenkults. Ein zweiter Ahne des »Helianth«: Jean Paul, der *Dichter* unter den deutschen Romanciers, der die Begeisterung zur Schönen Kunst erhob und die Entgeisterung suchte, um ihr ins hohle Auge zu blicken. Der Übervater des Romans aber heißt Goethe, immer wieder; weniger der Goethe der »Lehr-« als der »Wanderjahre«, der »Pandora« und des »Elpenor«, der Maskenspiele und Festzüge – der *symbolische* Goethe, aber versetzt mit dem Geist der Romantik, dem er opferte, ohne ihn zu lieben.

Im »Helianth« aber wird dieser Geist unzweideutig geliebt. Die Nacht-, Doppelgänger- und Verkleidungsstücke der populären Romantik liegen im Fundus des »Helianth« auf Abruf bereit. Aber auch der Duft und Dunst deutscher Kunst im 19. Jahrhundert *vor* der Moderne, das schwere Parfüm klassizistischer Romantik, akademischer Schönheit ohne Welt, streicht durch die Kulissen des »Helianth«. Da werden Böcklin, Anselm Feuerbach und Spitteler geschätzt – darum kann Flaubert, der sachliche Erz-Künstler, *nicht* geschätzt werden. Stefan George (den Schaeffer anderswo parodiert hat) wird wie ein Gott zitiert – aber eben die *Form,* die an ihm gefeiert wird, verschwimmt wieder in Enthusiasmus. Benvenuto Bogner, der wandelnde Inbegriff der Kunst (wie Renate der Inbegriff des Ewig-Weiblichen ist) hat bei Cézanne nie gelernt: er schwärmt von Rembrandt und malt wie Puvis de Chavanne. Vergeistigung steht am *Anfang,* nicht am Ende seines Stils, an dem so viel »Wille« ist wie bei den Expressionisten, über die er spottet. Es ist ein Epigone, den der »Helianth« als das wahre Original feiert. Da wundert man sich nicht mehr, daß *Echtheit* auch das Hauptproblem des Romanhelden Georg sein muß, den wir durch die Welt rennen und ein jed Gelüst bei den Haaren packen sehen. *Scheine* ich nur, was ich bin, wird seine Dauer-Frage an sich selbst; kann ich werden, was ich scheine? Es ist die Frage Mignons – auf dem Hintergrund eines Duodez-Fürstentums gewinnt sie etwas Boulevardmäßiges. Der Leser nimmt diesem Hamlet oder Wilhelm Meister seine Wallfahrt zum Menschheitsdiplom nicht recht ab und hält es auch nicht für Zufall, daß dem Roman *die* Passagen am besten gelingen, wo er »mit dem Spiele spielt«. Im dritten Band (und Siebenten Buch) überzieht Georg bei Anlaß seiner Inthronisierung die norddeutsche Tiefebene mit einem einzigen Kostümzauber. Die gefeierte Landschaft wird unmittelbar, was sie in diesem Roman heimlich immer ist: Bühne. Hier dürfen die Personen endlich geradezu als Masken auftreten und agieren. Hier darf auch die Handlung des Romans, die sonst etwas halb Verschämtes hat, offen Kolportage werden. Im Mischlicht aus Sein und Schein nimmt man alles hin: die Ermordung des Herzogs, den Dolchstich der Erinnye, die Erblindung Magdas. In diesem »Mummenschanz«-Kapitel macht der Roman seinem Helden die Rechnung auf, die dieser bei nüchternem Tageslicht wird bezahlen müssen. Die Folge des »Traums von großer Magie« ist Schuld. An ihr, so will's der Roman, soll er reifen zum Landesherrn und zum Herrn seiner selbst. Die Botschaft hört der Leser wohl, aber Held Georg, ewiger Räsonneur und Zitierkünstler, nährt den Zweifel an seiner Richtigkeit bis zum letzten Satz.

Ja: dieser Roman munitioniert die Einwände selbst, zu denen er seine Kritiker herausgefordert hat, bevor sie ihn vergaßen – warum also nicht: zu Recht? Wenn dieser *tour de force* schon 1920 etwas Überständiges hatte: was soll es in den 90er-Jahren an ihm zu entdecken geben? Was bewegt einen kleinen Verlag und einen unverdrossenen Herausgeber mit großem Aufwand und Einsatz dazu, auf den »Helianth« 1995 zurückzukommen?

5   »Ehrenrettung«? Es ist wahr, dieser Autor, ein Ausnahmekönner deutscher Sprache, hätte Anspruch darauf. Sein Exil während des Dritten Reichs ist seltsam unbemerkt geblieben; weil ihm der Gesinnungsnachweis durch »jüdische Versippung« abgenommen war? Für die Literaturgeschichte ist Schaeffer 1939 in Amerika verschollen – vielleicht auch, weil ihm diese Neue Welt so fremd geblieben ist. Hier half ihm sein kulturelles Gedächtnis nicht weiter. Mnemosyne, die Mutter der Musen, fand kein Echo. Er lebte mit Frau und Kindern in Cornwall-on-Hudson in seiner bescheidenen Gründung, einem Heim für Emigrantenkinder, und mußte zugleich *von* diesem leben. Nach dem Tod seiner Frau zog er sich allein, unter dürftigen Umständen und auch von den Kollegenzirkeln isoliert, nach New York zurück. Als Revenant kehrte er 1950 in das zerstörte Deutschland heim – der Niedersächsische Staatspreis für Literatur kam fast zu spät. Im Dezember 1950 starb er in München. Sein in Marbach gelagerter Nachlaß zeugt von einer im Exil unermüdlich fortgesetzten literarischen Arbeit – an einer monumentalen »Schöpfungsgeschichte des Menschen« (von der erst ein Band, »Mythos«, mit Hilfe der Darmstädter Akademie erschienen ist) – vor allem aber von Arbeit am eigenen Werk, und dazu gehörte die Überarbeitung des schon bestehenden, inzwischen fast vergessenen. Es ist wohl charakteristisch für Schaeffer, daß ihn ein Motiv vorrangig beschäftigte: das Geheimnis der Produktivität. Daß der ohnehin des Epigonentums Verdächtige sich im Exil noch einmal als Epigone seiner selbst betätigte, indem er seine Hauptwerke überarbeitete, war für ihn kein Makel: auch die Eroberung Thebens war erst den »Epigonen« möglich geworden. Selbstkritik? Er diente seinen Göttern nach Goethes Begriff: »Denn der Boden zeugt sie wieder / Wie seit je er sie gezeugt«

Doch in der Optik des »Kahlschlags« und der Trümmerliteratur sah Schaeffer einfach wie der vielschreibende Bildungsbürger aus, der von seinem zeit-losen Luxus nicht lassen konnte und die Lektionen der Geschichte versäumt hatte. Die Richtigkeit dieses Bildes wurde nicht mehr in Frage gestellt - so hat die Nachwelt seine Hinterlassenschaft bis heute nicht angetreten. Und daß hier der totalrevidierte »Helianth« wieder vorgelegt werden kann, ist in der Tat eine historische Fälligkeit; noch mehr ist es das Werk von Freunden, die sicher sind, daß dieser Autor und der Schatz seiner Erfahrung - und seiner Trauerarbeit - *fehlen.*

6 Als Schüler und Student habe ich mich in die Welt des »Helianth« hineinbegeben, darin verloren und gefunden wie eine frühere Generation in Alain Fourniers »Le Grand Meaulnes«, eine spätere in »Catcher in the Rye«. Ich habe an ihm meine Gefühle buchstabieren gelernt - grandios, wie denn anders; ich war in dem Alter, wo man die Welt als Metapher des eigenen Gefühlsehrgeizes behandelt. Dieser begegnete in Georgs Prinzenwelt seinesgleichen: in Helenenruh, in Altenrepen, auf Hallig Hooge, im möblierten Inkognito der Berliner Studentenbude (der Stadt der »Essen«). Das war die Landschaft meiner Ich-Träume. Und »von großer Magie«, wie sie war, gehorchte sie nicht dem Gebot von Prüfung und Widerspruch, sondern dem Rhythmus von Verzauberung und Entzauberung, Begeisterung und Entgeisterung. Die Lektüre war eine einzige Landnahme der heranwachsenden Seele, der nicht leicht etwas, was Grenzen verletzt, zur Kolportage gerät. Man getraut sich's ja zu erschwingen, im selben hohen Grade, wie man sich anderseits selbst mißtraut. Wo so viel von Kunst die Rede war (und wer wollte in jenem Alter nicht Künstler sein), hatte ich alle Organe außer demjenigen, das Kunst selbst herzustellen, an Künstlichkeit zu leiden vermag.

Was man so liebt, bleibt einem heilig, auch wenn man sich dazwischen schuldig wurde, es zu verwerfen. Wo die Projektion mitmalte, da hält man die Unschärfe der Ränder dem eigenen Traum zugute. Man stellt keinen Defekt fest, sondern überall nur Nähe zur Unendlichkeit. *Sachlich* war sie wahrlich nicht zu nennen, die *éducation sentimentale*, die ich aus diesen drei Bänden bezog. Aber sie verband sich mit allem, was gut und teuer war: großen Namen und Phantasien, grenzenlosen Eindrücken, prachtvollen Stimmungen. Der »Helianth« war mein Abenteuerbuch und meine Gespenstergeschichte. Ich las ihn als Agent seines Hauptabenteurers Josef Montfort, über den es auch noch einen Extra-Band nicht geheurer Geschichten gab.

7 Daß ich mich mit diesem Buch unter meinesgleichen fand, war aber auch noch in einem andern und heiklen Sinne wahr. Mein bewunderter und entfernter Halbbruder, Walter Muschg, hatte über Schaeffer gearbeitet. Seine Habilitationsschrift mit dem Titel »Der dichterische Charakter« ersetzte mir das Gespräch, das es zwischen den auseinandergesprengten Sippenteilen sonst nicht gab. Was Walter Muschg an der Welt, am Leben gefunden hatte: im Medium des »Helianth« teilte er es mir mit. So wurde mir Albrecht Schaeffer zum Familienheiligen und zum Nothelfer. Seine drei Bände enthielten eine verschlüsselte Botschaft an mich. Sie lautete zugleich wie diejenige Georgs: »Du kommst nicht hinein« und – ganz im Gegenteil – »du gehörst dazu«. Du bist in deinem Eigentum, dies wird dein Reich.

Walter Muschgs »Der dichterische Charakter« war also zugleich die Botschaft eines unbekannten Vaters und der Entwurf eines Selbstporträts. Es bereitete meine Weihe zum Dichter vor und enthielt – verschlüsselt – die brüderliche Legitimation dafür.

Ich verpflichtete auch – wie es so eben nur mit Leibbüchern geschehen kann – meine Jugendliebe zur Lektüre des »Helianth«. Die gleichaltrige Textilschöpferin sollte mein großmächtiges Ich kennenlernen, meine Zukunft ahnen; denn an der Gegenwart, fürchtete ich, war zu wenig Besonderes und zu viel *Behauptung.* In diesem Buch war das Rätsel, das ich mir war und andern wurde, gelöst. Ich vergesse nicht, mit welch brennendem Interesse ich auf die Aquarelle starrte, die sich meine Freundin von Georg auf seinem Weg zu Anna (»Hochsommertag oder Die Kinder«) machte: bei Gelegenheit seiner ersten Liebesnacht. Solche Erfahrungen vergißt man einem Dichter nie, auch dann nicht, wenn man sie, treulos, wie man seiner ersten Liebe sein muß, anfängt kleiner zu schreiben und mit Schweigen zu übergehen.

Heute fällt mir auf, daß auch mein verehrter Halbbruder an Schaeffer nicht anders gehandelt hat. Der Dichter des »Helianth«, den er 1930 panegyrisch behandelt, zum Zeugen *modernen* Dichtens gemacht hatte, tritt in der »Tragischen Literaturgeschichte«, dem definitiv Jüngsten Gericht des reiferen Walter Muschg, nicht mehr auf. Früher: »Der Dichter des ›Helianth‹ ist ein Mythiker« – und dann: keine Zeile mehr über ihn. Der verleugnete Gott der eigenen Jugend, fort-zensiert aus dem persönlichen Olymp. Jetzt galten nur noch Jahnn, Döblin, Barlach: die *echten* Zeugen des Jahrhunderts.

Meine eigene Kritik hat mich nie gehindert, Menschen, die den »Helianth« noch kannten und, wie ich, mit ihm aufgewachsen waren, als Jugendgeschwister zu grüßen. Es waren immer sehr wenige, aber *sie* konnte ich fragen: weißt du noch, wie Georg im nächtlichen Observatorium ... wie Erasmus am Wehr ... wie Renate auf der Insel ...

8   »Der Dichter des ›Helianth‹ ist ein Mythiker« – dieser steile Satz roch 1930, als ihn Walter Muschg schrieb, noch nach Expressionismus und mußte Nachgeborenen wie ein ungedeckter Scheck vorkommen. Sechzig Jahre später zeigen uns die Mythen ein neues Gesicht. Das Gutenbergsche Zeitalter hat sich geneigt, der elektronisch beschleunigte Analphabetismus bedient sich anderer Zeichen-Träger. Am Ende der Utopie stehen die Bilder. Von der Zahnpasta über das *salad*

dressing bis zum Parteiprogramm und Pop-Konzert werden Realien immer mehr als Metaphern gehandelt und verlieren dabei zugleich immer mehr ihre metaphorische Erkennbarkeit. Die Referenz auf die konkrete Ware wird belang- und gegenstandslos; an ihre Stelle tritt das Erlebnisversprechen mit eigener Grammatik und eigenem Vokabular. Das Business tendiert zur Show. Die Kundschaft konstituiert sich zur Gemeinde mit kultischem Charakter. Es werden wieder Mythen gefeiert: um das Totem scharen sich LACOSTE-Völker, ADIDAS-Stämme, AJAX-Fans. In McLuhans elektronischem Dorf herrscht eine Kultur der Simulation, für die der Markt immer neue Archetypen produziert. Die zunehmend desintegrierte Überfluß- und Untergangsgesellschaft wird, wie mit einem Präservativ, mit einem dünnen, aber reißfesten Film überzogen, der ihr Zusammenhalt suggeriert (und Folgenlosigkeit garantiert). Auch was einmal »Kunst« hieß, wird synthetisch nachgearbeitet, auf »guten Empfang« getrimmt und in vorfabrizierte Sendegefäße gegossen. Der Mensch war einmal das Tier, das seine Umgebung durch »Kunst« verändern mußte, um darin zu überleben. Heute, am »Ende der Geschichte«, hat die Verkünstlichung der Umwelt eine neue Qualität erreicht. Die Auswanderung aus der bedrohten Biosphäre nach *Cyberspace* hat begonnen. Der posthistorische Mensch hängt am elektronischen Tropf, süchtig nach den Bildern, die eine euphemistische Industrie (denn Verlustanzeigen sind dem Patienten nicht zumutbar) von der Weltmacht. Was sie an Schrecken gar nicht leugnen können, verarbeiten sie zur Folgenlosigkeit. Immer mehr lernt sich der Zivilisationsteilnehmer selbst als Produkt verstehen. Seine Genesis ist der Verkauf, und immer wieder muß er als kaufend Gekaufter neu entstehen, denn der obligatorische Wechsel des Luxus und der Moden simuliert seine Unsterblichkeit.

Einige hellhörige und scharfsichtige Zeitgenossen betrachten diese umfassende Maskerade, der weder mit Entrüstung noch mit Nostalgie beizukommen ist, nicht nur als Ausverkauf des Humanen. Sie sehen in der totalen Waren-Messe ein neues Geschlecht von Geistern und Göttern am Werk – triviale, fratzenhafte, monströse, Michelin-Männchen, Batman, den T-Saurus. Sie wirken unverwüstlicher als ihre menschlichen Komparserie. Seit die Realitätsvermutung sich umgekehrt hat; seit unsere Abbilder gelernt haben, wie Vorbilder aufzutreten, haben wir es mit einer Renaissance des Animismus zweiten Grades zu tun. Die Zivilisation ist zum Tummelplatz neuer Mythen geworden, mögen auch die Genien, die darauf gerufen werden, niedere sein und unsern Bedürfnissen nach Macht, Sex, Sicherheit, unsern Abenteuerphantsien, Freiheitsträumen und Tötungswünschen gleichen wie die Raumpflegerin der Putzfrau.

Über »Mythologien des Alltags« hat Roland Barthes ein geistvolles Buch geschrieben – so sehr diese Mythen unter uns sind, so deutlich sind sie auch *über* uns, be-zeichnen karikaturistisch die Transzendenz der Konsumgesellschaft. Der Umgang mit ihnen hat symbolische Qualitäten, in der Kommunikation schwebt wieder ein Hauch von Kommunion und Anbetung. Sie gilt Plastic-Sakramenten, die Opfergaben in japanischen Schreinen gleichen. Das Universum des »Aberglaubens« nimmt überhand, und in Japan, wo Elektronikkonzerne ihre Neubauten von Astrologen ausrichten und von Shinto-Priestern reinigen lassen, erlebt es eine Blütezeit. In dieser avancierten Provinz der Gegenwart herrscht der wohlwollende Absolutismus der Fetische, dem sich der konsumierende Mensch treuherzig und vertrauensvoll ergeben hat.

9   Saloppe Theoretiker der Gegenwart, die sich von der Frankfurter Schule nichts mehr sagen lassen, *umgehen* die elektronischen Mythen nicht mehr, sie haben längst begonnen, ihnen zu huldigen und analysieren die Welt-Sprache der Bilder, als wäre sie eine Ursprache der Menschheit. Sie spielen gern

mit der Vorstellung, daß sich etwas Anderes dahinter verbirgt. »Denn Winke sind seit alters die Sprache der Götter«.

Aber diese Winke werden nicht nur in Video-Clips wahrgenommen. Das Zeitalter des neuen Cargo-Kults ist auch – in scheinbar kategorischer Distanz zu diesem – das Zeitalter einer wieder an die Ästhetik, noch mehr: an die strenge Dichtung gebundenen Theophanie. Zum ersten Mal seit Winckelmann, Hölderlin (und Heidegger) reden Autoren wie George Steiner, Peter Handke, Botho Strauß nicht mehr rein metaphorisch von den Göttern. Sie öffnen sich für ihre »reale Präsenz«. Jene »Unwandelbaren«, denen das letzte Wort des »Helianth« gewidmet ist, werden wieder angezeigt – im Slang des Marktes, der sich ihrer ebenfalls längst bemächtigt hat: sie sind »angesagt«. Renate, das idealische Frauenschema, ist nicht mehr so weit weg wie in den Dreißiger-, oder gar in den Sechziger- und Siebzigerjahren. Auch den überirdischen Sex auf der Insel würden Kinder, die Prince und Madonna auf der Bühne erlebt haben, nicht mehr ganz seltsam finden. Selbst wenn das Kunstwerk so »unwandelbar« nicht wäre, wie es sich der Dichter des »Helianth« erträumt hat: die Welt der Zivilisation hat sich gedreht und dem »Helianth« ein neues Gesicht zugewendet. Jetzt leuchtet das Bleibende weniger ein als das Ephemere; nicht die Sternbilder sind »geblieben«, sondern der Kostümzauber.

So könnte ein entfernter Roman wieder heutig werden: das entschieden Vormoderne seines Arsenals läßt sich als Divination der Postmoderne lesen. Damals waren die Zeitsymbole – Kraftdroschken oder Fernschreiber – gewissermaßen futuristische Folklore; heute berühren sie als Antiquitäten, Preziosen, Oldies. Schaeffers Prinzengeschichte hat Raum für *Stimmungen* geschaffen, zuerst: die antik gewordene Stimmung einer Kunst-Welt, als Kunst noch eine bürgerliche Religion war; heute kann sie als *Romance* imponieren. Die Liebesgeschichten des »Helianth« haben *noch* die schöne Umständlichkeit, die heute, im verfluchten Zeichen von AIDS, *wieder* zum Wert geworden ist. Der Roman mobilisiert ein ganzes Lexikon verschollener Wert- und Bilderschätze für die Nachempfindung der Jahrtausendwende. Die Fragen: bin ich ein berechtigter Prinz? versteckt sich hinter dem Privatgelehrten ein ägyptischer Gott? entscheidet ein Kostümfest über die Zukunft des Landes? - diese Luxus-Fragen von 1908 sind, im Zeichen der vollendeten Kolportage, beinahe wirkliche »Lebensfragen« geworden. Und die Suche eines Helden nach dem »Unwandelbaren« hat die Linke, die es kritisierte und der Lächerlichkeit ausliefern wollte, überlebt. Wenn Aufklärung Beleuchtungssache geworden ist, die Erklärung der Menschenrechte eine Sprechblase: dann ist wieder Raum, überraschend viel Raum für die Zauberstücke des »Helianth«, als die Kunst noch kein Laser-Effekt, sondern ein Pflanzgarten Goethes und ein Spielfeld der Romantiker war. Der »Helianth« ist wie Natur Sehen im Fernsehzeitalter. Die Geschichte ist als Fabel behandelt, die Liebe ist ein Mythos ihrer selbst. Die Götter werden leibhaftig erwartet, wie Michael Jackson im Stadion. Ich wüßte kein Buch, das wirklichen »Menschen von heute« stärker vermitteln könnte, wovon ihre Urgroßeltern *high* waren, als dieses Bilderbuch aus dem »Leben zweier Menschen aus der norddeutschen Tiefebene«.

Ja: »Der Dichter des ›Helianth‹ ist ein Mythiker«. Er ist es wie Lieschen Müller, nur mit einem stärkeren Gedächtnis, einem enormen sprachlichen Beleuchtungsapparat, einer unvergleichlich weiterreichenden Phantasie.

(Hoffentlich *liest* noch jemand von denen, die jetzt die Probe darauf machen könnten.)

10   Nun scheint eine scharfe Antiklimax fällig. Denn: das Buch, das ich gelesen und beschrieben habe, ist ja keineswegs das Buch, das hier vorgelegt wird – nicht »wieder«, sondern zum ersten Mal.

Der Verfasser hat den »Helianth« von 1920 umgeschaffen. Er hat, wie er im Vorwort betont, getilgt, was dem Haupt-Werk als Untugend angekreidet wurde und was er selbst als Defekt empfinden lernte – als Übertreibung oder Unterlassung. Er hat gestrafft – nicht nur in der Länge, auch in der Struktur und im Charakter seiner Figuren. Er ist sicher, ihnen die überflüssigen Worte vom Mund abgeschnitten zu haben. Ihre Lebensläufe hat er begradigt und ausgenüchtert. Er hat sie – aus dem Blick der Vierzigerjahre – modernisiert bis in ihre Redensarten hinein. Sie gebrauchen jetzt auch Slang und Fremdsprachen. Die Aussicht auf den Weltkrieg – den ersten, und dahinter den zweiten – soll nebelfrei geworden sein. Vage und verschwärmte Gefühle hat er, nach Möglichkeit, dem Anfang des Romans und seines Prinzen vorbehalten; da ist auch der Text am wenigsten verändert. »Jugend« wird nicht mehr als generalisierte Stimmung, sondern als Charakteristikum behandelt; deutlicher werden auch die Signaturen eines Epochenstils.

Die Verknüpfung der Figuren untereinander ist haltbarer und tragfähiger geworden, zum Zeichen, daß der Autor gewillt ist, ihren Eigensinn zu respektieren, ihnen Treue zu halten, sie keinem bloß *literarischen* Effekt zu opfern. Die Fabel bekommt Faden – es scheint ja doch, daß das Handwerk des amerikanischen *story telling* und die ihm eigene aristotelische Poetik nicht spurlos am »Helianth« vorübergegangen sind. Georg erhält sogar zu guter Letzt eine neue Mutter mit entzückend englischem Akzent und darf in ihrem Mund »Georgie« heißen. Renate, die Unsterbliche, wird auf die Erde herabgeholt und mit einem allzu-menschlichen, wenn auch noch immer rätselhaften Frauen-Schicksal ausgestattet, das sie mit dem Leben bezahlt – die Verklärung, ohne die es bei ihr denn doch nicht abgeht, hat sich gegen realistisch motivierte Widerstände durchzusetzen. Auch die Apotheose des Malers Bogner wird ins Zwielichtige gedämpft und psychologisch fundiert. Jason al Manach, in der Erstfassung fast nur ein arielhafter Geist der Erzählung, nimmt etwas wie Fleisch und Blut an und gelangt zu handfesteren Vermittlungs-Aufträgen.

Nicht nur sein Autor, auch Prinz Georg hat die Lektionen der Weltgeschichte, die seiner Prä-Existenz 1920 noch ferne lagen, ernsthaft beherzigt und tritt am Ende wie einer auf, der sich Leben und Herzogtum zu meistern getraut – zumal beides aus der luftigen Allerweltshöhe von einst in ein historisch präzisiertes Milieu versetzt wurde. Georgs Vater (er ist es wirklich!), der Großherzog, gibt jetzt ein politisches Sensorium und pessimistischen Weitblick für seine Stellung – und die Lage Deutschlands im Vorkrieg – zu erkennen. Es ist ein politisch exakt motiviertes Attentat, dem er zum Opfer fällt, und der Roman widmet jetzt auch dem Täter, dem Juden und Anarchisten Sigurd, ein nachhaltiges Interesse.

So sind der Retuschen und Umschriften noch viele – sie sollen hier nicht zu einem ausführlichen Fassungs-Vergleich führen, nur Schaeffers Überzeugung illustrieren, er habe den »Helianth« völlig neu verfaßt. Ich erlaube mir, die Revision für nicht ganz total zu halten – und diesen Umstand sogar für ein Glück. Natürlich ist der Autor, vom Rathaus der Geschichte kommend, »klüger« geworden – die Zurechtweisung durch die Erfahrungen im Dritten Reich und in Amerika war ja auch massiv genug. Dennoch haben die Korrekturen, die Schaeffer am »Helianth« für nötig hielt, etwas von Flickwerk oder *patch work* und bezeugen jenen *esprit de l'escalier* (die deutsche Übersetzung heißt lieblos: »Treppenwitz«), der ein Versäumnis *nach* der Audienz feststellen, es aber nicht mehr berichtigen kann. Denn die Entschlackung und Entwölkung dieser Roman-Welt kann ihren Grundriß nicht ändern, ihre Basis nicht berühren – vielleicht tritt sie jetzt nur erst recht provozierend hervor, denn ihre realistischere Betrachtung macht sie selbst nicht realistischer. Sie bleibt auch in neuer Verkleidung, was sie war: ein mythischer Entwurf – und ist als solcher nur begrenzt entmythologisierbar. Der Mythos ist nur in dem Maße, als der Roman auf *gesellschaftliche* Charakteristik Wert legt, als *bürgerlicher* Mythos besser zu erkennen. Und wer diesem nicht wohlwill, kann ihm nun erst entnehmen, warum er und seinesgleichen den »Mythen« im Stil Alfred Rosenbergs (zu) wenig entgegenzusetzen hatten. Denn diese beziehen ihre Energien aus derselben Quelle, die offenbar strafbar leicht zu vergiften war: den Ordnungs- und Sinn-Phantasien eines enterbten und ratlos gewordenen Bildungsbürgertums.

Albrecht Schaeffer gehört zu den Gebildeten unter den Verächtern bürgerlicher Verführbarkeit. Aber er ist dazu verurteilt, ihre Prämissen zu teilen, und seine erzwungene äußere Emigration bleibt einer inneren untergeordnet, auf die er sich schon *vor* dem Exil zurückgezogen hatte – und in diesem weiter zurückzog.

Das gilt, meine ich, auch für die Revision des »Helianth«. Radikal, wie er sie von sich forderte, konnte sie ihm nicht geraten. Denn die Belle Epoque des »Helianth« *blieb* der verbindliche Topos, das nötige Äquivalent der Schönen Seelen, die er darin entwickelte. Ihre Requisiten mochte er à jour bringen; ihre Konstitution konnte und durfte er nicht ändern. Sie blieben »unwandelbar« – das letzte Wort auch der Spätfassung, dem Postscriptum zum Trotz, in dem Jason al Manach Renates Tod zu melden hat.

11   So mag man dem frühen Leser des »Helianth« nachsehen, wenn er jene »Frühe« auch in der hier vorliegenden, der bisher unbekannten Fassung beharrlich wiederfindet. Dies, obwohl er Schaeffers Willen viel Respekt entgegenbringt, die Uhr seines Romans gewissermaßen zeitgerecht umzustellen. Doch diese Manipulation geht dem *Magnum opus* nicht an die Seele – diese bleibt, auch ihrer sprachlichen Prachtgewänder entkleidet, als Geschöpf der Liebe bei diesem Autor noch

immer eher ein Kind des Reichtums als der Armut. Und die literarische Unschuld, die ihm der Autor aus gutem Grund nehmen wollte, kann es nicht verlieren. Ich bekenne meine Zweifel, ob das schlechte Gewissen dieser Unschuld literarisch bekommen ist – ob das Unwahrscheinliche daran im unwahrscheinlichen Überfluß nicht besser aufgehoben war und die Kolportage, deren sich der Autor schämte, in der Korrektur nicht unverblümter hervortritt. Was jetzt erst der Verteidigung bedürftig scheint, war es zuvor nicht.

Es gibt an der »Jugend« – nicht nur eines Romans – etwas, was sich nicht ins Reine schreiben läßt; so meine ich nicht, daß ich meine Liebe zu den *ästhetischen* Prämissen des »Helianth« rechtfertigen muß. Ich bin sicher, daß wir auf Deutsch nicht viele Zeugnisse wie ihn besitzen: dichterisch beflügelte Zeugnisse für die *Unsterblichkeit* der Seele. Der Beweise für ihre Zerstörbarkeit gibt es genug, und wohl sind sie erdrückend. Der »Helianth« braucht darum kein realistisches Werk zu sein. Die Tatsachen zeugen nicht gegen die Herrlichkeit, die er für mich noch immer besitzt. Er weiß über den Zweifel zu triumphieren – auch Zweifel an ihm. Dieser Roman pflegt einen unheilbaren Glauben an den Adelsbrief des Individuum. Zu retten mag es damit nicht sein. Dafür sind seine 2000 Seiten noch einmal, was inzwischen selbst Luft und Wasser nicht mehr sind: so gut wie *geschenkt*.

Adolf Muschg

Zur Edition

Albrecht Schaeffer, 1885 im westpreußischen Elbing geboren, wuchs in Hannover auf und wurde nach dem abgebrochenen Studium zu einem produktiven Schriftsteller, dessen umfangreiches Werk Romane und Erzählungen ebenso umfaßt wie Übersetzungen, Lyrik, Dramen und Versepen. Er schließt sich keiner literarischen Strömung an, hat ein festes Publikum und damit sein Auskommen und lebt seit 1918 zurückgezogen im Oberbayerischen, weitab von Betrieb und Betriebsamkeit der zwanziger Jahre. Die zunehmende politische Polarisierung verweist den Einzelgänger vollends auf sich selbst, Verlagswechsel und schließlich nachlassendes Publikumsinteresse tun ein übriges: als Schaeffer sich 1939 zur Auswanderung in die USA entschließt, um seinen Kindern »die Vergiftung ihrer Seelen durch die Pestilenz« des Nationalsozialismus zu ersparen,[1] bestreitet er seinen Lebensunterhalt längst mehr durch Bienenzucht und Obstanbau als mit literarischer Arbeit.

In der Emigration weicht die anfängliche Begeisterung alsbald der Ernüchterung, Schaeffer lebt vom Einfallsreichtum seiner Frau – die in der Nähe New Yorks ein Kinderheim gründet – und ist wegen Verständigungsschwierigkeiten und literarischer Isolation zusehends auf sich selbst gestellt. Er verbohrt sich in ausgreifende mythologisch-geschichtliche

[1] Albrecht Schaeffer: *Vorwort.* In: *Der Auswanderer. Erzählungen und Novellen.* Überlingen 1950, S. 10.

Studien, die Ehe hält dem Rollentausch der Geschlechter auf Dauer nicht stand. Der Tod seiner Frau 1947 isoliert ihn dann auch von den Kindern, die bei amerikanischen Verwandten ihrer Mutter aufwachsen, dem einst angesehenen Autor bleibt nur der Gang zum Sozialamt und die Flucht in die Literatur. So entstehen seit Ende der vierziger Jahre wieder zahlreiche Romane und Erzählungen, deren neuer, versachlichter Stil Schaeffer auch sein bisheriges Werk mit andern Augen sehen läßt, und er beginnt, es umzuschreiben. Das Kriegsende erlaubt die Wiederanknüpfung der Verlagsbeziehungen, sogar ein gewisser Erfolg stellt sich ein und mit ihm die paradoxe Situation, daß ein emigrierter deutscher Schriftsteller in Deutschland zwar verlegt wird, seine Rückkehr dorthin jedoch scheitert, weil die Honorare nicht nach Amerika transferiert werden können. Als 1950 die finanzielle Unterstützung einer Freundin schließlich die Rückkehr ermöglicht, erhält Schaeffer die einzige öffentliche Anerkennung seines Lebens: in Hannover verleiht man ihm den Niedersächsischen Staatspreis für Literatur. Elf Tage später erliegt Schaeffer in München während einer Straßenbahnfahrt einem Herzinfarkt.

Der *Helianth* ist sein Hauptwerk – auch wenn Schaeffer selbst die im Exil entstandene Mythendeutung, die unvollendet gebliebene *Schöpfungsgeschichte des Menschen* dafür hielt. Der Roman erschien nach achtjähriger Entstehungszeit erstmals 1920 in drei Bänden und wurde trotz seines Umfangs rasch zum Modebuch der Generation, die vor dem Ersten Weltkrieg aufgewachsen war: *Helianth. Bilder aus dem Leben zweier Menschen von heute und aus der norddeutschen Tiefebene in neun Büchern dargestellt*. Seine Sprache und die weitverzweigte Handlungsführung sind ganz auf die Belle Époque zugeschnitten, die Zeit vor der Katastrophe von 1914 und dem Einbruch der Moderne. 1928 veranlaßt ein Angebot des Verlages den Autor, eine um etwa ein Viertel gekürzte zweibändige Fassung vorzulegen, die allerdings kein Buchhandelserfolg mehr wird.

Schaeffer wendet sich anderen Arbeiten zu, übersetzt Homer und geht längst auch im eigentlichen literarischen Werk neue Wege.

Als ihn ein junger Emigrant 1938 auf den *Helianth* anspricht, bekennt Schaeffer, daß ihm das Buch fremd geworden sei; erst die Erfahrungen des eigenen Exils lassen ihn Mitte der vierziger Jahre wieder zu den frühen Büchern greifen und im Zuge ihrer Überarbeitung beginnt er auch mit der vorliegenden, hier erstmals veröffentlichten Neufassung des *Helianth*. Doch was zunächst als bloße Umarbeitung gedacht war, rückt dann für über ein Jahr in den Mittelpunkt: Hannover, die Stadt von Schaeffers Jugend und als »Altenrepen« auch der Schauplatz des Romans, ist zerstört. Das Buch, das viel von der eigenen Entwicklung des Autors spiegelt, wird ihm zum Medium ihrer erinnernden Rekonstruktion. So schreibt Schaeffer am 16. März 1948 an Walter Ehlers nach Deutschland: »Zur Zeit habe ich gute Tage. Durch meine Arbeit am Helianth – ich schrieb Ihnen doch, daß ich ihn überarbeite – sind mir jene längst hinweggeschwankte Gestalten wieder so lebendig geworden, daß ich nun dabei bin, zwei Montfort-Geschichten zu schreiben [...]. Aber merkwürdig, kaum begreiflich, ist diese poetische Alterslosigkeit in mir, daß nun Josef, Bogner, al Manach, Saint-Georges unverändert wie damals erscheinen [...] als läge nicht ein Tag zwischen damals – vor 30 Jahren – und heut.«

Kommentiert Schaeffer hier noch in erster Linie die Lebendigkeit der Figuren in den neuen Geschichten aus dem Umkreis des Romans, so heißt es am 7. August schon: »ich bin seit Wochen dabei, den ›Helianth‹ in eine neue Form umzugießen, und es ist mir nur bitter, daß meine Freunde von alledem noch lange Nichts zu sehn bekommen werden. In der neuen Gestalt – bei der übrigens die ganze Masse des Romans erhalten bleibt, wird die stelzbeinige und sentimentale Renate endlich ein natürliches und energisches Menschenkind; überhaupt nimmt die Energie allgemein zu, besonders Josef und Herzog Woldemar entfalten sich prächtig, nur mein lieber Georg ist ganz recht und bleibt vollständig, wie er ist, nur mache ich ihn vielleicht noch ein bißchen charmanter.« Die Freunde mußten bis nach Schaeffers Tod warten, bevor sie den *Helianth* im Manuskript lesen konnten, denn nach dem Tod des Verlegers Anton Kippenberg im Jahr 1950 – der ein gewisses Interesse bekundet hatte – wollte auch der Insel-Verlag von dem Projekt nichts mehr wissen. Ehe Schaeffer im Dezember 1948 die Beendigung des *Helianth* melden kann, nimmt ihn die Arbeit vollständig in Anspruch; so schreibt er am 8. November 1947: »Aber vor allem bestehe ich seit langem nur noch aus Helianth, der vom fünften Buch an so gut wie neu wird, soviel auch von der alten Substanz erhalten bleibt. So kann ich fast nichts Andres denken, lese kaum mehr ein Buch, schreibe meine acht Stunden am Tag und bewege mich die übrige Zeit in Gesichten. Alle Menschen des Romans haben sich gewandelt, dadurch auch die Ereignisse, und – der wäre ein trauriger Narr, der dem alten Roman noch einen Blick schenken wollte. Wie stellen Sie sich das auch vor? Was gut an dem alten ist, nehme ich in den neuen auf, davon geht Nichts verloren.«[2]

Mit der Exilfassung des *Helianth*, deren erster Band zunächst als stilistische und sprachliche Überarbeitung ohne wesentliche Veränderungen von Handlung und Figuren entsteht, schreibt Schaeffer einen eigenständigen, neuen Roman, der ohne Rückgriff auf das ursprüngliche Werk verstanden werden kann – so interessant und aufschlußreich auch immer ein Vergleich bleiben mag. Der Gegenwartsroman, der seinen

2 Schaeffers Briefe an den langjährigen Freund und späteren Nachlaßverwalter W. Ehlers werden mit freundlicher Genehmigung von Frau Dr. Angelika Schneider zitiert, die freundlicherweise ihre von Ehlers kommentierte Abschrift zur Verfügung stellte (die Originale sind im Besitz des Deutschen Literaturarchivs, Marbach am Neckar).

Anspruch mit den Worten *von heute* im Untertitel noch betonte, wird dabei zum historischen Roman über das *Leben zweier Menschen nach der Jahrhundertwende*. Zwar bleibt Georgs Entwicklung (eine Verlängerung der Traditionslinie des deutschen Bildungsromans von *Wilhelm Meister* bis zum *Grünen Heinrich*) die gleiche; die Haupt- und Staatsaktion jedoch, Herzog Woldemars Plan für die Übernahme der Regierungsverantwortung durch Georg, bekommt eine deutliche Stoßrichtung gegen den preußischen Zentralstaat. Schaeffer stattet seine Figur dabei mit bemerkenswertem politischen Weitblick aus, wenn der Herzog bereits zur Zeit der Romanhandlung, also zwischen 1905 und 1909,[3] angesichts der Machtpolitik Wilhelms II. von der Gefahr eines heraufziehenden europäischen Krieges und einer daraus resultierenden deutschen Revolution spricht. Und was manche Kritiker während der zwanziger Jahre am *Helianth* bemängelten, Schaeffers Beschränkung auf großbürgerliche und adlige Kreise, wird in der Exilfassung zur genauen historischen Studie dieser Gesellschaftsschicht im Kaiserreich, vielleicht nicht weniger gelungen als Thomas Manns Roman *Königliche Hoheit*, mit dem er den Vorwurf teilt. So finden sich im *Helianth* Einblicke ins öde, ritualisierte Leben der Korpsstudenten – die deutsche Literatur ist nicht reich an Büchern mit ähnlich eindringlicher und kritischer Darstellung solcher Sauf- und Paukszenen –; oder es wird ein Zusammenhang zwischen dem Lebensstandard Erasmus von Montforts und der Kampfstoffproduktion seiner chemischen Fabriken angedeutet, wie er in den Jahren der kaiserlichen Aufrüstungspolitik nicht unwahrscheinlich ist.

Neben dieser historischen Ausrichtung aber scheint im *Helianth* immer wieder auch die Exilerfahrung Schaeffers durch, sei es in gelegentlichen Anspielungen auf Amerika oder ganz

---

[3] Die Zeitstruktur weist in der vorliegenden Fassung des *Helianth* allerdings einige kleinere Inkonsequenzen auf, die nicht korrigiert worden sind, da dies einen zu großen Texteingriff bedeutet hätte.

deutlich in Jason al Manachs Vision der zerstörten und entvölkerten Stadt Altenrepen, die Schaeffer von Fotos oder aus Wochenschauen entnommen haben mag. Und sicherlich nicht zufällig übernahm der emigrierte Autor jene Szene aus der früheren Fassung, in der Georg nach längerer Abwesenheit im Café Kröpcke vom Kellner mit den Worten begrüßt wird: »Zuhause ists doch am besten«. Daß dieses »Zuhause« indessen niemals einfach verklärt wird, dafür sorgt die historische Konstruktion: Der Roman schildert die *halkyonischen Jahre* vor dem Ersten Weltkrieg stets als dessen Vorgeschichte, als tiefe Windstille vor der Initialkatastrophe des 20. Jahrhunderts, und die Anspielungen auf Kommendes sind zu zahlreich, als daß die Gefahr einer Idyllisierung bestünde. Der Leser weiß zu genau, daß über den politischen Plänen des Herzogs ein historisches *Vergeblich* steht und horcht vielleicht auf, wenn der jüdische Verwalter Dr. Birnbaum in der neuen Fassung die Spekulationen über den aus der kommenden Revolution erwachsenden Diktator mit den Worten abtut: »– und am Ende en Napoleon aus – aus Neutomischl«; nun, es war nicht Neutomischl, sondern Braunau am Inn.

Zum Text

Das Deutsche Literaturarchiv in Marbach am Neckar verwahrt im Nachlaß Albrecht Schaeffers zwei vollständige Schreibmaschinentyposkripte der als »Neue Fassung« bezeichneten, 1948 im amerikanischen Exil entstandenen Bearbeitung des Romans *Helianth:*

A Fünf Mappen mit 1207 Blatt, 4°:
maschinenschriftliche Reinschrift mit zahlreichen Korrekturen, Ergänzungen und Streichungen von Schaeffers Hand in blauschwarzer Tinte, sowie einigen wenigen Bleistiftkorrekturen (vermutlich von der Hand des Nachlaßverwalters Walter Ehlers). Zugangsnummer 57.5867

B   Fünf Mappen mit ca. 1180 Blatt, 4°:
maschinenschriftliche Reinschrift der Bücher 1 bis 3 nach A, wobei ein großer Teil der handschriftlichen Korrekturen, Ergänzungen und Streichungen aus A berücksichtigt wurde;[4] dieser Teil nahezu ohne eigenhändige Korrekturen Schaeffers, obwohl sich in A zahlreiche weitere, offenbar spätere Korrekturen finden, die in B nicht übernommen wurden. Maschinenschriftlicher Durchschlag der Bücher 4 bis 9 nach A mit zahlreichen aus A übernommenen Korrekturen, Ergänzungen und Streichungen von Schaeffers Hand in blauschwarzer Tinte. Zugangsnummer 63.205

Druckvorlage dieser Ausgabe bildet A; lediglich an einer Stelle (A: S. 132 in Buch 8, Kapitel 1) sind durch eine Klebemontage des Autors sieben Zeilen Textverlust entstanden, die aus dem Durchschlag B ergänzt wurden. Im Esther-Kapitel des Buches 4 wurden vier Zeilen aus der ersten Fassung des *Helianth* von 1920 eingefügt, um die im Text ausdrücklich benannte Anspielung auf das apokryphe alttestamentliche *Buch Esther* wiederherzustellen.

Neben der Entzifferung von Schaeffers nachträglichen handschriftlichen Änderungen und Ergänzungen sowie der stillschweigenden Korrektur zahlreicher Tipp- und Flüchtigkeitsfehler stellt der *Helianth* den Herausgeber vor eine Reihe weiterer Probleme: Schaeffer hatte während der zwanziger Jahre eine eigenwillige, Bedeutung tragende Orthographie entwickelt, die einen seiner Verlage sogar veranlaßte, seine Leser besonders auf diesen Umstand hinzuweisen. In der vorliegenden Fassung des *Helianth* gebraucht er eine bewußt altertümliche Rechtschreibung zur zusätzlichen Historisierung des Textes, die jedoch nicht immer konsequent gehandhabt wird. Der Herausgeber glaubte, hier – entgegen den üblichen

[4] Vgl. hierzu Berthold Biermann: *Deutscher Dichter in Amerika. Begegnungen mit Albrecht Schaeffer*. In: *Die Welt* v. 28.9.1949.

Gepflogenheiten – eine Vereinheitlichung im Sinne des Textes vornehmen zu sollen, also statt der heute (und zu Schaeffers Lebzeiten) üblichen Formen konsequent die jeweils häufigere, vom Autor intendierte altmodische zu setzen: *giebt, Hülfe, selbstständig, knieen, Schooß, Haide* etc. Lediglich bei problematischen Getrennt- und Zusammenschreibungen wurde der besseren Lesbarkeit halber im Sinne der heutigen Norm vereinheitlicht, also etwa *zu Fuß* statt *zufuß; mit Hülfe* statt *mithülfe; All das* statt *Alldas; zu sehr* statt *zusehr; darauf zukommend* statt *daraufzu kommend; hineingezwängt* statt *hinein gezwängt.* Beibehalten hingegen wurden Formen, die stets oder doch mit an Eindeutigkeit grenzender Häufigkeit gebraucht werden und die in Texten der Jahrhundertwende gelegentlich begegnen, wie etwa *garnicht* statt *gar nicht; sodaß* statt *so daß; das selbe* statt *dasselbe.*

Im übrigen wurde in den Text so wenig wie möglich eingegriffen; die Stellen, an denen es dennoch geschah, verantwortet der Herausgeber in der sicheren Überzeugung, daß jeder sorgfältige Lektor den Autor zu Lebzeiten ebenfalls auf Unstimmigkeiten hingewiesen und diese vor Drucklegung beseitigt hätte.

Marburg, im August 1995   Rolf Bulang

Siebentes Buch

Erstes Kapitel   Seite 7

Firmament. Georg auf dem Dach der Sternwarte, in
  ernster Ergriffenheit der Stunde und seiner Aufgabe,
  dann in Erinnerung an Bennos Symphonie und seine
  Lenkung.
Serenade von Magda im Garten gesungen mit begleitenden
  Instrumenten, von Josef veranlaßt, wie Georg dann von
  Magda erfährt; mit ihr zusammen auf dem Platz vor dem
  Haus, Verabredung, zusammen am nächsten Abend das
  Feuerwerk im französischen Garten zu sehn.
Rheinwein. Georg mit Josef Montfort auf dem Dach;
  seine Deklamation rilkescher Verse, Dithyramben
  über deutschen Frühling und Frühling der Liebe und
  Lenkung des Gesprächs auf Esther und Sigurd,
  Mitteilung von dessen Haß auf Georg und Attentatsplan,
  den Georg lächerlich findet. Montfort nötigt ihm beim
  Abschied einen Revolver auf. Er liest im Bett Verse
  aus einer eben erschienenen Tragödie ›Die Vehme‹ von
  Peter Schomerus.

Zweites Kapitel   Seite 31

Frühstück. Renate beim Frühstück erhält unerwartet den
  Besuch des Herzogs; sie frühstücken zusammen,
  er erzählt von den Empfängen des gestrigen Tages;
  seine Tatkraft und Lebensfreude.

Fahrt. Georg erscheint am Morgen in mittelalterlicher Tracht bei Renate, die eben von Magda ihren Kopfputz für das Festspiel erhält; fährt mit ihr in das Land hinaus; seine wieder erwachende Leidenschaft und Verehrung.

Drittes Kapitel Seite 42

Mummenschanz. Georg mit Renate auf der Landstraße, ihre Pferde erwartend; allerlei Begegnungen mit Kostümierten, Reiterei, dann die Pferde, Renates Schimmel. Sie reiten durch Wald bergempor zu einer Burgruine, in deren Hof Renate von einer festlichen Menge mit verehrender Stille empfangen wird. Das Festspiel, Renate als Heliodora ihr Leibroß entsendend und den Bauern Gregor empfangend.
Burgraum. Georg findet Renate allein in einem Fenster der Burgruine, gesteht ihr seine Liebe und erfährt, daß sie seinen Vater liebt; seine ehrfürchtige Niedergeschlagenheit

Viertes Kapitel Seite 60

Festzug. Renate mit Josef, Saint-Georges, Jason, als Gugelmänner verkleidet, auf der Fahrt zum Festzug im Auto, in heiterster Stimmung mit Reimspielen. Beschreibung des Festwagens und des Zuges, Renates Fahrt, angstlos wie schon bisher, durch das Glück ihrer Liebe.

Fünftes Kapitel Seite 68

Garten. Renate auf einem kleinen Platz im Dickicht des Gartens in der Hängematte und in Erinnerungen ihrer entbehrenden Liebe. Ulrika Tregiorni erscheint, berichtet Bogners Erkrankung an Lungenentzündung; ihre Ausbrüche der Verzweiflung; Renate dann allein in verstörtem Mitgefühl.

Sechstes Kapitel Seite 78

Plan 11. Georg in seinem Zimmer nach der Vereidigung, erfüllt vor dem Erlebnis, findet den Druck des Reformplanes seines Vaters als Vorgeburtstagsgeschenk und liest die Einleitung.

Besuch Sigurd Birnbaums; seine sichtliche Verwirrtheit, abstoßendes Benehmen; Telefonanruf Virgos. Georg nach Sigurds Fortgang macht sich auf den Weg zu Virgo.

Hingang. Seine zunehmende Verstörtheit durch Sigurds Erscheinen; erneute Zweifel an seinem Recht; Kindheitserinnerungen im Kaffeegarten; Bewußtsein seines nichtsozialistischen Wesens; wieder zum Verzicht getrieben, die Unmöglichkeit erkennend, sich endlich in die Lösung rettend, Virgo sein Geheimnis anzuvertrauen und ihr Urteil anzunehmen.

Wochenbett. Georg neben Virgos Bett erzählt sein Geheimnis in der Form eines Märchens mit dem Ergebnis, daß sich herausstellt, daß Virgo Helenes Tochter ist; ihre Scherzhaftigkeit, dann Mütterlichkeit.

Siebentes Kapitel Seite 102

Vater und Sohn. Josef Montfort erscheint während des Abendessens bei Renate und Erasmus; dessen Empörung und Wut; vergebliches Erscheinen Josefs bei seinem Vater, der ihn nicht mehr erkennt. Erasmus' Raserei und Davonstürzen.

Ech-en-Aton. Josef in Renates Zimmer, in abgeklärter Ruhe von dem König und sich selbst sprechend.

Sigurd. Aufklärungen Josefs an Renate über Sigurds Anwesenheit und Attentatsplan, Unmöglichkeit der Verhinderung. Renates Unglaube wie Georgs an Sigurds Fähigkeit. Mitteilung Josefs, daß er ein Stelldichein

Renates mit Sigurd am Wehr durch Saint-Georges mit
Sigurd abgemacht hat. Renates Glaube an die Unverletz-
barkeit Woldemars.

Präludium. Renate mit Josefs Cello in der Kapelle das erste
Präludium J. Sebastian Bachs aus dem ›Wohltemperierten
Klavier‹ spielend; dann Josef, um Sigurd aufzulauern,
vorausgehend, hinterläßt ihr seine Uhr.

Wehr. Renate auf der morschen Brücke über das Wehr,
Sigurd erwartend, der dann erscheint, aber zugleich
Erasmus; sein Kampf mit Josef auf der Brücke und dessen
Absturz.

Achtes Kapitel   Seite 127

Fontäne. Georg mit Magda in der Dunkelheit auf dem Weg
durch den Park zum französischen Garten; die farbig
beleuchtete große Fontäne; die Beleuchtungseffekte im
Garten, Erwartung des Feuerwerks im Rundtempel,
Überfall Cora Bogners, als Zigeunerin verkleidet, mit
einem Dolch, Magdas Dazwischenfahren und Verletzung
des Auges; Georg selbst an der Hand verwundet, vom
Blutverlust geschwächt, fällt in die Gracht, bleibt dann
in Schwäche und Verwirrung.

Neuntes Kapitel   Seite 137

Dunkelheit. Renates Vision einer zerstörten Welt in ihrem
Zimmer; dumpf traumhafter Zustand; Fahrt mit der
elektrischen Bahn in die Stadt, vorn stehend, Erleichterung durch die Fahrt, den Wind und Gespräch mit dem
alten Fahrer. Ihre Verstörtheit, Unwissenheit, wer sie ist,
beim Aussteigen neben der Allee, dann die höchste
Beglückung im Anblick des erleuchteten Schlößchens
und Betreten des Zimmers, in dem der Herzog.

Zimmer. Renates Zusammensein mit Woldemar im Gespräch, dann nur stumme Versunkenheit des Sichanblickens. Später sie im Garten in seiner Erwartung; seine Ermordung; Erscheinen Georgs und Beider Umnachtung.
Sterne. Georg in halbem Erwachen aus Bewußtlosigkeit erkennt über sich die Sterne.

Achtes Buch

Erstes Kapitel: August   Seite 155

Aus Jason al Manachs Chronica humana. Jason beschreibt seine
nächtlichen Erscheinungen Josefs, Sigurds und Renates,
die ihn veranlassen, morgens in die Stadt zu gehn, um sich
zu erkundigen. Er erfährt von Saint-Georges, daß er die
Nacht über vergeblich auf Josef gewartet hat und daß
statt seiner Renate in einem bewußtlosen Zustand zu ihm
gekommen ist und nun in der Kammer seines Bruders
schläft. Er findet sie bei Bewußtsein, jedoch versteinert,
erfährt von ihr, daß Josef tot ist und daß sie in Georgs
Schlößchen war. Er bringt sie dazu, daß sie bereit ist,
nachhaus zu fahren. Ein Extrablatt der Zeitung meldet
die Ermordung des Herzogs. Er fährt mit Renate
nachhaus, erfährt dort vom Chauffeur die Verletzung
Magdas, spricht mit Erasmus, der von Josefs Tod
befriedigt erscheint. Später geht er zum Wehr, erkennt
die Zusammenhänge, findet Josefs angeschwemmten
Leichnam und beschließt, ihn im Fluß zu bestatten; seine
Zukunfts-Vision bei dem Toten. Wieder in der Stadt,
erfährt er durch eine neue Zeitungsmeldung, daß Georg
nicht bei Bewußtsein und Sigurd verwundet aufgefunden
ist. Im Krankenhaus spricht er mit Magda, deren Auge
verletzt ist und der Blindheit droht, was sie jedoch gern
auf sich nimmt, da sie Georg durch sich gerettet glaubt
und ihre Prophezeiung dadurch erfüllt. Sein Nachtgesicht vom ermordeten Frieden. Am andern Morgen

sieht er Renate mit ihrem Onkel im Garten gehn, spricht
mit ihr in der Kapelle. Ihr versteintes Wesen. Gedanken
über den kranken Bogner und Ulrika. Bogners Gemälde
eines blühenden Sankt Sebastian; er will Renate zu sich
nehmen, erzählt ihr, daß er in einem Kahn auf dem
Wasser wohnt. Wieder bei Magda, findet er sie in wütender
Verzweiflung über den zufällig erfahrenen Tod des
Herzogs. Bringt am Abend Renate zu seinem Kahn. Am
anderen Tag findet er Saint-Georges verstört, Bogner in
neuer Gesundungshoffnung, hört von Cora und dem
Zerfall ihrer Ehe und ihrer selbst.

Renate an Magda. Sie erzählt Magda, daß sie bei Jason ist,
fischen geht, von Jasons eigentlichem Wesen und
Schicksal, und warum er auf dem Wasser lebt.

Aus Jasons Chronik. Über Georgs Erkrankung an Typhus.

Renate an Magda. Beschreibung von Jasons ›Argo‹.

Aus Jasons Chronik. Sein Besuch bei Sigurd im Krankenhaus,
der im Sterben liegt, Geständnis, daß er Magdas wegen
nicht auf Georg schießen konnte. Besuch bei Magda,
Mitteilung von Sigurds Geständnis und der wirklichen
Erfüllung der Vorhersagung.

Renate an Magda. Über Jasons zweites Gesicht und Anderes.
Ein Gedicht Jasons.

Renate an Magda. Fahrt über Josefs Grab im Fluß; über das
Leben der Seele nach dem Tode, nach einem Gespräch
Jasons mit Josef.

Aus Jasons Chronik. Tod Sigurds. Jasons Besuch mit dem
Anstalts-Geistlichen bei dem Attentäter Gori: über
dessen Herkunft und Charakter, Plan und Ausführung
des Attentats, Kampf des Gori mit Sigurd; Gespräch mit
Saint-Georges, dessen befremdliche Erschütterung bei
der Nachricht, daß Renate in der letzten Stunde bei
Woldemar war. Nachtgespräch Jasons mit sich selbst über
Gori und Sigurd.

Renate an Magda. Mitteilung, daß sie nicht mehr schreiben kann.
Aus Jasons Chronik. Über Renates zunehmende Kräftigung.

Zweites Kapitel: September Seite 245

Georg an seinen Vater. Über dessen Tod und sich selbst, körperliche und geistige Erschlaffung und Anderes; Übersiedelung nach Helenenruh, ein Gedicht Leo Greiners; dann die Rechenschaftsablage über sein vielfaches Verschulden an Esther, Cordelia, Sigune, Magda, Schuldigsein seines ganzen Wesens.
Cornelia Ring an Magda. Über Josefs Diener Li, den Magda zu sich nehmen will.
Von Georgs Hand geschrieben. Erleichterung durch das Bekenntni
Von Renates Hand. Sie erkennt sich schwanger, glaubt von Woldemar; ihre Glückseligkeit.
Von Georgs Hand. Besuch Jasons, Georg erfährt seine Schuld an Tode seines Vaters durch Sigurd; wieder Zusammenbruch.
Aus Jasons Chronik. Über Renates Irrwahn; Erkenntnis, daß Saint-Georges der Vater ihres Kindes sein muß.

Drittes Kapitel: Oktober Seite 278

Aus Renates Gedächtnisbuch. Ihre dauernde Beglückung; über Jasons ›Argo‹; Abschied von ihr und Jason; Bewußtsein ihrer Liebe zu aller Welt und Verlangen, sie zu beglücken.
Von Georgs Hand geschrieben. Beschreibung eines Nachtspaziergangs; Kindheitserinnerungen, Schuldbeladenheit; auf dem Deich, Wunsch nach der Hallig Hooge zu gehn; in der Kanzlei mit Dr. Birnbaum; Durchsicht von Briefen und Schriftstücken, Kraftlosigkeit.
Vergeblichkeit. Renates Heimkehr in der Hoffnung auf Erasmus' Erlösung; Telefongespräch mit dem Dichter

Schomerus; Besuch Magdas; im Theater mit Schomerus
Erfahrung ihrer Wirkungslosigkeit auf die Menschen,
Ohnmacht der Liebe. Im Haus ihr Geständnis an
Erasmus, dessen Unglaube und Überfall.

Magda an Georg. Ihr Wunsch, nach Helenenruh zu gehn,
Mitteilung, daß Renate ihr Haus verläßt, Zukunftspläne
gemeinsamer Konzerte.

Georg an Magda. Antwort von Hallig Hooge aus.

Viertes Kapitel: November Seite 319

Aus den Papieren Georgs. Über Hallig Hooge; Zweifel an
seinem Vater.

Aus Georgs Papieren. Ankunft Bogners und Cornelia Rings auf
Hallig Hooge; Erzählung Bogners von Ulrika und ihrer
Beider Beziehung. Schlüsse Georgs daraus für sich selbst.

Aus Georgs Papieren. Gespräch mit Bogner über Witz und
Humor; ein andres über die Geburt; Bogner über
Rembrandt.

Fünftes Kapitel: Dezember Seite 343

Renate an Saint-Georges. Aufforderung, sie zu besuchen; über
ihr Kind; Bitte, Erasmus zu sagen, daß es von ihm ist.

Saint-Georges an Renate. Seine Antwort mit Mißverstehn ihres
Briefes.

Cornelia Ring an Magda. Über Bogners und Georgs körper-
liches und seelisches Befinden.

Georg an Benno. Über Hooge, Meer und Sturm.

Magda an Cornelia Ring. Über Renates neue Umnachtung durch
Saint-Georges' Brief.

Aus Georgs Aufzeichnungen. Über Cornelia, erste Begegnung
und Zueinanderfinden. Ankunft Ulrikas. Erzählung
Bogners von seiner Mutter.

Sechstes Kapitel: Januar   Seite 365

Aus Georgs Aufzeichnungen. Ulrikas verfrühte Geburt eines
   Mädchens nach Erzählungen vom zweiten Gesicht;
   über den ›Dränger‹; Ulrikas Tod.
Georg an Magda. Bericht von Ulrikas Tod; über eine
   Zeichnung Bogners von ihr.

Siebentes Kapitel: Februar   Seite 375

Aus Georgs Aufzeichnungen. Gespräch mit Bogner über das
   Gottes-Bewußtsein, Angst und Furcht, das Gewissen.

Achtes Kapitel: März   Seite 386

Aus Georgs Aufzeichnungen. Fortgang Bogners und Cornelias.
   Ein Gedicht. Nähe des Selbstmords.
Cornelia Ring an Georg. Mitteilung von Bogners Über-
   siedelung in die Nähe von Helenenruh und Angebot, zu
   Georg zurückzukehren.
Georg an Magda, an Cornelia, Rieferling und Benno. Seine
   Abschiedsbriefe vor dem Selbstmord.
Hallig Hooge. Georgs Absicht, sich zu erschießen,
   Einschlafen vor Erschöpfung; der verschwundene
   Revolver; am Meer plötzliche Todesangst, Irre
   am Wasser, Einbildung, den ›Dränger‹ zu sehn, dann in
   ihm seinen Vater; seine Anklage. Plötzliches Erscheinen
   Cornelias, Erwachen zum Leben, Verlangen nach ihr.
   Dann im Haus überwältigende Erkenntnis seiner Liebe
   zu ihr und Geständnis der ihren. Unendliches Gespräch
   über ihr Leben und ihre schon Jahre alte Liebe zu ihm.
   Seine erneute Verwirrung durch die Erkenntnis,
   daß Katharina-Cornelia sein genauer Widerpart.
Aus Jasons Chronik. Seine Heilung Renates.

Georg an Cornelia Ring. Seine leidenschaftliche Liebe und Beglückung, aber unheilbare Verstörung.
Georg an Cornelia Ring. Mitteilung von seiner Abreise nach Berlin, Tod eines Onkels.
Cornelia Ring an Georg. Ihre Liebe und Schicksal.
Georg an Cornelia Ring. Abschiedsvision von Hallig Hooge.
Cornelia Ring an Georg. Drei liebevolle Briefzettel.

Neuntes Kapitel: April   Seite 437

Renate an Saint-Georges. Über ihren Zustand vollkommener Leidlosigkeit und Erleuchtung.
Georg an Cornelia Ring. Über ägyptische und griechische Plastik, Enthusiasmus über den Kopf des Ech-en-Aton. Ein Gedicht.
Cornelia Ring an Georg. Liebesbriefzettel.
Georg an Magda. Über seine Tante Henriette und eine Freundin von ihr, Gräfin Török; Nachricht vom Schlaganfall Birnbaums und Reise nach Trassenberg.
Georg an Cornelia Ring. Telegraphische Mitteilung von seiner Reise.
Cornelia Ring an Georg. Erzählung von einer Begegnung mit Cordelia.
Georg an Magda. Mitteilung von Birnbaums Tod.
Georg an Cornelia Ring. Über seine plötzlich erwachte Fähigkeit der Geschäftsführung; Vorhaben, zu Ostern in Helenenruh zu sein.
Georg an Cornelia Ring. Über seine bleibende Verwirrung durch sie; über die Prinzessin Gudula Trassenberg.
Cornelia an Georg. Bemühungen, ihn zu trösten und zu stärken.

Neuntes Buch

Erstes Kapitel   Seite 459

Fahrt. Georg im Auto mit Hauptmann Rieferling nach Helenenruh fahrend, in wieder erwachter Verwirrung durch Katharina.

Strategie. Gespräch mit Rieferling über Führertum, Feldherrngenie, Taktik und Strategie; sich andeutende Beziehung zwischen Rieferling und Magda. Klärung von Georgs feindlich gewordener Stellung zu seinem Vater.

Zweites Kapitel   Seite 475

Anna. Ankunft in Helenenruh, Magda und Benno, unglücklich auf dem Klavier phantasierend, dann flüchtend; Magdas Bericht vom Davongehen seiner Frau unter erniedrigenden Umständen. Klavierspiel Rieferlings und Georgs Tanzen dazu mit Magda.

Renate. Zusammensein Georgs mit Magda und ihre Erzählung von Renate, die ihr als Heilige erscheint, körperlich jedoch auf beängstigende Weise geschwächt.

Aprilnacht. Georg allein im Saal, wieder in Verstörung und tieferem Ringen um Klärung der Stellung zu seinem Vater und seines eigenen Wesens; wieder Behinderung durch Katharina, die ihm widersteht.

Drittes Kapitel Seite 497

Stimmen. Renate in ihrem Zimmer in dem ohnmächtigen Verlangen, ihre Liebe darbringen zu können, verstört durch ›Stimmen‹, die ihr häßliche Wahrheiten sagen; wieder Verlangen nach menschlicher Nähe, nach Georg, den sie angekommen glaubt.

Georg/Renate. Zusammensein Renates und Georgs im Saal; sein Erschrecken durch ihre unerwartet glühende Erscheinung. Sie erfährt von ihm ihre letzte Stunde mit seinem Vater, erwecktes Gedächtnis und ihre Mitteilung von den letzten Worten seines Vaters.

Der Bote. Renate, wieder in ihrem Zimmer, empfängt die Erscheinung des ägyptischen Königs mit seiner Botschaft, daß sie ausersehen ist, um den Weltretter aus der bevorstehenden Katastrophe zu gebären. Ihre Verklärung.

Viertes Kapitel Seite 515

Magda/Benno. Georg mit Magda, Benno und Rieferling am Frühstückstisch; ihr Gespräch über Bennos Oper, Musikdrama, Gesamtkunstwerk, Theater und Christentum.

Georg/Bogner. Georg geht durch den Frühlingstag zu Bogners neuer Wohnung im Tattersall; ihr Gespräch über das Phänomen des Leidens im Christentum durch Bogners Gemälde: Christus über der unendlichen Schlacht. Zuspruch Bogners.

Katharina. Unverhoffte Begegnung mit Katharina, die angekommen ist; ihr Zitieren Goethes und Gespräch über ihn, dann beginnendes und zunehmendes Zerwürfnis; Beharren Beider auf ihren unvereinbaren Standpunkten.

Fünftes Kapitel   Seite 550

Erasmus. Unerwartetes Erscheinen Saint-Georges' bei Renate mit der Nachricht von Erasmus' schwerer Verletzung durch eine Explosion. Sie findet und liest ein altes Vermächtnis Josefs, Auszüge aus seinem Tagebuch, Bericht über den Tod von Renates Vater, ihre Erstarrung und deren Lösung durch Erasmus; Festigung ihres Entschlusses, zu ihm zu fahren, trotz Saint-Georges' dringlichen Abratens.

Sechstes Kapitel   Seite 565

Anna. Georg in seinem alten Knabenzimmer, in Erwartung Magdas, blättert und liest in seinen Aufzeichnungen über Flaubert, Kindheitserinnerungen, Behagen der kleinsten Dinge. Zusammensein mit Magda, die ihre Liebe zu Rieferling bekennt, Gespräch über ihre und seine Zukunft. Georg liest ihr ein Gedicht vor und das erste Stück eines Aufsatzes ›Ultimo‹, den er verwirft. Gespräch über Benno und seine künstlerischen Fähigkeiten; über Bogner, seine Verkennung durch Magda; ihre Selbstbekenntnisse und Verkennung Cornelias.

Georg. Am Ufer des Weihers, endlich zur Klarheit sich durchringend.

Siebentes Kapitel   Seite 586

Renate. Georg findet Renate als nun Verklärte; ihr Gespräch über Christus und den Ech-en-Aton.

Insel. Georg in seiner Erschütterung gelangt zur Insel im Teich und dem Grab seiner Mutter, wo er Jason findet; dessen Aufklärungen über Renate.

Achtes Kapitel   Seite 596

Die Blume. Georg in Unwissenheit seines Weges gelangt an einen Platz im Haidekraut vor dem Schloß; er erkennt eine Sternblume und erfährt durch sie die letzte Erweichung und Lösung. ›Sich süß erhalten – Sich nicht verbittern.‹

Georgie. Erscheinung einer unbekannten Dame, die sich als Georgs Mutter enthüllt. Anfang ihrer Berichte von sich selbst, Krankheit und Tod ihres Mannes in Japan.

Mutter und Vater. In Georgs Zimmer Fortsetzung ihrer Erzählung; Georg erfährt, daß Herzog Woldemar sein Vater ist. Seine Ohnmacht, Erwachen in Glückseligkeit. Letzte Aufklärungen über seine Geburt und die Vertauschung.

Charlotte. Besuch Bogners; Georgs Davoneilen zu Katharina.

Neuntes Kapitel   Seite 619

Katharina. Georgs traumhafte Glücksverwirrung auf der Landstraße, Begegnung mit Katharina; Beider Geständnis ihrer gewonnenen Einsicht, dem Anderen nachzugeben, und Einigkeit. Georgs Selbsterkenntnis nach Überstehn einer letzten Störung. Das Dreigestirn: Renate, Bogner, Jason über seinem Leben.

Aus Jason al Manachs Chronik. Nachricht von Renates Geburt eines zu lebensschwachen Kindes und Tod.

Geleitwort von Adolf Muschg   Seite 629

Nachwort von Rolf Bulang   Seite 649

Das Typoskript dieser Fassung des »Helianth« ist im Besitz des Deutschen Literaturarchivs, Marbach.

Wir danken der Arno Schmidt Stiftung für großzügige Förderung; ebenso dem Land Niedersachsen.

© 1995 Weidle Verlag, Beethovenplatz 4, 53115 Bonn
Redaktion: Stefan Weidle
Überzugspapiere: Michael Biberstein
Typographie und Satz: Friedrich Forssman, Kassel
Druck: P. R. Wilk, Friedrichsdorf
Einband: Lachenmaier, Reutlingen
1. Auflage
ISBN 3-931135-14-4

Dank an Angelika Schneider, Susanne Degener, Cordula Frevel, Winfried Feifel, Bernd Rauschenbach, Oliver Selinka.

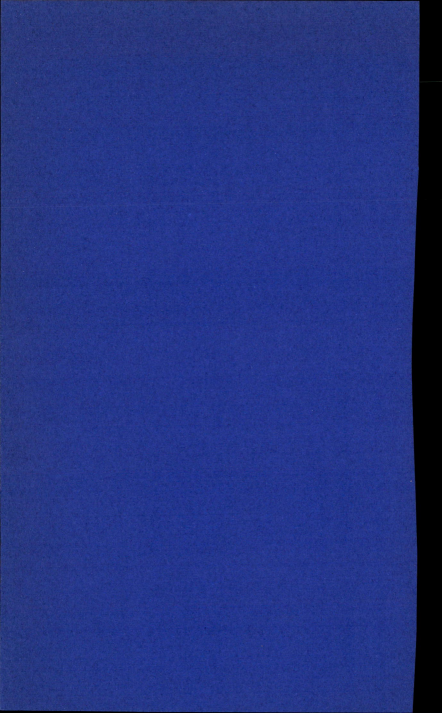